To Bernie

with aud wer.

Hoge Why .

Pierre Verge

Le droit et les syndicats

ASPECTS DU DROIT SYNDICAL QUÉBÉCOIS

Pierre Verge
Gregor Murray

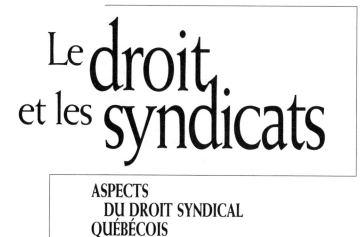

Le droit et les syndicats

ASPECTS DU DROIT SYNDICAL QUÉBÉCOIS

LES PRESSES DE L'UNIVERSITÉ LAVAL
Sainte-Foy, 1991

Cet ouvrage a été publié grâce à une subvention
de la Fédération canadienne des sciences sociales,
dont les fonds proviennent du Conseil de recherches
en sciences humaines du Canada.

Données de catalogage avant publication (Canada)

Verge, Pierre, 1936-

  Le droit et les syndicats: aspects du droit syndical québécois.

  Comprend des références bibliographiques et des index.

  ISBN 2-7637-7257-9

1. Syndicats – Droit – Québec (Province). 2. Syndicats – Québec (Province).
3. Syndicats – Québec (Province) – Activité politique. I. Murray, Gregor.
II. Titre.

KEQ650.V47 1991   344.714′0188   C91-096730-X

Conception graphique
Norman Dupuis

AVANT-PROPOS

Mmes Isabelle Boivin, Judith Carroll ainsi que MM. Julien Larouche, Sylvain Rheault et Éric Tremblay ont, à différents stades, apporté un concours fort apprécié à la présente étude. Mme Guylaine Bélanger en a assuré la transcription et Mmes Hélène Dumais et Geneviève Saladin, la révision linguistique et l'édition. Les auteurs les remercient vivement, de même que les personnes et organismes syndicaux qui leur ont fourni de nombreuses précisions factuelles.

L'étude a été rendue possible grâce à une subvention du Conseil de recherches en sciences humaines du Canada, envers lequel les auteurs sont également très reconnaissants.

Québec, 1er avril 1991 — *(see author block)*

Québec, 1er avril 1991

Gregor Murray, Ph.D.
Professeur agrégé
Département des relations industrielles
Faculté des sciences sociales
Université Laval

Pierre Verge, c.r., ll.d., S.r.C.
Professeur titulaire
Faculté de droit
Université Laval

N.B. Le 27 juin 1991, au moment de mettre sous presse, paraît l'arrêt *Lavigne* c. *Ontario Public Service Employees Union*. Saisie de la validité constitutionnelle d'un précompte syndical obligatoire affecté partiellement à des fins politiques (pp. 374 et ss), la Cour suprême du Canada se penche notamment sur l'étendue de la liberté d'association (pp. 194 et ss) et de l'action syndicale (pp. 337 et ss). Un addenda à l'ouvrage en fait état.

LISTE DES ABRÉVIATIONS

A. C.	Appeal Cases
Adm. Pub. Can.	*Administration publique du Canada*
Alta L. R.	*Alberta Law Review*
Am. J. of Comp. L.	*American Journal of Comparative Law*
B. R.	Recueil de jurisprudence de la Cour du Banc de la Reine
C. A.	Recueil de jurisprudence de la Cour d'appel du Québec
C. A. I.	Décisions de la Commission d'accès à l'information
C. A. L. P.	Recueil de décisions de la Commission d'appel en matière de lésions professionnelles
C. de D.	*Cahiers de droit*
C. F.	Recueil des arrêts de la Cour fédérale du Canada
C. L. L. C.	Canadian Labour Law Cases
C. L. R.	Commonwealth Law Reports
C. L. R. B. R.	Canadian Labour Relations Boards Reports
C. P.	Recueil de jurisprudence de la Cour provinciale du Québec
C. P.	Conseil privé
C. Q.	Cour du Québec
C. R.	Criminal Reports
C. R. C.	Codification des règlements du Canada

C. S.	Recueil de jurisprudence de la Cour supérieure du Québec
Cambridge L. J.	*Cambridge Law Journal*
Comp. L. L. J.	*Comparative Labor Law Journal*
D.	Recueil Dalloz
d. i.	Décisions-informations (Conseil canadien des relations du travail)
D. L. R.	Dominion Law Reports
D. P.	Recueil périodique et critique Dalloz
D. T. E.	Droit du travail Express (Soquij)
Dal. L. J.	*Dalhousie Law Journal*
Dr. social	*Droit social*
G. O.	*Gazette officielle du Québec*
Gaz. Pal.	*Gazette du Palais*
Gaz. Trav.	*Gazette du travail*
Ind. L. J.	*Industrial Law Journal*
Ind. L. R. R.	*Industrial and Labor Relations Review*
Ind. Rel.	*Industrial Relations*
J. E.	Jurisprudence Express (Soquij)
L. A. C.	Labour Arbitration Cases
L. C.	Lois du Canada
L. L. J.	*Labor Law Journal*
L. Q.	Lois du Québec
L. R. C.	Lois révisées du Canada
L. R. Q.	Lois refondues du Québec
McGill L. J.	*McGill Law Journal – Revue de droit de McGill*
Modern L. R.	*Modern Law Review*
O. R.	Ontario Reports
Osgoode Hall L. J.	*Osgoode Hall Law Journal*
Ott. L. Rev.	*Ottawa Law Review*
Q. B.	Queen's Bench
Queen's L. J.	*Queen's Law Journal*
R. du B.	*Revue du Barreau*
R. du B. can.	*Revue du Barreau canadien*
R. C. S.	Recueil des arrêts de la Cour suprême du Canada
R. du D.	*Revue du droit*
R. de J.	*Revue de jurisprudence*
R. D. J.	Revue de droit judiciaire
R. du N.	*Revue du notariat*
R. D. T.	Revue de droit du travail
R. D. U. S.	*Revue de droit de l'Université de Sherbrooke*
R. G. D.	*Revue générale de droit*
R. J. Q.	Recueil de jurisprudence du Québec
R. J. T.	*Revue juridique Thémis*
R. L.	Revue légale
R. P.	Rapports de pratique

R. R. Q.	Règlements refondus du Québec
R. S. M.	Re-enacted Statutes of Manitoba
R. S. O.	Revised Statutes of Ontario
Rel. ind.	*Relations industrielles*
Rev. int. dr. comp.	*Revue internationale de droit comparé*
Rev. int. trav.	*Revue internationale du travail*
S. A.	Sentence arbitrale
S. A. G.	Sentences arbitrales de griefs (Jurisprudence en droit du travail)
S. C.	Statuts du Canada
S. Ct.	Supreme Court
S. Ct. R.	Supreme Court Reports
S. Nfld.	Statutes of Newfoundland
S. N. S.	Statutes of Nova Scotia
S. Q.	Statuts du Québec
S. R. C.	Statuts révisés du Canada
Supreme Ct. L. Rev.	*Supreme Court Law Review*
T. A.	Tribunal d'arbitrage (Jurisprudence du travail)
T. T.	Tribunal du travail (Jurisprudence du travail)
U. B. C. L. Rev.	*University of British Columbia Law Review*
U. S.	United States Reports (Supreme Court)
U. of T. L. J.	*University of Toronto Law Journal*
Virginia L. R.	*Virginia Law Review*
W. W. R.	Western Weekly Reports
Yale L. J.	*Yale Law Journal*

INTRODUCTION

Le syndicalisme est une réalité qui s'impose d'elle-même avant d'être une construction juridique : organisation, vie et action de groupements, essentiellement de salariés, voués certes à la protection et à l'avancement des intérêts de ceux-ci sur le plan professionnel mais aussi, dans bien des cas et d'une façon plus large, à l'établissement d'une société plus complètement démocratique. Avec son dynamisme propre, il constitue l'une des grandes composantes du milieu québécois – aire déterminée de la présente étude – comme dans bien d'autres sociétés.

Dans quelle mesure le droit dans son ensemble reconnaît-il cette réalité syndicale ? Comment l'appréhende-t-il ? Il s'agit ici d'un droit avant tout étatique, externe aux syndicats, qui touche non seulement la législation du travail, d'intervention assez courante, mais tout aussi bien les normes prééminentes, notamment constitutionnelles, les principes généraux et autres données des droits communs en vigueur au Québec, de même que les apports jurisprudentiels et doctrinaux pertinents. Entre l'État et l'individu, ce droit reçoit-il adéquatement la réalité institutionnelle corporative et l'action collective qui en émane ?

Mais d'abord, quel est l'impact de ce droit sur la réalité syndicale ? Contraint-il ou limite-t-il cette vie syndicale qu'il subordonne à l'ordre public général, tant pour ce qui est de la vie interne des groupements que des actions externes dans lesquelles ils s'engagent ? Comment, en particulier, concilier la protection de l'individu, souci primordial d'un droit traditionnellement libéral – un caractère qu'accentuent les chartes récentes des droits de la personne –, et les exigences de l'action collective? Quel est le degré de contrôle étatique sur les syndicats et quels en sont les moyens? Ce même droit favorise-t-il, à d'autres égards, la diffusion et l'efficacité de l'action syndicale? Dans l'affirmative, cette faveur serait-elle excessive, l'encadrement trop rigide, au point de dénaturer imperceptiblement l'institution syndicale, de transformer l'organisme volontaire de défense collective en une agence officielle pourvoyeuse de services ou même de l'intégrer à l'État[1]?

Certaines de ces questions dirigent d'emblée l'attention sur le principe directeur de l'aménagement courant des rapports collectifs du travail au Canada, soit le statut juridique, bien connu, du syndicat officiellement majoritaire dans l'entreprise et le pouvoir exclusif de représentation légale de tous les salariés qui en découle[2]. Cet élément de l'ensemble du droit étatique pertinent exerce une influence directe et déterminante sur la situation des syndicats locaux, du moins en ce qui a trait à leur intervention dans les rapports collectifs de travail reliés à leur domaine de représentation. Il y aurait également à saisir l'effet indirect de cette formule non seulement sur la vie interne de ces groupements locaux, mais également sur les possibilités d'action syndicale

---

1. Voir notamment: G. Hébert, «L'évolution du syndicalisme au Canada – Comment un mouvement devient une institution», (1987) 42 *Rel. ind.* 500; C. Lipsig-Mummé, «La crise du syndicalisme nord-américain – Éléments d'interprétation», (1984) 39 *Rel. ind.* 275. Voir aussi, sur un plan plus vaste, P. Rosanvallon, *La question syndicale*, Paris, Hachette, 1988, p. 24.

2. Dans l'État fédéral canadien, les parlements provinciaux, dont celui du Québec, sont «usuellement» compétents pour légiférer quant aux rapports du travail, à l'intérieur de leur compétence territoriale respective: *Commission du salaire minimum c. Bell Telephone Company*, (1968) R.C.S. 767, en particulier p. 772. Le Parlement fédéral n'intervient à l'échelle du pays que relativement à certains types d'entreprises, comme celles de transport terrestre interprovincial, de transport aérien et maritime, de radiodiffusion, les banques, etc. Au sujet de ce partage constitutionnel de la compétence législative, voir les articles 91 et 92 de la *Loi constitutionnelle de 1867*, 30 et 31 Vict., c. 3, et notamment: G. Rémillard, *Le fédéralisme canadien*, t. 1, Montréal, Québec/Amérique, 1983, pp. 446 et ss; A. Tremblay, «Les relations de travail dans le contexte constitutionnel», dans *Précis de droit constitutionnel*, Montréal, Les Éditions Thémis Inc., 1982, pp. 183 et ss. Pour ce qui est de la formule d'aménagement des rapports collectifs du travail elle-même, voir, relativement aux entreprises assujetties à la loi du Québec, le *Code du travail*, L.R.Q., c. C-27, art. 21 et ss (*C.t.*) et, relativement aux entreprises visées par la loi fédérale, le *Code canadien du travail*, L.R.C. (1985), c. L-2, art. 24 et ss (*C.c.t.*). Voir *passim*: F. Morin, *Rapports collectifs du travail*, Montréal, Les Éditions Thémis Inc., 1982, pp. 195 et ss; R.P. Gagnon, L. LeBel et P. Verge, *Droit du travail*, Québec, P.U.L., 1987, pp. 299 et ss. Voir aussi, en général, relativement aux provinces de common law: G.W. Adams, *Canadian Labour Law – A Comprehensive Text*, Aurora, Canada Law Book Inc., 1985; A.W.R. Carrothers, E.E. Palmer et W.B. Rayner, *Collective Bargaining Law in Canada*, 2e éd., Toronto, Butterworths, 1986, et, par rapport à l'ensemble canadien, H.W. Arthurs, D.D. Carter, J. Fudge et H.J. Glasbeek, *Labour Law and Industrial Relations in Canada*, 3e éd., Toronto, Butterworths, 1988.

de plus grande envergure, qu'elle soit à finalité professionnelle ou à connotation civique ou politique. Comment arrimer ce statut juridique dévolu à l'instance syndicale locale à l'institution syndicale entière qui est bien souvent à l'origine de cette unité syndicale locale?

Enfin, l'institution syndicale engendre un droit interne. Dans une perspective pluraliste, ce droit autonome s'ajoute à l'ensemble du droit externe pertinent. Quelle part, quelle efficacité, ce dernier lui réserve-t-il[3]? Est-il possible de conjuguer ces droits d'origine différente?

De l'interaction de ces données juridiques d'origines si diverses résulte le droit syndical. Il régit non seulement l'institution syndicale elle-même (partie I) mais aussi son action (partie II).

Cependant, tout ce souci de droit syndical ne peut avoir de sens que dans un contexte permettant d'abord à l'organisation syndicale de se manifester et à l'activité syndicale d'avoir cours: la liberté syndicale est un préalable à la fois bien réel et juridique (chapitre préliminaire).

Le droit syndical doit aussi reposer sur une compréhension de la réalité syndicale elle-même, réalité multiforme et évolutive, particulièrement au Québec où le pluralisme syndical est accentué. Aussi, dans un souci d'enrichir la présente étude juridique, le développement comprendra-t-il à trois endroits stratégiques des présentations factuelles et analytiques de la réalité syndicale au Québec: d'abord, un aperçu général du syndicalisme; par la suite, au début de la partie I, un exposé des structures et du fonctionnement des organisations syndicales; enfin, la problématique actuelle de l'action syndicale sera traitée au début de la partie II.

---

3. À titre illustratif, un juge de la Cour d'appel s'étonnait, à une époque qui n'est pas si lointaine, de ce qu'une charte syndicale puisse, sans délégation de pouvoir de la part de l'État, conférer au syndicat des pouvoirs d'ordre exécutif, législatif et juridictionnel à l'endroit de ses membres: *Seafarers' International Union of North America, Canadian District* c. *Stern*, (1960) B.R. 900 (notes du juge Bissonnette, p. 903).

SITUATION GÉNÉRALE DU SYNDICALISME AU QUÉBEC

Comment saisir la réalité syndicale au Québec? En quelques pages seulement, nous ne pouvons pas prétendre fournir tous les éléments d'une compréhension approfondie de l'état du mouvement syndical québécois d'aujourd'hui. Nous voulons offrir ici quelques clés quant à son importance actuelle, son sens théorique, son évolution historique et ses mutations contemporaines, nécessaire contexte d'une étude du droit syndical. Des textes subséquents traiteront de la structure du syndicalisme québécois (et de son fonctionnement interne) et de ses moyens d'action privilégiés.

Portrait actuel

L'environnement des organisations syndicales connaît certes des mutations importantes dans la plupart des pays industrialisés. Il est même devenu courant de parler du déclin du syndicalisme dans plusieurs pays, notamment aux États-Unis, en France, en Grande-Bretagne et au Japon[1]. Le syndicalisme au Québec présente néanmoins un portrait quelque peu différent: celui d'un mouvement en expansion numérique qui n'est pas pour autant à l'abri de ces mêmes mutations qui mettent en cause, comme nous le verrons, tant ses structures que ses pratiques.

L'effectif total des organisations ouvrières au Québec, du moins selon les déclarations fournies en vertu de la Loi (fédérale) sur les déclarations des corporations et des syndicats ouvriers, atteignait 1 033 900 membres en 1987, soit 28,1% des 3,7 millions de membres des syndicats au Canada[2]. Les femmes constituaient 37,6% de l'effectif québécois.

---

1. À ce titre, voir: E.M. Kane et D. Marsden, «L'avenir du syndicalisme dans les pays industrialisés à économie de marché», (1988) 13 *Travail et société* 113; J. Vesser, «Le syndicalisme en Europe occidentale: état présent et perspectives», (1988) 13 *Travail et société* 131; S.M. Lipset (dir.), *Unions in Transition*, San Francisco, ICS Press, 1986.

2. *Rapport annuel du ministre de l'Expansion industrielle régionale présenté sous l'empire de la Loi sur les déclarations des corporations et des syndicats ouvriers*, Partie II — Syndicats ouvriers 1987, Ottawa, Statistique Canada, Catalogue 71-202, 1989.

Il faut d'abord remarquer la progression constante de l'effectif syndical québécois: 353 600 membres en 1962, 675 400 en 1972 et 1 010 700 en 1986[3]. Le taux de syndicalisation, ou la densité syndicale québécoise, à savoir le pourcentage des salariés qui sont syndiqués, a aussi connu un progrès important; il est passé de 25,8% en 1962 à 40,7% en 1986. Même dans la période difficile des années 1980, le taux de syndicalisation a grimpé de 38,7% en 1982 à 40,7% en 1986, ce qui traduit une augmentation annuelle de l'effectif syndical de 4,9%[4].

Ce taux de syndicalisation véhicule une certaine approximation. D'abord, nos connaissances dans ce domaine sont limitées par les imprécisions des données syndicales obtenues par les différentes méthodes d'enquête elles-mêmes[5]. Surtout, l'importance numérique des syndicats dans l'économie québécoise dépasse ce taux de syndicalisation. En effet, du moins s'ils sont accrédités selon les lois régissant des rapports collectifs du travail, ces syndicats représentent, comme nous le verrons, non seulement leurs membres mais tous les salariés de l'unité d'accréditation; ils en viennent ainsi à conclure les conventions collectives visant l'ensemble de ces personnes. Il y a alors lieu de mesurer en conséquence leur influence directe. Le taux de présence syndicale représente le pourcentage des salariés ainsi régis par de telles conventions collectives. Le Centre de recherche et de statistiques sur le marché du travail du ministère du Travail estime qu'en 1989 45,4% ou 1 195 605 salariés québécois étaient visés par une convention collective conclue soit selon le Code du travail du Québec, le Code canadien du travail, la Loi (fédérale) sur les relations du travail dans la fonction publique, soit selon la loi régissant les relations du travail dans l'industrie de la construction[6]. Le taux de présence était de 47,3% dans le secteur primaire, de 54,8% dans le secteur secondaire et de 40,4% dans

---

3. M.L. Coates, D. Arrowsmith et M. Courchene, *The Labour Movement and Trade Unionism Reference Tables*, *The Current Industrial Relations Scene 1989*, Kingston, Queen's University Industrial Relations Centre, 1989, tableau 15.

4. *Ibid.*

5. Exemple: certaines données proviennent directement des organisations syndicales; d'autres sont tirées des fichiers des conventions collectives des différents ministères du Travail (provinciaux et fédéral); enfin, d'autres sont le résultat des enquêtes menées directement auprès de la population active sur le marché du travail. Chaque source présente divers problèmes méthodologiques. Voir M.L. Coates *et al.*, *supra*, n. 3, p. 3.

6. F. Racine, «La syndicalisation au Québec en 1989», *Les relations du travail en 1989*, supplément dans: (décembre 1989) 10 *Le marché du travail*, tableau 4. Selon une compilation spéciale de l'«Enquête sur l'activité» de Statistique Canada, publiée dans M.L. Coates *et al.*, *supra*, n. 3, p. 58, tableau 26, 48,5% des salariés québécois étaient couverts par une convention collective en décembre 1986. Ce pourcentage est le plus élevé de toutes les provinces canadiennes. À titre d'exemple, la moyenne canadienne était 39,9%. En Ontario, 35,4% des salariés étaient couverts par une convention collective; en Colombie-Britannique, il s'agissait de 43,7% des salariés.

le secteur tertiaire. Dans les entreprises de 100 salariés et plus, plus de 60% des salariés étaient touchés par une convention collective.

Bref, la convention collective demeure un des outils primordiaux pour la détermination des conditions de travail et des salaires au Québec, et rien n'indique qu'elle a perdu de son importance à cet égard. Au contraire, malgré un contexte économique relativement difficile et des mutations structurelles importantes depuis le début des années 1980, sur lesquelles nous reviendrons, la représentation syndicale semble même devenir un peu plus importante au Québec.

Au-delà de la simple représentativité numérique, il est important de saisir la complexité structurelle du syndicalisme québécois. Un texte ultérieur en traitera[7]. Pour l'instant, il suffit de mentionner, d'une part, le caractère relativement décentralisé du syndicalisme québécois, reflet du régime d'accréditation et des préférences patronales en ce qui a trait à la négociation collective, et, d'autre part, l'hétérogénéité des affiliations, résultat de l'évolution historique des organisations syndicales au Québec[8].

Sur le plan de la structure de la négociation collective, le Code du travail du Québec régit 81,5% des salariés couverts par une convention collective. Selon ce régime, il y avait en 1989 approximativement 8 000 conventions collectives en vigueur au Québec[9]. De ces conventions, 70% étaient relatives à des unités d'accréditation comptant moins de 50 salariés, quoique seulement 10% des salariés couverts par une convention collective se retrouvaient dans les unités de cette taille[10]. Au Canada, on comptait en 1987, sans avoir de chiffres précis sur leur nombre au Québec, plus de 15 000 syndicats locaux ou sections locales[11]. Nous pouvons présumer qu'au moins le tiers de ces groupements syndicaux locaux était situés au Québec. Par exemple, une des centrales québécoises, la Confédération des syndicats nationaux (C.S.N.), comptait à elle seule plus de 2 000 syndicats locaux.

Quant à la question de l'affiliation des syndicats locaux à des regroupements de syndicats au Québec, la configuration est, pour des raisons en grande partie historiques, assez complexe, comme nous le verrons. Les syndiqués du Québec se rattachent à plusieurs centrales ou confédérations et à de nombreuses organisations indépendantes. Dans toutes les provinces canadiennes, c'est au Québec que le plura-

---

7. Voir *infra*, p. 51.
8. Sur la structure générale du régime des relations du travail au Québec, voir: J. Boivin et J. Guilbault, *Les relations patronales-syndicales*, 2ᵉ éd., Boucherville, Gaëtan Morin, 1989; R. Blouin (dir.), *Vingt-cinq ans de pratique en relations industrielles au Québec*, Cowansville, Les Éditions Yvon Blais Inc., 1990.
9. R. Courchesne, «Le processus de la négociation collective», *Les relations du travail en 1989*, supplément dans: (décembre 1989) 10 *Le marché du travail* 24.
10. F. Racine, *loc. cit.*, *supra*, n. 5, p. 13.
11 *Rapport annuel*, *supra*, n. 2, pp. 13 et 18.

lisme syndical, à savoir l'existence à des fins d'affiliation de plusieurs grands points d'attraction, est le plus développé.

Les chiffres évoqués auparavant confirment le constat voulant que l'institution syndicale soit un acteur important et multiforme sur le marché du travail au Québec. Il est plus laborieux, puisque c'est là un aspect difficilement quantifiable, d'établir son importance sociopolitique; il faut néanmoins la mentionner. Comme mouvement social ou comme groupements d'intérêts, les organisations syndicales sont très présentes dans la vie publique québécoise. Elles ont joué un rôle important dans la modernisation de l'État et de la société québécoise lors de la Révolution tranquille[12]. Il y a peu de débats publics où l'une des grandes centrales n'a pas été présente ou ne l'est pas encore. L'État reconnaît d'ailleurs, partiellement au moins, ce rôle sociopolitique, par exemple en prévoyant la présence de représentants syndicaux dans divers organismes consultatifs et administratifs tels que la Caisse de dépôt, le Conseil des universités ou le Conseil du statut de la femme. Dans la partie II du présent ouvrage, nous ferons état de l'importance et de la variété de la représentation syndicale dans différents organismes de l'État au Québec et au niveau fédéral[13].

Cette participation sociopolitique, qui déborde la simple négociation collective, s'inscrit dans une logique syndicale plus vaste, logique qui s'est développée depuis plus d'un siècle. La libre association des salariés étant une des libertés fondamentales d'une vie démocratique, les syndicats cherchent à promouvoir les intérêts de leurs membres dans un sens large. La défense des intérêts, qui relève en premier lieu du rapport d'emploi, dépasse considérablement ce simple rapport pour toucher à des questions économiques, sociales, politiques, etc. Ainsi, sous divers rapports, le syndicat en vient à assumer un certain rôle de représentant de ses membres en tant que citoyens. Le mouvement syndical occupe alors un rôle de premier plan comme porte-parole des salariés dans de nombreuses sociétés démocratiques et pluralistes[14].

Pour mieux cerner les différentes manifestations de l'institution syndicale et ses actions, une analyse plus théorique du syndicalisme semble donc tout indiquée.

---

12. À titre d'exemple, voir J. Rouillard, *Histoire du syndicalisme québécois*, Montréal, Boréal, 1989, pp. 291-301.
13. Voir *infra*, p. 240.
14. À ce titre, voir: H.P. Brown, *The Origins of Trade Union Power*, New York, Oxford University Press, 1986; H.J. Laski, *Trade Unions in the New Society*, New York, The Viking Press, 1949; C.L. Tomlins, *The State and the Unions, Labor Relations Law, and the Organized Labor Movement in America, 1880-1960*, Cambridge, Mass., Cambridge University Press, 1985; H. Urwin et G. Murray, «Democracy and Trade Unions», (1983) 14 *Industrial Relations Journal* 4, 21; S. Erbes-Séguin, *Syndicats et relations de travail dans la vie économique française*, Lille, Presses universitaires de Lille, 1985.

Aperçus théoriques

Les syndicats tendent à exercer une double fonction. D'une part, ils sont des instruments de défense et de promotion des intérêts économiques et professionnels de leurs membres. Cela se manifeste dans l'action économique, par la négociation des salaires et des avantages sociaux, mais également par les tentatives d'exercer plus de pouvoir sur le processus de production[15]. Dans l'exercice de cette fonction, le syndicalisme s'exprime surtout par des structures du type fédératif ou professionnel: les Travailleurs canadiens de l'automobile (T.C.A.), la Fédération des affaires sociales (F.A.S.) de la C.S.N. ou encore la Fédération des infirmières et infirmiers du Québec (F.I.I.Q.). Par ailleurs, les syndicats agissent également en tant qu'agents de transformation sociale. Ils sont ainsi l'expression d'un projet de société plus juste, plus démocratique et plus égalitaire et formulent des revendications d'ordre social et communautaire. Pour ce faire, ils se donnent des structures interprofessionnelles, surtout par l'intermédiaire de centrales syndicales qui regroupent des fédérations professionnelles et des syndicats individuels: la Fédération des travailleurs et travailleuses du Québec (F.T.Q.) ou la Confédération des syndicats nationaux (C.S.N.).

Touraine parle même des doubles natures du syndicalisme: une action qui est à la fois économique et sociale; une force d'intégration dans la société et une contestation de son organisation; un agent économique qui travaille à l'intérieur du système économique et un agent de transformation sociale qui remet en cause l'organisation sociale et cherche à la transformer[16]. Cette dualité semble inscrite dans la nature même du syndicalisme. Le débat contemporain sur l'avenir du mouvement syndical ne doit pas surprendre: est-il porteur d'un projet universel quelconque ou est-il condamné à ne poursuivre que des intérêts plutôt étroits et particuliers?

Pour mieux saisir ces intérêts, il faut d'abord voir le syndicat par rapport à la situation caractéristique de ses adhérents. Au sein de l'entreprise ou du lieu de travail, il vient s'insérer dans le rapport d'emploi unissant le travailleur subordonné et l'employeur. Cette relation de travail est intéressante à plusieurs égards. L'employeur achète la force de travail pendant une durée déterminée, mais les obligations exactes

---

15. Fox, du point de vue d'un sociologue, distingue les rapports d'échange des rapports managériaux; Freeman et Medoff, en tant qu'économistes, utilisent les concepts de «*monopole*» pour la dimension plus économique et de «*voice*» pour la dimension participative dans l'entreprise. Voir: A. Fox, *Industrial Sociology and Industrial Relations*, Research Paper 3, Royal Commission on Trade Unions and Employers' Associations, London, H.M.S.O., 1966; R.B. Freeman et J.L. Medoff, *What Do Unions Do?*, New York, Basic Books, 1984.

16. A. Touraine, «Contribution à la sociologie du mouvement ouvrier: le syndicalisme de contrôle», (1960) 28 *Cahiers internationaux de sociologie* 57.

de l'employé sont imprécises[17]. Il en résulte, du point de vue de l'employeur, un pouvoir de commander et, du point de vue de l'employé, une obligation générale d'obéir[18]. La fonction de la direction de l'entreprise est de transformer cette capacité, ou force de travail, en un travail réalisé, ce qui donne lieu à un conflit latent portant sur la quantité de travail à accomplir[19]. Cet objectif repose sur la subordination de l'exécutant et sur sa volonté de collaboration. Ainsi, le rapport d'emploi est une source aussi bien de conflit que de coopération. Le syndicat ne peut faire abstraction ni de la dimension conflictuelle ni de la dimension participative inhérentes au rapport d'emploi. Il s'implante ainsi dans de telles relations individuelles de travail. Donc, il constitue un intervenant intermédiaire, appelé à jouer un rôle secondaire, mais important, dans la régulation de la relation d'emploi qui unit primordialement l'employé à l'employeur – en fait, il devient un intermédiaire collectif dont le pouvoir relève de sa capacité de coordonner l'action de ses membres individuels en vue d'atteindre un objectif commun[20].

Les possibilités d'«intermédiation» du syndicat dépendent de plusieurs facteurs externes et internes. Pour ce qui est des premiers, mentionnons simplement l'importance des différents facteurs environnementaux qui touchent les capacités de médiation du syndicat, notamment le chômage, la précarisation et la professionnalisation de l'emploi, des transformations dans la composition de la force de travail, l'internationalisation de la production, une concurrence accrue, l'introduction de nouvelles technologies, le réaménagement de l'organisation du travail, les changements dans les politiques publiques ou les mutations dans les valeurs sociales. Ainsi, le plus souvent, le syndicat qui s'introduit dans la relation de travail subit lui-même ce contexte changeant qu'il tente par ailleurs de modifier. Nous y reviendrons.

Les seconds relèvent de la nature même des organisations syndicales : les structures syndicales, leur caractère à la fois démocratique et collectif, ainsi que le fait que l'adhésion du membre au syndicat n'est pas exclusive.

La structure des syndicats, par exemple, si elle est surtout l'héritage du passé, n'en exerce pas moins une influence clé sur leurs

---

17. R. Hyman, *Industrial Relations*, London, Macmillan, 1975, p. 24.
18. O. Kahn-Freund, *Labour and the Law*, 2e éd., London, Stevens, 1977, p. 7.
19. R. Hyman, *op. cit., supra*, n. 17.
20. Voir : W. Muller-Jentsch, «Trade Unions as Intermediary Organizations», (1985) 6 *Economic and Industrial Democracy* 3 ; G. Murray, «La restructuration de l'emploi et les structures syndicales en Grande-Bretagne : adaptations organisationnelles et choix stratégiques», dans : J. Desmarais (dir.), *Syndicalisme et société*, Sillery, Presses de l'Université du Québec, 1988, p. 35 ; C. Crouch, *Trade Unions : the Logic of Collective Action*, London, Fontana, 1982.

capacités d'action actuelles[21]. Comment expliquer autrement le fait que les deux grandes centrales québécoises, la F.T.Q. et la C.S.N., par syndicats interposés, se trouvent engagées dans une concurrence parfois féroce pour recruter de nouveaux membres – le plus souvent dans les mêmes secteurs économiques? La seule explication est historique, même si de telles organisations auraient parfois intérêt à agir en harmonie.

Les syndicats sont des organisations à la fois collectives et démocratiques. Ils sont collectifs, car le pouvoir du syndicat réside dans sa capacité réelle de coordonner une pluralité d'individus en vue d'atteindre une fin commune. Il leur faut chercher à promouvoir des aspirations et des identités collectives plutôt qu'individuelles. En même temps, les syndicats sont généralement des organisations volontaires; leurs structures décisionnelles sont du type démocratique. Il n'empêche que, dans les faits, les risques sont grands que puisse s'installer ce que le politicologue allemand Michels a appelé «la loi d'airain de l'oligarchie»[22].

Le caractère non exclusif de l'adhésion des syndiqués à leur organisation, autre facteur interne, représente en soi une autre manifestation du caractère secondaire de l'organisation syndicale. Le syndicat doit chercher à promouvoir l'identité syndicale et les valeurs syndicales en concurrence avec d'autres identités et valeurs. Les changements dans le climat social, les valeurs, le degré de scolarité des gens et les nouvelles stratégies patronales, qui cherchent justement à promouvoir l'identité de l'entreprise (plutôt que l'identité syndicale), peuvent alors avoir un impact important sur l'action syndicale. Le syndicat est ainsi constamment appelé à renouveler le sentiment d'appartenance de l'individu au groupement collectif. Cela est affaire de persuasion idéologique ou de fierté d'appartenance et d'application du règlement syndical par l'exercice de la fonction disciplinaire (qu'elle soit officielle ou officieuse) au sein du groupement. En Amérique du Nord, l'existence d'un monopole légal de représentation des salariés, dont bénéficie le syndicat accrédité, risque par surcroît d'amenuiser le lien d'appartenance des salariés au groupement.

---

21. Turner, par exemple, a décrit les syndicats comme des «dépôts de l'histoire». Voir H.A. Turner, *Trade Union Growth, Structure and Policy: Comparative Study of the Cotton Unions in England*, London, Allen and Unwin, 1962, p. 14.

22. Robert Michels, dans son étude des partis politiques allemands au seuil de la Première Guerre mondiale, a mis en évidence ce qu'il appela «la loi d'airain de l'oligarchie»: «l'organisation est la source d'où naît la domination des élus sur les électeurs, des mandataires sur les mandants, des délégués sur ceux qui les délèguent. Qui dit organisation, dit oligarchie.» Voir R. Michels, *Les partis politiques*, Paris, Flammarion, 1971, p. 296.

À ces aperçus théoriques, il y a lieu d'ajouter une dimension historique avant de nous arrêter sur les problèmes les plus contemporains du syndicalisme québécois.

Évolution historique

Le portrait actuel du syndicalisme au Québec est le résultat de plusieurs vagues de syndicalisation que l'on peut relier aux changements dans la structure du marché du travail. Ces poussées syndicales ont exercé à leur tour une influence significative sur l'action législative.

Dans la première partie du XIXe siècle, c'est surtout sur le plan local et parmi les travailleurs d'un seul métier que l'on a mis en évidence des intérêts communs et que l'on en a organisé le regroupement. L'instabilité du rapport d'emploi, résultat d'une demande faible mais continue de la main-d'œuvre salariée, empêchait initialement le développement de l'offre d'une telle main-d'œuvre au Québec, retardait le développement d'un marché du travail, par conséquent celui des organisations syndicales[23]. Peu à peu naquirent des organisations plus stables, d'abord sur le plan local, puis à l'échelle nationale et même internationale.

Avant 1860, les premiers syndicats de métier, tels ceux de cordonniers ou d'imprimeurs, avaient un caractère local, souvent temporaire. Ces «associations amicales» procuraient diverses formes d'assurance ou de protection mutuelle pour les travailleurs les mieux nantis et constituaient des milieux particuliers de vie sociale pour ceux-ci[24]. La période allant de 1860 à 1880 donna lieu à l'établissement de structures syndicales plus solides et permanentes, notamment celles des syndicats internationaux des métiers du rail et celles des conseils de métier dans les villes. Les premiers consolidèrent leur fonction mutualiste et entamèrent la négociation collective de façon plus régulière ; les seconds préfiguraient des structures interprofessionnelles à venir.

Trois développements structuraux importants marquèrent la période allant de 1880 à 1900. En premier lieu, les syndicats de métier internationaux continuèrent à se développer, surtout au fur et à mesure que l'économie américaine prenait de l'expansion. Ces syndicats américains de métier cherchaient à limiter, au-delà des frontières nationales, l'offre de la main-d'œuvre qualifiée, du moins dans le contexte de certains marchés de travail régionaux transfrontaliers, ou encore là où le

---

23. Voir H.C. Pentland, «The Development of a Capitalistic Labour Market in Canada», (1959) 25 *Canadian Journal of Economics and Political Science* 450.
24. Voir: E. Forsey, *Trade Unions in Canada 1812-1902*, Toronto, University of Toronto Press, 1982, pp. 14-16; J. Rouillard, *op. cit., supra*, n. 12, pp. 15-24.

métier se caractérisait par une grande mobilité[25]. Ces marchés pouvaient ainsi comprendre, comme dans le cas des typographes, les villes de Toronto et Buffalo ou encore, dans le cas des chemins de fer, celles de Montréal, Boston ou New York. Une fois établis dans les milieux québécois, ces syndicats répondaient de plus en plus aux besoins locaux immédiats. En deuxième lieu se développa un syndicalisme «mixte», qui intégrait plusieurs métiers dans un même syndicat local. Moins efficace du point de vue de l'action économique, cette forme organisationnelle correspondait néanmoins à des marchés de travail plus restreints, comme dans le cas du Québec, et aux besoins de travailleurs moins qualifiés. Ainsi, les Chevaliers du travail connurent une croissance extraordinaire mais éphémère[26]. En troisième lieu naquit en 1886 la première centrale syndicale permanente, le Congrès des métiers et du travail du Canada (C.M.T.C.), aujourd'hui le Congrès du travail du Canada (C.T.C.). Elle représentait l'aboutissement d'une action syndicale beaucoup plus politique, qui cherchait à influer tant sur les conditions de vie des membres de ses affiliés que sur les conditions d'exercice de leur métier.

Les premières décennies du XXe siècle amenèrent une croissance rapide des syndicats, surtout celle des syndicats internationaux de métier, qui s'accroissaient alors aux dépens des syndicats mixtes, tels les Chevaliers du travail. En 1902, le C.M.T.C. prit, sous l'influence grandissante des syndicats internationaux, une décision historique : il expulsa les Chevaliers du travail qui, bien qu'ils fussent en déclin, n'en conservait pas moins une forme organisationnelle significative, surtout au Québec où ils se sont maintenus plus longtemps qu'ailleurs. Cette expulsion consolidait l'emprise des syndicats américains au Québec et au Canada. En même temps, elle facilitait le développement parallèle d'un syndicalisme national, l'échec des Chevaliers du travail, au début du XXe siècle, laissant un vide[27]. En particulier, s'établirent en réaction au syndicalisme laïc américain les premiers syndicats catholiques, qui allaient se regrouper dans une deuxième centrale syndicale, la Confédération des travailleurs catholiques du Canada (C.T.C.C.), fondée en 1921, elle-même à l'origine de l'actuelle C.S.N. Ailleurs, d'abord au Québec mais plus tard surtout au Canada anglais, s'installèrent une

---

25. Par exemple, voir : S.F. Zerker, *The Rise and Fall of the Toronto Typographical Union*, Toronto, University of Toronto Press, 1982, pp. 53-77 ; G. Dion, «L'influence étatsunienne sur le syndicalisme canadien», (1973) *Mémoires de la Société royale du Canada*, série IV, tome XI, pp. 119-130.

26. Voir D. Héroux, «Les Chevaliers du travail et la montée de l'organisation ouvrière durant les années '80», (1960) *Cahiers de Sainte-Marie, Le travailleur québécois et le syndicalisme*, n° 2, pp. 29-50 ; F. Harvey, «Les Chevaliers du travail, les États-Unis et la société québécoise, 1882-1902», dans : F. Harvey (dir.), *Le mouvement ouvrier au Québec*, Montréal, Boréal, 1980, pp. 69 et ss.

27. F. Harvey, *ibid.*, pp. 126-127.

succession de regroupements d'unions nationales voués à libérer le mouvement syndical canadien de l'influence des syndicats américains[28].

L'avènement de la production de masse dans les années 1930 et 1940 poussa des salariés vers de nouveaux types d'organisation. Jusque-là, la forme prédominante avait été le syndicat de métier, du type «horizontal», chaque syndicat organisant un seul métier. La standardisation croissante de la production à grande échelle avait cependant réduit l'importance des métiers et accru celle des travailleurs moins qualifiés, d'où la création des syndicats industriels, d'abord aux États-Unis, sous l'égide du Congrès des organisations industrielles (C.I.O.). Ces nouveaux syndicats furent axés d'après un principe de regroupement «vertical», en fonction de l'industrie ; ils connurent une croissance rapide dans plusieurs secteurs, tant aux États-Unis qu'au Canada. Dans bien des cas, leur appellation actuelle reflète ces origines : Syndicat international des travailleurs unis de l'automobile, Métallurgistes unis d'Amérique, Ouvriers unis des textiles d'Amérique et Union des ouvriers unis du caoutchouc, pour n'en mentionner que quelques-uns. Ces nouveaux syndicats industriels furent expulsés du C.M.T.C. en 1938 ; deux ans plus tard, ils se regroupèrent avec le Congrès pancanadien du travail pour former une nouvelle centrale : le Congrès canadien du travail (C.C.T.). Cette dernière centrale illustre le particularisme du mouvement syndical canadien : une organisation vouée à promouvoir des objectifs plus «canadiens», bien que ses composantes les plus importantes soient des syndicats internationaux du type industriel, en concurrence à la fois avec un syndicalisme confessionnel au Québec et un syndicalisme de métier international.

Dès lors coexistent différents grands principes de regroupement syndical : d'un point de vue typologique, les regroupements confessionnels, de métier et industriels et, d'un point de vue territorial, les regroupements nationaux, tant au niveau pancanadien qu'à l'échelle du Québec, et internationaux, à l'échelle nord-américaine. Toutes ces formes d'organisation connurent un essor rapide pendant la Seconde Guerre mondiale et dans les années qui la suivirent immédiatement, ce qui engendra une rivalité intersyndicale grandissante. Cette rivalité ne fut que partiellement résolue en 1955, à l'occasion de la fusion des syndicats de métier et industriels aux États-Unis, qui donna lieu à la création de la Fédération américaine du travail—Congrès des organisations industrielles (A.F.L.—C.I.O.). D'une fusion semblable au Canada

---

28. De 1902 à 1908, il s'agit du Congrès des métiers et du travail du Canada, qui deviendra successivement la Fédération canadienne du travail jusqu'en 1927, année où celle-ci formera, avec la Fraternité canadienne des cheminots, le Congrès pancanadien du travail. Voir F. Harvey, *Aspects historiques du mouvement ouvrier au Québec*, Montréal, Boréal, 1973, pp. 223-226.

résulta en 1956 l'actuel *Congrès du travail du Canada*, la plus importante centrale du pays. Depuis 1957, la *F.T.Q.* en représente son prolongement québécois.

Quant aux syndicats catholiques, ils ne parvinrent pas, malgré certaines tentatives de leur part, à se joindre à cette nouvelle centrale et demeurèrent ainsi en concurrence avec elle[29]. Déconfessionnalisée en 1960, et, par la suite, largement implantée dans le secteur public au moment de l'expansion du syndicalisme dans ce secteur, la *C.S.N.* assumera dans les années 1960 un rôle de plus en plus important sur le plan politique. Elle sera d'abord associée de près à l'effervescence de la période de la Révolution tranquille et en profitera pour augmenter son effectif dans les secteurs public et parapublic. Elle connaîtra ensuite une radicalisation importante, surtout en ce qui a trait à ses rapports avec l'État et sa vision du fonctionnement de l'économie[30].

Par contre, cette politisation grandissante mènera à un schisme profond au sein de la *C.S.N.*, qui touchera la structure même du mouvement syndical entier. D'abord, en 1972, 30 000 de ses membres, surtout du secteur privé, formèrent une nouvelle centrale – la *Confédération des syndicats démocratiques (C.S.D.)*. Contestant la radicalisation de la *C.S.N.*, la *C.S.D.* prônait un syndicalisme plus modéré et, certes, moins politique. En même temps, ses 30 000 fonctionnaires provinciaux et ses 6 000 membres à l'Alcan créèrent leurs propres organisations indépendantes – le *Syndicat des fonctionnaires provinciaux du Québec (S.F.P.Q.)* et la *Fédération des syndicats du secteur aluminium (F.S.S.A.)*[31]. Puis, en 1975, d'autres groupes quittèrent la *C.S.N.*, dont des infirmières, les professionnels du gouvernement et les employés de la *Société des alcools du Québec (S.A.Q.)*[32].

La *Corporation des enseignants* se transforma aussi progressivement en véritable centrale syndicale avec des visées particulières hors du secteur de l'éducation. La *F.T.Q.* n'échappa pas elle non plus à cette vague sécessionniste. En effet, le *C.T.C.* vivait un conflit virulent entre certains de ses affiliés internationaux dans l'industrie de la construction et d'autres de ses affiliés nationaux ; cela mena, en 1982, à la formation de la *Fédération canadienne du travail (F.C.T.)*, dont la

---

29. G. Dion, «La C.T.C.C. et l'unité ouvrière canadienne», (1957) 12 *Rel. ind.* 32.

30. L. Favreau et P. L'Heureux, *Le projet de société de la CSN de 1966 à aujourd'hui*, Montréal, Centre de formation populaire/Vie ouvrière, 1984.

31. Voir : J. Boivin et J. Guilbault, *op. cit.*, *supra*, n. 8, p. 108 ; R. Parisé, *Les 15 ans de la Fédération des syndicats du secteur aluminium, 1972-1987*, Jonquière, F.S.S.A., 1987.

32. Voir J. Rouillard, *op. cit.*, *supra*, n. 12, p. 331.

manifestation québécoise est la F.C.T.-Québec[33]. À cette fragmentation grandissante du mouvement syndical s'ajouta enfin une prolifération de nouveaux syndicats indépendants.

Mutations contemporaines

L'environnement des organisations syndicales connaît actuellement des mutations importantes et le mouvement syndical au Québec est ainsi appelé à s'adapter de nouveau aux changements en cours. Comment travailler avec ces nouvelles données, tout en conservant une attitude critique à l'égard du fonctionnement de l'économie et du marché du travail, afin de promouvoir les grands objectifs du mouvement syndical, dont l'élargissement des droits du travailleur dans notre société et l'expression des solidarités humaines dans la vie économique? Nous nous arrêtons un instant à ce défi du mouvement syndical contemporain[34].

En cette fin de XXe siècle, nous vivons une période de transformations économiques qui bouleversent les acquis syndicaux, tant sur le plan des pratiques que sur le plan des structures. Notons d'abord l'impact de la globalisation de la production et des échanges, qui se manifeste par des stratégies de redéploiement d'entreprises, la libéralisation des échanges et une augmentation considérable de la concurrence sur les marchés nationaux et internationaux. Ces mutations exercent des pressions énormes sur les relations du travail. Pour ce qui est du contenu des conventions collectives, elles s'expriment, entre autres, non seulement par la création de doubles échelles salariales et par la prolifération des concessions salariales, mais également par la modification des structures de négociation. Dans ce dernier cas, elles conduisent au démantèlement des structures centralisées, de manière à favoriser une plus vive concurrence entre les unités à l'intérieur d'une même industrie, voire d'une même entreprise, et une plus grande différenciation entre des marchés régionaux, comme dans les secteurs du camionnage et de la fabrication des produits alimentaires.

La mutation de la structure industrielle, caractérisée notamment par la tertiarisation de l'emploi, à savoir le plafonnement de l'em-

---

33. La majorité des membres de cette centrale font également partie du Conseil provincial du Québec des métiers de la construction, instance qui regroupe divers syndicats locaux de syndicats internationaux dans l'industrie de la construction. Sur la scission, voir B. Dow, «The Labour Movement and Trade Unionism: Summary Outline», dans: W.D. Wood et P. Kumar (dir.), *The Current Industrial Relations Scene in Canada 1982*, Queen's University at Kingston, Industrial Relations Centre, 1982, pp. 209-213.

34. Pour un traitement plus approfondi de ces questions, voir G. Murray et C. Rioux, «Syndicats et marchés: les structures et les pratiques syndicales dans les années 1990», dans: *Relations de travail* (supplément de *Nouvelles CSN*), Montréal, C.S.N., avril 1990, pp. 2-11.

ploi dans les secteurs primaire et des biens et la croissance rapide de l'emploi dans le secteur des services privés, constitue une autre source de changement pour le mouvement syndical[35]. Cette tendance lui pose des défis particuliers. En effet, là où le syndicalisme est le plus présent, l'emploi se révèle stable ou, même, en déclin; là où le syndicalisme est beaucoup moins présent, l'emploi est en plein essor. Cette conjoncture mène à un effondrement des compétences syndicales traditionnelles. Elle provoque ainsi des réorientations importantes dans les stratégies de recrutement et une aggravation des conflits de compétence entre syndicats, et ce parfois à l'intérieur d'une même centrale. Par exemple, nous retrouvons les Métallos, une des expressions les plus pures du syndicalisme industriel américain, en train de concentrer leurs efforts de recrutement au Québec dans le secteur des services privés: chez les agents de sécurité, dans les hôtels et les restaurants, et dans l'industrie du taxi. Le syndicalisme industriel se transforme alors en nouveau syndicalisme général. De même, des organisations concentrées dans des services bien délimités des secteurs public et parapublic, telle la Centrale de l'enseignement du Québec (C.E.Q.), débattent également le mérite de la diversification de leurs sources de recrutement hors des sentiers traditionnels[36]. Ces changements incitent les centrales à revoir la répartition des compétences entre les syndicats et les fédérations et à adapter leurs mécanismes d'intervention en ces matières[37].

Par ailleurs, la taille des nouvelles unités dans le secteur des services privés est généralement beaucoup plus petite que les anciennes unités des secteurs primaire et des biens. Par exemple, la taille moyenne des nouvelles unités chez les Métallos de 1978 à 1989 fut approximativement de 46 membres par nouvelle accréditation, par rapport à la moyenne de 165 par unité pour tous ces membres en 1968, de 120 en 1978 et de 88 en 1987[38]. Les organisations syndicales peuvent-elles facilement intégrer de si petites unités dans leurs structures? Peuvent-elles leur assurer des services traditionnels sans provoquer des déficits financiers importants? Ne serait-ce pas plutôt au régime légal d'ac-

---

35. Sur les transformations de la structure industrielle, voir Conseil économique du Canada, *L'emploi au futur*, Ottawa, Approvisionnements et Services Canada, 1990.

36. Voir «Réinventer notre centrale» et «Réinvestir dans notre organisation syndicale», 32e congrès, C.E.Q., Laval, du 26 au 30 juin 1990.

37. Voir: *Règlement régissant la procédure de traitement des requêtes en justification et des accusations de maraudage conformément aux dispositions des statuts du Congrès du travail du Canada*, C.T.C., avril 1989; *Discours du président – Un syndicalisme en changement*, 21e congrès, F.T.Q., Québec, du 27 novembre au 1er décembre 1989, pp. 25-26; *Rapport du comité des juridictions des territoires des conseils centraux et des fédérations*, 55e congrès, C.S.N., Montréal, du 5 au 11 mai 1990.

38. Voir G. Murray, «Canadian Unions and Economic Restructuring: The Political Economy of Organizational Adjustment in National Trade Unions», dans: Allen Ponak (dir.), *Rapport du 27e Congrès annuel de l'Association canadienne des relations industrielles*, Victoria, ACRI–CIRA, 1990, pp. 375 et ss.

créditation, axé lui-même sur un lieu de travail et un employeur, à s'adapter?

Le mouvement syndical, particulièrement les syndicats affiliés à la F.T.Q., est ainsi amené à privilégier de nouvelles formes d'organisation locale, notamment la section locale composite, dite «composée», qui intègre des salariés de multiples unités d'accréditation selon une base sectorielle ou géographique. Des syndicats mettent en place de nouveaux mécanismes de coordination afin de renforcer leur pouvoir de négociation dans des secteurs où il est faible; mentionnons, entre autres, l'expérience de coordination régionale dans l'hôtellerie de la Fédération de commerce de la C.S.N. L'extension juridique des conventions collectives par décret, selon la Loi des décrets de convention collective, revêt dans ce contexte une nouvelle importance du point de vue syndical. Il en est ainsi des efforts du Syndicat des métallos pour établir une présence syndicale dans l'industrie du taxi à Montréal.

Les nouvelles stratégies patronales en matière de gestion des ressources humaines dans l'entreprise mettent également à l'épreuve les pouvoirs d'adaptation des syndicats. D'une part, des entreprises cherchent à atteindre une meilleure utilisation des capacités des travailleurs par leur intégration dans le système social de l'entreprise: travail en équipe, cercles de qualité, modes de rémunération basés sur les résultats de l'entreprise, etc. Que devient le rôle du syndicat dans cette nouvelle culture d'entreprise? Dans certains syndicats, on s'interroge même sur l'à-propos du visage conflictuel classique du syndicalisme[39]. D'autre part, des syndicats, dans ces mêmes établissements, font face aux stratégies de différenciation de l'entreprise qui cherche à réduire ses coûts directs, à déplacer une partie du «risque» sur les autres unités de production et à augmenter son degré de flexibilité dans la gestion du travail par le recours au travail précaire et à la sous-traitance.

Ce double processus trouve écho sur le marché du travail dont l'évolution se caractérise simultanément par une accentuation de l'identification professionnelle et par une précarisation des statuts d'emploi. Le mouvement syndical se retrouve ainsi devant une dynamique légèrement contradictoire quant aux solidarités à privilégier. Faudrait-il promouvoir un syndicalisme davantage axé sur la défense des intérêts économiques d'une seule profession ou d'une seule entreprise, ou faudrait-il plutôt chercher à défendre des groupes plus hétérogènes et souvent plus vulnérables sur le marché du travail? Dilemme classique de l'action syndicale, mais dilemme rendu plus aigu devant la mutation

---

39. Voir, par exemple: *Partenaires d'égal à égal, c'est un droit!*, C.S.D., Montréal, 1985; *Rapport du Comité exécutif de la CSN*, 55e Congrès, C.S.N., Montréal, du 5 au 11 mai 1990.

du marché du travail[40]. Le mode d'action à privilégier, que la prédominance soit celle de l'économique sur le politique ou inversement, dépend évidemment des choix de chaque organisation. Dans un contexte de différenciation du marché du travail, il est difficile pour le mouvement syndical de créer des affinités et des aspirations que peuvent partager différents groupes de salariés. Cela explique, en partie du moins, l'essor du syndicalisme professionnel et indépendant.

Une des mutations les plus spectaculaires de l'univers syndical est sans doute l'augmentation de la participation des femmes au travail salarié. Le taux d'activité des femmes sur le marché du travail ne cesse d'augmenter, ce qui reflète des changements importants dans la composition des ménages et leurs sources de revenus. La participation des communautés culturelles au monde du travail croît également. Ces changements amènent les organisations syndicales à remettre en question leurs structures de représentation et leurs revendications économiques et sociales, si elles veulent gagner la confiance de ces nouveaux groupes de salariés et offrir une pratique qui leur convienne.

Un dernier changement majeur concerne le rétrécissement et la redéfinition de l'État et de son rôle protecteur. Le mouvement syndical a dû faire face à un discours néo-libéral, qui lie l'expansion économique à la déréglementation des marchés et à la diminution du rôle de l'État. Notons toutes les pressions en vue d'un «assouplissement» du droit du travail, de la privatisation ou de la commercialisation des services publics.

En même temps, de nouveaux groupements sociaux, de femmes, de communautés culturelles ou d'écologistes par exemple, occupent une place grandissante dans l'arène politique. Le mouvement syndical est ainsi appelé à lier ses préoccupations à celles de ces nouveaux acteurs politiques. Il doit élargir ses champs d'intervention et diversifier ses moyens d'action politique; il doit agrandir le cercle de ses solidarités, tant sur le marché du travail que dans l'arène publique. Enfin, il doit redéfinir l'équilibre entre l'action professionnelle traditionnelle, rattachée aux préoccupations économiques immédiates et à l'amélioration du sort quotidien au travail, et une action plus large, mais également pertinente, qui lie l'avenir du mouvement syndical à l'émergence de nouvelles préoccupations sociales[41].

La réalité syndicale au Québec est ainsi assez complexe. Le mouvement syndical se trouve en période de réflexion et de transfor-

---

40. Voir, par exemple, le rapport du Conseil économique du Canada, *op. cit.*, *supra*, n. 35, qui souligne une polarisation grandissante dans la répartition des revenus entre différentes catégories de travailleurs.

41. Voir, par exemple: A. Touraine, M. Wieworka et F. Dubet, *Le mouvement ouvrier*, Paris, Fayard, 1984; M. Tozzi, *Syndicalisme et nouveaux mouvements sociaux*, Paris, Les Éditions ouvrières, 1982; M. Tozzi, *Militer autrement*, Lyon, Chronique sociale, 1985.

mation. Par leur participation à la vie économique et politique du Québec, les syndicats ont été, dans le passé, des agents actifs de promotion des droits de la personne. Ces transformations de leurs structures et de leurs pratiques qu'impose le marché du travail ne comportent nullement une mise au rancart du rôle fondamental du syndicalisme. Au contraire, la dualité de la fonction syndicale est plus actuelle que jamais. Le mouvement syndical est ainsi toujours appelé à conjuguer son rôle de défenseur des intérêts économiques les plus étroits à celui d'agent de transformation sociale et de promoteur de droits humains : ce qui demeure une ambiguïté riche, profonde et permanente dans la vie quotidienne du syndicat...

CHAPITRE PRÉLIMINAIRE

UN PRÉALABLE: LA LIBERTÉ SYNDICALE

Les préoccupations juridiques relatives aux syndicats et à leur activité n'ont manifestement de sens que si ces mouvements peuvent, dans la réalité, s'établir, se développer et se manifester conformément à leur vocation naturelle, qui est une vocation de concertation d'individus unis par un intérêt commun relié au travail. L'initiative du regroupement appartient à cette base; le mouvement prend forme et suit son cours selon cette volonté commune. Le droit syndical repose donc sur le postulat d'une telle liberté syndicale. D'ailleurs, son édification graduelle a correspondu sur le plan historique, au Québec comme dans d'autres milieux occidentaux, à l'affirmation graduelle d'une liberté syndicale significative[1].

Cette liberté syndicale elle-même ne se conçoit pas isolément d'un contexte plus général de liberté dans une société. Cela vaut en particulier des libertés civiques fondamentales que sont notamment la faculté générale d'association et les libertés de réunion et de déplacement, d'expression et de conscience, de même que de l'existence d'un système judiciaire indépendant et impartial. La Conférence générale de l'Organisation internationale du travail (O.I.T.) constatait d'ailleurs dans sa *Résolution concernant les droits syndicaux et leurs relations avec les libertés civiles*, adoptée le 25 juin 1970, «que les droits conférés aux organisations de travailleurs et d'employeurs doivent se fonder sur le respect des libertés civiles qui ont été énoncées notamment dans la Déclaration universelle des droits de l'homme et dans le Pacte international relatif aux droits civils et politiques, et que l'absence de ces libertés civiles enlève toute signification au concept des droits syndicaux». Le Comité de la liberté syndicale du même organisme reprenait cette constatation: «Un mouvement syndical réellement libre et indépendant ne peut se développer que dans le respect des droits fondamentaux de l'homme[2].» La liberté syndicale se présente ainsi comme l'une des composantes de l'ordre social fondamental.

---

1. Voir *supra*, p. 14.
2. *La liberté syndicale*, Recueil de décisions et de principes du Comité de la liberté syndicale de l'O.I.T., 3ᵉ éd., Genève, O.I.T., 1985, p. 19, par. 68. Sur l'ensemble de l'intervention de l'O.I.T. relative à la liberté syndicale, voir notamment: J. de Givry, *Droits de l'homme, travail et syndicats*, Paris, Éditions universitaires, 1989.

Liberté d'action privée collective, la liberté syndicale traduit un ordre social pluraliste et s'oppose à une conception totalitaire de la société. Elle s'affirme en ce sens à l'encontre de l'État. Elle n'est possible que si ce dernier n'y fait pas obstacle (A.). Mais elle exige davantage, du moins dans une société donnant cours à l'entreprise privée. Elle doit pouvoir s'y affirmer également à l'encontre du pouvoir patronal. La liberté syndicale requiert alors un comportement, positif cette fois, de l'État: il assure sa protection envers l'employeur (B.).

A. Absence d'entrave de l'État

L'action concertée, en particulier à finalité professionnelle, procède le plus souvent, dans la réalité contemporaine, d'un groupement déjà structuré et relativement stable, c'est-à-dire le syndicat. Telle est la perspective qui se dégage du contexte législatif qui existe présentement au Québec. Mais la liberté syndicale dans son acception générale n'est pas ainsi limitée au départ. Il paraît artificiel et arbitraire d'exiger l'établissement préalable d'un tel groupement pour que puisse avoir cours une activité concertée, comme la négociation collective ou une grève, que l'on désignerait alors respectivement comme étant l'une des fins de ce groupement et un moyen de réaliser cette fin. L'émergence des premiers syndicats se compare d'ailleurs à de telles manifestations d'activité collective, au point que ces dernières peuvent même avoir été à l'origine de groupements syndicaux. L'existence généralisée des syndicats dans la réalité contemporaine autorise toutefois une tentative d'analyse successive de deux aspects d'une même réalité syndicale, soit la liberté de constituer le groupement, de l'organiser, ou liberté constitutive (1.) et la liberté d'action du syndicat (2.).

1. Liberté constitutive

Les différentes manifestations de la liberté constitutive du syndicat que l'on aura relevées (a.) sont-elles protégées contre l'action de l'État (b.)?

a. Manifestations

La liberté constitutive d'association, sur le plan syndical ou autrement, s'entend en bref de «la liberté d'appartenir à une association ou de la constituer[3]». Toutefois, elle n'envisage pas l'action d'individus agissant de concert dans une structure syndicale. Ce n'est donc qu'une vue fort partielle de l'objet matériel de la liberté syndicale. Néanmoins, il demeure possible de ranger sous ce vocable différentes manifestations de celle-ci. Si l'on reprend seulement certains énoncés de la *Convention (n° 87) sur la liberté syndicale et la protection du droit*

---

3. Notes du juge en chef Dickson, *Renvoi relatif à la Public Service Employee Relations Act (Alb.)*, (1987) 1 R.C.S. 313, p. 362.

syndical, adoptée en 1948 par la Conférence générale de l'O.I.T. et ratifiée par le Canada en 1972 (bien que cet instrument n'établisse lui-même aucune distinction entre l'aspect «constitutif» et les autres aspects de la liberté syndicale), nous pouvons préciser que serait ici en cause le droit des salariés «de constituer des organisations de leur choix, ainsi que celui de s'affilier à ces organisations» (article 2). Serait ainsi visée la faculté pour ces organisations «d'élaborer leurs statuts et règlements administratifs, d'élire (...) leurs représentants et d'organiser leur gestion» (article 3). Ressortirait également à cet aspect constitutif l'affiliation du groupement à un ensemble syndical de plus grande envergure, comme une fédération ou une centrale syndicale.

b. Protection

Sur le plan international, le Canada a pris l'engagement de respecter le contenu des précédents aspects de la liberté syndicale. La *Déclaration universelle des droits de l'homme*, adoptée en 1948 par l'Assemblée générale des Nations-Unies, énonce non seulement le droit d'association pacifique (article 20), mais aussi, plus précisément, le droit de toute personne «de fonder avec d'autres des syndicats et de s'affilier à des syndicats pour la défense de ses intérêts» (article 23). Le Canada devait également adhérer par la suite, en 1976, au *Pacte international relatif aux droits civils et politiques* des Nations-Unies. Celui-ci, à l'article 22, consacre le droit d'association de façon générale «y compris le droit de constituer des syndicats et d'y adhérer pour la protection de ses intérêts», sous réserve des seules restrictions prévues par la loi et qui sont nécessaires, dans une société démocratique, dans l'intérêt de la sécurité nationale, de la sûreté publique et de l'ordre public, ou pour protéger la santé ou la moralité publique ou les droits d'autrui (sous réserve également de restrictions légales à l'exercice de ce droit par les membres des forces armées et de la police). L'article 8 du *Pacte international relatif aux droits économiques, sociaux et culturels*, également ratifié par le Canada en 1976, proclame aussi, moyennant une réserve du même type, «le droit (de) toute personne de former avec d'autres des syndicats de son choix, sous la seule réserve des règles fixées par l'organisation intéressée, en vue de favoriser et de protéger ses intérêts économiques et sociaux» (article 8). Enfin, la Constitution de l'O.I.T. accorde dans son préambule une place fondamentale à la liberté syndicale, ce qui comporte une obligation de respecter celle-ci pour tout État-membre. Plus précisément, le Canada a ratifié, en 1972, la *Convention (n° 87) sur la liberté syndicale et la protection du droit syndical*. Les précédents engagements internationaux du gouvernement canadien ne produisent pas d'effet direct en droit interne; ils constituent toutefois une donnée dont le tribunal se devrait de tenir compte dans l'interprétation d'une loi[4].

---

4. Voir notamment: M. Cohen et A.F. Bayefsky, «The Canadian Charter of Rights and Freedoms and Public International Law», (1983) 61 *R. du B. can.* 265; D.

Sur le plan du droit interne, différentes lois prééminentes consacrent non pas une liberté syndicale particulière mais, d'une façon plus générale et sans égard à la finalité de la concertation, la liberté d'association. Or, que l'orientation de l'association envisagée soit syndicale, c'est-à-dire reliée au contexte du travail, ou non, il n'y a pas de désaccord quant au fait qu'elle comprend l'aspect «constitutif» précédemment défini[5].

Ces affirmations de la liberté d'association se retrouvent, en premier lieu, à l'article 2 d) de la *Charte canadienne des droits et libertés*, texte constitutionnel opposable aux législateurs et aux gouvernements fédéral et provinciaux. La liberté fondamentale ainsi affirmée ne peut, selon l'article, être restreinte «que par une règle de droit, dans des limites qui soient raisonnables et dont la justification puisse se démontrer dans le cadre d'une société libre et démocratique[6]». Une dérogation temporaire, mais susceptible de réitération, demeure toutefois possible par une déclaration expresse du Parlement ou d'une législature provinciale[7]. De même, la *Charte* (québécoise) *des droits et libertés de la personne* proclame la liberté d'association, ce qui a pour effet d'empêcher toute loi québécoise d'y déroger, à moins que cette loi n'énonce expressément que cette disposition s'applique malgré la Charte[8]. Enfin, au regard de la législation fédérale, l'énoncé, dans l'article initial de la *Déclaration canadienne des droits* sanctionnée en 1960, de cette même liberté d'association, dispose que toute loi de cet ordre législatif doit s'interpréter et s'appliquer de manière à ne pas la supprimer ni la restreindre, sauf déclaration expresse dans cette loi selon laquelle celle-ci s'applique malgré la Déclaration.

Le législateur ne peut donc, en principe du moins, entraver la formation ou l'organisation du syndicat, ni l'appartenance à ce dernier. Un tel comportement serait inadmissible, qu'il se manifeste par une interdiction pure et simple de l'institution syndicale ou encore par la subordination de sa légitimité à une autorisation étatique préalable.

Turp, «Le recours au droit international aux fins de l'interprétation de la Charte canadienne des droits et libertés: un bilan jurisprudentiel», (1984) 18 *R.J.T.* 353; M. LeBel, «L'interprétation de la Charte canadienne des droits et libertés au regard du droit international des personnes – Critique de la démarche suivie par la Cour suprême du Canada», (1988) 48 *R. du B.* 745; M. Coutu, *Les libertés syndicales dans le secteur public*, Cowansville, Les Éditions Yvon Blais Inc., 1989, pp. 112 et ss.

5. Voir l'unanimité des juges à ce sujet dans: *Renvoi relatif à la Public Service Employee Relations Act (Alb.)*, *supra*, n. 3.

6. *R. c. Oakes*, (1986) 1 R.C.S. 103.

7. *Charte canadienne des droits et libertés*, art. 33 (*C.c.d.l.*).

8. *Charte des droits et libertés de la personne*, L.R.Q., c. C-12, art. 3 et 52 (*C.d.l.p.*). En l'absence d'une telle dérogation expresse, l'atteinte à une liberté fondamentale énoncée dans la Charte québécoise souffre l'effet de la réserve finale de l'article 9.1 qui laisse au législateur la possibilité de «limiter la portée et d'aménager l'exercice d'une liberté fondamentale dans la perspective de l'intérêt public».

L'imposition d'une forme juridique particulière et dont la réalisation dépend du pouvoir discrétionnaire de l'État conduit au même résultat[9].

La législation contemporaine du travail, qui reprend à son compte l'affirmation de la liberté d'association[10], paraît, pour ce qui est de ses exigences précises, constituer un ensemble qui respecte cette dimension constitutive de la liberté syndicale. En ce qui concerne l'établissement de syndicats, la procédure d'enregistrement en vertu de la *Loi* (fédérale) *sur les syndicats ouvriers*[11] ou d'«incorporation» selon la *Loi sur les syndicats professionnels*[12] étant facultative, toute exigence s'y rattachant – comme celle, qu'énonce l'article initial de cette dernière loi, d'un nombre minimal de 15 membres fondateurs qui soient citoyens canadiens – ne constitue donc pas un obstacle à la liberté syndicale[13].

Mais comme l'expriment notamment les prises de position du Comité de la liberté syndicale de l'O.I.T., un tel obstacle pourrait s'ensuivre indirectement de l'octroi de privilèges exclusifs importants à certains groupements seulement, du moins si cette faveur était arbitraire et discriminatoire: n'en résulterait-il pas en effet une impossibilité pratique pour les groupements ainsi défavorisés de défendre les intérêts

---

9. Voir notamment la portée du droit de constituer des organisations syndicales «sans autorisation préalable», qu'énonce l'article 2 de la Convention n° 87 de l'O.I.T.: *La liberté syndicale, supra,* n. 2, pp. 57 et ss.

Le développement de la vie associative dans la société reposant sur l'initiative privée, l'État a pu, d'un point de vue historique, utiliser le pouvoir de création des personnes morales qu'il s'octroie pour contrôler abusivement cette vie associative. En ce sens, il peut exister une connexité, en certaines circonstances, entre le statut juridique des groupements et la liberté d'association. Voir L. Michoud, *La théorie de la personnalité morale et son application au droit français*, 3e éd., Paris, L.G.D.J., 1932, pp. 127 et 432.

Dans l'arrêt *Institut professionnel de la fonction publique du Canada c. Territoires du Nord-Ouest (Commissaire)*, (1990) 2 R.C.S. 367, la majorité des juges a conclu à la constitutionnalité, au regard de l'article 2 d) de la *Charte canadienne des droits et libertés*, d'une loi subordonnant le droit légal de négocier avec l'État-employeur en cause à la constitution du syndicat en personne morale, selon le bon vouloir du pouvoir public, l'accès à la négociation collective n'étant pas inclus, selon eux (voir *infra*, p. 36), dans la compréhension de «liberté d'association», et la loi ne touchant pas par ailleurs à l'existence du syndicat. Pour la minorité, une telle limitation de l'accès à la négociation collective équivalait au contraire à une atteinte à l'existence même du syndicat et, partant, à la «liberté d'association» des salariés en cause. Voir les notes du juge Cory, p. 381, qui rejoint ainsi l'énoncé du texte principal.

10. *Code du travail*, L.R.Q., c. C-27, art. 3 (*C.t.*); *Code canadien du travail*, L.R.C. (1987), c. L-2, art. 8 (*C.c.t.*).

11. *Loi sur les syndicats ouvriers*, L.R.C. (1985), c. T-14. Voir *infra*, p. 115.

12. *Loi sur les syndicats professionnels*, L.R.Q., c. S-40. Voir *infra*, p. 118.

13. Cette exigence, posée par l'article 1, *ibid.*, qui limite aux citoyens canadiens la possibilité de participer à la fondation d'un syndicat jouissant des attributs de la personne morale, paraît toutefois contraire à l'article 15(1) de la Charte constitutionnelle. Voir *infra*, p. 119, n. 40.

de leur adhérents, ce qui leur enlèverait en définitive leur raison d'être[14]? Relativement à l'affirmation de la liberté d'association au regard du droit interne prééminent, une telle proposition ne paraît toutefois pas acceptée présentement en droit positif canadien[15].

L'octroi du monopole de représentation des salariés de l'entreprise au syndicat accrédité, en raison de son caractère majoritaire – principe de base des Codes québécois et canadien du travail –, ne soulève pas de difficulté de cet ordre, car, d'une part, il repose précisément sur la réalisation d'une donnée objective – le constat de majorité – et, d'autre part, il est susceptible d'une remise en cause périodique, à des intervalles raisonnables, comme on le verra[16]. Si l'on désire se référer à l'application d'une norme internationale, disons qu'il satisfait en cela aux critères dégagés par le Comité de la liberté syndicale de l'O.I.T.[17].

Par contre, le fait de restreindre à certains groupements désignés la possibilité de faire constater la représentativité syndicale, comme le veut le présent aménagement des rapports collectifs du travail dans l'industrie de la construction[18], pourrait constituer éventuellement un obstacle inacceptable à l'accès d'autres syndicats au processus de négociation collective imposé à ce secteur. Par ailleurs, l'interdiction à des policiers municipaux d'être membres d'une association de salariés qui n'est pas formée exclusivement de policiers municipaux ou qui est affiliée à une autre organisation va, du moins en principe, directement à l'encontre des principes de la liberté constitutive d'association[19]. Dans l'ordre fédéral, l'exclusion des membres de la Gendarmerie royale du Canada de la portée des lois régissant la négociation collective dans la fonction publique fédérale et dans le champ des entreprises assujetties à la compétence du Parlement[20] ne touche pas à l'aspect constitutif de la liberté d'association, ni directement ni indirectement, car elle n'a pas

---

14. Voir *La liberté syndicale*, *supra*, n. 2, p. 51, par. 235, et p. 55, par. 254.
15. Voir l'arrêt majoritaire: *Institut professionnel de la fonction publique du Canada* c. *Territoires du Nord-Ouest (Commissaire)*, *supra*, n. 9. Les notes du juge Cory, auxquelles souscrivent deux autres juges minoritaires, se fondent au contraire sur une telle argumentation.
16. *Infra*, p. 88.
17. *La liberté syndicale*, *supra*, n. 2, p. 51, par. 237.
18. *Loi sur les relations de travail, la formation professionnelle et la gestion de la main-d'œuvre dans l'industrie de la construction*, L.R.Q., c. R-20, art. 28. Voir *infra*, p. 106.
19. *C.t.*, art. 4. (L'atteinte à la liberté d'association constatée, sa justification demeure possible, rappelons-le, à la lumière des réserves contenues dans les Chartes. À cet égard, on sera évidemment appelé à tenir compte des exceptions relatives à l'ordre public et aux policiers qu'énoncent différents instruments internationaux précités.) Certaines restrictions temporelles à l'affiliation de syndicats accrédités signataires de conventions collectives (*ibid.*, art. 73 et 111.4) sont aussi problématiques. Voir *infra*, p. 168.
20. Voir: *Association des membres de la Division «C»* et *Gendarmerie royale du Canada*, 67 d.i. 27; *Delisle* c. *Canada*, (1990) R.J.Q. 234 (C.S., en appel).

pour effet de privilégier un syndicat en particulier. La même conclusion vaut à l'endroit des militaires, mais en raison cette fois de l'absence d'exception particulière à leur endroit : «les militaires ne semblent pas avoir été dépossédés du droit d'association et conserveraient la possibilité de se regrouper au sein d'organisations syndicales[21]».

2. Liberté d'action syndicale

La liberté syndicale manifeste ici sa spécificité par rapport à la liberté d'association en général (a.); l'étendue de la protection dont elle peut jouir devient en conséquence plus incertaine (b.).

a. Manifestations

L'objet d'ensemble de l'activité syndicale est centré sur la protection de l'intérêt professionnel, mais ne se laisse pas emprisonner par une définition étroite et hermétique de celui-ci. L'action des syndicats, bien qu'elle se soit couramment préoccupée des rapports immédiats au sein de l'entreprise et aussi, quoique moins fréquemment en contexte nord-américain, de questions de portée sectorielle et intéressant plus généralement l'ensemble d'une profession, ou même le salariat en général, peut devoir dépasser ces frontières pour des raisons d'efficacité, surtout à long terme. Si l'action syndicale doit respecter sa spécialité socio-économique et ne pas se transformer en action politique systématique, il ne peut être exclu, selon les circonstances, qu'elle revête également une telle dimension politique. La Commission d'experts pour l'application des conventions et recommandations de l'O.I.T. a tracé avec toutes les nuances voulues les conditions de l'équilibre qui doit prévaloir à cet égard :

> Il apparaît de plus en plus, comme cela avait déjà été mentionné dans les travaux préparatoires de la convention n° 87, que l'action des organisations syndicales ne saurait se limiter strictement au seul domaine professionnel. En effet, le choix d'une politique générale, notamment en matière économique, entraîne des conséquences affectant la condition des salariés (rémunération, congés, conditions de travail, marche de l'entreprise, etc.). L'évolution du mouvement syndical montre que l'objectif de promotion des conditions de travail par la négociation collective, tout en demeurant un axe fondamental de l'action des syndicats, s'accompagne de manière de plus en plus prononcée de leur participation dans les organes appelés à se prononcer sur les politiques économiques et sociales. Cette participation requiert en échange que les syndicats puissent porter attention aux problèmes d'intérêt général et donc politiques au sens le plus large

---

21. Voir J.-D. Gagnon, «Les effets de la Charte canadienne des droits et libertés sur le droit du travail», (1984) 18 *R.J.T.* 131, p. 14 : J.E. Dorsey, «Excluded Employees and the Canadian Charter of Rights and Freedoms», pp. 5 et ss, dans : G. England (dir.), *Essays in Collective Bargaining and Industrial Democracy*, Don Mills, CCH Canadian Limited, 1983.

du terme et que, entre autres, ils puissent manifester publiquement leur opinion sur la politique économique et sociale du gouvernement, étant entendu que la mission fondamentale des syndicats devrait être d'assurer le développement du bien-être économique et social de tous les travailleurs[22].

Les moyens par lesquels se manifeste l'action syndicale à l'intérieur du champ ainsi défini sont bien connus. Ils reposent essentiellement sur le regroupement des forces, c'est-à-dire la concertation de personnes liées par un intérêt commun se rattachant à un contexte de travail. Une telle concertation constitue la source même de toute action syndicale, au point que celle-ci s'identifie simplement à elle, et ce, de façon particulièrement évidente dans la phase initiale d'implantation d'un mouvement syndical. Il s'agit principalement de la fonction de négociation collective avec l'élément patronal, par l'entremise de représentants syndicaux. Le marché porte alors sur la force collective de travail des syndiqués. Sporadiquement, cette force de travail, dont le poids pèse dans toute négociation, se manifeste ouvertement à l'occasion d'une grève, qui n'est rien d'autre qu'une mise à l'index de l'employeur, d'abord par ses propres employés. Le geste peut alors comporter ou non un élément de solidarité, entre autres par la participation de syndiqués non immédiatement visés par l'objet de la négociation. Le recours au piquet de grève, de même qu'à différents moyens de publicité, peut viser à accentuer la portée d'une telle action collective et à étendre aussi son impact par une entreprise de mise à l'index encore plus généralisée de la part de sympathisants. Le processus de négociation visera le plus souvent à l'établissement d'une entente collective instaurant un régime intégré de travail. Mais, *a priori* du moins, l'action syndicale peut tout aussi bien se rattacher à la solution de toute autre question d'intérêt syndical, même plus ponctuelle, comme la modification d'un comportement patronal particulier. Elle peut aussi, avons-nous vu, présenter une connotation politique. L'action syndicale revêt aussi d'autres formes: représentation judiciaire des syndiqués, participation à différents processus consultatifs ou décisionnels dans l'entreprise, un secteur industriel ou même à l'échelle nationale. Tout comme

---

22. *Liberté syndicale et négociation collective*, Étude d'ensemble de la Commission d'experts pour l'application des conventions et recommandations, Conférence internationale du travail, 69e session, 1983, Genève, B.I.T., 1983, p. 62, par. 195. Le paragraphe 5 de la *Résolution concernant l'indépendance du mouvement syndical* du 26 juin 1952 de la Conférence internationale du travail précise que

> lorsque des syndicats décident, en se conformant aux lois et usages en vigueur dans leurs pays respectifs et à la volonté de leurs membres, d'établir des relations avec des partis politiques ou d'entreprendre une action politique conforme à la Constitution pour favoriser la réalisation de leurs objectifs économiques et sociaux, ces relations ou cette action politique ne doivent pas être de nature à compromettre la continuité du mouvement syndical ou de ses fonctions sociales et économiques, quels que soient les changements politiques qui puissent survenir dans le pays.

à ses origines, l'action syndicale peut aussi être une action de prévoyance sociale et d'éducation mutuelle.

b. Protection

Certains des engagements internationaux du Canada visent au respect de l'action syndicale dans ses objets et manifestations usuelles. Ainsi, le *Pacte international relatif aux droits économiques, sociaux et culturels*, qui affirme «le droit qu'ont les syndicats d'exercer librement leur activité sans limitations autres que celles qui sont prévues par la loi et qui constituent des mesures nécessaires dans une société démocratique, dans l'intérêt des droits et des libertés d'autrui», et qui comporte aussi l'obligation pour l'État-partie d'assurer «le droit de grève, exercé conformément aux lois de chaque pays» s'appuie sur cette conception usuelle de l'activité syndicale[23]. Les différentes manifestations de celle-ci se trouvent donc affirmées, peut-on en effet penser, par analogie avec l'interprétation reçue de ce passage tout aussi général de la Convention n° 87 de l'O.I.T. qui assure aux organisations syndicales le droit d'«organiser leur activité et de formuler leur programme d'action» (article 3). Il suffit à cet égard de se référer à l'ensemble de la jurisprudence élaborée au fil des années par le Comité de la liberté syndicale de l'O.I.T.[24], de même qu'aux avis de la Commission d'experts pour l'application des conventions et recommandations[25], pour constater que la liberté syndicale s'entend tout aussi bien, naturellement et sans distinction, de l'action syndicale dans ses manifestations courantes, en plus de ses aspects que l'on pourrait qualifier de «constitutifs»[26]. Par contre, selon l'article 22 du *Pacte international relatif aux droits civils et politiques*, l'assurance du droit d'association sur divers plans, «y compris le droit de constituer des syndicats et d'y adhérer pour la protection de ses intérêts», paraît devoir s'interpréter d'une façon plus restrictive, du moins selon une décision majoritaire du Comité des droits de l'homme qui déclare irrecevable une communication portant sur une prétendue violation, au regard de ce texte, d'un droit collectif, à savoir le droit de grève, par une loi de l'Alberta[27]. Pour une minorité de membres, l'article 22 garantit au contraire le droit général de s'associer. Or, «l'exercice de

---

23. *Pacte international relatif aux droits économiques, sociaux et culturels*, art. 8, par. 1 c) et d).
24. *La liberté syndicale, supra*, n. 2, ch. IV, pp. 62 et ss.
25. *Liberté syndicale et négociation collective, supra*, n. 22, ch. VII, pp. 59 et ss.
26. Il en est ainsi en particulier de la protection du droit de grève. Voir R. Ben-Israel, *International Labour Standards: the Case of Freedom to Strike*, Deventer, Kluwer, 1987.
27. *Décision du Comité des droits de l'homme créé en vertu du protocole facultatif se rapportant au Pacte international relatif aux droits civils et politiques*, 28e session, concernant la communication n° R. 26/118. La décision se fonde principalement sur l'exégèse des travaux préparatoires, de même que sur une comparaison avec le libellé du *Pacte international relatif aux droits économiques, sociaux et culturels*.

ce droit exige que des activités concertées soient autorisées dans une certaine mesure, sinon il ne remplirait pas son objet[28]». Il inclut «nécessairement les moyens auxquels le membre d'un syndicat peut recourir pour la protection des ses intérêts[29]».

Dans le domaine du droit interne canadien, une problématique analogue se rattache à la protection du droit syndical à l'encontre de l'action étatique. Les textes invoqués, soit essentiellement l'énoncé général de la liberté d'association à l'article 2 d) de la Charte constitutionnelle de même qu'à l'article 3 de la *Charte des droits et libertés de la personne*, font semblablement partie d'un énoncé des grandes libertés civiques fondamentales des droits de la personne. Le titulaire de ces libertés est l'individu: «Chacun a les libertés fondamentales suivantes (...)[30]». Certaines de ces grandes libertés politiques, qui se sont initialement affirmées avec le développement de la société libérale, ne dépassent pas la dimension individuelle et ne comportent pas de manifestation collective. Ainsi en est-il de la liberté de conscience. L'exercice de la liberté d'association elle-même, sur d'autres plans que le plan syndical, pourrait parfois se réduire à l'aspect constitutif précédent. La protection constitutionnelle de la liberté d'association exercée sur le plan syndical ne se ramènerait-elle pas à une semblable dimension, dans ce contexte, au lieu de suivre le contour historiquement et naturellement plus ample de la liberté syndicale?

Il en est bien ainsi depuis les trois arrêts de la Cour suprême du Canada de 1987 traitant dans leur ensemble des droits de grève et de négociation collective[31]. Le droit de grève n'est pas visé, selon une majorité du banc: trois des juges semblent s'en tenir à une conception constitutive de la liberté d'association affirmée par la Constitution et se refuser à étendre sa compréhension à l'activité d'une association dans

---

28. Par. 3 de l'opinion minoritaire.
29. Par. 9, *ibid*.
30. *C.c.d.l.*, art. 2.
31. *Renvoi relatif à la Public Service Employee Relations Act (Alb.)*, *supra*, n. 3; *Alliance de la fonction publique du Canada* c. *Canada*, (1987) 1 R.C.S. 424; *Gouvernement de la Saskatchewan* c. *Syndicat des détaillants, grossistes et magasins à rayons, sections locales 544, 496, 635 et 955*, (1987) 1 R.C.S. 460. Commentaires de cette trilogie: T. Christian, «The Charter of Rights and Labour Law», pp. 185 et ss, dans: I. McKenna (dir.), *Labour Relations in the 1990s*, Don Mills, CCH Canadian Limited, 1989; S. Renouf, «One More Battle to Fight: Trade Union Rights and Freedom of Association in Canada», (1989) 27 *Alta. L.R.* 226; N. MacNeil, «Court and Liberal Ideology: an Analysis of the Application of the Charter to Some Labour Law Issues», (1989) 34 *McGill L.J.* 86, pp. 92 et ss; D. Beatty et S. Kennet, «Striking Back: Fighting Words, Social Protest and Political Participation in Free and Democratic Societies», (1988) 67 *R. du B. can.* 573; voir aussi M. Coutu, *op. cit.*, *supra*, n. 4, pp. 81 et ss.

la poursuite de ses fins[32]. Du moins, dans l'espèce, ils n'acceptent pas que la liberté constitutionnelle d'association puisse avoir pour objet des droits légaux de création récente, comme le droit de grève véritable établi par les lois canadiennes contemporaines régissant les rapports collectifs du travail (et comme le droit à la négociation collective, qui s'impose selon ces mêmes lois)[33]. La conclusion négative portant sur le droit de grève est aussi partagée par un quatrième juge.

Débordant l'aspect proprement constitutif de la liberté d'association, celui-ci se refuse néanmoins à admettre que le groupement puisse être titulaire de la liberté protégée[34]. Il se montre toutefois disposé à inclure dans la compréhension de celle-ci certaines actions collectives, soit la poursuite par une pluralité d'individus d'une activité à laquelle un individu isolé peut par ailleurs se livrer licitement[35]. L'élément de concertation étant inhérent à la grève, ce qui est exact, celle-ci ne satisfait pas à ce dernier critère. L'exercice du droit de grève ne jouit donc pas de la protection constitutionnelle selon l'avis de ces quatre juges, avis que ne partagent pas les deux autres membres minoritaires du banc pour des motifs sur lesquels nous reviendrons. Toujours dans l'énoncé de l'état du droit positif, le cheminement particulier du quatrième juge de la majorité paraissait revêtir une certaine importance. S'il avait ainsi conduit à un résultat négatif pour ce qui est du recours à la grève, il ne permettait pas de disposer en ce sens de la négociation collective, la négociation pouvant tout aussi bien être individuelle que collective[36]. Sur cette question, il y avait donc partage du banc et le

---

32. S'il y a bien ainsi de leur part rétention d'une conception strictement constitutive de la liberté d'association, cela signifierait qu'outre la faculté de négocier collectivement et de recourir à la grève d'autres aspects de l'activité syndicale ne jouiraient pas non plus de la protection constitutionnelle de la liberté d'association. Comme l'indique le juge en chef Dickson dans *Renvoi relatif à la Public Service Employee Relations Act (Alb.)*, *ibid.*, p. 362 :

    Dans le contexte syndical, une définition constitutive permettrait donc de découvrir une violation à première vue de l'al. 2d) dans une disposition législative (...) qui interdit d'adhérer à toute organisation affiliée à un syndicat. Cependant elle ne permettrait pas de constater une violation de l'al. 2d) dans le cas d'une loi qui interdirait le refus concerté de travailler. En fait, l'État pourrait interdire une grande diversité d'activités syndicales, depuis l'organisation d'activités sociales pour les adhérents, en passant par la constitution de régimes de pension syndicaux, jusqu'à la discussion d'une stratégie de négociation collective, sans pour autant enfreindre l'al. 2d).

33. *Ibid.*, p. 391 (notes du juge Le Dain). Pour le juge Le Dain, la question consistait à «savoir si une activité particulière qu'exerce une association en poursuivant ses objectifs doit être protégée par la Constitution, ou faire l'objet d'une réglementation par voie de politiques législatives». Mais en quoi, peut-on se demander, le fait pour une activité particulière d'être l'objet d'une intervention législative l'empêcherait-elle de se réclamer de la protection constitutionnelle?

34. *Ibid.*, notes du juge McIntyre, pp. 397 et 398.

35. *Ibid.*, pp. 404 et 408.

36. *Alliance de la fonction publique du Canada* c. *Canada*, *supra*, n. 31, p. 453 (notes du juge McIntyre).

débat demeurait ouvert. Toutefois, un arrêt majoritaire ultérieur de la Cour suprême du Canada se réclamant de l'autorité de la trilogie de 1987 a tranché: la protection constitutionnelle de la «liberté d'association ne s'étend pas à la négociation collective[37]».

La faculté de s'associer est celle d'agir de façon regroupée; tel est son objet même. L'apparition d'un groupement structuré et stable, le syndicat, n'est qu'un aspect accidentel, bien qu'il soit devenu courant. Débattre la question comme s'il s'agissait de la protection de la finalité du groupement syndical (la négociation collective) et d'un moyen d'atteindre cette fin (la grève) est plutôt formaliste. Par ailleurs, distinguer entre l'action qui ne peut être que collective (la grève) et celle qui pourrait être également poursuivie par l'individu isolé (la négociation) introduit une autre distinction non essentielle, voire artificielle, par rapport à ce concept d'association. L'association amène une pluralité d'individus à s'engager dans des types d'action d'une nature foncièrement collective, au sens propre du terme, tout comme elle peut par ailleurs ne consister qu'en la poursuite commune d'une activité à laquelle chacun de ces individus pourrait autrement se livrer isolément. L'opposition se situe véritablement entre une conception purement formelle de l'association – le seul aspect constitutif – et une conception fonctionnelle de celle-ci, qui tient compte de la finalité de l'association d'un individu avec d'autres[38].

Même dans le contexte de l'affirmation des droits fondamentaux de la personne, rien n'impose de privilégier une conception de la liberté d'association qui corresponde à celle d'une société intégralement libérale, ni de la réduire au dénominateur commun d'autres libertés politiques ou civiques. Comme le démontrent essentiellement les notes des juges minoritaires dans la trilogie de 1987 sur la protection constitutionnelle de la liberté d'association, celle-ci existe pour assurer aux individus une voix relativement significative dans la vie en société sur

---

37. *Institut professionnel de la fonction publique du Canada* c. *Territoires du Nord-Ouest (Commissaire)*, *supra*, n. 9, en particulier pp. 404 (juge Sopinka), 374 (juge Dickson) et 392 (juge L'Heureux-Dubé). Les juges minoritaires, après avoir constaté qu'au contraire les arrêts de 1987 n'avaient pas disposé de tous les aspects de la négociation collective, posent, a-t-on vu, que l'impossibilité dans laquelle se trouvaient les syndicats non «incorporés» de prétendre à la négociation collective avec l'État-employeur portait, en fait, atteinte à leur existence, donc à la «liberté d'association». Voir les notes du juge Cory, pp. 382 et 384.

38. Voir F. von Prondzynski, *Freedom of Association and Industrial Relations*, London, Mansell, 1987, en particulier pp. 225 et 233: l'auteur y oppose une conception politico-libérale à une telle conception fonctionnelle de la liberté d'association. En somme, celle-ci tient compte, à la lumière de l'histoire de son développement, du rôle social de la liberté syndicale; elle se présente alors comme un moyen d'atteindre un certain équilibre dans les rapports du travail. L'étendue de son affirmation se détermine en prenant en considération les exigences de l'atteinte de cet objectif social.

différents plans[39]. Pour les salariés, la réunion des forces individuelles s'est naturellement traduite dans un processus de négociation collective, qui permet des tractations importantes avec le pouvoir patronal[40]. Par rapport à l'établissement du régime du travail, cette pratique de négociation collective représente l'exercice même de la liberté d'association de différents travailleurs, qui visent ainsi à infléchir à leur avantage la situation par rapport à ce qu'elle serait autrement s'ils continuaient de se comporter isolément les uns des autres. Quant à la faculté de recourir à la grève, elle s'envisage de la même façon, puisqu'elle est un moyen essentiel au fonctionnement d'ensemble de la négociation collective[41].

Inclure ainsi la faculté de négocier collectivement et celle de recourir à la grève dans la compréhension de la liberté d'association véhiculée dans la Charte constitutionnelle nous semble s'imposer, compte tenu de l'histoire du développement de la liberté d'association en contexte canadien, bien avant que l'on songe à lui accorder une protection constitutionnelle. Ses pages les plus éloquentes ont été écrites pendant plus d'un siècle au pays par les travailleurs regroupés en syndicats, constants dans leur volonté d'imposer en maints contextes la négociation collective aux employeurs et de recourir à la grève pour appuyer leur revendication. Ils n'ont pas non plus hésité à y recourir d'une façon plus étendue, à certains moments de l'histoire du pays, pour obtenir des pouvoirs publics des redressements sociaux partiels à leur avantage[42]. L'histoire du droit canadien se développe d'ailleurs progressivement, mais avec un certain décalage, au fil de cette action syndicale: reconnaissance de la non-illégalité des objectifs syndicaux et de la coalition qu'est la grève, notamment par différentes interventions législatives de la fin du siècle dernier et dont les tribunaux prirent acte par la suite[43]. De ces données bien connues est issue pour une bonne part la réalité de la liberté d'association au pays. Les constituants ne doivent pas s'être référés à celle-ci en 1982 comme à un concept abstrait mais bien plutôt comme à un aspect préexistant majeur, façonné par l'histoire de la société et du droit canadiens. L'interprétation de la mention constitutionnelle devrait donc être commensurable.

La liberté de négocier collectivement et celle de faire grève ne sont donc pas le produit de lois relativement récentes. Certes, le droit d'imposer la négociation collective, dont jouit notamment le syndicat

---

39. *Renvoi relatif à la Public Service Employee Relations Act (Alb.)*, *supra*, n. 3, pp. 364 et 365 (notes du juge en chef Dickson).
40. *Ibid.*, p. 368: «Au cours de l'histoire, les travailleurs se sont associés pour surmonter leur vulnérabilité individuelle face à l'employeur. La capacité de négocier collectivement a depuis longtemps été reconnue comme l'une des fonctions intégrantes et premières des associations de travailleurs.»
41. *Ibid.*, p. 370.
42. Voir *supra*, p. 15.
43. Voir notamment à ce sujet P. Verge, *Le droit de grève, fondements et limites*, Cowansville, Les Éditions Yvon Blais Inc., 1985, pp. 122 et ss.

accrédité, de même que le droit de grève, qui dépasse la simple liberté de grève en ce qu'il assure au salarié gréviste qui respecte ses limites la protection de son emploi, sont de telles créations légales. Mais rien ne s'oppose en général à ce que des sujets qui ont été l'objet d'une intervention législative jouissent par ailleurs d'une protection constitutionnelle[44]. Surtout, ces interventions législatives qui vont ainsi plus avant que la simple liberté d'association ne font pas disparaître les manifestations antérieures plus rudimentaires de cette liberté et la nécessité de les protéger, abstraction faite des interventions législatives qui leur sont ainsi subséquentes[45].

Enfin, dans la mesure où la loi interne, même prééminente, requiert une explicitation, l'interprétation préférée ne doit-elle pas correspondre aux engagements de principe assumés par le pays sur la scène internationale[46]? Il s'agit là d'une donnée d'interprétation législative reçue; mais, point encore plus important, il y va d'un idéal de concordance de la volonté politique d'un pays, s'exprimant ainsi à la fois sur des plans externe et interne.

Si les aspects majeurs de l'action syndicale que sont la négociation collective et la grève jouissaient également de la protection supralégislative, différentes lois ou mesures gouvernementales empêchant ou restreignant leur cours devraient, pour avoir effet malgré l'atteinte qu'elles constituent à la liberté d'association, se justifier au regard de l'article 1 de la Charte[47].

B. Intervention positive de l'État

La *Convention (n° 98) sur le droit d'organisation et de négociation collective* de l'O.I.T., adoptée en 1949, prolonge d'une façon positive le

---

44. *Renvoi relatif à la Public Service Employee Relations Act (Alb.)*, *supra*, n. 3, p. 360 (notes du juge en chef Dickson).

45. Au surplus, quant à la grève, celle-ci n'apparaît-elle pas historiquement, avec son élément inhérent de concertation, comme une forme simple et primaire d'association? Voir P. Verge, *op. cit.*, *supra*, n. 43, p. 111. Son caractère essentiellement collectif ne lui confère-t-il pas directement une nature associative? Voir les notes du juge en chef Dickson, *ibid.*, p. 367.

46. Si l'on se reporte à la trilogie de 1987, il est étonnant de constater dans les notes des juges majoritaires l'absence totale de référence à ces instruments internationaux auxquels le Canada a souscrit.

47. Voir à ce sujet *infra*, en ce qui concerne les limites apportées par la loi aux actions syndicales de solidarité (p. 257), de même qu'à l'activité politique de syndicats (p. 358).

De la même façon, sur le plan international, les principaux instruments précités renferment des réserves expresses applicables à certains statuts particuliers, comme celui de fonctionnaire, de militaire ou encore de policier. Voir, à titre illustratif, le paragraphe 2 de l'article 8 du *Pacte international relatif aux droits économiques, sociaux et culturels* et l'article 9 de la *Convention (n° 87) concernant la liberté syndicale et la protection du droit syndical*.

contenu de la Convention n° 87 de l'année précédente. Non encore ratifiée par le Canada, contrairement à la Convention n° 87, la Convention n° 98 impose à l'État signataire d'adopter des mesures appropriées aux conditions nationales pour encourager et promouvoir, au besoin, le développement de la négociation collective entre les organisations d'employeurs et celles de travailleurs (article 4). Or, cette voie présuppose l'existence d'un climat de liberté syndicale dans le contexte même des rapports du travail. Aussi ce même instrument se soucie-t-il de son affirmation par rapport à l'individu, pour qui l'option syndicale ne doit pas être l'occasion d'un traitement discriminatoire en ce qui a trait à l'emploi (1.). Il le fait également au bénéfice du syndicat, qui doit demeurer libre d'ingérence patronale (2.). Dans l'un et l'autre cas, la convention impose, si c'est nécessaire, la constitution d'organismes appropriés aux conditions nationales pour assurer ces exigences du droit d'organisation (article 3).

1. Protection de l'individu

L'article 1 de la Convention énonce que les travailleurs «doivent bénéficier d'une protection adéquate contre tous actes de discrimination tendant à porter atteinte à la liberté syndicale en matière d'emploi». Cette protection s'applique spécifiquement en ce qui concerne les actes ayant pour but de «subordonner l'emploi d'un travailleur à la condition qu'il ne s'affilie pas à un syndicat ou cesse de faire partie d'un syndicat» et de «congédier un travailleur ou lui porter préjudice par tous autres moyens, en raison de son affiliation syndicale ou de sa participation à des activités syndicales en dehors des heures de travail ou, avec le consentement de l'employeur, durant les heures de travail».

Les lois applicables au Québec expriment une telle protection. (Nous nous en tenons toutefois ici à la seule considération des mesures d'application générale, à l'exclusion de celles qui sont applicables à des secteurs particuliers, comme celui de l'industrie de la construction.) D'abord, les actes mentionnés plus haut contreviennent à l'ordre public et font l'objet d'une sanction pénale. L'insertion en 1939 d'un texte correspondant en substance à l'actuel article 425 du *Code criminel*[48] était significatif : le refus d'employer une personne, ou encore son congédiement «pour la seule raison (qu'elle) est membre d'un syndicat ouvrier légitime ou d'une association ou alliance légitime d'ouvriers ou d'employés formée pour l'avancement licite de leurs intérêts et organisée pour les protéger dans la réglementation des salaires et des conditions de travail», constitue pour l'employeur ou son agent qui agit injustement ou sans autorisation légitime une infraction punissable sur décla-

---

48. *Loi modifiant le Code criminel*, S.C. 1939, 3 Geo. VI, c. 30, art. 11. Voir M.-L. Beaulieu, *Les conflits de droit dans les rapports collectifs du travail*, Québec, P.U.L., 1955, p. 83.

ration de culpabilité par procédure sommaire. Il en est de même de la menace de la perte d'un emploi, de la perte réelle de celui-ci, de la menace ou de l'imposition d'une peine pécuniaire et, plus généralement, du recours à l'intimidation visant à contraindre des travailleurs ou des employés à s'abstenir d'être membres d'un syndicat ouvrier ou d'une association ou alliance à laquelle ils ont légitimement droit d'appartenir. La disposition protège ainsi aussi bien l'appartenance à un groupement constitué que la participation à la mise sur pied d'un tel groupement, c'est-à-dire l'«alliance» à cette fin. Elle s'applique aussi à tous les employés, qu'ils se rattachent à une entreprise par ailleurs assujettie à la loi québécoise ou à la loi fédérale sur le travail.

Pour ce qui est de la législation québécoise, ses premières tentatives de répression pénale de l'entrave à la libre appartenance syndicale de l'individu remontent à 1937[49]. Les actuels articles 13 et 14 du *Code du travail* interdisent, sanction pénale à l'appui, l'intimidation visant à amener quiconque à devenir membre d'une association de salariés et le «refus d'employer une personne à cause de l'exercice par cette personne d'un droit qui lui résulte du Code, de même que le fait de chercher par intimidation, mesures discriminatoires ou (...) représailles, menace de renvoi ou autre menace, ou par l'imposition d'une sanction ou par quelque autre moyen, à contraindre un salarié à s'abstenir ou à cesser d'exercer un droit qui lui résulte du présent code». Se trouvent protégés les «salariés» au sens de cette loi, c'est-à-dire ceux dont le travail est rémunéré et subordonné, à l'exclusion principalement des personnes se rattachant à la direction de l'entreprise[50]. Selon l'interprétation reçue, «l'exercice d'un droit résultant du Code» fait référence à l'ensemble des activités dont traite cette loi, soit notamment le fait de mettre sur pied un syndicat, d'y appartenir ou de contribuer à son administration, de même que la participation à une grève à l'intérieur de l'aire de légalité établie par la loi[51].

---

49. *Loi relative aux salaires des ouvriers*, S.Q. 1937, 1 Geo. VI, c. 50, art. 39, et *Loi des salaires raisonnables*, S.Q. 1937, 1 Geo. VI, c. 50, art. 23.

50. L'article 49 de la Charte québécoise prévoit le recours en réparation d'une atteinte illicite à une liberté qu'elle reconnaît, dont celle d'association (article 3); toute victime d'une telle atteinte peut s'en prévaloir, même si elle n'est pas un «salarié» au sens du *Code du travail*. (Une telle atteinte ne donne toutefois pas ouverture à une plainte à la Commission des droits de la personne (art. 71), ni à une intervention subséquente du Tribunal des droits de la personne (art. 111), non plus qu'à une plainte pénale (art. 134).)

51. Bien sûr, l'«exercice d'un droit résultant du Code» comprend généralement le droit du salarié d'appartenir au syndicat de son choix et de participer à ses activités (*C.t.*, art. 3). Or, le domaine reconnu de l'action syndicale déborde celui du Code – la négociation collective; il inclut aussi une activité à caractère civique ou politique (voir *infra*, pp. 225 et 337). La protection de l'activité syndicale du salarié devrait être commensurable. Cette référence à l'«exercice d'un droit résultant du Code» est toutefois de nature à conduire à un effet restrictif à cet égard, en certaines circonstances du moins, par rapport à ce second grand volet de l'action syndicale. Il en est ainsi de la participation du salarié à une grève

Par contre, la loi fédérale, à l'article 101, exclut du nombre des infractions pénales qu'elle comporte le refus d'employer ou de continuer d'employer l'intimidation et, plus généralement, les mesures discrimatoires à l'encontre d'une personne au motif qu'elle est membre, dirigeant ou délégué d'un syndicat, ou se propose de le devenir, ou encore parce qu'elle collabore à la formation, au développement ou à l'administration d'un syndicat. L'insertion de ces comportements dans le processus général de la négociation collective a porté le législateur fédéral, mû par le souci d'assurer le bon fonctionnement des rapports du travail, à éviter le traitement de nature pénale et à s'en remettre exclusivement, quant aux comportements, à l'intervention de l'organisme chargé de voir à l'application des principaux aspects du *Code canadien du travail*, le Conseil canadien des relations du travail.

En fait, dans l'un et l'autre systèmes, l'intervention civile au sens large, qui est assurée par l'instance spécialisée du travail, est beaucoup plus courante et sans doute relativement plus efficace dans la perspective de la continuité des rapports collectifs du travail. La loi québécoise accepte ainsi depuis 1959[52] la réintégration et l'indemnisation d'un salarié congédié, suspendu ou déplacé en raison de l'exercice d'un droit résultant du Code; les mêmes dispositions permettent également depuis 1983[53] de faire obstacle à différentes autres mesures discriminatoires, sanctions ou représailles exercées pour le même motif à l'encontre du salarié par l'employeur, une personne agissant pour ce dernier ou une association d'employeurs. Ainsi, un commissaire du travail, nommé en vertu de l'article 23 du *Code du travail*, saisi par le commissaire général du travail d'une plainte adressée à ce dernier par ce salarié[54], a le pouvoir d'ordonner à l'auteur de l'acte d'annuler la sanction ou de cesser son comportement illégal et d'indemniser la victime[55]. Le plaignant qui établit à la satisfaction du commissaire du travail qu'il exerçait un droit résultant du Code bénéficie d'une présomption légale selon laquelle l'activité syndicale à laquelle il se livrait a été la cause du geste de l'employeur; il revient alors à ce dernier de renverser la présomption en démontrant, selon une jurisprudence établie, que le motif dont il se réclame pour justifier la mesure qu'il a prise

---

politique, où celle-ci pourrait être parfois tenue pour illégale selon le Code ou perçue comme une activité non réglementée par cette loi (voir *infra*, p. 358). Le salarié gréviste ne serait protégé dans cette dernière hypothèse que si l'on acceptait de voir dans cette grève une activité syndicale, ce qui n'est pas acquis au seul regard du Code.

52. *Loi modifiant la Loi des relations ouvrières*, L.Q. 1959, c. 8, art. 1.
53. *Loi modifiant le Code du travail et diverses dispositions législatives*, L.Q. 1983, c. 22, art. 2 et 3.
54. *C.t.*, art. 16.
55. *Ibid.*, art. 15.

est «sérieux» (même s'il peut par ailleurs paraître d'une trop grande sévérité)[56].

Le *Code canadien du travail* permet au Conseil canadien des relations du travail de traiter semblablement une plainte de pratique déloyale à l'encontre de l'employeur ou d'une personne agissant pour son compte et alléguant un comportement attentatoire à la liberté syndicale de l'employé. Le dépôt de la plainte fait naître une présomption à l'encontre de l'auteur de l'acte et le fardeau de la preuve contraire lui incombe[57]. Si une phase initiale de conciliation ne permet pas de régler la situation, le Conseil instruit la plainte et la juge. La coexistence d'un motif valable et d'un motif illégal n'empêche pas que l'acte soit vicié[58]. Si la plainte est fondée, le Conseil pourra déposer des conclusions d'annulation de la mesure, de réintégration de l'employé dans son poste et d'indemnisation de ce dernier. De plus, la loi accorde à l'organisme le pouvoir plus général «d'obliger le contrevenant à prendre des mesures qui sont de nature à remédier ou à parer aux effets de la violation néfastes à la réalisation des objectifs (de la partie I du *Code canadien du travail*) que pourrait entraîner (la contravention)[59]». Cela permet au Conseil de façonner, en respectant l'étendue de ses pouvoirs, des ordonnances réglant la situation d'une façon à la fois concrète et circonstanciée, toujours dans la perspective de l'établissement ou du rétablissement d'un contexte de rapports collectifs favorables à la négociation collective[60].

Ces différents textes des législations fédérale et québécoise traduisent globalement le besoin de protection positive de la liberté syndicale du salarié au regard des exigences internationales. Du moins cela vaut-il à l'exclusion de l'activité syndicale des cadres – que protègent toutefois le *Code criminel*, du moins selon une acception contemporaine et souple du terme «employé[61]», et, dans une certaine mesure,

---

56. *Hilton Québec Limitée* c. *Tribunal du travail*, (1980) 1 R.C.S. 548. Selon un jugement subséquent du Tribunal du travail, l'inadéquation relative du geste de l'employeur par rapport au manquement du salarié pourrait cependant être un facteur parmi d'autres permettant de déterminer le caractère «sérieux» de la motivation de l'employeur: *Proulx* c. *For-Net Inc.*, T.T. (Montréal) 500-28-000328-799, 22 mai 1980. Pour un exposé plus détaillé du recours, voir notamment R.P. Gagnon, L. LeBel et P. Verge, *Droit du travail*, Québec, P.U.L., 1987, pp. 244 et ss.

57. *C.c.t.*, art. 98(4).

58. Voir *Regina* v. *Bushnell Communications Ltd.*, (1976) 67 D.L.R. (2d) 538 (Cour suprême du Canada). Voir notamment R.P. Gagnon, L. LeBel et P. Verge, *op. cit., supra*, n. 56, p. 241.

59. *C.c.t.*, art. 99(2).

60. Exemple d'adjudication relative à une plainte de congédiement illégal: *Union des employés de commerce, section locale 503, C.T.C. – F.T.Q.* et *Purolator Courrier Limitée*, (1984) 48 d.i. 32.

61. Voir *supra*, p. 39.

la *Charte des droits et libertés de la personne*[62] – en raison de l'exclusion du personnel de direction de la compréhension du terme «salarié» ou «employé» dans la loi sur les rapports collectifs du travail[63]. Cependant, il y a toutefois à observer que le *Code du travail* du Québec, à la différence de la loi fédérale correspondante, s'en remet à la sanction pénale, à l'exclusion du recours spécial de nature civile, pour sanctionner le refus illégal d'employer une personne en raison de son activité syndicale légitime[64]. On peut toujours aussi s'interroger, cette fois d'un point de vue empirique, sur l'efficacité réelle des ordonnances de réintégration, une fois l'ordonnance formellement exécutée. Quelle est par la suite la situation réelle du salarié qui a affirmé sa liberté syndicale? Réussit-il la plupart du temps à véritablement réintégrer son milieu de travail[65]? Le droit semble ici avoir atteint la limite de son efficacité : on ne pourra y faire utilement appel que devant une nouvelle manifestation de comportement antisyndical de l'employeur ou de son représentant. Ajoutons enfin que l'ampleur des pouvoirs d'intervention des commissaires du travail, selon le *Code du travail* du Québec – il en va de même au fédéral de ceux du Conseil canadien des relations du travail –, portera le tribunal de droit commun à n'intervenir par voie d'injonction que dans des situations exceptionnelles où les recours particuliers se seront montrés inefficaces[66]. Les juridictions civiles ordinaires peuvent aussi assurer la réparation du préjudice subi par la victime d'une atteinte à la liberté d'association, liberté fondamentale affirmée par la *Charte des droits et libertés de la personne* ; en cas d'atteinte intentionnelle, la condamnation à des dommages exemplaires est même possible[67].

La protection ainsi offerte par le droit interne à l'individu qui exerce sa liberté syndicale est générale; peut s'en prévaloir, selon les circonstances, aussi bien le simple adhérent au syndicat que le salarié nommé ou élu représentant syndical. La *Recommandation (n° 143) concernant les représentants des travailleurs de 1971* de l'O.I.T. ne préconise des

---

62. Voir *supra*, n. 50.

63. De même, la loi propre aux membres de la Sûreté du Québec, qui sont également exclus des «salariés» du *Code du travail*, ne contient pas de mesures les protégeant dans l'exercice de leur liberté syndicale: *Loi sur le régime syndical applicable à la Sûreté du Québec*, L.R.Q., c. R-14.

64. *Ross* c. *Université du Québec*, T.T. (Québec) 200-28-000185-84, 10 juillet 1984, D.T.E. 84T-716.

65. Voir, dans une perspective comparative: L. Dickens, M. Hart, M. Jones et B. Weeks, *Dismissed*, Oxford, Basil Blackwell, 1985; voir aussi, par analogie, en droit québécois: D. Armstrong, *L'efficacité de la réintégration ordonnée par l'arbitre (art. 124 et suivants, Loi sur les normes du travail)*, Québec, Commission des normes du travail, 1984.

66. Voir, selon la loi fédérale: *McKinlay Transport Ltd* c. *Goodman*, (1979) 1 C.F. 760 (1ᵉʳᵉ instance); pour ce qui est du Code québécois: P. Verge, «La protection du travail par l'injonction», (1981) 41 *R. du B.* 605, p. 611 (exemples d'interventions du tribunal de droit commun protectrices de la liberté syndicale du salarié).

67. *C.d.l.p.*, art. 49.

mesures de protection particulières en faveur des représentants des travailleurs, qu'ils soient syndicaux ou non, que «lorsqu'il n'existe pas de mesures de protection appropriées suffisantes en faveur des travailleurs en général[68]». Le contenu de ces mesures particulières visées par la Recommandation se retrouve donc dans le droit interne qui protège les salariés en général, à l'exception de la «reconnaissance d'une priorité à accorder au maintien en emploi des représentants des travailleurs en cas de réduction de personnel». En effet, celle-ci ne prévaudra en l'absence d'exigence légale que si une convention collective la prévoit. Différents autres éléments de la Recommandation visant les facilités à accorder aux représentants des travailleurs, même non salariés, de l'entreprise, se rattachent plutôt à l'activité du groupement syndical lui-même.

2. Protection du groupement

Le syndicat d'employés doit être libre du pouvoir patronal, qu'il s'agisse de sa formation, de son fonctionnement ou de son administration. L'article 2 de la Convention n° 98 de l'O.I.T. pose l'exigence d'une protection adéquate à l'encontre des actes des groupements patronaux, de leurs agents et de leurs membres dérogeant à ce principe. La Convention, il est vrai, ne vise pas expressément le comportement antisyndical de l'employeur qui n'appartient pas à une organisation patronale. L'interprétation à laquelle elle a donné lieu reconnaît toutefois la nécessité de mesures adéquates dans le cas de comportements illicites des employeurs en général[69]. L'ingérence patronale indue peut être directe et négative; on y assimile aussi des actes, en apparence positifs, mais en réalité tout aussi contraires à l'existence du libre syndicalisme, soit des mesures «tendant à provoquer la création d'organisations de travailleurs dominées par un employeur ou une organisation d'employeurs, ou à soutenir des organisations de travailleurs par des moyens financiers ou autrement, dans le dessein de placer ces organisations sous le contrôle d'un employeur ou d'une organisation d'employeurs[70]».

La législation du travail interne, québécoise et fédérale, défend sous ces deux aspects l'ingérence patronale. Sous peine de sanction pénale, l'article 12 du *Code du travail* interdit à l'employeur, à toute personne agissant pour lui, de même qu'à toute association d'em-

---

68. *Recommandation (n° 143) concernant les représentants des travailleurs*, 1971, art. 6(1). La recommandation complète la *Convention (n° 135) concernant la protection des représentants des travailleurs dans l'entreprise et les facilités à leur accorder*, adoptée la même année mais non encore ratifiée par le Canada. Celle-ci énonce à l'article 1 le principe d'une protection efficace des représentants des travailleurs contre toutes mesures adverses, y compris le licenciement, et qui seraient motivées par leur qualité, pour autant qu'ils agissent légalement.

69. Voir ainsi: *Liberté syndicale et négociation collective, supra*, n. 22, ch. XI, p. 94.

70. *Convention (n° 98) sur le droit d'organisation et de négociation collective*, art. 2, par. 2.

ployeurs de «chercher à dominer, entraver ou financer la formation ou les activités d'une association de salariés ou à y participer». L'employeur doit donc s'en tenir en principe à une attitude de neutralité et d'abstention devant l'exercice de la liberté syndicale des salariés, particulièrement aux stades délicats de l'implantation du syndicat et de la détermination du représentant collectif des salariés, encore que, dans la réalité, la frontière soit difficile à tracer entre la liberté d'expression de l'employeur et l'entrave aux activités du syndicat[71]. Par exemple, des menaces à l'effet de fermer l'entreprise advenant l'implantation d'un syndicat pourront ainsi constituer, si les circonstances s'y prêtent, une entrave aux activités de celui-ci[72]. Pour ce qui est de la participation illégale de l'employeur à l'implantation ou aux activités d'une association de salariés, elle pourra consister en différentes formes d'appui matériel, financier ou même moral; toute situation constitue un cas d'espèce[73]. La loi prévoit aussi précisément qu'une association de salariés ne peut tenir une réunion de ses membres sur les lieux du travail avec le consentement de l'employeur que si elle est accréditée, c'est-à-dire reconnue officiellement en tant que représentant légal des salariés[74]. De plus, dans la perspective du régime de représentation collective des salariés établi par le Code, l'appartenance au groupement syndical qui prétend au statut légal de représentant collectif des salariés est réservée à de tels salariés, à l'exclusion de l'employeur, des personnes qui participent à la direction de l'entreprise et des représentants de l'employeur dans ses relations avec les salariés[75]. Le syndicat qui regroupe indistinctement salariés et non-salariés ne peut prétendre au statut d'association accréditée[76]. Il en est de même de tout syndicat dominé par l'employeur, ou sur lequel celui-ci exerce une influence indue[77]. L'organisme d'accréditation peut d'ailleurs soulever d'office cette illégalité[78]. En outre, le Tribunal du travail peut également prononcer la dissolution du syndicat dominé[79].

---

71. Voir notamment R.P. Gagnon, L. LeBel et P. Verge, *op. cit.*, *supra*, n. 56, p. 236.
72. Exemple: *Syndicat des travailleurs en communication, électronique, électricité, techniciens et salariés du Canada* c. *Schwartz*, (1986) T.T. 165. Voir notamment A.-C. Côté, «Les pratiques interdites: l'ingérence et l'entrave de l'employeur dans la formation ou les activités du syndicat», pp. 150 et ss, dans: N. Mallette (dir.), *La gestion des relations du travail au Québec*, Montréal, McGraw-Hill, 1980.
73. Voir par exemple: *Association des employés de L. Thibodeau Transport Inc.* c. *Union des chauffeurs de camions, hommes d'entrepôt et aides, local 106*, (1972) T.T. 412.
74. *C.t.*, art. 7.
75. *C.t.*, art. 1 a) et l).
76. Exemple: *Association des garde-bébés* c. *Syndicat catholique féminin des employés des maisons hospitalières de Québec*, (1963) R.D.T. 465 (C.R.O.).
77. *C.t.*, art. 30.
78. *Ibid.*, art. 29 et 31.
79. *Ibid.*, art. 149. Exemple: *Chalifoux* c. *Association des employés de Peerless Clothing*, (1970) R.D.T. 206 (T.T.).

Le *Code canadien du travail*, à l'instar de la loi québécoise correspondante, réserve le statut d'«agent négociateur» aux seuls syndicats dont la composition exclut l'employeur et ses représentants[80] et qui sont par ailleurs autrement exempts de domination ou d'influence patronale de nature à diminuer leur aptitude à représenter les employés de l'employeur[81]. Il défend aussi de la même façon à l'employeur ou à une personne agissant pour son compte de participer à la formation ou à l'administration d'un syndicat et de s'y ingérer; il lui est aussi précisément interdit de lui fournir une aide financière ou autre[82]. Tout comme dans le cas d'atteinte à la liberté de l'employé, le législateur se fonde uniquement sur l'utilisation par le Conseil des larges pouvoirs dont il dispose, à l'exclusion de toute sanction pénale, pour réprimer les comportements patronaux portant atteinte à la liberté de constitution et d'action du groupement syndical[83].

Ces larges pouvoirs d'ordonnance de l'organisme spécialisé, du moins selon la loi fédérale, ont pour effet, tout comme lorsqu'il s'agissait de la liberté syndicale du salarié, de rendre plutôt exceptionnelle l'intervention du tribunal de droit commun, par voie d'injonction, pour faire cesser l'atteinte patronale à la liberté du groupement.

Certains éléments de la *Recommandation (n° 143) concernant les représentants des travailleurs* définissent les facilités qui devraient être consenties aux représentants syndicaux dans le but de favoriser l'accomplissement de leurs fonctions. Elle complète ainsi à cet égard la *Convention (n° 135) concernant la protection des représentants des travailleurs dans l'entreprise et les facilités à leur accorder*, laquelle se limite à énoncer à l'article 2 que «des facilités doivent être accordées, dans l'entreprise, aux représentants des travailleurs, de manière à leur permettre de remplir rapidement et efficacement leurs fonctions». Mentionnons notam-

---

80. *C.c.t.*, art. 3(1).
81. *Ibid.*, art. 25(1).
82. *Ibid.*, art. 94(1). Exemple: *Syndicat des employés de banque, sections locales 2104 et 2100, C.T.C.* et *Banque canadienne impériale de commerce*, (1979) 35 d.i. 105. La loi précise toutefois que certains gestes favorables à l'endroit de l'agent négociateur (le syndicat reconnu en tant que représentant collectif des salariés) ne constituent pas une contravention à l'article 94(1): le fait de permettre à un employé, ou à un représentant du syndicat, de s'occuper des affaires du syndicat pendant les heures de travail; le transport gratuit des représentants syndicaux aux fins des négociations collectives; le fait de permettre l'utilisation des locaux de l'entreprise pour les besoins du syndicat (voir le paragraphe (2) du même article).
83. *Ibid.*, art. 99 et 101. Voir, au sujet de l'étendue du pouvoir d'ordonnance du Conseil à cette occasion: *Banque nationale du Canada* c. *Union des employés de commerce*, (1984) R.C.S. 269 – on a ainsi admis le fait de contraindre un employeur, qui avait entravé l'activité de représentation légitime d'un syndicat par la fusion abusive de deux établissements de son entreprise, à permettre la tenue de certaines réunions syndicales durant les heures de travail, sans perte de salaire, ainsi que l'installation, à ses frais, d'un tableau d'affichage syndical.

ment le libre accès aux lieux de travail, le droit d'afficher des communiqués syndicaux à des emplacements déterminés en accord avec la direction et auxquels les employés auront facilement accès. Lorsqu'ils sont consentis, ces avantages découlent au Québec non pas de la loi mais de la convention collective conclue avec le représentant collectif des salariés. Certes, tant la Convention que la Recommandation précitées donnent cours également à cette source, en parallèle avec la loi, pour ce qui est de l'accomplissement général de leurs prescriptions dans les différents systèmes nationaux[84]. La fragmentation de la négociation collective au Québec, ainsi que nous le verrons[85], est toutefois de nature à conduire à des écarts fort variables entre les différentes entreprises et, par conséquent, à une application aléatoire de ces aspects de la Recommandation. La loi est toutefois elle-même à l'origine d'une importante obligation, soit le précompte syndical obligatoire en faveur du syndicat accrédité[86].

La loi interne, qui aménage par ailleurs des aspects importants de l'exercice de l'aspect collectif de la liberté syndicale, comme nous le verrons[87], comporte donc présentement, du moins pour ce qui est du régime d'application générale, des mesures protégeant la liberté syndicale à l'encontre des agents économiques qui paraissent généralement à la hauteur des exigences des normes internationales. Cette conformité formelle n'assure évidemment pas pour autant la réalisation concrète de la liberté syndicale dans les différents milieux de travail; seules des études empiriques permettraient de mesurer l'efficacité réelle du droit à cet égard. Par contre, certains des aspects significatifs de l'action syndicale ne jouissent pas, à l'endroit de l'intervention étatique elle-même, d'une protection supralégislative, et ce, à la différence de l'aspect purement constitutif de la liberté syndicale.

---

84. *Convention (n° 135) concernant la protection des représentants des travailleurs dans l'entreprise et les facilités à leur accorder*, art. 4; *Recommandation (n° 143) concernant les représentants des travailleurs*, art. 1 et 9 à 17.
85. Voir *infra*, p. 230.
86. *C.t.*, art. 47; *C.c.t.*, art. 70(1) – pourvu qu'existe alors une convention collective. Voir *infra*, p. 81. Voir aussi le droit légal d'accès du représentant syndical sur une exploitation forestière et dans une entreprise minière où logent des salariés, selon les articles 8 et 9 du *Code du travail*.
87. Voir *infra*, pp. 84 et ss.

PARTIE I

INSTITUTION

Si variée soit-elle, la réalité factuelle ou sociologique du groupement syndical est celle d'une institution: une collectivité durable organisée en vue de l'atteinte d'une fin commune[1]. Les personnes physiques, au demeurant parfois relativement nombreuses et changeantes, qu'elle réunit partagent des intérêts reliés au travail qu'elles exercent en commun[2]. Il ne s'agit toutefois pas que d'une réunion passagère ou épisodique ou d'une simple coalition, bien qu'un tel phénomène, s'il perdure, puisse à l'occasion se transformer graduellement en syndicat. Une organisation structurée et des organes permettant à la fois au groupement d'imposer ses règles à ses adhérents et de manifester extérieurement leur volonté commune caractérisent le syndicat, comme tout autre type d'association. Par son caractère organisé, l'association est

---

1. Voir notamment, au sujet de cette notion d'«institution», d'un point de vue tant sociologique que juridique: J. Brèthe de la Gressaye, *Encyclopédie Dalloz, Répertoire civil*, t. II, Paris, Dalloz, 1952, p. 1071, V. Institution; A. Légal et J. Brèthe de la Gressaye, *Le pouvoir disciplinaire dans les institutions privées*, Paris, Sirey, 1938, pp. 24 et ss. Voir aussi: L. Michoud, *La théorie de la personnalité morale*, 3e éd., Paris, L.G.D.J., 1932, pp. 116 à 152. J.T. Delos, «La thèse de l'Institution», (1931) 1 *Archives de philosophie du droit* 97.

2. Ainsi envisagé dans sa globalité, abstraction faite de toute législation particulière, le syndicat regroupe normalement des individus qui se rattachent à l'exécution d'un travail rémunéré et subordonné, bien qu'il puisse aussi s'agir d'un ensemble de travailleurs autonomes, comme les producteurs agricoles. L'absence de contre-prestation du travail rend ici difficile d'étendre la préoccupation au syndicalisme étudiant, auquel il ne sera fait qu'une allusion marginale. Quant à la vie associative patronale, elle se distingue substantiellement, en milieu nord-américain, de la tradition syndicale reliée au monde du travail.

l'instrument de la fin à laquelle elle s'identifie[3]. Le syndicat sera ainsi tout orienté vers la défense et l'avancement des intérêts économiques, sociaux et éducatifs de la collectivité d'individus à laquelle il correspond[4]. En somme, il est une réalité se distinguant des individus mêmes qui s'insèrent dans la collectivité organisée qu'il constitue.

La réalité juridique traduit-elle cette réalité «institutionnelle» du syndicat[5]? La question se pose aussi bien sur le plan de sa vie interne que sur celui des rapports juridiques auxquels son activité externe peut donner lieu. Le syndicat étant primordialement un organisme de concertation et de représentation collective, les positions du droit se dégageant par rapport à la réalité externe du syndicat seront déterminantes (titre I); elle rejailliront même sur celles qu'il entretient quant à la vie interne du syndicat (titre II).

---

3. J. Dabin, *Le droit subjectif*, Paris, Dalloz, 1952, p. 148.

4. La partie II, consacrée à l'action syndicale, tentera de cerner d'une façon plus précise l'orientation particulière, ou la spécialité, du groupement syndical. Voir *infra*, pp. 225 et ss, pour ce qui est de la présentation sociologique, et *infra*, pp. 337 et ss, quant à l'aspect juridique.

  N'ayant pas pour objet essentiel de réaliser des bénéfices, mais ayant plutôt pour vocation de satisfaire les besoins de ses membres et de tiers, le syndicat se rattache au genre associatif et se distingue de la société. Cette distinction traditionnelle (voir P.B. Mignault, *Droit civil canadien*, Montréal, Wilson et Lafleur, 1909, p. 185) est reprise avec une certaine souplesse par le *C.c.Q.*, à l'article 2174 (sous réserve d'entrée en vigueur).

5. À titre comparatif, voir sur le caractère institutionnel du syndicat en droit français: J.-M. Verdier, *Syndicats et droit syndical*, dans: G.-H. Camerlynck (dir.), *Droit du travail*, 2e éd., t. 1, Paris, Dalloz, 1987, pp. 299 et ss.

STRUCTURE DES ORGANISATIONS SYNDICALES AU QUÉBEC ET LEUR FONCTIONNEMENT INTERNE

La structure d'un syndicat s'envisage sous deux angles: sa structure externe et sa structure interne. La structure externe, ou morphologie, d'un syndicat procède surtout des différents principes qui déterminent son champ d'activité ou de compétence. Quels sont les critères d'inclusion et d'exclusion des membres? Comment veut-il se différencier des autres organisations en présence? De ces choix résulte la forme de regroupement: syndicat de métier ou industriel, national ou international, affilié à une centrale ou indépendant, etc. La structure interne, ou anatomie, reflète pour sa part les relations entre les éléments constituants du groupement. Comment se gouverne-t-il? Quelle est la répartition relative des pouvoirs entre les différents paliers décisionnels? Enfin, quels sont les effets de cette répartition sur le fonctionnement du syndicat?

La distinction entre les aspects interne et externe de la structure est toutefois loin d'être hermétique en raison de la multiplicité des organisations en présence et de la diversité des paliers administratifs à l'intérieur de certains syndicats. Le rapport entre les dimensions externe et interne est fort variable selon le type de structure en cause. Par exemple, tout ce qui est interne du point de vue d'un grand regroupement, comme une centrale, est plutôt externe du point de vue de ses affiliés. Ainsi, la structure interne de la F.T.Q. lie ses différentes composantes ou syndicats affiliés. Quant à ces derniers syndicats, ils se différencient eux-mêmes par leur structure externe. À son tour, cette donnée externe peut avoir une influence sur la donnée interne: le fait qu'un syndicat soit international aura sans doute un impact sur sa façon de se gouverner. De même, normalement du moins, plus une organisation est grande, plus il est difficile d'assurer un haut niveau de participation de la part de ses membres[1]. Il est clair que les structures internes influent sur la qualité de la vie participative et démocratique du groupement.

La première partie du présent texte traite de la structure externe du mouvement syndical au Québec; elle décrit les différents

---

1. Voir, à ce titre, l'étude classique de la démocratie syndicale: S.M. Lipset, M. Trow et J. Coleman, *Union Democracy – The Inside Politics of the International Typographical Union*, New York, The Free Press, 1956, p. 14.

groupements qui composent cet ensemble. La deuxième porte sur la structure interne de ces groupements. Enfin, la troisième considère l'influence de la structure sur le fonctionnement interne du groupement syndical.

Au préalable, il faut souligner deux éléments qui faciliteront la compréhension de la structure syndicale au Québec. Le premier élément concerne le pilier du régime québécois des rapports collectifs du travail, soit le fait que le législateur confère au syndicat majoritaire dans une entreprise le monopole de la représentation collective des salariés dans celle-ci par une accréditation[2]. Il s'agit certes de l'expression institutionnelle traditionnelle de la liberté syndicale en Amérique du Nord. L'unité d'accréditation, telle qu'elle est définie, devient alors la base de la représentation syndicale pour la négociation et l'application des conventions collectives. Cette construction administrative, qui découle d'une législation étatique et ne date que de la fin de la Seconde Guerre mondiale, est aujourd'hui l'un des fait structurants de la vie syndicale au Québec. L'action syndicale est en quelque sorte tributaire de cette donnée structurelle. La notion d'unité d'accréditation semble être profondément ancrée dans les mœurs et constitue la pierre angulaire de la structure syndicale. Il y a ainsi peu de débats portant sur de nouvelles formes d'organisation syndicale qui ne soient pas engagés en fonction de modifications juridiques du présent régime d'accréditation[3]. La pensée syndicale est, à ce point, «juridicisée».

L'autre élément est la grande variété des structures syndicales, tant sur le plan externe qu'interne. Cela traduit à la fois un haut degré de liberté d'association et le caractère privé et particulier de chaque organisation syndicale.

Sur le plan externe, le groupement reconnu dans l'unité d'accréditation peut s'affilier à différents regroupements. La nature de ces affiliations détermine largement la structure externe du mouvement syndical. Le regroupement détient également une certaine liberté de changer d'affiliation ou d'allégeance, surtout au Québec. Un tel changement peut s'effectuer au cours d'une campagne de «maraudage» ou par une décision politique interne, par exemple dans le cas d'une décision de désaffiliation d'une section canadienne ou québécoise d'un syndicat américain. Malgré cela, dans l'ensemble, la structure externe des syndicats semble plutôt stable.

---

2. Voir *infra*, pp. 87 et ss.
3. Voir, par exemple, les mémoires syndicaux auprès de la Commission consultative sur le travail et la révision du *Code du travail*: Confédération des syndicats nationaux, *Mémoire présenté à la Commission consultative sur le travail et la révision du Code du travail à Montréal le 20 décembre 1984*, 1984; et Centrale de l'enseignement du Québec, *Mémoire à la Commission consultative sur le travail, décembre 1984*, Communications C.E.Q., 1984.

Sur le plan interne, comme nous le verrons, le syndicat jouit d'un haut degré d'autonomie pour établir les formes organisationnelles qui lui conviennent. Chaque structure interne, tout en présentant certaines similitudes avec d'autres structures syndicales et en respectant des exigences juridiques minimales quant à la procédure, fait montre de spécificité. La constitution syndicale définit dans chaque cas cette spécificité. La forme de gouvernement syndical exprime des préoccupations particulières, des traditions des groupes de travailleurs et leur contexte économique. Par exemple, dans certains cas, on s'en tiendra au syndicat local correspondant à l'aire d'une seule accréditation. Dans d'autres syndicats locaux, plusieurs unités d'accréditation seront regroupées, de façon géographique, sectorielle ou autre. De ces facteurs découlent, en partie du moins, la multiplicité et la diversité des groupements syndicaux au Québec.

Structure externe : morphologie du mouvement syndical

Le trait saillant du mouvement syndical québécois par rapport à d'autres juridictions canadiennes est, sans doute, le pluralisme, non pas en ce qui a trait à la représentation des personnes salariées dans l'entreprise, mais plutôt dans la diversité des formes d'affiliation. La carte de la représentativité est donc complexe.

Les quatre principaux regroupements, ou centrales, au Québec sont : la Fédération des travailleurs et travailleuses du Québec (F.T.Q.), la Confédération des syndicats nationaux (C.S.N.), la Centrale de l'enseignement du Québec (C.E.Q.) et la Centrale des syndicats démocratiques (C.S.D.). Une cinquième catégorie est celle des syndicats indépendants. Le terme «indépendant» qualifie tout syndicat qui n'est pas affilié à une centrale reconnue. Il faut aussi faire état de certaines autres centrales. Quelques syndicats sont affiliés directement à la Fédération américaine du travail–Congrès des organisations industrielles (A.F.L.–C.I.O.); d'autres le sont au Congrès du travail du Canada (C.T.C.) et sans lien avec la F.T.Q.; un certain nombre se rattachent à la Confédération des syndicats canadiens (C.S.C.), à la Fédération canadienne du travail (F.C.T.) ou à l'Union des producteurs agricoles (U.P.A.).

Du point de vue du pourcentage de salariés couverts par une convention collective, la F.T.Q. est la centrale la plus représentative : 34,6 % des 974 019 salariés étaient assujettis au Code du travail en 1989[4]. Elle se compose au Québec des sections locales des syndicats

---

4. Ce chiffre représente le pourcentage des salariés couverts par une convention collective conclue en vertu du *Code du travail* québécois selon l'affiliation syndicale et le secteur d'appartenance en 1989. Voir F. Racine, «La syndicalisation au Québec en 1989», *Les relations du travail en 1989*, (décembre 1989) 10 *Le marché du travail*, tableau 3, p. 19. Pour des précisions méthodologiques, voir

nationaux et internationaux affiliés au Congrès du travail du Canada
(C.T.C.) et des syndicats affiliés directement à la F.T.Q.-Construction.
Elle constitue donc une manifestation provinciale du C.T.C., tout
comme la Fédération ontarienne du travail en Ontario ou celle de la
Colombie-Britannique. Le C.T.C., reconnaissant par là la spécificité
québécoise, lui consent cependant certains pouvoirs que ne détiennent
pas les autres fédérations provinciales[5]. Au niveau canadien en 1989,
41 syndicats internationaux avec un total de 2 636 syndicats locaux,
soit 36,3% de ses 2 280 520 membres, étaient affiliés au C.T.C.[6]. Cette
centrale comptait également 48 syndicats nationaux comprenant un
total de 6 360 sections locales et 63,5% de son effectif[7]. Le C.T.C.
regroupait aussi 38 syndicats à charte directe (4 802 membres). Il est
difficile d'avoir des chiffres précis sur le nombre de groupements affiliés
à la F.T.Q. Le chiffre de 34,6% cité plus haut sous-estime la représentativité globale de la F.T.Q., puisqu'il ne tient compte ni du secteur
fédéral ni des salariés assujettis au décret de la construction au Québec,
où la F.T.Q. est historiquement l'organisation la plus importante[8].
La F.T.Q. revendiquait un nombre total de 450 000 adhérents en

G. Fleury, «Structures syndicales québécoises – Études descriptives des instances décisionnelles dans les principales centrales syndicales», (août 1990) 11
Le marché du travail 7.

5. Ce principe a été établi en 1974 quand, après plus d'une décennie de revendications de la part de la F.T.Q., le C.T.C. a cédé des pouvoirs à la F.T.Q. en
matière, entre autres, d'éducation syndicale et pleine compétence sur les
conseils de travail et leur personnel d'encadrement. Voir F. Cyr et R. Roy, *Éléments d'histoire de la FTQ*, Laval, Éditions coopératives Albert Saint-Martin, 1981,
pp. 175-177; *L'histoire de la FTQ des tout débuts jusqu'en 1965*, Montréal, FTQ,
1988, pp. 341-354.

6. Parmi les grands syndicats internationaux affiliés au C.T.C., notons: le Syndicat
international des travailleurs unis d'alimentation et du commerce (154 sections
locales et 170 000 membres au Canada en 1989), les Métallurgistes unis d'Amérique (875 sections locales et 160 000 membres), l'Union internationale des
employés des services (24 sections locales et 75 000 membres) et l'Association
internationale des machinistes et des travailleurs de l'aérospatiale (157 sections
locales et 58 483 membres). Voir Travail Canada, Bureau de renseignements
sur le travail, *Répertoire des organisations de travailleurs et travailleuses au Canada*,
Ottawa, Ministère des Approvisionnements et Services Canada, 1989.

7. Parmi les plus grands syndicats nationaux affiliés au C.T.C., mentionnons: le
Syndicat canadien de la fonction publique (2 120 sections locales et 356 000
membres au Canada en 1989), le Syndicat national de la fonction publique
provinciale (13 éléments ou syndicats affiliés, représentant 1 181 sections locales
et 297 205 membres, mais sans présence au Québec), l'Alliance de la fonction
publique du Canada (17 éléments ou syndicats affiliés, représentant 1 221 sections locales et 171 966 membres), le Syndicat national des travailleurs et travailleuses de l'automobile, de l'aérospatiale et de l'outillage agricole du Canada
(120 sections locales et 160 410 membres) et le Syndicat canadien des travailleurs du papier (303 sections locales et 69 000 membres). Voir *ibid.*

8. G. Fleury, *loc. cit.*, *supra*, n. 4, estime, d'après les conventions collectives déposées
au ministère du Travail, que la F.T.Q. regroupe les sections locales de 63 syndicats nationaux et internationaux. Il compte, en plus, 50 177 membres «qui

1989[9]. Elle est surtout une centrale du secteur privé; approximativement 73,1 % de ses membres assujettis au Code du travail du Québec travaillaient dans ce secteur en 1989[10].

La C.S.N. est la deuxième centrale en importance. S'y rattachent 24,8 % des salariés visés par le Code du travail, soit un peu moins de salariés que les syndicats indépendants (25,8 % des salariés couverts)[11]. Elle se compose de syndicats locaux, de conseils centraux et de fédérations. En 1989, elle comptait 2 019 syndicats locaux représentant eux-mêmes 210 810 membres. Ces syndicats locaux étaient répartis en 9 fédérations sectorielles ou professionnelles et en 22 conseils centraux[12]. La grande majorité des membres de la C.S.N. se retrouvent dans le secteur public (63,8 %)[13].

La C.E.Q. représentait 8,7 % des salariés couverts par une convention collective régie par le Code du travail en 1989. À l'origine simple syndicat d'enseignants, elle a progressivement augmenté ses visées, d'abord dans le secteur de l'enseignement, puis de façon plus large encore tout récemment. Elle s'est officiellement transformée en centrale en 1974, quand la Corporation des enseignants du Québec devint la Centrale de l'enseignement du Québec. En 1989, elle se composait de 12 fédérations et associations et de 491 syndicats locaux, pour un total de 102 314 membres[14]. Quelque 75 000 de ceux-ci se trouvent dans la seule Fédération des enseignantes et enseignants des commissions scolaires[15]. L'effectif vient en majeure partie du secteur public; la C.E.Q. ne compte que 2,3 % de ses membres dans le secteur privé[16].

---

détiennent au moins un certificat de compétence» dans l'industrie de la construction (pp. 7-8).

9. *Discours du président – Un syndicalisme en changement*, 21ᵉ congrès, F.T.Q., Québec, du 27 novembre au 1ᵉʳ décembre 1989, p. 3. Voir également: Travail Canada, *op. cit., supra*, n. 6, p. 172.

10. Calculé à partir de F. Racine, *loc. cit., supra*, n. 4, p. 18.

11. F. Racine, *ibid*. Selon G. Fleury, *loc. cit., supra*, n. 4, la C.S.N. représente également 20 317 membres dans l'industrie de la construction.

12. Travail Canada, *op. cit., supra*, n. 6, p. XIX. Selon ce même rapport de Travail Canada, deux des syndicats locaux de la C.S.N. n'avaient pas d'affiliation. D'après des données internes, en 1990, la C.S.N. compte 2 084 syndicats locaux comprenant 244 000 membres regroupés dans 22 conseils centraux et 9 fédérations. Voir *Rapport du Comité des juridictions des territoires, des conseils centraux et des fédérations*, 55ᵉ congrès C.S.N., Montréal, du 5 au 11 mai 1990, p. 6.

13. Calculé à partir de F. Racine, *op. cit., supra*, n. 4, p. 18.

14. Travail Canada, *op. cit., supra*, n. 6. La C.E.Q. regroupe également une association des retraitées et retraités de l'enseignement du Québec (11 000 membres) et quelques groupes liés par des ententes de services ou des cartels de négociation. Voir G. Fleury, *loc. cit., supra*, n. 4, p. 75. En 1990, la C.E.Q. revendiquait un effectif total d'approximativement 111 500 membres. Voir *Rapport moral de la présidente*, 32ᵉ congrès, C.E.Q., Laval, du 26 au 30 juin 1990, p. 3.

15. Travail Canada, *op. cit., supra*, n. 6, pp. XIX et 45.

16. Calculé à partir de F. Racine, *op. cit., supra*, n. 4, p. 18.

Pour sa part, la C.S.D. représentait 41 392 personnes, soit 4,3 % des salariés asujettis à une convention collective en vertu du Code du travail en 1989[17]. Créée en 1972 à la suite d'une scission au sein de la C.S.N., elle se compose de trois fédérations regroupant 177 syndicats locaux et de 301 syndicats locaux à charte directe. Ces derniers sont généralement regroupés dans un des sept «secteurs réunis», par exemple l'agro-alimentaire, le papier et le carton ou encore la construction. La majorité des membres de la C.S.D. travaillent dans le secteur privé (82,1 %), notamment dans les secteurs du textile, de l'habillement, du cuir, du meuble et des aliments et boissons[18].

Les autres centrales avaient en 1989 une faible présence au Québec, ne comptant que 16 996 personnes ou 1,7 % des salariés couverts par le Code du travail. La Fédération canadienne du travail (F.C.T.) est née d'une scission entre les syndicats internationaux de métier dans l'industrie de la construction et le C.T.C. en 1982[19]. Ce conflit portait sur la capacité de la F.T.Q. de maintenir l'affiliation des groupes de travailleurs qui avaient quitté certains syndicats internationaux, surtout dans le secteur de la construction. D'autres syndicats internationaux, comme les «Teamsters» (Fraternité internationale d'Amérique des camionneurs, chauffeurs, préposés d'entrepôts et aides – 100 000 membres au Canada en 1989) n'ont pas d'affiliation au Canada, mais se sont récemment réaffiliés à l'A.F.L.-C.I.O. aux États-Unis. La Confédération des syndicats canadiens (32 420 membres au Canada en 1989) est une fédération de syndicats canadiens voués à l'indépendance du mouvement syndical canadien. Quoiqu'elle soit peu présente au Québec, cette centrale y compte l'affiliation de quelques petits syndicats, dont le Syndicat canadien des télécommunications transmarines et les Travailleurs unis du pétrole du Canada (245 membres en 1989).

Enfin, dans la catégorie des autres affiliations, notons l'existence de l'Union des producteurs agricoles (U.P.A.). Ses 47 266 membres sont des producteurs agricoles indépendants au sens de la Loi sur les producteurs agricoles[20]. Ses membres salariés se retrouvent sur-

---

17. *Ibid.*, p. XIX. La Centrale elle-même rapportait 60 836 membres selon le *Répertoire des organisations de travailleurs et de travailleuses au Canada*. Voir Travail Canada, *op. cit., supra*, n. 6, p. XIII. Une partie de cet écart s'explique par ses 12 090 membres dans le secteur de la construction; voir G. Fleury, *loc. cit., supra*, n. 4, p. 79.

18. Voir F. Racine, *op. cit.*, n. 4, pp. 18-19.

19. Cette centrale réclamait un effectif total, en 1989, de 213 901 membres, dont 95,6% venaient des syndicats internationaux. Voir Travail Canada, *op. cit., supra*, n. 6, p. XIII. Toutefois, son effectif au Québec n'était que de 22 000 membres approximativement. Sur le conflit menant à la création de la F.C.T., voir J.B. Rose, «Some Notes on the Building Trades-Canadian Labour Congress Dispute», (1983) 22 *Ind. Rel.* 87.

20. *Rapport des activités 1987-1988*, Longueuil, U.P.A., 1988.

tout dans le domaine de la sylviculture. La Fédération des travailleurs forestiers du Québec maintient des liens avec l'U.P.A.[21]. En 1989, cette fédération regoupait 4 syndicats locaux, soit entre 25 et 28 accréditations et de 2 700 à 2 800 membres présents surtout dans la région du Saguenay – Lac-Saint-Jean[22].

La catégorie «syndicats indépendants», qui comportait 25,8 % des salariés couverts par une convention collective conclue en vertu du Code du travail du Québec en 1989, mérite une ventilation plus poussée. En effet, elle comprend une grande diversité d'organisations: les indépendants internationaux comme le Syndicat international des gardiens d'usine unis d'Amérique (1 425 membres au Canada en 1989) et, jusqu'à récemment, la Fraternité internationale d'Amérique des camionneurs, chauffeurs, préposés d'entrepôts et aides; les indépendants nationaux tels que l'Association canadienne des employés de téléphone (18 000 membres au Canada en 1989); les indépendants provinciaux (par exemple: le Syndicat des fonctionnaires provinciaux du Québec Inc. (S.F.P.Q., 40 000 membres en 1989), la Fédération des infirmières et infirmiers du Québec (F.I.I.Q., 41 529 membres en 1989) ou la Fédération indépendante des syndicats affiliés (F.I.S.A., 12 425 membres en 1989)) et, pour un seul établissement, les indépendants locaux, tels que le Syndicat des employés de Molson (914 membres en 1989) ou l'Association des pompiers de Montréal Inc. (1 734 membres en 1989)[23]. Une analyse du même fichier des conventions collectives du ministère du Travail indique qu'en 1988 les indépendants provinciaux constituaient la plus importante catégorie d'indépendants, soit 62,7 % des personnes affiliées à des syndicats indépendants. La deuxième catégorie était les indépendants locaux (24,8 % des salariés)[24].

La concurrence entre toutes ces organisations et leurs différents principes de regroupement est assez vive. Ce qu'il faut surtout retenir, pour ce qui est des cinq dernières années, c'est la stabilité relative dans la représentativité de ces organisations. Par exemple, la C.S.N. a continué de représenter de 39 % à 41 % des salariés dans le secteur parapublic et entre 17 % et 19 % des salariés dans le secteur privé. La F.T.Q., pour sa part, a légèrement augmenté son importance dans le secteur privé passant de 47,6 % en 1984 à 51,8 % en 1989. En ce qui a trait aux syndicats indépendants, après une longue période de crois-

---

21. L'U.P.A. avait regroupé des travailleurs forestiers depuis 1933, car la plupart de ces travailleurs étaient également des cultivateurs. Elle avait même mis sur pied la Fédération des travailleurs forestiers du Québec en 1961. La loi de 1972 sur les producteurs agricoles n'a cependant pas reconnu les travailleurs forestiers comme étant des producteurs agricoles. Voir *infra*, p. 102.
22. Travail Canada, *op. cit.*, *supra*, n. 6, rapportait 3 422 membres en 1989, nombre que les sources internes estiment légèrement élevé.
23. Pour une analyse approfondie du phénomène, voir G. Fleury, «Un portrait du syndicalisme indépendant», (septembre 1988) 9 *Le marché du travail* 64.
24. *Ibid.*

sance rapide durant les années 1970 – ils passaient alors d'approximativement 10% à 24,4% des salariés couverts par une convention
collective en 1982 –, leur représentativité est depuis lors plutôt stable[25].
En dépit d'un environnement turbulent dans les années 1980 et dans
le contexte d'une croissance syndicale relative, l'échiquier syndical au
Québec demeure donc assez stable.

En plus de cette diversité d'affiliations, la carte syndicale québécoise fait montre d'autres distinctions typologiques. Un des traits dis-
tinctifs du syndicalisme au Canada et au Québec est certes la
coexistence de syndicats nationaux, qui limitent leur recrutement et
concentrent leurs activités dans un seul pays, et de syndicats «internationaux», présents au Québec et au Canada, mais dont l'administration centrale demeure aux États-Unis. Nous avons déjà évoqué les
origines de ce type de syndicalisme[26]. Nous voulons surtout souligner
le fait que le syndicalisme national s'est progressivement renforcé au
détriment du syndicalisme international: dans un premier temps, par
l'accroissement plus rapide du premier, et, plus récemment, par un
certain nombre de scissions de sections canadiennes de syndicats internationaux. Notons particulièrement celle du Syndicat canadien des travailleurs du papier et du Syndicat des travailleurs en communication
en 1974, celle des Travailleurs canadiens de l'automobile (T.C.A.) et des
Travailleurs unis d'automobile en 1985, et celle du Syndicat I.W.A.-
Canada et du Syndicat international des travailleurs du bois d'Amérique
en 1988 (50 000 membres)[27]. En 1989, 63,4% des syndiqués au Canada
se trouvaient dans les syndicats nationaux et 32,4% dans les syndicats
internationaux. Cela représente un renversement complet du rapport
qui existait entre les deux types de syndicats il y a 20 ans seulement:
en 1969, 65% des syndiqués au Canada faisaient partie des syndicats
internationaux[28].

Une autre distinction typologique est celle du syndicalisme de
métier par rapport au syndicalisme industriel. Le syndicalisme de
métier, en tant que type pur, est sûrement en voie de disparition.

---

25. *Le marché du travail*, divers numéros, 1984-1990.
26. Voir *supra*, p. 14. Un des seuls autres pays à partager ce syndicalisme trans-
    frontalier est la République de l'Irlande où, encore pour des raisons historiques,
    on retrouve certains des grands syndicats britanniques.
27. Sur le cas des T.C.A., voir R. White, *Hard Bargains*, Toronto, McLelland and
    Stewart, 1987, pp. 283-335.
28. Travail Canada, Bureau de renseignements sur le travail, *Répertoire des organi-
    sations de travailleurs et travailleuses au Canada*, Ottawa, Approvisionnements et
    Services Canada, 1969 et 1989. De 1968 à 1987, le pourcentage des syndiqués
    au Québec faisant partie des syndicats internationaux est passé de 45,3% à
    25,9%. Voir *Rapport annuel du ministre de l'Expansion industrielle régionale présenté
    sous l'empire de la Loi sur les déclarations des corporations et des syndicats ouvriers*,
    Partie II – Syndicats ouvriers (supplément), Ottawa, Statistique Canada, 1968,
    Catalogue 71-202. Les données plus récentes proviennent d'une compilation
    spéciale fournie par Statistique Canada.

Comme le font remarquer Dofny et Bernard, certains de ces syndicats «échappent de plus en plus à cette définition», car le développement des secteurs dans lesquels ils recrutent les oblige souvent à prendre une forme plus «industrielle»[29]. Par contre, la syndicalisation des professions donne lieu à de nouvelles formes de syndicalisme de métier. Il est à noter par exemple que plusieurs organisations syndicales dans les secteurs public et parapublic établissent les conditions d'adhésion de leurs membres sur une base professionnelle plutôt que sur une base industrielle[30].

Une dernière distinction typologique est celle du syndicalisme confessionnel. Le syndicat de confession catholique est plutôt inexistant au Québec actuellement, l'U.P.A. ayant été une des dernières organisations à se déconfessionnaliser en 1972[31]. Toutefois, différentes organisations confessionnelles protestantes persistent au Canada anglais, dont l'Association chrétienne du travail du Canada.

Structure interne: anatomie du mouvement syndical

Quelles sont les relations entre les éléments constituants d'un syndicat? Pour y répondre, il faut commencer par l'unité de base de la structure syndicale interne: l'«union locale» ou le «syndicat local» ou la «section locale». L'appellation précise varie d'un syndicat à l'autre. À la C.S.N., à la C.E.Q. et à la C.S.D., le terme «syndicat» est employé pour désigner l'unité de base de ces plus vastes regroupements syndicaux. Dans les statuts des Métallurgistes unis d'Amérique (Métallos), on emploie «syndicat local». Pour les statuts des Teamsters, c'est l'expression «union locale». Enfin, dans les statuts des Travailleurs canadiens de l'automobile, nous trouvons l'appellation «section locale». Tous ces termes expriment une même idée, à savoir le groupement syndical de base tel qu'il est défini dans les statuts du regroupement syndical. Comme nous le verrons cependant, ce concept peut englober une réalité différente selon le regroupement en cause.

Il y a encore un problème important de terminologie à éclaircir. Le mot «syndicat» désigne, au Québec, deux types de structures syndicales, ce qui rend difficile la compréhension de la scène syndicale

---

29. J. Dofny et P. Bernard, *Le syndicalisme au Québec: structure et mouvement*, Équipe spécialisée en relations de travail, Étude n° 9, Ottawa, Bureau du Conseil privé, 1968, p. 49.

30. Ce fait occasionne des problèmes particuliers à la C.S.N. qui, historiquement, a eu tendance à regrouper ses membres d'après une base sectorielle et non professionnelle. Voir J. Desmarais, avec la collaboration de N. Arnaud, *Les salarié-e-s professionnel-le-s et le syndicalisme*, Étude soumise au Bureau confédéral de la C.S.N., Montréal, 5 et 6 octobre 1988. La C.E.Q., au contraire, regroupe ses membres selon un mode professionnel.

31. G. Dion, *Dictionnaire canadien des relations du travail*, 2ᵉ édition, Québec, Les Presses de l'Université Laval, 1986, p. 496.

québécoise. Cette distinction fondamentale se résume ainsi. Dans les organisations telles que la C.S.N. et la C.S.D., le «syndicat» est l'unité de base regroupant normalement un groupe de salariés compris dans une unité d'accréditation. Ce n'est qu'exceptionnellement que de tels syndicats regroupent plus d'une unité d'accréditation. Dans ces organisations, l'unité locale et le «syndicat» correspondent, à toutes fins utiles. Le syndicat local constitue alors le milieu quasi exclusif de la vie syndicale.

Pour ce qui est des organisations affiliées à la F.T.Q., à d'autres organisations syndicales pancanadiennes et internationales et à certains syndicats québécois particuliers, le «syndicat» représente un regroupement à caractère national, ou même international, de syndicats locaux ou de sections locales ou encore d'unions locales ou d'unités de travail, selon l'appellation de chaque organisation. Ces sections locales sont généralement créées en vertu d'une charte délivrée par le syndicat national ou international et peuvent regrouper une ou plusieurs unités d'accréditation, selon le cas. On pourrait qualifier de «ramifiés» de tels syndicats, bien que ce terme ne soit pas en usage dans le monde syndical. Par ailleurs, à cause des mutations actuelles du marché du travail, notamment en ce qui a trait à la petite taille de nouvelles accréditations ou des accréditations potentielles, il est de plus en plus rare de constater une identité entre le niveau de l'accréditation et la section locale. La plupart des syndicats affiliés à la F.T.Q., à l'instar des anciens syndicats de métier, cherchent plutôt à intégrer leurs nouvelles accréditations dans les sections locales existantes, tantôt sur une base géographique, tantôt sur une base sectorielle ou professionnelle, selon le cas.

Les syndicats locaux des deux types structuraux se ressemblent dans la mesure où la vie syndicale de base est organisée autour de cette institution; ils tendent à jouer le même genre de rôle, quoique avec des degrés d'autonomie différents, selon le caractère propre au grand syndicat dont ils font partie.

L'unité d'accréditation est un facteur qui entre dans la compréhension de la structure syndicale. Du point de vue sociologique, elle définit l'appartenance première du membre dans l'organisation syndicale. La négociation et l'administration de la convention collective se font à partir de ce niveau. Là où l'accréditation couvre un nombre considérable de salariés, ou encore une multiplicité de lieux de travail, l'identification du membre à son syndicat et ses possibilités de participation dans celui-ci pourraient cependant se situer à un niveau encore plus près du lieu de travail et correspondre à l'organisation d'une entreprise ou d'un établissement, tel le département, le service ou l'emplacement. D'ailleurs, le contact le plus direct d'un membre avec son syndicat se réalise sans doute par le délégué d'atelier, le délégué syndical ou l'agent de grief, selon le cas. Il revient généralement à ce représentant de première ligne de veiller à l'application de la convention collec-

tive dans un atelier ou un service donné. Ce délégué est généralement choisi par ses compagnons de travail. Dans beaucoup de cas, pourtant, cet aspect primordial de la vie syndicale n'apparaît même pas dans les statuts du syndicat[32]. Du point de vue administratif et démocratique, c'est plutôt l'union locale qui constitue le palier de base du regroupement, selon sa constitution formelle, même si les statuts du syndicat local prévoient parfois l'existence de différentes instances à l'intérieur du syndicat local.

Il existe deux grandes fonctions, ou voies, à l'intérieur d'un syndicat. L'une est professionnelle ou sectorielle et concerne la négociation et l'administration de la convention collective. Elle découle du système d'accréditation. L'autre est plus proprement institutionnelle et traite de l'administration du syndicat en tant qu'institution et de l'élaboration de ses politiques[33]. Comme nous le verrons, ces deux voies offrent différentes possibilités de participation aux membres.

À ces deux voies s'ajoute souvent une troisième voie de participation, le plus souvent parallèle à celle de la convention collective, soit la fonction paritaire de prévention des lésions professionnelles dans les lieux de travail prévue dans la Loi sur la santé et la sécurité du travail[34]. L'agent de prévention ou les agents de prévention, selon la taille de l'établissement, se trouvent, parfois du moins, intégrés dans les structures de représentation du syndicat local[35].

Dans certaines organisations syndicales, par exemple celles qui se rattachent à la C.S.N. ou encore dans les syndicats participant de la tradition classsique du syndicat industriel, l'unité d'accréditation et le syndicat local correspondent. Il y a alors une certaine identité entre les voies professionnelle et institutionnelle, car il revient primordialement au syndicat local de s'occuper de ces deux aspects. Dans d'autres syndicats, au contraire, ce sont des phénomènes assez différents, car ces deux aspects ont tendance à relever d'instances différentes. Par exemple, si le syndicat local est titulaire de plusieurs accréditations, les questions professionnelles relèveront plutôt d'instances correspondant à ces diverses accréditations. Ou encore la négociation de la convention collective peut se faire par des structures intermédiaires établies par un syndicat ramifié, de manière à regrouper différentes unités d'accréditation relatives à un même secteur ou à une même entreprise, sans que

---

32. Certaines conventions collectives vont préciser le nombre et les fonctions des délégués d'atelier afin de contrôler leur dégagement du travail à des fins reliées à la gestion de la convention collective.
33. Certains qualifieraient cette fonction de «constitutionnelle», dans la mesure où cet aspect de la vie syndicale est généralement codifié dans les statuts syndicaux.
34. *Loi sur la santé et la sécurité du travail*, L.R.Q., c. S-2.1. Voir *infra*, p. 311.
35. R. Boulard et M. Marchand, «La loi sur la santé et la sécurité du travail et les conventions collectives», (1983) 38 *Rel. ind.* 847.

les syndicats locaux titulaires des diverses accréditations soient appelés à jouer un rôle important dans le processus de négociation.

Le syndicat local, ou l'union locale, peu importe son type, possède des instances décisionnelles et représentatives pour assurer son bon fonctionnement. On y retrouve généralement un président, un secrétaire-archiviste, un secrétaire financier ou trésorier, des vice-présidents ou d'autres membres d'un comité exécutif, des syndics et, possiblement, un huissier pour maintenir le bon ordre des assemblées, selon les traditions syndicales. Les principes qui gouvernent la composition de l'exécutif local et, lorsqu'il y en a, du conseil syndical peuvent varier d'un syndicat à l'autre, selon sa structure et le secteur auquel il se rattache. Dans certains syndicats, les règlements peuvent prévoir que l'exécutif consiste en un représentant de chaque département ou de chaque accréditation au sein du syndicat local, comme ils peuvent aussi bien ne donner aucune indication précise quant à la représentativité de l'exécutif. Le conseil syndical est normalement constitué des représentants de chaque section ou sous-section. Les statuts prévoient également la tenue d'assemblées, tantôt ordinaires, tantôt extraordinaires. Ils peuvent aussi définir l'existence de différents comités correspondant aux champs d'activité du syndicat local: l'éducation, la condition féminine, la santé et la sécurité, le recrutement, etc.

Outre ces groupements locaux, la plupart des organisations syndicales se donnent diverses formes de regroupement afin de mettre en œuvre la solidarité inhérente à leur mode d'action. Ces regroupements ont parfois une fonction professionnelle. Il peut s'agir, généralement à l'intérieur d'un même syndicat ramifié, d'un regroupement de syndicats locaux entretenant des rapports de négociation avec un même employeur ou encore avec différents employeurs d'un même secteur professionnel. Dans le cas de la C.S.N. et de la C.E.Q. par exemple, ce peut être une fédération professionnelle regroupant, à l'intérieur d'un même secteur d'activité ou de secteurs connexes, les syndicats affiliés à la centrale correspondante ou encore certains regroupements de ces syndicats à l'intérieur de telles fédérations. Par ailleurs, d'autres types de regroupements de syndicats locaux ont une fonction à la fois institutionnelle et politique; ils réunissent ainsi tous les syndicats locaux d'une même allégeance syndicale par rapport à un certain territoire. Ce sont les «conseils centraux» dans le cas de la C.S.N., les «conseils du travail» pour la F.T.Q. et les «regroupements régionaux» pour la C.S.D. À leur tour, ces regroupements ont leurs propres mécanismes de représentation, de gestion démocratique interne et de financement: un président, un comité exécutif, un conseil, un congrès périodique pour déterminer les grandes orientations de l'organisation, une cotisation, etc., selon le mandat qui leur est confié par chaque centrale ou syndicat.

Enfin, c'est au niveau d'une centrale syndicale que se réunissent dans un seul mouvement les syndicats locaux et les regroupements professionnels ou territoriaux partageant une même orientation syndicale[36]. *Chaque centrale est gouvernée par un congrès statutaire qui a lieu généralement tous les deux ans. Entre ces congrès d'orientation, un conseil et un exécutif dirigent la centrale. Le nom précis de ces instances peut varier d'une centrale à l'autre*[37]. *Suivant les principes de la démocratie représentative, les délégués aux congrès, eux-mêmes élus par leurs syndicats locaux, élisent un exécutif, dont le président. Le conseil, composé des représentants des différentes fédérations ou autres instances d'une centrale, détermine les orientations de la centrale entre les congrès. À son tour, l'exécutif gouverne la centrale entre les séances du conseil. La répartition précise des pouvoirs et des responsabilités est déterminée dans chaque cas par les statuts de la centrale. Ces derniers ne peuvent être modifiés que par le congrès, instance souveraine de la centrale.*

Il y a plusieurs modèles de syndicat local au Québec: le syndicat local autonome, le syndicat local affilié à un palier supérieur mais sans affiliation à une centrale syndicale, le syndicat local affilié à une centrale du type C.S.N. et le syndicat local affilié à la F.T.Q. Quant à ce dernier modèle, il faudra également distinguer entre les syndicats locaux issus du syndicalisme de métier et les syndicats locaux issus du syndicalisme industriel. Nous exposerons donc chaque type en partant de la structure la plus simple et en cherchant à replacer cette structure locale de base dans son ensemble plus complexe. À cause de la grande variété dans l'infrastructure des syndicats locaux d'un secteur à l'autre, notre propos se limitera à la forme du syndicat local et ne traitera pas, de façon détaillée, de sa structure interne[38].

Le premier type est celui du syndicat local autonome. Ce syndicat local est généralement présent dans un seul établissement et ne s'encombre pas de liens d'affiliation. La totalité de la cotisation de

---

36. Voir *infra*, pp. 230 et 235, pour ce qui est des activités des centrales.

37. Voir G. Fleury, *loc. cit.*, *supra*, n. 4. Dans le cas de la F.T.Q., il s'agit du bureau et du conseil général. La C.S.N. prévoit un comité exécutif et un conseil confédéral; elle a également un bureau confédéral qui joue un rôle particulier dans l'administration de son fonds de défense professionnelle. Ces deux instances sont le bureau national et le conseil général dans le cas de la C.E.Q. Cette dernière a également une commission intersectorielle de coordination de la Centrale, qui joue un rôle de coordination à différents égards. Enfin, la C.S.D. prévoit l'existence d'un comité exécutif et une assemblée plénière entre ses congrès, ainsi qu'un conseil de direction, qui joue un rôle dans l'administration du fonds de défense professionnelle et dans la coordination de certains dossiers.

38. Notons que l'étude classique américaine du syndicat local, de Sayles et Strauss, fait état de cette grande variété dans la structure des syndicats locaux et de la difficulté d'en arriver à un portrait représentatif d'une réalité si variée et si complexe. Voir L.R. Sayles et G. Strauss, *The Local Union: its Place in the Industrial Plant*, New York, Harper & Bros., 1953.

chaque membre demeure au syndicat local qui jouit alors d'un pouvoir décisionnel complet. Par contre, un tel syndicat risque de souffrir d'un certain isolement et peut éprouver des difficultés dans l'organisation des services, surtout de nature spécialisée. À ce titre, les syndicats locaux autonomes ne sont pas tous complètement autonomes. Dans certains cas, ils pratiquent des rapports d'affiliation très souples, dont des contrats de service auprès d'un regroupement quelconque; dans d'autres, ils se regroupent librement entre eux, comme dans le cas des syndicats de professeurs d'université. On estimait qu'en 1988 15,8% des salariés couverts par une convention collective en vertu du Code du travail du Québec se trouvaient représentés par des syndicats accrédités sans affiliation à un regroupement quelconque[39]. Le Répertoire des organisations de travailleurs et de travailleuses au Canada de 1989 énumère 87 organisations locales indépendantes au Québec comptant 50 membres ou plus[40].

Un deuxième modèle de syndicat local correspond à un groupement local affilié à un palier supérieur, mais sans affiliation à une centrale syndicale. Il s'agit ici des syndicats locaux qui sont relativement autonomes, à l'instar des syndicats locaux de la C.S.N., mais qui maintiennent un lien organique avec une organisation d'un palier supérieur, telle une fédération[41]. Ces syndicats locaux ne sont pas «isolés». Au contraire, ils participent souvent activement à la vie de leur fédération et paient des cotisations importantes en retour de services variés, qu'il s'agisse de services juridiques, de recherche ou de conseils aux fins de négociation. Leur degré de participation dans ces paliers supérieurs varie selon le cas. Ainsi, la Fédération des syndicats du secteur de l'aluminium (F.S.S.A., 5 600 membres en 1989) à Jonquière est plutôt centralisée à cause de la nature de ses négociations avec la compagnie Alcan. Son syndicat local détient 46% de la cotisation d'un membre, tandis que la Fédération en garde 54%, dont 27% pour un fonds de défense professionnelle. Dans d'autres cas, là où la négociation est plus décentralisée, le rôle de la Fédération risque d'être moins important.

Le syndicat local typique de la C.S.N., de la C.E.Q. et de la C.S.D. constitue un troisième modèle de syndicat local. Ces syndicats locaux sont, en principe, complètement autonomes, mais ils choisissent de s'affilier à des centrales. Le profil type est donc celui d'un syndicat local englobant une unité d'accréditation, quoique la C.E.Q. présente certaines variations. Le syndicat local détermine généralement ses taux de cotisation et possède et administre ses biens. L'affiliation implique un passage de certains pouvoirs bien définis à une instance supérieure et une participation financière quelconque dans les activités du regroupement. Le syndicat local demeure toutefois libre de couper ses liens

39. G. Fleury, *loc. cit.*, *supra*, n. 23.
40. Travail Canada, *op. cit.*, *supra*, n. 6, pp. 141-149.
41. G. Fleury, *loc. cit.*, *supra*, n. 23.

avec la centrale et les statuts de ces organisations prévoient cette possibilité.

À la C.S.N., le syndicat local est affilié à une fédération, instance sectorielle ou professionnelle, et à un conseil central, instance interprofessionnelle et géographique. Par exemple, un syndicat local à Montréal accrédité dans une petite usine fabriquant des pièces de métal sera affilié à la fois à la Fédération de la métallurgie de la C.S.N. et au Conseil central de Montréal. Dans un cas de ce genre, la cotisation du membre se divise alors en quatre parties: 0,72 % du salaire va à la centrale pour son fonctionnement et le maintien d'un fonds de défense professionnelle; environ 0,075 % est destiné au conseil central pour promouvoir différents aspects de solidarité régionale (dont l'appui aux luttes menées par la C.S.N. dans la région, la participation des syndicats à différentes campagnes de la centrale, le recrutement de non-syndiqués et l'information); approximativement 0,50 % du salaire est alloué à la fédération qui, selon le cas, se trouve engagée à divers degrés dans la négociation et l'administration de conventions collectives; enfin, un autre montant demeure au syndicat local pour pourvoir à ses besoins[42]. La répartition exacte des différents services et des fonds varie d'une fédération à l'autre, selon le secteur.

À la C.E.Q., nous retrouvons le même genre de division entre la Centrale, les fédérations ou autres regroupements professionnels et les syndicats locaux. À l'encontre de la C.S.N., la fédération regroupe des catégories professionnelles particulières, comme celle des employés de soutien à l'intérieur d'un secteur plus considérable, tel celui de l'éducation. Il n'y a pas de regroupement régional interprofessionnel, même si la création d'une telle instance fait l'objet de discussions périodiques à l'intérieur de cette centrale. Par contre, les syndicats locaux détiennent souvent plusieurs accréditations. Par rapport au territoire d'une seule commission scolaire, un syndicat local peut regrouper différentes accréditations relatives à plus d'une catégorie professionnelle, comme les professeurs et les employés de soutien. Ce syndicat local s'affilie proportionnellement aux différentes fédérations professionnelles correspondant chacune à l'une de ses catégories professionnelles. Comme à la C.S.N., les syndicats locaux fixent leur taux de cotisation, qui varie généralement de 1,0 % à 1,7 %. La Centrale reçoit 0,51 % du salaire gagné; le syndicat conserve la différence entre le taux qu'il a fixé et ce 0,51 %. Ce montant représente donc les frais d'affiliation et sert à payer divers services de la Centrale, dont son fonctionnement général et la négociation centralisée dans le secteur de l'éducation.

Le syndicat local de la C.S.D. reflète les mêmes principes que ceux de la C.S.N. et de la C.E.Q. Les membres sont regroupés dans les trois fédérations autonomes et dans cinq secteurs réunis qui relèvent

---

42. C.S.N., *La C.S.N., mouvement et organisation*, Montréal, C.S.N., 1985, pp. 39-72.

directement de la Centrale en ce qui a trait à la négociation et à l'administration des conventions collectives[43]. Les syndicats sont pourtant libres de s'affilier à une fédération ou à un ou des secteurs réunis.

La structure interne des syndicats locaux affiliés à la F.T.Q. ou à d'autres organisations internationales présente des caractéristiques plus complexes. Le syndicat national ou international délivre généralement une charte à un groupement de travailleurs en tant que section locale ou union locale. Dans le cas des syndicats ramifiés, la section locale émane ainsi du syndicat national et non le contraire. Il s'ensuit que le syndicat national ou international se réserve en fait, selon sa constitution, un droit de regard sur tout ce qui a rapport avec la négociation collective. Il retient également le droit de modifier ses structures internes, dont celles des sections locales. Il décide aussi des champs de compétence des nouvelles accréditations. L'autonomie relative du syndicat local est beaucoup plus réduite que celle du syndicat local affilié aux autres grandes centrales au Québec, en raison de son lien avec le syndicat qui l'a créé.

Une autre spécificité de la structure du syndicat local affilié à la F.T.Q. est que le syndicat national ou international auquel il se rattache s'affilie, au nom de tous ses membres, au C.T.C. Par contre, c'est cette section locale elle-même qui s'affilie à une fédération provinciale du C.T.C., en l'occurrence la F.T.Q. En effet, la F.T.Q. ne commande pas automatiquement l'adhésion des sections locales québécoises des syndicats affiliés au C.T.C.; elle est volontaire[44]. Par contre, certains regroupements au Québec, dont les Métallos, le S.C.F.P. et les T.C.A., ont adopté des politiques qui obligent leurs sections locales à adhérer à la F.T.Q.

Deux axes structuraux s'entrecoupent dans le cas du syndicat local affilié à la F.T.Q.: d'une part, la distinction entre le syndicat national et international et, d'autre part, celle entre le syndicat issu d'une tradition du syndicalisme de métier et le syndicat issu d'une tradition du syndicalisme industriel. C'est surtout le deuxième axe qui est déterminant quant à la structure des syndicats locaux.

Les syndicats issus d'une tradition de syndicalisme de métier sont généralement plus décentralisés pour ce qui est des pouvoirs de la section locale. Comme nous l'avons vu, ces syndicats locaux cherchaient, historiquement du moins, à réglementer les marchés de travail locaux pour certains métiers, surtout par des clauses de sécurité syndicale et

---

43. *Mon carnet syndical*, Québec, Centrale des syndicats démocratiques, 1988.
44. Le rapport de la commission Beaudry estimait, par exemple, qu'en 1984 33% des travailleurs syndiqués au Québec étaient membres de la F.T.Q. et 12% affiliés au C.T.C., sans l'être à la F.T.Q., ce qui laisse supposer une couverture de 73,3%. Voir la Commission consultative sur le travail et la révision du *Code du travail, op. cit., supra*, n. 3, p. 18.

le contrôle des cartes de compétence[45] ; ils jouissaient alors d'une grande autonomie sur le plan local, y compris dans l'imposition de mesures disciplinaires. Le syndicat local issu de cette tradition détermine toujours le montant des cotisations et en retient la plus grande part. Par ailleurs, le président du syndicat local est normalement un dirigeant élu qui travaille à temps plein. La majorité des permanents, ou agents d'affaire, sont des employés de la section locale et sont responsables devant son président. D'autres permanents, tout en assurant des services auprès des syndicats locaux, sont des représentants internationaux qui relèvent du syndicat international. Le syndicat local paie des frais d'affiliation au syndicat international et reçoit en retour certains services. Le syndicat international exerce aussi certains droits à l'égard des sections locales, dont les pouvoirs d'exercer une tutelle et de résoudre des conflits de compétence entre sections locales[46]. Ce syndicat local est normalement partie à de multiples conventions collectives. Le président de la section locale est généralement responsable de la négociation de ces conventions collectives. L'exemple type d'une telle structure était celui des syndicats de métier dans l'industrie de la construction. Bien que les syndicats de métier soient de moins en moins fréquents, le modèle exerce toujours une influence, surtout dans le secteur des services. À titre d'illustration, les Travailleurs unis de l'alimentation et du commerce (T.U.A.C.), syndicat lui-même issu d'une fusion des deux traditions de métier et d'industrie, s'inspire largement de ce type de structure. En 1987, il ne comptait que 33 sections locales au Québec, 516 unités d'accréditation s'y rattachant[47]. À elle seule, la section locale 500 des T.U.A.C. comprenait en 1989 approximativement 16 000 membres répartis dans 164 unités d'accréditation dans les magasins de l'industrie de l'alimentation et les secteurs connexes dans la région de Montréal[48].

Les syndicats locaux se rattachant à la tradition du syndicalisme industriel ressemblent davantage aux syndicats locaux de la C.S.N. dans la mesure où ces syndicats ne correspondent qu'à une seule unité d'accréditation. Il s'agit toutefois d'une réalité changeante sur laquelle nous reviendrons. Une telle section locale jouit cependant de moins d'autonomie, car le groupement national ou international auquel

---

45. Voir *supra*, p. 14.

46. Selon le *Rapport annuel* de la *Loi sur les déclarations des corporations et des syndicats ouvriers*, 23 syndicats locaux faisaient l'objet d'une tutelle en 1987. De ces 23, 19 étaient affiliés à des syndicats internationaux et seulement 2 à des syndicats nationaux ; 5,2% des membres des syndicats internationaux se rattachaient à des syndicats locaux en tutelle en 1987, par rapport à seulement 0,5% dans les syndicats nationaux. Voir : *Rapport annuel du ministre de l'Expansion industrielle régionale présenté sous l'empire de la Loi sur les déclarations des corporations et des syndicats ouvriers 1987*, Partie II – Syndicats ouvriers, Ottawa, Ministère des Approvisionnements et Services Canada, 1989, p. 42.

47. Compilation spéciale, voir *supra*, n. 28.

48. *Rapport des officiers*, Montréal, T.U.A.C. local 500, 20 janvier 1990.

elle se rattache détient, surtout par l'intermédiaire de son président et de son exécutif, des pouvoirs importants quant à son orientation. Normalement – il en est ainsi dans les cas des Métallurgistes unis d'Amérique ou des Travailleurs canadiens de l'automobile –, le montant des cotisations, tout comme sa répartition entre les différents paliers du groupement, est fixé par la centrale du syndicat entier. De même, la constitution de ce dernier définit le partage des pouvoirs entre la section locale, le syndicat international et les différentes instances intermédiaires de ce dernier. Il en est de même pour le Syndicat canadien de la fonction publique (S.C.F.P.), à cette réserve près que, dans ce cas, un congrès national fixe le montant des cotisations payées au syndicat national, la section locale demeurant libre de déterminer celui de ses propres cotisations, tant qu'elle assume les frais d'affiliation au syndicat national.

Dans la plupart des syndicats issus d'une tradition de syndicalisme industriel, qu'ils soient nationaux ou internationaux, du secteur privé ou du secteur public, l'exercice du pouvoir semble être relativement centralisé. À l'encontre des syndicats de métier, la section locale détient normalement moins de pouvoir autonome. D'ailleurs, le fonctionnement quotidien du syndicat en ce qui a trait aux services de base, tels que la négociation collective, est assuré par les permanents dont l'autorité relève du syndicat national ou international et non, comme dans le cas des anciens syndicats de métier, de la section locale[49]. De même, le président du syndicat national ou international, avec le concours de son exécutif, détient le pouvoir de délivrer la charte constituant la section locale et de la lui retirer, de même que celui de déterminer le champ où elle pourra chercher à se faire accréditer.

La reconnaissance d'une autonomie relative des sections locales québécoises dans les syndicats nationaux et internationaux (aux niveaux pancanadien ou continental) varie d'une organisation à l'autre. Ainsi, dans le cas des Métallurgistes unis d'Amérique, le territoire québécois constitue un «district»[50]. C'est le cas du regroupement administratif de base dans ce syndicat. Le directeur de chaque district est membre de l'exécutif international. Le district québécois, mieux connu sous le nom de «Métallos», jouit d'un large degré d'autonomie dans

---

49. Il faut noter en passant que dans les trois autres centrales québécoises, la C.S.N., la C.E.Q. et la C.S.D., les permanents sont généralement les employés directs de la Centrale et non de la fédération ou du syndicat local. La Centrale affecte leurs services à une fédération ou à un bureau régional. La F.T.Q., quant à elle, est plus décentralisée. Seuls les services centralisés et ceux de la F.T.Q.-Construction sont assurés par ses propres permanents. Ceux qui voient au quotidien de la négociation et de l'application des conventions collectives, ainsi qu'aux campagnes de recrutement, sont plus habituellement des employés des syndicats affiliés à la F.T.Q.

50. Le district comprend également les provinces maritimes, mais les membres du syndicat international sont relativement peu nombreux dans ces provinces.

*l'administration de ses activités. De même, plusieurs syndicats natio-
naux, dont les Travailleurs canadiens de l'automobile et le Syndicat
canadien de la fonction publique, ont des bureaux québécois pour l'organisation des services. Quoiqu'ils soient moins autonomes sur le plan
financier, ces syndicats ont des dirigeants québécois et des conseils québécois regroupant des représentants de toutes les sections locales au
Québec. D'autres syndicats internationaux ont peut-être évolué plus
lentement à cet égard; à part leurs sections locales, ils n'ont pas toujours
une instance québécoise particulière ou autonome. On constate néanmoins une évolution importante dans la relative autonomie de la plupart des organisations affiliées à la F.T.Q. au Québec, qu'elle soit ou
non consacrée dans les statuts syndicaux. Ces différentes caractéristiques, tant du côté de la structure externe que de la structure interne,
exercent une certaine influence sur le fonctionnement du syndicat et
sa vie interne.*

Fonctionnement démocratique

*Nous avons déjà souligné que le syndicat est une organisation
collective et démocratique. Il est collectif, car son pouvoir relève de sa
capacité réelle de coordonner l'action de ses membres en vue d'atteindre
un objectif commun, disons une augmentation salariale. Un syndicat,
comme l'exprime Hyman, doit exercer un certain pouvoir sur ses
membres afin d'exercer un certain pouvoir pour ses membres[51]. C'est
ainsi que, par le passé, les syndicats de métier en vinrent à dépendre
exclusivement de la mainmise qu'ils exerçaient sur l'accès au métier et
de leur pouvoir disciplinaire interne pour assurer un certain pouvoir
syndical à l'égard de l'employeur[52]. La contrepartie du pouvoir collectif
sur le membre individuel est le caractère démocratique du syndicat, qui
assure la protection des droits du membre et permet à chacun de participer à l'élaboration et à l'application des politiques de son organisation, de choisir ses dirigeants, etc. En ce sens, l'organisation syndicale
demeure naturellement ambiguë.*

*La raison d'être de l'activité syndicale correspond plus souvent
à la protection et à l'amélioration des conditions de travail des membres
qu'à l'occasion de vivre une expérience de démocratie participative[53],
même si la possibilité de participer, par les organisations syndicales, à
la vie économique d'un milieu peut être un élément important dans la*

---

51. R. Hyman, *Industrial Relations*, London, Macmillan, 1975, p. 65.
52. Les syndicats industriels et généraux se fiaient davantage à l'employeur et à
l'existence de la convention collective qu'à leurs statuts pour exercer un certain
pouvoir sur leurs membres, ce qui réduisait l'importance relative de la fonction
de discipline interne, sauf dans les cas exceptionnels, des grèves par exemple.
Voir H.A. Clegg, *Trade Unionism Under Collective Bargaining*, Oxford, Basil Blackwell, 1976, p. 30.
53. Voir V.L. Allen, *Power in Trade Unions*, London, Longmans, 1954, p. 15.

vie démocratique d'une société libre[54]. Le fonctionnement démocratique du syndicat n'est pas normalement une fin en soi mais plutôt un moyen de contrôler et de diriger la réalisation des objectifs collectifs. Comme le dit Adam, «même parfaitement démocratique, le syndicat, comme toute organisation, est ambivalent : il encadre les salariés tout autant qu'il les représente[55]». Il n'en demeure pas moins que la capacité réelle de l'organisation syndicale d'atteindre ses objectifs fixés démocratiquement dépend toujours du renoncement des membres à certaines de leurs prérogatives individuelles en faveur du pouvoir collectif du syndicat. Les Webb y ont vu un conflit entre le besoin d'une efficacité administrative et les exigences démocratiques relevant d'une volonté de pouvoir populaire[56]. Le dilemme de la démocratie syndicale est le suivant : une direction stable et une organisation efficace, ou la liberté de s'y opposer avec tous les risques d'une fragmentation et d'une désorganisation qui en découlent[57].

Cette dynamique collective et démocratique est bien sûr propre à l'organisation syndicale et influe sur toute la vie interne du syndicat. Une vision pessimiste de la démocratie syndicale, s'inspirant de la loi d'airain de l'oligarchie de Michels, conclut que tôt ou tard la direction d'une organisation volontaire, en l'occurrence d'un syndicat, se trouvera concentrée dans les mains de quelques personnes ; une élite qui ne se laissera pas facilement déloger[58]. Cette concentration réelle ou potentielle du pouvoir syndical peut évidemment mener à des abus de pouvoir. Des exemples exceptionnels sont bien connus, surtout aux États-Unis, où les Teamsters constituent le cas type[59]. Moins exceptionnellement, les permanents, en tant que salariés du syndicat, semblent dans beaucoup de cas exercer une influence primordiale aussi bien sur

---

54. Voir: H.J. Laski, *Trade Unions in the New Society*, New York, The Viking Press, 1949 ; H. Urwin et G. Murray, «Democracy and Trade Unions», (hiver 1983) 14 *Industrial Relations Journal* 21.

55. G. Adam, *Le pouvoir syndical*, Paris, Dunod, 1983, p. 3.

56. S. Webb et B. Webb, *Industrial Democracy*, London, Longmans, Green and Co., 1911, p. 58.

57. Voir J. Hemmingway, *Conflict and Democracy*, Oxford, Clarendon Press, 1978, p. 2.

58. Voir R. Michels, *Les partis politiques*, Paris, Flammarion, 1971.

59. Voir notamment J. Seidman, «Emergence of Concern with Union Government and Administration», dans : *Regulating Union Government*, M.S. Estey, P. Taft et M. Wagner (dir.), New York, Harper & Row, 1964, pp. 1-27.
    Parmi les cas les plus connus au Québec, il faut d'abord citer celui du Syndicat international des marins canadiens sous la présidence de Hal Banks dans les années 1950 et 1960. Voir W. Kaplan, *Everything That Floats*, Toronto, University of Toronto Press, 1987. Il y a également celui de l'industrie de la construction dans les années 1970, qui devait mener à une enquête spéciale sur le syndicalisme dans cette industrie. Voir *Rapport de la Commission d'enquête sur l'exercice de la liberté syndicale dans l'industrie de la construction*, Québec, Éditeur officiel du Québec, 1975, pp. 12-30.

les grandes orientations de leur syndicat que sur le déroulement quotidien de la négociation et de l'application de la convention collective.

En revanche, une vision plus optimiste du fonctionnement démocratique du syndicat voit en celui-ci une organisation constamment ouverte au renouvellement démocratique[60]. Selon cette thèse, les dirigeants syndicaux doivent toujours composer avec les limites démocratiques et réelles de leur pouvoir. Ces limites, bien qu'elles soient inscrites formellement dans la constitution de chaque organisation syndicale, relèvent avant tout de besoins concrets. Par exemple, le besoin de se faire réélire, l'émergence potentielle de groupes d'opposition organisés, le pouvoir grandissant exercé par des militants sur leurs permanents ou, même, la capacité de rallier le consentement des membres et de maintenir un degré de satisfaction quant à l'atteinte des objectifs professionnels sont autant de facteurs limitatifs à l'égard de la direction d'un syndicat[61]. Bon nombre de syndicats ont modifié leurs structures internes pour faciliter la participation des membres, notamment celle des femmes, et pour répondre à leurs demandes. Certains syndicats ont même prévu des appels à l'externe des décisions de leurs instances comme garantie de leur fonctionnement démocratique. Ainsi, les statuts des T.C.A., à l'instar de ceux des Travailleurs unis de l'automobile aux États-Unis, prévoient l'existence d'une commission indépendante d'appel formée de «personnes impartiales» qui ne travaillent ni pour les T.C.A. ni dans son champ de compétence. Cette commission a pour «but d'assurer le maintien de hautes normes morales dans l'administration et les activités du syndicat national et de ses organismes subordonnés, ainsi que de renforcer davantage les structures démocratiques et les procédures d'appel du syndicat dans la mesure où elles affectent les droits et privilèges des membres individuels ou des organismes subordonnés[62]».

Comme nous l'avons constaté, le membre peut participer au fonctionnement du syndicat par au moins deux voies souvent séparées mais néanmoins reliées. La première rejoint la négociation et l'application de la convention collective; la seconde concerne les aspects plus politiques et administratifs du syndicat.

La participation à la négociation ou à l'administration de la convention collective constitue l'expérience la plus courante pour la

---

60. Voir R. Hyman, *Marxism and the Sociology of Trade Unionism*, London, Pluto Press, 1971.

61. Notons par exemple que la Centrale d'enseignement du Québec a changé de président à plusieurs reprises dans les années 1970 et 1980. De même, les postes au sein du comité exécutif à la C.S.N. furent souvent contestés lors d'élections. La tenue des votes de ratification des conventions collectives est un autre indice du degré de satisfaction.

62. T.C.A., *Statuts et règlements du Syndicat national des travailleurs et travailleuses de l'automobile, de l'aérospatiale et de l'outillage agricole du Canada (TCA-Canada)*, 1988, ch. 27, art. 1.

plupart des syndiqués. Ce sont, après tout, les moments les plus forts du calendrier syndical; sans disposer de statistiques précises, nous pouvons dire que le taux de participation semble au Québec assez élevé. Le délégué d'atelier ou l'agent de grief, s'il en est, généralement choisi par les membres eux-mêmes, représente immédiatement le syndicat auprès de ceux-ci dans son travail d'administration de la convention collective. De même, une grève ou une ratification de convention doivent être précédées du vote des membres en cause. L'aspect professionnel de la vie syndicale touche donc de près la plupart des membres. Par contre, la centralisation ou la décentralisation relative des négociations exerce une influence considérable sur les possibilités de participation. Plus le regroupement est grand, plus la négociation est centralisée, plus il est difficile d'assurer une participation locale; il devient même nécessaire d'établir des mécanismes intermédiaires pour stimuler une telle participation. La Loi sur la santé et la sécurité du travail prévoit également la possibilité de former des comités paritaires de santé et de sécurité dans chaque établissement, ce qui implique une autre forme de participation dans le volet professionnel de l'activité syndicale.

Par ailleurs, le syndiqué peut être également appelé à participer à la vie administrative ou politique du syndicat. Cette participation demeure, selon le syndicat en cause, plus ou moins reliée à la vie professionnelle du salarié, mais elle a directement pour objet l'administration quotidienne du syndicat et inclut même les préoccupations plus larges de l'activité syndicale. La façon la plus typique de participer à la vie constitutionnelle du syndicat résidera dans le simple fait d'assister aux assemblées ordinaires du syndicat local, même si les observateurs semblent être d'accord sur le faible taux de participation à de telles assemblées[63], ou encore de voter lorsque l'élection du président du syndicat local nécessite un scrutin en dehors d'une assemblée générale. Mais il faudra également assurer une participation à d'autres niveaux, car le syndicat local délègue des représentants à différentes instances intermédiaires du syndicat, de même qu'à son congrès général et périodique. À cet égard, certains syndicats privilégient un système électoral direct (à suffrage universel). Par exemple, les Métallos élisent les directeurs du district et leurs dirigeants internationaux à l'occasion d'élections extraordinaires auxquelles les membres eux-mêmes sont appelés à voter; il en va de même pour certains syndicats locaux de la C.S.N. La majorité des syndicats favorise toutefois l'élection indirecte par les délégués élus. Ainsi, dans le cas de la C.S.N. et de la C.E.Q., les dirigeants sont élus par des délégués à des congrès biennaux. Ces délégués sont eux-mêmes élus par les membres des différents syndicats locaux, tantôt sur une base indirecte par des membres de l'exécutif local

---

63. Voir, par exemple, J. Seidman, J. London, B. Karsh et D.L. Tagliacozzo, *The Worker Views His Union*, Chicago, The University of Chicago Press, 1958, pp. 186-191.

ou du conseil syndical, tantôt sur une base directe par les membres eux-mêmes, selon le syndicat en cause. Cette conception de la démocratie représentative s'applique également pour l'élection des dirigeants de la F.T.Q.

Le degré de participation dans ces aspects administratifs et politiques de la vie syndicale est plus restreint que celui qui correspond à l'action professionnelle. Dans certains groupements, les permanents, travaillant sous la direction de l'autorité centrale de leur syndicat, assurent la plus grande partie du fonctionnement quotidien de ce dernier. Dans d'autres, les dirigeants seront élus. Le fonctionnement du syndicat, et l'élargissement de sa sphère d'influence, n'en dépend pas moins d'un corps de militants, ce qui entraîne les problèmes chroniques du militantisme et la recherche de nouvelles façons d'inciter la participation des membres à la vie de leur syndicat[64]. Cela constitue cependant une source de renouvellement de la vie politique du syndicat, de même qu'une certaine garantie de son caractère démocratique. Quant au membre individuel, la possibilité qu'il a de participer à la vie syndicale peut être une occasion d'enrichissement personnel et, en particulier, de formation démocratique.

---

64. Voir: J.M. Piotte, *La communauté perdue: petite histoire du militantisme*, Montréal, V.L.B., 1987; G. Lépine et P. Cormier, *Vous autres au syndicat*, Montréal, Québec/ Amérique, 1984; M. Tozzi, *Militer autrement*, Lyon, Chronique sociale, 1985.

TITRE I

EXTÉRIORITÉ

L'aptitude courante du syndicat à se voir attribuer, selon la législation contemporaine du travail, la qualité de porte-parole officiel d'une collectivité de travailleurs à laquelle il se rattache et sa vocation à une représentativité particulière le distinguent parmi les groupes associatifs en général, du moins lorsque ces régimes légaux existent (chapitre I). Cette donnée fondamentale a même une incidence sur son existence juridique (chapitre II).

CHAPITRE I

REPRÉSENTATIVITÉ

Même en l'absence de toute intervention législative, le syndicat est naturellement porté dans la poursuite de ses fins à manifester à un ou plusieurs employeurs, ou même aux pouvoirs publics, l'appui dont il jouit dans un milieu de travail. Sa force de revendication, pour soutenir certains intérêts collectifs, exprime alors l'audience dont il bénéficie dans le milieu, une certaine légitimité de fait en quelque sorte. La situation contemporaine du syndicat, du moins selon les législations canadienne et québécoise, se présente sous un autre jour : les pouvoirs publics, plus ou moins méthodiquement et objectivement, et de façon plus ou moins directe, selon le cas, font une sélection parmi la multitude de groupements syndicaux et choisissent de traiter avec quelques-uns d'entre eux à certaines fins, plus ou moins intensément selon les situations. Ces groupements syndicaux en viennent alors à jouer un certain rôle officiel dans la société. L'État voit en eux des porte-parole de collectivités de salariés dont l'étendue diffère, les protagonistes de divers intérêts collectifs. Les groupements jouissant d'une telle faveur officielle deviennent en conséquence titulaires de droits dont la signification varie selon les circonstances ; ils se voient assujettis à des obligations légales corrélatives. Ils acquièrent ainsi une certaine représentativité.

La représentativité, du moins au sens juridique, consiste donc en cette reconnaissance étatique, à certaines fins, du degré d'identification du groupement syndical aux intérêts d'une collectivité de salariés et de son aptitude à les faire valoir. Rupture d'une situation d'égalité de départ entre les groupements syndicaux – qui doivent pouvoir se former sans contrainte au regard de la liberté d'association –, discrimination, choix officiel en faveur de certains groupements, la représentativité syndicale devrait idéalement procéder de la nécessité pratique d'assurer adéquatement la prise en considération et l'affirmation des intérêts collectifs en cause. Elle devrait aussi idéalement découler d'une appréciation la plus objective possible, à partir de critères à la fois quantitatifs et qualitatifs, de cette aptitude particulière du groupement représentatif d'agir au nom de la collectivité en cause[1].

---

1. Plus le caractère de groupement représentatif tend à l'exclusivité, plus sa procédure d'établissement devrait être rigoureuse et objective. Voir ainsi, pour ce qui est du droit du travail français qui permet un certain pluralisme en la

Ce besoin de sélection de certains groupements syndicaux se manifeste ainsi sur le plan international par la nécessité de déterminer le délégué des travailleurs qui, conjointement avec les deux délégués du gouvernement et celui des employeurs, constituera la délégation de chaque pays membre de l'O.I.T. à la Conférence internationale du travail, organe suprême de l'institution. La constitution de cette dernière précise que ce délégué sera choisi «d'accord avec les organisations professionnelles les plus représentatives (...) des travailleurs, du pays considéré, si de telles organisations existent[2]». Sur le plan interne, les occasions de tenir compte de la représentativité syndicale sont à la mesure de l'intérêt manifesté par l'État à l'endroit des différents aspects de l'activité syndicale. Or celle-ci, dans toute son ampleur naturelle, conduit à un rôle d'intermédiaire des salariés, d'une part, dans les situations de travail, à l'égard du patronat et, d'autre part, pour ce qui est de la promotion d'intérêts économiques et sociaux plus généraux, à l'égard de l'État. Dans certains pays, le besoin de reconnaître la représentativité de certains syndicats s'est initialement manifesté de façon importante quant à ce second volet de l'action syndicale[3]. Au Canada, l'association de mouvements syndicaux à l'activité étatique est d'intensité fort variable selon le contexte; elle résulte souvent de textes législatifs sibyllins et épars. Aussi la pauvreté relative de ces données nous conduit-elle à réserver pour la seconde partie du présent ouvrage l'étude de la représentativité syndicale à des fins de participation à l'activité étatique ou encore lorsqu'elle sera reliée à certains sujets d'intérêt public, qu'ils soient eux-mêmes rattachés à une situation en milieu de travail (comme la santé et la sécurité) ou non. En revanche, les lois canadiennes se préoccupent au premier chef et de façon relativement systématique de la représentativité syndicale aux fins de la négociation collective des conditions de travail. L'intervention législative est ici à ce point pénétrante qu'elle en arrive souvent à transformer l'institution syndicale. C'est donc uniquement dans ce contexte de négociation collective que nous traiterons pour l'instant la représentativité syndicale.

La question de la représentativité syndicale s'est typiquement posée au sujet de l'entreprise et a trouvé sa réponse, selon les systèmes applicables au Québec comme ailleurs sur le continent nord-américain, dans l'attribution d'un monopole de la représentation collective des sala-

---

matière, J. Savatier, «Les transformations de la fonction représentative des groupements», pp. 179 et ss, dans: *Études offertes à G. Lyon-Caen*, Paris, Dalloz, 1989.

2. *Constitution de l'O.I.T.*, art. 3, par. 5. Ainsi, à la 73e session de la Conférence internationale du travail, à Genève en 1987, le délégué des travailleurs était le secrétaire-trésorier du Congrès du travail du Canada; la même année, à la 74e session, consacrée à des affaires maritimes, le délégué des travailleurs était le vice-président du Syndicat international des marins du Canada.

3. Participation à différents organismes ou consultations étatiques. Voir, pour ce qui est de la France, J.-M. Verdier, *Syndicats et droit syndical*, pp. 575 et ss, dans: G.-H. Camerlynck (dir.), *Droit du travail*, 2e éd., t. 1, Paris, Dalloz, 1987.

riés au syndicat majoritaire à ce niveau (section I). Certaines autres solutions, d'envergure sectorielle celles-là, ont aussi cours (section II).

SECTION I

MONOPOLE DE LA REPRÉSENTATION COLLECTIVE DES SALARIÉS DU SYNDICAT MAJORITAIRE DANS L'ENTREPRISE

La représentation, quelles que soient sa nature et son origine, volontaire ou imposée, produit un effet précis: l'action du représentant lie le représenté[4]. L'établissement de la représentativité d'un groupement ne produit pas nécessairement un tel effet. Quant aux effets du constat de représentativité, ils sont à vrai dire fort variables. En réalité, plus la collectivité à laquelle s'identifiera le groupement représentatif sera restreinte, plus il y a de chances que ce dernier soit perçu comme le représentant des personnes qui composent cette collectivité, vu sa proximité naturelle par rapport à celles-ci.

Inversement, dans le cas d'un ensemble relativement considérable, on aura naturellement tendance à ne voir dans le groupement représentatif qu'un porte-parole, ou un représentant au sens large, des intérêts généraux de ces vastes collectivités[5]. Tout dépendra donc, dans chaque cas, de l'attitude du pouvoir public, en l'occurrence le législateur. L'observation précédente se réalise précisément par rapport à l'aménagement usuel des rapports collectifs du travail au Québec, qui se situent habituellement dans l'entreprise, ou dans un segment de celle-ci: le syndicat accrédité y assure en vertu de la loi (A.) une véritable fonction de représentation; c'est alors une représentation collective unitaire, c'est-à-dire du groupe intégral des salariés en cause (B.).

---

4. Voir: H., L. et J. Mazeaud, *Leçons de droit civil*, t. 2, Paris, Montchrestien, 1966, p. 118; *ibid.*, p. 123: «la représentation s'explique par la substitution, que la loi ordonne ou permet, d'une personne à une autre. La personne substituée n'est alors que le prolongement de celle à qui elle a été substituée.»
5. Voir, en fonction du droit syndical français, G. Borenfreund, «Propos sur la représentativité syndicale», (1988) *Dr. social* 476, p. 480. Voir aussi J.-M. Verdier, «Sur la relation entre représentation et représentativité syndicales», (1991) *Dr. social*, p. 5.

A. Représentation légale

En l'absence d'intervention législative, le syndicat n'a de pouvoir d'agir au bénéfice d'un salarié que si ce dernier y a consenti par son adhésion au groupement. Même dans ce contexte consensuel, certaines des fonctions du syndicat qui touchent les salariés ne constituent pas strictement l'exercice d'un pouvoir de représentation conventionnel, comme celui qui pourrait résulter d'un mandat du salarié au syndicat. Ainsi, c'est en son nom propre que le syndicat négocie alors en vue d'une convention collective et conclut celle-ci[6]. Dans les faits, fort de la représentativité que lui assurent ses membres, le syndicat est partie à cette négociation. Il pourra le démontrer, au besoin par la mise à l'index de la partie patronale (abstraction faite cependant de toute prohibition légale à ce sujet). Pour ce qui est de l'application de la norme conventionnelle à l'endroit de l'un des membres du syndicat, il arrive à la jurisprudence québécoise de faire appel à la théorie du mandat civil pour expliquer, par exemple, l'exercice d'un recours conventionnel du type arbitral de la part du syndicat[7]. Il serait plus exact et plus respectueux de la réalité de l'institution syndicale et de l'adhésion du salarié à celle-ci de parler d'un devoir d'une nature contractuelle de défendre le salarié, selon les termes de la constitution syndicale proposés au futur adhérent par le syndicat et acceptés par le nouveau membre[8]. Le dénominateur commun de toutes ces situations demeure le pouvoir d'action du syndicat, en fait sa représentativité, qui repose sur l'adhésion de ses membres ; elle ne s'étend pas juridiquement, verrons-nous, à ceux qui ne le sont pas[9].

---

6. Cette convention collective déterminera alors les conditions des contrats individuels de travail. Voir : *Syndicat catholique des employés de magasins de Québec Inc. c. Compagnie Paquet Ltée*, (1959) R.C.S. 206, p. 214. La Cour cite notamment à cet effet M. Planiol et G. Ripert, *Traité pratique de droit civil français*, t. XI, Paris, L.G.D.J., 1936, selon qui «l'adhésion au syndicat ne permet (...) pas de supposer l'existence (d'un) mandat».

7. Exemple : *Bernard c. Syndicat des contremaîtres et contremaîtres adjoints de la C.T.C.U.M.*, (1986) R.J.Q. 1309, p. 1312 – manquement aux obligations du mandataire de représenter «en bon père de famille» le salarié à l'occasion d'une rétrogradation (*C.C.B.-C.*, art. 1710).

8. Argument subsidiaire, *ibid.*, p. 1313.

9. Dans *Sormany c. Association du personnel administratif et professionnel de l'Université Laval Inc.*, (1986) R.J.Q. 1654 (C.P., p.c.), la Cour accepta l'effet contraignant d'une entente collective prévoyant le précompte syndical à l'endroit d'une personne qui avait cessé d'être membre du groupement signataire, mais qui l'était au moment de la conclusion de l'entente. N'avait-elle pas de ce fait accepté que ce précompte lui devienne une condition d'emploi ? Il n'en demeure pas moins que le groupement ne peut prétendre à une capacité de conclure une entente capable de lier des non-membres sans leur acquiescement.

Dans la fonction publique québécoise, de même que dans les réseaux de l'enseignement public et des affaires sociales, le gouvernement a reconnu par

La loi contemporaine régissant, au Québec comme ailleurs au pays, les rapports collectifs du travail, qu'elle soit provinciale[10] ou fédérale[11], modifie radicalement la situation. Voyant dans le syndicat un organisme ayant particulièrement pour but «la négociation et l'application des conventions collectives[12]», soit un organe de négociation collective, elle l'appelle à accéder, à certaines conditions, à un statut juridique particulier, celui d'«association accréditée»[13]. Le syndicat accrédité devient ainsi, par rapport à un groupe de salariés généralement établi au niveau de l'entreprise ou à celui de l'un de ses démembrements (l'unité d'accréditation), le représentant collectif exclusif de ces salariés aux fins de l'établissement et de l'application du régime collectif de travail. Le syndicat exerce désormais une activité qui n'est plus strictement d'ordre privé, mais bien une fonction établie par le

---

décret la représentativité de diverses associations de cadres relativement à différentes catégories de personnel. Voir, par exemple, le *Décret concernant la reconnaissance, pour fins de relations de travail, du Syndicat des cadres du gouvernement du Québec inc.*, décret 456-88, (1988) 120 *G.O.* II, p. 2281, ou encore le *Décret sur la reconnaissance, pour fins de relations de travail, de l'Association des cadres intermédiaires des centres de services sociaux du Québec*, décret 1722-84, (1984) 116 *G.O.* II, p. 3923. L'association ainsi reconnue peut être consultée dans l'élaboration de règlements déterminant les conditions de travail des cadres visés. En retour, l'employeur sera tenu au précompte volontaire et révocable de la cotisation syndicale pour l'ensemble du personnel en cause. Exemples de tels règlements, qui prévoient notamment la participation de l'association à différents comités paritaires et la représentation de ses membres à l'occasion de certains arbitrages les concernant: *Règlement sur les conditions d'emploi des administrateurs des commissions scolaires pour catholiques*, R.R.Q., c. I-14, r. 4.1, (1984) 116 *G.O.* II, p. 2535, en particulier, les articles 222 et ss (adopté en vertu de l'article 16 de la *Loi sur l'instruction publique*, L.R.Q., c. I-14); *Règlement sur certaines conditions de travail applicables aux cadres supérieurs et intermédiaires des conseils régionaux, des établissements publics et des établissements privés visés aux articles 176 et 177 de la Loi sur les services de santé et les services sociaux*, R.R.Q., c. S-5, r. 101, (1985) 117 *G.O.* II, p. 1725 (adopté en vertu de l'article 154 de la *Loi sur les services de santé et les services sociaux*, L.R.Q., c. S-5, art. 154).

10. *Code du travail*, L.R.Q., c. C-27 (*C.t.*).
11. *Code canadien du travail*, L.R.C. (1985), c. L-2, partie I (*C.c.t.*).
12. *C.t.*, art. 1 a): définition de l'«association de salariés»; la notion correspondante de «syndicat», dans la loi fédérale, selon l'article 107, *C.c.t.*, précise pour sa part que cette association d'employés «a notamment pour objet de réglementer les relations entre employeurs et employés». (En particulier ne satisfait pas à cette notion un groupement mis sur pied non pour négocier collectivement mais pour tenter d'obtenir la révocation de l'accréditation d'un syndicat: *Cable Television Workers' Association* et *Graham Cable TV/FM*, (1986) 67 d.i. 57.) Pour ce qui est de sa composition, l'association ne comprend, en principe, que des «salariés», au sens du Code, à l'exclusion, notamment, de toute personne «employée à titre de gérant, surintendant, contremaître ou représentant de l'employeur dans ses relations avec ses salariés» (art. 1 l)). Voir *infra*, p. 299.
13. *C.t.*, art. 1 b); notion correspondante, en substance, selon le *C.c.t.*: «agent négociateur» (art. 3(1)).

pouvoir étatique[14]. Du même coup, cette loi encadre étroitement le processus de négociation collective, comme nous le verrons[15].

L'établissement d'un tel pouvoir de représentation collective exclusive comporte manifestement la mise à l'écart de tout élément de pluralisme syndical dans le processus de représentation. Une pluralité de groupements syndicaux existent dans la réalité; il arrive même que certains d'entre eux soient en conflit pour accéder au rôle de représentant d'un ensemble particulier de salariés. Le système établi par la loi conduit à un effet absolu: le syndicat accrédité jouira d'un monopole exclusif de représentation; en droit, les autres groupements syndicaux ne pourront prétendre, même partiellement, à la représentation du groupe de salariés visés par l'accréditation auprès de l'employeur.

En fait, le législateur québécois de 1944, en adoptant ce régime du monopole de représentation en faveur du syndicat majoritaire dans l'entreprise[16], reproduisait en substance le mode de représentation collective qui avait trouvé une expression officielle dans le *Wagner Act* de 1935 et dont les unions internationales, en particulier, se faisaient les champions, aux dépens notamment des syndicats catholiques autochtones[17]. L'histoire immédiate de la genèse de ce régime de représentation syndicale au Québec comprend en effet la considération, puis le rejet, de formules différentes contenant d'importants éléments de représentation légale pluraliste. Par exemple, l'une des commissions instituées à cet effet, la commission Prévost[18], si elle avait proposé, entre autres, qu'un patron soit tenu de négocier un contrat collectif, s'il en était requis par plus de la moitié de ses ouvriers, et qu'un organisme étatique soit chargé de vérifier l'authenticité et la suffisance de l'appui dont pourrait se réclamer à cet effet un syndicat, avait toutefois avancé l'idée qu'à défaut d'unanimité dans l'usine, un comité représentatif formé des délégués des divers mouvements ouvriers soit établi à cette fin, en proportion de l'effectif de chacun d'entre eux. (Subsidiairement, on ne tiendrait compte, dans l'élaboration de cette représentation, que des groupements comptant 20% ou plus des ouvriers de l'usine dans leurs rangs.) Et il n'aurait pas été particulièrement sage, avait-on écrit, «de reconnaître au groupement le plus nombreux le droit de conclure un contrat destiné à être imposé à tous les ouvriers sans assurer à

---

14. *Oil, Chemical and Atomic Workers International Union, Local 16-601* c. *Imperial Oil Ltd.*, (1963) R.C.S. 584, p. 593.

15. *Infra*, partie II, chapitre I.

16. *Loi instituant une commission de relations ouvrières*, S.Q., 1944, c. 30 (insertion dans les statuts refondus de 1941 du chapitre 162A: *Loi des relations ouvrières*).

17. Voir: J.-R. Cardin, *L'influence du syndicalisme national catholique sur le droit syndical québécois*, Montréal, Institut social populaire, 1957, Cahier n° 1, ch. IV, p. 45; P. Verge, «Bref historique de l'adoption du monopole de la représentation syndicale au Québec», (1971) 12 *C. de D.* 303.

18. Son rapport est reproduit intégralement dans: G. Vaillancourt, *Les lois ouvrières de la province de Québec*, Montréal, Wilson & Lafleur, 1957, pp. 105-122.

la minorité le moyen d'exprimer son opinion (...) L'élaboration du contrat collectif ne doit pas être confié en monopole au groupement majoritaire[19].»

La loi québécoise de 1944 optait donc en faveur de l'exclusivité du pouvoir du syndicat majoritaire, tout comme allait d'ailleurs le faire quelques semaines plus tard le gouvernement fédéral[20]. Elle comportait toutefois un tempérament à l'exclusivité de la représentation des salariés qu'elle introduisait: «toute association réunissant au moins vingt salariés ne constituant pas moins de dix pour cent du groupe visé par une convention collective conclue par une autre association a droit d'obtenir de celle-ci une copie de ladite convention et elle a le droit de soumettre au nom de ses membres, à l'employeur, ou à l'association d'employeurs, tout grief résultant d'une violation de la présente loi ou de la convention collective[21]». Cette consécration législative de l'exclusivité de la représentation syndicale dans l'entreprise prolongeait toutefois des situations établies, la pratique de l'atelier syndical selon bien des conventions collectives d'entreprise conduisant à un tel résultat[22].

Le droit au monopole exclusif de la représentation est de nature légale: la loi l'énonce nettement, pour autant que se réalisent certaines conditions[23]; il ne résulte pas de l'exercice d'un pouvoir étatique discrétionnaire[24]. Y a droit l'association de salariés majoritaire dans l'unité d'accréditation, pourvu qu'aucun autre syndicat ne soit déjà en place. Dans la négative, tout syndicat pourra, à certaines périodes que précise la loi, le remplacer en établissant qu'il jouit désormais de

---

19. Recommandation 80, *in fine*.
20. *Règlement des relations ouvrières en temps de guerre*, C.P. 1003, 17 février 1944. Son adoption avait été précédée d'une enquête publique un an auparavant de la part du Conseil national du travail en temps de guerre (rapport McTague: voir le supplément du numéro de février de (1944) 44 *Gaz. Trav.*). Au cours de cette enquête, les deux principales centrales syndicales du pays, le Congrès des métiers et du travail du Canada et le Congrès canadien du travail, avaient fortement recommandé l'adoption de la formule majoritaire pour implanter solidement la négociation collective, à l'instar du *Wagner Act* américain.
21. *Loi des relations ouvrières*, *supra*, n. 16, art. 17. L'année suivante (*Loi modifiant la Loi des relations ouvrières*, L.Q. 1945, c. 44, art. 2), on supprima le droit de l'association minoritaire d'obtenir copie de la convention et on précisa par ailleurs celui de l'association signataire d'être entendue lorsqu'une autre association présentait ainsi un grief touchant l'un de ses membres. Cette dernière situation ne peut se produire selon l'actuel *Code du travail*.
22. Voir *infra*, p. 184.
23. *C.t.*, art. 21; *C.c.t.*, art. 28.
24. *Association internationale des commis du détail FAT – CIO – CTC, local 486* c. *Commission des relations du travail du Québec*, (1971) R.C.S. 1043; *Canadian Copper Refiners Limited* c. *Labour Relations Board of the Province of Quebec*, (1952) C.S. 295, p. 298.

l'appui de la majorité absolue des salariés du groupe[25]. Par exemple, une telle remise en cause du statut d'association accréditée sera toujours possible à la fin de la période d'application d'une convention collective, signée par le syndicat accrédité, cette convention étant elle-même d'une durée déterminée et ne pouvant excéder trois ans, selon la loi québécoise[26]. Ces périodes de remise en cause possible de l'accréditation sont d'ordre public[27]. À la différence de la loi québécoise, la loi fédérale permet la reconnaissance volontaire de la part de l'employeur du syndicat majoritaire, du moins si aucun autre syndicat n'est déjà accrédité. Cette reconnaissance volontaire résulte alors de la conclusion d'une convention collective avec un tel syndicat et elle entraîne aussi l'établissement en faveur du syndicat ainsi reconnu du monopole légal de la représentation du groupe de salariés visés[28]. Son remplacement éventuel en tant que représentant collectif des salariés obéit aux règles générales précédentes. De plus, la demande de révocation de son statut d'agent négociateur est aussi possible, à l'initiative de tout employé prétendant représenter la majorité des employés visés, à tout moment durant la première année de la convention collective[29].

Le pouvoir de représentation du syndicat accrédité résulte donc dans chaque cas de l'actualisation de la loi par un constat officiel de majorité dans l'unité ou le groupe d'accréditation en cause. La volonté individuelle de chaque salarié se manifeste soit par son adhésion au syndicat – qualité de membre qui se vérifie à la lumière des seuls critères énoncés par la loi, à l'exclusion d'autres exigences pouvant résulter de la constitution interne du syndicat[30] –, soit par son vote à l'appui du syndicat, si le scrutin secret est retenu selon la loi en tant que mode de vérification de l'appui majoritaire du syndicat[31]. En définitive, le système permet de déterminer le syndicat apte, dans le temps, à être titulaire de ce pouvoir exclusif de représentation collective des salariés dans l'entreprise et, par la suite, de vérifier périodiquement si

---

25. *C.t.*, art. 22; *C.c.t.*, art. 24. Voir, pour ce qui est d'un exposé précis des périodes de recevabilité de la demande d'accréditation, R.P. Gagnon, L. LeBel et P. Verge, *Droit du travail*, Québec, P.U.L., 1987, p. 379.

26. *C.t.*, art. 22 d) et 65. Selon le *C.c.t.*, qui autorise, lui, la convention à durée indéterminée, la remise en cause de l'accréditation est possible vers la fin de la troisième année de son application et, par la suite, annuellement (art. 24).

27. Voir notamment: *Prévost Car Inc.* c. *Tremblay*, (1976) C.S. 32.

28. *C.c.t.*, art. 3(1), V. Agent négociateur, par. b).

29. *C.c.t.*, art. 38(3), (4) et (5) et 39. La loi québécoise avait aussi connu un régime de reconnaissance volontaire de 1964 à 1969. Celle-ci, qui entraînait également l'établissement d'un monopole légal de la représentation des salariés, ne reposait, à la différence de la situation précédente, sur aucune exigence de majorité. Toutefois, le syndicat ainsi volontairement reconnu pouvait à tout moment être déplacé par l'accréditation, c'est-à-dire la reconnaissance officielle ou étatique, d'un autre syndicat en raison de son caractère majoritaire.

30. *C.t.*, art. 36.1; pour ce qui est du *C.c.t.*, voir l'article 29(3).

31. Voir à ce sujet R.P. Gagnon, L. LeBel et P. Verge, *op. cit.*, *supra*, n. 25, pp. 366 et ss.

l'appui majoritaire, condition essentielle du droit au statut d'association accréditée, subsiste. Ainsi, le syndicat accrédité est l'unique syndicat représentatif de la collectivité des salariés visée dans l'entreprise. La représentativité correspond ici à la réalisation du droit à la représentation légale de la collectivité qu'est l'unité d'accréditation. Compte tenu à la fois de la nécessité initiale de majorité et de la remise en cause périodique possible à la suite de l'accréditation, il s'agit d'une représentativité «épisodique»[32].

L'aire du pouvoir de représentation est variable. Selon la loi québécoise, l'unité d'accréditation ne peut dépasser les salariés de plus d'un employeur, situation que l'on peut par ailleurs qualifier d'habituelle selon la loi fédérale correspondante, bien que celle-ci prévoie la formation d'unités multipatronales. Il arrive fréquemment, dans l'un et l'autre cas, que la configuration de l'unité soit encore plus précise. Celle-ci ne visera alors qu'un démembrement de l'entreprise, par exemple l'un des établissements distincts qui, le cas échéant, la composent, ou encore un segment occupationnel particulier à l'intérieur du personnel de l'entreprise[33].

Le titulaire de l'accréditation, soit le syndicat officiellement majoritaire par rapport au groupe visé, est en réalité un groupement d'aspect et de dimension fort variables, selon les situations, reflet en cela de l'extrême diversité syndicale qui existe au Québec. Quant à l'objet matériel de la représentation légale, l'importance des unités ainsi représentées est variable, comme le sont les différentes entreprises auxquelles elles se rattachent. Par ailleurs, rien dans la loi n'interdit à un même groupement syndical de prétendre à la représentation légale, par des accréditations distinctes, de plusieurs collectivités de salariés, afférentes à des employeurs distincts, que ces dernières présentent entre elles ou non certaines affinités professionnelles. Les restrictions que pouvaient contenir à cet égard des constitutions syndicales tendent à s'assouplir, voire à disparaître, pour faciliter le recrutement syndical[34].

---

32. G. Borenfreund, *loc. cit.*, *supra*, n. 5, p. 476.

33. Illustrations: le personnel de bureau, ou encore l'ensemble des salariés exerçant une ou plusieurs professions. Voir au sujet de la configuration de l'unité: M. Brière, «La détermination des unités de négociation», (1980) 35 *Rel. ind.* 534; R.P. Gagnon, L. LeBel et P. Verge, *op. cit.*, *supra*, n. 25, pp. 357 et ss. La loi québécoise précise même qu'une unité peut ne viser concrètement qu'un seul salarié; même alors, l'objet de l'unité (ou du groupe) est collectif, en ce sens qu'il vise potentiellement tous les salariés pouvant, en raison de la nature de l'occupation, entrer dans le cadre ainsi défini pendant le cours de l'accréditation: *C.t.*, art. 21, al. 4; 67. Quant à l'effet de la configuration de l'unité d'accréditation sur la structure syndicale elle-même et le fonctionnement du syndicat, voir *supra*, pp. 54 et 62.

34. Exemples: la catégorie «non maritime», selon l'article 7 de la *Constitution du Syndicat international des marins canadiens*, 1986; la généralité absolue, pour ce qui est de l'appartenance professionnelle, des critères d'admissibilité, selon l'ar-

De toute façon, même lorsqu'elles existent, la loi commande d'en faire abstraction aux fins de l'établissement du droit à l'accréditation[35]. Quant à la forme du syndicat, ce pourra être, dans les faits, un groupe unitaire ou au contraire « ramifié », c'est-à-dire se décomposant lui-même, selon sa propre constitution, en différentes sections locales[36]. Dans ce dernier cas, la section locale, parfois elle-même fort importante, est le titulaire habituel de l'accréditation.

Cette dernière situation aura cours même si l'ensemble des personnes formant la majorité requise pour l'accréditation avaient initialement adhéré au syndicat central ou entier, avant la mise sur pied par ce dernier de la section locale. Cette section, du moins aux fins du droit à l'accréditation, paraît bien un démembrement du syndicat entier, ce qui est d'ailleurs conforme à la teneur usuelle de la constitution syndicale du syndicat ramifié[37]. En effet, la constitution prévoit de façon habituelle que l'adhésion du salarié au syndicat le rend membre et du syndicat et de la section locale qui représente le syndicat à son lieu de travail. Par ailleurs, elle dispose que cette section locale, avec plus ou moins d'autonomie à l'endroit de l'autorité centrale du syndicat, représente les salariés à l'intérieur de son ressort[38]. En outre, l'accréditation initialement accordée au syndicat entier peut être transmise à une section locale qu'il forme subséquemment, sans qu'il y ait là altération de la représentation collective des salariés[39]. Cette solution, peu compatible avec l'affirmation de l'identité propre de la section locale, même non accréditée, s'explique par le contexte, à savoir celui de l'établissement de l'affinité syndicale des salariés.

Dans un autre autre ordre d'idée, et plus formellement, le titulaire de l'accréditation peut être ou non un groupement constitué

---

ticle 3 des *Statuts du Syndicat international des métallurgistes unis d'Amérique*, 1989. Quant à ce phénomène en général, voir *supra*, p. 18.

35. *C.t.*, art. 36, *in fine*; la loi fédérale permet au Conseil de ne pas tenir compte de ces exigences dans la détermination du caractère majoritaire du syndicat si lui-même n'en tient habituellement pas compte dans l'admission de ses membres: art. 29(3).

36. Voir *supra*, p. 62 et *infra*, p. 146.

37. Voir *infra*, p. 147.

38. Voir: *Union canadienne des travailleurs en communications, local 8* c. *Syndicat des travailleurs en communication du Canada, local 100*, T.T. (Montréal) M76-3435, 29 novembre 1976. Dans l'espèce, la reconnaissance du droit de la section locale à l'accréditation s'expliquait de surcroît par le fait que les membres du syndicat avaient aussi adhéré formellement à cette section, une fois celle-ci formée.

39. *Union des employés de commerce, section locale 503* et *Banque Nationale du Canada*, (1982) 50 d.i. 91, p. 102. Le Code fédéral prévoit d'ailleurs, à la différence de la loi québécoise, un mécanisme exprès permettant de constater, comme dans l'espèce, la transmission du statut d'agent négociateur, notamment à la suite d'un transfert de compétence à l'intérieur d'un syndicat (art. 43); les pouvoirs généraux des instances d'accréditation permettraient de régler la situation au Québec (*C.t.*, art. 39).

en corporation, c'est-à-dire une personne morale au sens entier du terme. Les lois régissant les rapports collectifs du travail se montrent tout à fait souples à cet égard et permettent l'accréditation de syndicats non incorporés aussi bien que celle de groupements qui ne le sont pas[40].

B. Représentation unitaire

Le pouvoir légal de représentation du syndicat accrédité s'établit en fonction d'une collectivité déterminée de salariés – le groupe ou l'unité d'accréditation – et lui est commensurable. Représentativité et représentation coïncident ici. Tant que ce pouvoir de représentation dure, tant que l'accréditation n'est pas révoquée officiellement par l'administration publique ni annulée de plein droit par l'accréditation d'une formation rivale – hypothèses qui ne peuvent se réaliser qu'aux périodes et pour les motifs prévus par la loi[41] –, le syndicat accrédité se trouve ainsi investi du pouvoir de représenter le groupe sans égard à l'altération de la composition physique de ce dernier : l'identité des individus qui peuvent venir à quitter les emplois correspondant aux catégories occupationnelles visées par l'accréditation, ou au contraire à s'y rattacher, n'importe pas[42]. De même, une fois accordé, le statut de représentant légal d'un groupe de salariés ne voit pas non plus sa portée réduite par le retrait de la part d'un plus ou moins grand nombre de salariés de leur appui individuel au titulaire de l'accréditation. L'absence d'appui majoritaire dans le groupe n'aura d'incidence possible sur le droit à l'accréditation qu'à l'occasion de ces périodes de remise en cause du caractère majoritaire du syndicat déjà évoquées. Il en est ainsi parce que le syndicat accrédité n'est pas le mandataire individuel de chacun des salariés du groupe, mais s'est plutôt vu attribuer par la loi la qualité de représentant collectif, à la mesure du groupe visé et dans son intérêt[43].

Ce caractère unitaire du pouvoir de représentation se manifeste aussi bien durant le cours entier de la négociation collective qu'en

---

40. *C.t.*, art. 1 a) – définition de l'«association de salariés» ; *C.c.t.*, art. 3 – définition de «syndicat». Sur les formes juridiques du syndicat, voir *infra*, ch. II.

41. *C.t.*, art. 41, 43(21) ; *C.c.t.*, art. 38 et ss ; 24.
     En dehors de ces périodes de remise en cause de l'accréditation, le désistement par le syndicat des droits que lui confère l'accréditation est sans effet : *Hygienic Coat and Towel Supply Inc.* c. *Syndicat des employés de buanderie (C.S.N.)*, (1972) T.T. 216 ; *Association laurentienne des travailleurs de l'enseignement* c. *Syndicat des travailleurs de l'enseignement des Laurentides*, (1977) T.T. 89, p. 94.

42. Relativement à la convention collective établissant les conditions de travail des salariés du groupe, la loi indique bien, par rapport au moment de l'accréditation, qu'elle lie tous les salariés actuels et futurs visés par l'accréditation (*C.t.*, art. 67 ; *C.c.t.*, art. 56).

43. *Syndicat catholique des employés de magasins de Québec Inc.* c. *Compagnie Paquet Ltée*, *supra*, n. 6.

ce qui a trait, une fois la convention collective intervenue, à l'application du régime collectif de travail des salariés du groupe représenté.

Au stade de la négociation, le syndicat accrédité est l'interlocuteur unique de l'employeur, à l'exclusion, bien entendu, de groupements rivaux, mais aussi des salariés eux-mêmes compris dans l'unité[44]. C'est un interlocuteur autonome; les positions de négociation résultent de ses propres décisions, plus précisément de celles de ses instances compétentes, selon son règlement interne[45]. En principe, elles s'imposent, à l'exception de celles de salariés compris dans l'unité d'accréditation mais agissant en marge des organes syndicaux compétents.

Si l'envergure du syndicat accrédité dépasse celle de l'unité d'accréditation en cause, une telle affirmation de son autonomie décisionnelle, par rapport à la seule volonté des salariés compris dans l'unité, est de nature à permettre la poursuite adéquate d'objectifs de négociation qui correspondent au syndicat entier. À l'origine, la demande d'accréditation appuyée par les salariés de l'unité n'était-elle pas d'ailleurs celle du syndicat lui-même[46]?

La décision portant sur l'un ou l'autre aspect du cours de la négociation collective – il sera traité spécialement de la grève ci-après – relève donc alors exclusivement de ce dernier[47].

---

44. Des négociations directes avec les salariés au sujet des conditions de travail iraient d'ailleurs à l'encontre de l'obligation de reconnaissance des représentants du syndicat accrédité et de l'obligation de négociation de bonne foi qui incombent à l'employeur: *C.t.*, art. 141(53); *C.c.t.*, art. 50 et 94(3)g); voir notamment: *Girard* c. *Paquet*, (1978) T.T. 164; *Nunez* c. *Lloyd's Electronics Limitée*, (1978) T.T. 193.
45. Voir, pour ce qui est de la localisation et des modalités d'exercice du pouvoir décisionnel, *supra*, pp. 65 et ss (aspects sociologiques) et *infra*, pp. 162 et ss (aspects juridiques).
46. La demande d'accréditation n'est pas celle des salariés de l'unité, mais de l'association de salariés elle-même, qui doit avoir autorisé par résolution sa présentation (*C.t.*, art. 25): *Association internationale des commis du détail F.A.T. – C.I.O. – C.T.C., local 486* c. *Commission des relations du travail du Québec, supra*, n. 24, p. 1049. Voir aussi: *Travailleurs unis de l'alimentation et du commerce, section locale 501* c. *Bourgeois*, (1989) T.T. 23 (en évocation); *Desmarais* c. *Union des ouvriers du textile d'Amérique, C.T.C., local 2336*, (1979) C.S. 93.
47. Voir: *Arsenault* c. *Boudreault*, C.S. (Montréal) 500-05-009582-865, 11 novembre 1986, D.T.E. 87T-152 – rejet d'une demande d'injonction visant à faire signer par le syndicat une convention négociée directement par des employés. *Contra*: *Aubrais* c. *Syndicat des travailleurs unis de l'électricité, radio et machinerie du Canada (T.U.E., F.T.Q.), local 568*, C.S. (Montréal) 500-05-003520-861, 31 juillet 1986, D.T.E. 86T-668. Il s'agissait d'une injonction interlocutoire ordonnant la convocation d'une assemblée du syndicat accrédité afin de soumettre au vote des salariés d'une petite unité des offres patronales agréées par ceux-ci mais non par l'association accréditée, celle-ci étant déjà engagée dans un arbitrage obligatoire de différend de première convention collective (*C.t.*, art. 93.1). Le jugement, ne voyant dans le syndicat accrédité qu'un simple «mandataire» des salariés momentanément dans l'unité, ne tient compte ni de l'illégalité des négo-

La même solution s'impose également lorsque l'envergure du syndicat ne correspond qu'à celle de l'unité d'accréditation. Le pouvoir légal de représentation du groupe dont il se trouve investi est tout aussi exclusif que dans le cas précédent et aucune distinction n'est de mise en principe: seule la décision régulièrement prise par le groupement est pertinente. À cet égard, la volonté d'une collectivité de salariés réunis dans une unité d'accréditation ne sera déterminante en pratique que si ces salariés représentent la proportion de membres requise pour emporter la décision à l'intérieur du groupement syndical. Le rôle du tribunal devrait se confiner à assurer le fonctionnement du régime décisionnel au sein du syndicat, sans substituer l'expression des vues directes de salariés à la décision de ce dernier[48].

L'affirmation de la volonté syndicale ne signifie pas que les autorités syndicales puissent faire abstraction des exigences de la constitution du groupement en ce qui a trait à la prise de décision en matière de négociation. En fait, comme on le verra, de telles dispositions y figurent souvent. Elles pourront ainsi prévoir la consultation de différentes instances internes ou la nécessité d'une ratification de la part des membres du syndicat compris dans l'unité de négociation dans le cours de l'élaboration du projet syndical de convention collective, ou encore l'acceptation du texte définitif de cette entente. Le contrôle interne exercé de cette façon par une instance syndicale particulière, ou par les membres eux-mêmes, ne modifie aucunement l'autonomie du syndicat. L'exigence se rattache ici au fonctionnement interne du groupement, selon sa propre constitution, à l'établissement de sa propre décision; elle ne constitue pas une substitution, en l'occurrence, de la décision de salariés à celle du groupement.

---

ciations individuelles des salariés avec l'employeur au regard de l'obligation de reconnaissance et de négociation de bonne foi dont le syndicat accrédité est créancier (voir: *Girard* c. *Paquet*, (1978) T.T. 164), ni, dans les faits, de la nécessité pour une section locale d'un syndicat ramifié, comme dans l'espèce, d'adopter des positions de négociation compatibles avec les objectifs du syndicat plus vaste auquel elle se rattache, dans l'intérêt général de l'ensemble des membres de ce dernier, ce à quoi elle peut être par ailleurs tenue par la constitution syndicale.

48. *Contra*: *Daishowa Inc., division Scierie Leduc* c. *Syndicat démocratique des salariés de la Scierie Leduc (C.S.D.)*, (1990) R.J.Q. 1117 (C.S. – en appel) – absence, selon le tribunal, d'un état de grève légale, et, par conséquent, non-application du régime anti-briseurs de grève prévu à l'article 109.1, *C.t.*, la majorité des membres du syndicat ayant repris le travail, à l'encontre de la volonté syndicale jusque-là exprimée.

Exemple d'une injonction visant à forcer une prise de décision syndicale: *Desmarais* c. *Union des ouvriers du textile d'Amérique C.T.C., local 2336*, *supra*, n. 46 – convocation d'une assemblée pour révoquer l'accréditation. Le jugement paraît justifié, du moins si le syndicat accrédité ne dépassait pas dans son envergure l'aire de l'accréditation en cause.

Par ailleurs, l'imposition par le législateur québécois d'une obligation pour le syndicat accrédité de faire autoriser au scrutin secret la signature d'une convention collective par un «vote majoritaire des membres de l'association accréditée qui sont compris dans l'unité de négociation et qui exercent leur droit de vote», si justifiée soit-elle du point de vue de la «démocratie syndicale», constitue une subordination du pouvoir décisionnel du syndicat, non pas aux vues d'un ensemble de salariés qu'il représente légalement – ce qui eût été concordant du point de vue de la seule portée de l'accréditation en cause –, mais à certains d'entre eux, à savoir les membres qu'il compte dans l'unité d'accréditation[49].

Bien que le syndicat accrédité, sous réserve de ce qui précède, négocie unitairement en fonction de l'intérêt collectif de l'unité de négociation qu'il représente, il devra exercer sa fonction de représentant collectif en se conformant à l'obligation légale qui lui incombe de traiter également les salariés compris dans le groupe. Ainsi, non seulement des disparités indues de traitement entre membres et non-membres, parmi ces salariés, sont-elles inadmissibles, mais il ne doit pas y avoir non plus de traitement discriminatoire, des disparités non objectivement justifiables, entre le régime d'un sous-groupe de salariés par rapport aux autres à l'intérieur de l'unité d'accréditation visée par la convention collective[50]. *In concreto*, l'appréciation du comportement syndical tiendra compte du caractère transactionnel inévitable de la négociation collective et, précisément, de la nécessité pour le syndicat d'assumer son rôle de représentant collectif de l'ensemble de l'unité de négociation. Dans l'intérêt de cette collectivité entière, des compromis sont manifestement inévitables pour en arriver à un accord avec l'employeur, et ils peuvent toucher inégalement les catégories de salariés sans conduire pour autant à une conclusion de manquement de la part du syndicat à son obligation[51].

---

49. *C.t.*, art. 20.3 – absence d'une telle obligation légale dans le *C.c.t.*
50. *C.t.*, art. 47.2. Pour un exposé détaillé de la portée et de la sanction de l'obligation de représentation, voir notamment: *Centre hospitalier Régina Ltée* c. *Tribunal du travail*, (1990) 1 R.C.S. 1330; J.-D. Gagnon, «Le devoir de représentation des associations de salariés en droit québécois», (1981) 41 *R. du B.* 639; R.P. Gagnon, L. LeBel et P. Verge, *op. cit.*, *supra*, n. 25, pp. 309 et ss. Voir aussi *infra*, p. 281.
51. Voir, selon la loi fédérale américaine: *Ford Motor Co.* v. *Huffman*, 345 U.S. 330, en particulier à la page 337; selon le *C.c.t.* (mais avant l'amendement de 1983-1984 limitant la portée de l'article 37 du Code fédéral à la représentation «quant (aux) droits (des employés) dans le cadre de la convention collective qui leur est applicable», c'est-à-dire en principe à celle qui s'exerce une fois la convention établie): *Larmour* et *Fraternité des ingénieurs de locomotives*, (1988) 41 d.i. 110. Conclusion à l'effet du maintien exceptionnel, à la suite de cet amendement, de la compétence du Conseil pour sanctionner l'obligation de représentation à l'occasion de la révision des conditions d'une convention collective: *Reynolds* et *Syndicat des travailleurs en communications*, (1987) 68 d.i. 116.

Le recours à la grève revêt une importance cruciale dans le cours de la négociation. Or, la loi qui encadre ce processus confie expressément le droit de grève au syndicat accrédité lui-même. Partant d'une conception «instrumentale» de la grève, moyen de négociation, le législateur établit un droit limité de grève : le titulaire de ce droit, dans la mesure où il existe, est le syndicat accrédité lui-même et non les salariés qui, collectivement, participeront à son exercice[52]. Toutefois, seul le législateur québécois a su étayer cette conception syndicale du droit de grève par l'établissement d'une interdiction, en principe, à l'employeur de recourir notamment aux services de salariés compris dans l'unité durant la grève[53]. Pour sa part, la loi fédérale favorise une conception libérale de la grève, les employés visés demeurant libres de ne pas suivre la consigne syndicale de grève (sous réserve des sanctions syndicales possibles).

L'autorité décisionnelle en matière de grève appartient donc encore ici en propre au syndicat accrédité, qui s'exprime par ses organes autorisés. À l'opposé du législateur fédéral, le législateur québécois impose toutefois au syndicat accrédité, à l'article 20.2 du Code, tout comme il l'a fait en ce qui a trait à la ratification de la convention collective, de faire approuver la décision de faire grève au scrutin secret, par le «vote majoritaire des membres de l'association accréditée qui sont compris dans l'unité de négociation et qui exercent leur droit de vote». L'existence de cette obligation appelle donc les mêmes observations que celles qui sont relatives à la ratification de la convention collective. Il en va de même de la façon d'envisager les obligations du syndicat accrédité, en vertu de sa propre constitution cette fois, pour ce qui est de l'adoption de sa décision de recourir à la grève : ainsi, dans la mesure où cette constitution prévoit la participation des membres du syndicat dans l'unité à cette prise de décision, il faut y voir une exigence institutionnelle qui ne s'oppose pas à l'autonomie du groupement, mais qui a plutôt trait à l'élaboration par ce dernier de sa propre décision.

La cessation de la grève ne fait l'objet d'aucune prescription légale expresse. Dans quelle mesure la volonté de retour au travail des salariés de l'unité serait-elle opposable à celle du syndicat accrédité ? La rétention de la conception libérale de la grève dans la loi fédérale permet de soulever le cas limite d'un retour au travail de tous les employés de l'unité en cause. Cette hypothèse correspondrait alors à la cessation du fait de grève, du moins au niveau de cette unité ; la décision syndicale

---

52. *C.t.*, art. 106(58) ; *C.c.t.*, art. 89. Voir P. Verge, *Le droit de grève, fondements et limites*, Cowansville, Les Éditions Yvon Blais Inc., 1985, pp. 16 et ss.
53. *C.t.*, art. 109.1 ; voir P. Verge, *op. cit.*, p. 32, et *infra*, p. 253.

deviendrait alors inefficace dans cette mesure[54]. L'interdiction faite à l'employeur d'utiliser les services des salariés de l'unité pendant une grève légale, qu'impose l'article 109.1 du *Code du travail* du Québec – disposition d'ordre public –, empêche la réalisation juridique d'une telle situation[55]. Cependant, les traits particuliers de la loi québécoise – non seulement la conception «unitaire» de la grève mais, plus directement, la subordination initiale de la décision de grève au vote des membres compris dans l'unité et la ratification de l'acceptation de la convention collective par un semblable vote – pourraient porter à inférer une obligation pour le syndicat de se tenir lié par une volonté collective de cessation de la grève exprimée par la majorité de ses membres compris dans l'unité. Une telle solution correspond manifestement à la volonté du syndicat lui-même, lorsque son ampleur ne dépasse pas celle de l'unité; dans la négative, elle risquerait toutefois de contrecarrer la poursuite d'objectifs de négociation plus vastes par le titulaire du droit de grève[56].

Au stade de l'application de la convention collective, l'accès à l'étape juridictionnelle amenant à trancher de façon finale les difficultés d'application ou d'interprétation de l'entente est réservé, du moins selon la loi, à ses seuls signataires, soit l'employeur et le syndicat

---

54. Voir, antérieurement à l'article 109.1, *C.t.*: *Syndicat des employés de Uniroyal (C.S.N.)* c. *Union des ouvriers du caoutchouc synthétique, local 78 de l'Union internationale des employés de distilleries, rectification, vins et industries connexes d'Amérique*, (1980) T.T. 150, p. 170.

55. Voir: *Syndicat démocratique des salariés de la Scierie Leduc (C.S.D.)* c. *Daishowa Inc., division Scierie Leduc*, (1990) T.T. 71; décision toutefois renversée par: *Daishowa Inc., division Scierie Leduc* c. *Syndicat démocratique des salariés de la Scierie Leduc (C.S.D.)*, *supra*, n. 48. La conclusion de fin d'une grève légale, en l'absence de décision syndicale et à partir du retour au travail d'une majorité de salariés membres du syndicat, est d'autant plus étonnante que ce retour partiel au travail faisait suite à des négociations directes entre l'employeur et certains de ses salariés, contrairement à la loi.

56. Voir *Marinier* c. *Fraternité inter-provinciale des ouvriers en électricité*, (1988) R.J.Q. 495 (C.S.). Devant une situation d'intimidation caractérisée, le tribunal accorde une injonction interlocutoire ordonnant au syndicat de «suspendre le mandat de grève», sept des dix membres qu'il comptait dans une unité réduite ayant voté en ce sens au cours d'une réunion. La décision, qui n'est pas explicite quand l'ampleur du syndicat – l'appellation de celui-ci incite à y voir un organisme de grande envergure – conçoit l'effet de vote initial de grève comme étant attributif d'un «mandat» de la part des salariés au syndicat accrédité, contrairement à la conception législative du droit de grève. Elle s'inspire alors de la justice naturelle.

(Prétendre par ailleurs, à partir du seul libellé de l'article 20.2, *C.t.*, que la décision de retour au travail doit se prendre dans l'«unité de négociation», plus vaste que l'«unité d'accréditation», lorsque la négociation réunit une pluralité d'accréditations, ne paraîtrait toutefois pas un argument significatif, car le législateur semble bien lui-même employer l'expression «unité de négociation» comme synonyme d'«unité d'accréditation» dans le contexte même de l'accréditation; voir aussi l'article 28 d).)

accrédité[57]. Cette situation traduit la portée générale du pouvoir légal de représentation du syndicat accrédité par rapport au groupe visé : les normes conventionnelles sont de portée générale ou catégorielle et leur violation porte atteinte, comme nous le verrons[58], à l'intérêt collectif du groupe que représente le syndicat accrédité. Cette dimension d'intérêt collectif est immanente à toute situation de grief, y compris celles où les droits subjectifs d'un ou de plusieurs salariés sont en cause.

Dans ces dernières situations, comme nous pourrons l'analyser ultérieurement[59], l'intérêt personnel du salarié coexiste avec l'intérêt collectif. Les deux dimensions de la demande à laquelle donne lieu la convention sont interreliés et même indissociables. Aussi le Code prend-il soin de reconnaître à l'association accréditée le pouvoir d'agir en ces circonstances, sans que le salarié en cause puisse y faire obstacle : elle n'a pas alors «à justifier d'une cession de créance de l'intéressé[60]». En sens inverse, la loi établit le droit du salarié intéressé d'être entendu à l'occasion du grief présenté par le syndicat[61]. Si le syndicat accrédité ne s'était vu attribuer qu'une mission légale de représenter des salariés en tant qu'individus, une telle faculté d'intervention de ceux-ci dans un arbitrage où leur représentant agit déjà en leur nom serait inexplicable. Le législateur, pourrait-on au contraire tenter d'expliquer ici, a voulu prévoir de façon générale certaines divergences possibles entre la défense de l'intérêt individualisé du salarié et celui de l'intérêt collectif des salariés du groupe que représente le syndicat[62]. Néanmoins, il aurait pu, logiquement du moins, s'en remettre uniquement à l'existence de l'obligation de représentation égale à la charge du syndicat accrédité, laquelle appuie l'idée d'exhaustivité du pouvoir de représentation du syndicat accrédité au regard des intérêts véhiculés par le grief.

À la hauteur des qualités requises par la loi – critères de bonne foi, d'absence d'arbitraire ou de discrimination et d'absence de négligence grave –, le comportement du syndicat liera, en ce qui a trait à la disposition du grief, le salarié en cause, même dans des situations aussi

---

57. *C.t.*, art. 100 ; *C.c.t.*, art. 57. Il arrive parfois que les signataires de la convention prévoient la saisine de l'arbitre à l'initiative du salarié, relativement à un grief dans lequel il a un intérêt propre. Voir R.P. Gagnon, L. LeBel et P. Verge, *op. cit.*, *supra*, n. 25, p. 627.

58. Voir *infra*, pp. 272 et 287.

59. Voir *infra*, pp. 272 et ss.

60. *C.t.*, art. 69. Voir : *Kodie* c. *Lande*, C.S. (Montréal) 500-05-018600-823, 6 juin 1984, jugement renversé, mais pour un motif tenant à l'exercice du contrôle judiciaire (*Hilton Canada Inc.* c. *Kodie*, (1986) R.J.Q. 2483 (C.A.)).

61. *C.t.*, art. 100.5.

62. Voir la solution jurisprudentielle, applicable en certaines situations exceptionnelles où une telle divergence existe, en l'absence, comme c'est le cas selon le *C.c.t.*, d'un texte correspondant à celui du *C.t.* : *Hoogendoorn* c. *Greening Metal Products and Screening Equipment Company*, (1968) R.C.S. 30.

centrées sur sa personne et son comportement que sont les renvois ou l'imposition de mesures disciplinaires[63].

Cette formule du monopole de la représentation en faveur du syndicat majoritaire, le législateur l'a transposée dans le monde du syndicalisme étudiant, en tant que principe directeur d'une formule empreinte de juridisme, compte tenu du domaine d'application et d'encadrement de l'exercice de la liberté d'association par les élèves du collégial et les étudiants. Une loi sanctionnée en 1983[64] dispose en substance que, dans les établissements visés, soit les cégeps ou les universités et leurs composantes que sont leurs différents départements et facultés, l'association accréditée représente seule tous les élèves ou étudiants ; les autorités de l'établissement doivent la reconnaître à ce titre[65]. Elle va même plus loin que la loi sur le travail dont elle s'inspire : les élèves ou étudiants touchés en sont réputés membres, sous réserve de la signification écrite de leur retrait[66]. L'association accréditée a droit, en particulier, à un local gratuit dans l'établissement[67] ; elle seule peut y désigner des élèves ou étudiants pour siéger à titre de représentants de leurs pairs aux divers conseils ou commissions de l'établissement[68]. Enfin, l'association accréditée peut, par règlement approuvé par la majorité des élèves ou étudiants réunis en assemblée extraordinaire, décider d'une cotisation que l'établissement devra imposer comme condition d'inscription[69].

Le droit à l'accréditation repose sur un constat officiel[70] de majorité à l'occasion d'un vote au scrutin secret[71]. Une accréditation d'un regroupement d'associations est aussi possible si, dans l'ensemble de l'établissement, il a obtenu l'adhésion de plus de la moitié des associations accréditées, ou encore volontairement reconnues en l'absence d'association accréditée, dans ses différentes composantes, et qui représentent ensemble plus de la moitié des élèves ou étudiants de l'établissement[72]. La loi qui paraît ainsi désireuse de bien structurer la

---

63. La jurisprudence acceptera ainsi que le syndicat établisse, même en de pareilles situations, son comportement en tenant compte, prudemment et sans arbitraire, de l'intérêt collectif du groupe qu'il représente. Voir *infra*, pp. 283 et ss.

64. *Loi sur l'accréditation et le financement des associations d'élèves ou d'étudiants*, L.R.Q., c. A-3.01 (*L.a.f.a.e.*). Voir A. Lajoie et M. Gamache, *Droit de l'enseignement supérieur*, Montréal, Les Éditions Thémis Inc., 1990, pp. 348-351.

65. *L.a.f.a.e.*, art. 28.

66. *Ibid.*, art. 26.

67. *Ibid.*, art. 29.

68. *Ibid.*, art. 32.

69. *Ibid.*, art. 52 et ss.

70. De la part de fonctionnaires du ministère de l'Éducation, appelés agents d'accréditation (art. 19 et ss), sous réserve d'un appel à un comité d'accréditation (art. 33 et ss).

71. Cette majorité de votants doit aussi représenter au moins 25 % des élèves ou étudiants inscrits dans l'établissement (art. 6).

72. *Ibid.*, art. 7.

représentation étudiante pose aussi, dans l'un et l'autre cas, l'exigence de la personnalité civile[73]. Rébarbative à la consécration d'une représentation d'envergure, pourrait-on dire sectorielle, dans le monde étudiant, elle réserve l'accréditation aux associations qui ne représentent que des élèves ou étudiants se rattachant à un même établissement ou à ses composantes[74].

SECTION II

SOLUTIONS SECTORIELLES

La pratique de la négociation sectorielle, dans la mesure où elle se produit – ce qui demeure exceptionnel, malgré l'importance de certaines des situations en cause –, ne repose pas nécessairement sur l'existence de syndicats représentatifs à ce niveau. Il y a donc lieu de départager ces systèmes de négociation de grande portée selon qu'ils véhiculent (B.) ou non (A.) une représentativité syndicale véritablement sectorielle.

A. Absence de représentativité sectorielle véritable

Même si elle limite l'aire de l'accréditation et, par conséquent, celle du pouvoir légal de représentation à l'employeur unique (selon le *Code du travail* du Québec), ou si elle l'établit en règle générale (selon le *Code canadien du travail*), la loi ne fait pas obstacle pour autant à la négociation collective de plus grande envergure, de portée sectorielle même : soit qu'elle la permette simplement, tout en prévoyant son éventualité, au gré des parties, soit qu'elle aille jusqu'à l'imposer.

Dans la première hypothèse, il y aura tout simplement juxtaposition du pouvoir légal de représentation établi en fonction de collectivités de salariés rattachés à autant d'employeurs qu'il y en a d'engagés dans un effort de négociation collective commune, sous l'égide ou non d'une association patronale[75]. Les différentes accréditations ainsi réunies peuvent se rapporter à une même association de

---

73. Obtenue en vertu de la partie III de la *Loi sur les compagnies*, L.R.Q., c. C-38 (*ibid.*, art. 6 et 7).
74. *Ibid.*, art. 10.
75. *C.t.*, art. 1 d) et, s'il y a une association patronale, art. 68; *C.c.t.*, art. 33. Exemple: *Grain Handlers' Union, section locale 1* et *Saskatchewan Wheat Pool*, (1977) 21 d.i. 388.

salariés; elles peuvent au contraire viser une pluralité de syndicats[76]. Peu importe alors l'hypothèse retenue et la réalité de la négociation collective, d'un point de vue juridique, la représentativité syndicale continue de s'envisager de façon morcelée, en fonction de chacune des accréditations en cause; le pouvoir de représentation résultant de chacune de ces mêmes accréditations demeure exclusif et absolu pour le syndicat qui en est titulaire.

Ce dernier constat continue de s'imposer – et c'est la seconde hypothèse – même quand le législateur a pris soin d'aménager la négociation sectorielle, comme il l'a fait dans le cas du secteur parapublic québécois, qui concerne à la fois le secteur de l'enseignement préuniversitaire et celui des affaires sociales[77]. Selon les différents secteurs professionnels que détermine la loi, un type de négociation collective sectorielle de base vient alors définir, sous réserve d'accords régionaux et locaux complémentaires et d'arrangements locaux d'adaptation de stipulations de l'entente générale, les conditions de travail à l'échelle «nationale», soit du Québec. L'association de salariés qui ne fait pas partie d'un groupement d'associations, c'est-à-dire d'une union, d'une fédération, d'une confédération ou d'une centrale d'associations de salariés, est elle-même partie à une négociation nationale, qui atteint tous les établissements locaux en fonction desquels elle est accréditée selon le *Code du travail*[78]; dans le cas contraire, elle négocie et agrée les stipulations de l'entente nationale par l'entremise d'un agent négociateur nommé par le groupement auquel elle se rattache.

L'aménagement de ce type de négociation sectorielle respecte le pluralisme syndical, dans la mesure où il se sera manifesté au niveau local: l'agent de négociation est ou bien le titulaire de l'accréditation lui-même ou celui qui a été désigné par un ensemble d'associations accréditées relevant d'une même affiliation syndicale. Dans les différents secteurs occupationnels, on est ainsi conduit à des tables de négociation parallèles, si une pluralité de mouvements syndicaux se trouvent engagés dans la négociation. Par ailleurs, le pouvoir de représentation résultant de chacune des accréditations dont sont titulaires les associations de salariés dans les différents établissements continue de jouer dans tout ce qu'il a d'absolu et d'exclusif. Cette intensité de représentation se manifeste d'abord dans la négociation du régime de travail: établi par l'agent de l'association ou par celui du regroupement dont l'association fait partie, le régime de travail conduit à la détermination exclusive de conditions de travail des salariés. Pour ce qui est de son

---

76. La loi fédérale rend aussi possible l'accréditation d'un regroupement de syndicats d'employés en tant qu'agent négociateur: *C.c.t.*, art. 32; ce regroupement engage alors la négociation comme s'il était lui-même un syndicat.

77. *Loi sur le régime de négociation des conventions collectives dans les secteurs public et parapublic*, L.R.Q., c. R-8.2 (*L.r.n.s.p.*). Pour ce qui est de la pratique de la négociation dans ce secteur, voir *infra*, pp. 228 et ss.

78. *L.r.n.s.p.*, art. 26 et ss.

application, il revient formellement à l'association locale accréditée et partie à l'entente de formuler le grief du salarié qu'elle représente, bien que, en pratique, lorsqu'elle se rattache à un groupement d'associations, celui-ci coordonne l'action locale à ce niveau[79]. Mais, en fin de compte, si la loi centralise la négociation et s'il peut être possible de constater une représentativité sectorielle de fait de l'agent d'un regroupement d'associations à l'occasion de celle-ci, d'un point de vue juridique, la frontière de l'accréditation locale, à la mesure de l'établissement de chaque employeur distinct, s'impose toujours au pouvoir de représentation, et, par conséquent, à la représentativité du syndicat.

B. Situations de représentativité sectorielle

Il est en revanche des situations où la représentativité est d'envergure sectorielle. Tantôt elle est exclusive (1.); tantôt, au contraire, elle respecte un certain pluralisme syndical (2.).

1. Représentativité exclusive

Les situations de représentativité sectorielle exclusive coïncident même parfois avec l'attribution d'un pouvoir de représentation absolu (a.); dans d'autres cas, l'envergure de la représentativité ne permet d'envisager que l'exercice d'une fonction de représentation de moindre intensité (b.).

a. Pouvoir de représentation absolu

Dans la fonction publique québécoise, l'unicité d'employeur conduit, du moins d'un point de vue horizontal, à l'accréditation unique, donc d'envergure sectorielle. Sur le plan vertical, c'est-à-dire celui de la segmentation occupationnelle, la loi opère de façon directe ou indirecte un fractionnement du pouvoir de représentation relativement simple, soit le groupe des fonctionnaires et celui des ouvriers, exception faite de certaines catégories particulières de salariés qui doivent ou non, selon le cas, donner lieu à une accréditation distincte[80]. Pour ce qui est de la fonction publique fédérale, du moins dans le cas des fonctionnaires de l'administration centrale, l'unicité d'employeur s'envisage de façon semblable; un découpage vertical ou occupationnel des groupes s'impose également[81]. Le syndicat accrédité en fonction de

---

79. La convention nationale pourvoit d'ailleurs souvent à une nécessaire coordination de l'action syndicale locale et de l'action provinciale à ce sujet. Voir F. Morin, *Rapports collectifs du travail*, Montréal, Les Éditions Thémis Inc., 1982, p. 555.

80. *Loi sur la fonction publique*, L.R.Q., F-3.1.1, art. 64-67 (*L.f.p.*).

81. *Loi sur les relations de travail dans la Fonction publique*, S.R.C. 1970, c. P-35, art. 2, V. Employeur, et art. 32 (*L.r.t.f.p.*).

ces paramètres acquiert un statut de représentant légal exclusif[82]. Il négocie l'établissement d'un régime collectif de travail effectif et, lui aussi, exclusif.

Hors de la fonction publique, le *Code canadien du travail* prévoit aussi la formation exceptionnelle d'unités d'accréditation visant, dans un même secteur d'activité, dont celui du débardage, une pluralité d'employeurs[83]. Le pouvoir légal de représentation du syndicat accrédité revêt toute l'intensité et l'exclusivité se rattachant à l'accréditation selon cette loi, même si son aire d'application s'élargit ainsi pour dépasser l'employeur unique. Mais alors, il ne s'agit en fait, par rapport à l'activité envisagée, que d'une représentativité locale ou régionale, tout au plus[84]. Plus importante est sans doute cette propension de l'organisme d'accréditation, le Conseil canadien des relations du travail, à fusionner, dans une perspective d'intérêt public, des unités d'accréditation, devant des employeurs en situation de monopole ou d'oligopole dans des services publics; ces décisions conduisent naturellement au remplacement des structures syndicales traditionnelles davantage axées sur les métiers par des groupements syndicaux seuls représentatifs par rapport à de véritables ensembles sectoriels ou quasi sectoriels[85].

Bien qu'il ne s'agisse pas de l'organisation du travail subordonné, mais plutôt de celui d'une multitude de producteurs indépendants, la mise en marché des produits agricoles, selon diverses lois fédérales et provinciales, fait appel, également à l'échelle sectorielle, au principe majoritaire pour établir la représentativité de certains organismes et groupements, dont des syndicats de producteurs agricoles. Cette représentativité est d'une façon générale absolue et exclusive par rapport au secteur envisagé.

Pour ce qui est d'abord du syndicalisme agricole lui-même, la *Loi sur les producteurs agricoles* prévoit l'accréditation par la Régie des marchés agricoles et alimentaires du Québec d'une confédération groupant des syndicats et des fédérations, spécialisés ou non, de producteurs en tant que porte-parole des producteurs et représentant de ceux-ci

---

82. La loi québécoise précise que l'accréditation établie selon ses dispositions a les effets d'une accréditation accordée en vertu du *Code du travail*: *L.f.p.*, art. 65 et 66; *L.r.t.f.p.*, art. 40.

83. *C.c.t.*, art. 34.

84. Exemples: *Association internationale des débardeurs (AID), sections locales 1845 et 375 et Association des employeurs maritimes*, (1987) 71 d.i. 77; *Syndicat des métiers et du travail de la Miramichi et W.S. Anderson Co. Ltd.*, (1984) 55 d.i. 105.

85. Exemples: *Société canadienne des postes et Syndicat des postiers du Canada*, (1988) 73 d.i. 66; *Société de développement du Cap-Breton et Syndicat des mineurs unis d'Amérique, district n° 26*, (1987) 72 d.i. 73. L'arrêt suivant envisage le regroupement des unités au regard de la liberté d'association et du droit à l'égalité affirmés par la Charte constitutionnelle: *Syndicat des infirmières de la Nouvelle-Écosse, section locale DEVCO c. Canada (Conseil des relations du travail)*, (1990) 3 C.F. 652 (C.A.).

auprès des pouvoirs publics[86]. Les producteurs seront tenus de verser une cotisation à l'association accréditée si, lors d'un référendum, elle est autorisée à l'exiger par les deux tiers de ceux qui auront voté, pourvu que ces derniers représentent 60% de l'ensemble des producteurs[87].

Une loi distincte pourvoit à la régulation des conditions de production et de mise en marché d'un produit agricole relativement à un territoire désigné ; par la technique du «plan conjoint», elle permet d'imposer à tous les producteurs du secteur de telles conditions[88]. Un tel plan proposé par au moins dix producteurs intéressés, ou par une association de producteurs, à la Régie des marchés agricoles et alimentaires du Québec n'entrera en vigueur qu'après avoir reçu l'approbation des deux tiers des voix à l'occasion d'un scrutin officiel auquel la moitié des producteurs intéressés auront participé[89]. Le plan précisera, entre autres, l'office de producteurs chargé de voir à son application et à son administration. Un syndicat professionnel composé exclusivement de producteurs du produit visé pourra notamment agir en cette qualité[90]. Une contribution obligatoire pourra être imposée à l'ensemble des producteurs pour assurer l'application du plan conjoint[91]. L'office devient ainsi l'«agent de négociation des producteurs et l'agent de vente du produit visé par le plan[92]». Il est habilité à déterminer par règlement, opposable à tous les producteurs visés par le plan, les différentes conditions de production, de mise en marché et de vente en commun du produit dont il s'agit[93]. La Régie pourra toutefois deman-

---

86. *Loi sur les producteurs agricoles*, L.R.Q., c. P-28, art. 19. La loi, qui proclame le droit du producteur d'appartenir à un syndicat de son choix (art. 2), impose par ailleurs la constitution en corporation selon la *Loi sur les syndicats professionnels*, L.R.Q., c. S-40, à tout groupement désireux de se voir accrédité, de même qu'à ceux qui peuvent lui être affiliés (art. 1). La confédération accréditée doit aussi accepter l'adhésion de toute fédération qui satisfait aux conditions déterminées par ses règlements (art. 24). Il s'agit présentement de l'Union des producteurs agricoles : voir *supra*, p. 58.

87. *Ibid.*, art. 14 et 15. Voir aussi l'article 37 pour ce qui est de la perception de la cotisation (retenue par un office de producteurs).

88. *Loi sur la mise en marché des produits agricoles, alimentaires et de la pêche et modifiant d'autres dispositions législatives*, L.Q. 1990, c. 13 (*L.m.m.p.a.a.p.*), qui remplace, sous réserve de son entrée en vigueur, la *Loi sur les producteurs agricoles*, L.R.Q., c. P-28 (art. 228). Voir, en général, C. Green, «Marketing Boards in Canada : an Economic and Legal Analysis», (1983) 33 *U. of T.L.J.* 407.
   La mise en marché d'un produit de la pêche peut aussi constituer l'objet d'un plan conjoint (art. 179 et ss).

89. *L.m.m.p.a.a.p.*, art. 55. (Voir l'article 186 pour ce qui est de l'appui nécessaire à la mise en œuvre d'un plan conjoint relatif à un produit de la pêche.)

90. *Ibid.*, art. 50 et 66.

91. *Ibid.*, art. 122 et ss. Sur la constitutionnalité d'une telle disposition au regard des articles 23 d), 7 et 15 de la Charte constitutionnelle, comparer : *MacPhee* v. *Nova Scotia (Pulpwood Marketing Board)*, (1989) 56 D.L.R. (4th) 582 (N.S.C.A.).

92. *Ibid.*, art. 65.

93. *Ibid.*, art. 92, 93, 97, 98 et 100.

der à un office de négocier de telles conditions avec un regroupement de coopératives ou une association de personnes intéressées à la mise en marché du produit agricole visé par le plan qu'elle aura accrédité ou, à défaut d'accréditation, avec toute personne qu'elle pourra désigner[94]. Cette dernière accréditation fera de l'association ou du regroupement le «représentant de tous les intéressés pour les fins de négociation et d'entente avec l'office[95]». Elle ne repose toutefois pas sur des critères objectifs, mais est laissée à l'appréciation générale de la suffisance de la représentativité du regroupement ou de l'association par la Régie[96]. La négociation à la demande de l'office en vue de l'établissement d'une convention de mise en marché est obligatoire pour toute personne ou société engagée dans la mise en marché du produit visé par le plan[97]. Enfin, un office de producteurs peut exercer tous les recours d'un producteur en vertu d'une telle convention homologuée par la Régie, d'une sentence arbitrale en tenant lieu, ou d'un règlement, sans avoir à justifier d'une cession de créance de l'intéressé[98].

b. Pouvoir de représentation mitigé

La représentativité syndicale devient une technique primordiale lorsqu'il s'agit d'établir un régime sectoriel de rapports collectifs de travail dans un marché fragmenté. La production artistique a ainsi conduit à un aménagement particulier de la représentation visant à contrer la multiplicité sectorielle des producteurs, qu'il s'agisse des domaines du théâtre, de la musique, du film ou du disque. Une loi spécifique[99] permet de dégager, par rapport à un ou plusieurs des domaines visés, une représentativité syndicale authentiquement sectorielle, mais à laquelle ne correspond pas, vu précisément cette multiplicité de producteurs, un pouvoir de représentation aussi intense que celui qui résulte de l'accréditation selon le *Code du travail* pour l'association représentative.

---

94. *Ibid.*, art. 33.
95. *Ibid.*, art. 110.
96. *Ibid.*
97. *Ibid.*, art. 112 et ss. Elle pourra donner lieu à la conciliation, à l'arbitrage ou même, ultimement, à un décret de la Régie établissant les conditions de production et de mise en marché du produit (art. 118).
98. *Ibid.*, art. 68.
99. *Loi sur le statut professionnel et les conditions d'engagement des artistes de la scène, du disque et du cinéma*, L.R.Q., c. S-32.1 (*L.s.p.c.e.a.*). (Une loi distincte régit le statut professionnel de certaines autres catégories d'artistes: *Loi sur le statut professionnel des artistes des arts visuels, des métiers d'art et de la littérature et sur leurs rapports avec leurs diffuseurs*, L.R.Q., c. S-32.01.)
     Dans l'ordre fédéral, un projet de loi, dont le contenu s'inspire sensiblement de la loi précédente, envisage les relations professionnelles des artistes et auteurs, entrepreneurs indépendants, professionnels, et des institutions fédérales visées, de même que des entreprises de radiodiffusion et de télécommunication relevant de cette compétence fédérale: *Loi concernant le statut de l'artiste et régissant les relations professionnelles entre artistes et producteurs au Canada*, P.L. C-96, 2e session, 34e Législature, 1989-1990, 1re lecture le 19 décembre 1990.

La représentativité repose sur un constat officiel[100] de l'aptitude d'une association d'artistes à représenter les artistes du ou des domaines professionnels visés au Québec. Cette aptitude se fonde sur des exigences de trois ordres : un objet similaire à celui d'un syndicat professionnel au sens de la *Loi sur les syndicats professionnels*, si l'association n'en est pas déjà un[101] ; une organisation offrant des garanties, que précise la loi[102], en ce qui a trait à l'admissibilité et à la prise de décision ; et, enfin, l'appui de la majorité des artistes du secteur de négociation en cause[103].

L'association qui satisfait à ces exigences acquiert une représentativité sectorielle (ou multisectorielle)[104]. En effet, la reconnaissance lui confère, notamment par rapport au secteur ainsi défini, le pouvoir et le droit de défendre et de promouvoir les intérêts économiques, sociaux, moraux et professionnels des artistes ; celui de les représenter chaque fois qu'il est d'intérêt général de le faire ; celui de fixer des cotisations aux artistes, de percevoir et de remettre les sommes qui leur sont dues ; et, enfin, de négocier une entente collective[105]. L'exclusivité de la représentativité ne joue pas sur tous les plans. D'une part, la loi ne s'applique pas à une personne dont les services sont retenus pour une occupation visée par une accréditation accordée en vertu du *Code du travail* ou un décret adopté selon la *Loi sur les décrets de convention collective*[106]. D'autre part, cette mission générale consistant à défendre, à promouvoir et à représenter les intérêts des artistes d'un secteur, par exemple à l'endroit de l'État, n'est pas énoncée en termes exclusifs. Il en va autrement toutefois des rapports collectifs de travail avec les producteurs du secteur visé : aux fins de la négociation d'une entente collective, ceux-ci doivent « reconnaître l'association reconnue par la Commission (de reconnaissance des associations d'artistes) comme le seul représentant des artistes dans le secteur de négociation en cause » ; il en va de même de l'association qui regroupe ces producteurs, le cas échéant[107]. La représentativité de l'association peut être remise en cause périodiquement[108].

---

100. Il s'agit de la fonction essentielle de la Commission de reconnaissance des associations d'artistes prévue au chapitre IV de la loi.

101. *L.s.p.c.e.a.*, art. 9, 1°.

102. *Ibid.*, art. 10, 11 et 22.

103. *Ibid.*, art. 9, 16 et 18. (Cet appui se dégage de l'effectif ; la loi prévoit aussi le référendum au jugement de la Commission, sans pourtant préciser la portée de cet autre mode au regard de l'exigence d'une majorité de membres.) Exemple d'accréditation : *Guilde des musiciens du Québec* et *Association des hôtels du Grand Montréal*, C.R.A.A. R15-81, 9 juillet 1990, D.T.E. 90T-977.

104. *Ibid.*, art. 13, 57 à 59.

105. *Ibid.*, art. 24.

106. *Ibid.*, art. 5.

107. *Ibid.*, art. 26.

108. *Ibid.*, art. 20 à 23 ; 37.

L'association reconnue jouit donc seule du pouvoir d'engager, de façon contraignante, la négociation collective à l'intérieur du secteur soit avec un producteur, soit avec une association de producteurs[109]. Mais ici, contrairement à la convention régie par le *Code du travail*, l'entente collective n'établit que des conditions minimales d'engagement des artistes[110]. L'intensité de la représentation est moindre à cet égard. Par contre, il en découle pendant sa durée[111], à la charge à la fois de l'association signataire et des artistes qu'elle représente, une obligation de paix en faveur de la partie patronale signataire[112]. Quant aux recours que l'entente accorde aux artistes, le pouvoir de représentation de l'association reconnue s'affirme en ce que celle-ci peut les exercer «sans avoir à justifier d'une cession de créance de l'intéressé[113]»; toutefois, à la différence de l'arbitrage de griefs selon le *Code du travail*, rien n'interdit une action directe de la part de l'artiste intéressé.

En somme, la difficulté résultant de la pluralité sectorielle des entreprises s'est traduite ici non par une mise à l'écart de l'exclusivité de la représentativité syndicale de l'association d'artistes, mais plutôt par une certaine diminution de l'intensité de son pouvoir de représentation, du moins par rapport à celui du syndicat accrédité qui est absolu. Mais la représentativité syndicale peut aussi s'accommoder d'un certain pluralisme.

2. Solution pluraliste

Le régime propre à l'important secteur de l'industrie de la construction traduit bel et bien une volonté législative, initiale du moins, de prendre en considération la représentativité de certains mouvements syndicaux importants, bien que cette démarche ne soit pas du tout orientée vers l'établissement subséquent de régimes collectifs de travail parallèles correspondant à la diversité syndicale constatée. Par contre, le pluralisme se manifeste plus nettement lorsque la loi donne cours à l'action des instances syndicales de premier niveau relativement à certains autres sujets[114].

---

109. *Ibid.*, art. 27, 28 et 40. Dans ce dernier cas, l'entente «lie chaque producteur membre de cette association au moment de sa signature ou qui le devient par la suite, même s'il cesse de faire partie de l'association ou si celle-ci est dissoute» (art. 40, *in fine*).
110. *Ibid.*, art. 27.
111. Elle-même limitée: *ibid.*, art. 14, 2°.
112. *Ibid.*, art. 38 et 39. Toutefois, cette obligation ne s'imposerait pas à une association de salariés au sens du *Code du travail* qui acquerrait le droit de grève selon cette loi relativement à des artistes devenus «salariés» d'un employeur. (Voir l'article 5.)
113. *Ibid.*, art. 41; 24, 5°.
114. *Loi sur les relations du travail, la formation professionnelle et la gestion de la main-d'œuvre dans l'industrie de la construction*, L.R.Q., c. R-20 (*L.r.t.i.c.*). À noter que

Les associations de l'industrie de la construction s'entendent de groupements syndicaux «dont la compétence s'étend à l'ensemble du Québec pour tous les métiers et emplois de la construction[115]». Parmi elles, seulement cinq, que la loi désigne[116], peuvent faire constater officiellement leur représentativité afin de pouvoir prétendre négocier collectivement avec l'unique agent patronal, également désigné dans la loi, en vue d'une convention collective fixant les conditions de travail applicables, à l'échelle du Québec, à tous les métiers et emplois de l'industrie de la construction et devant être par la suite étendue par le gouvernement à l'ensemble de cette industrie[117]. Il est remarquable que certaines de ces associations susceptibles de négocier soient des centrales syndicales qui laissent d'ordinaire et dans tous les autres domaines ce soin à leurs syndicats affiliés[118]. La représentativité de ces associations correspond au pourcentage des voix qu'elles recueillent au cours d'un scrutin officiel par rapport au nombre total des salariés qui ont fait leur choix[119]. Une ou plusieurs de ces associations représentatives peuvent engager la négociation collective, mais au terme de celle-ci ne sera considérée comme convention collective que l'entente conclue par une ou plusieurs associations représentatives à un degré de plus de 50% et par l'association d'employeurs[120]. Cela conduit en fait à réserver le monopole de la négociation soit à l'association, soit à un cartel de telles associations qui atteint ce degré de représentativité, étant acquis par ailleurs qu'une association représentative à un degré de 15% ou plus a le droit d'être présente aux séances de négociation et de soumettre des demandes relatives à la structure et aux modalités de la négociation, de même qu'au contenu de la convention collective[121]. Le régime de travail qui sera finalement consacré par le décret gouvernemental représentera un régime effectif de travail[122].

Pour l'essentiel, un tel régime de négociation collective exclusive qui laisse place, il est vrai, à la formation d'un cartel syndical, si aucune association n'atteint à elle seule la représentativité requise pour

---

les associations de salariés de l'industrie de la construction ne peuvent être accréditées en vertu du *Code du travail* (art. 27). Voir notamment, au sujet de ce régime, R. Mireault, «Témoignage sur l'évolution du régime des relations du travail dans l'industrie de la construction», pp. 599 et ss, dans: R. Blouin (dir.), *Vingt-cinq ans de pratique en relations industrielles au Québec*, Cowansville, Les Éditions Yvon Blais Inc., 1990.

115. *Ibid.*, art. 1 a).
116. *Ibid.*, art. 28.
117. *Ibid.*, art. 46 et 47.
118. Voir G. Hébert, *Les relations de travail dans l'industrie de la construction*, Ottawa, Conseil économique du Canada, 1977, p. 118. Voir *infra*, pp. 230 et 150.
119. *L.r.t.i.c.*, art. 35.
120. *Ibid.*, art. 42 et 44.
121. *Ibid.*, art. 42.1.
122. Voir J.-L. Dubé et N. Di Iorio, «Le caractère minimal ou absolu du décret de la construction», (1984) 15 *R.D.U.S.* 151.

conclure une convention collective, ne loge donc pas à l'enseigne d'un véritable pluralisme syndical, puisque, au départ, la loi elle-même réserve à certaines associations l'accès au constat de représentativité et que, par ailleurs, la négociation collective demeure en fait l'apanage de l'association – ou du cartel d'associations – majoritaire.

Dans le cours de la négociation, seule une telle partie syndicale peut, à défaut d'entente, consentir avec l'association d'employeurs au renvoi du différend à l'arbitrage[123]. Quant au recours à la grève – laquelle n'aura toutefois pas l'effet légal absolu d'une grève légale selon le *Code du travail* (article 109.1) –, il serait logique dans un tel contexte de négociation centralisée que seule la ou les associations représentatives et habilitées à négocier puissent en avoir l'initiative, à l'exclusion des syndicaux locaux. Toutefois, en l'absence d'un texte clair à cet effet et compte tenu d'une disposition prévoyant le vote de grève pour les «syndicats»[124] affiliés ou non aux associations représentatives, la loi paraît laisser place à une conception plus respectueuse du pluralisme syndical en ce qui a trait au recours à la grève, en ce sens que, lorsqu'il peut y avoir grève (c'est-à-dire à l'expiration du décret, s'il n'y a pas eu renvoi du différend à l'arbitrage), tout syndicat peut y recourir, sous réserve de la ratification de sa décision au scrutin secret par la majorité de ses membres[125].

En dehors de ce processus de négociation centralisée et sectorielle, un pluralisme syndical relatif s'impose quant à la présentation de plaintes au sujet de la violation des dispositions de la loi qui affirment la liberté syndicale : toute association représentative (en plus du salarié en cause) est habilitée à agir[126]. Un pluralisme plus large se manifeste aussi quant à l'exercice des recours destinés à assurer l'application du décret (ou de la convention collective) : «toute association de salariés» – la notion, à la différence du terme «association», permet ici d'atteindre des instances syndicales dont l'action est limitée d'un point de vue à la fois occupationnel et territorial –, qu'elle se rattache ou non à une association représentative, peut agir, eu égard à différents sujets, pour chacun des salariés qu'elle représente sans avoir à justifier d'une cession de créance de l'intéressé[127]. Enfin, pourvu qu'il soit affilié à une association représentative, tout syndicat peut être représenté, selon un barème légal, par un ou plusieurs délégués de chantier sur les lieux de travail[128].

---

123. *L.r.t.i.c.*, art. 45.
124. *Ibid.*, art. 96.
125. Voir R.P. Gagnon, L. LeBel et P. Verge, *op. cit.*, *supra*, n. 25, p. 498.
126. *L.r.t.i.c.*, art. 105.
127. *Ibid.*, art. 110.
128. *Ibid.*, art. 86.

Sous réserve de ces derniers aménagements sectoriels, le monopole légal de représentation du syndicat accrédité exprime donc typiquement la représentativité totale de ce groupement sur le plan usuel des rapports du travail dans l'entreprise. Apte à jouir d'une telle représentativité, le syndicat devrait normalement posséder une existence juridique commensurable.

CHAPITRE II

PERSONNALISATION

S'il n'est pas tenu pour une personne morale, le syndicat n'a pas la personnalité civile; incapable d'être lui-même titulaire de droits et d'obligations, il n'a pas alors d'existence juridique propre et n'est – conception, à la vérité, artificielle de la réalité – que le lieu ou l'occasion d'un réseau de rapports contractuels liant chacun de ses membres les uns aux autres[1]. L'accord de chacun de ces individus est donc logiquement requis pour qu'une volonté commune se dégage, notamment lorsqu'il s'agit de modifier la convention interne qui les régit, du moins en l'absence d'intervention législative à ce sujet[2]. Il devient alors également malaisé de tenir compte de la succession naturelle des individus au sein de la collectivité. Dépourvue de toute identité, celle-ci n'a pas, en l'absence d'intervention législative correctrice, de capacité contractuelle ou judiciaire ni, en conséquence, de patrimoine propre[3]. Le patrimoine

---

1. *Society Brand Clothes Ltd.* c. *Amalgamated Clothing Workers of America*, (1930) R.C.S. 321. Voir aussi: *Seafarer's International Union of North America (Canadian District)* c. *Stern*, (1961) R.C.S. 682, p. 688.

    Voir aussi, mais dans un contexte de common law: *Orchard* c. *Tunney*, (1957) R.C.S. 436, p. 445; *Atsgen* v. *Smith*, (1969) 7 D.L.R. 657, p. 662 (Ont.C.A.); *Local Union No 1562, United Mine Workers of America* c. *Williams*, (1919) 59 R.C.S. 240.

2. Voir notamment: M. Filion, *Droit des associations*, Cowansville, Les Éditions Yvon Blais Inc., 1986, p. 216. Aussi, le projet de *Code civil du Québec* exprime-t-il le besoin de prévoir que, dans le cas d'une association dépourvue de personnalité juridique, les décisions collectives, «y compris celles qui ont trait à la modification du contrat d'association, se prennent à la majorité des voix des membres, sauf stipulation contraire dudit contrat» (*C.c.Q.*, P.L. 125, 1990, art. 2260). Le contrat d'association étant «celui par lequel les parties conviennent de poursuivre un but commun autre que la réalisation de bénéfices pécuniaires à partager entre les membres de l'association» (art. 2174), les articles du *C.c.Q.* s'y rapportant (art. 2255 à 2267) s'appliqueront en principe au syndicat qui n'est pas une personne morale.

3. *Syndicat des postiers du Canada, local de Montréal* c. *Syndicat des postiers du Canada*, (1989) R.J.Q. 591, p. 601 (C.S.); *Syndicat des postiers du Canada, local de Montréal* c. *Syndicat des postiers du Canada*, C.S. (Montréal) 500-05-005013-873, 16 novembre 1987, D.T.E. 88T-156.

des membres répond des conséquences de l'action commune à laquelle ils participent[4].

À l'inverse, la personnalité civile confère au groupement qui en est nanti une existence et une identité propres, distinctes de celles de ses membres et, par conséquent, la capacité contractuelle, soit celle de posséder un patrimoine propre, ce qui lui rendra plus aisée en particulier l'obtention du crédit, de même que la capacité positive d'ester en justice. Par contre, elle entraîne aussi pour lui une capacité passive d'ester en justice[5]. Enfin, elle facilite le contrôle étatique, administratif et judiciaire, de son activité interne et de son action externe[6].

Le droit québécois, à la différence notamment du droit français, refuse de s'en remettre au système dit de la «réalité des personnes morales», du moins en ce qui a trait au constat de la réalité de l'institution associative[7]. Il refuse donc de reconnaître la présence d'une personne morale dans celle du groupement organisé en vue de la fin qu'est l'association, malgré, bien souvent, le degré poussé de son organisation et l'importance des éléments humains et matériels qui concourent à la

---

4. *Fortin* c. *Lapointe*, (1985) C.P. 94, p. 97; *Racicot* c. *Guilde des employés de Super Carnaval (Lévis)*, C.S. (Montréal) 500-05-004924-864, 19 novembre 1987, J.E. 88-203. Voir J. Smith, «La personnalité morale des groupements non constitués en corporation», (1979) 81 *R. du N.* 457, p. 482 (critique notamment de: *L.G. Balfour Company of Canada Ltd.* c. *Trépanier*, (1974) R.L. n.s. 333). Le projet de *Code civil du Québec*, *supra*, n. 2, vise à corriger cette situation, du moins dans le cas des membres qui n'auront pas administré l'association dépourvue de personnalité civile; ils ne seront en effet tenus des dettes de celle-ci «qu'à concurrence de la contribution promise et des cotisations échues» (*C.c.Q.*, art. 2263); voir cependant l'article 2362 qui édicte une responsabilité solidaire ou conjointe des administrateurs, en cas d'insuffisance des biens de l'association, relativement aux obligations de l'association nées pendant leur administration, «selon que ces obligations ont été, ou non, contractées pour le service ou l'exploitation d'une entreprise de l'association». Les biens de ces personnes ne seront ainsi affectées au paiement des créanciers de l'association qu'après le paiement de leurs propres créanciers.

5. Voir *C.C.B.-C.*, art. 357 et ss; *C.c.Q.*, art. 300 et ss (sous réserve d'entrée en vigueur).

6. *C.p.c.*, art. 33 (explicitation du principe de contrôle judiciaire sur les corporations et les corps publics). Voir aussi en général R.S. Martin, «Legal Personality and the Trade Union», pp. 93 et ss, dans: L.C. Webb (dir.), *Legal Personality and Political Pluralism*, Melbourne, Melbourne U. Press, 1958.

7. Voir notamment au sujet de la théorie de la réalité des personnes morales: J. van Campernolle, «La personnalité morale: fiction ou réalité», pp. 318 et ss, dans: C. Perelman et P. Foriers, *Les présomptions et les fictions en droit*, Bruxelles, Bruylant, 1974; J. Dabin, *Le droit subjectif*, Paris, Dalloz, 1952, p. 150; L. Michoud, *La théorie de la personnalité morale*, 3e éd., Paris, L.G.D.J., 1932, p. 130; R. Legeais (V. Personne morale), dans *Encyclopédie Dalloz, Répertoire civil*, Paris, Dalloz, 1970. En particulier, pour ce qui est de la réception par la jurisprudence française de la réalité institutionnelle du syndicat, voir J.-M. Verdier, *Syndicats et droit syndical*, p. 299, dans: G.-H. Camerlynck (dir.), *Droit du travail*, 2e éd., Paris, Dalloz, 1987.

poursuite de son but[8]. L'intervention du législateur se révèle nécessaire pour attribuer la personnalité juridique au groupement à titre de personne morale : la thèse de la «fiction» de la personne morale prévaut. Si désirable que puisse être une attitude jurisprudentielle réaliste en la matière, les textes mêmes du *Code civil*, ancien[9] et nouveau[10], en excluent le développement. Cela vaut en particulier dans le cas des groupements syndicaux[11], à la différence de ce qui a pu se produire dans la jurisprudence américaine[12].

Le législateur doit donc s'être manifesté directement (A.), ou même indirectement (B.), pour que le groupement syndical existe juridiquement.

A. Personnalisation directe

Tantôt des lois accordent une personnalité juridique complète, sans toutefois l'imposer (1.), tantôt elles interviennent de façon supplétive pour disposer de certaines difficultés résultant du défaut des groupements d'accepter de revêtir la personnalité morale (2.).

1. Solution complète mais facultative

La première législation syndicale de portée significative au Canada, l'*Acte concernant les associations ouvrières* de 1872[13], n'approchait

---

8. Voir notamment: Y. Caron, «Rapport sur les associations et les groupements dépourvus de personnalité juridique en droit civil et commercial québécois», (1969) 21 *Travaux de l'Association Henri Capitant* 181; M. Lizée, «Deux fictions de droit corporatif», (1983) 43 *R. du B.* 649, en particulier p. 661; J. Smith, *loc. cit.*, *supra*, n. 4; voir aussi en common law: *Canada Morning News Company* c. *Thompson*, (1930) R.C.S. 338, p. 342.

9. *C.C.B.-C.*, art. 353(352); 357 («création»). De plus, comme le fait observer J. Smith, *loc. cit.*, *supra*, n. 4, p. 460: «la théorie de la réalité est incompatible avec l'idée que le législateur puisse dissoudre un groupement qui agit illégalement comme une corporation» (*C.p.c.*, art. 828).

10. *C.c.Q.*, art. 323: «Les personnes morales sont constituées suivant les formes juridiques prévues par la loi, et parfois directement par la loi» (sous réserve d'entrée en vigueur).

11. *Society Brand Clothes Ltd.* c. *Amalgamated Clothing Workers of America*, (1930) R.C.S. 321, p. 328: «We must (...) ignore the industrial reality and must refuse to regard an unincorporated labour union as, in law, an entity distinct from its individual members.» (Juge Cannon); *Acton Vale Silk Mills Ltd.* c. *Léveillé*, (1937) 43 *R. de J.* 446. Voir A. Rousseau, «Les syndicats ont-ils une âme... juridique?», (1975) 53 *R. du B. can.* 126.

12. La Cour suprême des États-Unis avait reconnu la réalité du syndicat (compte tenu, entre autres raisons, de la place qu'il occupait généralement dans certaines lois): *United Mine Workers of America* v. *Coronado Coal Co.*, (1922) 259 U.S. 344, 42 S.Ct. R. 570 (commentaire: E. Lambert, *D.P.* 1922.2.153).

13. *Acte concernant les associations ouvrières*, 1872, 35 Vict., c. 30, devenue la *Loi sur les syndicats ouvriers*, L.R.C. (1985), c. T-14 (*L.s.o.*).

que prudemment le groupement syndical. D'une part, pour ce qui est de sa légitimation en général, elle affirmait que les objets d'un syndicat ouvrier ne devaient pas être réputés illégaux pour la simple raison qu'ils restreignaient le commerce, sans se prononcer directement sur la légalité de son moyen usuel d'action, la coalition[14]. D'autre part, elle ne prévoyait pas l'attribution d'un statut corporatif au syndicat, ce qui eût d'ailleurs été discordant par rapport aux aspirations syndicales d'alors, davantage axées sur la liberté d'action autonome. Elle se contentait, comme aujourd'hui, de proposer au syndicat son enregistrement auprès du registraire général du Canada, geste lui permettant de posséder des biens mobiliers et immobiliers par l'entremise de syndics qu'il aurait désignés selon la loi[15]. De nos jours encore, l'enregistrement comporte la divulgation des règlements du syndicat et de la liste de ses «dignitaires»; la procédure ne donne ouverture à aucun véritable pouvoir d'appréciation de la part du registraire[16]. Le syndicat doit toutefois lui présenter un bilan et un état des recettes et dépenses annuels, documents dont les membres peuvent recevoir copie[17].

Le syndicat enregistré[18] n'accède ainsi qu'à un attribut de la personne juridique, la capacité de posséder, et encore n'est-ce qu'indirectement, c'est-à-dire par l'intermédiaire des personnes nommées «syndics». Selon l'article 15 de la loi, ce sont en effet ces syndics et non le syndicat lui-même qui sont parties à l'acte juridique portant sur les biens syndicaux. Cette solution se répercute sur le plan judiciaire. Le syndicat enregistré n'a pas la capacité générale d'ester en justice, qu'elle soit active[19] ou passive[20]. La loi ne traite effectivement que de la capacité d'ester en justice relativement aux biens syndicaux. Ce n'est pas ici non plus le syndicat enregistré qui en est investi, mais toujours les syndics;

---

14. *Ibid.*, article 3 de la loi originaire et article 29 de la loi actuelle. Voir: M. Chartrand, «The First Canadian Trade Union Legislation: an Historical Perspective», (1984) 16 *Ott. L. Rev.*, 267, en particulier p. 279; C. D'Aoust et F. Delorme, «The Origin of the Freedom of Association and the Right to Strike in Canada», (1981) 36 *Rel. ind.* 894.

15. *L.s.o.*, art. 18.

16. *Ibid.*, art. 8 et ss.

17. *Ibid.*, art. 13.

18. Le syndicat entier, ou l'une de ses «succursales», *ibid.*, art. 16(2).

19. *Obiter*: *Amalgamated Builders Council* v. *Herman*, (1930) 2 D.L.R. 513, p. 520, et *Fraternité des wagonniers d'Amérique, Loge St-Henri* c. *Dumas*, (1949) R.P. 7 (C.S.).

20. Solution différente selon une loi anglaise de 1871, source d'inspiration de la loi canadienne de l'année suivante, mais s'appliquant, à la différence de celle-ci, à l'ensemble des syndicats: *Taft Vale Railway Company* v. *Amalgamated Society of Railway Servants*, (1901) A.C. 426 (House of Lords). Voir A.W.R. Carrothers, E.E. Palmer et W.B. Rayner, *Collective Bargaining Law in Canada*, Toronto, Butterworths, 1986, p. 20. (Voir un *obiter*, peut-être à l'effet contraire, dans: *Society Brand Clothes Ltd.* c. *Amalgamated Clothing Workers of America*, *supra* n. 1, p. 327 (juge Cannon).) L'actuel article 4 de la loi précise d'ailleurs que celle-ci ne saurait fonder certaines catégories de demandes en justice.

ce sont donc ces personnes qui agissent en demande et en défense dans les poursuites touchant les biens du syndicat[21].

Par surcroît, la loi paraît inconstitutionnelle dans la mesure où elle traite du régime des biens des syndicats[22]. En réalité, un nombre limité de syndicats s'en prévalent[23].

Bien que certaines lois du milieu du XIXe siècle aient par ailleurs déjà pourvu à la constitution formelle d'associations de prévoyance sociale, rejoignant ainsi possiblement la fonction mutualiste de groupements syndicaux particulièrement marquée à l'époque[24], l'attribution de la personnalité civile aux syndicats est le fruit d'un courant subséquent bien défini.

À son congrès à Québec en 1923, la Confédération des travailleurs catholiques du Canada adopta la résolution n° 1 demandant au gouvernement du Québec l'adoption d'une loi dont le contenu allait correspondre assez substantiellement à la *Loi des syndicats professionnels*, sanctionnée l'année suivante[25]. Inspirée directement de lois françaises,

---

21. *Ibid.*, art. 17 et 18.
22. Le sujet se rattache à la mention «La propriété et les droits civils», art. 92, 13°, *Loi constitutionnelle de 1867*. Voir: *Amalgamated Builders Council* c. *Herman, supra*, n. 19, p. 520; *Chase* c. *Starr*, (1924) R.C.S. 495, pp. 507 et 508. Par contre, l'énoncé relatif à la légalité des objets des syndicats se rattache au droit criminel et à la réglementation du commerce, matières de compétence fédérale. Voir l'énoncé à cet effet dans: *Perrault* c. *Gauthier*, (1898) 28 R.C.S. 241, p. 249 (juge Girouard). (Dans la partie I du *Code canadien du travail*, L.R.C. (1985), c. L-2, le législateur fédéral se préoccupe de certains aspects de l'administration interne des syndicats en raison de son incidence possible sur le fonctionnement du régime de rapports collectifs de travail dans des entreprises de son ressort: *Matus* et *Syndicat international des débardeurs et magasiniers, section locale 502*, (1980) 37 d.i. 73, p. 85.)
23. Ainsi, aucun certificat d'enregistrement n'avait été délivré pour l'exercice annuel clos le 31 mars 1988 et un seul durant le précédent. Voir le *Rapport annuel du ministère de la Consommation et des Corporations du Canada*, Ottawa, Approvisionnements et Services, 1988. Au total, selon des renseignements officieux de ce ministère, 352 syndicats auraient été enregistrés en vertu de la présente loi, et ce, jusqu'au début de 1990.
24. Voir l'*Acte pour incorporer certaines associations charitables, philanthropiques et de prévoyance, et pour protéger d'une manière efficace les fonds des dites associations contre la fraude et le mauvais emploi qu'on pourrait en faire*, (1850) 13-14 Vict., c. 32. Voir: *Payette* c. *United Brotherhood of Maintenance of Way Employees and Railway Shop Laborers*, (1923) R.P. 78; *Cournoyer* c. *Fraternité unie des charpentiers et menuisiers d'Amérique*, (1914) C.S. 242. Sur l'émergence de la fonction mutualiste dans le syndicalisme, voir *supra*, p. 14.
25. *Loi des syndicats professionnels*, (1924) 14 Geo. V, c. 112. Au sujet des circonstances de l'adoption de la loi, voir: D. Dion, «Loi des syndicats professionnels de Québec», (1950) 10 *R. du B.* 145; J.-R. Cardin, *L'influence du syndicalisme national catholique sur le droit syndical québécois*, Montréal, Institut social populaire, Cahier n° 1, 1957; L. Pelland, «Un projet de loi des syndicats professionnels», (1923-1924) *R. du D.* 80; M.-L. Beaulieu, *Les conflits de droit dans les rapports collectifs du travail*, Québec, P.U.L., 1955, pp. 114 et ss.

soit celles des 21-22 mars 1884, la *Loi des syndicats professionnels*, et du 12 mars 1920, la *Loi sur l'extension de la capacité civile des syndicats professionnels*, et moyennant certains traits originaux particuliers, cette loi satisfaisait, en certains milieux, à des besoins de sécurité juridique, tant en ce qui a trait à l'institution syndicale, qui pouvait accéder à la personnalité civile[26], qu'à la convention collective à laquelle elle pouvait être partie[27]. Ces vœux rejoignaient ceux d'un gouvernement soucieux de favoriser le développement d'un syndicalisme autochtone, concurrent des unions internationales[28], tout en s'assurant d'un certain encadrement des syndicats qui se prévaudraient de la loi[29]. Surtout, personne morale, comme on le verra, le syndicat constitué en corporation répond désormais directement de ses actes à même ses biens devant les tribunaux.

La constitution en corporation du syndicat selon la *Loi sur les syndicats professionnels* a toujours été facultative[30]. La publication dans la *Gazette officielle du Québec* de l'autorisation de constituer une association ou un syndicat professionnel de la part de l'inspecteur général des institutions financières, à la suite de la présentation d'une requête accompagnée d'une déclaration d'association de la part des membres fondateurs, constate la naissance de la personne morale selon la loi[31]. La personnalité juridique est complète: appellation et domicile[32], capa-

---

26. *Loi des syndicats professionnels*, *ibid.*, art. 1. D'ailleurs, quant à la loi française de 1884 dont s'est inspiré le législateur québécois, elle représentait elle-même le triomphe des vues favorables à l'exercice d'une certaine emprise sur le syndicat, tant de la part du pouvoir public que de la part du patronat, sur celles qui préconisaient une simple consécration de la liberté syndicale. Voir G. Lyon-Caen, «Droit syndical et mouvement syndical», (janvier 1984) *Dr. social* 5.

27. *Ibid.*, art. 18: elle donnait «ouverture à tous les droits et recours établis par la loi pour la sanction des obligations». Voir J.-R. Cardin, *loc. cit.*, *supra*, n. 25, p. 22.

28. D. Dion, *loc. cit.*, *supra*, n. 25, p. 147.

29. En 1922, un député avait même proposé l'incorporation obligatoire de toutes les unions ouvrières (voir *L'Action catholique*, 17 mars 1922, p. 1). Aussi, l'article 4 de la loi de 1924 comportait-il une exigence de citoyenneté britannique pour ce qui est de la direction du syndicat et des deux tiers de ses membres (comparer avec l'article 8 de l'actuelle *Loi sur les syndicats professionnels*, L.R.Q., c. S-40 (*L.s.p.*)); les règlements du syndicat devaient-ils être approuvés par le gouvernement (suppression de leur approbation par l'inspecteur général des institutions financières: *Loi modifiant la Loi sur les syndicats professionnels*, L.Q. 1987, c. 59)...

30. Le fichier central des entreprises faisait état de 1 235 syndicats formés selon cette loi: *Rapport annuel 1987-1988, Inspecteur général des institutions financières*, Québec, Les Publications du Québec, 1988. Ce nombre s'élevait à 1 285 en janvier 1990.

31. *L.s.p.*, art. 1.

32. *Ibid.*, art. 1.2.

cité de posséder un patrimoine et d'en disposer[33], de contracter[34], et capacité active et passive d'ester en justice.

Quant à ce dernier aspect, dans la mesure où les droits subjectifs du syndicat sont en cause, il s'agit d'un attribut nécessaire à la poursuite de ses objets[35]. En outre, des textes particuliers ont établi après 1924 la qualité du syndicat, d'une part, d'intenter une forme hybride d'action syndicale à but professionnel[36] et, d'autre part, celle d'exercer les droits découlant de conventions collectives dont il est signataire[37] en faveur de ses membres, en l'absence d'opposition de ceux-ci.

En somme, le syndicat acquiert une existence distincte de celle de ses membres et ses actes n'engagent que lui-même[38]. La loi énonce d'ailleurs expressément que «les membres ne sont pas responsables personnellement des dettes du syndicat[39]». Le groupement syndical institué selon la loi de 1924 répond désormais lui-même directement de ses actes en justice et, advenant condamnation, son patrimoine y satisfait directement. L'existence du syndicat prend fin lorsque l'inspecteur général des institutions financières l'ordonne, pour des motifs prévus dans la loi[40].

---

33. *Ibid.*, art. 9.

34. *Ibid.*, art. 9, 10°.

35. *Ibid.*, art. 9.

36. *Ibid.*, art. 10, 11°, ajouté par l'article 1 de la *Loi modifiant la Loi des syndicats professionnels*, (1930-31) 21 Geo. V, c. 98; sur la portée de ce recours, voir *infra*, p. 289.

37. *Ibid.*, art. 4. La disposition a disparu avec la suppression, en 1964, de la section III de la *L.s.p.* établissant le régime juridique des conventions collectives conclues sous son empire, les conventions collectives étant désormais normalement régies par le *Code du travail*, L.R.Q., c. C-27. Le gouvernement Taschereau avait initialement biffé du projet de loi proposé par la C.T.C.C. en 1923 une disposition habilitant le syndicat à ester en justice, avec le consentement des intéressés, pour la défense des droits individuels des membres, sans préjudice au droit de ces derniers d'agir directement, de se joindre à l'action ou d'y intervenir (article 7.j de la résolution n° 1). Voir D. Dion, *loc. cit., supra*, n. 25, p. 161.

38. *C.C.B.-C.*, art. 357; *C.c.Q.*, art. 300 et ss, en particulier l'article 308 (sous réserve d'entrée en vigueur).

39. *L.s.p.*, art. 22.

40. *Ibid.*, art. 26. Ces motifs sont les suivants: le syndicat a cessé d'exercer ses pouvoirs; son effectif est inférieur à 15 membres; ou le tiers de ses membres ne sont pas des citoyens canadiens. La validité de cette dernière exigence, qui prolonge d'ailleurs celle de citoyenneté relative aux membres fondateurs du syndicat (art. 1), est-elle compatible avec la liberté d'association proclamée par les Chartes constitutionnelle et québécoise? Il faut observer à cet égard que le défaut de respecter l'exigence n'est privatif que d'une forme juridique particulière d'association. La faculté d'association demeure entière. Il n'empêche cependant que cette restriction, ainsi basée sur l'origine nationale, paraît par ailleurs contraire au principe d'égalité devant la loi qu'énonce l'article 15 de la

Certaines obligations incombent au syndicat formé selon la présente loi, qui vont dans le sens de la «juridicisation» de celui-ci: ses règlements doivent prévoir le nombre de ses administrateurs, qui doit être supérieur à trois, le droit d'entrée et la cotisation, au-delà également d'un minimum légal[41]; et la tenue de certains registres lui est imposée[42]. Le syndicat doit aussi diviser sa comptabilité et établir des caisses spéciales en fonction des genres de services et avantages accordés aux membres[43].

Le législateur de 1924 voyait dans ce type de syndicat un élément organisateur de la profession, à l'instar des lois françaises qui l'inspiraient. L'appartenance est réservée aux personnes – employeurs ou salariés, la loi ne les distingue pas – «exerçant la même profession, le même emploi, des métiers similaires, se livrant à des travaux connexes concourant à l'établissement de produits déterminés[44]». Sous réserve de ce rattachement professionnel plus ou moins direct, employeurs et employés peuvent donc se regrouper, indistinctement ou séparément[45], à la mesure de tout ce champ professionnel, c'est-à-dire bien au-delà de l'entreprise unique à laquelle la loi ne fait d'ailleurs aucune allusion[46]. L'objet d'un syndicat ainsi composé était, jusqu'en 1947, nettement d'ordre professionnel: selon l'article 2 de la loi de 1924, le syndicat a «exclusivement pour objet l'étude, la défense et le développement des intérêts économiques, sociaux et moraux de la profession[47]». Le texte actuel désigne cet «objet» comme étant non plus celui de la profession mais «des membres» du syndicat[48]. Le syndicat

---

Charte canadienne des droits et libertés. Voir, par analogie: *Andrews* c. *Law Society of British Columbia*, (1989) 1 R.C.S. 143.

41. *L.s.p.*, art. 2.

42. *Ibid.*, art. 6 (procès-verbaux des assemblées des membres et du conseil d'administration; registre des membres et livres de recettes et déboursés, de l'actif et du passif du syndicat).

43. *Ibid.*, art. 13. Ces caisses spéciales peuvent être liquidées volontairement ou en justice sans influer sur la personnalité civile du syndicat (art. 16); une caisse pour les frais généraux du syndicat doit aussi être établie (art. 15).

44. *Ibid.*, art. 1. Voir M.-L. Beaulieu, *op. cit.*, *supra*, n. 25, p. 122.

45. Des corporations peuvent être membres d'un syndicat d'employeurs: *ibid.*, art. 8.

46. Comme nous le verrons, dans les faits, les exigences de l'accréditation syndicale exclusive aux associations de «salariés» au sens du *Code du travail*, et dont les origines sont plus récentes, s'imposent aux syndicats aspirant à ce statut, ce qui signifie essentiellement l'appartenance exclusive de «salariés» au sens de cette loi. Voir *supra*, p. 85.

47. La loi française de 1884 énonçait plus généralement l'objet des syndicats professionnels: «l'étude et la défense des intérêts économiques, industriels, commerciaux et agricoles» (art. 3).

48. Modification de l'actuel article 6, *L.s.p.*, apportée par l'article 2 de la *Loi modifiant la Loi des syndicats professionnels*, (1947) 11 Geo. VI, c. 52. Cette période allant ainsi de 1924 à 1947 correspondait d'ailleurs à l'émergence des syndicats du type industriel qui n'aspiraient pas à la différence des intérêts d'un métier

ne se présente plus maintenant comme un organisme chargé (avec d'autres organismes de même nature, le cas échéant) d'intérêts conçus en fonction d'une profession; il n'en est plus nécessairement un organe; il peut donc restreindre son action à une entreprise, s'il le juge à propos[49].

L'action mutualiste du syndicat occupe aussi une place importante dans la définition de ses pouvoirs[50]. La loi permet en outre d'établir des unions et fédérations de syndicats, constitués en corporation ou non selon ses dispositions, pour l'étude et la défense de leurs intérêts économiques, sociaux et moraux communs[51], de même que, depuis 1947[52], des confédérations, composées de syndicats, constitués ou non en vertu de ses dispositions, et d'unions et fédérations de syndicats. Enfin, de telles fédérations et confédérations sont également des personnes morales et jouissent dans leur sphère propre des droits et pouvoirs du syndicat institué selon la loi[53].

Le caractère facultatif de l'application de la *Loi sur les syndicats professionnels* conserve donc toute son actualité à l'intervention législative ayant pour objet de suppléer partiellement au défaut de personnalité juridique des groupements qui choisissent de demeurer en marge de cette loi d'incorporation syndicale[54].

---

déterminé mais à celle de membres rattachés à un secteur industriel: voir *supra*, p. 16.

49. La loi de 1924 envisageait (art. 16) une convention collective pouvant lier plusieurs employeurs. La convention collective pratiquée depuis 1944, selon la *Loi des relations ouvrières*, S.R.Q. 1941, c. 162A, art. 2, e) (*C.t.*, art. 1 d)), peut lier aussi bien un ou plusieurs employeurs, bien que le modèle usuel n'ait pour partie qu'un seul employeur.

Par ailleurs, eu égard à la présente définition des objets du syndicat, l'action syndicale à but professionnel (art. 9, 11°), bien qu'elle soit elle-même circonscrite aux «droits des membres du syndicat», pourrait sembler quelque peu discordante par rapport à l'actuelle définition des objets du syndicat. Il en est ainsi d'une autre disposition, l'article 23, ajoutée en 1931 (*Loi modifiant la Loi des syndicats professionnels*, *supra*, n. 36), qui assure l'efficacité juridique d'une stipulation salariale au bénéfice, le cas échéant, «des ouvriers» – et non des seuls membres du syndicat – dans un contrat, par exemple de construction. Voir D. Dion, *loc. cit.*, *supra*, n. 25, p. 157).

50. *L.s.p.*, art. 9, 1° à 8° inclusivement; art. 14 et 20. Voir *infra*, p. 220.

51. *L.s.p.*, art. 19. La disposition précise que les syndicats faisant partie d'une fédération ne sont pas responsables des dettes de cette dernière.

52. *Loi modifiant la Loi des syndicats professionnels*, (1947) 11 Geo. VI, c. 52, art. 4.

53. *L.s.p.*, art. 20 et 21.

54. Par ailleurs, certains groupements syndicaux ont aussi pu acquérir la personnalité morale en se prévalant d'une loi de portée plus générale, la partie III de la *Loi sur les compagnies du Québec*, L.R.Q., c. C-38, art. 216 et ss, qui permet d'établir des corporations sans capital-actions. L'article 218 précise en effet que le groupement, qui ne doit pas être formé dans l'intention de faire un gain

2. Solutions supplétives mais partielles

Le *Code de procédure civile* permet «à tout groupement de per-sonnes formé pour la poursuite d'un but commun au Québec, mais qui n'y jouit pas de la personnalité civile, ni ne constitue une société au sens du Code civil (...) (d')ester en justice pour défendre aux actions portées contre lui[55]». La finalité d'un syndicat étant nécessairement collective, la capacité passive du groupement syndical, facette particu-lière de la personnalité civile, se trouve affirmée par ce texte qui recon-naît l'éventualité d'«actions portées contre lui» et contre lesquelles il peut se défendre. Le Code accorde aussi, mais à certains groupements syndicaux seulement, soit les associations de salariés, la capacité positive ou active d'ester en justice[56]. Il le fait à l'exclusion, d'une part, de tous les groupements poursuivant une fin collective mais non d'ordre syn-dical, par exemple des associations de consommateurs ou de proprié-taires, et, d'autre part, pour ce qui est des groupements syndicaux, à l'exclusion de ceux qui ne peuvent recevoir cette qualification d'«association de salariés», au sens du *Code du travail*[57]. Un autre aspect particulier de la personnalité juridique du syndicat se trouve ainsi for-mellement reconnu: même s'il n'est pas constitué en corporation – ce qui reste toutefois à examiner –, le syndicat peut donc se porter deman-deur en justice.

Les textes précédents résultent en fait de deux interventions distinctes du législateur. Il s'est, d'abord, manifesté en 1938 pour per-mettre la poursuite civile de groupements de personnes ne jouissant pas de la personnalité civile[58]. (La faculté d'agir positivement ne devait être reconnue au syndicat non constitué en corporation qu'en 1961, verra-t-on.) Avant cette première intervention, le demandeur ne pou-vait appréhender le syndicat non constitué en corporation. La demande devait nécessairement viser chacun des membres du syndicat, parfois fort nombreux. Conséquence directe de la conception formelle de la personnalité morale entretenue par la jurisprudence québécoise, à la différence notamment de l'attitude de la Cour suprême des États-Unis

---

pécuniaire, peut l'être «dans un but national patriotique, religieux, philan-thropique, charitable, scientifique, artistique, social, professionnel, athlétique ou sportif ou autre du même genre», langage dont la plasticité permet d'inclure les orientations caractéristiques d'un groupement syndical.

55. *C.p.c.*, art. 60, 1er al.

56. *C.p.c.*, art. 60, 2e al.: «Tel groupement peut aussi se porter demandeur, s'il dépose au greffe du tribunal, avec l'acte introductif d'instance, un certificat du commissaire-général du travail en vertu du Code du travail attestant qu'il consti-tue une association de salariés au sens du Code du travail.»

57. Voir *supra*, p. 85, n. 12.

58. *Loi favorisant l'exercice de certains droits*, (1938) 2 Geo. VI, c. 96.

qui avait, elle, bien reconnu la réalité syndicale[59], la jurisprudence refusait nettement de permettre la poursuite de ce corps («*body*») dépourvu de personnalité juridique qu'était le syndicat non incorporé[60]. Certains déploraient la situation : les associations *de facto* pouvaient ainsi se dérober aux conséquences juridiques de leurs actes[61].

La teneur de la loi de 1938 se rattachait à la procédure civile. L'assignation du groupement de personnes poursuivant un but commun faite selon l'un ou l'autre des modes énoncés dans la disposition – assignation de l'un de ses «officiers» ou assignation collective du groupement «sous le nom sous lequel il se désigne ou est communément désigné ou connu» – «vaut contre tous les membres du groupement» : jusque-là, pourrait-on dire, c'est un procédé commode d'assignation collective d'une réunion d'individus. La réalité du groupement luimême ressort toutefois de la seconde conséquence d'une telle assignation : «les jugements prononcés dans l'instance sont exécutoires contre tous les biens meubles et immeubles du groupement[62]». La disposition correspondante du présent *Code de procédure civile* conserve la consé-

---

59. *United Mine Workers of America* v. *Coronado Coal Co.*, *supra*, n. 12. Le fait que l'instance syndicale soit devenue, à la suite de diverses interventions législatives, sujet de certains droits et de certaines obligations, avait été, il est vrai, un argument retenu par la Cour, à côté de la considération de la réalité du syndicat (son effectif et son patrimoine, imposants en l'occurrence, son organisation, etc.).

60. *Society Brand Clothes Ltd.* c. *Amalgamated Clothing Workers of America*, *supra*, n. 1, confirmant (1930) 48 B.R. 14. À la page 326, le juge Cannon parle du syndicat non incorporé comme d'un «*aggregate voluntary body*» incapable d'ester en justice. Rejet également d'une demande d'injonction contre le syndicat relativement à un *piquetage* dans le cours d'une grève : *Acton Vale Silk Mills Ltd.* c. *Léveillé*, (1937) 43 *R. de J.* 446. Voir cependant : *International Ladies Garment Workers Union* c. *Rother*, (1923) 34 B.R. 69, confirmant (1922) 60 C.S. 105 (commentaire : L. Pelland, «La grève et le droit de guet», (1922) 1 *R. du D.* 66) – injonction accordée en de semblables circonstances à l'encontre notamment d'un syndicat non constitué en corporation. Celui-ci n'avait pas voulu soulever son défaut d'incorporation dans le but, semble-t-il, d'exciper au fond de l'immunité consacrée par le droit relativement aux objets d'un syndicat. Le juge Rivard, qui seul traita la question (p. 79), après avoir établi que le syndicat ne jouissait pas de la personnalité morale, apporta néanmoins son concours à des conclusions dirigées à la fois contre le syndicat et contre certains de ses membres. La même situation avait cours selon la common law : *Local Union No 1562, United Mine Workers of America* c. *Williams*, *supra*, n. 1.

61. L. Pelland, «Association professionnelle et contrat de travail», (1934) 12 *R. du D.* 385, p. 388. Voir aussi *Le Devoir*, 8 avril 1938, p. 6. De même, Minville, dans un article paru dans *Actualité économique*, en octobre 1937 (reproduit aux pp. 111 et ss, dans : E. Minville, *La vie économique*, t. 5, Montréal, Les Presses des H.E.C. – Fides, 1982, ch. VII), recommandait que ne soient admis à signer des conventions collectives que des syndicats jouissant de la personnalité juridique. La situation inverse, soutenait-il, mettait sur un pied d'infériorité de tels syndicats par rapport aux autres. En effet, ils devenaient les seuls à engager leur responsabilité civile en signant une convention collective (p. 117).

62. *Loi favorisant l'exercice de certains droits*, *supra*, n. 58, art. 2.

quence d'une exécution sur les biens du groupement, mais l'énonce cette fois de façon limitative; l'assignation du groupement ne peut conduire qu'à un jugement exécutoire sur les biens du groupement, par opposition au patrimoine individuel de chacun de ses membres, ce qui accentue la démarcation du groupement par rapport à ces derniers[63]. Le texte actuel date de l'adoption du Code de 1966. Par ailleurs, rien n'interdit au demandeur de poursuivre conjointement ou solidairement à la fois le groupement et ses membres, nommément[64].

S'agit-il de la reconnaissance par le législateur de 1938 de la réalité propre du groupement syndical ou d'un simple texte facilitant les poursuites contre des groupements d'individus? Les deux thèses ont eu cours. Pour certains, l'intervention comportait l'affirmation de la réalité juridique distincte du groupement par rapport à ses membres, une position qui avait, entre autres, pour conséquence non seulement de faire du syndicat non constitué en corporation un sujet de responsabilité civile, mais aussi de le soumettre au pouvoir de surveillance et de contrôle qu'exerce le tribunal de droit commun à l'endroit des «corporations»[65] et, de façon particulière, de permettre l'exercice du *mandamus* pour forcer l'accomplissement de certains actes à l'endroit d'une telle corporation[66]. Cette position doctrinale[67] se retrouve aussi dans certaines espèces jurisprudentielles[68].

---

63. *C.p.c.*, art. 115, *in fine*. À noter en passant qu'aucune disposition particulière n'établit l'insaisissabilité des biens syndicaux en droit québécois, à la différence de l'article L.-411-12 du *Code du travail* français, qui dispose: «Les immeubles et objets mobiliers nécessaires à leurs réunions (celles des syndicats professionnels), à leurs bibliothèques et à leurs cours d'instruction professionnelle sont insaisissables.»

64. Exemple: *Racicot* c. *Guilde des employés de Super Carnaval (Lévis)*, *supra*, n. 4. Le jugement peut alors s'exécuter, selon ses conclusions, sur les différents patrimoines, celui du syndicat et celui de chacun de ses membres ainsi poursuivis. (Voir cependant *ibid.*, au sujet de la portée limitative des articles 2262 et 2263, *C.c.Q.* (sous réserve d'entrée en vigueur), en ce qui a trait à l'exécution du jugement.)

65. Pouvoir exprimé dans l'article 50 du *C.p.c.* d'alors (*C.p.c.* actuel, art. 33).

66. *C.p.c.* d'alors, art. 992. Le Code de 1966 énonce d'ailleurs expressément cette dernière conséquence, à la différence de l'ancien: *C.p.c.*, art. 844, al. 2 et 3.

67. G. Favreau, «Trade Unions-Action in Damages against Unincorporated and Unregistered Unions», (1948) 26 *R. du B. can.* 584. Sur les vues qui ont eu cours, voir: M.-L. Beaulieu, *op. cit.*, *supra*, n. 25, pp. 132 et ss; J.K. Wanczycki, «Quebec Labour Code and the Status of Unions and Collective Agreements», (1965) 20 *Rel. ind.* 237, p. 244; A. Rousseau, *loc. cit.*, *supra*, n. 11.

68. *Comtois* c. *Union locale 1552 des lambrisseurs de navires*, (1948) B.R. 67 – recevabilité du *mandamus*; voir en particulier les notes du juge Casey (p. 679): «It cannot be denied therefore, that the statute gave to such groups generally, an existence separate and distinct from that of its individual members.» L'arrêt ne faisait toutefois pas état d'un arrêt antérieur et unanime de la Cour suprême concluant à l'absence de personnalité juridique du groupement assigné selon la loi de 1938: *International Ladies Garment Workers Union* c. *Rothman*, (1941) R.C.S. 390. Voir aussi *MacDonald* c. *Tobin*, (1954) C.S. 65, p. 69 – refus d'une injonction,

Pour d'autres, au contraire, la loi n'avait qu'une portée procédurale et n'avait pas pour effet de reconnaître la personnalité juridique aux groupements visés[69]. Telle fut aussi la conclusion de la Cour suprême du Canada[70]. Conséquence notamment du défaut de reconnaissance de la personnalité morale du groupement, ses membres peuvent être poursuivis personnellement à propos d'obligations encourues à l'occasion de la poursuite de la fin commune[71].

Le mode d'assignation du groupement de salariés s'applique aussi bien au syndicat dans son ensemble qu'à l'une ou l'autre de ses sections locales, le cas échéant[72]. La jurisprudence, qui s'en tient en principe à une conception «formelle» de la personne morale, distingue ici de façon fort réaliste l'identité de la section locale du syndicat par rapport à celui-ci tout entier pour lui imputer, si sa conduite le justifie, une responsabilité civile propre, et ce, même si cette section locale a été mise sur pied par l'autorité centrale du syndicat[73]...

Par ailleurs, la situation décrite dans un autre arrêt de la Cour suprême[74] avait permis de constater l'impossibilité de recours judiciaire

---

compte tenu de l'article 958 du *C.p.c.* d'alors, qui énonçait que l'on ne pouvait lancer une injonction pour empêcher l'exercice d'une fonction dans une corporation publique ou privée.

69. J.J. Spector, *Essays on Labour Law in the Province of Quebec*, Montréal, s. éd., 1952, «Status of Unincorporated Trade Unions», pp. 30 et ss; J.J. Spector, «Trade Unions – Expulsion of Member by Local», (1949) 27 *R. du B. can.* 217.

70. *International Ladies Garment Workers Union* c. *Rothman, supra*, n. 68 – irrecevabilité de conclusions en dommages-intérêts et en injonction de la part d'un syndicat international et de deux de ses sections locales à la suite de prétendues violations d'un régime syndical de conditions de travail agréé par des employeurs. Voir aussi dans le même sens: *Dupont* c. *Steamship Checkers and Cargo Repairmen, local 1657*, (1954) C.S. 309 – rejet d'une demande de *mandamus*, le syndicat n'étant pas une corporation.

71. Voir *supra*, p. 113. La commission Woods avait recommandé au législateur de modifier cette situation dans le cas des syndicats et de faire en sorte que «leur» responsabilité n'engage que leur propre patrimoine, comme dans le cas des corporations: Équipe spécialisée en relations de travail, *Les relations de travail au Canada*, Ottawa, Bureau du Conseil privé, 1968, p. 171, par. 511.

72. *Gaspe Copper Mines Limited* c. *United Steelworkers of America*, (1965) C.S. 51, pp. 83 et 84 – aspect non discuté dans les pourvois subséquents, (1967) B.R. 487 et (1970) R.C.S. 362. Voir aussi *Société canadienne des métaux Reynolds* c. *C.S.N.*, (1980) R.L. 253, pp. 366 et 368. Autre exemple: le syndicat entier, poursuivi par l'une de ses sections locales constituantes: *Syndicat des postiers du Canada, local de Montréal* c. *Syndicat des postiers du Canada, supra*, n. 3.

73. Voir *infra*, p. 265. La jurisprudence québécoise rejoint en cela les positions de la Cour suprême des États-Unis: *United Mine Workers of America* v. *Coronado Coal Co., supra*, n. 12, et *Carbon Fuel Company* v. *United Mine Workers of America*, 100 S.Ct. 410, (1979) 444 U.S. 212.

74. *Perreault* c. *Poirier*, (1959) R.C.S. 843.

de la part de syndicats non constitués en corporation[75]. Le législateur n'intervint qu'en 1961 pour remédier à la situation par l'adoption d'un texte correspondant substantiellement au second alinéa de l'actuel article 60 du *Code de procédure civile* et permettant à une association de salariés dépourvue de personnalité civile de se porter demanderesse en observant la procédure décrite. Ce second volet de la capacité d'ester en justice ainsi attribuée à ce syndicat n'en altérait pas non plus la nature; il demeurait toujours dépourvu de la personnalité juridique, selon la Cour suprême du Canada[76].

Ce constat réitéré d'absence de personnalité juridique paraît donc bien établi sur le plan jurisprudentiel. D'un strict point de vue logique, il demeure néanmoins difficile de concevoir qu'un même groupement puisse exister juridiquement à un certain égard, c'est-à-dire sur le plan de l'exercice du recours judiciaire, et demeurer en même temps dépourvu de personnalité juridique sous ses autres rapports. La capacité judiciaire se présente par surcroît comme une conséquence de la personnalité juridique.

Cependant, d'autres dispositions du *Code de procédure civile* de 1966 font directement état, à des fins particulières, de l'identité du syndicat non constitué en corporation, que l'on se doit toutefois de qualifier encore de «groupement ne jouissant pas de la personnalité civile», pour reprendre le libellé de l'article 60 du Code[77]. Surtout, il est possible de se pourvoir d'un refus illégal de sa part d'accomplir un devoir qui lui incombe en vertu d'une loi[78]. Ces discordances sur le plan juridique s'ajoutent à celles qui découlent du refus de reconnaître la réalité factuelle du groupement : le législateur n'admet-il pas lui-même que le groupement est orienté vers la poursuite d'un objet particulier[79], qu'une appellation sert à l'identifier, qu'il s'est donné certaines structures, puisque des responsables posent des actes procéduraux pour son

---

75. Absence de qualité de responsables syndicaux pour réclamer au nom du syndicat une somme que s'était frauduleusement appropriée un autre responsable (le syndicat n'était pas non plus enregistré en vertu de la *L.s.o.*).

76. *Seafarer's International Union of North America (Canadian District)* c. *Stern, supra,* n. 1 – refus de fonder sur ces seuls textes du *C.p.c.* la recevabilité d'un *mandamus* contre le syndicat – commentaires: M.-L. Beaulieu, (1961) 21 *R. du B.* 232, p. 238 et (1962) 22 *R. du B.* 206, p. 212.

77. Il doit se faire représenter *ad litem* (art. 61), il peut se voir signifier une demande en justice (art. 129), avoir à répondre à un interrogatoire sur faits et articles (art. 409) ou obtenir le statut de représentant collectif aux fins du recours collectif (art. 1048). Le Code offre aussi un moyen particulier de se pourvoir en cas d'usurpation de charge en son sein (art. 838).

78. *C.p.c.*, art. 844, al. 2. Même situation à l'endroit d'une personne y occupant une charge, selon l'alinéa 3.

79. Dans *North Island Laurentian Teacher's Union* c. *Commission scolaire protestante de Laurenvale*, (1979) C.S. 892, p. 894, le tribunal se reporte ainsi aux buts du syndicat non constitué en corporation pour conclure à son intérêt à poursuivre dans l'espèce.

compte, et qu'il possède un patrimoine propre permettant de satisfaire à des jugements prononcés contre lui[80]?

Quant à l'effet incontesté de la disposition de l'article 60 du *Code de procédure civile* traitant de la capacité positive du groupement d'ester en justice, il permet donc à celle-ci de se réaliser, à la condition énoncée : le dépôt du certificat du commissaire général du travail en vertu du *Code du travail* attestant le caractère d'«association de salariés» avec l'acte introductif d'instance établira la recevabilité de la demande eu égard à la capacité de son auteur[81] et inversement[82]. Le certificat, qui est un écrit authentique, n'est pas délivré en fonction d'une instance particulière ; il atteste de son contenu tant qu'il n'a pas été révoqué[83].

La notion d'«association de salariés» selon le *Code du travail* du Québec correspond à l'acception courante du syndicat, du moins de celui qui regroupe des «salariés» au sens de cette loi[84]. Ne peut donc prétendre à la capacité d'exercer une demande en justice en vertu de l'article 60 du *Code de procédure civile* un syndicat de cadres[85], pas plus qu'un regroupement non pas de personnes physiques mais de syndicats, c'est-à-dire de véritables fédérations syndicales, ou encore des conseils régionaux de syndicats ou des centrales syndicales[86]. Non constitués en corporation, ces groupements peuvent cependant être poursuivis selon le premier alinéa de l'article 60 du *Code de procédure civile*. Pour ce qui est du syndicat dont l'activité de représentation des salariés se limite à des entreprises assujetties au *Code canadien du travail*, il pourrait au

---

80. Voir le constat de la réalité du syndicat à partir de semblables éléments dans : *Cie France-Film* c. *Guilde des musiciens de Montréal*, (1985) C.S. 1076, p. 1086. Le juge, qui prend soin de dire qu'il «ne conclut pas nécessairement à la personnalité civile de la Guilde», considère non seulement qu'elle peut être poursuivie, mais «que les actes posés par son conseil d'administration sont distincts – dans les faits – de ceux des membres individuels», et fait droit à une injonction lui interdisant de poursuivre un boycottage.

81. *City of Lachine* c. *Association internationale des pompiers*, (1964) B.R. 122 ; *Canada Steamship Lines Limited* c. *Seafarer's International Union of Canada*, (1967) B.R. 139.

82. *Conseil des employés du commerce (105)* c. *Union des employés de commerce*, (1975) R.D.T. 363 (C.S.).

83. *Conseil des syndicats de la construction Saguenay – Lac-St-Jean* c. *Syndicat régional des travailleurs de la construction Saguenay – Lac-St-Jean (C.S.D.)*, (1975) C.A. 695 (résumé).

La décision du commissaire général du travail en vertu de l'article 60, *C.p.c.*, ne peut être révisée en vertu de l'article 49, *C.t.* : *Deveaux* c. *Syndicat international des ouvriers de l'aluminium, de la brique et du verre (F.T.Q. – C.T.C. – F.A.T. – C.O.I.)*, T.T. (Montréal) 500-52-000071-894, 12 octobre 1989, D.T.E. 90T-87.

84. Voir, au sujet de cette notion d'«association de salariés», R.P. Gagnon, L. LeBel et P. Verge, *Droit du travail*, Québec, P.U.L., 1987, p. 347.

85. En raison de l'exclusion de la compréhension de «salarié» du personnel de direction (*C.t.*, art. 1 l)).

86. Voir : *P.G. du Québec* c. *Munn*, T.T. (Québec) 200-28-000316-825, 22 février 1984, D.T.E. 84T-328, et *P.G. du Québec* c. *Charbonneau*, T.T. (Québec) 200-28-000314-820, 22 février 1984, D.T.E. 84T-340.

besoin obtenir du commissaire général du travail le certificat attestant son statut d'«association de salariés» au sens de l'article 1 du *Code du travail* du Québec, cette notion correspondant substantiellement à celle de «syndicat», selon l'article 137 de la loi fédérale correspondante.

B. Personnalisation indirecte

Le législateur ne peut imputer au syndicat des obligations ni lui conférer certains droits sans par là le reconnaître implicitement, d'une façon commensurable; la solution contraire serait tout simplement illogique. Cette personnalisation indirecte du syndicat, à des degrés variables selon l'importance de l'intervention législative, se fait indépendamment de la forme juridique du groupement. La jurisprudence canadienne se montra d'abord insensible à cette prise de position[87], à la différence de celle qui avait été établie par la Cour suprême des États-Unis à une époque qui précédait même l'introduction généralisée dans ce pays du régime de monopole de la représentation légale en faveur du syndicat majoritaire[88]; mais elle devait par la suite l'accueillir. Le groupement syndical *de facto*, non déjà constitué en personne morale, se voit reconnaître une existence juridique partielle. Celle-ci correspond, pour ce qui est du droit positif, au champ des droits et obligations que lui attribue le législateur (1.); l'effet global de la législation contemporaine touchant les syndicats devrait même conduire à une reconnaissance générale de l'entité syndicale (2.).

1. À des fins particulières

Le syndicat doté du statut juridique d'association de salariés accréditée selon le *Code du travail* du Québec (ou de celui d'«agent négociateur», selon la loi fédérale correspondante) possède une personnalité juridique à la mesure de l'exercice des droits et des obligations qui composent ce statut, ce qui lui confère une mission, a-t-on vu, de représentation légale de l'ensemble des salariés du groupe visé par l'accréditation auprès de l'employeur, aux fins de l'établissement et de l'administration du régime collectif de travail[89]. On doit donc considérer l'agent négociateur comme une entité juridique «aux fins des relations de travail[90]». Réalité distincte de ses membres à ces fins, le syndicat peut ainsi être poursuivi en justice, du moins sur des questions se rattachant à ce contexte, ce qui constitue une conclusion de portée pra-

---

87. Exemple: *Orchard* c. *Tunney*, (1957) R.C.S. 436, p. 445 – le syndicat, signataire d'une convention collective mais non «incorporé», ne peut être lui-même poursuivi ni contractuellement ni *in tort* au sujet de l'expulsion illégale de l'un de ses membres; la demande est plutôt dirigée contre les responsables syndicaux.
88. *United Mine Workers of America* v. *Coronado Coal Co.*, *supra*, n. 12, p. 386.
89. Voir *supra*, pp. 84 et ss.
90. *Association internationale des débardeurs* c. *Association des employeurs maritimes*, (1979) 1 R.C.S. 120, p. 129 (notes du juge Estey).

tique dans les provinces de common law, en l'absence d'un texte correspondant à l'article 60 du *Code de procédure civile* du Québec[91]. Rien ne s'opposerait à une reconnaissance juridique de cet ordre du groupement syndical, abstraction faite, théoriquement du moins, de cette dernière disposition[92].

Ce qui vaut ainsi pour le syndicat accrédité vaut de même pour tout groupement ayant naturellement vocation de l'être, c'est-à-dire de tout «syndicat» au sens du *Code canadien du travail* ou de toute «association de salariés», selon le *Code du travail* du Québec[93]. Rappelons qu'il doit ici s'agir essentiellement d'un regroupement libre de personnes qualifiées de «salariés» ou d'«employés» au sens des lois précédentes, s'orientant vers la défense de leurs intérêts économiques et sociaux, particulièrement par la négociation collective, et doté à cette fin d'une organisation minimale lui permettant de poursuivre ces fins[94].

En effet, tout groupement d'une telle nature se trouve soumis aux exigences du régime légal de la négociation collective. Ainsi se trouve-t-il assujetti à l'obligation d'abstention de toute grève tant que le «droit de grève», dont les paramètres sont définis par la loi, ne lui est pas acquis, c'est-à-dire tant qu'il n'est pas devenu lui-même une «association accréditée» et qu'un certain temps ne s'est pas écoulé après l'acquisition de ce statut[95]. Des recours civils et pénaux doivent pouvoir assurer la sanction de cette obligation à l'encontre de tout groupement visé par la prohibition de grève, d'où la reconnaissance implicite de la

---

91. Voir, à l'origine de cette position: *International Brotherhood of Teamsters* c. *Thérien*, (1960) R.C.S. 265. (Dans l'espèce, la poursuite contre le syndicat affirmait une «*common law cause of action*» entraînant la prise en considération et de la common law et de la législation du travail.) Cette position a été réitérée notamment dans les arrêts: *Oil, Chemical and Atomic Workers International Union, local 16-601* c. *Imperial Oil Limited*, (1963) R.C.S. 584, p. 593; *Association internationale des débardeurs* c. *Association des employeurs maritimes, ibid.*, et *Hills* c. *Canada*, (1988) 1 R.C.S. 513, p. 551.

92. Voir: *Ville de Québec* c. *Ginchereau*, C.A. (Québec) 200-09-000676-789, 19 octobre 1979 – argumentation subsidiaire à l'appui de la recevabilité d'une demande d'injonction formulée par un syndicat acccrédité pour obtenir le respect du régime dit «anti-briseurs de grève» prévu à l'article 109, *C.t.* Voir aussi, dans le sens de l'existence de ces éléments de personnalité juridique découlant de l'accréditation, A. Rousseau, *loc. cit., supra*, n. 11, p. 134. Une conclusion semblable s'infère de la reconnaissance légale du syndicat selon une autre loi, en l'occurrence celle qui régit les rapports de travail dans l'industrie de la construction: *Courbron* c. *Union locale n° 568 (F.I.O.E.)*, (1975) C.S. 56 – maintien d'une action en nullité relative à un règlement du syndicat.

93. *O'Laughlin* v. *Halifax Longshoremen's Association*, (1972) 28 D.L.R. (3d) 315 (N.S.C.A.), p. 333 (absence d'accréditation selon la loi fédérale, dans l'espèce, où il s'agissait d'une poursuite civile consécutive à l'expulsion d'un membre du syndicat); voir aussi en ce sens: *Association internationale des débardeurs* c. *Association des employeurs maritimes, supra*, n. 90, pp. 132-137.

94. Voir notamment R.P. Gagnon, L. LeBel et P. Verge, *supra*, n. 84, pp. 347 et ss.

95. *C.t.*, art. 58 et 106.

personnalité du syndicat à cette fin[96]. Plus généralement, le *Code canadien du travail* énonce pour tout «syndicat» des exigences de démocratie syndicale, à l'occasion notamment de l'admission des membres et de l'exercice de la discipline syndicale à leur endroit[97]. Tout syndicat pouvant prétendre éventuellement à la représentation légale d'employés se rattachant à des entreprises qui relèvent de la compétence du Parlement se trouve ainsi visé par cette loi.

D'autres mesures législatives imposent plus précisément au syndicat différentes obligations, sous peine de sanctions pénales; elles se trouvent également à affirmer sur le plan juridique et à ces fins son existence propre. La *Loi sur les déclarations des corporations et des syndicats ouvriers* est même explicite à ce sujet[98]. Les lois fédérale et québécoise sur les droits de la personne défendent également aux syndicats d'adopter des comportements discriminatoires en ce qui a trait à l'admission, la jouissance d'avantages, la suspension ou l'expulsion d'une personne[99]. Elles témoignent ainsi à la fois de la personnalité du syndicat et du fait que son activité n'est pas d'une nature strictement privée[100].

2. Vers une reconnaissance générale de l'entité syndicale

Façonnée par certains grands arrêts des provinces de common law, l'évolution jurisprudentielle a donc conduit à l'acceptation, du moins à certains égards, du groupement syndical non constitué en corporation, mais ayant vocation à un statut de représentant légal d'une collectivité de salariés; il s'agit à certaines fins de *«legal entities»*[101]. Davantage porté à la catégorisation, le raisonnement civiliste devrait, du moins logiquement, dépasser l'empirisme de la constatation jurisprudentielle précédente: comment justifier en effet la limitation de la

---

96. Voir: *C.t.*, art. 142; *C.c.t.*, art. 100(3).

97. *C.c.t.*, art. 95; voir *infra*, pp. 206 et 214.

98. *Loi sur les déclarations des corporations et des syndicats ouvriers*, S.R.C. 1970, c. C-43, art. 14(2): «Aux fins des poursuites (visant une infraction à la loi) un syndicat est réputé une personne et un acte ou une chose qu'un dirigeant ou un agent du syndicat, agissant dans les limites de son mandat l'autorisant à agir au nom de ce dernier, a accompli ou omis d'accomplir est réputé un acte ou une chose que le syndicat a accompli ou omis d'accomplir.»

99. *Charte des droits et libertés de la personne*, L.R.Q., c. C-12, art. 17; *Loi canadienne sur les droits de la personne*, L.R.C. (1985), c. H-6, art. 9. Voir *infra*, pp. 205 et 213.

100. Même situation pour ce qui est de l'obligation incombant à l'association de salariés de communiquer dans la langue officielle du Québec selon la *Charte de la langue française*, c. C-12, avec toute personne qui l'exige (art. 2) ou encore en ce qui concerne les communications écrites à ses membres en général (art. 49). Cette obligation ne s'étend toutefois pas aux statuts et règlements du syndicat: *Lagacé* c. *Union des employés de commerce, local 504 (T.U.A.C., F.T.Q.)*, (1988) R.J.Q. 1791 (C.A.).

101. Voir ainsi les notes du juge Locke dans: *International Brotherhood of Teamsters* v. *Thérien, supra*, n. 91, p. 278.

portée de cette reconnaissance indirecte du syndicat aux seules préoccupations de la loi qui en est l'occasion et ne pas l'étendre plus généralement à tout ce qui entre dans l'aire d'action normale du groupe
ainsi reconnu[102]?

Indépendamment de cette logique, l'effet cumulé des différentes manifestations législatives atteignant le syndicat contemporain
n'inclinerait-il pas également à une reconnaissance généralisée d'une
certaine personnalité propre au syndicat? Nous retrouvons ici la portée,
précédemment décrite, de la législation des rapports collectifs du
travail[103], qui vient s'ajouter à celle d'autres dispositions applicables en
général aux groupes associatifs non constitués en corporation et
comportant à tout le moins la reconnaissance implicite de certains
aspects de la personnalité civile[104].

La jurisprudence va dans ce sens lorsqu'elle impute distinctement la responsabilité civile au syndicat local par rapport au syndicat
ramifié (ce dernier étant considéré également comme un groupement
non «incorporé»)[105]. Il en est de même lorsque le contrôle judiciaire
s'exerce à son endroit[106]. Un tel syndicat aurait même une réputation
à défendre en justice[107].

---

102. Voir, en ce sens, J. van Campernolle, *loc. cit.*, *supra*, n. 7, p. 333.
103. Voir, en ce sens, A. Rousseau, *loc. cit.*, *supra*, n. 11, qui limite cependant la
     portée d'une telle conclusion aux seuls syndicats accrédités. Même situation en
     ce qui a trait à la préoccupation particulière de la législation relative aux droits
     de la personne à l'endroit des associations de salariés: *C.d.l.p.*, art. 17; *L.c.d.p.*,
     art. 9.
104. *C.p.c.*, art. 60 et 115, dernier al. (capacité d'ester en justice; reconnaissance
     implicite d'un patrimoine distinct); surtout les articles 838 et 840 qui énoncent
     des moyens d'obtenir l'exercice du contrôle judiciaire traditionnellement asso-
     ciés aux corporations et corps publics.

     De même, certaines des dispositions du projet du *C.c.Q.*, *supra*, n. 2, relatives
     aux associations qui ne sont pas des personnes morales rattachent à l'association
     d'origine contractuelle certaines caractéristiques de la personne morale: elle est
     gouvernée par des administrateurs (art. 2257), qui agissent pour elle en justice
     (art. 2259); elle possède un patrimoine propre (art. 2262 et 2266), etc.
105. *Gaspe Copper Mines Limited* c. *United Steelworkers of America*, *supra*, n. 72, p. 85;
     voir *infra*, p. 265. Voir aussi, mais cette fois dans le cas d'un syndicat local
     accrédité et affilié seulement à une centrale syndicale: *Curateur public* c. *Syndicat
     national des employés de l'Hôpital St-Ferdinand (C.S.N.)*, (1990) R.J.Q. 359 (C.S. –
     en appel) – imputabilité d'une grève illégale à ce groupement: «Le syndicat
     possède une quasi-personnalité juridique» (p. 373).
106. Exemples d'intervention du tribunal de droit commun annulant certaines déci-
     sions irrégulières de syndicats non incorporés mais légalement représentatifs:
     Fraternité unie des charpentiers menuisiers, local 134 c. *Syndicat national de la
     construction Hauterive*, (1977) C.S. 1008; *Courbron* c. *Union locale n° 568 de la
     Fraternité internationale des ouvriers en électricité*, (1975) C.S. 56. En somme, le
     syndicat dont traitent les lois contemporaines qui régissent les rapports collectifs
     du travail, s'il n'est pas déjà une corporation, ne constituerait-il pas un «corps
     politique» également soumis au pouvoir de surveillance et de contrôle du tri-
     bunal de droit commun, comme l'exprime l'article 33, *C.p.c.*? Voir au sujet du

La trajectoire jurisprudentielle demeure toutefois erratique pour l'instant, du moins si l'on tente ainsi d'apprécier globalement la place qu'elle réserve à l'entité syndicale non constituée en corporation. Ainsi ne lui reconnaît-elle pas la capacité de posséder en l'occurrence un immeuble si elle n'est ni incorporée ni «enregistrée» en vertu de la *Loi* (fédérale) *sur les syndicats ouvriers*[108]. Elle entretient aussi parfois une vision contractuelle de la nature des rapports intrasyndicaux[109]. Par ailleurs, le patrimoine des membres peut être appelé à répondre de la dette du groupement advenant l'insuffisance des biens de ce dernier relativement à une dette contractée par ses mandataires[110].

Sur un plan plus large, a-t-on observé, le syndicat, essentiellement sous l'effet de la législation du travail, s'est transformé. Il n'est plus un simple groupement associatif[111]. D'organisme privé qu'il était auparavant, il possède maintenant un statut légal dont les éléments ne sont plus d'une nature purement privée[112]. L'État contrôle davantage

---

sens possible de cette expression: H. Reid, «Que signifient les mots «public», «corps public», «bureau public» et «corps politique» utilisés aux articles 33, 828, 838 et 844 du *Code de procédure civile du Québec?*», (1977) 18 *C. de D.* 455, en particulier pp. 466 et ss, et M. Filion, *op. cit.*, *supra*, n. 2, pp. 271 et ss, en particulier p. 274, en ce qui a trait au syndicat accrédité.

Exemple d'une évolution similaire quant à l'exercice du contrôle judiciaire en Ontario: *Re Rees and United Association of Journeymen and Apprentices of the Plumbing and Pipefitting Industry of the United States and Canada, local 527*, (1983) 43 O.R. (2d) 97, (1983) 150 D.L.R. (3d) 493 (Div. Ct.).

107. *Association internationale des machinistes et des travailleurs de l'aéroastronautique (A.I.M.T.A.), loge 1751* c. *Rochette*, (1989) R.D.J. 642 (C.S.).

108. *Syndicat des postiers du Canada, local de Montréal* c. *Syndicat des postiers du Canada*, C.S. (Montréal) 500-05-005013-873, 16 novembre 1987, D.T.E. 88T-156, p. 11; voir aussi, à titre d'*obiter*: *Syndicat des postiers du Canada, local de Montréal* c. *Syndicat des postiers du Canada*, (1989) R.J.Q. 591, p. 600 (C.S.). Pourtant, encore une fois, l'article 115, *C.p.c.*, reconnaît implicitement l'existence possible d'un patrimoine syndical, et, surtout, un syndicat ne saurait normalement être en mesure d'accomplir sa mission légale de représentation en vertu des codes du travail sans un tel patrimoine; d'ailleurs, cette législation ne lui accorde-t-elle pas elle-même le produit du précompte syndical (*C.t.*, art. 47; *C.c.t.*, art. 70)?

109. Exemple tiré d'un contexte de common law: *Atsgen* v. *Smith*, *supra*, n. 1; position critiquée dans: *O'Laughlin* v. *Halifax Longshoremen's Association*, *supra*, n. 93, p. 333.

110. *Racicot* c. *Guilde des employés de Super Carnaval (Lévis)*, *supra*, n. 4. Voir notamment l'article 115, *C.p.c.*, qui laisse clairement entrevoir cette solution. Le *C.c.Q.* limitera sa portée au montant de la cotisation du membre (sauf dans le cas des administrateurs): voir les articles 2262 et 2263 (sous réserve d'entrée en vigueur).

111. Dans le sens d'une telle distinction, voir les notes du juge Beetz dans: *Senez* c. *Chambre d'immeuble de Montréal*, (1980) 2 R.C.S. 555, p. 570.

112. Voir notamment: J.E. Dorsey, «Individuals and Internal Unions Affairs: the Right to Participate», pp. 193 et ss, dans: K.P. Swan et K.E. Swinton, *Studies in Labour Law*, Toronto, Butterworths, 1983, ch. 8; P. Verge, «Évolution de la protection juridictionnelle de l'accès au syndicat», (1984) 39 *Rel. ind.* 710.

son activité. Cela vaut non seulement pour l'intervention judiciaire possible à son endroit, mais aussi pour l'exercice de divers contrôles administratifs[113]. Il s'est ainsi, dans une bonne mesure, «juridicisé»[114]. Et sa vie interne n'échappe pas à cette évolution.

---

113. Exemples: l'obligation du syndicat accrédité d'informer le commissaire général du travail de son affiliation à une autre organisation syndicale selon l'article 43 du *Règlement sur l'exercice du droit d'association conformément au Code du travail*, c. C-27, r. 3; celle de tout syndicat exerçant une activité au pays, ou y ayant une section locale et regroupant au moins 100 membres, de fournir au statisticien en chef du Canada une déclaration annuelle présentant certains renseignements l'identifiant suffisamment, de même que ses dirigeants, ainsi que des états financiers conformes aux exigences de la loi: *Loi sur les déclarations des corporations et des syndicats ouvriers*, *supra*, n. 98, art. 10. Voir *infra*, p. 160; les obligations qu'impose la *Loi concernant les renseignements sur les compagnies*, L.R.Q., c. R-22, à tout syndicat non constitué en corporation et exerçant une activité au Québec, de produire à l'inspecteur général des institutions financières un prospectus initial et un rapport annuel comportant divers renseignements, notamment une «indication générale touchant la nature de (ses) activités et l'importance relative de chacune d'elles» et un état détaillé des immeubles qu'il possède au Québec (art. 4). Ces renseignements ont un caractère public (art. 4.1), et le défaut de produire ces rapports peut entraîner la dissolution du syndicat (art. 9), en plus de sanctions pénales possibles à l'encontre des administrateurs, «officiers» ou représentants du syndicat (art. 4).
114. Voir notamment: G. Hébert, «L'évolution du syndicalisme au Canada – Comment un mouvement devient une institution», (1987) 42 *Rel. ind.* 500.
   Voir en général sur le phénomène de juridicisation des rapports collectifs du travail: S. Simitis, «The Juridification of Labor Relations», (1986) 7 *Comp. L.L.* 93; «Juridification of Labor Relations», pp. 113 et ss, dans: G. Teubner (dir.), *Juridification of Social Spheres*, New York, W. de Gruyter, 1987 (commentaire: J. Clark, «The Juridification of Industrial Relations: a Review Article», (1985) 14 *Ind. L.J.* 69). Ce terme *«juridification»* demeure ambivalent. Ainsi, Simitis l'emploie de façon neutre pour désigner l'intervention étatique; pour d'autres, cette intervention limite l'autonomie individuelle et collective; voir J. Clark et lord Wedderburn, «Juridification. A Universal Trend? The British Experience in Labor Law», dans *Juridification of Social Spheres*, *ibid.*, pp. 163 et ss, en particulier p. 165.

TITRE II

INTÉRIORITÉ

(p. 135-217)

La réalisation des fins syndicales appelle naturellement l'établissement d'une autorité décisionnelle, qui oriente les comportements particuliers au sein du groupement en fonction de ces objets (chapitre I). L'appartenance de l'individu au syndicat, organisme de concertation nanti – du moins pour ce qui est du groupement de première ligne – du pouvoir légal de représentation de la collectivité de salariés à laquelle il se rattache, revêt une importance qui justifie de le traiter de façon particulière (chapitre II).

CHAPITRE I

POUVOIR DÉCISIONNEL

La régie interne de l'institution syndicale, a-t-on vu, doit tenter de conjuguer les exigences respectives de l'atteinte des objectifs collectifs auxquels elle tend et celles de l'action démocratique, soucieuse des individus réunis dans ce processus organisé de concertation syndicale. Comment s'établit l'inévitable compromis entre les deux idéaux? La réponse juridique dépend à la fois, par rapport à chacune des différentes questions précises susceptibles d'être envisagées, de l'apport des règles étatiques pertinentes et de celles qui sont issues du groupement lui-même. Elle conduit à repérer le siège ou le titulaire du pouvoir au sein de l'organisation syndicale (section I) et à établir, une fois ce pouvoir localisé, ses conditions d'exercice (section II).

SECTION I

LOCALISATION

La multiplicité et la diversité des groupements syndicaux dans le contexte québécois obligent à s'en remettre ici à une simple typologie. Dans cet ensemble syndical, certains groupements d'individus, ou syndicats, entretiennent des liens avec des regroupements de syndicats. Le cas échéant, ils sont tantôt affiliés sur un plan professionnel à une fédération; tantôt, ils se rattachent à un ensemble syndical plus général, la confédération ou la centrale syndicale, dont l'action transcende les frontières professionnelles ou industrielles. Selon le cas, le lien unissant alors le syndicat à ce dernier regroupement peut être direct ou indirect, c'est-à-dire par l'entremise de son appartenance à une fédération, elle-même composante de la confédération ou de la centrale syndicale. L'existence de telles situations conduit à envisager la localisation du pouvoir décisionnel d'abord au sein du syndicat lui-même, qu'il soit ou non ainsi affilié à un regroupement de syndicats (A.), puis la répartition possible de ce même pouvoir entre le syndicat et tout organisme auquel il peut être affilié, lorsque cette hypothèse se réalise (B.).

A. Dans le syndicat

Dans le groupement syndical de base, sans qu'il y ait à cet égard de corrélation avec sa dimension, au demeurant elle-même fort variable, la réalité syndicale révèle soit un type de syndicat aux structures relativement simples ou unitaires (1.), soit, au contraire, un type de syndicat dont l'organisation est ramifiée (pour ne pas dire décentralisée, car elle ne l'est pas nécessairement de façon significative pour autant) (2.).

1. Syndicat unitaire

La répartition du pouvoir décisionnel s'envisage d'abord selon la configuration des structures du groupement de base (a.); à l'intérieur de celles-ci, elle conduit à tenir compte du mode de désignation des titulaires des principales fonctions (b.).

a. Répartition structurelle

Groupement autonome, le syndicat voit naturellement la configuration de ses instances décisionnelles déterminée par la volonté des personnes mêmes qu'il réunit, comme dans le cas de tout autre groupement du type associatif. Le législateur, dont celui du *Code civil du Québec*, qui encadrera juridiquement l'ensemble de la vie associative, se montre respectueux à cet égard de l'initiative des intéressés, que le groupement jouisse ou non de la personnalité morale. En effet, dans le premier cas, il pose simplement que la personne morale voit son fonctionnement et son activité réglés par la loi et par ses statuts, ceux-ci comprenant son acte constitutif et ses règlements[1]. Par ailleurs, quant aux organes par lesquels agit la personne morale, il énonce que ce sont, à moins que la loi ou les statuts n'en disposent autrement, le conseil d'administration et l'assemblée des membres[2]. Si le syndicat a été constitué en vertu de la *Loi sur les syndicats professionnels*, les deux mêmes organes existeront, car elle s'y reporte, tout en laissant également au règlement interne le soin de disposer des modalités de fonctionnement du groupement[3]. Il en va de même de l'association dépourvue de personnalité juridique: le Code pose simplement que le contrat d'association «régit l'objet, le fonctionnement, la question et les autres modalités

---

1. *C.c.Q.*, art. 309 (sous réserve d'entrée en vigueur). Ces aspects, ajoute-t-il, peuvent aussi être réglés par convention unanime des membres.
2. *Ibid.*, art. 310. Les constitutions syndicales prévoient habituellement l'existence d'un «conseil exécutif» qui, généralement, joue le rôle du conseil d'administration au sens de la loi. Voir *supra*, pp. 64 et ss.
3. *Loi sur les syndicats professionnels*, L.R.Q., c. S-40, art. 2, 4 et 5 (*L.s.p.*).

de l'association[4]». Tout en prévoyant lui-même la présence d'administrateurs, mandataires de l'association, il énonce le droit des membres de participer à ses décisions collectives[5]. En bref, la loi s'en remet usuellement à une structure à deux paliers[6].

Ainsi, quelle que soit la forme particulière du groupement, son orientation fondamentale repose entre les mains de l'assemblée des membres. En effet, celle-ci élit périodiquement les administrateurs à qui sera confiée la gestion du syndicat, à moins qu'il ne s'agisse d'un scrutin direct auprès des membres, scrutin imposé par les statuts du syndicat ou par la loi, selon ce que nous verrons; la situation est la même en ce qui a trait à l'élection des vérificateurs des états financiers de l'administration. L'assemblée approuve ces états. Elle peut également être appelée à se prononcer sur des questions patrimoniales importantes et à décider, sur le plan des rapports professionnels, du recours à la grève et de l'acceptation d'une convention collective. Elle siégera aussi souvent en appel, comme nous le verrons[7], des décisions du comité exécutif relatives à l'admission du membre ou encore de l'imposition de sanctions disciplinaires à son endroit.

La gestion du syndicat sera toutefois confiée à un conseil formé des administrateurs élus par l'assemblée des membres. Le conseil d'administration doit voir à l'application des différentes normes syndicales établies par l'assemblée des membres. Il lui revient en définitive d'exécuter ses grandes décisions. Par ses décisions administratives, mais aussi par les orientations qu'il propose en fait à l'ensemble des membres, le conseil exerce donc l'autorité dans le syndicat; son autorité demeure toutefois ultimement subordonnée à l'appui d'une majorité des membres, selon ce que détermine le document constitutif du syndicat. C'est le même document, d'un contenu manifestement très variable d'un groupement à l'autre, qui vient préciser la portée exacte de la relation entre les deux organes essentiels du groupement que sont l'assemblée des membres et le conseil d'administration. Certains des membres de ce dernier, notamment le président, le vice-président, le secrétaire et le trésorier, exerceront des fonctions trop connues, du moins dans ce qu'elles ont de typique, pour qu'il soit nécessaire de les

---

4. *C.c.Q.*, art. 2255 (sous réserve d'entrée en vigueur).
5. *C.c.Q.*, art. 2257 et 2260 (sous réserve d'entrée en vigueur).
6. Par ailleurs, selon la législation relative aux rapports collectifs du travail, l'«association de salariés», pour se distinguer de la simple coalition passagère, doit posséder une «organisation minimale»: *Code du travail*, L.R.Q., c. C-27, art. 1, (*C.t.*); voir: *Association des employés de Ge-Ad Inc.* c. *Syndicat des salariés en alimentation en gros (C.S.N.)*, T.T. (Québec) 200-28-000017-85, 21 mars 1985, D.T.E. 85T-458; *Code canadien du travail*, L.R.C., c. L-2, art. 3(1) (*C.c.t.*) – V. Syndicat; voir: *Cable Television Workers' Association* et *Graham Cable TV/FM*, (1986) 67 d.i. 57.
7. Voir *infra*, p. 215.

énoncer ici ; ainsi le président surveille-t-il les activités générales du
syndicat et le représente-t-il dans ses actes officiels.

En réalité, les institutions prévues dans les constitutions syndicales de groupements unitaires deviennent plus complexes et étagées
en fonction de l'importance du syndicat. Au-delà de l'assemblée générale, un partage s'établit dans la direction du syndicat entre, d'une part,
un conseil élargi, généralement appelé «conseil syndical» et, d'autre
part, le conseil exécutif, dont la composition se limite aux administrateurs du syndicat, toujours sous réserve des appellations et des modalités d'application variables d'un groupement à l'autre. Le conseil
syndical devient ainsi une instance intermédiaire entre l'assemblée
générale et le conseil exécutif. En plus des membres de ce dernier, il
est composé de représentants de différents milieux de travail dans lesquels le syndicat est présent. Ce conseil dirige l'orientation du syndicat
dans ses décisions les plus importantes entre les assemblées générales
de ses membres. Il lui reviendra généralement d'établir différents
comités aux attributions déterminées, de surveiller leur travail, de siéger en appel de décisions du président ou du comité exécutif touchant
l'admission, la discipline ou l'expulsion des membres. Dans certains cas,
il proposera à l'assemblée des amendements à la constitution du syndicat, de même que des projets d'orientation de son action. L'assemblée
générale conserve un pouvoir général de ratification des actes les plus
fondamentaux, comme les modifications des statuts syndicaux, l'approbation des rapports d'activités de l'exécutif de même que des états
financiers du syndicat. L'élection des administrateurs se fait à son
niveau, à moins que ce ne soit à celui du conseil syndical élargi ou qu'il
ne s'agisse d'un scrutin direct auprès des membres.

Une telle accentuation structurelle verticale va souvent de pair
avec une décentralisation territoriale, d'ordinaire limitée en intensité et
en envergure. Elle se manifeste le plus souvent, lorsqu'on la prévoit,
par rapport à l'activité syndicale reliée aux fonctions de négociation et
de représentation collectives du syndicat. La constitution prévoit alors
la formation d'instances locales qui regroupent, par exemple, les
membres de chacune des différentes unités de négociation auxquelles
le syndicat se trouve associé grâce à ses accréditations auprès d'un
employeur ou d'une pluralité d'employeurs. Il pourrait aussi s'agir
d'instances locales correspondant à des divisions fonctionnelles ou ter-
ritoriales à l'intérieur d'un même champ visé par une accréditation.
Cette décentralisation limitée se présente donc à l'occasion dans des
syndicats dont l'activité, sur le plan des relations professionnelles, est
d'une certaine envergure. Elle représente un moyen d'adaptation du
syndicat unitaire à une réalité déjà relativement diversifiée, sans qu'il
devienne lui-même un groupement ramifié, c'est-à-dire composé de
véritables sections locales jouissant d'un degré significatif d'autonomie.
Lorsqu'elles existent, ces différentes sections (que l'on devra donc distinguer des véritables sections locales de syndicats ramifiés) sont dotées

de leur organisation propre, composée de dirigeants de section et d'assemblées de section. Normalement, elles sont aussi représentées dans la composition du conseil syndical élargi, lorsqu'il a cours. La section exerce des pouvoirs variables quant aux questions liées à la préparation du régime collectif de travail et à son administration à l'intérieur de son champ d'activité. Ainsi, dans tous les cas où l'aire d'activité du syndicat dépasse celle d'une accréditation, l'existence de sections syndicales internes permet de rejoindre, à l'intérieur du groupement, le niveau des différentes accréditations dont il est titulaire.

b. Désignation des titulaires des principales fonctions

Dans les formations syndicales simples et unitaires, le texte constitutif, ou le règlement général, prévoit normalement l'élection périodique des principaux administrateurs – président, vice-président, secrétaire et trésorier – à la majorité de l'ensemble des membres. Souvent, les postes sont ainsi remis en cause tous les deux ans, par alternance annuelle, de façon à assurer une certaine continuité dans la direction[8]. Il en est ainsi des syndics ou vérificateurs chargés de scruter les états financiers du syndicat. D'autres fonctions peuvent être électives. La constitution syndicale comporte alors une procédure d'élection détaillée; le recours au scrutin secret y est la règle. Elle formule des conditions d'éligibilité aux différentes fonctions, les plus générales étant d'être membre actif du syndicat et d'avoir acquitté ses redevances.

Le *Code du travail* du Québec, à la différence de la loi fédérale, fait montre depuis 1977 d'une certaine préoccupation quant au mode de désignation des responsables syndicaux:

> 20.1 Lorsqu'il y a élection à une fonction à l'intérieur d'une association accréditée, elle doit se faire au scrutin secret conformément aux statuts ou règlements de l'association.
>
> À défaut de dispositions dans les statuts ou règlements de l'association prévoyant que l'élection doit se faire au scrutin secret, celle-ci doit avoir lieu au scrutin secret des membres de l'association aux intervalles prévus dans les statuts ou règlements ou, à défaut, tous les ans.

Cette disposition n'impose pas l'élection; elle ne traite que du mode d'élection lorsque celle-ci a lieu dans une association accréditée soit en raison de la constitution syndicale, soit à la suite d'une décision ponctuelle. Alors, le scrutin secret est requis. Il se déroule selon les modalités des statuts, y compris celles qui sont relatives à la détermination du collège électoral, si ceux-ci prévoient eux-mêmes le scrutin

---

8. Dans le cas d'une association non constituée en personne morale, le *Code civil* précise que la durée du mandat des administrateurs est de un an (*C.c.Q.*, art. 338 – sous réserve d'entrée en vigueur).

secret à l'occasion d'une élection[9]. Dans l'hypothèse contraire, selon le second alinéa du texte, les membres de l'association y participent. Le scrutin doit avoir lieu aux intervalles déterminés par les statuts ou règlements, sinon il s'impose annuellement.

Pour ce qui est des candidatures, le législateur n'est pas intervenu pour assurer une égalité d'accès aux ressources syndicales en faveur des différents candidats, égalité qui peut être assez souvent difficile à réaliser entre les titulaires des fonctions en cause et ceux qui cherchent à les évincer. Afin de suppléer aux normes syndicales, il y aurait lieu à cet égard de se soucier en particulier de l'accès des candidats aux moyens financiers et de propagande dont dispose le syndicat, de même qu'à la liste de ses membres[10].

La loi limite l'accès à la fonction d'administrateur dans certains cas. Le droit commun québécois régissant les personnes morales permet à tout intéressé de demander au tribunal d'interdire la fonction d'administrateur à toute personne «trouvée coupable d'un acte criminel comportant fraude ou malhonnêteté, dans une matière reliée aux personnes morales, ainsi qu'à toute personne qui, de façon répétée, enfreint les lois relatives aux personnes morales ou manque à ses obligations

---

9. En certaines circonstances, on admet une pluralité de séances de scrutin correspondant aux différents secteurs de l'entreprise, le résultat du vote ne devant être dévoilé que subséquemment: *Raymond* c. *Syndicat des employés de l'Université Laval, S.C.F.P., section locale 2500*, (1984) C.S. 428.

10. Voir en ce sens: J.E. Dorsey, «Individuals and Internal Union Affairs: the Right to Participate», ch. 8, pp. 193 et ss, en particulier pp. 217 et 218, dans: K.P. Swan et K.E. Swinton (dir.), *Studies in Labour Law*, Toronto, Butterworths, 1983. Voir aussi, en général, G. England et B. Rees, «Reforming the Law of Internal Trade Union Affairs: Some Transatlantic Pointers», (1990) 15 *Queen's L.J.* 97, pp. 121 et ss.
À titre de comparaison, la législation fédérale américaine est beaucoup plus contraignante. Le *Labor Management Reporting and Disclosure Act (Landrum-Griffin Act)*, 73 Stat. 519 (1959), 29 U.S.C.A. 481 et ss, impose l'élection des dirigeants dans les syndicats nationaux ou internationaux tous les cinq ans, élection qui doit avoir lieu au scrutin secret; l'obligation s'impose tous les trois ans dans les instances syndicales locales et tous les quatre ans dans le cas d'instances intermédiaires des syndicats nationaux ou internationaux. Si ce processus électoral n'est pas direct, mais se réalise par l'intermédiaire du vote de délégués, ceux-ci doivent être démocratiquement élus par les membres. Les membres doivent avoir un droit égal de voter, de présenter des candidatures et de se porter eux-mêmes candidats. Le membre a droit à un avis d'élection d'au moins 15 jours, posté à sa dernière résidence. Les candidats ont accès à la liste des membres. L'appareil et le trésor syndicaux ne doivent pas être mis à contribution en faveur des candidats, si ce n'est pour expédier ou distribuer la propagande électorale des candidats, à la condition toutefois que, s'il accepte d'agir en ce sens, le syndicat le fasse dans la plus stricte égalité pour tous les candidats. La représentation des candidats dans les bureaux de vote est aussi assurée. Le syndicat doit conserver pendant un an les bulletins de vote. Voir notamment D.B. McLaughlin et A.L.W. Schoomaker, *The Landrum-Griffin Act and Union Democracy*, Ann Arbor, The University of Michigan Press, 1979, pp. 6 et ss.

as a director." *"No prohibitions may extend beyond five yrs from th* → *art. 330*

d'administrateur», L'interdiction ne peut alors excéder cinq ans du der-
latest act charged. nier acte reproché[11]. Par ailleurs, dans le cas d'un syndicat constitué en
vertu de la *Loi sur les syndicats professionnels*, celle-ci restreint aux seuls
citoyens canadiens la possibilité d'être membres du conseil d'administration, et même celle de faire partie de son personnel[12].

Enfin, dans le cas d'une association de salariés du secteur de
la construction, la loi régissant les relations du travail rend – pour une
période de cinq ans à compter de la condamnation ou de l'expiration
d'une sentence ferme d'emprisonnement, le cas échéant –, inhabile à
occuper une fonction de direction (ou encore à être élue ou nommée
délégué de chantier, agent d'affaires ou représentant syndical pour une
telle association) toute personne trouvée coupable de voies de faits
simples, de méfaits, d'assauts infligeant des blessures corporelles, de
vol, d'intimidation, de trafic de narcotiques ou de conspiration pour
commettre l'un ou l'autre de ces actes, et ce, à moins que la personne
ne bénéficie d'un pardon en vertu de la loi canadienne sur le casier
judiciaire. D'autres actes comme le meurtre, la tentative de meurtre, le
vol qualifié, l'extorsion, l'incendie criminel, le détournement de fonds,
l'enlèvement, le fait d'«avoir causé intentionnellement des lésions corporelles dans l'intention de blesser une personne» ou la conspiration
en vue de commettre l'un ou l'autre de ceux-ci, rendent leur auteur
inhabile pour toujours à occuper les mêmes charges, encore ici sous
réserve du pardon[13].

---

11. *C.c.Q.*, art. 328 et 329 (sous réserve d'entrée en vigueur). *329 + 330*
12. *L.s.p.*, art. 8. Au regard de la liberté prééminente d'association, ces restrictions
    n'ont pas de répercussions sur la vie syndicale en général et ne s'appliquent
    qu'à une forme de syndicats parmi d'autres; le recours à la présente loi est en
    effet facultatif. Elles paraissent toutefois contraires au principe d'égalité devant
    la loi qu'énonce l'article 15 de la *Charte canadienne des droits et libertés*. Voir par
    analogie: *Andrews* c. *Law Society of British Columbia*, (1989) 1 R.C.S. 143. De plus,
    l'exigence relative au personnel du syndicat paraît une discrimination illégale
    en matière d'emploi au regard de l'article 16 de la *Charte des droits et libertés de
    la personne*, L.R.Q., c. C-12.
13. *Loi sur les relations du travail, la formation professionnelle et la gestion de la main-
    d'œuvre dans l'industrie de la construction*, L.R.Q., c. R-20, art. 26. Ces dispositions
    avaient été édictées à la suite du *Rapport de la Commission d'enquête sur l'exercice
    de la liberté syndicale dans l'industrie de la construction*, Québec, Éditeur officiel du
    Québec, 1975. Il y aurait à tenir compte, depuis, de la portée de l'article 18.2
    de la *Charte des droits et libertés de la personne*, L.R.Q., c. C-12, relativement à
    l'application de la disposition à des fonctions non électives donnant lieu à un
    contrat d'emploi avec le syndicat.
    Le *Code de procédure civile* prévoit un moyen précis de se pourvoir lorsqu'une
    personne occupe sans droit une charge dans une corporation privée ou dans
    un groupement visé par l'article 60, ce qui comprend toute forme de syndicat
    (art. 838 et ss). Voir: *Longchamps* c. *L'espérance*, C.S. (Montréal) 500-05-002711-
    867, 8 juillet 1986, D.T.E. 86T-595 (*Toupin* c. *Longchamps*, C.A. (Montréal) 500-
    09-001674-860, 11 avril 1990, D.T.E. 90T-641) – invalidité, dans l'espèce, d'une
    élection lors d'une assemblée tenue sans préavis.

2. Syndicat ramifié

a. Répartition structurelle

La structure syndicale du syndicat ramifié se caractérise, avons-nous vu, surtout par la présence de sections syndicales locales mises sur pied le plus souvent à la suite d'une décision du pouvoir central du syndicat, selon ce que prévoit la constitution du groupement, décision caractérisée par l'octroi d'une charte syndicale à la section locale ainsi constituée. Puisqu'elles sont de véritables groupements cellulaires, la constitution syndicale qualifie souvent ces unités ou sections locales d'«organismes à charte locaux subordonnés»; elle prévoit aussi alors le regroupement, à certaines fins, dont celles de la négociation collective, de ces sections locales en différents conseils régionaux ou professionnels, eux aussi organismes à charte et subordonnés, mais de palier intermédiaire par rapport à la ligne d'autorité centrale dans l'ensemble du syndicat. Cette ramification du syndicat, qui engendre une décentralisation plus ou moins poussée et généralisée, se retrouve dans les grands syndicats canadiens et internationaux.

Selon la constitution syndicale, la décision d'octroyer la charte constitutive d'une section locale, souvent identifiée par un numéro, à un certain nombre de personnes déjà membres du syndicat ou admissibles à le devenir, revient à l'exécutif du groupement ou encore à l'un ou à certains de ses administrateurs, comme le président ou le secrétaire. Elle présuppose l'existence d'un nombre minimal de requérants, issus d'un même milieu de travail, identifiés à une entreprise ou à une localité. Le principe selon lequel la compétence d'une section ne doit pas empiéter sur celle d'autres sections est fréquemment énoncé dans la constitution syndicale.

À l'intérieur de cette aire, la section représente les salariés qui lui sont rattachés à titre de membres du syndicat, relativement aux matières de son ressort. Dans ce champ, elle voit alors à la mise en œuvre des politiques et des décisions du syndicat et peut, selon le cas, s'occuper de recrutement et d'éducation syndicale. Elle est engagée directement, avec plus ou moins d'autonomie, dans la négociation collective ne dépassant pas son niveau, et indirectement, par son appartenance à des instances intermédiaires au sein du syndicat, dans la négociation collective de plus grande envergure. Elle surveille l'application de ce régime collectif de travail, du moins par rapport aux salariés qu'elle représente. Les décisions relatives à l'admission des membres de même qu'à l'exercice du pouvoir disciplinaire du syndicat à leur endroit sont prises par l'exécutif ou par un responsable de la section, sous réserve, généralement, d'un appel au sein de cette section et de paliers d'appel ultérieurs de la section locale à des instances de l'administration centrale du syndicat dont elle fait partie[14]. La section

---

14. Voir *infra*, p. 215.

doit s'affilier directement à des regroupements syndicaux qui dépassent le syndicat, soit des fédérations ou des centrales syndicales correspondant à l'orientation du syndicat entier.

L'organisation de la section réitère en somme celle du syndicat unitaire ou, par rapport au syndicat ramifié auquel elle se rattache, les structures centrales de ce dernier : assemblée des membres, comité exécutif, parfois conseil syndical élargi, principaux responsables, président, vice-président, secrétaire et trésorier. La section locale se constitue un fonds à même une partie de la cotisation des membres du syndicat qui lui sont rattachés ; elle possède, souvent par l'entremise de fiduciaires ou syndics, des biens parfois considérables.

À bien des égards, par sa dimension, ses structures internes et l'activité à laquelle elle se livre, particulièrement sur le plan des rapports collectifs du travail, la section locale présente donc beaucoup d'analogie avec un syndicat unitaire. De même le syndicat ramifié dans son ensemble joue-t-il généralement à l'égard de ses sections locales le même rôle que les fédérations par rapport à des syndicats unitaires qui leur sont affiliés, encore que, dans ce dernier cas, ces syndicats conservent d'un point de vue juridique leur pleine autonomie, ce qui ne correspond pas à la situation de la section locale du syndicat ramifié. À travers le prisme de la constitution syndicale, cette section locale apparaît comme la créature du syndicat qui l'a instituée en lui accordant une charte syndicale. De ce point de vue, il s'agit bien d'un «organisme subordonné», selon la qualification usuelle de la charte. L'administration centrale du syndicat exerce donc un pouvoir de contrôle, d'étendue variable selon les cas, sur la section locale.

Ce pouvoir se manifeste notamment par des appels, auprès d'organismes centraux du syndicat, des sanctions disciplinaires imposées aux membres par les sections locales[15]. Le pouvoir central interviendra par ailleurs pour trancher des conflits de compétence entre sections locales[16] ou pour mettre en tutelle, voire dissoudre, une section locale s'il y a mauvaise gestion, malversation ou défaut de sa part de se conformer aux obligations qui lui incombent en vertu de la constitution syndicale[17]. L'autorisation du pouvoir central, souvent incarnée à ce titre par le président du syndicat, est d'ordinaire requise pour que la

---

15. *Ibid.*
16. Exemple : *Constitution de l'Association internationale des travailleurs en ponts, fer structural et ornemental, F.A.T. – C.O.I*, 1986, art. XIX, section 16.
    L'intervention arbitrale imposée à cette occasion par le président général du syndicat et assumée par un membre de son exécutif ne procédera pas d'une convention d'arbitrage selon l'article 1926.1, *C.C.B.-C.* (*C.c.Q.*, art. 2623 et ss, sous réserve d'entrée en vigueur), comme s'il s'agissait de rapports contractuels entre les sections locales en cause. Il y a plutôt là, d'un point de vue institutionnel interne, manifestation de l'autorité qui s'exerce au sein du syndicat entier à l'endroit de ses composantes.
17. Voir *infra*, p. 176.

section locale puisse s'engager dans une forme d'action collective, comme la grève ou la signature d'une convention collective[18].

La perspective hétéronome, celle de la législation des rapports collectifs du travail, est à l'opposé. Aux fins de la négociation collective, le droit étatique envisage la section locale et non le syndicat entier[19]; l'arrimage de l'accréditation se fait au niveau de la section locale, qui devient de ce fait titulaire des droits et obligations ainsi conférés. D'ailleurs, le droit commun perçoit la section locale, par rapport aux tiers, comme une entité juridique[20].

Souvent titulaire de plusieurs accréditations, la section locale du syndicat ramifié prévoit elle-même, avons-nous vu, tout comme le syndicat unitaire en pareille situation, une certaine structure interne correspondant aux différents milieux de travail des ensembles de salariés qu'elle représente, soit différentes sous-sections internes.

b. Désignation des titulaires des principales fonctions

Le choix des dirigeants de la section locale se fait selon des règles aussi bien légales qu'issues de la constitution du syndicat, qui ne diffèrent pas de ce qui a cours dans un syndicat unitaire. La constitution prévoit typiquement l'élection par les membres en règle de la section locale, au scrutin secret. Les prescriptions légales applicables au syndicat unitaire sont également transposables à ces élections locales, en particulier l'article 20.1 du *Code du travail*, si la section locale est titulaire d'une accréditation.

Pour ce qui est de la désignation des dirigeants centraux de l'ensemble du syndicat ramifié, là aussi la constitution syndicale préconise elle-même d'ordinaire le mode électif, tout comme dans l'organisme unitaire.

Le caractère explicite à cet égard de la constitution syndicale exclut en pratique toute solution supplétive du droit commun relative aux associations dépourvues de personnalité morale et régies par le droit québécois.

Cependant, il pourra s'agir exceptionnellement, comme dans le cas du Syndicat international des métallurgistes unis d'Amérique, d'un scrutin secret direct de tous les membres en règle du syndicat, sous l'égide des différentes sections auxquelles ils appartiennent. La constitution de ce syndicat prévoit en particulier l'existence d'un comité

---

18. Voir *infra*, p. 166.
19. Les éléments de l'«association de salariés» (*C.t.*, art. 1 a)) se réalisent normalement dans la section locale. Dès lors, elle peut être titulaire de l'accréditation; l'octroi d'une charte par le syndicat n'est pas requis à cette fin: *St-Onge* c. *Ouvriers unis du caoutchouc, liège, linoléum et plastique d'Amérique, local 1127*, T.T. (Montréal) 3 mai 1988, D.T.E. 88T-714. Voir aussi *supra*, p. 90.
20. Voir *supra*, p. 125 et *infra*, p. 268.

de surveillance de la conduite de la campagne électorale formé de trois personnes, «citoyens éminents et impartiaux», non membres du syndicat international[21]. Ce comité a notamment le pouvoir de déclarer inéligible tout candidat qui viole d'une façon substantielle les règles électorales de la constitution; seul ce comité, au nom du syndicat, est habilité à saisir les tribunaux d'une demande visant à assurer le respect de ces règles. La participation des membres à l'élection des dirigeants n'est le plus souvent qu'indirecte, c'est-à-dire par l'intermédiaire de délégués élus à l'intérieur des différentes sections locales, et dont l'ensemble constitue le congrès général du syndicat. Le nombre de délégués de chaque section correspond à l'importance relative de ses membres, selon une échelle pondérée établie par la constitution, ce qui assure aux plus petites sections une représentation minimale. D'ordinaire, les mises en candidature sont faites par la salle et le vote a lieu au scrutin secret.

Un syndicat composé de sections titulaires d'accréditations délivrées en vertu du *Code du travail* du Québec est-il contraint d'observer les exigences de l'article 20.1 de cette loi à l'occasion de l'élection pour des fonctions qui se rattachent ainsi à son administration centrale? À la différence des autres articles de cette section intitulée «De certaines obligations des associations accréditées», c'est-à-dire ceux qui sont relatifs au vote de grève et au vote de ratification d'une convention collective, il n'est pas spécifié dans cette disposition imposant le scrutin secret que seuls voteraient les salariés compris dans l'unité d'accréditation visée dans le cas d'une élection à l'intérieur d'une association accréditée. En l'absence d'une telle limite, qui serait d'ailleurs dépourvue de sens pour l'élection au sein d'une association accréditée, se pose donc la question de savoir si l'obligation excède ou non la section locale. L'étendue, assez souvent, du pouvoir de contrôle de l'administration centrale sur cette dernière porterait, du moins d'un point de vue téléologique, à une réponse affirmative. Toutefois, la conclusion contraire quant à la portée de l'article 20.1 à l'intérieur du syndicat ramifié semble devoir être retenue, puisque l'accréditation fait précisément de son titulaire, soit la section locale, un sujet de droit, à tout le moins aux fins de l'application de la loi régissant les rapports collectifs du travail.

Ainsi, qu'il soit unitaire ou ramifié, le syndicat se rattache souvent à des regroupements de semblables formations dont il partage les grandes orientations[22].

---

21. *Statuts du Syndicat international des métallurgistes unis d'Amérique, A.F.L. – C.I.O. – C.T.C.*, 1989, art. V, section 27.
22. L'appartenance du syndicat à une centrale syndicale, quoiqu'elle soit usuelle, n'est toutefois pas une caractéristique essentielle de l'«association de salariés» au sens du *Code du travail : Conseil des syndicats de la construction* c. *Syndicat régional des travailleurs de la construction*, (1975) C.A. 695 (résumé).

B. Entre le syndicat et l'organisme affiliant

Le rattachement usuel du syndicat à une formation syndicale de plus vaste envergure, regroupant elle-même une pluralité de tels organismes, soulève la question des rapports entre les deux entités. Il s'agira des conséquences de l'affiliation du syndicat à un mouvement correspondant à une orientation syndicale générale et regroupant de ce fait des syndicats sans égard à un rattachement professionnel: la centrale syndicale ou la confédération (1.); cela pourra aussi toucher l'appartenance du syndicat à un regroupement établi en fonction de la profession ou de l'industrie et faisant elle-même très souvent partie de la même centrale ou confédération: la fédération (2.).

1. Le syndicat et la confédération

La confédération fait référence à une centrale formellement «incorporée» soit en vertu de la *Loi sur les syndicats professionnels*[23], soit en vertu d'une loi propre, dont le contenu renvoie pour une bonne part à cette dernière[24]. En ce sens précis, la confédération réunissant des syndicats et des fédérations constitués ou non selon la *Loi sur les syndicats professionnels* jouit de la personnalité morale. Juridiquement, il y a donc une distinction formelle entre la centrale et le syndicat qui lui est affilié, lorsqu'il participe à la tradition des centrales ainsi incorporées, comme la C.S.N., la C.S.D. ou la C.E.Q.[25]

Par ailleurs, selon une autre tradition syndicale, celle qui réunit notamment de grands syndicats pancanadiens et internationaux, la centrale – et il en va normalement de même des organismes qui s'y rattachent – n'est pas constituée en personne morale. D'un point de vue juridique elle s'assimile donc au groupement syndical *de facto*. C'est le cas de la plus importante centrale canadienne, le Congrès du travail du Canada, et de ses démembrements provinciaux, comme la Fédération des travailleurs et travailleuses du Québec, de même que celui de la Fédération canadienne du travail. Le syndicat affilié à une telle centrale, tout comme dans le cas précédent, conserve son identité propre et son autonomie[26].

---

23. *L.s.p.*, art. 20.

24. Voir ainsi la *Loi modifiant de nouveau la Loi des syndicats professionnels et d'autres dispositions législatives*, L.Q. 1972, c. 63, établissant la C.S.D.

25. Les règlements de telles centrales consacrent d'ailleurs le principe de l'autonomie des syndicats affiliés: *Statuts et règlements de la C.S.N.*, art. 11.06; *Règlement de la C.S.D.*, art. X. En dépit de cette autonomie de principe du syndicat affilié, l'appartenance à la centrale peut comporter à l'occasion (voir *supra*, pp. 66 et ss) des effets sur le fonctionnement de ce dernier, du moins tant qu'il persiste à appartenir à la centrale.

26. Voir *supra*, pp. 68 et ss. Regroupement elle-même de syndicats, une telle centrale ne pourra jouir du statut d'«association de salariés», notamment de la capacité positive d'ester en justice, selon l'article 60, *C.p.c.*

Malgré le maintien de l'intégrité du groupement affilié, l'appartenance à la centrale demeure tout à fait significative. Elle comporte l'engagement de la part de l'organisme affilié de se conformer aux principes directeurs de la charte de la centrale[27] et aux grandes orientations définies par ses instances, lesquelles se traduisent, entre autres, par différents principes d'éthique syndicale codifiés et approuvés par ces mêmes instances[28]. Cette obligation de conformité concerne certains aspects de la vie interne du syndicat affilié, comme l'exigence d'interdiction de discrimination en matière d'appartenance syndicale[29], ainsi que l'activité de représentation professionnelle. Le syndicat s'engage ici notamment à respecter le champ de compétence des autres organismes affiliés et les relations de travail établies par ceux-ci avec différents employeurs[30]. Par ailleurs, le syndicat affilié doit une capitation à la centrale[31].

En somme, le syndicat affilié poursuit son action dans le respect des principes de la centrale qu'il fait siens. La centrale devient, en particulier à l'égard des pouvoirs publics, le porte-parole du segment du monde syndical qu'elle réunit et tente d'orienter les politiques gouvernementales et législatives dans le sens des intérêts de ses affiliés[32]. Dans la même perspective d'ensemble et à long terme, la centrale fait aussi sentir son influence sur les rapports professionnels de ces derniers. Toutefois, les gestes reliés dans l'immédiat à l'établissement et à la poursuite de ces rapports demeurent, en principe du moins et d'un point de vue juridique, le fait des affiliés[33].

Par ailleurs, de façon plus marginale, la centrale met sur pied, à l'occasion, des syndicats locaux dits «à charte directe». Le groupement ainsi créé se trouve en substance dans la même situation à l'égard de la centrale que celle de la section locale dans le syndicat ramifié. Voir les *Statuts du Congrès du travail du Canada*, 1988, art. XXI.

27. Exemple: *Statuts et règlements de la C.S.N.*, art. 11.01 e); 11.06; 10.07.

28. Exemples: le *Code d'éthique du Congrès du travail du Canada*, qui oblige notamment (art. 6) les syndicats affiliés à tenir des congrès à des intervalles déterminés, qui ne doivent pas excéder quatre ans, pour protéger leur vie démocratique, ou son *Code de civisme syndical*, qui énonce diverses normes de comportement des syndicats affiliés envers leurs membres (assistance advenant une perte d'emploi, formation syndicale, encouragement à la participation à la vie politique du pays, etc.).

29. *Statuts de la Fédération canadienne du travail*, 1982, section 4.

30. *Statuts du Congrès du travail du Canada*, 1988, art. IV, sections 3 et 4.

31. *Ibid.*, art. XXII.

32. *Statuts du Congrès du travail du Canada*, 1988, art. II, sections 5 à 7 en particulier. Voir *infra*, pp. 234 et ss et pp. 345 et ss.

33. Dans les secteurs de l'éducation et des affaires sociales, les associations de salariés doivent toutefois négocier sur le plan sectoriel par l'entremise d'agents négociateurs nommés par les groupements d'associations dont elles font partie, ce qui peut comprendre des centrales syndicales: *Loi sur le régime de négociation des conventions collectives dans les secteurs public et parapublic*, L.R.Q., c. R-8.2, art. 26. De même, a-t-on vu, des centrales négocient elles-mêmes directement dans l'industrie de la construction; voir *supra*, p. 107.

La sanction des différents engagements du syndicat affilié envers la centrale entraîne, selon les formes prévues dans la constitution de cette dernière, l'exercice de l'autorité disciplinaire à son endroit. Dans les cas les plus graves, les manquements du syndicat pourront entraîner sa radiation des rangs de la centrale[34]. En particulier, s'agissant de conflits de compétence entre des groupements affiliés, cette autorité ne s'exercera qu'après la réalisation des différentes étapes d'intervention conciliatrice que peut prévoir la constitution de la centrale à ce sujet[35]. Par analogie avec l'exercice du pouvoir disciplinaire d'un syndicat à l'endroit de ses membres, qui a donné lieu ici à davantage d'illustrations[36], la décision de la centrale s'imposera en fait et en droit comme celle d'une juridiction privée (ou «domestique»), pourvu qu'elle respecte les paramètres de sa constitution initialement acceptés par ses affiliés et ceux qu'imposent les principes généraux du droit[37]. Le tribunal civil n'interviendrait qu'en cas contraire[38]. Une disposition particulière de la *Loi sur les syndicats professionnels* accorde expressément aux confédérations qu'elle régit le pouvoir d'instituer des conseils de conciliation et d'arbitrage entre leurs fédérations et les syndicats affiliés à la demande des parties intéressées. Si ces services s'en prévalaient, une

---

34. Exemple: *Statuts et règlements de la C.S.N.*, art. 12.01 (la radiation est prononcée par le conseil confédéral).

35. Voir ainsi la «procédure d'accommodement» établie à l'article IV des *Statuts du Congrès du travail du Canada*, 1988: enquête initiale par un enquêteur nommé par le président de la centrale à même une liste d'anciens dirigeants syndicaux acceptés par le Comité exécutif du C.T.C.; conclusions du Comité exécutif en vue d'une solution au conflit de compétence; appel possible au Conseil exécutif à qui il revient ultimement d'imposer des sanctions, s'il y a lieu. Le *Règlement régissant la procédure de traitement des requêtes en justification et des accusations de maraudage*, 1989, ajoute une intervention médiatrice de la part du «directeur ou (de) la directrice national(e) de l'Organisation des services aux affiliés» au stade initial de la procédure.

   Avant 1988, les statuts de la centrale, au lieu de laisser aux organes exécutifs du C.T.C. le pouvoir d'ainsi décider des conflits juridictionnels entre affiliés, confiaient plutôt cette tâche à des personnalités externes choisies par le président de la centrale, avec l'approbation du Conseil exécutif; ces personnes étaient appelées à jouer, selon les termes des statuts d'alors, le rôle d'«arbitres impartiaux». (Ce mode de désignation ne transformait toutefois pas l'instance syndicale en véritable arbitrage civil, qui suppose une convention d'arbitrage entre les parties elles-mêmes, selon l'article 1926.1, *C.C.B.-C.* (*C.c.Q.*, art. 2623, sous réserve d'entrée en vigueur). Voir P. Verge, G. Murray et É. Tremblay, «Les modes privés de règlement des conflits intersyndicaux», dans: *Actes du cinquième colloque de droit comparé Birmingham-Laval*, 1990, Québec, Faculté de droit, Université Laval (à paraître).

36. Voir *infra*, pp. 211 et ss.

37. Voir en ce sens: *Wood, Wire and Metal Lathers' International Union, Local 207* c. *United Brotherhood of Carpenters and Joiners of America*, (1973) R.C.S. 756.

38. Dans cette éventualité, l'exclusion du recours aux tribunaux civils dans la constitution de la centrale (exemple: l'article IV, section 21, des *Statuts du Congrès du travail du Canada*, 1988) serait inefficace; voir, par analogie, les solutions relatives à l'exercice du pouvoir disciplinaire au sein d'un syndicat, *infra*, p. 213.

véritable fonction arbitrale se substituerait à l'exercice de l'autorité de la centrale elle-même[39].

2. Le syndicat et la fédération

Le regroupement sectoriel des instances syndicales se fait à l'intérieur de fédérations, sur le plan vertical de l'affinité profession-nelle ou industrielle[40]. La *Loi sur les syndicats professionnels* prévoit la constitution de tels organismes jouissant eux-mêmes de la personnalité morale et réunissant au moins trois syndicats constitués ou non en vertu de ses dispositions[41]. Il y a donc, ici également, une distinction formelle entre le syndicat et la fédération[42].

Bien que le domaine d'action de la fédération rejoigne plus directement l'action courante du syndicat affilié en raison de son carac-tère sectoriel, les rapports entre les deux instances se conçoivent en substance de façon identique à ceux qui unissent le syndicat et la confé-dération. L'autonomie juridique du syndicat n'est pas atteinte, parti-culièrement en ce qui a trait à la conduite de ses rapports professionnels avec les employeurs[43].

D'une façon particulière, la fédération constituée en vertu de la *Loi sur les syndicats professionnels* peut, à l'instar de la confédération,

---

39. *L.s.p.*, art. 20 et 21. La sentence, homologuée par la Cour supérieure, a force exécutoire.

40. L'appartenance du syndicat à certaines centrales entraîne, du moins en prin-cipe, selon les statuts de ces dernières, l'obligation d'appartenir également à la fédération du secteur correspondant à son domaine d'activité au sein de la centrale. Voir: *Règlement de la C.S.D.*, art. III; *Statuts et règlements de la C.S.N.*, art. 11.03 et 72.

     Dans la tradition des syndicats affiliés au C.T.C., ceux-ci se trouvent à accom-plir en réalité, rappelons-le, certaines des fonctions d'une fédération profes-sionnelle à l'endroit des sections locales qui en dépendent juridiquement. Voir *supra*, p. 68. Par ailleurs, dans le cas où un besoin particulier de regroupement professionnel de plus grande envergure se fait sentir, il peut y avoir, au sein même de la F.T.Q., création de conseils intersyndicaux de secteurs. Voir le cha-pitre XVI des *Statuts de la Fédération des travailleurs et travailleuses du Québec (F.T.Q.)*, 1988. Voir aussi P. Bernard, *Structures et pouvoirs de la Fédération des travailleurs du Québec*, Étude n° 13 de l'équipe spécialisée en relations de travail, Ottawa, Imprimeur de la Reine, 1969.

41. *L.s.p.*, art. 19. La fédération peut aussi être instituée par une loi spécifique. Exemple: *Loi concernant la Fédération des infirmiers et infirmières du Québec (F.I.I.Q.)*, L.Q. 1987, c. 139.

42. La loi précise même que les premiers ne sont pas responsables des dettes de cette dernière: *ibid.*, *in fine*.

43. Cette autonomie de principe n'empêchera pas la constitution d'un syndicat de prévoir, pour assurer la coordination d'action avec la fédération, la présence d'un conseiller syndical de cette dernière aux réunions de ses instances déci-sionnelles. Voir ainsi la *Constitution du Syndicat national des employés des produits laitiers du Bas St-Laurent (C.S.N.)*, art. 49.

établir des conseils de conciliation et d'arbitrage pour trancher les litiges entre les syndicats qui lui sont affiliés[44].

SECTION II

EXERCICE

Autonome, le groupement syndical arrête une multitude de décisions pour réaliser ses fins. Non sans analogie avec l'exercice du pouvoir étatique dans la société entière, il doit, selon ses besoins, disposer d'une façon générale et durable de certains sujets; il exerce alors une fonction réglementaire ou législative, notamment en modifiant son règlement interne ou sa constitution. Ses organes prendront fréquemment des décisions circonstanciées et particulières, le plus souvent en application de ces données réglementaires. Selon le cas, cela pourra être une décision d'exécution, à caractère administratif; elle pourra aussi revêtir un caractère proprement juridictionnel, particulièrement à l'occasion de l'exercice de la fonction disciplinaire à l'endroit du membre[45].

Quelle que soit sa qualification, cependant, la décision syndicale doit s'inscrire à l'intérieur de certains paramètres juridiques généraux (A.). Ces principes énoncés, certaines décisions qui se révèlent cruciales pour le syndicat feront l'objet d'une attention particulière (B.).

A. Paramètres généraux

Les considérations juridiques qui régissent ainsi la vie interne du groupement syndical procèdent du droit d'application générale et s'imposent à l'ensemble de la vie associative. Certains de ces principes de légalité tiennent compte de la situation du groupement dans l'ordre social. D'abord, sa décision est subordonnée au respect de l'ordre public,

---

44. *L.s.p.*, art. 21. L'article 71.01 des *Statuts et règlements de la C.S.N.* prévoit cependant que toute fédération est de droit «arbitre exclusif» de tout conflit entre syndicats qui lui sont affiliés. En fait, en dépit de la terminologie, il s'agit là non pas d'arbitrage, soit au sens du *Code civil* (art. 1926.1, *C.C.B.-C.*; art. 2623, *C.c.Q.*, sous réserve d'entrée en vigueur), soit selon la *L.s.p.* (art. 21), mais de l'exercice pur et simple de l'autorité institutionnelle de la fédération à l'endroit de ses affiliés (voir, par exemple, l'article 10 des *Statuts et règlements de la Fédération des affaires sociales C.S.N.*, 1982).

45. Voir *infra*, pp. 211 et ss, pour ce qui est de la fonction disciplinaire.

notion définie directement par la loi prééminente ou ordinaire ou même, en l'absence d'une telle énonciation, notion explicitée directement par le judiciaire. Ensuite, il y a à tenir compte de la spécificité des objets du groupement syndical, de sa «spécialité» dans l'ordre social[46]. Celle-ci correspondra généralement à la défense des intérêts «économiques, sociaux et moraux de ses membres[47]».

S'agissant d'un groupement tirant ses pouvoirs de la loi, comme une entité syndicale constituée en vertu de la *Loi sur les syndicats professionnels*, l'acte qui ne s'inscrit pas dans ce champ d'action est *ultra vires* et, par conséquent, absolument dépourvu d'effets juridiques; un tel groupement ne peut en effet qu'agir dans la mesure de son habilitation législative[48]. Dans le cas d'un groupement non constitué en corporation, la perspective classique demeurant contractuelle, l'acte qui ne

---

46. Voir notamment: A. Légal et J. Brèthe de la Gressaye, *Le pouvoir disciplinaire dans les institutions privées*, Paris, Sirey, 1938, p. 135; L. Michoud, *La théorie de la personnalité morale*, Paris, L.G.D.J., 1932, 2ᵉ partie, pp. 151 et ss.

47. *L.s.p.*, art. 6, dans le cas d'un syndicat constitué selon cette loi. Ce texte concorde d'ailleurs plus généralement avec la tradition historique, qui fait abstraction de la forme du groupement. Le législateur en a pris acte dans cette définition générale qu'il propose de l'«association de salariés» dans le *Code du travail* (art. 1 a)): groupement «ayant pour but l'étude, la sauvegarde et le développement des intérêts économiques, sociaux et éducatifs de ses membres et particulièrement la négociation et l'application de conventions collectives».

48. Voir notamment sur la doctrine de l'*ultra vires*: R. Demers, *Corporate Litigation in Quebec*, Montréal, CEJ, s.d., pp. 25 et ss; P. Martel, *La corporation sans but lucratif au Québec*, Montréal, Wilson et Lafleur Ltée, s.d., pp. 6-5 et ss. L'application de la doctrine de l'*ultra vires* au groupement constitué par lettres patentes – par exemple, selon la partie III de la *Loi sur les compagnies du Québec*, L.R.Q., c. C-38 – ne fait toutefois pas l'unanimité. De toute façon, même dans ce cas, l'exercice du contrôle judiciaire par voie de *scire facias* (*C.p.c.*, art. 828 et ss) pourra sanctionner le comportement non autorisé. Les auteurs précités favorisent cependant une application générale de la doctrine de l'*ultra vires*, notamment par l'action en nullité, à l'endroit des corporations privées. Voir aussi, sur la question, F.W. Wegenast, *The Law of Canadian Companies*, Toronto, Carswell, 1979, pp. 130 et ss. D'ailleurs, l'article 218, alinéa 2, de la *Loi sur les compagnies* n'indique-t-il pas que la charte établie selon ses dispositions crée la corporation en vue de certains objets seulement, soit ceux qu'elle mentionne et qui doivent correspondre à certains des énoncés du premier alinéa de la disposition?

Le nouveau *Code civil du Québec* paraît écarter dorénavant l'*ultra vires* dans le cas des personnes morales: tout comme les personnes physiques, elles ont «la pleine jouissance des droits civils» (art. 300 – sous réserve d'entrée en vigueur). Comparer le libellé plus limitatif de l'article 358, *C.C.B.-C.* Toutefois, cet énoncé général doit lui-même céder le pas devant les lois particulières qui constituent les personnes morales et leur sont applicables. Ce sont ces lois qui régissent «d'abord» les personnes morales (art. 299). Les limites que comportent celles applicables aux syndicats en ce qui a trait aux objets du groupement conservent donc toute leur portée. L'article 302, *C.c.Q.*, laisse d'ailleurs subsister les incapacités qui résultent de la nature de la personne morale «ou d'une disposition expresse de la loi».

se situe pas dans ce cadre de spécialité de l'action syndicale n'en outrepasse pas moins les limites expresses ou même présumées du «contrat
associatif»[49]. Il n'est qu'annulable à la demande d'un intéressé qui peut
aussi le confirmer, car la nullité n'est alors que relative contrairement
à l'acte *ultra vires*[50].

De la même façon, par rapport au fonctionnement interne du
groupement, l'acte devra respecter les données de ses statuts, qu'elles
soient procédurales ou de fond. L'auteur de l'acte devra être la personne ou l'organe compétent à le poser[51]. L'acte capricieux, discriminatoire au sens large, c'est-à-dire l'acte détourné de sa fin normale ou
plus généralement abusif ou empreint de mauvaise foi, est illicite. On
l'attaquera, selon la forme du groupement, comme précédemment, tantôt selon les principes gouvernant l'activité corporative, tantôt selon
ceux qui régissent l'activité contractuelle, d'après la nature juridique
du syndicat.

L'établissement de la cotisation syndicale à l'endroit des
membres du syndicat puis l'affectation de son produit serviront à illus-
trer l'application de ces grands paramètres juridiques.

---

49. Exemple: *Seafarer's International Union of North America (Canadian District)* c.
    Stern, (1961) R.C.S. 683, p. 688. On y lit: «In joining the union, respondent
    did contract with the offer members thereof to abide, not to any order, but only
    to those for the making of which there was authority.» (Juge Fauteux.)
    Il en sera de même de l'association qui n'est pas une personne morale, selon
    l'article 2256, *C.c.Q.* (sous réserve d'entrée en vigueur).
50. Il est même un jugement qui, maniant de façon contestable la notion d'*ultra
    vires*, l'applique au syndicat dépourvu de personnalité juridique entière, recon-
    naissant par là, implicitement du moins, sa réalité institutionnelle dans le
    contexte contemporain: *Syndicat des postiers du Canada, local de Montréal* c. *Syn-
    dicat des postiers du Canada*, C.S. (Montréal) 500-05-005013-873, 16 novembre
    1987, D.T.E. 88T-156 (acquisition d'un immeuble «*ultra vires*» de la constitution
    du syndicat); voir à ce sujet: *Syndicat des postiers du Canada, local de Montréal* c.
    Syndicat des postiers du Canada, (1989) R.J.Q. 591, p. 601. Voir dans le même
    sens: *Seafarer's International Union of North America, Canadian District* c. *Stern*,
    (1960) B.R. 901 (C.A.), en particulier p. 904. Le juge Bissonnette, assimilant le
    groupement *de facto* dans l'espèce à une corporation – ce que n'admettra pas la
    Cour suprême: *Seafarer's International Union of North America (Canadian District)*
    c. *Stern, ibid.* –, lui reproche d'agir «sans juridiction».
    Serait toutefois susceptible d'une telle qualification l'acte qu'un groupement
    de facto prétendrait poser en vertu d'une loi habilitante, comme le *Code du travail*,
    mais qui, en réalité, en outrepasserait les termes.
51. Exemple: *Bourgeois* c. *Tribunal du travail*, (1990) R.J.Q. 791 (C.S. – en appel).
    Voir aussi: *Verville* c. *Syndicat canadien de la fonction publique*, C.S. (Montréal) 500-
    05-016063-891, 11 janvier 1990, D.T.E. 90T-259 (prétendue élection au cours
    d'une assemblée non conforme au règlement du syndicat).
    S'impose également, de façon supplétive, l'observation des règles usuelles
    des assemblées délibérantes; exemple: *Paquette* c. *Syndicat des salariés de Moteur
    Leroy Somer (C.S.D.)*, C.S. (Bedford) 460-05-000154-877, 7 mars 1988, D.T.E.
    88T-462.

Est illégale et invalide, parce qu'elle s'avère contraire à l'ordre public, l'imposition d'une cotisation spéciale équivalente au salaire gagné à des membres qui refuseraient de s'associer à une grève illégale décrétée par le syndicat[52]. Au regard maintenant du principe de spécialité de l'action syndicale, la cotisation reliée à l'établissement ou à l'application du régime de travail des membres contributaires[53] ne soulève manifestement pas de difficulté, tout comme d'ailleurs leur contribution à un régime de prévoyance collective. De même, comme on le verra[54], dans la poursuite de l'intérêt professionnel de ses adhérents, le groupement syndical se trouve à l'occasion conduit par son action de revendication et de représentation à des alliances stratégiques plus ou moins immédiatement intéressées entre divers ensembles de salariés. Une cotisation à l'appui d'un objectif de solidarité syndicale sur ce plan s'inscrit donc dans le cours naturel de l'action syndicale. La contribution du membre à des formes d'action syndicale à dimension politique soulève une problématique plus complexe. Nous en discuterons de façon plus particulière[55].

Eu égard aux statuts syndicaux, on observe que certaines constitutions établissent elles-mêmes le quantum de diverses contributions. Il en est ainsi de confédérations à l'endroit de groupements affiliés[56] aussi bien que de syndicats envers leurs membres[57]. Modifier le quantum entraîne alors l'application de la procédure d'amendement des statuts; elle exige généralement une majorité qualifiée de l'assemblée générale ou du congrès du groupement. D'autres constitutions syndicales sont plus souples en ce que, dans le cas de syndicats ramifiés, elles se contentent de fixer le montant de la capitation exigible de la section locale et laissent à cette dernière la possibilité d'établir une cotisation plus élevée que celle qui est à la charge des membres selon les statuts[58]. D'autres encore laissent tout simplement à la section locale le soin de déterminer le montant de la cotisation totale, quitte à remettre au trésorier du syndicat une capitation dont le montant est prévu dans

---

52. *Pagiotto* c. *West Island Teachers' Association*, C.S. (Montréal) 500-05-010285-797, 84T-455.
53. Quant à l'imposition de la cotisation à d'autres salariés légalement représentés par le syndicat, voir *infra*, p. 200.
54. Voir *infra*, pp. 231 et ss, et p. 258.
55. Voir *infra*, pp. 371 et ss.
56. Exemple: *Statuts du Congrès du travail du Canada*, 1988, art. XXII.
57. Exemple: *Statuts du Syndicat international des métallurgistes unis d'Amérique, A.F.L. – C.I.O. – C.T.C.*, 1989, art. XIV. Sur réception de la somme perçue de ses membres par la section locale, le trésorier du syndicat entier fait ensuite remise à celle-ci d'une portion du montant déterminée par les statuts.
58. Exemple: *Constitution de la Fraternité canadienne des cheminots, employés des transports et autres ouvriers*, 1985, art. 10. Voir *supra*, p. 69.

la constitution syndicale[59] ou déterminé périodiquement par le congrès du syndicat[60]. D'une façon générale, la décision de l'instance locale résulte alors d'un vote majoritaire à l'occasion d'un scrutin secret auquel participent l'ensemble des membres de la section. La législation ne contient aucune prescription particulière en ce qui a trait à la détermination de la cotisation syndicale[61]. Enfin, cette dernière doit s'établir dans une perspective d'égalité entre les membres[62], tout en respectant, le cas échéant, les droits acquis de certains d'entre eux en des circonstances plus exceptionnelles[63].

L'affectation des fonds syndicaux doit également être le résultat de décisions administratives adoptées par les auteurs désignés par la constitution, selon la procédure qu'elle établit. Les dépenses courantes relèvent usuellement de l'exécutif de l'organisme ou de certains administrateurs désignés. Le droit étatique indique simplement à ce titre que «l'administration du patrimoine (...) des personnes morales (est) réglée (...) par la loi et par leurs statuts[64]». Mandataire de la personne morale, le cas échéant, l'administrateur est tenu à cet égard aux obligations de soin, prudence et diligence d'une personne raisonnable; il doit aussi agir avec honnêteté et loyauté dans l'intérêt de la personne

---

59. Exemple: *Statuts de l'Union internationale des travailleurs unis de l'alimentation et du commerce, C.T.C. et F.A.T. – C.O.I.*, 1988, art. 18 et 38. Voir aussi, par analogie, dans le cas d'une confédération: *C.S.N. Statuts et règlements*, 1983-1984, art. 55 et 57.

60. Exemple: *Statuts du Syndicat des travailleurs et travailleuses en communication et en électricité du Canada*, 1985, art. 6.

61. Il en va différemment du droit fédéral américain, où le *Landrum-Griffin Act*, s'il ne s'intéresse pas directement à la quotité de la cotisation, traite néanmoins de la procédure l'établissant. En vue de protéger les membres de toute hausse unilatérale des droits syndicaux, cette loi prescrit que ceux-ci ne peuvent être majorés qu'à la suite d'un scrutin secret des membres du syndicat local, duquel il a été donné un préavis raisonnable dans le cas d'une initiative à ce niveau, ou à la suite d'un vote majoritaire des délégués au congrès du syndicat ou encore après un référendum au scrutin secret parmi les membres, s'il s'agit d'une initiative centrale. La loi permet aussi à la constitution syndicale d'accorder à l'exécutif syndical le pouvoir de décider par vote majoritaire de l'augmentation; toutefois, celle-ci n'a alors effet que jusqu'au congrès ordinaire suivant du syndicat. Voir le *Labor Management Reporting and Disclosure Act (Landrum-Griffin Act)*, *supra*, n. 10, art. 101(a)(3).

Cette législation régit notamment aux États-Unis le fonctionnement de syndicats internationaux dont l'activité s'étend au Canada.

62. Voir, entre autres, ces exemples de cotisations jugées illégales, parce qu'elles étaient discriminatoires: *Fraternité unie des charpentiers menuisiers, local 134* c. *Syndicat national de la construction Hauterive*, (1977) C.S. 1008 (action en nullité de la résolution et injonction permanente), (1976) R.D.T. 51 (C.S.) – (injonction interlocutoire); *Paquette* c. *Union typographique Jacques-Cartier*, (1975) C.S. 959.

63. *Beaudry* c. *Club St-Antoine*, (1901) 19 C.S. 452.

64. *C.c.Q.*, art. 309; la disposition ajoute aussi que cette question peut, dans la mesure où la loi le permet, être réglée par une convention unanime des membres (sous réserve d'entrée en vigueur).

morale, éviter de confondre les biens de cette dernière avec les siens, d'utiliser à son profit ou au profit d'un tiers les biens de la personne morale et de se placer dans une situation de conflit entre son intérêt personnel et ses obligations d'administrateur[65]. En particulier, les constitutions syndicales consacreront à des degrés divers l'autonomie de gestion de la section locale appartenant à un syndicat ramifié. Cependant, il pourra y être précisé que ces fonds ne doivent servir qu'aux fins qu'elles énoncent, ou encore il sera interdit à toute section locale de contracter une dette au nom du syndicat entier, sans le consentement du président de ce dernier, appuyé par une décision de son exécutif[66].

Quant à l'objet de l'affectation, il doit correspondre, selon la constitution syndicale, à celui du fonds à partir duquel elle est faite. À cet égard, il est usuel de prévoir l'existence, à côté du fonds général qui pourvoit aux dépenses courantes, de caisses spécialisées destinées notamment à soutenir des activités d'éducation syndicale ou politique, ou encore différents régimes de prévoyance sociale en faveur des membres. Dans le cas de syndicats établis en vertu de la *Loi sur les syndicats professionnels*, celle-ci les oblige à établir des fonds distincts pour chaque genre de services et d'avantages offerts aux membres[67].

Fait à noter particulièrement, l'action syndicale sur le plan des rapports professionnels rend nécessaire l'établissement d'un fonds de «défense professionnelle». Principalement destiné à soutenir les membres du syndicat engagés dans des grèves ou visés par des lock-out ou encore privés de leur emploi en raison de leur activité syndicale, il peut également servir à faire face aux frais de contestation judiciaire dans laquelle le syndicat peut se trouver engagé à la suite de son action sur le plan des revendications professionnelles. Non seulement ce fonds particulier est-il courant dans les syndicats, mais certaines confédérations, comme la C.S.N. et la C.S.D. (mais non le C.T.C. ni la F.T.Q.), en ont constitué également, selon leurs statuts, au bénéfice des organisa-

---

65. *C.c.Q.*, art. 320 et ss (sous réserve d'entrée en vigueur). Les énoncés de ces articles reprennent ainsi le droit traditionnel, jurisprudentiel et doctrinal en la matière. Voir notamment: J. Smith et Y. Renaud, *Droit québécois dans des corporations commerciales*, vol. III, *L'administration des corporations commerciales*, Montréal, Judico Inc., 1974, pp. 1515 et ss; M. et P. Martel, *La compagnie au Québec*, vol. 1, *Les aspects juridiques*, Montréal, Éditions Wilson et Lafleur Ltée, 1976, ch. 21.

66. *Statuts de l'Union internationale des travailleurs unis de l'alimentation et du commerce, C.T.C. et F.A.T. – C.O.I.*, 1988, art. 32(D) et 37(A).

67. *L.s.p.*, art. 13. Cette loi prévoit aussi l'insaisissabilité des fonds des caisses spéciales de secours mutuels et de retraite, sauf pour le paiement des rentes et secours auxquels peut avoir droit un membre du syndicat (art. 18). Quant aux confédérations établies selon cette loi, l'approbation, par l'inspecteur général des institutions financières, de leurs statuts prévoyant une caisse d'assurance ou d'indemnité confère à cette caisse elle-même l'existence corporative: art. 20.

tions syndicales qui leur sont affiliées et de leurs membres[68]. Les virements du fonds de grève au fonds général ne peuvent avoir lieu que dans la mesure où la constitution le prévoit expressément[69]. À ainsi été jugée illégale, par exemple, étant donné l'absence d'une réserve expresse dans les statuts, l'utilisation d'un fonds de grève pour le financement d'un immeuble dont le syndicat se portait acquéreur par l'entremise d'une compagnie de gestion[70].

La charte du syndicat prévoit usuellement la vérification des livres du syndicat par des experts-comptables. Choisis selon le cas par l'exécutif ou par l'assemblée générale, ces experts présenteront habituellement le résultat de leur vérification périodique au congrès général du syndicat[71]. De toute façon, tout syndicat ayant 500 membres ou plus au Canada doit joindre à la déclaration annuelle, que la *Loi sur les déclarations de corporations et syndicats ouvriers* l'oblige à produire au statisticien en chef du Canada, des états financiers renfermant un bilan général, un état des revenus et dépenses et un état financier pour chaque fonds spécial conformes aux règlements pertinents. Dans le cas d'un syndicat ayant son siège social hors du Canada, il doit y avoir indication des montants payés au syndicat par les membres canadiens au cours de la période visée et mention des dépenses liées directement aux activités du syndicat au pays, qu'elles y aient été engagées ou qu'elles l'aient été à l'étranger. Les renseignements fournis à ce titre sont confidentiels[72]. Le syndicat enregistré selon la *Loi* (fédérale) *sur les syndicats ouvriers* doit par ailleurs, du moins si l'on en admet la validité constitutionnelle[73], fournir au registraire général du Canada un état général annuel de ses recettes, fonds, effets et dépenses ; cet état «doit contenir séparément la dépense relative aux divers objets du syndicat[74]». Constitué selon la *Loi sur les syndicats professionnels*, le syn-

---

68. Exemples : *Statuts et règlements de la C.S.N.*, 1983-1984, art. 55.10 et 55.12, et *Statuts et règlements du fonds de défense professionnelle de la C.S.N.*, 1982. Entre les congrès de la centrale, l'administration de ce fonds revient à son bureau confédéral, composé notamment des membres de l'exécutif, de délégués des différentes fédérations et conseils centraux et des directeurs des services de la centrale et des fédérations affiliées.

69. Exemple : *Statuts du Syndicat international des métallurgistes unis d'Amérique, A.F.L. – C.I.O. – C.T.C.*, 1989, art. XIV, section 15.

70. *Syndicat des postiers du Canada, local de Montréal c. Syndicat des postiers du Canada*, *supra*, n. 50. (On y souligne notamment que la diminution de liquidité résultant de cette opération aurait un impact sur l'équilibre des forces dans la négociation collective à laquelle est partie le syndicat.)

71. Exemple : *Statuts du Syndicat canadien de la fonction publique*, 1985, art. 9.3(g).

72. *Loi sur les déclarations des corporations et syndicats ouvriers*, L.R.C., c.-43, art. 11 et 12. (Le rapport annuel que présente le ministre de l'Expansion industrielle régionale sous l'empire de cette loi renferme néanmoins des données d'ensemble à ce sujet.)

73. Voir *supra*, p. 117.

74. *Loi sur les syndicats ouvriers*, L.R.C. (1985), c. T-14, a. 13, et *Règlement sur les syndicats ouvriers*, C.R.C. 1978, c. 1560, formule 3.

dicat doit, quelle que soit l'importance de son effectif, tenir une comptabilité ventilant les données en fonction des services et avantages offerts aux membres[75].

Pour ce qui est de la présentation des états financiers aux membres, le syndicat enregistré selon la *Loi sur les syndicats ouvriers* doit remettre gratuitement l'état financier, que cette dernière l'oblige de produire au registraire général du Canada, à tout membre qui en fait la demande à son secrétaire ou à son trésorier. Un syndicat représentant des employés aux fins de la négociation collective en vertu du *Code canadien du travail* se voit donc obligé de façon générale de fournir gratuitement à tout membre qui en fait la demande une copie de ses états financiers à la date de clôture du dernier exercice, copie certifiée conforme par son président et son trésorier ou tout autre responsable de l'administration et de la gestion de ses finances[76]. Le Conseil canadien des relations du travail, qui peut rendre une ordonnance enjoignant au syndicat de s'y conformer, voit en celle-ci l'obligation de fournir «simplement un relevé des actifs nets et un résumé des recettes et des dépenses d'une unité opérationnelle donnée[77]». Cette dernière expression semblerait faire référence aux seules finances d'une section locale jouissant du degré d'autonomie usuel dans un syndicat ramifié, à l'exclusion de la situation financière relative à l'ensemble du syndicat dont elle fait partie. Enfin, toute association de salariés accréditée en vertu du *Code du travail* du Québec – il s'agit ici manifestement du titulaire même de l'accréditation, c'est-à-dire, le cas échéant, la section locale du syndicat ramifié – doit, selon l'article 47.1 de cette loi, divulguer chaque année à ses membres ses états financiers et aussi en remettre gratuitement une copie au membre qui en fait la demande. Tout comme dans le cas précédent, le créancier de l'obligation ne peut être qu'un membre du syndicat, à l'exclusion de tout autre salarié représenté légalement par le groupement[78].

---

75. *L.s.p.*, art. 13.

76. *C.c.t.*, art. 110.

77. *Fraser* et *Association canadienne des employés du transport aérien*, (1985), 62 d.i. 218, p. 223. Préparé par un bureau d'experts-comptables établi – ce qui n'est pas obligatoire –, il satisfera normalement à ces normes minimales. Voir aussi: *Latremouille* et *Union des artistes*, (1986) 64 d.i. 12.

78. D'un point de vue comparatif, la législation fédérale américaine impose à tout syndicat l'obligation de fournir au Secretary of Labor un rapport financier annuel faisant état de l'actif et du passif, de tous les revenus durant l'année de même que, entre autres, de tous les déboursés aux administrateurs et employés dont le revenu provenant du syndicat et des groupements qui y sont affiliés ou auxquels il est lui-même affilié excède 10 000 dollars, et de tout prêt direct ou indirect à toute entreprise commerciale, avec indication du motif et de l'obligation de remboursement. Le membre doit avoir accès à tous ces renseignements et le syndicat doit lui permettre, pour un juste motif, d'en vérifier l'exactitude à partir de ses comptes. Voir le *Labor Management Reporting and Disclosure Act (Landrum-Griffin Act)*, *supra*, n. 10, section 201(a), et M.F. Masters,

Le droit commun prévoit pour sa part, de façon supplétive, qu'un bilan, un état des résultats de l'exercice écoulé et un état des dettes et créances doivent accompagner l'avis de convocation de l'assemblée annuelle du groupement constitué en personne morale; le membre de celui qui ne l'est pas a le droit, malgré toute stipulation contraire, «de se renseigner sur l'état des affaires de l'association et de consulter les livres et registres de celle-ci[79]».

B. Applications particulières

Prises couramment dans un cadre législatif particulier, les décisions liées à la négociation collective justifient un examen particulier (1.). Il en est de même, en raison de leur incidence, d'autres décisions qui atteignent l'entité syndicale elle-même (2.).

1. Décisions liées à la négociation collective

Le processus de négociation collective, de même que le régime collectif de travail auquel il donnera normalement lieu, se répercute fortement sur tout salarié de l'unité d'accréditation en cause. Il est lié à cet égard par les décisions du syndicat accrédité. La représentativité de ce dernier, du moins pour ce qui est du régime d'application générale relativement au groupe de salariés visés, en fait, avons-nous vu, le porte-parole exclusif aux fins de la négociation collective, à l'exclusion de toute négociation directe des conditions de travail entre l'employeur et un autre groupement ou avec les salariés eux-mêmes[80]. Si la négociation conduit à une grève, la loi québécoise, du moins si l'arrêt concerté de travail la respecte, aura un effet total au sein du groupement, en ce sens que l'employeur ne pourra en principe permettre à des salariés visés de travailler à l'encontre du mot d'ordre syndical[81]. En l'absence d'une telle disposition dans la législation fédérale, un résultat similaire se produira vraisemblablement dans les faits, du moins à l'endroit des membres du syndicat, à cause de la possibilité qu'a ce dernier de leur imposer des sanctions s'ils ne respectent pas la consigne syndicale de mise à l'index de l'employeur[82]. Enfin, la convention collective issue de la négociation représentera pour chacun de ces salariés leur régime effectif de travail, à l'exclusion, en principe, de tout aménagement particulier des conditions de travail sans le concours du syndicat.

Cette portée considérable de l'action syndicale en ces circonstances conduit à s'interroger sur l'opportunité d'un endossement par-

---

R.S. Atkin et G.W. Florkowski, «An Analysis of Union Reporting Requirements under Title II of the Landrum-Griffin Act», (1989) 40 *L.L.J.* 713.

79. *C.c.Q.*, art. 346 et 2261 (sous réserve d'entrée en vigueur).
80. Voir *supra*, p. 92.
81. *C.t.*, art. 109.1.
82. Voir *infra*, p. 214.

ticulier de la part des salariés des principaux gestes de négociation du syndicat, au-delà de l'appui antérieurement accordé à ce dernier par la majorité d'entre eux au moment de l'accréditation. Des constitutions syndicales reflètent elles-mêmes cette préoccupation de démocratie syndicale lorsqu'elles prévoient la tenue d'un vote, d'ordinaire au scrutin secret, parmi les salariés de l'unité de négociation en cause qui sont membres du syndicat avant le déclenchement d'une grève ou l'acceptation des offres patronales finales[83]. Dans le cas d'un syndicat ramifié, le vote se déroule alors d'ordinaire sous l'égide de la section locale ; dans le cas où l'ampleur territoriale de la négociation dépasse l'aire d'une seule section, des instances divisionnaires, d'une compétence correspondante, ou centrales, selon le cas, en sont normalement responsables.

Mais la dévolution par le législateur de pouvoirs considérables de représentation et de négociation au syndicat, du fait de son accréditation, elle-même préalable au déclenchement d'une grève légale, justifie-t-elle l'imposition étatique uniforme de votes de grève ou de ratification de la convention collective ? La loi fédérale du travail ne renferme aucune exigence de cette nature[84].

Depuis 1977, le *Code du travail* du Québec fait, au contraire, du vote majoritaire, au scrutin secret, des membres de l'association accréditée compris dans l'unité de négociation et qui exercent leur droit de vote, une condition d'exercice du droit de grève acquis par cette association accréditée selon cette loi. On y précise que celle-ci doit prendre les moyens nécessaires, compte tenu des circonstances, pour informer ses membres au moins 48 heures à l'avance de la tenue du scrutin[85]. D'une part, à l'intérieur du syndicat, seuls les membres de l'unité sont habilités à voter ; d'autre part, pour ce qui est de l'unité, la participation au vote ne correspond pas à la représentativité légale du syndicat, en ce qu'elle se limite à ses seuls adhérents, à l'exclusion des autres

---

83. Exemple : *Constitution de la Fraternité canadienne des cheminots, employés des transports et autres ouvriers*, 1988, art. 16 (majorité qualifiée pour ce qui est du scrutin de grève) et art. 18 (vote majoritaire au scrutin en ce qui a trait à la ratification du projet de convention collective). Absence de telles exigences, toutefois, dans les *Statuts du Syndicat international des métallurgistes unis d'Amérique*, 1989.

84. Elle reflète à cet égard l'abstentionnisme préconisé par l'Équipe spécialisée en relations de travail, chargée par le gouvernement fédéral d'étudier les rapports du travail vers la fin des années soixante. Voir *Les relations du travail au Canada, Rapport de l'Équipe spécialisée en relations de travail*, Ottawa, Imprimeur de la Reine, 1969, pp. 168 et 169. On y recommandait simplement que, dans les cas où la constitution syndicale comporte déjà l'exigence du vote en ces circonstances, il y ait scrutin secret parmi les syndiqués de l'unité touchée.

85. *C.t.*, art. 20.2. Le scrutin de grève doit être distinct de celui qui est relatif à la ratification d'un projet de convention collective : *Noël* c. *Alliance de la fonction publique du Canada*, (1989) R.J.Q. 1233 (C.S.). Par ailleurs, le scrutin se limite à l'unité d'accréditation visée, selon le texte de la disposition. Comparer, dans le cas d'une négociation dépassant celle-ci : *Beverage Dispensers and Culinary Workers Union, local 835* c. *Terra Nova Motor Inn Ltd.*, (1975) 2 R.C.S. 749.

salariés[86]. Cette discordance semble un compromis entre le désir d'assurer uniformément certaines normes de participation des salariés à l'intérieur de groupements qui sont tributaires de pouvoirs légaux considérables et celui de respecter l'autonomie et la cohésion du syndicat responsable de la négociation; à l'occasion de ces décisions primordiales, ne peuvent ainsi influer sur le cours de son action que les salariés qui, au-delà de la cotisation obligatoire qu'ils versent au syndicat, ont consenti formellement à y adhérer et à en observer ses règles et consignes.

Cette exigence respectée, la portée du pouvoir légal de représentation du syndicat accrédité de même que la nature syndicale du droit de grève dont il est titulaire[87] voudraient qu'il revienne à ses instances compétentes, selon son règlement interne, de décider du cours de la grève, en particulier de sa cessation, à l'exclusion d'autres manifestations de volonté des salariés compris dans l'unité qu'il représente. La loi n'impose elle-même aucune obligation expresse de consultation dans l'unité à ce sujet. Certains de ses éléments, c'est-à-dire la portée totale de la grève dans l'unité ou l'imposition des votes de déclaration de grève et de ratification de la convention collective, pourraient cependant conduire, a-t-on vu, à tenir le syndicat accrédité pour lié par une expression collective et majoritaire de vues des membres qu'il compte dans l'unité, une solution qui ne soulève pas de difficulté particulière lorsque l'envergure du syndicat ne dépasse pas celle de l'unité, mais qui constitue une position pouvant jouer à l'encontre de la poursuite d'objectifs syndicaux de négociation dépassant l'unité[88].

Toujours selon le *Code du travail* québécois, la signature d'une convention collective ne peut avoir lieu qu'après avoir été autorisée par un vote majoritaire à la suite d'un pareil scrutin[89]. Le syndicat accrédité étant seul responsable de la négociation collective pour l'unité d'accréditation et les salariés actuels et futurs qu'elle vise, il lui revient en exclusivité, par ses instances appropriées, de décider de l'opportunité de tenir l'accord patronal pour final et de soumettre ce qui en fait l'objet à la ratification de ses membres à titre de projet de convention collective, s'il le juge à propos. Alors, il devra recourir au mode de scrutin secret parmi ses membres compris dans l'unité de négociation visée et

---

86. Voir *Girard* c. *Syndicat des employés de C.T.R. (C.S.N.)*, (1981) C.S. 768.
87. *C.t.*, art. 58 et 106. Voir P. Verge, *Le droit de grève, fondements et limites*, Cowansville, Les Éditions Yvon Blais Inc., 1985, pp. 17 et ss.
88. Voir *supra*, p. 92 et ss, notamment en ce qui a trait aux jugements: *Marinier* c. *Fraternité inter-provinciale des ouvriers en électricité*, (1988) R.J.Q. 495; *Daishowa Inc., division Scierie Leduc* c. *Syndicat démocratique des salariés de la Scierie Leduc (C.S.D.)*, (1990) R.J.Q. 1117 (C.S. – en appel).
89. *C.t.*, art. 20.3.

respecter leur vœu majoritaire. Telles sont les seules obligations l
qui lui incombent[90].

Dans le secteur parapublic, le caractère sectoriel (sous réserve
d'ententes régionales et locales complémentaires) de la négociation qui
existe et la désignation, en conséquence, d'agents négociateurs
communs par les associations de salariés en cause[91] ne font pas disparaître les obligations précédentes de scrutin secret rattachées à la négociation au sein de chacune des associations accréditées ainsi
représentées dans le processus de négociation. D'ailleurs, officiellement
ces associations accréditées seront elles-mêmes parties à la convention
collective, au regard de l'employeur des salariés respectifs qu'elles
représentent. Enfin, d'une façon générale cette fois, la sanction des
précédentes obligations de scrutin est exclusivement pénale selon le
libellé du texte de loi ; des injonctions ont néanmoins déjà été accordées
pour faire obstacle à une grève ou à l'application d'une convention
collective non précédées d'un vote majoritaire au scrutin secret[92].

Dans quelle mesure, maintenant, la volonté collective qui se
dégage au sein d'un groupement syndical serait-elle subordonnée à un
assentiment d'une instance syndicale plus vaste auquel il se rattacherait,
le cas échéant ?

En matière de négociation collective, l'affiliation aux grandes
confédérations syndicales n'entraîne pas de perte d'autonomie pour
l'organisme affilié. Cette position doit cependant être mitigée, du moins
dans les faits, lorsque le syndicat, en principe autonome, dépend en
réalité d'un fonds de soutien administré par la centrale, en plus de ses
ressources propres. À la différence du C.T.C. et de la F.T.Q., les centrales C.S.N. et C.S.D. administrent, a-t-on vu, de tels fonds de défense
professionnelle. Si le droit de décider de la grève appartient ainsi au
syndicat et à ses membres, il revient à l'exécutif de la centrale (sous
réserve d'un appel aux plus hautes instances confédérales) de décider
de son appui au mouvement de grève et, par conséquent, du droit aux
prestations à même le fonds de solidarité syndicale[93]. Dans le cas de la
C.S.D., l'exécutif décide aussi des paiements à même le fonds. Toutefois,
le règlement interne de la centrale semble prévoir l'accès au fonds de
solidarité à l'occasion de toute grève déclenchée par un syndicat affilié

---

90. *Contra*: Aubrais c. *Syndicat de travailleurs unis de l'électricité, radio et machinerie du
Canada (T.U.E., F.T.Q.), local 568*, C.S. (Montréal) 500-05-003520-681, 31 juillet
1986, D.T.E. 86T-668. Voir *supra*, pp. 92 et ss, au sujet de ce jugement ; comparer : *Arsenault c. Boudreault*, C.S. (Montréal) 500-05-009582-865, 11 novembre
1986, D.T.E. 87T-152.
91. Voir : *Loi sur le régime de négociation des conventions collectives dans les secteurs public
et parapublic*, L.R.Q., c. R-8.2, et *C.t.*, art. 111.1 et ss.
92. Voir R.P. Gagnon, L. LeBel, et P. Verge, *Droit du travail*, Québec, P.U.L., 1987,
pp. 324, 448 et 547.
93. *Statuts et règlements du fonds de défense professionnelle de la C.S.N.*, 1982, art. 11 et
12.

à la suite d'un vote au scrutin secret en présence d'un représentant de la centrale, et pourvu que la conduite de la grève relève conjointement du syndicat en cause et du directeur de la grève qui représente la centrale[94].

L'autonomie de la section locale, pourtant elle-même accréditée pour ce qui est des tiers, est variable dans la perspective interne globale du syndicat ramifié auquel elle se rattache. Aux conditions précédentes, conventionnelles et légales, d'appui de ses membres à son geste relié à la négociation collective s'ajoute normalement celle d'une autorisation de la part de l'autorité centrale du syndicat qui contrôle ainsi, dans cette mesure, son action. En ce qui concerne l'engagement syndical relié à la signature d'une convention collective, certaines constitutions syndicales requièrent l'approbation de l'exécutif central avant qu'elle puisse intervenir au niveau local, restriction qui permet naturellement à celui-ci de s'assurer de la conformité de la convention à ses objectifs d'ensemble[95]. Cette exigence d'autorisation de l'exécutif central marquera parfois l'aboutissement d'une négociation qui aura été le fait d'un comité de négociation autorisé par ce dernier[96]. Pour leur part, d'autres constitutions feront du syndicat entier une partie contractante de toute convention collective[97]. À l'inverse, il arrive que la constitution syndicale ne fasse pas montre d'une préoccupation particulière quant à la participation ou à l'approbation du syndicat entier[98].

La constitution du syndicat ramifié exigera habituellement l'approbation par l'autorité centrale (ordinairement le comité exécutif, parfois le président) de tout geste de grève de la part du syndicat local. Le défaut de se conformer à cette exigence privera non seulement ce dernier et les membres qui s'y rattachent de tout soutien à même le fonds de grève du syndicat, mais pourra aussi être l'occasion de sanctions disciplinaires à l'endroit de ses dirigeants ou de lui-même, puis-

---

94. *Règlements du fonds de solidarité de la C.S.D.*, 1973, art. 5 et 8.
95. On peut alors avoir précisé que cette approbation ne rend pas le syndicat entier partie à la convention ni ne le rend responsable de son exécution, sauf mention contraire expresse de l'exécutif du syndicat. Exemple: *Statuts de l'Union internationale des travailleurs unis de l'alimentation et du commerce, C.T.C. et F.A.T. – C.O.I.*, 1988, art. 23(E). Au sujet de la responsabilité contractuelle du syndicat entier en ces circonstances, voir *infra*, p. 268.
96. Exemple: *Constitution de la Fraternité canadienne des cheminots, employés des transports et autres ouvriers*, 1988, art. 18, section F.
97. Exemple: *Statuts du Syndicat international des métallurgistes unis d'Amérique, A.F.L. – C.I.O. – C.T.C.*, 1989, art. 17, section 1.
    Un employeur ne saurait toutefois, sans par là entraver illégalement l'activité de la section locale accréditée, s'adresser directement aux salariés pour qu'ils obtiennent la participation de représentants du syndicat entier dans la négociation collective: *Travailleurs unis de l'alimentation et du commerce, local 501 c. Steinberg Inc.*, T.T. (Montréal) 500-29-000168-888, 24 avril 1989, D.T.E. 89T-617.
98. Exemple: *Statuts du Syndicat canadien de la fonction publique*, 1985.

qu'on prévoit en ce cas la possibilité d'une révocation de sa charte par l'autorité centrale[99]. Il est alors souvent précisé que l'approbation de la grève n'engagera pas la responsabilité du syndicat entier[100]. La constitution peut interdire parfois au syndicat local toute grève contraire à une convention collective[101]. À l'opposé, certaines constitutions pèsent exceptionnellement de façon moins lourde sur l'action de la section locale ; elles ne prévoient qu'une simple obligation d'avertir l'exécutif du syndicat de la volonté de recourir à la grève à la suite d'un vote majoritaire favorable dans l'unité de négociation, et ce, avant de pouvoir présenter une demande de soutien à même la caisse de défense du syndicat[102].

Enfin, il n'est pas usuel de prévoir l'intervention de l'autorité centrale dans la présentation des griefs à l'arbitrage, une fois la convention intervenue entre l'employeur et la section locale accréditée comme représentant légal des salariés visés[103].

En somme, en tant qu'entité indépendante au regard de la loi régissant les rapports collectifs du travail, la section locale d'un syndicat ramifiée, une fois accréditée, se trouve souvent, à l'intérieur de la structure syndicale à laquelle elle se rattache, dans un état plus ou moins prononcé de sujétion par rapport à l'autorité centrale du syndicat en ce qui a trait aux recours à la grève et à la signature de la convention collective. Cette subordination institutionnelle se manifeste encore plus fortement lorsque l'entité même de la section locale est en cause.

2. Décisions touchant à l'entité syndicale

En dépit des liens qui peuvent l'unir, le cas échéant, à une fédération syndicale, le groupement syndical est autonome et, en principe, maître de son destin (a.). Cellule, au contraire, d'un syndicat rami-

---

99. Exemples : *Statuts du Syndicat des travailleurs et travailleuses en communication et en électricité du Canada*, 1985, art. 17, sections 1 et 4 ; *Statuts et règlements du Syndicat national des travailleurs et travailleuses de l'automobile, de l'aérospatiale et de l'outillage agricole du Canada, (T.C.A. – Canada)*, 1988, ch. 48, art. 7.

100. Exemples : *Constitution de la Fraternité internationale des teamsters, chauffeurs, hommes d'entrepôts et aides d'Amérique*, 1976, art. XII, section 2(c) ; *Statuts de l'Union internationale des travailleurs unis de l'alimentation et du commerce, C.T.C. et F.A.T. – C.O.I.*, 1988, art. 23(E), 4. On explique alors que l'autorisation ne vise qu'« à s'assurer que toutes les possibilités de solution à l'amiable ont été explorées ». Au sujet de l'effet des stipulations de non-responsabilité, voir *infra*, p. 269.

101. *Statuts du Syndicat international des métallurgistes unis d'Amérique*, 1989, art. XVI, section 4.

102. *Syndicat canadien de la fonction publique, règlement de la caisse nationale de défense*, 1985, art. 2.

103. La *Constitution de la Fraternité canadienne des cheminots, employés des transports et autres ouvriers*, 1988, le dispose toutefois à l'article 17, section F, moyennant un droit d'appel à un comité des appels du syndicat de la part d'un membre ou de la section locale en cause à la suite du refus du vice-président national de soumettre le grief à l'arbitrage.

fié, l'instance syndicale pourra se voir atteinte par des décisions de l'autorité centrale de ce syndicat, auquel elle est plus ou moins intégrée selon les situations (b.).

a. Entité syndicale autonome

La décision peut ne porter que sur l'existence de liens entre le syndicat et des regroupements de semblables instances sans mettre en cause son existence même. De tels regroupements, avons-nous vu, peuvent être horizontaux ou territoriaux, ou encore verticaux, c'est-à-dire en fonction d'un secteur professionnel ou industriel. Dans ce dernier cas, il s'agira typiquement d'une décision relative à l'affiliation du syndicat à une fédération syndicale. Le rattachement du syndicat à une telle fédération l'oblige effectivement à observer les grandes orientations de cette dernière et à participer à son financement selon ce qu'établissent ses statuts. Mais autrement le pouvoir décisionnel du syndicat demeure intact.

D'ordinaire, les statuts du syndicat ne traitent pas de façon particulière de la décision d'affiliation, mais font plutôt état d'une affiliation préexistante, le cas échéant. Lorsqu'il se présente, l'acte d'affiliation dépasse la gestion courante des affaires du syndicat; l'économie générale de ses statuts inclineront normalement à une prise de décision par vote majoritaire de la part de l'assemblée générale de ses membres, à moins qu'ils ne soient plus exigeants. Si la décision d'affiliation, une fois prise, ne modifie pas essentiellement la vie interne du syndicat, l'alliance qui en résulte demeure susceptible d'augmenter l'influence de ce dernier dans ses rapports avec des tiers, notamment l'employeur.

Cette perspective explique sans doute la présence dans le *Code du travail* du Québec (mais non dans la loi fédérale correspondante) de cette disposition qui défend à une association accréditée signataire d'une convention collective, de même qu'à tout groupe de salariés régis par une telle convention, de faire des «démarches en vue de devenir membre d'une autre association ou de s'y affilier, sauf dans les quatre-vingt-dix jours précédant la date d'expiration de la convention[104]». La prohibition, qui figure en substance dans la législation québécoise depuis 1944, ne joue donc, selon le libellé même de la disposition, qu'en présence d'une association accréditée et pendant le cours d'une convention collective dont elle est signataire. Par ailleurs, la généralité de l'expression «autre association» étend sa portée non seulement aux liens qui peuvent s'établir entre deux «associations de salariés», c'est-à-dire entre des groupements d'individus de premier niveau et pouvant être accrédités[105], mais également entre une association accréditée et des

---

104. *C.t.*, art. 73. (L'article 43 du *Règlement sur l'exercice du droit d'association conformément au Code du travail*, R.R.Q., c. C-27, r. 3, oblige d'ailleurs l'association accréditée à informer le commissaire général du travail de son affiliation avec une autre organisation syndicale.)
105. *C.t.*, art. 1 a) et b).

regroupements de syndicats, c'est-à-dire habituellement des fédérations et des confédérations, ce qui semble d'ailleurs être son objet premier[106]. Pendant le cours d'une convention collective, la partie patronale a donc l'assurance du maintien du *statu quo* dans les rapports officiels que peut entretenir son cocontractant. Cet aspect pouvait avoir une plus grande importance avant 1961, c'est-à-dire à une époque où la loi n'interdisait pas, comme elle le fait maintenant, le recours à la grève ou au lock-out pour assurer ultimement le respect de la convention collective ; la justification de cette restriction indirecte à la liberté d'association des salariés ainsi regroupés en syndicat paraît maintenant artificielle[107].

La prohibition légale précédente ne joue pas dans le cas de la désaffiliation du syndicat. En revanche, sur le plan interne, la décision risque d'être assujettie à une procédure plus rigoureuse résultant de l'engagement précédent d'affiliation et dont le syndicat veut maintenant se libérer[108]. Régulièrement adoptée, la décision de désaffiliation

---

106. Voir: *Gagnon c. Centrale des syndicats démocratiques*, (1973) T.T. 1 (on y trace l'historique de la disposition); *Craig c. Centrale des syndicats démocratiques*, T.T. (Arthabaska) 200-29-000453-86, 19 décembre 1986, D.T.E. 87T-187; *Union des employés des centres récréatifs du Québec c. Union des employés des centres récréatifs du Québec*, (1982) T.T. 486. *Contra: Fédération nationale des services Inc. c. Syndicat des employés de l'Hôpital Le Gardeur*, (1973) R.D.T. 142 (C.S.); *Syndicat des salariés d'Aubcar Shawinigan Ltée (C.S.D.) c. Association des chauffeurs et mécaniciens des Autobus J.M. Landry et Michel Inc.*, (1983) T.T. 85. (Il est par ailleurs acquis que la disposition ne vise pas l'appartenance de l'individu au syndicat: *Barette-Chapais Ltée c. Bouchard*, (1981) T.T. 177. Voir: R.P. Gagnon, L. LeBel et P. Verge, *op. cit.*, *supra*, n. 92, p. 275.)

107. Si cette perception est exacte, la contestation de la validité de la prohibition au regard de l'affirmation de la liberté d'association, tant dans la *Charte canadienne des droits et libertés* que dans la *Charte des droits et libertés de la personne* du Québec, pourrait réussir. Toutefois, l'utilité de la disposition ressurgit lorsque, dans le cas d'une négociation collective d'envergure, comme dans le secteur parapublic, la fédération syndicale devient elle-même partie à des engagements incorporés à la convention collective signée par l'association accréditée. Voir: *Fédération nationale des services Inc. c. Syndicat des employés de l'Hôpital Le Gardeur, ibid.*, p. 149. Le Code réitère alors cette restriction de démarches en vue de devenir membre d'une autre association ou de s'affilier, mais établit l'exception en fonction d'une période différente: les gestes sont alors permis «entre le deux cent soixante-dixième (270ᵉ) et le cent quatre-vingtième (180ᵉ) jour précédant la date d'expiration de la convention collective ou de ce qui en tient lieu». Voir *C.t.*, art. 111.4.

108. Par exemple, l'affiliation à une fédération elle-même rattachée à la C.S.N. comportera l'engagement du syndicat officiellement intégré dans ses propres statuts de ne discuter d'une résolution de désaffiliation qu'à une assemblée de ses membres, elle-même précédée d'un préavis énonçant les motifs à l'appui de la proposition de désaffiliation, et à laquelle des représentants autorisés des organismes supérieurs auront été conviés à exposer leurs points de vue, la décision de désaffiliation devant elle-même recevoir l'appui de la majorité des membres cotisants à l'occasion d'un référendum subséquent. Il en va semblablement de la désaffiliation du syndicat de la C.S.N. elle-même. Voir les *Statuts et règlements de la C.S.N.*, 1983-1984, art. 11.08.

libère simplement pour le futur le syndicat de ses engagements à l'égard du groupement auquel il était affilié[109]. Elle n'a aucun effet sur l'accréditation du syndicat, puisqu'il en est toujours l'unique titulaire.

Au contraire, cette décision peut entraîner la disparition du syndicat en d'autres circonstances. Ce résultat peut être d'abord le fait de sa dissolution pure et simple. Volontaire, la dissolution procédera d'une décision, adoptée à la majorité des voix et pouvant être qualifiée ou non, prise par l'organe compétent du groupement, si celui-ci jouit de la personnalité morale, selon ce que prévoit sa loi constitutive et ses statuts. Ainsi, le *Code civil du Québec* prescrit généralement que la personne morale peut être «dissoute du consentement des deux tiers des voix exprimées à une assemblée des membres convoquée expressément à cette fin[110]».

Dans le cas d'un syndicat dépourvu d'une telle personnalité, une vision purement contractuelle de celui-ci consisterait à s'en remettre à l'entente liant les membres, entente qu'exprime la constitution interne du groupement acceptée par chacun d'entre eux. À défaut de précisions quant à la prise de décision de dissolution, celle-ci pourrait aller jusqu'à requérir – exigence d'une rigueur peu réaliste si le groupement a la moindre importance – le concours de chacun des membres; la dissolution, poserait-on alors, équivaudrait à la dissolution de chacun des rapports contractuels établis entre les différents adhérents[111]. L'officialisation du groupement, du fait de son accréditation ou de sa vocation à l'obtenir, et la reconnaissance juridique du syndicat aux fins de la loi régissant les rapports collectifs du travail[112] ne conduisent pas, directement du moins, au rejet de cette conception contractuelle dans un contexte de dissolution du syndicat. En effet, la dissolution met en cause des aspects patrimoniaux du groupement, soit des sujets qui n'entrent pas dans le champ de la loi sur les rapports

---

109. Dans le cas d'une fédération établie selon la *Loi sur les syndicats professionnels*, il y aurait à tenir compte, selon cette loi, de l'exigibilité d'une cotisation du syndicat à cette fédération pour une période n'excédant pas trois mois de la désaffiliation. Voir l'article 22 qui serait alors applicable en raison de l'article 21.

110. *C.c.Q.*, art. 355 (sous réserve d'entrée en vigueur); application également de l'article 28 de la *Loi sur les compagnies de la province de Québec*, *supra*, n. 48, dans le cas d'un groupement formé en vertu de sa partie III (art. 224).

111. Voir, en ce sens, dans un contexte de fusion syndicale régie par la common law: *Atsgen* c. *Smith*, (1969) 7 D.L.R. (3d) 657 (Ont. C.A.), en particulier p. 661 et aussi p. 663, à titre d'*obiter* dans les notes du juge Laskin, dissident au motif que des dispositions de la constitution syndicale régissaient la situation. Sur la conception contractuelle originelle du syndicat en droit québécois, voir *supra*, p. 113; voir aussi: *Association internationale des machinistes et des travailleurs de l'aéroastronautique* c. *Hervé*, C.S. (Mingan) 650-05-000113-74, 26 août 1974, p. 13 (situation de désaffiliation d'un local d'un syndicat international).

112. Voir *supra*, p. 128.

collectifs du travail. À défaut de prescription législative[113], seule l'adoption implicite d'une conception institutionnelle du groupement, qui tiendrait compte notamment de l'ensemble de l'intervention législative à son endroit, permettrait, comme il serait indiqué, de s'en remettre à la règle majoritaire, ce qui constitue en fait une pratique décisionnelle usuelle dans les collectivités organisées.

Par ailleurs, la dissolution peut résulter d'une intervention étatique, juridictionnelle[114] ou même administrative[115].

Les effets de la dissolution du syndicat seront en partie patrimoniaux. Dans le cas d'une personne morale, la loi constitutive les établit[116]. En particulier, la liquidation du patrimoine d'un syndicat formé en vertu de la *Loi sur les syndicats professionnels* sera le fait d'un ou de trois liquidateurs nommés par l'assemblée générale de ses membres[117]. Autrement, on s'en remettra à la constitution interne du groupement[118].

---

113. Ainsi, le *Code civil du Québec* comportera qu'une association dépourvue de personnalité morale «prend fin par une décision de ses membres» (art. 2265, sous réserve d'entrée en vigueur).

114. Ainsi, eu égard au contexte des rapports collectifs du travail, l'article 149, *C.t.*, habilite le Tribunal du travail à prononcer la dissolution d'une «association» qui a participé à une infraction à l'article 12 du Code, lequel défend l'ingérence patronale dans une association de salariés. Exemples de dissolution d'«associations dominées»: *Union des employés de commerce, local 500 T.U.A.C. – U.F.C.Q.* c. *Syndicat des employés d'alimentation Legardeur Inc.*, (1984) T.T. 181; *Chalifoux* c. *Association des employés de Peerless Clothing*, (1970) R.D.T. 206 (T.T.). Voir aussi les articles 828 et suivants, *C.p.c.*, qui permettent au procureur général de demander au tribunal de droit commun de prononcer la dissolution de corporations et autres corps constitués agissant illégalement. Voir aussi l'article 354, *C.c.Q.* (sous réserve d'entrée en vigueur), qui prévoit la dissolution judiciaire de la personne morale, notamment lorsque le tribunal constate l'accomplissement de l'objet pour lequel elle a été constituée, ou encore l'impossibilité d'accomplir cet objet.

115. Exemple l'article 26 de la *Loi sur les compagnies de la province de Québec*, *supra*, n. 48, qui permet à l'inspecteur général de dissoudre une corporation (art. 224) formée selon cette loi pour défaut de produire pendant deux années consécutives le rapport prescrit par l'article 4 de la *Loi sur les renseignements sur les compagnies*, L.R.Q., c. R-22.

116. Exemple: *Loi sur les compagnies de la province de Québec*, *ibid.*, art. 28(224), dans le cas d'un groupement formé selon la partie III de cette loi. Il y aura aussi à tenir compte, de façon supplétive, des articles 354 et ss, *C.c.Q.* (sous réserve d'entrée en vigueur).

117. Une nomination qui ne serait le fait que du conseil syndical du syndicat (par surcroît, dans l'espèce, en réunion irrégulière) serait illégale: *Syndicat des enseignants de Champlain* c. *Moreau*, (1975) C.S. 708 (résumé).

118. Le *C.c.Q.* disposera, à l'article 2266 (sous réserve d'entrée en vigueur) qu'un liquidateur nommé par les administrateurs, ou à défaut par le tribunal, liquide l'association non constituée en personne morale; selon l'article 2267, les biens devront être employés, après le paiement des dettes, «conformément aux règles de contrat d'association, ou en l'absence de règles particulières, partagés entre

Quant au pouvoir de représentation du syndicat accrédité, il s'éteint avec le groupement qui en était titulaire ; mais le constat officiel par voie de révocation de l'accréditation ne pourra avoir lieu qu'aux époques de recevabilité de la demande d'accréditation, du moins selon la loi québécoise[119].

La fusion d'un syndicat avec un autre entraîne également sa disparition : un groupement nouveau s'y substitue. Il pourra y avoir disparition des entités existantes et émergence d'un nouveau syndicat ou tout simplement absorption d'un syndicat par l'autre. Les exigences procédurales correspondent en conséquence à celles de la dissolution, selon les différentes hypothèses déjà envisagées. Entre autres choses, les constitutions syndicales de syndicats ramifiés comportent souvent une procédure spéciale de fusion du syndicat entier avec un autre groupement[120].

Pour ce qui est de l'effet du geste, différents plans sont à envisager. D'un point de vue patrimonial, il y a transfert de la propriété des biens des groupements initiaux à celui qui est issu de la fusion. Toutefois, si l'un ou l'autre de ces groupements initiaux a été constitué en vertu de la *Loi sur les syndicats professionnels*, la dévolution de ses actifs au nouveau groupement sera subordonnée à l'intervention du ministre du Travail[121].

Quant au sort de l'accréditation dont pouvait être titulaire chacun des groupements fusionnés, seule la loi fédérale se préoccupe expressément de la situation. Le nouveau groupement est subrogé aux droits, privilèges et obligations rattachés au statut d'agent négociateur du groupement qu'il englobe[122]. La loi énonce donc un principe qui dispose de toute situation visée dès lors qu'elle se présente. Son effet est automatique, mais le Conseil est habilité à définir les effets particuliers de la subrogation ; il peut, à cette fin, faire enquête et ordonner

---

les membres en parts égales». Toutefois, les biens provenant de tiers seront, malgré toute stipulation contraire, dévolus à une association ou à une fiducie partageant des objectifs semblables à ceux de l'association en cause, sinon, à l'État.

119. *C.t.* art. 41 ; même situation, du moins en principe, selon l'article 137, *C.c.t.*

120. Exemples : *Statuts du Syndicat des travailleurs et travailleuses en communication et en électricité du Canada*, 1985, art. 23 (décision du conseil exécutif approuvée par la majorité des membres à un référendum, le projet ayant été préalablement discuté dans les sections locales et la fusion, si elle est agréée, devant permettre aux sections locales du syndicat de continuer d'exister «comme entités du syndicat successeur») ; *Statuts du Syndicat international des métallurgistes unis d'Amérique*, A.F.L. – C.I.O. – C.T.C., 1989, art. IV, section 26 (pouvoir décisionnel simplement dévolu au bureau international).

121. *L.s.p.*, art. 25, par. d).

122. *C.c.t.*, art. 43(1). Voir en général au sujet de la disposition : *Union des employés de commerce, section locale 503* et *Banque nationale du Canada*, (1982) 50 d.i. 91. (Dans l'espèce, il s'agissait toutefois d'un transfert de pouvoir d'un syndicat ramifié à l'une de ses sections locales et non d'une fusion de syndicats (p. 103).)

un scrutin de représentation s'il le juge à propos[123]. Quant au *Code du travail* du Québec, il ne contient pas de disposition énonçant le principe de la subrogation de l'accréditation dans un cas de fusion. Puisque celle-ci comporte l'établissement d'un nouveau groupement, la demande de modifier le libellé de l'accréditation pour y substituer le nom du groupement résultant de la fusion équivaut à changer officiellement le titulaire de l'accréditation. Toute demande en ce sens, selon certaines décisions, n'est donc recevable qu'aux périodes de présentation d'une demande d'accréditation[124]. Une semblable demande a toutefois été jugée recevable en dehors de ces périodes; la volonté de l'ensemble des salariés d'être représentés par le nouveau syndicat était acquise et il y avait absence de conséquences de la fusion sur une tierce association[125]. Les pouvoirs généraux de l'instance d'accréditation justifient cette solution, du moins dans de telles circonstances[126]. Exceptionnellement, la fusion syndicale pourrait être le résultat d'une loi spéciale, qui en arrêterait alors les modalités[127].

Enfin, l'intervention législative peut aussi, quoique encore là exceptionnellement, toucher à l'entité syndicale sans y mettre fin cependant: c'est la mise en tutelle du syndicat imposée par le législateur[128].

Entité distincte, du moins dans la perspective de l'accréditation syndicale, la section locale, qui représente une cellule subordonnée d'un syndicat ramifié, est également susceptible d'être l'objet de décisions touchant de la même façon à son intégrité.

b. Entité syndicale cellulaire

La section locale, dont le degré d'autonomie par rapport à l'autorité centrale de ce syndicat est variable, révèle plus que jamais son ambivalence en tant qu'entité syndicale cellulaire: elle est alors l'entité de représentation officielle des salariés selon la loi, mais aussi l'organe

---

123. *Ibid.*, par. (2) et (3).
124. *C.t.*, art. 22. Voir: *Métallurgistes unis d'Amérique, local 13148* c. *Canadian Industries Limited*, (1973) T.T. 207; *Canadian Safety Fuse Company Limited* c. *Union internationale du district 50, travailleurs alliés et techniques des États-Unis et du Canada, local 14132*, (1973) T.T. 328. (Le délai de l'article 73, *C.t.*, n'est pas ici en cause, car il s'agit bien d'une fusion et non d'une affiliation.)
125. *East End Teachers' Association* c. *Commission scolaire régionale Le Royer*, (1980) T.T. 249, en particulier pp. 258 et 259.
126. En plus des pouvoirs énoncés dans l'article 39, un commissaire du travail jouit aussi de celui de réviser pour cause ses décisions (*C.t.*, art. 49). Voir par analogie (car il s'agissait dans l'espèce d'une fusion d'unités locales d'un même syndicat ramifié): *Labour Relations Board of the Province of British Columbia* c. *Oliver Co-Operative Growers Exchange*, (1963) R.C.S. 7.
127. L'exemple suivant porte toutefois sur une fusion de fédérations syndicales: *Loi constituant la Fédération des infirmières et infirmiers du Québec (F.I.I.Q.)*, *supra*, n. 41.
128. Voir: *Swait* c. *The Board of Trusties of the Maritime Transportation Unions*, (1967) B.R. 315, et *Turcotte* c. *McLaughlin*, (1967) B.R. 739 (*Loi sur la mise en tutelle des syndicats des transports maritimes*, S.C. 1963, c. 117).

surbordonné d'un grand syndicat ramifié sur le plan de l'institution syndicale.

Ainsi, les changements qui touchent à la situation de la section à l'intérieur du syndicat requièrent normalement, selon la constitution de ce dernier, en plus de certaines exigences relatives à la prise de décision elle-même au sein de la section, l'assentiment de l'autorité centrale du syndicat. Dans tel syndicat par exemple, la section locale ne peut fusionner avec une autre ni se fractionner elle-même sans l'autorisation expresse du président du syndicat[129]. La dissolution volontaire d'une section locale ne peut s'y produire tant que 15 membres du syndicat votent en faveur de la conservation de sa charte. La constitution réglemente d'ailleurs la tenue de la prise de décision à ce sujet : exigence d'un préavis écrit de vote sur le sujet dans la section d'une durée de 3 mois au secrétaire-trésorier du syndicat, et d'un avis de scrutin de 30 jours aux membres. Si le vote est affirmatif, la charte, les dossiers et autres biens de la section sont remis au secrétaire-trésorier du syndicat et les membres de la section locale dissoute deviennent membres d'une autre section qui se voit attribuer la compétence de la première[130]. Cependant, si le congrès du syndicat ou son conseil exécutif peut, moyennant un vote affirmatif des trois quarts des participants au scrutin, modifier le champ de compétence d'une section locale, il est par ailleurs loisible à des sections locales de fusionner, sans plus, sous réserve d'un vote affirmatif des participants à un référendum dans chacune des sections locales intéressées[131].

Sur le plan externe, celui de l'accréditation, les fusions ou dissolutions de sections locales s'envisagent comme s'il s'agissait d'entités syndicales autonomes, puisqu'elles sont elles-mêmes titulaires de l'accréditation dans le cours usuel des choses.

La volonté de changement chez les membres du syndicat réunis dans l'unité locale peut cependant porter collectivement sur leur allégeance syndicale. Leur regroupement peut-il se séparer du syndicat pour s'affilier à un autre mouvement, ou encore pour subsister en tant que syndicat indépendant ?

---

129. *Constitution et rituel de l'Association internationale des travailleurs du métal en feuille*, 1982, section 7.
130. *Ibid.*, sections 8 et 10.
131. *Statuts du Syndicat des travailleurs et travailleuses en communication et en électricité du Canada*, 1985, art. 12. Par ailleurs, il est d'intérêt de noter dans les *Statuts et règlements du Syndicat national des travailleurs et travailleuses de l'automobile, de l'aérospatiale et de l'outillage agricole du Canada (T.C.A. – Canada)*, 1988, la présence d'une disposition permettant au Bureau national de décider par un vote aux trois quarts et après audition de la section locale de réaffecter une partie des biens de cette dernière à d'autres fins du syndicat, s'ils deviennent disproportionnés à la suite d'une baisse du nombre des membres (ch. 31, art. 11).

À la différence du syndicat autonome simplement affilié à un mouvement syndical, la section locale établie par le syndicat ramifié, qui lui a accordé une «charte», n'existe qu'en raison d'une entente entre ce syndicat et ses membres, à la demande desquels cette charte syndicale a été octroyée. Les conditions de cette entente, auxquelles se trouvent à avoir souscrit les récipiendaires de la charte et leurs successeurs, sont énoncées dans la constitution du syndicat. La situation est identique dans ces cas plus rares où un groupement pré-existant vient se fondre dans le syndicat : s'il subsiste alors en tant que section distincte du syndicat, les personnes qui s'y rattachent acceptent d'être également régies par la constitution de ce dernier[132]. Alors, les membres rattachés à la section locale peuvent bien quitter le syndicat ; selon la constitution syndicale, la section locale demeure inchangée ou, mieux, soumise au pouvoir du syndicat, selon sa constitution. Elle subsistera, prévoit-on souvent en effet, s'il s'y trouve encore un nombre minimum de membres[133] ; sinon, elle sera dissoute d'autorité par le syndicat. Alors, la possession des biens de la section locale retournera à ce dernier, qui en était toujours demeuré propriétaire d'ailleurs[134].

Le pouvoir légal de représentation dont peut jouir la section locale, si elle est accréditée, continue, du moins pour l'instant, de s'y rattacher, en dépit de la volonté de changement d'allégeance syndicale qui peut ainsi animer la plus grande partie des salariés visés par l'accréditation dont elle est titulaire. Certes, ces salariés peuvent cesser à tout moment d'en être membres[135]. Ils peuvent alors adhérer à une autre formation syndicale. Ces changements individuels d'allégeance ne modifient toutefois pas immédiatement le statut de représentant

---

132. Voir B.G. Hansen, «Session of Local Union», (1978) 56 *R. du B. can.* 80.

133. Exemple : *Constitution et rituel de l'Association internationale des travailleurs du métal en feuille*, 1982, section 8.

134. Exemple : *Constitution de la Fraternité canadienne des cheminots, employés des transports et autres ouvriers*, 1988, art. 19, section A, 8). Voir aussi : *McPherson c. Grand Council Provincial Workmen's Association*, (1914) 50 R.C.S. 157. (Dans l'espèce, il y avait eu incorporation subséquente du groupement local mis sur pied par le syndicat.)

   Le syndicat ainsi délaissé par un groupe de ses membres pourra par ailleurs se voir obligé de respecter leur changement d'allégeance, et ce, au regard des obligations qu'il peut avoir lui-même assumées à la suite de son affiliation à une centrale syndicale, dans l'éventualité où une décision de cette dernière viendrait entériner le changement de compétence. Ainsi, dans le cas d'une affiliation au Congrès du travail du Canada, les membres désireux de changer d'allégeance syndicale pourraient-ils alors se prévaloir de la «procédure d'accommodement» : *Statuts du Congrès du travail du Canada*, 1988, art. IV, section 8 ; voir *supra*, n. 35.

135. Une convention collective comportant une clause de sécurité syndicale pourrait inciter le salarié à ne pas prendre l'initiative de la rupture du lien d'appartenance au syndicat signataire pour conserver son emploi, quitte à attendre son expulsion du syndicat, geste normalement sans incidence sur l'emploi. Voir *infra*, p. 189.

légal de la section locale ainsi délaissée. Elle ne le perdra que si son accréditation est subséquemment révoquée faute de majorité dans l'unité d'accréditation ou encore si elle est annulée de plein droit à la suite de l'accréditation d'un autre groupement auquel auront adhéré une majorité de salariés de l'unité. Or, l'accréditation ne peut être ainsi remise en cause qu'à des périodes déterminées par la loi ; en particulier, cela n'est possible que vers la fin d'une convention collective[136]. Alors, mais alors seulement, la volonté collective locale trouvera son expression dans la reconnaissance officielle de l'instance syndicale qui viendra se substituer à la section locale du syndicat originairement accrédité.

Cette subordination de la section locale à l'ensemble syndical dont elle fait partie trouve une expression particulière, selon les constitutions syndicales, dans le pouvoir dont est investie l'autorité centrale et qui lui permet de mettre en tutelle cette section locale en certaines circonstances. L'exercice d'un tel pouvoir entraîne la disparition de l'autonomie relative dont jouissait la section locale, puisque son administration entière se trouve entre les mains d'un ou de plusieurs tuteurs désignés par la direction générale du syndicat. L'autorité de tutelle se fait remettre les fonds, registres et autres biens du syndicat local, qu'elle détient alors temporairement. Elle a le pouvoir de remplacer les dirigeants et autres administrateurs de la section locale qu'elle aura elle-même démis ou qui l'auront été par l'exécutif du syndicat[137]. Ainsi dirigée par l'autorité centrale du syndicat, la section locale continue d'agir en droit, dans la mesure où elle le pouvait auparavant[138].

Dans tous les cas, la tutelle ne peut être imposée que pour des motifs énoncés dans la constitution syndicale. Ceux-ci comprendront notamment le défaut de la part de la section de se conformer à cette constitution, la corruption ou l'incurie dans son administration financière, le défaut d'assumer ses obligations d'agent négociateur et, en particulier, celui de voir à l'application de toute convention collective ainsi que la nécessité d'y rétablir un fonctionnement démocratique. La liste des motifs se termine normalement par un énoncé plus général,

---

136. *C.t.*, art. 22 et 41 ; *C.c.t.*, art. 124 et 137. Voir notamment : R.P. Gagnon, L. LeBel et P. Verge, *op. cit.*, *supra*, n. 92, pp. 379 et ss. Voir aussi : *Lord c. Syndicat indépendant des travailleurs du papier de la Mauricie, local 1*, (1982) T.T. 419 ; *Lord c. Lacoursière*, C.S. (Saint-Maurice) 410-05-000142-810, J.E. 81-927, confirmé par *Lacoursière c. Lord*, C.A. (Québec) 200-09-000652-815, 2 février 1982.

Tant que la section du syndicat qui l'a formée demeure accréditée, le produit du précompte syndical appartient soit à elle soit au syndicat entier auquel elle se rattache, à l'exclusion du nouveau syndicat local auquel peuvent maintenant adhérer les salariés de l'unité d'accréditation : *Syndicat indépendant des travailleurs du papier de la Mauricie, local 1 c. Consolidated Bathurst Inc.*, C.A. (Québec) 200-09-000219-870, 23 janvier 1990, D.T.E. 90T-258.

137. Exemple : *Statuts du Syndicat international des métallurgistes unis d'Amérique, A.F.L. – C.I.O. – C.T.C.*, 1989, art. 9, section 6.

138. Voir la dissidence dans : *Fraternité des wagonniers d'Amérique, loge St-Henri c. Tremblay*, (1958) B.R. 709 (C.A.).

dont la teneur correspond sensiblement à la suivante: «à tout autre égard (pour) réaliser les objectifs légitimes du syndicat ou de la section locale[139]». L'autorité centrale s'autorisera de ces conditions pour intervenir, entre autres, dans le fonctionnement d'une section locale qui pose des gestes témoignant de son désir de s'affranchir de ses liens d'appartenance au syndicat. La généralité de tels énoncés se trouve implicitement limitée dans leur application concrète par les impératifs généraux du droit déjà énoncés, dont l'exigence de bonne foi[140].

La constitution réglementera aussi normalement l'imposition de la tutelle: avis d'instruction aux dirigeants de la section locale comportant l'énoncé des motifs d'imposition de la tutelle, séance d'enquête contradictoire devant l'exécutif du syndicat ou un comité d'enquête établi par celui-ci, décision appuyée par une majorité qualifiée des membres de l'exécutif et possibilité d'appel de celle-ci au prochain congrès du syndicat. La constitution comprend aussi souvent une procédure sommaire d'imposition de la tutelle, pour des motifs d'urgence, préalablement à l'étude normale de la situation par l'exécutif, dans un court délai fixé[141]. L'incidence concrète de la décision de mise en tutelle sur les droits d'un groupe de membres des syndicats – la faculté d'élire les dirigeants locaux, en particulier – permet aussi d'introduire de façon supplétive les exigences de l'équité qui doivent prévaloir en matière contractuelle, en l'occurrence le contexte des rapports entre ces membres et le syndicat entier.

L'imposition d'une tutelle qui ne procède pas ainsi de ces dispositions de fond et de procédure est irrégulière et pourra justifier une ordonnance de suspension immédiate, puis d'annulation, de la part du tribunal de droit commun saisi d'une demande d'injonction[142].

---

139. Voir ainsi: *Statuts du Syndicat international des métallurgistes unis d'Amérique, A.F.L. – C.I.O. – C.T.C.*, 1989, art. 9, section 2.

Il serait toutefois possible de soulever à l'encontre d'une allégation d'inobservation de la part de la section locale d'obligations envers le syndicat entier – comportement lui-même invoqué pour imposer la tutelle – une exception d'inexécution d'obligations corrélatives et substantielles du syndicat envers la section locale. Voir, à ce sujet, B.G. Hansen, *loc. cit.*, *supra*, n. 132, p. 91, de même que, toujours dans un contexte de common law, l'arrêt *Sellors* c. *Woodruff*, (1925) 4 D.L.R. 646 (Ont. C.A.), qui y est cité.

140. Sur le plan de la politique syndicale cette fois, voir *supra*, p. 73, en ce qui a trait à l'exercice du pouvoir décisionnel dans la perspective de la démocratie syndicale.

141. Exemple: *Statut du Syndicat canadien de la fonction publique*, 1985, art. 7.7 et ss.

Dans certains syndicats, la décision de mise en tutelle pourrait aussi donner lieu à l'exercice d'un recours devant une commission d'appel des décisions des autorités syndicales, commission formée de membres externes et dont la constitution du syndicat prévoit l'existence. Exemple: *Statuts et règlements du Syndicat national des travailleurs et travailleuses de l'automobile, de l'aérospatiale et de l'outillage agricole du Canada (T.C.A. – Canada)*, 1988, ch. 27. Voir *supra*, p. 73.

142. *Fraternité unie des charpentiers menuisiers d'Amérique* c. *Fraternité unie des charpentiers menuisiers, local 134*, (1981), C.A. 272.

Les Codes du travail applicables au Québec ne réglementent pas la mise en tutelle de la section locale à la différence, notamment, de la loi de l'Ontario ou de la loi fédérale américaine[143]. Le rapport que doit produire au statisticien en chef du Canada tout syndicat ayant au moins 100 membres résidant au pays doit toutefois indiquer «le nom de chaque syndicat local ou succursale du syndicat, au Canada, que le syndicat a placé sous tutelle, la date à laquelle la tutelle a été imposée et les raisons à l'appui de cette décision[144]».

Décidée conformément à la constitution syndicale, la tutelle recevra au besoin l'appui de la juridiction civile ordinaire pour s'imposer. L'injonction interlocutoire permettra au tuteur d'entrer immédiatement en possession des biens détenus par la section locale, de percevoir lui-même les cotisations syndicales et d'occuper les lieux où se poursuivait l'activité de cette section, comme l'illustrent certains cas relatifs précisément à des tutelles imposées après que l'exécutif du syndicat eut pris connaissance d'assemblées des membres de la section locale visant à désaffilier celle-ci du syndicat[145].

---

143. Dans le premier cas, le syndicat doit dans les 60 jours de l'imposition de la tutelle informer l'Ontario Labour Relations Board des conditions qui la régissent; le consentement de l'organisme est aussi requis pour que la tutelle puisse se prolonger au-delà de 12 mois: *Labour Relations Act*, R.S.O. 1980, c. 228, art. 82(1). Voir: G.W. Adams, *Canadian Labour Law*, Aurora, Canada Law Book Inc., 1985, pp. 770 et ss.

     Dans le second cas sont précisés de façon limitative les motifs d'imposition d'une tutelle, soit le redressement d'une situation de corruption ou de désordre dans l'administration financière, le défaut d'assumer le rôle de représentant collectif des salariés, y compris celui de voir à l'application de la convention collective, le rétablissement d'une procédure démocratique et l'accomplissement des objets légitimes du syndicat. Durant la tutelle, les délégués de la section locale ne peuvent voter au congrès du syndicat ni participer à l'élection des dirigeants du syndicat, à moins qu'ils n'aient été eux-mêmes élus au scrutin secret; le transfert de fonds de la section locale au syndicat, au-delà des contributions ordinaires, est prohibé. Enfin, la loi établit, aux fins des poursuites qui peuvent être intentées relativement à la mise en œuvre de la tutelle, une présomption *juris tantum* de sa validité pour une durée de 18 mois, pourvu qu'elle ait été imposée conformément à la loi et à la constitution syndicale, après audition équitable devant l'exécutif du syndicat ou un comité établi par ce dernier. Après 18 mois, au contraire, la tutelle est présumée invalide, à moins que le syndicat ne prouve de façon péremptoire qu'un des motifs légaux d'établissement d'une tutelle justifie son maintien. Voir le *Labor Management Reporting and Disclosure Act (Landrum-Griffin Act)*, supra n. 10, art. 302 et 304.

144. *Loi sur les déclarations des corporations et des syndicats ouvriers*, supra, n. 72, art. 10(1)a)(vii). Quant à la fréquence de ces tutelles syndicales, voir *supra*, p. 69, n. 46.

145. Dans un cas de refus de suspendre l'injonction interlocutoire donnée à la demande du tuteur, les sections locales visées n'ont pas réussi à convaincre le juge en chambre de la Cour d'appel, qui ne décida toutefois pas formellement de la question à ce stade, que le jugement de première instance était mal fondé en ce qu'il consacrait une tutelle «dépouill(ant) de l'autorité qui leur est confiée par la loi les associations de salariés dûment accréditées pour défendre les inté-

La juridiction spécialisée responsable de l'accréditation reconnaîtra aussi la continuité du pouvoir de représentation de la section ainsi mise en tutelle en refusant, notamment à la demande du tuteur, d'accéder à une demande d'amendement du libellé de l'accréditation qui eût marqué en réalité un changement dans l'affiliation syndicale de la section locale[146].

Divers facteurs – la forme juridique du syndicat, son degré de subordination à l'endroit d'une instance plus vaste, la possession du statut d'association accréditée – conditionnent donc l'exercice du pouvoir décisionnel du syndicat. Dans quelle mesure interviennent-ils lorsqu'il s'agit plus particulièrement de l'appartenance de l'individu au syndicat?

---

rêts des salariés qu'elles représentent». Voir: *Charron* c. *Barbeau*, C.A. (Montréal) 500-05-017131-820, 18 mars 1983, D.T.E. 83T-461. Un autre jugement accorde l'injonction au motif que la mise en tutelle est non seulement conforme à la constitution syndicale, mais aussi en s'appuyant sur le fait que le syndicat étant cosignataire avec la section locale d'une convention collective, il avait aussi la responsabilité de voir à son application: *Lord* c. *Lacoursière, supra*, n. 136, confirmé par *Lacoursière* c. *Lord, ibid.*

146. *Lord* c. *Syndicat indépendant des travailleurs du papier de la Mauricie, local 1, supra*, n. 136.

APPARTENANCE
AU SYNDICAT

L'existence et la portée du lien entre l'individu et le groupement syndical s'analysent en tenant compte de la nature même de ce
dernier et de son rôle que définit pour une bonne part la législation
relative aux rapports collectifs du travail. C'est en effet dans cette perspective que se pose d'abord la question de l'existence d'une obligation
d'adhérer au syndicat (section I); à l'inverse, l'environnement juridique
contemporain du syndicat permettrait-il à l'individu d'imposer sa participation au groupement (section II)?

SECTION I

OBLIGATION D'APPARTENIR

Une obligation d'adhérer au syndicat, si elle existe, se déduira
de l'examen de l'ensemble de la pratique des rapports collectifs du
travail, compte tenu de leur encadrement législatif immédiat, c'est-à-
dire des lois régissant spécifiquement ces rapports (A.). Une constatation positive à cet égard soulèvera le problème de la validité d'une telle
pratique au regard des principes généraux du droit (B.).

A. Existence

Vérifier l'existence d'une obligation d'adhérer à un syndicat
conduit d'un point de vue juridique non seulement à constater sa pratique (1.) mais aussi, le cas échéant, à établir sa portée (2.).

1. Pratique

L'obligation d'appartenir à un syndicat donné n'est que relative. Il ne s'agit aucunement d'une obligation étatique d'appartenir à
un syndicat unique, comme pourrait en imposer un législateur totali-

taire à l'encontre, manifestement, du droit des travailleurs de constituer des organisations «de leur choix», droit énoncé dans la *Convention (n° 87) sur la liberté syndicale* de l'O.I.T.[1]. Il s'agit plutôt de l'obligation d'une personne d'appartenir à un syndicat déterminé parmi d'autres, en l'occurrence celui qui contrôle l'accès à un milieu de travail, pour avoir part à celui-ci. Le développement d'un syndicalisme axé primordialement sur des objectifs reliés aux milieux immédiats de travail, comme ce fut et demeure presque toujours le cas en Amérique du Nord, conduit assez naturellement à l'existence de pratiques de ce type[2]. Comme nous le verrons[3], le syndicat se situe alors sur le plan de la lutte économique; il cherche donc à exercer le contrôle le plus entier et le plus étendu sur le travail disponible par rapport à un marché, d'où la tendance à l'affirmation à l'égard d'un ou de plusieurs employeurs d'un monopole sur l'offre du travail. La force collective de boycottage du syndicat vient alors lui assurer ce contrôle du marché. C'est elle qui permet de conclure des ententes collectives de travail soit à l'échelle d'une entreprise, soit même à l'échelle de tout un secteur d'activité économique ou d'une catégorie professionnelle, ententes ayant pour effet de réserver l'emploi disponible aux membres du syndicat signataire. La pratique des clauses dites de «sécurité syndicale» dans les conventions collectives, notamment au Québec, est ancienne et se situe bien avant l'adoption des lois à l'origine de celles qui régissent actuellement les rapports collectifs du travail, comme l'illustre notamment le contexte de différentes espèces portées devant les tribunaux[4]. D'autres considérations pratiques aident aussi à expliquer l'imposition d'une telle obligation d'appartenance: ainsi, tous les salariés d'un groupe identifié doivent uniformément contribuer aux frais de l'action collective du syndicat[5]; le syndicat doit être à même de s'assurer, aux fins de la réa-

---

1. Voir notamment *La liberté syndicale*, Recueil de décisions et de principes du Comité de la liberté syndicale du Conseil d'administration du B.I.T., 3ᵉ éd., Genève, B.I.T., 1985, p. 48, nᵒˢ 223 et ss.
2. Voir notamment S. Perlman, *A Theory of the Labor Movement*, Philadelphia, Porcupine Press, 1979, pp. 242 et ss. Voir aussi *supra*, p. 14.
3. Voir *infra*, pp. 251 et ss.
4. Voir ainsi: *Perrault* c. *Gauthier*, (1898) 28 R.C.S. 244 (pratique sectorielle); *Barbeau* c. *Fraternité des plombiers et électriciens de Québec*, (1936) 74 C.S. 286 (atelier syndical); *Lemelin* c. *Union nationale catholique des boulangers*, (1942) 48 R.L. n.s. 51 (C.S.) (atelier fermé).
5. Selon un raisonnement strictement économique, seule la contrainte peut produire ce résultat, car, abstraction faite de motivation exceptionnelle d'une autre nature (un idéal de solidarité syndicale, par exemple), l'individu a un intérêt net à s'abstenir de participer à l'effort collectif s'il peut, de toute façon, avoir part aux résultats d'un tel effort, et ce, même si les fruits à partager sont légèrement inférieurs pour chacun des membres de la collectivité par rapport à ce qu'ils seraient autrement s'il avait concouru à l'action collective: M. Olson, *Logique de l'action collective*, Paris, P.U.F., 1978, p. 114; voir aussi A.G. Pulsipher, «The Union Shop: a Legitimate Form of Coercion in a Free-Market Economy», (1965-1966) 19 *Ind. L.R.R.* 529.

lisation de ses objectifs de négociation collective, d'une uniformité de comportement des salariés du groupe en cause : l'appartenance obligatoire permet l'exercice généralisé de la discipline syndicale à l'intérieur de ce groupe, qu'il s'agisse notamment du respect d'un piquet de grève ou au contraire de l'abstention d'une action de grève qui serait inopportune.

D'un point de vue historique, les considérations précédentes se sont concrétisées d'abord par la reconnaissance, par certains employeurs, du syndicat en tant que porte-parole unique des salariés dans leur entreprise. Elles ont trouvé un prolongement vigoureux dans l'établissement subséquent d'une mission officielle de représentation collective confiée par le législateur au syndicat majoritaire de l'entreprise, pour promouvoir une certaine stabilité des rapports du travail[6]. La pertinence de l'obligation d'appartenir au syndicat doit donc maintenant s'apprécier en tenant compte de l'importance de cette fonction syndicale dans l'ordre social ainsi aménagé par le législateur ; elle se présente comme un élément de nature à favoriser l'accomplissement par le syndicat de sa mission de représentation collective officielle.

Plus précisément, l'obligation d'appartenir peut se prêter à différentes expressions conventionnelles, selon l'usage actuel[7]. Ainsi, pour ne mentionner ici que les pratiques les plus consacrées, parlera-t-on, depuis la clause la plus rigoureuse à des formes moins contraignantes à certains égards, d'une disposition dite d'«atelier fermé», qui subordonne l'accès à un emploi à la qualité préalable de membre d'un syndicat, ou encore d'«atelier syndical», qui oblige le salarié désireux de conserver son emploi à devenir membre d'un syndicat dans un certain délai ou à le demeurer, s'il l'est déjà[8].

Le *Code canadien du travail* prévoit déjà qu'une convention collective doit contenir, à la seule demande du syndicat qui l'a signée

---

Pour un exposé des facteurs de différents ordres qui sous-tendent l'action syndicale, voir *supra*, pp. 11 et ss.

6. Voir généralement en ce sens : O. Kahn-Freund, «Trade Unions, the Law and Society», (1970) 33 *Modern L.R.* 241, p. 243, et plus précisément par rapport au contexte des lois régissant les rapports collectifs au Canada : P.J.J. Cavalluzzo, «Freedom of Association – Its Effect upon Collective Bargaining and Trade Unions», pp. 267 et ss, dans : B. Adell (dir.), *Labour Law Under the Charter*, Kingston, Queen's Law Journal and Industrial Relations Centre, 1988, p. 287 ; *Barker* et *Section locale 938 des Teamsters*, (1986) 66 d.i. 91, p. 94.

7. Il en serait de même d'une obligation légale correspondante, le cas échéant.

8. Il s'agit alors de l'atelier syndical parfait. Il n'y aura qu'«atelier syndical imparfait» si les salariés qui ne sont pas membres du syndicat au moment de l'établissement du régime ne se voient pas astreints d'appartenir au syndicat. Sur ces distinctions, voir notamment : G. Dion, *Dictionnaire canadien des relations du travail*, Québec, P.U.L., 1986, p. 438, V. Sécurité syndicale ; N. Mallette, «La sécurité syndicale», ch. 11, pp. 221 et ss, dans : N. Mallette (dir.), *La gestion des relations du travail au Québec*, Montréal, McGraw-Hill, 1980.

en tant qu'agent négociateur d'un groupe d'employés, une clause de précompte syndical obligeant l'employeur à prélever la cotisation syndicale sur le salaire de tout employé de ce groupe, qu'il soit ou non membre du syndicat, et à la remettre à ce dernier[9]. Il permet aussi expressément d'inclure dans une convention collective une disposition qui «impose, comme condition d'emploi, l'adhésion à un syndicat déterminé[10]». Pour sa part, le *Code du travail* du Québec impose directement déjà une obligation de précompte syndical à même le salaire de tout salarié d'un groupe représenté par un syndicat accrédité[11]. S'il n'est pas aussi explicite que la loi fédérale en ce qui a trait à la possibilité d'inclure dans une convention collective une disposition subordonnant l'emploi à l'appartenance syndicale, il permet de conclure indirectement à la validité d'une telle disposition. Il exprime en effet un souci de protéger le salarié, comme nous le verrons, dans l'éventualité où le syndicat lui refuserait la qualité de membre, devant une disposition de la convention collective qui obligerait autrement l'employeur à renvoyer le salarié dépourvu de cette qualité[12]. Ce souci n'a réellement de sens que si l'on admet en premier lieu le jeu normal de l'atelier syndical.

Au regard des seules lois sur le travail, du moins compte tenu de ces manifestations relativement précises du législateur, ne se pose donc plus le problème de la légalité des clauses usuelles de sécurité syndicale dans les conventions collectives, à partir de la conception et de l'affirmation de la liberté syndicale que ces mêmes lois véhiculent[13] ou de l'interdiction d'intimidation qu'elles édictent notamment à l'endroit des syndicats[14], ou enfin de la question de savoir si de telles dispositions sont bien des «conditions de travail», domaine de la convention collective conclue par un syndicat accrédité[15]. D'ailleurs, la Cour suprême du Canada, à l'occasion de différents litiges mettant en cause de telles clauses de sécurité syndicale, n'a pas soulevé la question de leur validité, en l'absence, il est vrai, de toute prétention à ce sujet,

---

9. *Code canadien du travail*, L.R.C. (1985), c. L-2, art. 70 (*C.c.t.*).
10. *Ibid.*, art. 68 a).
11. *Code du travail*, L.R.Q., c. C-27, art. 47 (*C.t.*).
12. *Ibid.*, art. 63.
13. *C.c.t.*, art. 8; *C.t.*, art. 3, dans ce dernier cas: *Miranda* c. *Louis Etham Limited*, (1976) T.T. 118. Voir *supra*, chapitre préliminaire.
14. *C.c.t.*, art. 96; *C.t.*, art. 13.
15. La Cour suprême du Canada avait d'ailleurs statué affirmativement à ce sujet, quant à une obligation conventionnelle de précompte syndical (formule Rand) antérieure à l'actuel article 47 du Code: *Syndicat catholique des employés de magasins du Québec* c. *La Cie Paquet Ltée*, (1959) R.C.S. 206. Sur les controverses passées relatives à la validité des clauses de sécurité syndicale au regard de la loi régissant les rapports collectifs du travail, voir notamment: J.J. Spector, «Legality of the Union Shop Covenant in Quebec», (1948) 8 *R. du B.* 26; F. Morin, «Sécurité syndicale et droit du travail au Québec», (1961) 21 *R. du B.* 449.

mais a simplement tranché le litige en tenant pour acquis leur effet usuel[16].

D'un point de vue comparatif, soulignons que la législation en vigueur au Québec se montre plus favorable que la loi fédérale américaine qui, sous réserve de dispositions particulières applicables à l'industrie du bâtiment, ne laisse place, et à certaines conditions seulement, qu'à l'atelier syndical, à l'exclusion de l'atelier fermé[17]. Pour sa part, le législateur français, qui aménage différemment les rapports collectifs du travail et entretient une conception accentuée de la liberté individuelle, syndicale et du travail, a ajouté au *Code du travail* des articles qui rendent sans effet tout genre de clauses de sécurité syndicale[18].

En fait, l'atelier syndical est une pratique conventionnelle courante, tandis que l'atelier fermé demeure plutôt exceptionnel[19]. Dans

---

16. Voir ainsi: *Hoogendoorn* c. *Greening Metal Products and Screening Equipment Company*, (1968) R.C.S. 30; *Seafarer's International Union of North America (Canadian District)* c. *Stern*, (1961) R.C.S. 682; *Orchard* c. *Tunney*, (1957) R.C.S. 436.

17. *Labor Management Relations Act (1947)*, 61 Stat. 136, art. 8(a)(3). La disposition peut être rescindée si, à la suite d'un scrutin secret sous l'égide du *National Labor Relations Act* dans l'année de la signature de la convention, et à la demande d'au moins 30% des employés visés, une majorité des employés habiles à voter expriment leur avis en ce sens. De plus, il est loisible aux États de se montrer plus restrictifs (section 14(b)), ce qu'ont fait plus d'une vingtaine d'entre eux en prohibant l'atelier syndical (*right-to-work laws*). Enfin, comme nous le verrons, l'employeur ne peut être tenu de renvoyer un employé s'il a des motifs raisonnables de croire que ce dernier n'a pas joui d'un accès égal au syndicat ou que l'appartenance à ce dernier lui a été refusée, initialement ou subséquemment, pour toute raison autre que son défaut de payer une cotisation normale. Ajoutons que la loi n'exclut pas la pratique du bureau d'embauchage syndical; l'accès à l'emploi ne doit toutefois pas être lié à l'appartenance au syndicat. Voir: T.R. Haggard, *Compulsory Unionism, the N.L.R.B. and the Courts – A Legal Analysis of Union Security Agreements*, Philadelphia, Industrial Research Unit, Wharton School, University of Pennsylvania, 1977, pp. 34 et ss; C.J. Morris (dir.), *The Developing Labor Law*, Washington, B.N.A., 1983, pp. 1359 et ss.

18. *C.t.*, art. L. 412-2 et L. 413-2 (loi du 27 avril 1956). Voir notamment: J.-M. Verdier, *Syndicats et droit syndical*, dans: G.-H. Camerlynck (dir.), *Droit du travail*, 2e éd., vol. 1, t. 5, Paris, Dalloz, 1987, pp. 437-441. L'article 412-2 interdit en effet «à tout employeur de prendre en considération l'appartenance à un syndicat ou l'exercice d'une activité syndicale pour arrêter ses décisions en ce qui concerne notamment l'embauchage». Pour sa part, l'article 413.2 frappe de nullité «tout accord ou disposition tendant à obliger l'employeur à n'embaucher ou à ne conserver à son service que les adhérents du syndicat propriétaire de la marque (syndicale) ou du label (syndical)».

19. Ainsi, relativement à l'ensemble des conventions collectives déposées le 31 décembre 1987 selon le *Code du travail* du Québec, 79,27% d'entre elles contenaient une disposition d'atelier syndical parfait ou imparfait, mais seulement 3,43% renfermaient une clause d'atelier fermé. Voir: *Conditions de travail contenues dans les conventions collectives, Québec 1987*, Québec, Les Publications du Québec, 1989 (Étude du Centre de recherche et de statistiques sur le marché du travail du ministère du Travail).

ce dernier cas, l'appartenance préalable au syndicat s'intègre souvent à une formule de placement syndical, notamment dans les domaines du transport routier et maritime. L'appartenance obligatoire, lorsqu'elle existe, résulte donc de pratiques conventionnelles; la loi ne l'impose pas directement[20].

Notons par ailleurs que dans un contexte non relié au travail rémunéré, soit celui des associations d'élèves ou d'étudiants dans les établissements d'enseignement collégial et universitaire, une loi dispose qu'est réputé membre d'une association accréditée en vertu de ses dispositions tout étudiant ou élève représenté par cette association du fait de sa reconnaissance officielle; ce dernier peut toutefois se désengager en signifiant par écrit à l'association son refus d'y adhérer[21].

2. Portée

L'obligation conventionnelle d'appartenir au syndicat, lorsqu'elle s'impose, voit sa portée propre mitigée à différents égards, étant donné la teneur actuelle des lois régissant les rapports collectifs du travail, si on prend en considération l'effet draconien qu'elle comportait initialement en l'absence de tels textes. D'abord, la loi produit elle-même directement des effets à l'endroit du salarié qu'il faudrait autrement, en l'absence de celle-ci, faire dépendre de l'appartenance au syndicat. En effet, que le salarié soit membre ou non du syndicat accrédité, ce dernier le représente légalement aux fins de l'établissement et de l'administration du régime collectif de travail dans l'entreprise, en raison de quoi elle assujettit par ailleurs son salaire au précompte syndical. De plus, la loi québécoise impose à l'employeur de respecter en principe une grève légale déclenchée par le syndicat accrédité; l'effet immédiat de la grève ne repose donc plus exclusivement sur une solidarité syndicale qu'assureraient l'appartenance au syndicat et l'assujettissement du membre au pouvoir disciplinaire du groupement qui en découle.

---

20. Dans l'industrie de la construction, la loi n'impose au salarié que de manifester son «adhésion», c'est-à-dire, faut-il entendre, son choix en faveur de l'une ou l'autre des cinq associations de salariés pouvant faire constater leur représentativité sectorielle, autorisation qui permet à l'employeur d'effectuer le précompte de la cotisation syndicale en faveur de cette association: *Loi sur les relations du travail, la formation professionnelle et la gestion de la main-d'œuvre dans l'industrie de la construction*, L.R.Q., c. R-20, art. 32, 38 et 39. Par ailleurs, elle interdit selon l'article 108 «(t)oute clause de sécurité syndicale ayant pour effet de priver un salarié du droit d'appartenir à l'association de salariés représentative de son choix». Toutefois, le *Décret de la construction*, adopté en vertu de cette loi, R.R.Q. 1981, c. R-20, r. 5, en plus de la réitération de cette obligation dans sa section VII (art. 7.01), impartit au salarié d'adhérer – il s'agit cette fois d'une adhésion au sens usuel du terme – à un syndicat affilié à l'association représentative qu'il a choisie (art. 7.02) et de maintenir cette adhésion; il s'agit d'une condition d'emploi (art. 7.03).

21. *Loi sur l'accréditation et le financement des associations d'élèves ou d'étudiants*, L.R.Q., c. A-3.01, art. 26.

Mais également, ces mêmes lois du travail actuelles réduisent directement et à différents égards la portée de l'obligation d'appartenir, comme permet de le constater son analyse ; nous examinerons successivement le comportement du salarié assujetti (a.) et celui du syndicat bénéficiaire (b.).

a. Comportement du salarié

Première hypothèse : le salarié respecte l'obligation d'appartenir au syndicat. L'effet net de l'appartenance au syndicat, du moins sous l'angle de l'obligation et compte tenu de l'impact direct de la législation contemporaine sur le travail, se réduit essentiellement à l'assujettissement du salarié membre au pouvoir disciplinaire du groupement, qui assure le respect des normes et des décisions syndicales régulièrement adoptées. L'exercice de ce pouvoir se manifestera notamment pour sanctionner des manquements à des consignes de comportement collectif à l'occasion de différentes situations conflictuelles : non-respect d'un piquet de grève, du mouvement de grève lui-même (sous réserve de l'effet direct du *Code du travail* du Québec, qui interdit à l'employeur de fournir du travail aux salariés lors d'une grève légale) ou encore, à l'inverse, d'une participation à une grève sauvage, le syndicat s'en tenant lui-même à l'obligation de paix qui lui incombe, notamment pendant la durée de la convention collective.

Toutefois, en de semblables circonstances, l'effet du pouvoir de sanction du syndicat est réduit, du moins en ce qui a trait aux conséquences qu'il pourrait engendrer sur l'emploi du salarié. En effet, la sanction la plus radicale, l'expulsion du syndicat, ne peut plus avoir pour conséquence, comme auparavant, la perte de l'emploi, selon ce qu'édicte le *Code du travail* du Québec[22]. Le Code fédéral défend pour sa part au syndicat d'exiger d'un employeur qu'il mette fin à l'emploi d'un employé qu'il a expulsé de ses rangs pour toute raison autre que le défaut de payer les cotisations et droits syndicaux courants[23]. L'employé n'a donc qu'à satisfaire à cette obligation pour conserver son emploi, ce qui équivaut au précompte syndical obligatoire qu'impose déjà le Code québécois.

D'autres sanctions moins rigoureuses peuvent aussi s'appliquer, par exemple l'imposition régulière d'une amende. Le salarié qui ne peut quitter le groupement de son propre chef sans conséquence sur son emploi doit ici les subir. Même l'amende, à défaut de paiement volontaire, pourrait sans doute, théoriquement du moins, faire l'objet d'une demande devant les tribunaux civils pour assurer son recouvrement, compte tenu de l'acceptation initiale par l'individu des obligations

---

22. *C.t.*, art. 63 (sous réserve de deux circonstances qui y sont énoncées : le salarié a été employé à l'encontre d'une disposition de la convention collective, ou il a participé, avec l'aide directe ou indirecte de l'employeur, à une activité contre le syndicat accrédité).

23. *C.c.t.*, art. 95 e).

qui découlent de son appartenance au syndicat[24]. Ainsi, l'obligation d'appartenir au syndicat produit dans cette mesure un effet qui va au-delà de l'assujettissement au simple précompte légal de la cotisation syndicale.

La situation est différente selon la loi fédérale américaine. De l'ensemble de la jurisprudence de la Cour suprême des États-Unis, il semblerait en effet possible d'inférer que l'obligation d'adhérer au syndicat ne correspond en fait, comme l'indiquent d'ailleurs certains énoncés, qu'à une simple obligation de contribuer aux frais usuels de la représentation syndicale auprès de l'employeur; en réalité, l'«*union shop*» se ramènerait à une formule d'«*agency shop*»[25]. En conséquence, il serait possible de conclure que l'employé ne se trouve pas assujetti au pouvoir disciplinaire du syndicat du seul fait de son exécution de l'obligation conventionnelle d'appartenir à ce dernier, comme il le serait autrement à la suite d'une décision d'appartenir qui ne serait pas le fruit d'un soi-disant «atelier syndical»[26].

L'imposition d'une sanction au salarié obligé d'appartenir au syndicat pour assurer son emploi, possible selon le droit applicable au Québec, pourrait-elle avoir pour objet une violation d'une constitution syndicale qui défendrait d'appartenir à un syndical rival ou d'y militer?

Si la sanction consiste en une expulsion pure et simple du syndicat, elle ne peut, rappelons-le, rejaillir sur l'emploi du salarié. Quant au droit du salarié de continuer d'appartenir au syndicat signataire de la convention, pour divers motifs, il en sera question à la section suivante[27]. Dans le cas d'une sanction moindre, comme une amende, se pose le problème de sa compatibilité dans les circonstances avec l'affir-

---

24. Voir *infra*, pp. 211 et ss, pour ce qui est des conditions d'exercice du pouvoir disciplinaire.

Quant à cette possibilité d'un recouvrement civil d'une amende, voir cependant, à titre d'*obiter*: *Chalmers* v. *Toronto Stock Exchange*, (1989) 70 O.R. 532 (Ont. C.A. – demande de pourvoi rejetée le 22 février 1990): l'expulsion d'un groupement serait la seule sanction du défaut de payer l'amende imposée par ce dernier.

25. Comme on l'énonçait dans *N.L.R.B.* v. *General Motors Corporation*, (1963) 373 U.S. 734, p. 742: ««Membership» as a condition of employment is whittled down to its financial core.» Ou comme on le lit dans *Abood* v. *Detroit Board of Education*, (1977) 431 U.S. 209, p. 217, note 10: «Under both the National Labor Relations Act and the Railway Labor Act, '(i)t is permissible to condition employment upon membership, but membership, insofar as it has significance to employment rights, may in turn be conditioned only upon payment of fees and dues. Hence, although a union shop denies an employee the option of not formally becoming a union member, under federal law it is the «practical equivalent» of an agency shop.»

26. Voir les conclusions de l'analyse jurisprudentielle à ce sujet dans T.R. Haggard, *loc. cit.*, *supra*, n. 17, pp. 50 et 59. Ainsi, l'amende syndicale ne pourrait faire l'objet d'un recouvrement judiciaire que dans ce dernier cas.

27. Voir *infra*, p. 202.

mation législative, d'ordre public, du droit du salarié d'appartenir au syndicat de son choix, en l'occurrence un syndicat distinct de celui auquel la convention collective peut lui imposer d'appartenir[28]. Si, en effet, il ne paraît pas y avoir atteinte à cette affirmation de la liberté syndicale lorsque la sanction n'est que la conséquence d'une violation d'une obligation assumée par l'individu de son propre chef et sans aucun élément de contrainte extérieure envers un groupement librement choisi, il en va autrement lorsque cette sanction intervient, comme dans le présent cas, à la suite d'une adhésion syndicale rendue en fait obligatoire en raison de son lien avec l'emploi[29]. Elle gêne de façon illégale la liberté d'adhésion de l'individu au groupement de son choix[30]. En conséquence, elle ne saurait avoir d'effet juridique. Par ailleurs, il est acquis, pour ce qui est de la manifestation collective de la liberté syndicale, que l'appartenance obligée au syndicat signataire ne peut faire obstacle à l'expression du libre choix du représentant collectif des salariés, aux périodes prévues par la loi, et au déplacement éventuel du syndicat en place, s'il n'obtient pas l'appui majoritaire requis[31].

Seconde hypothèse: le salarié se refuse à devenir membre du syndicat. La disposition de la convention collective l'obligeant à y appartenir a alors tout son effet, en principe. S'il s'agit d'une clause d'atelier fermé, l'employeur ne pourra l'employer sans violer la convention; s'il le fait, le syndicat pourra demander son renvoi. Dans le cas d'un atelier syndical, le renvoi du salarié en place s'imposera également.

La loi fédérale, à l'instar de quelques lois provinciales mais à l'exclusion du *Code du travail* du Québec, prévoit cependant l'exemption possible par le Conseil canadien des relations du travail de l'obligation d'appartenir au syndicat si le refus du salarié d'y adhérer se fonde sur ses croyances ou convictions religieuses[32].

---

28. *C.t.*, art. 3; *C.c.t.*, art. 8.
29. L'importance de cet emploi est acquise: *Seafarer's International Union of North America (Canadian District)* c. *Stern, supra*, n. 16; voir aussi dans la jurisprudence anglaise: *Lee* v. *The Showmen's Guild of Great Britain*, (1952) Q.B. 329 (C.A.).
30. *Association internationale des débardeurs, local 375* c. *Chénard*, (1981) C.A. 427.
31. *Conseil conjoint québécois de l'Union internationale des ouvriers et ouvrières du vêtement pour dames* c. *Maggie Muggins Inc.*, (1988) T.T. 261 (démission et clause d'atelier fermé). Sur le caractère d'ordre public de ces périodes de remise en cause de l'accréditation, voir notamment: *Syndicat des employés de l'imprimerie Veilleux Ltée* c. *Syndicat international des arts graphiques, local 509*, (1984) T.T. 4; *Prévost Car Inc.* c. *Tremblay*, (1976) C.S. 32.
32. L'intéressé est alors tenu de verser un montant équivalent à la cotisation syndicale normale à un organisme de charité agréé à la fois par lui-même et le syndicat ou, à défaut d'accord, désigné par le Conseil: *C.c.t.*, art. 70(2) et (3). Le refus de l'employé, selon le Conseil, ne doit pas viser un syndicat en particulier, mais plutôt l'appartenance à tout syndicat; il n'a toutefois pas à se fonder sur les préceptes explicites d'une religion ou d'une église donnée. Le motif doit

En pratique, toutefois, le syndicat n'a pas avantage, le plus souvent, à inciter un dissident à militer dans ses rangs; aussi choisira-t-il alors de ne pas se prévaloir de la disposition conventionnelle, assuré qu'il est déjà de la cotisation du salarié...

b. Comportement du syndicat

Envisageons maintenant plus directement l'hypothèse d'une attitude négative de la part du syndicat envers un salarié désireux de satisfaire à l'obligation d'y appartenir. Des textes précédemment invoqués entrent ici en jeu et empêchent, dans la plupart des cas, le syndicat d'exercer un contrôle abusif sur l'emploi en le réservant aux seules personnes qui partageraient le «privilège», faut-il dire pour l'instant, de l'accès au groupement[33]. En somme, les législateurs ont, dans une large mesure, entériné l'idée voulant qu'un «atelier fermé» (au sens général du terme) soit moralement incompatible avec un «syndicat fermé»[34].

Du moins cela vaut-il sans difficulté en principe dans le cas d'une personne déjà employée. En présence d'une clause d'atelier syndical, le défaut du syndicat de l'admettre dans ses rangs ou son expulsion, si elle en est déjà membre, ou encore dans le cas d'une disposition d'atelier fermé, ne sera d'aucun effet, sauf très exceptionnellement, sur le statut de salarié (ou d'employé) de cette personne[35]. Les textes invoqués protègent effectivement le salarié contre un renvoi patronal

---

cependant être «associé au Divin ou à la façon dont l'Homme perçoit son rapport au Divin, par opposition aux institutions humaines»: *Barker* et *Section locale 938 des Teamsters, supra,* n. 6, p. 107. Voir aussi: *Guertin* et *Association canadienne des maîtres de poste et adjoints,* (1987) 69 d.i. 1; *Crone* et *Fraternité canadienne des cheminots et employés de transport et autres ouvriers,* (1987) 70 d.i. 204. L'obligation doit refléter une incompatibilité essentielle et non simplement une préférence marquée: *Wiebe* et *Association canadienne des maîtres de poste et adjoints,* (1987) 70 d.i. 89. L'admissibilité du motif exclusivement d'ordre religieux pourrait présenter des difficultés au regard du principe d'égalité devant la loi énoncée à l'article 15 de la *Charte canadienne des droits et libertés.* (Sur la protection constitutionnelle de la liberté de religion de l'individu, voir: *R. c. Big M Drug Mart,* (1985) 1 R.C.S. 269.)

33. *C.t.,* art. 63 et *C.c.t.,* art. 95 e). (Voir par ailleurs la section II, *infra,* sur la possibilité de prétendre aujourd'hui à un droit d'appartenir au syndicat.)

34. O. Kahn-Freund, *loc. cit., supra,* n. 6, p. 243: «The closed shop is morally incompatible with the closed union.»

35. Exceptionnellement, la disposition conventionnelle aurait effet cependant si le motif du refus d'admettre ou de l'expulsion de la part du syndicat résidait, relativement à un employé assujetti à la loi fédérale, dans le refus de ce dernier de payer la cotisation syndicale normale dans des cas où l'agent négociateur ne jouirait pas encore du précompte selon l'article 70, *C.c.t.* Si le Code québécois s'appliquait, il en irait de même en présence de l'une ou l'autre des situations d'exception énoncées à l'article 63, *C.t.*

en présence d'une attitude négative du syndicat. Certaines conventions collectives réitèrent à leurs fins ce résultat[36].

Le refus du syndicat d'admettre un candidat à l'emploi est toutefois susceptible de lui nier l'accès au travail en présence d'une clause d'atelier fermé soit auprès d'un employeur, soit même dans tout un champ professionnel, selon l'étendue de la convention collective qui la contient dans l'espèce. Ni l'un ni l'autre des textes précédents ne protègent en réalité l'individu contre le refus d'un éventuel employeur de recourir à ses services, compte tenu de l'entente qui le lie au syndicat. Une loi de Terre-Neuve intervient au contraire directement à ce sujet[37]. Toutefois, si la clause d'atelier fermé se conjuguait à un régime de placement par l'entremise du syndicat, l'existence, selon le *Code canadien du travail*, d'une obligation dite de «présentation égale» des candidats à l'employeur oblige le syndicat à se donner des règles justes et non discriminatoires à cette fin et à les appliquer, ce qui doit le conduire à pratiquer une politique d'admission elle-même juste et non discriminatoire, au sens large du terme[38].

En bref, l'obligation d'appartenir au syndicat ajoute au précompte syndical légal un assujettissement du salarié au pouvoir disciplinaire du groupement, pouvoir qui ne saurait l'empêcher toutefois de militer dans une association rivale et qui n'est assorti, à tous autres égards, que de sanctions sans effet sur son emploi. C'est en prenant en considération cette portée relativement circonscrite de l'obligation d'adhérer que doit s'apprécier sa légalité au regard des principes généraux du droit.

B. Légalité

Autorisée par la loi, en l'occurrence la loi fédérale sur le travail, la mise en œuvre normale d'une clause d'atelier syndical, qui conduit au renvoi du salarié se refusant à appartenir au syndicat signa-

---

36. Exemple, l'article 13.04 de la *Convention collective entre Les aciers Vicwest et le Syndicat national des salariés de: Les aciers Vicwest de Victoriaville*, 1988-1991: «L'expulsion ou le refus d'un membre par le Syndicat ne met pas fin à l'emploi de tel salarié, à la condition que celui-ci verse, chaque semaine, au Syndicat un montant égal à la contribution syndicale.» Voir dans le même sens le paragraphe 4 de l'article 7.03 du *Décret de la construction, supra*, n. 20.

37. À l'article 33, *The Labour Relations Act, 1977*, S.Nfld, 1977, c. 64, on dispose en effet qu'un employeur, quel que soit le contenu de la convention collective, peut employer une personne qui possède les aptitudes requises pour l'emploi et qui a présenté une demande d'admission au syndicat, que ce dernier y donne suite ou non.

38. *C.c.t.*, art. 69. Voir notamment la portée de cette disposition selon l'arrêt *Conseil canadien des relations du travail* c. *Association des débardeurs d'Halifax, section locale 269*, (1983) 1 R.C.S. 245, confirmant *Nauss* et *Association des débardeurs d'Halifax, section locale 269*, (1980) 42 d.i. 55.

taire de la convention au sens décrit auparavant, ne constitue pas de l'intimidation de la part du syndicat ou de ses représentants à l'endroit du salarié selon le *Code criminel*[39]. La difficulté quant à la validité juridique des régimes d'appartenance obligée à un syndicat par rapport à l'emploi se manifesterait plutôt en fonction de la liberté d'association dans la mesure où celle-ci, de portée supralégislative, comporterait également un volet négatif (1.). Même si l'individu jouissait de ce fait d'une liberté ainsi protégée de ne pas s'associer, il resterait cependant à vérifier l'existence possible de dérogations applicables au régime (2.).

1. De l'existence d'une liberté protégée de non-association

L'affirmation de la liberté d'association procède, comme nous l'avons vu, de l'article 2 d) de la Charte constitutionnelle de même que de l'article 3 de la *Charte des droits et libertés de la personne* du Québec. Le problème de fond qui nous occupe se présente inévitablement quant à cette dernière dont la portée, d'ordre public, s'étend à la pratique conventionnelle. Quant à la Charte constitutionnelle, si elle ne lie que les parlements et les gouvernements, selon l'opinion prédominante[40], elle n'a pas d'effet limitatif direct sur le contenu des conventions collectives[41], si ce n'est le cas exceptionnel où un gouvernement, ou l'un de ses mandataires, serait lui-même partie contractante à titre d'employeur[42]. Pour d'autres, au contraire, l'assujettissement de la convention collective à la Charte constitutionnelle pourrait s'inférer de ce que sa force obligatoire résulte de la loi[43]. L'existence de cette der-

---

39. *Code criminel*, L.C. 1985, c. C-46, art. 423. Voir: *Roberts* c. *O'Brien*, (1963) C.R. 346 (C.A.).

40. Voir à ce sujet: *Syndicat des détaillants, grossistes et magasins à rayons, section locale 580* c. *Dolphin Delivery Ltd.*, (1986) 2 R.C.S. 573.

41. Voir: *Harrison* c. *Université de la Colombie-Britannique*, (1990) 3 R.C.S. 451; *McKinney* c. *Université de Guelph*, (1990) 3 R.C.S. 229; *Bhindi v. British Columbia Projectionists' Local 348 of International Alliance of Picture Machine Operators*, (1986) 5 W.W.R. 303 (B.C.C.A.); P.J.J. Cavalluzzo, *loc. cit.*, *supra*, n. 6, p. 285.

42. *Douglas College* c. *Douglas Kwantlen Faculty Association*, (1990) 3 R.C.S. 570; *Re Lavigne and Ontario Public Service employees Union*, (1986) 29 D.L.R. (4th) 321 (Ont. H.Ct.); renversé, mais à d'autres égards, par *Lavigne v. O.P.S.E.U.*, (1989) 67 O.R. 536 (Ont. C.A.). *Contra: Bartello v. Canada Post Corporation*, (1988) 62 O.R. (2d) 652 (Ont. S.Ct.) – au motif que la convention est le fruit d'une négociation et non un acte gouvernemental. Voir Addenda, par. 2.

43. Voir notamment en ce sens: H. Brun, «The Canadian Charter of Rights and Trade Unions», dans: F.E. McArdle, *The Cambridge Lectures 1987*, Cowansville, Les Éditions Yvon Blais Inc., 1988, p. 1, pp. 6 et ss; J. Fichaud, «Analysis of the Charter and Its Application to Labour Law», (1984), 8 *Dal. L.J.* 402, pp. 413 et 414; D. Beatty, *Putting the Charter to Work*, Montréal, McGill – Queen's University Press, 1987, pp. 116 et ss; P.A. Gall, «Freedom of Association and Trade Unions: a Double-Edged Constitutional Sword», pp. 245 et ss, dans: J.M. Weiler et R.M. Elliot (dir.), *Litigating the Values of a Nation: the Canadian Charter of Rights and Freedoms*, Toronto, Carswell, 1986. Rejet, cependant, d'une telle position dans: *Arlington Crane Service v. Ontario (Minister of Labour)*, (1988) 56 D.L.R. (4th) 209, pp. 259-261 (Ont. H.Ct.).

nière thèse, jointe à la possibilité d'une attaque contre la loi habilitante (l'article 68 du *Code canadien du travail*, par exemple) ou encore, *a fortiori*, contre une disposition législative ou réglementaire qui, d'exception, lie le travail à l'appartenance au syndicat[44], nous incite à aborder le problème de fond en fonction du concept de liberté d'association formulé dans les deux Chartes.

Leur libellé n'inclut pas la liberté négative d'association, mais se borne à l'affirmation, positive et générale, indépendamment des contextes, a-t-on vu[45], de la liberté d'association de l'individu au nombre de ses libertés fondamentales. Une démarche interprétative s'impose et fait appel à la fois à des éléments extrinsèques et intrinsèques.

Pour ce qui est de l'élément externe, le droit des nations a, par rapport au droit interne canadien, en particulier celui auquel le pays a expressément souscrit, non seulement une valeur exemplaire, mais il constitue également un élément de référence dans la mesure où, comme dans l'espèce, ce droit interne porte à interprétation. Cela vaut d'une façon particulière lorsqu'il s'agit comme ici de la portée de textes constitutionnels traitant des libertés fondamentales dont se sont initialement préoccupés de grands instruments internationaux[46].

De ce droit international conventionnel applicable au Canada, il paraît impossible d'inférer l'existence de la consécration d'une liberté de non-association, du moins sur le plan plus particulier de la liberté syndicale. Certes, le document de portée la plus générale, la *Déclaration universelle des droits de l'homme*, adoptée par l'Assemblée générale des Nations-Unies en 1948, édicte à l'article 20, après y avoir affirmé le droit à la liberté de réunion et d'association pacifiques, que «(n)ul ne peut être obligé de faire partie d'une association». Toutefois l'applicabilité de ce texte au contexte syndical est encore discutée de nos jours[47]. Une considération d'importance qui, isolément, tendrait à la négative réside dans l'affirmation indépendante et séparée, à l'article 23, du droit de toute personne «de fonder avec d'autres des syndicats et de s'affilier à des syndicats pour la défense de ses intérêts». Si, à l'inverse,

---

44. Voir *supra*, n. 20.
45. Voir *supra*, pp. 28 et ss.
46. Voir notamment sur la question : M. LeBel, «L'interprétation de la Charte canadienne des droits et libertés au regard du droit international des droits de la personne – Critique de la démarche suivie par la Cour suprême du Canada», (1988) 48 *R. du B.* 743 ; D. Turp, «Le recours au droit international aux fins de l'interprétation de la Charte canadienne des droits et libertés : un bilan jurisprudentiel», (1984) 18 *R.J.T.* 353 ; M. Cohen et A.F. Bayefsky, «The Canadian Charter of Rights and Freedoms and Public International Law», (1983) 61 *R. du B. can.* 265, et les notes du juge en chef Dickson dans *Re Public Service Employee Relations Act*, (1987) 1 R.C.S. 313, pp. 348 et ss.
47. A. Pankert, «Freedom of Association», ch. 9, pp. 146 et ss, dans : R. Blanpain (dir.), *Comparative Labour Law and Industrial Relations*, Deventer, Kluwer, 1982, p. 182.

une réponse positive s'imposait, il y aurait à tenir compte de ce que la Déclaration, dont le contenu fait *sans doute* partie du droit international coutumier, n'engage cependant pas les États à la manière d'un traité ratifié[48]. L'explicitation du contenu de la Déclaration devait toutefois être le fait de deux pactes adoptés en 1976 et ratifiés par le Canada la même année: le *Pacte international relatif aux droits économiques, sociaux et culturels* et le *Pacte international relatif aux droits civils et politiques*[49]. Ni l'un ni l'autre ne traitent expressément du présent sujet. Le premier comporte à l'article 8, a-t-on vu[50], une affirmation du droit syndical dans ses aspects collectifs et individuels, soit, dans ce dernier cas, le droit de «toute personne de former avec d'autres des syndicats et de s'affilier au syndicat de son choix». Le second affirme plus généralement à l'article 22 le droit de toute personne «de s'associer librement avec d'autres, y compris le droit de constituer des syndicats et d'y adhérer pour la protection de ses intérêts[51]». Ces deux pactes font enfin référence dans les articles précités à la *Convention (n° 87) concernant la liberté syndicale et la protection du droit syndical* de l'O.I.T. pour rappeler l'obligation des États qui y souscrivent de respecter les garanties qu'elle énonce.

Le droit des travailleurs de s'affilier aux organisations syndicales de leur choix est énoncé à l'article 2 de cette convention qui affirme la liberté syndicale à l'endroit du pouvoir étatique. Le droit de ne pas s'affilier n'y figure pas, à la suite du rejet par la Commission de la liberté d'association de la Conférence internationale du travail[52], en 1947, d'un projet d'énoncé qui aurait eu cet effet. Quant à la *Convention (n° 98) sur le droit d'organisation et de négociation collective*, qui affirme la liberté syndicale à l'endroit de l'employeur (rappelons que le Canada ne l'a pas encore ratifiée, à la différence de la précédente convention), elle ne défend que le fait de subordonner l'emploi d'un travailleur à la condition qu'il ne s'affilie pas à un syndicat ou cesse d'en faire partie, mais non l'inverse. S'il résulte de ces instruments une prohibition pour l'État d'imposer l'adhésion syndicale, ils permettent cependant de s'en remettre aux diverses pratiques nationales pour ce qui est de la subor-

---

48. W.S. Tarnopolsky, «Sources communes et parenté de la convention européenne et des instruments canadiens des droits de la personne», pp. 61 et ss, dans: D. Turp et G.A. Beaudoin (dir.), *Perspectives canadiennes et européennes des droits de la personne*, Cowansville, Les Éditions Yvon Blais Inc., 1986, p. 64.

49. *Recueil des traités*, Ottawa, Imprimeur de la Reine, R.T.C. 1976/46 et R.T.C. 1976/47.

50. Voir *supra*, pp. 27 et 33.

51. Selon A. Pankert, *loc. cit.*, *supra*, n. 47, p. 152, la question de la protection de la liberté négative d'association n'a jamais été soulevée durant les travaux préparatoires du premier pacte; cependant, elle le fut durant la gestation du second, mais pour donner lieu à une réponse négative.

52. Voir: *Liberté syndicale et convention collective. Étude d'ensemble de la Commission d'experts pour l'application des conventions et recommandations*, 69ᵉ session, Conférence internationale du travail, Genève, B.I.T., 1983, p. 48.

dination conventionnelle de l'emploi à l'appartenance syndicale. Telle est en particulier la position adoptée par le Comité de la liberté syndicale à ce sujet[53].

Quant au contexte immédiat de l'affirmation de la liberté d'association en droit interne prééminent, celle-ci jouxte d'autres libertés individuelles, comme la liberté de conscience. Elle constitue un élément d'une affirmation des dimensions les plus importantes de la personne, du «citoyen». Le contexte politique dans lequel baigne ici l'affirmation de la liberté d'association peut incliner à une conception libérale ou individualiste de celle-ci[54]. Cet objectif de promotion de l'individu pourrait, à son tour, porter à comprendre naturellement la faculté de non-association dans la liberté d'association. C'est effectivement la position d'un groupe de juges majoritaires dans un arrêt prononcé par la Cour européenne des droits de l'homme au sujet de la portée de l'affirmation de la liberté d'association contenue à l'article 11 de la *Convention européenne des droits de l'homme*. L'espèce traitait de l'application d'un régime d'atelier fermé sectoriel à des employés déjà en poste, la majorité depuis longtemps déjà, et qui se refusaient à appartenir aux syndicats en cause. Leurs motifs variaient: l'un doutait de l'efficacité du groupement auquel il devait appartenir; les deux autres soulevaient des objections quant aux pratiques syndicales des mouvements qui les concernaient; s'y ajoutait dans le cas de l'un de ces derniers une opposition à l'orientation politique du groupement[55]. L'arrêt majoritaire lui-même est circonstancié: la Cour n'accepte pas de répondre péremptoirement à la question de l'existence d'un «droit négatif» et absolu d'association au regard de l'article 11 de la Convention européenne; elle pose toutefois que le droit de fonder des syndicats et de s'y affilier, qui constitue un aspect particulier de la liberté d'association, requiert «une certaine liberté de choix» dans l'exercice de la liberté d'association[56]. Elle affirme aussi: «À supposer que l'article 11 ne garantisse pas l'élément négatif de cette liberté à l'égal de l'élément positif, contraindre quelqu'un à s'inscrire à un syndicat déterminé peut ne pas se heurter toujours à la Convention[57]». Mais en réalité la contrainte était ici excessive aux yeux

---

53. *La liberté syndicale*, *supra*, n. 1, p. 54, n°s 247 et ss.
54. Voir *supra*, pp. 34 et ss.
55. *Cour eur. D.H.*, arrêt *Young, James et Webster* du 13 août 1981, série A, n° 44, opinion concordante collective, p. 28. Au sujet de cet arrêt, voir notamment: M. Forde, «European Convention on Human Rights and Labor Law», (1983) 31 *Am. J. of Comp. L.* 301; P. Hoffman, «Trade Union Rights under Article 11 of the European Convention of Human Rights», (1982) 5 *Comp. L.J.* 149; F. von Prondzynski, «Freedom of Association and the Closed Shop: The European Perspective», (1982) 41 *Cambridge L.J.* 256.

Le paragraphe 1 de l'article 11 de la Convention se lit ainsi:
1. Toute personne a droit à la liberté de réunion pacifique et à la liberté d'association, y compris le droit de fonder avec d'autres des syndicats et de s'affilier à des syndicats pour la défense de ses intérêts.
56. *Ibid.*, par. 52.
57. *Ibid.*, par. 55.

de la Cour: elle prenait la forme d'une menace de renvoi à l'endroit de personnes engagées par l'employeur, qui s'identifiait lui-même au secteur d'emploi, avant l'introduction de toute obligation de s'affilier à un syndicat donné.

L'accentuation du caractère individuel de la liberté d'association consacrée par les Chartes trouve aussi ses partisans qui, s'inspirant souvent de courants idéologiques américains[58], en viennent de ce fait à reconnaître que la liberté d'association véhicule tout aussi bien celle de non- association[59].

Mais un tel parallélisme de ces deux prétendus visages de la liberté d'association n'est-il pas artificiel[60]? Comme le font valoir les juges dissidents dans l'arrêt *Young* précité, la faculté de non-association n'est pas le simple envers de la liberté positive d'association. Celle-ci s'entend de la faculté de poursuivre de façon concertée des buts communs dans la société: «Elle concerne l'individu en tant que participant actif à des activités sociales, et constitue en ce sens un droit collectif dans la mesure où elle ne peut s'exercer conjointement que par une pluralité d'individus.» Celle-là vise «à protéger l'individu contre le fait d'être groupé avec d'autres avec lesquels il n'est pas d'accord ou pour des buts qu'il n'approuve pas[61]». Cette distinction revêt toute son importance si l'on tient compte du contexte dans lequel s'exerce la liberté. S'il s'agit, comme dans l'espèce, de la liberté syndicale, elle se conçoit, étant donné son développement historique[62], comme un moyen d'assurer collectivement le redressement de certaines inégalités sociales[63]. L'inférence d'une liberté négative ne s'impose donc pas nécessairement dans cette perspective de la protection de la liberté

---

58. Voir notamment T.I. Emerson, «Freedom of Association and Freedom of Expression», (1964) 74 *Yale L.J.* 1.

59. Voir notamment: P.A. Gall, *loc. cit., supra*, n. 43, en particulier pp. 247 et 249; D.M. Beatty, *op. cit., ibid.*, p. 124. En jurisprudence: *Re Lavigne and Ontario Public Service Employees Union, supra*, n. 42, en particulier p. 367 (Ont. H.Ct.). La Cour d'appel de l'Ontario, qui renversa ce jugement au motif essentiel que la Charte canadienne ne s'appliquait pas à la gestion interne d'un syndicat, posa par ailleurs en *obiter* que la liberté d'association n'inclut pas celle de non-association: *Lavigne* v. *O.P.S.E.U., supra*, n. 42, p. 562 (voir Addenda, par. 3). Voir *infra*, p. 377.

60. Voir J.-P. Jacqué, «La liberté d'association dans la Convention européenne des droits de l'homme», pp. 307 et ss, dans: D. Turp et G.A. Beaudoin (dir.), *Perspectives canadiennes et européennes des droits de l'homme*, Cowansville, Les Éditions Yvon Blais Inc., 1986, p. 337.

61. Arrêt *Young, James et Webster, supra*, n. 55, p. 31.

62. Voir *supra*, p. 37.

63. Voir: K. Norman, «Freedom of Association», ch. III, pp. 187 et ss, dans: G.A. Beaudoin (dir.), *Vos clients et la Charte – Liberté et égalité*, Cowansville, Les Éditions Yvon Blais Inc., 1988, pp. 205 et 208; F. von Prondzynski, *Freedom of Association and Industrial Relations – A Comparative Study*, London, Mansell Publishing Limited, 1987, p. 225. Voir aussi *Lavigne* v. *O.P.S.E.U., supra*, n. 42, p. 562.

positive d'association, qui seule se rattache à la poursuite d'un objectif de cet ordre.

Toutefois, si la généralité du contexte de l'affirmation de la liberté d'association devait ultérieurement conduire à l'inclusion dans celle-ci de la liberté de non-association, il resterait à déterminer si les principales formules de sécurité syndicale peuvent ou non se réclamer d'exceptions permettant de légitimer des atteintes aux libertés constitutionnelles.

2. Restrictions possibles

Nous faisons abstraction ici de la possibilité technique offerte au législateur de soustraire expressément une loi de la portée de l'une ou l'autre Charte[64] pour n'envisager que l'application de l'article 1 de la Charte constitutionnelle qui permet de limiter les droits ou les libertés qu'elle énonce «par une règle de droit, dans les limites qui soient raisonnables et dont la justification puisse se démontrer dans le cadre d'une société libre et démocratique», ou celle de l'article 9.1 de la Charte québécoise auquel, malgré une différence de formulation, la jurisprudence reconnaît une portée semblable[65]. Les tribunaux ont eu l'occasion de formuler les exigences d'une démarche dérogatoire fondée sur ces articles[66]. Les différents régimes de sécurité syndicale réussiraient-ils l'épreuve?

Par le régime de représentation collective exclusive des salariés et l'encadrement du processus de négociation collective qu'elle établit, la législation sous-tendant ces dispositions poursuit un objectif général de «paix au travail» dans la société, fin déjà bien reconnue par le

---

64. *Charte canadienne des droits et libertés*, art. 33 (*C.c.d.l.*); *Charte des droits et libertés de la personne*, L.R.Q., c. C-12, art. 52 (*C.d.l.p.*).
65. *Procureur général du Québec* c. *La Chaussure Brown's Inc.*, (1988) 2 R.C.S. 712, p. 768. L'article 9.1 dispose:
   Les libertés et droits fondamentaux s'exercent dans le respect des valeurs démocratiques, de l'ordre public et du bien-être général des citoyens du Québec.
   La loi peut, à cet égard, en fixer la portée et en aménager l'exercice.
66. *R.* c. *Oakes*, (1986) 1 R.C.S. 103, pp. 138 et 139, repris notamment dans: *Re Public Service Employee Relations Act*, *supra*, n. 45, p. 373:
   Les éléments constitutifs de toute analyse en vertu de l'article premier sont les suivants. En premier lieu, l'objectif législatif, que visent à servir les mesures qui sont mises en œuvre, doit être suffisamment important pour justifier la suppression d'un droit garanti par la Constitution: il doit être lié à des «préoccupations urgentes et réelles dans une société libre et démocratique». En second lieu, les moyens choisis pour promouvoir cet objectif doivent être raisonnables et leur justification doit pouvoir se démontrer dans le cadre d'une société libre et démocratique. Cette exigence de proportionnalité entre la fin et les moyens comporte normalement trois aspects: a) il doit y avoir un lien rationnel entre les mesures prises et l'objectif qu'elles sont destinées à servir, b) les mesures prises doivent être de nature à porter le moins possible atteinte au droit ou à la liberté en cause, et c) les effets préjudiciables de ces mesures doivent être justifiables compte tenu de l'objectif qu'elles visent à servir.

pouvoir judiciaire[67]. Cette formule d'aménagement des rapports collectifs du travail n'étant pas elle-même remise en cause au regard des Chartes[68], les dispositions qui habilitent directement ou indirectement les clauses de sécurité syndicale dans les Codes du travail participent également de la reconnaissance de l'importance de l'objectif législatif d'ensemble de la loi, premier élément du test de validité au regard de l'article 1 de la Charte constitutionnelle.

Reste cependant à juger plus précisément de l'importance relative de l'atteinte à la liberté syndicale que représenterait l'une ou l'autre des principales clauses de sécurité syndicale au regard de leur contribution à l'objectif poursuivi par le législateur. Dans la mesure où l'élément de contrainte qu'elles imposent à l'ensemble des salariés de l'unité d'accréditation ne dépasse pas une participation égale aux frais de la représentation collective liée à l'établissement et à l'application du régime collectif du travail, soit le niveau de la formule du précompte syndical obligatoire, qui découle directement maintenant du *Code du travail* du Québec, il y aurait tout simplement adéquation entre l'objectif et le moyen, ce dernier assurant le financement adéquat et égalitaire de sa poursuite par l'ensemble des salariés du groupe représenté[69].

Cependant, l'obligation de précompte qu'énonce l'article 47 du *Code du travail* est plus générale; elle vise indistinctement «le montant spécifié par (l')association à titre de cotisation». Tout en demeurant, pour l'instant, dans le seul domaine des rapports collectifs du travail que régit cette loi[70], l'obligation vise également le prélèvement d'un montant pour des actions professionnelles de solidarité syndicale. Non seulement le libellé du texte de la disposition ne permet-il pas lui-même d'établir de distinction en ce qui a trait à la finalité de la cotisation[71], mais, en fait, l'engagement du syndicat accrédité dans de telles actions de solidarité professionnelle est indissociablement lié à son

---

67. Voir par exemple: *Oil, Chemical and Atomic Workers International Union local 16-601* c. *Imperial Oil Limited*, (1963) R.C.S. 584, p. 590.
68. *Re Public Service Employee Relations Act*, (1987) 1 R.C.S. 313; *Gaylor* c. *Couture*, (1988) R.J.Q. 1205; *Re Prime and Manitoba Labour Board*, (1983) 3 D.L.R. (4th) 74 (Man. Q.B.); *Arlington Crane Service* v. *Ontario (Minister of Labour)*, *supra*, n. 43. Voir notamment sur le sujet M.-F. Bich, «Petit manuel de guérilla patronale-syndicale: effets de la Charte canadienne des droits et libertés sur le Code du travail», (1987) 47 *R. du B.* 1097, en particulier pp. 1128 et ss.
69. Voir ainsi en ce sens: H. Brun, *loc. cit.*, *supra*, n. 43, p. 10; D.M. Beatty, *op. cit.*, *supra*, n. 43, p. 125.
70. Pour ce qui est du précompte lié à la poursuite de fins politiques par le syndicat, voir *infra*, pp. 372 et ss.
71. Dans ce contexte de financement obligé du syndicat accrédité, par opposition à l'engagement volontaire du salarié de participer à l'activité d'un groupement privé, le précompte dépasserait toutefois l'obligation légale dans la mesure où il représenterait une contribution à des régimes syndicaux de prévoyance sociale. Voir par analogie: *Courbron* c. *Union locale n° 568 de la Fraternité internationale des ouvriers en électricité*, (1975) C.S. 56.

activité de représentation légale du groupe de salariés visés par l'accréditation. En retour de ses manifestations de solidarité, le syndicat accrédité ne bénéficiera-t-il pas potentiellement d'appuis similaires de la part des autres groupements syndicaux qu'il favorise, à l'occasion de ses propres rapports avec l'employeur visé par l'accréditation[72]? Cette simple correspondance du précompte obligatoire au financement nécessaire de l'activité inhérente au rôle de représentation légale du syndicat accrédité permet alors d'envisager, au regard de l'article 1 de la Charte constitutionnelle, la légitimité du degré de contrainte que cette mesure impose au salarié qui n'adhère pas volontairement au syndicat.

Les régimes d'atelier syndical et d'atelier fermé ont, quant à eux, une portée qui, à première vue du moins, paraît aller au-delà de la contribution au financement de l'activité de négociation, puisqu'ils imposent d'appartenir au syndicat. Aussi semblent-ils véhiculer de ce fait un élément de contrainte excessif au regard de l'objectif poursuivi, selon certains[73]. Il convient toutefois de rappeler la portée limitée de ces clauses de sécurité syndicale selon les lois actuelles: l'«adhésion» du salarié au groupement entraîne, il est vrai, son assujettissement au pouvoir disciplinaire du syndicat. Mais, d'une part, son exercice ne peut entraver l'activité syndicale au sein d'une association rivale; et, d'autre part, la sanction d'un manquement à une norme syndicale ne peut rejaillir sur l'emploi du salarié. Or, ce pouvoir de sanction mitigé n'est-il pas un moyen «proportionné» d'assurer le respect des décisions régulières de l'agent négociateur dans le cours de rapports collectifs avec l'employeur, par exemple le respect d'une consigne légale de grève (selon la loi fédérale) ou celle d'une obligation conventionnelle de paix pendant la durée de la convention collective? Tout comme l'obligation de contribuer au financement du syndicat accrédité, elle devrait donc paraître justifiable au regard des chartes prééminentes[74].

---

72. Sur l'action de solidarité syndicale en général, voir *infra*, p. 230. Quant à la validité de la cotisation de solidarité professionnelle au regard de l'article 47, *C.t.*, voir: *Côté c. Hôpital Notre-Dame*, C.S. (Montréal) 500-36-000663-875, 29 janvier 1988, D.T.E. 88T-348, confirmant *Côté c. Hôpital Notre-Dame*, (1988) T.T. 15; *Re Lavigne and Ontario Public Service Employees Union (No 2)*, (1987) 60 O.R. (2d) 486 (Ont. H.Ct.), pp. 509 et 511. Voir aussi R. Blouin, «Nature et procédure d'adoption de la cotisation syndicale», (1985) 30 *Rel. ind.* 782.

   Aux États-Unis, la jurisprudence de la Cour suprême est restrictive quant à l'affectation du produit de l'«*agency shop*». Elle doit être directement reliée au régime de rapports collectifs avec l'employeur en cause, à l'exclusion du financement des mouvements de solidarité syndicale. Voir: *Communications Workers of America v. Beck*, 108 S.Ct. 2641 (1988); *Ellis v. Brotherhood of Railway Workers*, 466 U.S. 435 (1984), pp. 448 et ss, et J.W. Henkel et N.J. Wood, «Limitations on the Uses of Union Shop Funds after *Ellis*», (1984) 35 *L.L.J.* 736.

73. Voir ainsi: D.M. Beatty, *op. cit.*, *supra*, n. 43, pp. 116 et ss; H. Brun, *loc. cit.*, *supra*, n. 43, p. 11.

74. En ce sens: P.J.J. Cavalluzzo, *loc. cit.*, *supra*, n. 6, p. 287.

L'obligation d'appartenir au syndicat doit donc s'envisager à partir du rôle qu'assume le syndicat accrédité; n'en serait-il pas de même, à l'inverse cette fois, d'une prétention du salarié à en être membre?

SECTION II

DROIT D'APPARTENIR

Dans quelle mesure une personne pourrait-elle imposer son adhésion au syndicat? La question se pose tout aussi bien à l'occasion d'un acte de candidature (A.) qu'à la suite de l'expulsion d'une personne déjà membre du groupement (B.).

A. Accès au syndicat

L'existence ou non d'un droit initial d'appartenir au syndicat est intimement liée à la nature même de ce dernier[75]. Aussi, la question devrait-elle se résoudre en tenant compte, une fois de plus, de la transformation substantielle du syndicat, d'organisme privé qu'il était initialement, en un organe légal de représentation collective, fonction à laquelle il aspire couramment sous l'empire des lois contemporaines sur le travail.

Telle est donc la perspective permettant d'établir dans quelle mesure peut exister d'une façon générale et objective un droit d'appartenir au syndicat (1.), et dont pourrait vouloir se réclamer une personne indûment privée de l'accès au groupement (2.).

---

75. Voir notamment sur l'ensemble de la question: G. England, «Trade Union Admission Rules: A Legal View», pp. 149 et ss, dans G. England (dir.), *Essays in Labour Relations Law*, Don Mills, CCH Canadian Limited, 1986; P. Verge, «Évolution de la protection juridictionnelle de l'accès au syndicat», (1984) 39 *Rel. ind.* 710; J.E. Dorsey, «Individuals and Internal Union Affairs: the Right to Participate», pp. 193 et ss, dans: K.P. Swan et K.E. Swinton, *Studies in Labour Law*, Toronto, Butterworths, 1983; G. Marchand, «Les droits individuels des salariés et la régie interne de leur association», (1979) 9 *R.D.U.S.* 406; voir aussi: M.A. Hickling, «The Right to Membership of a Trade Union», (1967) *U.B.C.L. Rev. – C. de D.* 243.

   Quant à la transformation de la nature du syndicat sous l'effet des lois régissant les rapports collectifs du travail, voir: *Oil, Chemical and Atomic Workers International Union, local 16-601* c. *Imperial Oil Limited*, (1963) R.C.S. 584, p. 593.

1. Étendue du droit objectif

Le statut de membre d'un groupement associatif privé ne s'acquiert que si ce dernier consent à admettre dans ses rangs la personne qui demande l'adhésion. Le consensualisme domine[76]. Du consentement à l'adhésion par le groupement lui-même, s'il s'agit d'une personne morale[77] ou, plus généralement, même dans le cas où le groupement ne jouit pas de la personnalité morale – du moins selon une vue institutionnelle du groupement[78] –, résulte un lien unissant le membre à ce dernier. L'adhésion ne s'envisagerait pas autrement si le syndicat était demeuré un groupement de nature purement privée, comme il l'était en l'absence des lois contemporaines régissant les rapports collectifs du travail. La pratique des clauses de sécurité syndicale liant l'emploi à l'appartenance au syndicat, courante bien avant l'adoption de ces lois, pouvait être, compte tenu de l'importance du travail pour l'individu, un facteur conduisant à distinguer l'appartenance au syndicat de celle d'autres types d'associations; il paraît toutefois difficile d'isoler ce facteur d'autres éléments tendant également à cette conclusion et de poser qu'il aurait permis à lui seul de prétendre à un droit d'appartenir au syndicat, du moins à ce stade de l'admission initiale de l'individu[79].

---

76. Exemple dans le cas d'un groupement non syndical: *Majich* c. *The Croatian Home of Noranda Inc.*, (1958) C.S. 525. Voir aussi généralement: *Senez* c. *Chambre d'immeuble de Montréal*, (1980) 2 R.C.S. 555.

77. *C.c.Q.*, art. 312 (sous réserve d'entrée en vigueur): «Les statuts de la personne morale établissent les rapports de nature contractuelle entre elle et ses membres.»

78. L'article 2256, *C.c.Q.* (sous réserve d'entrée en vigueur), qui pose l'existence d'un contrat initial d'association, laisse entrevoir une certaine institutionnalisation de l'association en ce qu'il prévoit que ce contrat «est présumé permettre l'admission de membres autres que les membres fondateurs».

Le refus de tout élément de personnalisation du groupement non officiellement incorporé (voir *supra*, p. 114), pourrait au contraire, comme on peut le voir en common law, porter à envisager l'adhésion comme un réseau de contrats établis entre le nouveau membre et chacun des autres adhérents: *Orchard v. Tunney*, (1957) R.C.S. 436, p. 445. Voir aussi: *Bimson v. Johnston*, (1957) 10 D.L.R. (2d) 11, p. 22 (Ont. H.Ct. – confirmé par (1958) 12 D.L.R. (2d) 379 (Ont. C.A.)); *Atsgen v. Smith*, (1969) 7 D.L.R. (3d) 657, p. 662 (Ont. C.A.). Dans le même sens, en droit québécois: *Seafarer's International Union of North America (Canadian District)* c. *Stern*, *supra*, n. 16, p. 688.

79. Voir cependant: *Lemelin* c. *Union nationale catholique des boulangers*, (1942) 48 R.L. n.s. 51 – responsabilité d'un syndicat qui avait abusivement tardé à réadmettre un ancien membre dans ses rangs en présence d'un atelier fermé. Comparer: *Guelph v. White*, (1946) 4 D.L.R. 114 (B.C.S. Ct.) – droit d'un ancien membre à l'étude de sa demande de réadmission présentée conformément aux exigences de la constitution du syndicat. D'autres espèces subséquentes, notamment certains arrêts de la Cour suprême comme *Seafarer's International Union* c. *Stern*, *supra*, n. 16, traitent du maintien de l'appartenance, comme nous allons

Envisagé jusqu'à une certaine époque en tant que groupement strictement privé, le syndicat pouvait donc définir sans restriction ses normes d'adhésion dans sa constitution interne. D'ailleurs, certains critères d'admission se retrouvent naturellement et sans difficulté apparente dans les règlements syndicaux actuels : exigence de paiement des frais d'adhésion courants, de rattachement professionnel au champ de compétence du groupement, le cas échéant, d'acceptation, en général, du règlement et des décisions que le syndicat prend selon celui-ci ; respect des normes des conventions collectives auxquelles ce syndicat peut être partie, de ses consignes relatives à la participation à des mouvements de grève sous son égide et d'abstention de participation à des grèves perlées, respect également des biens du syndicat, etc.[80]. D'autres prolongent à l'occasion, non sans difficulté maintenant, comme nous le verrons, des pratiques qui pouvaient aller de soi à l'époque où le syndicat était un groupement privé : refus de l'appartenance au candidat qui adhère déjà à un autre syndicat, à tout le moins s'il travaille dans le même champ professionnel ou s'il professe une idéologie contraire au mouvement auquel il veut adhérer[81].

Observons aussi l'existence, selon certaines constitutions syndicales, d'une pluralité possible de catégories de membres, de manière à tenir compte, selon le cas, du rattachement professionnel du

---

le voir, dans le double contexte d'une clause de sécurité syndicale ayant plein effet sur l'emploi et d'un syndicat nanti du statut légal contemporain de représentant collectif d'un groupe de salariés, facteur indissociable du premier en tant que fondement du jugement. Voir aussi : *Kuzych* v. *White*, (1950) 4 D.L.R. 187 (B.C.C.A.), p. 191.

80. Exemples : *Statuts du Syndicat des travailleurs et travailleuses en communication et en électricité du Canada*, 1985, art. 5 ; *Constitution et règlements du Syndicat de l'enseignement de Champlain*, 1985, art. 6.

81. Exemples : *Constitution – Syndicat international des marins canadiens*, 1986, art. 6, par. 5 : «Nulle personne ne pourra devenir ou rester membre du syndicat qui est membre de, ou donne son appui à tout autre syndicat ou autre organisation qui a été déclarée par le Conseil d'administration comme étant dualiste à, hostile à, en compétition avec, opposé à, ou adversaire aux intérêts du syndicat.» Ou encore, de façon moins restrictive, un syndicat affilié à la C.S.N., le Syndicat national des employés des produits laitiers du Bas-St-Laurent (C.S.N.), indique à l'article 9 de sa constitution (1981) que, pour y adhérer, il ne faut «faire partie d'aucune autre association dans le même genre d'activités syndicales dont les principes sociaux sont en opposition avec ceux de la Confédération des Syndicats Nationaux (C.S.N.)». Assez semblablement, l'admission au Syndicat des travailleurs canadiens de l'automobile n'est pas accessible à qui fait partie d'un groupement «dont les principes et la philosophie» sont contraires aux siens (*Statuts et règlements du Syndicat national des travailleurs et travailleuses de l'automobile, de l'aérospatiale et de l'outillage agricole du Canada*, 1988, ch. 5, art. 1.)
Quant à l'origine, en général, de certaines de ces restrictions, voir *supra*, pp. 13 et 15.

membre[82], de son statut probatoire[83] ou du fait qu'il travaille activement ou non[84].

Témoignant d'un souci particulier à l'endroit des associations de salariés par rapport aux autres types de groupements, le droit étatique contemporain impose maintenant certaines limites en ce qui a trait aux décisions touchant à l'appartenance syndicale, mettant pour autant de côté le consensualisme initial. Ces limites s'imposent indirectement au contenu des normes elles-mêmes, desquelles procèdent les décisions, notamment en ce qui concerne l'accès initial au syndicat[85].

Ainsi en est-il, en premier lieu, de la prohibition expresse de discrimination dans les lois québécoise et fédérale concernant les droits de la personne[86]. L'article 17 de la Charte québécoise défend la discrimination, entre autres, quant à l'admission d'une personne dans une «association de salariés», tout comme d'ailleurs dans une association d'employeurs ou dans une corporation professionnelle. (La juxtaposition de ce dernier type d'organisme à l'association de salariés indiquerait

---

82. Exemple: *Constitution – Syndicat international des marins canadiens*, 1986, art. 6 et 7: catégorie maritime et non maritime.

83. *Ibid.*

84. Exemples: *Statuts de l'Union internationale des travailleurs unis de l'alimentation et du commerce, C.T.C. et F.A.T. – C.O.I.*, 1988, art. 4; *Constitution de la Fraternité canadienne des cheminots, employés des transports et autres ouvriers*, 1988, art. 5, section E (catégorie de membre honoraire conférée au moment de la retraite).

    La catégorisation de chaque membre, lorsqu'elle existe, ne doit pas être arbitraire ni entraîner pour certains groupes de membres, notamment en ce qui a trait à la cotisation, des obligations disproportionnées eu égard aux avantages relatifs retirés par rapport à ceux des autres membres: *Fraternité unie des charpentiers, menuisiers, local 134* c. *Syndicat national de la construction de Hauterive*, (1977) C.S. 1008; *Paquette* c. *Union typographique Jacques-Cartier*, (1975) C.S. 959; *Courbron* c. *Union locale nº 568 de la Fraternité internationale des ouvriers en électricité*, *supra*, n. 71.

85. Voir ainsi: *Arsenault* et *Association internationale des débardeurs, section locale 375*, (1982) 50 d.i. 51.

86. La discrimination prohibée s'entend alors selon l'article 10, *C.d.l.p.*, de distinctions fondées «sur la race, la couleur, le sexe, la grossesse, l'orientation sexuelle, l'état civil, l'âge, sauf dans la mesure prévue par la loi, la religion, les convictions politiques, la langue, l'origine ethnique ou nationale, la condition sociale, le handicap ou l'utilisation d'un moyen pour pallier ce handicap». Dans *Hogan* c. *Association des travailleurs et travailleuses de l'industrie et du commerce, local 614 (A.T.T.I.C.)*, (1991) R.J.Q. 805 (C.S. – en appel), le tribunal se base notamment sur la prohibition de l'article 17, *C.d.l.p.*, pour conclure à l'illégalité du refus d'un syndicat accrédité d'admettre certains membres. Motivé en fait par la tentative antérieure des salariés en cause de faire échouer la demande d'accréditation du syndicat, ce refus ne semble pas pour autant discriminatoire au sens de l'article 10 de la Charte.

    La *Loi canadienne sur les droits de la personne*, L.R.C. (1985), c. H-6, art. 3, fait pour sa part mention des facteurs suivants: «la race, l'origine nationale ou ethnique, la couleur, la religion, l'âge, le sexe, l'état matrimonial, la situation de famille, l'état de personne graciée ou la déficience».

qu'une certaine préoccupation de l'accès à l'emploi pouvait animer le souci particulier du législateur, constatation qui ne se rattache toutefois pas à la présence de l'association d'employeurs.) De la même façon, la *Loi canadienne sur les droits de la personne* pose que constitue un acte discriminatoire le fait pour une association d'employés «d'empêcher l'adhésion pleine et entière d'un individu» pour un motif de distinction illicite[87]. Dans l'un et l'autre cas, les normes syndicales relatives à l'admission doivent donc respecter ces prohibitions qui sont d'ordre public.

En second lieu, pour ce qui est des lois régissant les rapports du travail, seul, comme nous le verrons ultérieurement, le *Code canadien du travail* se préoccupe expressément de l'appartenance au syndicat. Il interdit à ce dernier, qu'il ait déjà acquis le statut d'agent négociateur ou non, de refuser l'admission à un employé «en lui appliquant d'une manière discriminatoire les règles du syndicat relatives à l'adhésion[88]». La notion de discrimination s'entend ici non pas au seul sens particulier des précédentes lois sur la personne mais de façon beaucoup plus large : il s'agit de tout comportement singulier, particulier ou arbitraire à l'endroit d'un individu[89]. Or, l'application, a-t-on vu, de règles d'admission qui sont elles-mêmes, en certaines circonstances, discriminatoires en ce sens envers certaines personnes va à l'encontre de la prohibition édictée par le Code canadien[90]. Ce qui limite d'autant le contenu possible du règlement syndical d'admission.

Mais, du moins dans le cas d'un syndicat accrédité selon l'une ou l'autre loi sur le travail et au-delà de la discrimination ayant ainsi fait l'objet d'interventions législatives particulières, une accessibilité beaucoup plus large ne s'impose-t-elle pas, compte tenu des pouvoirs légaux dont jouit un tel groupement, si on le compare notamment au

---

87. *Loi canadienne sur les droits de la personne, ibid.*, art. 9. Le paragraphe 3 précise qu'«««association d'employés» s'entend des syndicats ou groupements d'employés, y compris leurs sections locales, chargées notamment de négocier avec l'employeur les conditions de travail de leurs adhérents».

88. *C.c.t.*, art. 95. Au sujet de la compétence constitutionnelle du Parlement de légiférer en la matière, au motif que l'appartenance syndicale se rattache intimement au processus de négociation collective d'employés d'entreprises de son ressort, voir: *Syndicat international des débardeurs, section locale 502* c. *Matus*, (1982) 2 C.F. 549 (C.A.).

89. Voir ainsi: *Solly* et *Section locale 49, Syndicat des travailleurs en communication*, (1981) 43 d.i. 29, pp. 43-46; *Carbin* et *Association internationale des machinistes et des travailleurs de l'aéroastronautique*, (1984) 59 d.i. 109.

90. Voir: *Cassista* et *Association internationale des débardeurs*, (1978) 28 d.i. 955 (extension discriminatoire, en l'absence de pénurie d'emploi, à une catégorie professionnelle d'employés d'une règle restrictive d'admission justifiée par la rareté du travail pour une autre catégorie d'employés; *Arsenault* et *Association internationale des débardeurs, section locale 375, supra*, n. 85 (règle d'admission accordant une préférence basée sur les liens familiaux); voir aussi, par analogie: *Conseil canadien des relations du travail* c. *Association des débardeurs d'Halifax, section locale 269, supra*, n. 38.

stade antérieur du groupement syndical privé? En somme, l'effet global de la loi sur les rapports collectifs du travail, qui est d'imposer uniformément son action collective à l'ensemble des salariés de l'unité d'accréditation que le syndicat représente légalement, ne commanderait-il pas le droit, pour tout salarié d'un champ occupationnel couvert par l'accréditation, d'appartenir au syndicat accrédité, au financement duquel il participe obligatoirement par le précompte légal et qui le représente ainsi nécessairement auprès de l'employeur aux fins du régime de travail? Une telle appartenance ne serait subordonnée en définitive qu'au respect des décisions régulièrement arrêtées par le groupement aux fins de la représentation collective[91].

Ainsi, une réponse affirmative signifierait ici l'invalidité d'une norme syndicale ayant pour effet de refuser l'appartenance au syndicat en raison d'une double allégeance syndicale, que la participation à l'autre groupement soit passive ou active et que ce dernier se présente ou non comme un rival en ce qui a trait à la représentation collective du groupe de salariés auquel appartient le candidat à l'admission[92].

---

91. Pourrait se voir ainsi refuser l'accès, à nouveau, un salarié qui n'aurait pas observé une consigne légale de grève et qui aurait été par la suite expulsé du syndicat pour ce motif. Par contre, le refus d'admission d'un salarié ayant fait montre d'un tel comportement à un moment où il n'était pas encore membre du syndicat et, par conséquent, à une époque où il n'était pas lié juridiquement par la décision syndicale, irait à l'encontre de la présente position, si elle se justifie, même si, par ailleurs, le syndicat appliquait une ligne de conduite uniforme à ce sujet. Dans *Solly* et *Section locale 49, Syndicat des travailleurs en communication*, *supra*, n. 89, le Conseil canadien des relations du travail, saisi d'une telle situation, rejeta la plainte de pratique déloyale à l'encontre du syndicat, sa compétence limitant son intervention aux comportements syndicaux «discriminatoires», ce qui n'était pas le cas dans l'espèce.

L'appartenance pourrait aussi être refusée en raison d'atteintes significatives et injustifiées au fonctionnement des assemblées syndicales ou en raison de comportements frauduleux ou irréguliers à l'endroit du groupement. (À remarquer que certaines constitutions syndicales prévoient expressément le refus de réadmission du membre expulsé, sauf s'il y a reconsidération de la situation par une instance syndicale appropriée; exemple: *Constitution de la Fraternité canadienne des cheminots, employés des transports et autres ouvriers*, 1988, art. 5, section H.)

92. Voir cependant une autre décision du Conseil canadien des relations du travail dans laquelle celui-ci, saisi d'une plainte en vertu de l'article 95 f), *C.c.t.*, se borne également, compte tenu des limites de sa compétence, à considérer l'absence du caractère singulier ou discriminatoire d'une décision syndicale d'expulsion d'un salarié qui avait milité activement dans un syndicat rival: *Carbin* et *Association internationale des machinistes et des travailleurs de l'aéroastronautique*, *supra*, n. 89.

Par ailleurs, un refus d'admettre basé sur une divergence idéologique entre le syndicat et un autre groupement auquel appartiendrait le candidat entraînerait une difficulté au regard de l'article 3 de la *C.d.l.p.*, qui affirme les libertés d'opinion, d'expression et d'association.

Une question d'une telle ampleur est à soulever même si, comme nous l'avons vu[93], le refus d'appartenance ne peut plus rejaillir sur l'emploi du salarié dans le cas usuel où celui-ci est lié par une convention collective contenant une clause d'atelier syndical[94]. Par ailleurs, le fait qu'il soit créancier d'une obligation de représentation égale de la part du syndicat auprès de l'employeur, même s'il n'adhère pas au syndicat, ne dispose pas non plus de la question de l'intérêt que peut trouver ce salarié à appartenir au syndicat accrédité[95]. En effet, seule cette qualité de membre permet à l'individu de participer à l'orientation du groupement, notamment en ce qui a trait à des aspects majeurs d'une activité collective qui le lie, comme le déclenchement d'une grève ou la ratification d'un projet de convention collective, de même qu'aux choix des dirigeants syndicaux[96]. Il y va aussi de la participation au fonds de grève que contribue d'ailleurs à alimenter le précompte syndical qu'impose la loi même à son endroit.

Une réponse affirmative semble ici précisément le corollaire ultime de l'absolutisme du pouvoir légal de représentation du syndicat accrédité, même si ni l'une ni l'autre des lois sur les rapports du travail n'expriment ouvertement cette inférence[97]. Un certain degré de parti-

---

93. Voir *supra*, p. 189.

94. Il en serait toutefois autrement dans le cas d'un atelier fermé: *ibid.*

95. Au sujet de la représentation égale, voir *infra*, pp. 280 et ss.

96. Voir *supra*, pp. 163 et ss.

97. Voir *Hogan c. Association des travailleurs et travailleuses de l'industrie et du commerce, local 614 (A.T.T.I.C.)*, *supra*, n. 86. Dans l'espèce, le tribunal ordonne à un syndicat accrédité d'admettre dans ses rangs des salariés qui s'étaient opposés à sa demande antérieure d'accréditation, d'où le refus du groupement de leur accorder la qualité de membre. Certains des arguments retenus paraissent toutefois sujets à caution. Ainsi, le tribunal a-t-il notamment tenu le refus du syndicat pour discriminatoire au sens de la *Charte des droits et libertés de la personne* (voir *supra*, n. 86). Il a aussi posé que ce refus «les priv(ait) de leur droit de s'associer», contrairement aux articles 3, *C.t.*, et 3, *C.d.l.p.*: ces dernières affirmations de la liberté d'association en viendraient ainsi à énoncer un droit de s'associer opposable au syndicat. Mais le jugement se base par ailleurs à bon escient sur l'exclusivité du statut de représentant collectif du syndicat accrédité.
   Voir aussi en ce sens, en doctrine: G. England, *loc. cit.*, *supra*, n. 75, p. 156; J.E. Dorsey, *loc. cit.*, *supra*, n. 75, pp. 211 et 212; F. Morin, «L'accréditation syndicale au Québec – Mise en relief des effets de l'accréditation», (1970) 25 *Rel. ind.* 401, pp. 420 et 421; R.P. Gagnon, L. LeBel et P. Verge, *Droit du travail*, Québec, P.U.L., 1987, pp. 288 et 289. Voir aussi à titre d'*obiter*: *Paquette c. Syndicat des salariés de moteur-Leroy Somer (C.S.D.)*, C.S. (Bedford) 460-05-000154-877, 7 mars 1988, D.T.E. 88T-462, p. 11: «Dans l'état actuel de la loi constitutive du syndicat intimé, dès qu'un salarié (de l'employeur visé par l'accréditation) rencontre les conditions prescrites par sa constitution et ses règlements pour devenir l'un de ses membres, il en acquiert le droit strict: on ne peut pas lui refuser de signer sa carte d'adhésion ou de recevoir sa cotisation sans commettre un acte dérogatoire à l'exercice d'un de ses droits fondamentaux.»
   D'un point de vue comparatif, la loi de Terre-Neuve va en ce sens. Ainsi, *The Labour Relations Act*, *supra*, n. 37, édicte à l'article 30 que tout syndicat

cipation au sein du syndicat accrédité doit être possible pour la personne qui, en particulier, exerce sa liberté syndicale pour travailler au sein du groupement de son choix, car, indépendamment de sa volonté, elle se trouve liée par l'action du syndicat officiel sur le plan des rapports du travail[98]. Les principes généraux de la vie corporative s'opposeraient cependant à l'exercice par le membre, par ailleurs engagé au sein d'un groupement rival du syndicat accrédité, d'accéder à des fonctions de direction dans celui-ci, fonctions qui obligent au respect d'obligations de fiduciaires ou de mandataires à l'égard des affaires du groupement[99].

Une telle conclusion, si elle s'infère ainsi, indique bien encore une fois tout l'écart qui sépare le syndicat accrédité du groupement strictement privé qu'il serait demeuré en l'absence de ce statut de représentation légale qui s'impose sur le plan des rapports du travail.

2. Affirmation du droit subjectif

Le refus d'admission contraire à une disposition législative particulière doit conduire à un recours approprié en faveur de la victime de ce refus. Il en est ainsi, en premier lieu, de la sanction du refus discriminatoire au sens des lois sur les droits de la personne[100]. Ce recours pourrait ultimement conduire à l'imposition de l'adhésion de la victime du refus discriminatoire au syndicat par le tribunal de droit commun ou par le Tribunal des droits de la personne, s'il s'agit d'assurer l'application des dispositions d'ordre public de la Charte québécoise[101]. Un tribunal des droits de la personne est habilité à prendre une ordon-

---

accrédité doit permettre aux employés de l'unité qu'il représente d'y avoir accès. Il lui est toutefois loisible d'établir des conditions d'appartenance raisonnables et non discriminatoires.

Par contre, on pourrait opposer à la thèse favorable à l'existence d'un tel droit d'appartenir au syndicat un argument de texte tiré de l'article 63, *C.t.*, disposition qui se préoccupe des conséquences d'un refus d'une association de salariés d'admettre un salarié dans ses rangs.

98. Dans: *Association internationale des débardeurs, local 375* c. *Chénard, supra,* n. 30, le juge Montgomery laisse toutefois entendre, à titre d'*obiter*, qu'il aurait sans doute autorisé une décision syndicale de suspension d'un membre engagé dans une campagne de recrutement en faveur d'un syndicat rival (p. 429).

99. Voir: J. Smith et Y. Renaud, *Droit québécois des corporations commerciales*, t. 3, Montréal, Judico Inc., 1974, pp. 1515 et ss, et *C.c.Q.*, art. 320 et ss (sous réserve d'entrée en vigueur).

100. Voir, pour ce qui est de la *C.d.l.p.*, les articles 17, 49, 74 et ss (compte tenu de la *Loi modifiant la Charte des droits et libertés de la personne concernant la Commission et instituant le Tribunal des droits de la personne*, L.Q. 1989, c. 51, et, dans le cas de la *L.c.d.p.*, les articles 39 et ss.

101. *C.d.l.p.*, art. 49 et 80. Voir, par analogie: *Commission des droits de la personne du Québec* c. *Société d'électrolyse et de chimie Alcan Ltée*, C.A. (Québec) 200-09-000696-838, 22 avril 1987.

nance à cet effet pour assurer l'application de la loi fédérale correspondante[102].

De même, l'employé qui s'est vu, contrairement au *Code canadien du travail*, refuser l'adhésion en raison d'une application discriminatoire à son endroit des règles du syndicat relatives à l'adhésion peut
saisir le Conseil canadien des relations du travail d'une plainte en vue
d'une ordonnance de redressement de nature à imposer, entre autres,
son admission au sein du syndicat[103]. Un comportement singulier ou
arbitraire dans l'application de la politique d'admission du syndicat permettra de fonder, a-t-on vu, une telle intervention du Conseil[104]. Il en
serait de même de la sanction du refus d'appartenir qui serait la conséquence du refus de l'individu d'accomplir un acte constituant une
contravention à la partie I du Code ou encore de la présentation, par
cette même personne, d'une plainte au Conseil ou d'une divulgation
d'un témoignage de sa part en vertu de la partie I de ce Code[105].

Quant aux syndicats eux-mêmes, le Conseil doit refuser l'accréditation s'il est convaincu «qu'un syndicat refuse l'adhésion à
quelque employé ou catégorie d'employés faisant partie d'une unité de
négociation en vertu d'usages ou de principes régissant l'admission[106]».

L'absence d'interdictions légales précises, comme c'est le cas
généralement de la législation québécoise du travail[107], ne fait pas dis-

---

102. *L.c.d.p.*, art. 53(2)a) et art. 57.
103. *C.c.t.*, art. 97 à 99. Toutefois, dans le cas où une clause d'atelier fermé a effet,
    une interprétation rigoureuse du libellé de l'article 95 f) pourrait conduire à
    refuser son application à la personne qui se voit interdire l'admission, ce qui
    constitue précisément une condition d'obtention du statut d'«employé». Voir:
    Abbott et *Association internationale des débardeurs*, (1977) 26 d.i. 543, p. 560. Celle-
    ci pourrait cependant se réclamer de l'obligation de présentation égale qui
    incombe au syndicat selon l'article 69, du moins si ce dernier contrôle l'embau-
    chage. Il y a en effet interdiction de comportement discriminatoire, à cette
    occasion également. Voir: *Conseil canadien des relations du travail c. Association des
    débardeurs d'Halifax, section locale 269, supra*, n. 38.
104. Exemple: *Matus* et *Syndicat international des débardeurs et magasiniers, section locale
    502*, (1980) 37 d.i. 73 – pourvoi refusé: *Syndicat international des débardeurs,
    section locale 502 c. Matus*, (1982) 2 C.F. 549 (C.A.). Il s'agissait d'une expulsion
    en raison de l'appartenance à un autre syndicat, motif jugé arbitraire en raison
    de l'absence de lien entre celle-ci, nécessaire pour assurer du travail à l'individu,
    et l'activité du syndicat.
105. *C.c.t.*, art. 95 h) et i).
106. *C.c.t.*, art. 25(2). (Dans un tel cas, selon le sous-paragraphe b), toute convention
    collective conclue par le syndicat est censée ne pas en être une.) Pour l'instant,
    la disposition n'a fait que l'objet d'une allusion dans l'affaire *Solly, supra*, n. 89.
107. Voir cependant l'article 104 de la *Loi sur les relations du travail, la formation
    professionnelle et la gestion de la main-d'œuvre dans l'industrie de la construction*,
    L.R.Q., c. R-20, qui, dans le secteur visé, «interdit à une association de salariés
    de refuser d'accepter comme membre un salarié parce que ce dernier n'a pas
    été embauché par l'entremise du bureau de placement de cette association».
    Pour ce qui est cette fois de l'ensemble des salariés visés par le *Code du travail*,

paraître l'intérêt juridique du salarié représenté par un syndicat accrédité d'y appartenir. L'assise légale du pouvoir de représentation de l'organisme, de même que l'amplitude de celui-ci, conduit à la reconnaissance en faveur des salariés compris dans l'unité d'accréditation d'un droit égal de participer à la prise de décision pourvu, comme nous l'avons vu, qu'ils soient disposés à respecter le règlement interne du syndicat officiel, dans la mesure où celui-ci peut s'imposer selon ce qui précède. Créancier de cette obligation du syndicat accrédité de l'admettre, un tel salarié dispose à cette fin du recours prévu à l'article 844 du *Code de procédure civile* qui prévoit un «moyen de se pourvoir en cas de refus d'accomplir un devoir qui n'est pas de nature purement privée», ce qui est précisément le cas ici[108]. Quant au fond, aux considérations précédentes se rattachant à la nature et à l'étendue du pouvoir de représentation du syndicat pourrait s'ajouter le motif de l'ordre public dans les cas où le refus du syndicat tiendrait à l'action légitime du salarié dans une autre formation ou à son refus de s'associer à un geste illégal du syndicat accrédité.

B. Maintien du statut de membre

Par son adhésion, le membre a acquis, en retour de son obligation de se conformer à la constitution interne du groupement, le droit d'en demeurer membre. Le contrat d'association entre le groupement et le nouveau membre[109] véhicule par sa nature même cette convention ;

---

la généralité de la formulation législative quant à l'obligation de représentation égale énoncée à l'article 47.2 se prêterait également à son application à l'appartenance syndicale. Voir en ce sens: F. Morin, *Rapports collectifs du travail*, Montréal, Les Éditions Thémis Inc., 1982, p. 174. Toutefois, le contenu historico-jurisprudentiel de cette obligation ne dépasse pas, non plus d'ailleurs que l'interprétation du texte de loi actuel qui la «codifie», le domaine de l'élaboration et de l'application du régime collectif du travail. Voir notamment sur l'obligation de représentation: J.-P. Gagnon, «Le devoir de représentation des associations de salariés en droit canadien et québécois», (1981) 41 *R. du B.* 639, et *infra*, pp. 280 et ss. L'obligation vise précisément une égalité de traitement entre les salariés «qu'ils soient (...) membres (du syndicat accrédité ou non)», ce qui semble bien exclure qu'elle ait aussi vocation à régir la question même de l'appartenance au syndicat.

108. Eu égard à la forme juridique du syndicat, le recours est ouvert selon le texte explicite de la disposition aussi bien à l'encontre d'un groupement jouissant de la personnalité morale (corporation) que d'un groupement qui, n'étant pas une corporation, est visé par l'article 60, *C.p.c.*, ou encore constitue un «corps public», ce qui pourrait être le statut d'un syndicat accrédité (ou ayant vocation à l'être), s'il n'est pas constitué en corporation. Exemple, dans ce dernier cas: *Hogan c. Association des travailleurs et travailleuses de l'industrie et du commerce, local 614 (A.T.T.I.C.)*, *supra*, n. 86.

109. Voir *supra*, p. 203.

l'équité qui doit marquer son déroulement s'oppose aussi à toute rupture arbitraire et unilatérale du lien d'appartenance[110].

Dans une stricte perspective contractuelle, l'intervention du
tribunal civil serait normalement nécessaire pour prononcer, en l'absence d'accord entre le membre et le syndicat, la résolution du lien
contractuel qui les unit[111]. L'expulsion du syndicat se présente toutefois,
selon ce que consacre d'ailleurs couramment le règlement interne du
groupement, comme la sanction ultime d'un pouvoir disciplinaire qui
s'exerce en son sein. D'après la conception institutionnelle du syndicat,
cette fonction découle de la nature même du groupement, en fait du
besoin d'y assurer la cohésion nécessaire à l'atteinte de ses fins[112]. Le
règlement interne en aménage l'exercice. Par son adhésion, le membre
accepte sa sujétion à l'autorité disciplinaire du syndicat. S'en remettant
à cette explication contractuelle, la jurisprudence laisse place à l'exercice, jusqu'à sa sanction ultime, le cas échéant, de cette autorité disciplinaire dans le groupement[113]. L'autorité disciplinaire du syndicat,
partant celle de ses instances internes, s'impose donc au membre[114].
Pour ce faire, elle doit toutefois respecter diverses exigences juridiques
aux yeux du tribunal de droit commun qui en contrôle la légalité. Ces
limites circonscrivent aussi bien les motifs d'expulsion (1.) que la procédure disciplinaire même d'expulsion (2.).

---

110. *C.C.B.-C.*, art. 1024, *C.c.Q.*, art. 1430 (sous réserve d'entrée en vigueur).
111. *C.C.B.-C.*, art. 1022; *C.c.Q.*, article 1435 (sous réserve d'entrée en vigueur).
    Voir: M. Filion, *Droit des associations*, Cowansville, Les Éditions Yvon Blais Inc.,
    1986, p. 86.
112. J.-M. Verdier, *Syndicats et droit syndical*, p. 300, dans: G.-H. Camerlynck (dir.),
    Droit du travail, 2e éd., Paris, Dalloz, 1987; A. Légal et J. Brèthe de la Gressaye,
    Le pouvoir disciplinaire dans les institutions privées, Paris, Librairie du Recueil Sirey,
    1938, pp. 2 et 122 et ss; L. Michoud, *La théorie de la personnalité morale*, 3e éd.,
    t. 2, Paris, L.G.D.J., 1932, p. 4.
113. Voir ainsi: *Trahan c. Fraternité des employés de tramways*, (1930) 68 C.S. 71. Sem-
    blablement, en common law: *Orchard v. Tunney, supra*, n. 78, et *Bimson v. Johnston,
    supra*, n. 78.
114. Par analogie, dans l'entreprise, le pouvoir disciplinaire de l'employeur, exercé
    régulièrement, s'impose au salarié, sous réserve du contrôle judiciaire posté-
    rieur de la licéité de son exercice.
    Par ailleurs, l'arbitrage civil (*C.C.B.-C.*, art. 1926.1; *C.c.Q.*, art. 2623 (sous
    réserve d'entrée en vigueur)) ne permet pas d'expliquer une telle substitution
    de l'autorité syndicale à celle du tribunal étatique en matière disciplinaire, car
    l'autorité exercée l'est non par un tiers, mais par l'une des parties au «contrat»
    d'adhésion syndicale.
    Enfin, l'exercice du pouvoir disciplinaire peut engager la responsabilité
    extracontractuelle de la part du syndicat, matière du ressort du tribunal de
    droit commun: *International Association of Longshoremen, local 375* c. *Dussault*,
    (1947) 1 D.L.R. 5, p. 8 (Cour suprême du Canada); *Association internationale des
    débardeurs, local 375* c. *Chénard, supra*, n. 30.

1. Motifs d'expulsion

Dans la stricte perspective contractuelle de l'acceptation initiale du membre par le syndicat et sans faire, pour l'instant, appel au statut légal contemporain du syndicat, l'expulsion doit être le fait d'une décision régulière à tous égards[115]. En particulier, elle doit ainsi procéder d'un motif découlant de la constitution syndicale qui y figure expressément ou qui s'infère d'une application légitime, eu égard à la finalité du groupement, du pouvoir disciplinaire qu'elle établit[116]. Le motif d'expulsion que ne justifie pas une analyse précise des passages pertinents de la constitution syndicale n'est pas recevable[117]. À plus forte raison en est-il de même d'un motif tout à fait étranger à la poursuite de la finalité syndicale[118] ou d'un motif arbitraire ou déraisonnable[119]. Enfin, même si elle procédait de la constitution syndicale, toute sanction contraire à l'ordre public serait illégale; ainsi est-ce le cas en particulier des sanctions que l'on prétend imposer à la suite du refus du membre de participer à une grève illégale[120] ou de respecter un piquetage illégal[121].

Cependant, à ces premières limites de la décision d'expulsion découlant du droit commun doivent s'ajouter ces autres restrictions que la législation contemporaine impose de façon particulière aux associations de salariés en raison de leur fonction actuelle de représentation collective: l'interdiction de discrimination selon les lois concernant la

---

115. Sur les critères généraux de légalité des décisions syndicales, voir *supra*, pp. 154 et ss.
116. Les constitutions énoncent généralement les motifs de sanctions disciplinaires. Exemples: *Statuts du Syndicat international des métallurgistes unis d'Amérique, A.F.L. – C.I.O. – C.T.C.*, 1989, art. 12; *Constitution de la Fraternité canadienne des cheminots, employés des transports et autres ouvriers*, 1985, art. 12.
117. *International Association of Longshoremen, local 373* c. *Dussault*, *supra*, n. 114.
    Même situation dans le cas de l'imposition d'une sanction non prévue dans la constitution: *Association internationale des débardeurs, local 375* c. *Lelièvre*, (1966) B.R. 155 (confirmé par (1966) R.C.S. *v.*); *Orchard* c. *Tunney*, *supra*, n. 78 (sanction intérimaire).
118. *Association des pompiers de Montréal Inc.* c. *Fauvel*, C.A. (Montréal) 500-09-000640-813, 31 mars 1982: suspension faisant suite à une accusation de tricherie lors d'une partie de cartes à la caserne avec d'autres membres de l'association... Voir aussi: *Seafarer's International Union, Canadian District* c. *Stern*, (1960) B.R. 901, confirmé à d'autres égards par (1961) R.C.S. 682.
119. Sur l'exigence de »bonne foi» qui doit régner dans les rapports entre le membre et le groupement, laquelle exclut tout comportement «capricieux»: *Union St-Joseph de Montréal* c. *Lapierre*, (1879-1880) 4 R.C.S. 164, p. 185.
120. *Association des professeurs de Lignery (A.P.L.)* c. *Alvetta-Comeau*, (1990) R.J.Q. 130 (C.A.) – dommages exemplaires en vertu de l'article 49, *C.d.l.p.*; *Guèvremont* c. *Syndicat des enseignants de l'Outaouais*, C.S. (Hull) 550-05-000523-830, 18 mai 1983, D.T.E. 83T-580.
121. *Newfoundland Association of Public Employees* c. *P.G. de Terre-Neuve*, (1988) 2 R.C.S. 204; *West Island Teachers' Association*, c. *Nantel*, (1988) R.J.Q. 1569 (C.A.).

personne[122] et, celle, plus large, de discrimination au sens de «comportement singulier et arbitraire», qu'impose le *Code canadien du travail*[123]. Leur portée précise est ici la même qu'à l'occasion d'une décision relative à l'admission.

De plus, s'il s'agit d'un syndicat accrédité, la privation du statut de membre doit, tout comme dans le cas de l'admission d'un nouveau membre, s'envisager en tenant compte de l'effet absolu de la fonction de représentation légale qu'exerce l'organisme au sein de l'unité d'accréditation[124]. Ainsi, le droit du salarié compris dans le groupe représenté par le syndicat d'appartenir à celui-ci s'oppose, quel que soit à cet égard le libellé du règlement interne du groupement, à une expulsion basée uniquement sur une activité syndicale licite au sein d'un groupe rival (bien que cette activité, a-t-on vu, puisse par ailleurs justifier la privation de l'exercice d'une fonction de direction à l'intérieur du syndicat accrédité)[125]. La sanction disciplinaire demeure toutefois possible relativement au défaut du membre de se conformer à différentes autres décisions régulièrement prises dans le groupement, comme le refus de participation à un piquet de grève licite[126]. Elle vient aussi assurer le respect de la discipline inhérente aux assemblées délibérantes ou celui du patrimoine syndical, de même que l'exécution loyale des fonctions syndicales[127].

---

122. Voir *supra*, p. 205.
123. Voir *supra*, p. 206. Voir: *Bernard* et *Association internationale des débardeurs, section locale 375*, (1987) 70 d.i. 118.
124. Voir *supra*, p. 206.
125. Une telle prise de position est manifestement plus exigeante que celle d'une simple application égale de la norme syndicale imposée à tout syndicat par l'article 95 f), *C.c.t.*, et qu'illustre, en pareilles circonstances, la décision *Carbin* et *Association internationale des machinistes et des travailleurs de l'aéroastronautique*, *supra*, n. 89.
126. Voir cependant, dans le contexte antérieur du «syndicat – groupement privé»: *Starr* c. *Chase*, (1924) R.C.S. 495, p. 503 (validité d'une disposition de charte syndicale prévoyant l'expulsion d'un briseur de grève).
127. Voir *supra*, pp. 74 et ss, et J.E. Dorsey, *loc. cit.*, *supra*, n. 75, p. 211.
    Le défaut du membre de payer la cotisation syndicale pourrait être un autre motif d'exercice de la discipline syndicale. Toutefois, l'existence du précompte syndical légal prive celle-ci de signification pratique dans le cas d'un syndicat accrédité. (L'introduction, du moins dans la législation québécoise, du régime «anti-briseurs de grève» conduit à un constat similaire en ce qui a trait au refus du membre de participer à une grève légale.) Voir aussi: *supra*, pp. 68 et ss, pour ce qui est de l'évolution de la fonction disciplinaire à l'intérieur de différents types de syndicats.
    S'agissant toutefois d'un membre non compris dans l'unité d'accréditation et qui n'appartient au syndicat qu'à certaines fins particulières (membre honoraire), le défaut de paiement de la cotisation pourrait être un motif valide d'expulsion.

2. Procédure disciplinaire

Le membre que l'on veut expulser a un droit acquis à la procédure disciplinaire prévue dans la constitution[128]. L'acceptation initiale de son adhésion comporte, de la part du groupement, l'engagement de suivre la voie procédurale qui peut y être énoncée. La constitution établit ainsi d'ordinaire le mode de dénonciation de l'infraction, la notification de celle-ci au membre, la nature et la composition de l'instance initiale, les aspects principaux d'une procédure contradictoire, du prononcé du verdict et des étapes d'appel internes. Pour ce qui est des juridictions elles-mêmes, l'étape initiale, qui se situe dans la section locale dans le cas d'un syndicat ramifié, prévoit tantôt l'intervention de l'exécutif local[129], tantôt la mise sur pied d'un comité disciplinaire distinct de l'exécutif. L'autorité décisionnelle réside même, selon les cas, dans l'assemblée générale des membres appelée à se prononcer sur le rapport d'un comité d'enquête désigné[130]. Une procédure d'appel à un ou plusieurs paliers est aussi usuelle; elle peut ainsi correspondre à la saisine de l'exécutif (ou du président du syndicat entier), dans le cas d'un organisme ramifié, et comporter un pourvoi ultime au congrès général consécutif à sa décision[131]. Il peut même y avoir établissement d'un tribunal d'appel formé d'une ou de plusieurs personnalités recrutées à l'extérieur du syndicat[132]. Certains grands syndicats prévoient aussi la formation d'un tel comité général d'appel des décisions syndicales, y compris celles qui sont relatives à la discipline[133]. Une première exigence s'impose donc: le respect rigoureux de la procédure disciplinaire ainsi établie, d'où découlera par exemple l'invalidité de décisions disciplinaires prononcées sans respecter le principe du contradictoire exprimé sous une forme ou une autre dans la constitution syndicale[134].

---

128. Voir: *Comtois c. Union locale 1552 des lambrisseurs de navires*, (1948) B.R. 671.

129. Exemple: *Statuts de l'Union internationale des travailleurs unis de l'alimentation et du commerce, C.T.C. et F.A.T. – C.O.I. 1988*, art. 26.

130. Exemple: *Statuts du Syndicat international des métallurgistes unis d'Amérique, A.F.L. – C.I.O. – C.T.C.*, 1989, art. 13, section 3. Dans l'espèce, le comité d'enquête, dont ne peuvent faire partie l'accusateur et l'accusé, entend ce dernier; il soumet son «verdict» à l'assemblée de la section locale à qui il revient, le membre dûment convoqué, de statuer sur la sanction.

    D'ailleurs, de façon assez naturelle dans la perspective générale de la vie associative, l'assemblée des membres se trouve souvent investie de la fonction disciplinaire. Voir: A. Légal et J. Brèthe de la Gressaye, *op. cit., supra*, n. 112, p. 390.

131. Voir en ce sens: *Statuts du Syndicat international des métallurgistes unis d'Amérique, A.F.L. – C.I.O. – C.T.C.*, 1989, art. 13, section 6.

132. Exemple: *Statuts du Syndicat canadien des travailleurs du papier, C.T.C.*, 1986, art. 19, sections 12 et 13.

133. Exemple: *Statuts du Syndicat national des travailleurs et travailleuses de l'automobile, de l'aérospatiale et de l'outillage agricole du Canada*, 1988, ch. 28. Voir *supra*, p. 73.

134. *Brisebois c. Conseil corporatif des maîtres barbiers et coiffeurs*, (1966) R.D.T. 504 (C.S.); *Béland c. Association internationale des débardeurs, local 375*, (1947) C.S. 452.

De toute façon, l'application des principes fondamentaux de la justice naturelle – essentiellement, le principe du contradictoire et l'exigence d'impartialité – est inhérente à l'exercice de la fonction disciplinaire, même au sein de groupements privés. La gravité de la sanction possible d'expulsion ne fait qu'en accentuer l'impératif[135]. Il en est ainsi manifestement si l'expulsion du groupement rejaillit sur l'emploi de l'individu. Même si cette conséquence se trouve maintenant exclue dans le cas d'un syndicat soumis aux législations régissant généralement les rapports collectifs du travail du Québec[136], les pouvoirs que ces dernières confèrent à ce syndicat, du moins s'il est accrédité, intensifient semblablement l'exigence de justice naturelle, l'appartenance au groupement établissant elle-même le droit de l'individu de participer aux prises de décision collective qui le lieront sur le plan de son travail[137]. Ces données essentielles de la justice naturelle s'imposent donc non seulement de façon supplétive mais aussi, le cas échéant, à l'encontre du texte du règlement interne du syndicat[138].

Les exigences concrètes de la règle *audi alteram partem* dans les cas d'expulsion pourraient même rejoindre certains éléments caractéristiques de la justice étatique, comme le droit à la représentation par avocat[139]. Autrement, la procédure disciplinaire, telle qu'établie par le règlement interne du syndicat, reflétera ses besoins et ses traditions[140].

---

135. *Lapointe* c. *Association de bienfaisance et de retraite de la police de Montréal*, (1906) A.C. 536, p. 540; *Posluns* v. *The Toronto Stock Exchange*, (1965) 46 D.L.R. (2d) 210, p. 292 (Ont. H.Ct.), confirmé par (1968) R.C.S. 330; même situation en raison d'une obligation contractuelle implicite de comportement du groupement envers le membre: *Seney* c. *Chambre d'immeuble de Montréal*, *supra*, n. 76, pp. 567 et ss. Voir plus particulièrement dans le cas de syndicats: *Association internationale des débardeurs, local 375* c. *Lelièvre*, *supra*, n. 117; *Bimson* v. *Johnston*, *supra*, n. 78, p. 24.

136. Voir *supra*, p. 189.

137. Voir *supra*, pp. 208 et ss.

138. Voir ainsi, à titre d'*obiter*, dans ce dernier cas: *Kennedy* v. *Gillis*, (1961) 30 D.L.R. (2d) 82, pp. 88 et 89 (Ont. H.Ct.). S'inspirant de certains jugements anglais, le professeur Smith opinerait également en ce sens, du moins si l'expulsion du syndicat entraînait la perte de l'emploi: S.A. de Smith, *Judicial Review of Administrative Action*, 3e éd., London, Stevens, 1973, p. 162. Voir: *Lee* v. *The Showmen's Guild of Great Britain*, *supra*, n. 29, p. 342.

     Quant aux chartes supralégislatives, l'article 7 de la *Charte canadienne des droits et libertés* de même que les articles 23 et suivants de la *Charte des droits et libertés de la personne* (dont l'article 34 – assistance d'avocat) ne paraissent pas devoir s'appliquer à l'exercice de la fonction juridictionnelle dans des syndicats dont le fondement n'est pas législatif. Voir dans ce dernier cas le paragraphe (1) de l'article 56 et, par analogie, *Lagarde* c. *P.G. du Québec*, (1986) R.J.Q. 2639, p. 2643 (C.S. – en appel). Voir aussi: *Coffin* c. *Bolduc*, (1988) R.J.Q. 1307, p. 1313 (C.S. – en appel).

139. En ce sens: *Re Wark and Green*, (1985) 23 D.L.R. (4th) 594 (C.A.N.-B.) – l'expulsion, dans l'espèce, était toutefois privative d'emploi; solution contraire: *Huys* v. *Klein*, 81 C.L.L.C., par. 14101 (Sask. Q.B.).

140. Ainsi, les *Statuts de l'Union internationale des travailleurs unis de l'alimentation et du*

L'expulsion qui ne respecte pas les règles précédentes peut être attaquée devant le tribunal de droit commun[141]. Selon les circonstances, celui-ci pourra annuler la décision et ordonner la réintégration du membre et la réparation de son préjudice[142].

commerce, C.T.C. et F.A.T., C.O.I., 1988, art. 26, par. A,12 énoncent, quoique de façon non expressément exclusive, l'assistance possible du membre en cause par un autre membre. Pour sa part, la _Constitution du Syndicat national des travailleurs et travailleuses de l'automobile, de l'aérospatiale et de l'outillage agricole du Canada_, 1988, ch. 26, art. 5, ne limite pas l'assistance et la représentation du membre, mais précise que la procédure qu'elle établit s'impose au représentant.

141. L'absence de procès syndical juste et impartial pourrait aussi fonder une plainte devant le Conseil canadien des relations du travail en vertu de l'article 95 g) du _C.c.t._, lorsqu'il s'applique, c'est-à-dire en présence d'un comportement «discriminatoire» au sens de cette loi: _Udvarhely_ et _Association du personnel naviguant des lignes aériennes canadiennes_, (1979) 35 d.i. 87.

De même, si elle présentait un caractère discriminatoire au sens des lois concernant les droits de la personne, l'expulsion pourrait donner ouverture aux recours particuliers prévus dans celles-ci, tout comme le refus d'admettre un nouveau membre: voir _supra_, p. 205.

142. Exemple: _Association internationale des débardeurs, local 375_ c. _Lelièvre, supra_, n. 117.

Dans le cas d'une procédure disciplinaire comportant plus d'un palier, l'existence d'une voie de redressement interne n'empêchera pas le membre de saisir immédiatement le tribunal étatique du comportement irrégulier du syndicat, même en présence d'une disposition contraire dans la constitution de ce dernier (exemple: _Constitution du Syndicat international des marins canadiens_, 1986, art. 27, par. 7), si le comportement du syndicat outrepasse les normes de la constitution syndicale (_Orchard_ c. _Tunney, supra_, n. 78; _Seafarer's International Union of North America, Canadian District_ c. _Stern_, (1960) B.R. 901 – confirmé, à d'autres égards, par (1961) R.C.S. 682), s'il y a refus de la part du syndicat de suivre initialement la procédure qu'impose sa constitution (_Seafarer's International Union of North America (Canadian District)_ c. _Droeger_, (1954) B.R. 792) ou si le recours interne est devenu en fait inutile ou illusoire en raison de son comportement, ce qui peut correspondre à des manquements caractérisés à la justice naturelle, en particulier au principe du contradictoire (_Association internationale des débardeurs, local 375_ c. _Chénard, supra_, n. 30, p. 430; _Association internationale des débardeurs, local 375_ c. _Lelièvre, supra_, n. 117). Il en sera de même si la composition de l'instance d'appel est déficiente eu égard aux principes de la justice naturelle ou encore si les conditions d'exercice du recours interne sont déraisonnablement onéreuses pour le membre. Voir dans ce dernier cas: _Tunney_ v. _Orchard_, (1955) 3 D.L.R. 15 (Man. C.A.); _Bimson_ v. _Johnston, supra_, n. 78, pp. 34 et 35. Voir sur l'ensemble de la question: G. Marchand, _loc. cit., supra_, n. 75, pp. 440 et 441.

Le _Code canadien du travail_ oblige assez semblablement le plaignant à se prévaloir d'abord du recours interne et à interjeter appel, s'il est possible de recourir facilement à ce dernier, avant d'exercer un recours en vertu de l'article 97, pour sanctionner un manquement du syndicat aux paragraphes f) ou g) de l'article 95. Le recours est toutefois ouvert, aux conditions indiquées, dès lors que le syndicat a statué d'une manière qui, de l'avis du plaignant, laisse à désirer ou s'il a fait défaut de décider du recours dans les six mois de sa présentation par le membre. Sur l'exclusivité de ce recours, par rapport à ceux de droit commun, pour sanctionner la «discrimination» au sens de l'article 95, _C.c.t._, voir _Pilette_ c. _Syndicat des postiers du Canada_, (1991) R.J.Q. 000 (C.S.).

PARTIE II

ACTION

L'institution syndicale trouve sa justification dans la poursuite de la fin associative à laquelle elle s'identifie : un objectif de protection et de promotion de la collectivité d'individus qu'elle réunit ou même, plus largement, dont elle peut se prétendre représentative[1].

Les formes d'action dans lesquelles les groupements syndicaux se trouvent en conséquence engagés sont multiples. Certaines, dont l'importance demeure réelle à la lumière de la tradition des mouve-

---

1. La fin de l'association en général est essentiellement non lucrative, qu'il s'agisse d'une personne morale ou non. Voir, dans le premier cas, la *Loi sur les syndicats professionnels*, L.R.Q., c. S-40, art. 6, et la *Loi sur les compagnies du Québec*, L.R.Q., c. C-38, art. 218, et, dans le second, *C.c.Q.*, art. 2174 (sous réserve d'entrée en vigueur). Elle se distingue ainsi de la société, sous ses différentes formes. Voir notamment M. Filion, *Droit des associations*, Cowansville, Les Éditions Yvon Blais Inc., 1986, pp. 45 et ss.

   Voir en particulier le refus du statut d'«association de salariés» selon l'article 1 a) du *Code du travail* du Québec, L.R.Q., c. C-27, à un groupement obligé selon ses règlements d'adhérer à un organisme de gestion syndicale à but lucratif : *Travailleurs unis de l'alimentation et du commerce, local 500* c. *Association des travailleurs et travailleuses de l'industrie et du commerce, local 469 (A.T.T.I.C.)*, T.T. (Montréal) 500-28-000108-894, 4 avril 1990, D.T.E. 90T-709 (refus d'évocation : *Association des travailleurs et travailleuses de l'industrie et du commerce, local 469 (A.T.T.I.C.)* c. *Tribunal du travail*, C.S. (Montréal) 500-05-005992-902, 11 décembre 1990, D.T.E. 91T-133).

   Voir cependant *Syndicat des travailleurs(euses) d'entreprises, local 105* c. *Union des camionneurs de construction et apprentis mécaniciens d'automobiles et aides, employés de stations-service et de parcs de stationnement et salariés divers, local 903*, (1991) T.T. 000.

ments, ne présentent aucune dominante juridique particulière. Ainsi en est-il de l'activité d'éducation syndicale, et même sociale, au bénéfice des membres. Les constitutions syndicales traduisent à l'occasion des préoccupations de cette nature, qui n'interpellent pas de façon significante le droit étatique[2]. Une telle activité d'éducation n'est elle-même qu'un aspect de tout le courant d'action mutualiste à l'origine de maints mouvements syndicaux et qui y occupe encore une place considérable, comme en témoignent ici aussi les différentes dispositions de constitutions syndicales qui consacrent divers modes de prévoyance sociale, dont la caisse de retraite et l'assurance (notamment advenant le décès du membre) qui en représentent les formes les plus traditionnelles[3]. La *Loi sur les syndicats professionnels* adoptée en 1924, a-t-on vu[4], accorde en particulier une importance relativement grande au mutualisme[5]. Cer-

---

2. Ainsi, la *Constitution du Syndicat national des travailleurs et travailleuses de l'automobile, de l'aérospatiale et de l'outillage agricole du Canada*, 1988, oblige le syndicat national et chacune de ses sections locales à s'engager dans des activités d'éducation correspondant aux divers plans de l'action syndicale. Le président doit nommer un directeur du «service de l'éducation»; chaque section locale doit mettre sur pied un comité d'éducation; le service de l'éducation assure un programme de congés d'éducation payés et de bourses familiales d'éducation pour la formation des membres et de leur famille, et développe un programme visant à favoriser les activités d'éducation dans les sections locales (ch. 23).

   Cette activité d'éducation figure également dans les objectifs généraux des différentes centrales syndicales et des fédérations qui s'y rattachent. Voir ainsi l'article 6 j) et k) des *Statuts et règlements de la C.S.N.*, 1983-1984: celle-ci collabore à l'éducation des travailleurs, notamment en instituant des journées d'étude et des «collèges», dans les limites fixées par le congrès confédéral.

3. Exemples: *Statuts du Syndicat canadien des travailleurs du papier*, 1986, art. 16 (caisse de retraite); *Statuts de l'Union internationale des travailleurs unis de l'alimentation et du commerce*, 1988, art. 22 (prestations de décès).

4. Voir *supra*, p. 117.

5. *Loi sur les syndicats professionnels*, L.R.Q., c. S-40, (*L.s.p.*). En effet, les syndicats formés selon cette loi peuvent notamment établir et administrer des caisses d'indemnité en cas de décès, de maladie ou de chômage et d'autres caisses de même nature, établir et administrer des caisses de retraite, s'engager dans la création d'habitations à bon marché et la création de «jardins ouvriers», créer, administrer et subventionner diverses institutions de prévoyance, subventionner et aider des sociétés coopératives de production et de consommation, etc. (art. 9). L'article 13 pose même certaines exigences en ce qui a trait à la réalisation de ces activités, en particulier celle d'une caisse et d'une comptabilité distinctes pour chaque genre de services. La loi prévoit aussi les modalités et les effets de la liquidation volontaire ou en justice d'une caisse spéciale (art. 16, 17 et 25), de même que l'insaisissabilité des caisses spéciales de secours mutuel, sauf pour assurer le paiement des rentes et secours auxquels peut avoir droit le membre (art. 18). Les fédérations et confédérations de syndicats établies selon cette loi jouissent de pouvoirs analogues (art. 20 et 21), en particulier celui d'établir des caisses de secours au bénéfice des membres des syndicats affiliés, si ces derniers y consentent (art. 21, 1er al.). À noter qu'une caisse d'assurance établie par l'inspecteur général jouit elle-même de la personnalité morale et se trouve administrée par un conseil d'administration d'au moins dix membres nommés par celui de la confédération (art. 20).

tains aspects de l'activité mutualiste des syndicats en général soulèvent la question de l'applicabilité à leur endroit des dispositions des lois qui régissent communément dans la société des domaines tels l'assurance, le dépôt monétaire ou les régimes de rente. À cet égard, les syndicats constitués en vertu de la *Loi sur les syndicats professionnels* jouissent dans l'ensemble d'une situation plus nette que les autres[6].

Mais à la différence d'autres groupes de protection mutuelle, l'action syndicale, dans ce qu'elle a d'essentiel, est externe. Elle se trouve primordialement axée autour d'un rapport entre le groupement syndical et un élément patronal, puisque l'intérêt en cause est celui d'une collectivité de salariés. Il s'agit de la défense et de l'avancement d'un intérêt lié à la situation de travail des salariés en cause, c'est-à-dire d'une action de nature professionnelle (titre I). Par ailleurs, certaines autres dimensions de l'action syndicale envisagée globalement se tournent vers le pouvoir public. D'une part, la poursuite de l'intérêt professionnel peut en venir à exiger un tel prolongement de l'action syndicale;

---

6. Pour ce qui est des caisses de secours mutuel, il y a à tenir compte de l'effet possible de la *Loi sur les assurances*, L.R.Q., c. A-32, qui réserve la possibilité d'agir au Québec à titre d'assureur aux seules corporations autorisées en vertu de cette loi et titulaires d'un permis de l'Inspecteur général (art. 201). Cette loi fait cependant exception pour ce qui est des caisses de secours mutuel établies par les groupements constitués en vertu de la *Loi sur les syndicats professionnels* (*ibid.*, art. 1 a), V. Assureur). Cela rejoint d'ailleurs les pouvoirs que cette dernière loi accorde aux syndicats constitués selon ses dispositions d'établir de telles caisses; celles-ci doivent cependant être régies exclusivement selon des statuts approuvés par l'Inspecteur général (*L.s.p.*, art. 9, 1°). La poursuite de la même activité par les autres syndicats qui ne peuvent se réclamer de l'exception paraît donc contraire à la loi. Une difficulté similaire pourrait survenir au regard, cette fois, de la *Loi sur l'assurance-dépôt*, L.R.Q., c. A-26, qui réserve à certains types d'institutions financières l'obtention du permis nécessaire pour recevoir des dépôts d'argent (art. 24 et 26). Voir: *Courbron c. Union locale n° 568 de la Fraternité internationale des ouvriers en électricité*, (1975) C.S. 56.

Quant aux régimes de retraite, la *Loi sur les régimes complémentaires de retraite*, L.Q. 1989, c. 38, qui exige en principe que tout régime assujetti soit conforme à ses normes et enregistré auprès de la Régie des rentes pour être mis en vigueur au Québec, ne paraît pas atteindre les régimes syndicaux de retraite en général, car elle dispose elle-même qu'elle ne s'applique pas aux régimes supplémentaires auxquels l'employeur ne verse aucune contribution (art. 2 et 6). La situation s'inverse toutefois à l'endroit des groupements constitués en vertu de la *Loi sur les syndicats professionnels*: cette dernière loi rend expressément applicable, moyennant certaines adaptations, l'ensemble des dispositions de la *Loi sur les régimes complémentaires de retraite* aux régimes de retraite des groupements établis selon ses dispositions (art. 14(9), 2°, et 21).

Au sujet de la responsabilité d'un syndicat qui assume un rôle de conseiller relativement à un régime de préretraite, voir: *Rousseau c. Syndicat des employés de la Société Asbestos Ltée*, C.S. (Frontenac – Thetford Mines) 235-05-000109-869, 22 octobre 1990, D.T.E. 90T-1309 (C.S. – en appel).

d'autre part, l'intérêt professionnel ne peut s'isoler en pratique d'autres aspects de la vie sociale. Le groupement syndical s'engage alors davantage directement dans cette voie plus ample de l'affirmation générale des intérêts sociaux, économiques et politiques du salariat dans la société. Il se présente en tant qu'«agent de transformation sociale»: son action le situe cette fois sur le plan civique ou politique (titre II).

PROBLÉMATIQUE ACTUELLE

Comment comprendre l'action syndicale ? Quels sont les objectifs syndicaux ? Changent-ils à travers le temps ? Quels sont les instruments permettant aux syndicats de les poursuivre ? Comment comprendre le rapport entre l'action professionnelle ou économique, dans son sens le plus étroit, et une action à caractère plus socio-politique ?

Nous avons déjà évoqué le fait que le syndicat tend à exercer une double fonction : d'une part, il constitue un instrument de défense et de promotion des intérêts économiques et professionnels de ses membres, surtout par l'action économique, par exemple par la négociation des salaires et des autres avantages sociaux ; d'autre part, il s'avère un agent de transformation sociale qui exprime des revendications d'ordre social et communautaire. Mais cette division est loin d'être hermétique. La dimension économique et la dimension politique ne sont pas, en pratique, dissociables de façon systématique. L'action syndicale est ainsi empreinte de cette double nature, et un degré de complémentarité ou d'opposition entre les deux formes d'action s'y retrouve selon le cas. Comment le syndicat peut-il assurer la promotion des intérêts économiques et sociaux de ses membres ? S'agit-il simplement d'obtenir des augmentations salariales maximales et d'améliorer des avantages sociaux dans les entreprises ? Le syndicat doit-il en outre remettre en cause l'organisation sociale et politique de la société et chercher à la transformer, en définitive, afin d'assurer des gains plus universels ?

Il faut donc situer l'action syndicale dans ce débat entre intérêts particuliers et intérêts plus universels. Selon une vision plus libérale, voire néo-classique, le syndicat n'est que le porte-parole d'un groupement privé d'individus qui cherchent à promouvoir leurs propres intérêts au détriment de toute la communauté[1]. Par contre, selon une vision davantage pluraliste de la société démocratique, le syndicat représente des intérêts plus larges, ceux de toute une catégorie

---

1. M. Freedman, *Capitalism and Freedom*, Chicago, The University of Chicago Press, 1962, pp. 123-131 ; F.A. Hayek, *Unemployment and the Unions, 1980s: the Distortion of Relative Wages by Monopoly in the Labour Market*, London, Institute of Economic Affairs, 1980.

de la population, le salariat. Il lui revient, par son action, de contribuer à assurer une qualité de vie démocratique dans une société et même dans un lieu de travail ou dans une entreprise[2]. Enfin, certains se demandent si le syndicat au Québec, inscrit dans la logique du monopole de la représentation collective des salariés, où il est majoritaire, renforcé par le précompte syndical obligatoire et largement reconnu comme représentant des intérêts socio-économiques dans divers organismes d'État, n'est pas devenu, du moins au sens large, un organisme public plutôt que privé[3]. Ces questions traversent toute l'action syndicale et se retrouvent dans les débats contemporains sur le syndicalisme et son avenir.

La première partie de cette section cherche à situer la négociation collective comme dimension de l'action syndicale au Québec. La deuxième partie porte sur l'action politique. Enfin, une troisième partie considère le rapport variable entre ces deux formes d'action dans la pratique.

Négociation collective et prolongements

La négociation collective demeure un instrument privilégié de détermination des conditions de travail des personnes salariées au Québec. Il faut d'abord souligner non seulement son importance relative mais aussi sa grande diversité et sa complexité. En octobre 1989, 7 784 conventions collectives conclues en vertu du Code du travail régissaient les conditions de travail de 557 792 salariés dans les secteurs privé et péripublic[4]. À ce nombre, il fallait ajouter près de 200 conventions collectives et 416 937 salariés dans les secteurs public et parapublic, 110 530 salariés du secteur de la construction régis par un décret et 112 663 salariés assujettis à une loi fédérale du travail[5].

Plusieurs modèles de négociation collective ont cours au Québec. Ces modèles dépendent de différentes variables, dont le nombre

---

2. Voir: H.J. Laski, *Trade Unions in the New Society*, New York, The Viking Press, 1949; W. Milne-Bailey, *Trade Unions and the State*, London, Allen & Unwin, 1934; G.D.H. Cole, *An Introduction to Trade Unionism*, London, Allen & Unwin, 1955, pp. 273-285; C. Kerr, «Industrial Relations and the Liberal Pluralist», dans: *Proceedings of the Seventh Annual Meeting*, Madison, Industrial Relations Research Association, 1955, pp. 2-14.

3. Voir G. Hébert, «L'évolution du syndicalisme au Canada: comment un mouvement devient une institution», (1987) 42 *Rel. ind.* 500. Certains auteurs français constatent, en contrepartie, une transformation en sens inverse: de groupement à caractère public, le syndicat privilégiant des actions plus étroites deviendrait une organisation à visées particulières. Voir A. Touraine, M. Wieviorka et F. Dubet, *Le mouvement ouvrier*, Paris, Fayard, 1984.

4. R. Courchesne, «Le processus de la négociation collective», *Les relations du travail en 1989*, supplément dans: (janvier 1990) 11 *Le marché du travail* 24.

5. *Ibid.*

d'employeurs et les types de liens qu'ils maintiennent entre eux, le nombre de syndicats, le nombre d'unités d'accréditation et d'établissements touchés par une convention collective, le nombre de syndicats présents dans un secteur donné et le régime juridique qui reflète ces différents aspects des rapports collectifs du travail et les régit. L'action syndicale a, par le passé, contribué à la création de ces structures de négociation collective; aujourd'hui, elle en est tributaire[6].

Le modèle le plus typique de négociation collective met en présence un seul employeur et un seul syndicat qui négocient en vue d'une convention collective établissant les conditions de travail relatives à une unité d'accréditation, qui ne vise elle-même qu'un seul établissement. En janvier 1990, 85,9% des conventions collectives signées au Québec en vertu du Code du travail correspondaient à ce modèle[7]. Celles-ci ne couvraient toutefois que 39,8% des salariés régis par une convention collective. La forme prédominante de négociation collective au Québec est donc fortement décentralisée; elle se situe dans un seul établissement, peu importe sa taille. Par ailleurs, comme nous l'avons vu, cette taille est généralement petite: 84,8% des conventions collectives signées en vertu du Code du travail relevaient d'unités de moins de 100 salariés; 96,0% des premières conventions collectives au Québec signées en 1988-1989 visaient des unités de moins de 100 salariés[8].

Un deuxième modèle touche 17,6% des salariés; il ressemble au premier à l'exception près que la convention collective, tout en procédant d'une même accréditation, régit plus d'un établissement. Dans cette catégorie, nous retrouvons 9,8% des conventions collectives. Ici encore, l'unité de négociation équivaut à l'unité d'accréditation, mais cette dernière vise plus d'un établissement d'un même employeur. Ce modèle est relativement important au fédéral où certaines entreprises pancanadiennes, surtout dans les secteurs du transport et des communications, ont des établissements à travers le pays.

Le troisième modèle s'apparente au deuxième sauf que la convention collective couvre plusieurs unités d'accréditation, mais ne vise qu'un seul employeur. Par exemple, dans le cas de certaines négociations nationales touchant des établissements dans plusieurs provinces, une même convention collective entre un seul syndicat et un seul employeur peut, de façon volontaire, couvrir différentes unités d'accréditation, ainsi issues de différents domaines de compétence pro-

---

6. À cet égard, voir H.A. Clegg, *Trade Unionism Under Collective Bargaining*, Oxford, Basil Blackwell, 1976.

7. Ces données proviennent d'une analyse spéciale du fichier des conventions collectives du ministère du Travail du Québec, effectuée le 22 janvier 1990.

8. R. Courchesne, *loc. cit.*, *supra*, n. 4, p. 26. Notons par ailleurs que la taille moyenne des nouvelles accréditations accordées au Québec en 1988-1989 fut de 25,5 salariés. Voir *Rapport annuel 1988-1989*, Ministère du Travail, Québec, Publications du Québec, 1989, p. 27.

vinciaux. On assiste ici à une négociation à double palier, comme dans les secteurs de l'automobile ou des pâtes et papier, où les négociations locales complètent un accord cadre conclu avec l'employeur[9].

Le quatrième modèle provient des régimes particuliers établis par l'État pour les employés des secteurs public et parapublic et pour l'industrie de la construction. Bien que la structure de négociation soit différente dans chacun de ces secteurs, le modèle comme tel se distingue par sa plus grande centralisation. D'ailleurs, chaque convention collective vise normalement un grand nombre de salariés. Ce modèle varie selon le régime particulier afférent à chaque secteur. Les secteurs public et parapublic correspondent aux domaines de l'éducation, de la santé et des organismes gouvernementaux régis par la loi aménageant la négociation collective[10] et à la fonction publique de l'État québécois[11]. Dans le seul secteur de l'éducation, on dénombre 27 conventions collectives touchant 127 704 salariés, soit 13,1% des salariés couverts par une convention collective au Québec (à l'exclusion du fédéral et des salariés assujettis au décret de la construction). Dans celui de la santé, on trouve 65 conventions collectives régissant les conditions de travail de 219 410 salariés, soit 22,4% de tous les salariés régis par des conventions collectives assujetties à une loi québécoise (excluant le secteur de la construction et le fédéral). Dans la fonction publique québécoise, 28 conventions collectives touchent plus de 67 000 salariés. À elle seule, la convention collective du Syndicat des fonctionnaires provinciaux du Québec (S.F.P.Q.) vise 43 000 personnes, tandis que le Syndicat de professionnelles et professionnels du gouvernement du Québec (S.P.G.Q.) négocie une convention pour 10 712 membres[12].

Le modèle de négociation dans ces secteurs est à la fois décentralisé et centralisé: 70 tables de rencontre sectorielles, mais une table centrale pour chacune des trois grandes centrales syndicales, la F.T.Q., la C.S.N. et la C.E.Q. À titre d'exemple, dans le secteur de la santé, la Fédération des infirmières et infirmiers du Québec (F.I.I.Q.) négocie pour ses quelque 40 000 membres infirmiers à une table sectorielle avec le Comité patronal des négociations sur la santé et les services sociaux. En même temps, la Fédération des affaires sociales (F.A.S.) de la C.S.N.

---

9. Notons que, jusqu'à sa crise financière du début des années 1980, la compagnie Chrysler aux États-Unis négociait une seule convention collective cadre pour tous ses employés américains et canadiens. Sur le modèle de négociation dans l'industrie de l'automobile, voir S. Campbell et M. Pepin, *Étude sur le «Pattern Bargaining» ou négociation type dans l'industrie automobile nord-américaine*, Monographie 18, Montréal, École de relations industrielles, 1988.

10. *Loi sur le régime de négociation dans les secteurs public et parapublic*, L.R.Q., c. R-8.2.

11. *Loi sur la fonction publique*, L.R.Q., c. F-3.1.1.

12. R. Beaupré, A. Desjardins, L. Favreau, D. Maschino, R. Morissette et O. Voyer, «Les conditions de travail négociées en 1988-1989», *Les relations du travail en 1989*, supplément dans: (janvier 1990) 11 *Le marché du travail* 59.

négocie pour ses membres infirmiers avec les représentants de ce même employeur à une autre table sectorielle. À d'autres tables, la F.A.S. représente d'autres catégories professionnelles. La loi elle-même porte donc un élément de décentralisation; elle laisse cours, par ailleurs, à des compléments régionaux et locaux. Par contre, ces négociations sectorielles touchent de multiples accréditations à travers la province, ce qui implique un degré de centralisation que nous ne retrouvons pas dans le secteur privé au Québec. Par le passé, surtout dans les années 1970, certaines rondes de négociation dans ces secteurs donnaient lieu à un front commun entre les grandes centrales ou à un cartel syndical[13]. Enfin, le décret dans le secteur de la construction touchait, en 1988, 110 530 salariés et 17 800 entrepreneurs actifs[14]. La négociation collective y est encore plus centralisée. Un ou plusieurs groupements syndicaux représentant la majorité des salariés dans le secteur négocient à l'échelle du Québec avec l'Association des entrepreneurs en construction.

Le cinquième modèle est résiduaire; il comprend ainsi des régimes visant une pluralité d'employeurs et de multiples autres variations. À l'exception des régimes particuliers de l'industrie de la construction et des secteurs public et parapublic, parmi les quelque 8 000 conventions collectives inscrites au fichier du ministère du Travail du Québec, seules 105 sont signées par plus d'un seul employeur; elles visent un peu moins de 40 000 salariés[15]. Par ailleurs, seulement 33 conventions collectives lient plus d'un syndicat à la fois; elles touchent 21 411 salariés. Dans cette catégorie résiduaire, plusieurs des négociations auraient un caractère sectoriel, par exemple dans les domaines de l'imprimerie, du vêtement pour femmes, du transport scolaire, des concessionnaires d'automobile ou encore du verre plat. Notons que certaines négociations multipatronales, même sectorielles, ont également lieu dans le secteur fédéral[16].

---

13. Voir: J. Boivin, *The Evolution of Bargaining Power in the Province of Quebec Public Sector*, Québec, Département des relations industrielles, Université Laval, 1975; M. Lemelin, *Les négociations collectives dans les secteurs public et parapublic*, Montréal, Les Éditions Agence d'Arc inc., 1984; A. Beaucage, *Syndicats, salaire et conjoncture économique*, Sillery, Presses de l'Université du Québec, 1989.

14. Voir R. Beaupré *et al.*, *loc. cit.*, *supra*, n. 12, p. 48. Pour l'établissement du régime, voir la *Loi sur les relations du travail, la formation professionnelle et la gestion de la main-d'œuvre dans l'industrie de la construction*, L.R.Q., c. R-20.

15. Calculé d'après R. Courchesne, *loc. cit.*, *supra*, n. 4, tableau 1, p. 25.

16. Voir notamment: R.J. Davies, «La structure de la négociation collective au Canada», pp. 243 et ss, dans: *Les relations de travail au Canada*, Études de la Commission royale d'enquête sur l'union économique et les perspectives du développement du Canada, vol. 16, Ottawa, Approvisionnements et Services Canada, 1986. Selon une étude de S. Psutka, *The Structure of Bargaining Units: Issues, Patterns and Implications*, Ottawa, Travail Canada, 1983, que cite R.J. Davies, près de 11% des conventions couvrant plus de 200 employés au pays en 1982, à l'exclusion du domaine de la construction, liaient une pluralité d'employeurs. Ce chiffre comprend le secteur fédéral et les secteurs provinciaux.

Un cas particulier de négociation multipatronale fait appel aux dispositions de la loi qui régit les décrets de convention collective[17], soit l'extension gouvernementale de conventions collectives à des secteurs professionnels. Par exemple, dans le cas des agents de sécurité au Québec, deux syndicats, le local 8922 des Métallurgistes unis d'Amérique et l'Union des agents de sécurité du Québec, qui représentent 9 900 agents de sécurité travaillant dans une quarantaine d'unités locales, se retrouvent face à deux associations patronales à l'occasion d'une négociation centralisée à l'échelle du Québec. Les résultats de ces négociations sont par la suite étendus par décret gouvernemental à environ 15 000 agents de sécurité[18]. Enfin, un total de 142 364 salariés étaient régis par 37 décrets en 1989, selon leur champ d'application respectif[19].

Plusieurs constats découlent de cette analyse de la présence de différents modèles de négociation collective au Québec. La réalité quotidienne de la négociation collective démontre ainsi une forte décentralisation, et même une fragmentation. Le régime d'accréditation nord-américain, avec sa structure d'une accréditation par établissement, se démarque des régimes européens où la négociation sectorielle et multipatronale, qu'elle soit nationale ou régionale, constitue la norme[20]. À l'exception des régimes particuliers établis par l'État au Québec, les centrales syndicales demeurent largement à l'écart de la négociation collective; elles ne négocient pas, le tout étant accompli par des syndicats locaux ou leurs représentants désignés par des fédérations ou des syndicats nationaux ou internationaux.

Cette structure de négociation collective constitue la toile de fond de l'action syndicale sur le plan professionnel; il s'agit de la négociation de multiples petites conventions collectives dans des circonstances forcément hétérogènes. Il en résulte force et faiblesse. D'une part, le mouvement syndical, aiguillonné par la concurrence intersyndicale et par la structure même de la négociation collective, se montre assez sensible aux grandes préoccupations de ses membres dans la poursuite de ces multiples négociations locales. Ce qui joue, croyons-nous, en faveur d'une plus grande démocratie et d'une certaine flexibilité dans la réglementation des conditions de travail. Par contre, une telle décentralisation peut nuire à la cohésion globale du mouvement syndical et rendre l'action concertée ou coordonnée assez difficile. Certains ont avancé que cette faiblesse relative constituait l'un des facteurs importants expliquant le plus haut volume de conflits industriels au

---

17. *Loi sur les décrets de convention collective*, L.R.Q., c. D-2.
18. R. Beaupré *et al.*, *loc. cit.*, *supra*, n. 12, p. 58.
19. Voir *Rapport annuel 1988-1989*, *supra*, n. 8, pp. 35-36.
20. À ce titre, voir: K. Sisson, *The Management of Collective Bargaining*, Oxford, Basil Blackwell, 1987; H.A. Clegg, *op. cit.*, *supra*, n. 6.

Canada[21]. Elle représente certes un obstacle à la syndicalisation, car un pourcentage important de non-syndiqués se retrouvent dans des établissements de plus petite taille. Il faut également voir, dans le contexte québécois en particulier, en quoi la difficulté d'étendre certains gains dans les conditions de travail par le processus de la négociation collective favorise une action politique ou législative accrue de la part de certaines organisations syndicales, par exemple dans le domaine de la santé et de la sécurité du travail. Nous reviendrons sur cette dimension politique de l'activité syndicale.

Par contre, dans les quatre précédents régimes particuliers de négociation sectorielle qui ont fait l'objet d'une attention particulière de la part du législateur, la réalité syndicale est fort différente. Les syndicats y poursuivent périodiquement de grandes rondes de négociation avec l'État. Les stratégies et les politiques de négociation découlent souvent de ces structures de négociation collective. En outre, la mobilisation des ressources est beaucoup plus considérable, les groupements syndicaux s'engageant dans des formes d'action complémentaires telles que les campagnes de publicité, le lobbyisme, les réunions internes aux fins de mobilisation, etc.

Ailleurs, dans le secteur privé, là du moins où des structures de négociation sont plus centralisées et où la concurrence se limite à quelques grandes entreprises, le syndicat se voit contraint de développer des services plus centralisés et de meilleurs mécanismes de coordination et de mobilisation. C'est notamment le cas des Travailleurs canadiens de l'automobile, qui ont une longue tradition de négociation collective fortement centralisée dans l'industrie de l'automobile. Leurs «Conseil canadien» et «Conseil québécois», réunions trimestrielles des représentants de toutes ses sections locales, et leurs congrès nationaux périodiques de négociation collective semblent être des mécanismes bien adaptés à l'élaboration de stratégies à l'échelle d'un ou de plusieurs secteurs industriels et à la création de liens de solidarité nécessaires à la réalisation de politiques plus coordonnées. De la même façon, sans avoir une structure de négociation centralisée, la Fédération des travailleurs du papier et de la forêt (F.T.P.F.) de la C.S.N. consacre beaucoup d'efforts à la recherche de cibles communes pour ses syndicats locaux. Elle poursuit souvent ces objectifs par la négociation type ou le pattern bargaining.

D'autres syndicats, par contre, tout en cherchant à établir leur propre univers de comparaisons salariales, n'ont que peu de mécanismes de coordination. Leurs objectifs et leurs façons de les réaliser reflètent ainsi le modèle de négociation décentralisée. On constate, par

21. Voir: S. Jamieson, *Industrial Conflict in Canada 1966-1975*, Discussion Paper No. 142, Ottawa, Economic Council of Canada, 1979; R.J. Davies, *loc. cit.*, *supra*, n. 16; R. Lacroix, *Les grèves au Canada*, Montréal, Les Presses de l'Université de Montréal, 1987.

ailleurs, en raison de cette structure qui conduit déjà à une négociation fragmentée, une tendance vers un plus grand morcellement encore des unités, surtout dans le secteur des services privés. Par exemple, dans l'alimentation, les politiques de franchisage conduisent à de nouvelles accréditations de petite taille. Devant cette réalité, les syndicats tendent à rechercher, avec plus ou moins de succès, la réalisation d'une négociation élargie afin d'atténuer le degré de concurrence dans les secteurs en cause et d'atteindre des conditions de travail plus ou moins homogènes.

Toutefois, dans une industrie où le syndicat a une présence importante, il peut avoir un intérêt commun avec l'employeur, soit la mise en place, souvent avec le concours du pouvoir public, de mécanismes de concertation sectorielle qui débordent le cadre étroit de la négociation collective. C'est ainsi le cas, au niveau pancanadien, des industries du textile, de l'acier et de l'automobile où des comités mixtes paritaires jouent un rôle de lobbyisme et de recherche en faveur du secteur industriel en cause. De tels organismes paritaires exercent aussi un rôle grandissant dans l'élaboration et dans l'administration des politiques de formation professionnelle, comme dans le cas du Conseil canadien du commerce et de l'emploi dans la sidérurgie (C.C.C.E.S.) ou encore celui du Comité mixte des ressources humaines de l'Association des manufacturiers d'équipement électrique et électronique du Canada[22].

La négociation périodique de la convention collective demeure certes la période la plus spectaculaire du calendrier syndical, car y correspond la possibilité du conflit ouvert, que la loi limite à l'expiration de la convention collective. À ce titre, l'importance relative des arrêts de travail en tant que moyen de pression pour obtenir un règlement dans la négociation collective peut varier d'une année à l'autre, selon les secteurs en négociation et le climat économique. Par exemple, de 1984-1985 à 1988-1989, période de mutation rapide et d'insécurité économique, le pourcentage des conventions collectives signées après un arrêt de travail au Québec a baissé progressivement de 9,2 % à 6,0 % ; le pourcentage de salariés touchés par ces arrêts de travail diminuait également de 15,4 % à 9,4 %[23]. D'un point de vue international, le volume du conflit au Québec et au Canada est relativement élevé, non pas à cause du nombre de conflits, mais en raison

---

22. Voir : J. Barrie et D.K. Belch, « The Canadian Steel Trade Conference Inc.: a Constructive New Dialogue », pp. 16 et ss, dans : *Positive Industrial Relations : The Search Continues*, 35th Annual Conference, Industrial Relations Centre, Montréal, McGill University, 1987 ; Centre canadien du marché du travail et de la productivité (C.C.M.T.P.), *Rapport des groupes de travail du CCMTP sur la stratégie de la mise en valeur de la main-d'œuvre*, Ottawa, C.C.M.T.P., 1990, p. 83.

23. R. Courchesne, *loc. cit.*, *supra*, n. 4, p. 28.

de leur durée relativement longue[24]. Cette plus longue durée relève du type de régime juridique, qui ne sanctionne des conflits qu'à l'expiration de la convention, ainsi que de la nature des industries en cause, qui sont particulièrement vulnérables à de fortes variations dans le cycle économique[25]. En ce sens, la plupart des syndicats prévoient un fonds de grève ou de défense professionnelle auquel les membres peuvent avoir accès durant les conflits de travail[26].

Le contenu des conventions collectives est très varié et, plus souvent, excessivement détaillé. Il suffit de constater que la convention peut régir, en partie au moins, tous les aspects du travail: la mobilité interne, l'accès à la formation, les primes et allocations, les congés, les horaires de travail, les assurances, la santé et la sécurité du travail, son organisation, la rémunération, etc. Le domaine du négociable semble croître sans cesse. Jamais par le passé les conventions collectives n'ont été si détaillées, si complexes[27]. La négociation collective et l'application de la convention nécessitent en conséquence un encadrement syndical de plus en plus spécialisé; ce qui signifie souvent des représentants syndicaux de base dégagés de leurs tâches usuelles par l'employeur, selon les modalités prévues dans la convention collective, pour voir à l'application de cette dernière. Parallèlement à la négociation collective et à l'application de la convention collective, la loi appelle le syndicat à jouer un rôle grandissant et spécialisé en matière de santé et de sécurité du travail, tant à l'intérieur de l'entreprise que comme représentant des membres devant les instances spécialisées[28].

La demande de services spécialisés, assurés par des permanents de mieux en mieux formés, est donc considérable[29]. Des syndicats consacrent de plus en plus de ressources à la recherche et à la formation

24. La prudence s'impose dans l'interprétation des statistiques comparatives sur des conflits industriels. Nous pouvons constater néanmoins que le Canada connaît plus de jours de travail perdus pour cette raison que la plupart de ses grands partenaires économiques. Par exemple, de 1982 à 1987, on y perdait 471 jours de travail par 1 000 employés à cause des conflits de travail. À titre de comparaison, notons les données équivalentes pour quelques autres pays: États-Unis, 117; Royaume-Uni, 426; Japon, 9; Italie, 627; Allemagne de l'Ouest, 54; France, 82; Suède, 57. Voir D. Arrowsmith et M. Courchene, *The Current Industrial Relations Scene in Canada 1989 Collective Bargaining Reference Tables*, Kingston, Industrial Relations Centre, Queen's University, 1989, p. 125.

25. Voir S. Jamieson, *op. cit.*, *supra*, n. 21.

26. À titre d'exemple, voir: *Statuts et règlements du fonds de défense professionnelle de la CSN*, 1986; *Statuts et règlements du Syndicat national des travailleurs et travailleuses de l'automobile, de l'aérospatiale et de l'outillage agricole du Canada (TCA-Canada)*, 1986, ch. 17, art. 11 et ss.

27. Voir R.P. Gagnon, «La convention collective: son élargissement, son application», dans: *Relations de travail* (supplément de *Nouvelles-CSN*), Montréal, C.S.N., avril 1990, pp. 18-20.

28. *Loi sur la santé et la sécurité du travail*, L.R.Q., c. S-2.1; *Loi sur les accidents du travail et les maladies professionnelles*, L.R.Q., c. A-3.001.

29. Voir *supra*, p. 18.

de leurs membres, qu'il s'agisse de la création d'un institut de recherche, comme dans le cas de l'Institut de recherche appliqué sur le travail, qui est le fruit d'une collaboration entre la C.S.N., la F.T.Q. et la C.E.Q., de cours de base offerts aux membres ou aux agents de formation syndicaux ou encore de l'organisation périodique de colloques ou d'autres réunions destinés à informer les membres sur des thèmes d'actualité[30]. Le rôle du syndicat dans l'entreprise est ainsi continu, car, à cause des mutations rapides de son environnement et de l'organisation du travail, il est constamment appelé à définir sa position à l'égard de différentes initiatives de l'employeur. Tel est l'enjeu, par exemple, des tentatives de faire participer les travailleurs, et parfois leurs syndicats, à de nouvelles stratégies de gestion de ressources humaines : gestion participative, participation aux bénéfices, qualité de vie au travail, travail en équipe, etc.[31]. Le rapport entre les dimensions conflictuelle et participative du syndicat dans l'entreprise se révèle ici fort variable selon la conjoncture de l'entreprise et celle de l'organisation syndicale. Certains syndicats demeurent assez critiques devant les «nouveaux» modes de gestion[32]; d'autres se montrent plus disposés à y participer[33].

Action politique

L'action politique ou civique des syndicats ne fait pas l'unanimité : des divergences existent, d'une part, quant à son importance au sein du monde syndical et, d'autre part, quant à la question de savoir si cette action doit être ou non partisane.

---

30. Par ailleurs, de grands regroupements syndicaux reçoivent une aide financière de la part de l'État afin de mieux former leurs membres et leurs dirigeants. En 1987-1988, le Programme de formation syndicale de Travail Canada a distribué 7,3 millions de dollars partagés entre 6 centrales et 95 syndicats indépendants. Voir *Revue annuelle 1987-1988*, Travail Canada, Ottawa, Approvisionnements et Services Canada, 1988, p. 39.

31. Voir : G. Ferland et G. Bellemarre, «Nouvelles stratégies patronales de gestion et leurs impacts possibles sur les conditions de travail», dans : *Pour aller plus loin : les actes du 1er Colloque C.S.N. sur les relations du travail*, Montréal, C.S.N., 1988, pp. 45-92 ; J. Desmarais (dir.), *Syndicalisme et société*, Sillery, Presses de l'Université du Québec, 1988, pp. 19-32 et pp. 59-94 ; T. Kochan, H. Katz et R. McKersie, *The Transformation of American Industrial Relations*, New York, Basic Books, 1986 ; R.J. Long, «Patterns of Workplace Innovation in Canada», (1989) 44 *Rel. ind.* 805.

32. *Nouvelles stratégies patronales, menace ou défi*, Colloque de la F.T.Q., Québec, 26-28 mai 1987 ; *Petit guide syndical sur les cercles de qualité, une «balloune» patronale ?*, Montréal, C.S.N., 1985 ; *CAW Statement on the Reorganization of Work*, Toronto, C.A.W., 1989.

33. *La base des nouveaux syndicalistes québécois, des milieux de travail à réinventer ensemble*, Montréal, C.S.D., 1982 ; *Partenaires d'égal à égal, c'est un droit*, Montréal, C.S.D., 1985 ; *Rapport du Comité exécutif de la C.S.N.*, 55e congrès, C.S.N., Montréal, du 5 au 11 mai 1990 ; *An Agenda for the Future*, Communications and Electrical Workers of Canada, 7th Annual Convention, Québec, du 7 au 11 mai 1990.

Le syndicalisme peut déboucher a priori, avons-nous dit, aussi bien sur l'action politique que sur l'action économique. Dans la réalité, le rapport entre ces deux orientations est toutefois variable selon les syndicats. Ainsi, le syndicat local dépourvu de toute affiliation n'attachera que rarement beaucoup d'importance à la poursuite d'objectifs politiques. À l'inverse, le groupement local lié par son origine ou par son affiliation à un regroupement plus vaste sera naturellement porté à s'engager dans l'action sociale et politique. De telles variations quant à la place de l'action politique peuvent même exister dans les centrales ou les regroupements nationaux ou internationaux. Une vision apolitique, ou au moins une vision où la dimension politique de l'action syndicale revêt une moindre importance, peut néanmoins constituer l'idéologie officielle d'une centrale ou d'un regroupement syndical. Dans ce dernier cas, l'exemple le plus classique est sans doute celui du «gompérisme», vision de Samuel Gompers, premier président de la Fédération américaine du travail (F.A.T.), d'un syndicalisme apolitique axé sur la revendication économique qui consistait en un «syndicalisme pur et simple», orienté sur la poursuite quasi exclusive de la négociation collective[34]. Ainsi, représentante de l'une des deux grandes traditions syndicales, à savoir le syndicalisme de métier, la F.T.Q. est empreinte d'un certain apolitisme. L'autre, le syndicalisme industriel, s'avère, comme nous le verrons, beaucoup plus politique dans ses orientations. La C.T.C.C. (le prédécesseur de la C.S.N.) fournit un autre exemple de syndicalisme apolitique, au moins durant sa première phase. Alfred Charpentier, son président dans les années 1930, déclara: «Le but du syndicat est de négocier un contrat de travail. C'est exclusivement des intérêts économiques et moraux de ses membres qu'il doit s'occuper[35].» Plus récemment, en 1972, la naissance de la C.S.D., à partir d'une scission à l'intérieur de la C.S.N., se rattache selon certains au caractère trop «politique» de cette dernière à l'époque[36]. Les statuts de la C.S.D. reflètent toujours cette préoccupation; ils précisent que cette centrale «demeure libre de toute attache politique[37]».

Mais, même les organisations qui se veulent apolitiques évitent difficilement l'action politique. En effet, l'action syndicale professionnelle déborde facilement le cadre étroitement économique pour rejoindre des préoccupations d'ordre social et communautaire et, même, remettre en question le pouvoir global dans une société. L'ac-

---

34. Voir: S. Denis, *Un syndicalisme pur et simple*, Montréal, Boréal, 1986, pp. 19-40; D. Montgomery, *The Fall of the House of Labor*, Cambridge, Cambridge University Press, 1987, p. 6.

35. *Pour un débat sur l'action politique des travailleuses et des travailleurs*, Document déposé au conseil confédéral, C.S.N., Montréal, 27 et 28 février 1986, p. 13. Voir aussi A. Charpentier, *Ma conversion au syndicalisme catholique*, Montréal, Fides, 1946.

36. Voir *Procès-verbal du Congrès de fondation*, C.S.D., Québec 8-9-10 juin 1972, pp. 75-91.

37. C.S.D., *Règlements de la C.S.D.*, 1987, art. 1, p. 2.

tivité de la C.S.N. dans les années 1940 et 1950 en témoigne. Une série de dures batailles, telle celle de la grève d'Asbestos[38], l'amenèrent à un engagement grandissant dans différentes campagnes politiques contre le gouvernement Duplessis et formèrent une nouvelle génération de dirigeants plus favorables à l'action politique, dont les Gérard Picard, Jean Marchand et Marcel Pepin[39]. Les syndicats de tradition gompériste ont également été obligés de se livrer à différentes revendications d'ordre politique auprès des autorités législatives.

Quant aux syndicats industriels, nés dans l'action politique, ils devaient dès le départ lutter pour faciliter l'accès des salariés à une syndicalisation de masse par une législation appropriée : le Wagner Act de 1935 aux États-Unis et les législations canadiennes du même type de l'après-guerre. Plus près de nous, la grève chez United Aircraft, en 1974-1975, déborda le plan strictement professionnel et alla jusqu'à mettre en cause le cadre même du système des relations du travail[40].

L'accentuation du rôle politique des syndicats au Québec tient en outre à certains traits de son histoire sociale. D'abord, comme nous l'avons évoqué dans le cas de la C.S.N., les nombreuses luttes contre le gouvernement Duplessis pour l'obtention de droits syndicaux et économiques dans les années 1940 et 1950 hâtèrent la politisation relative de certains syndicats québécois et les rendirent prêts à participer à ce projet de modernisation du Québec des années 1960, la Révolution tranquille. Ensuite, l'expansion simultanée de l'emploi et du syndicalisme dans le secteur public pendant les années 1960 et 1970 contribua aussi à situer le syndicalisme sur la scène politique, quoique cela se soit fait de façon quelque peu ambiguë alors. Le rapport entre l'action économique et l'action politique pour un grand nombre de syndiqués des secteurs public et parapublic au Québec est plus complexe. L'État devient un acteur majeur dans les relations du travail ; il dissocie difficilement ses rôles d'employeur et de législateur, d'où des confrontations majeures successives entre le gouvernement et le mouvement syndical.

L'avènement de l'État-providence représente un troisième facteur de développement du rôle politique des syndicats. L'État intervient maintenant de façon beaucoup plus systématique pour réglementer toute une gamme de rapports sociaux et économiques : les politiques relatives à l'emploi, au chômage, à l'éducation, à la santé, etc. Des organisations syndicales sont de plus en plus appelées à jouer un rôle intermédiaire ou participatif dans divers organismes à vocation éco-

---

38. Voir P.E. Trudeau (dir.), *La grève de l'amiante*, Montréal, Éditions du Jour, 1970 (réédition de l'ouvrage de 1956).

39. Voir C.S.N., *op. cit.*, *supra*, n. 35, p. 14.

40. Il est généralement convenu que cette grève mena à l'institution du précompte syndical légal obligatoire au Québec. Voir M. Pratt, *La grève de la United Aircraft*, Sillery, Presses de l'Université du Québec, 1980, p. 85.

nomique et sociale[41]. Les représentants syndicaux se retrouvent ainsi dans de nombreux conseils consultatifs et dans d'autres types de mécanismes de concertation, particulièrement au provincial, mais également au fédéral. Cette participation est parfois permanente et institutionnelle, comme dans le cas de différents organismes tripartites ou multipartites; parfois elle n'est que passagère, comme dans le cas des sommets économiques ou des consultations ponctuelles[42]. Quant à la nature et à la variété de cette participation, nous y reviendrons.

Cette participation des syndicats à des organismes étatiques constitue un phénomène général, propre aux sociétés industrialisées à économie de marché. Les années 1960 et 1970 témoignent d'une véritable prolifération de mécanismes consultatifs entre l'État et les mouvements syndicaux et patronaux[43]. D'aucuns y voient une forme de «néo-corporatisme». Les groupements intermédiaires, les syndicats et les organisations patronales en particulier, deviennent, selon certains, des interlocuteurs privilégiés de l'État, en vue de l'articulation des intérêts socio-économiques et de l'organisation politique d'une société, ce qui donne une concertation débordant largement le champ étroit des relations patronales-ouvrières[44].

41. L. Roback, «Les formes historiques de politisation du syndicalisme au Québec», pp. 35-36, dans: G. Bergeron et R. Pelletier (dir.), *L'État du Québec en devenir*, Montréal, Éditions du Boréal Express, 1980; C. Levasseur, «De l'État-providence à l'État disciplinaire», pp. 285-328, dans: G. Bergeron et R. Pelletier (dir.), *op. cit.*; G. Boismenu et D. Drache (dir.), *Politique et régulation*, Montréal, Éditions du Méridien, 1990.

42. Sur la concertation provinciale voir P. Fournier, *La concertation au Québec – Étude de cas et perspectives*, Étude pour la Commission consultative sur le travail et la révision du *Code du travail*, Québec, Publications du Québec, 1984; L. Ouellet, «La concertation», pp. 145-172, dans: J. Dusfresne et J. Jacques (dir.), *Crise et leadership: les organisations en mutation*, Montréal, Boréal, 1983.

Pour le fédéral, voir: P. Fournier, «La concertation au Canada: étude de cas et perspectives», pp. 321 et ss, dans: K. Banting (dir.), *L'État et les milieux économiques*, Études pour la Commission royale sur l'union économique et les perspectives de développement du Canada, vol. 32, Ottawa, Approvisionnements et Services Canada, 1986; K.G. Waldie, «L'évolution de la concertation entre les travailleurs et l'État en matière de politique économique», pp. 186 et ss, dans: *La coopération ouvrière patronale*, Études pour la Commission royale sur l'union économique et les perspectives de développement du Canada, vol. 15, Ottawa, Approvisionnements et Services Canada, 1986; R.J. Adams, «The Federal Government and Tripartism», (1982) 37 *Rel. ind.* 606; J. Crispo, *National Consultation*, Montréal, C.D. Howe Institute, 1984; A. Giles, «The Canadian Labour Congress and Tripartism», (1982) 37 *Rel. ind.* 93.

43. Voir: K. von Beyme, *Challenge to Power: Trade Unions and Industrial Relations in Capitalist Countries*, London, Sage, 1980; C. Crouch et A. Pizzorno (dir.), *The Resurgence of Class Conflict in Western Europe Since 1968*, London, Macmillan, 1978, 2 vol.

44. Voir: L. Panitch, «Corporatism in Canada», (1979) 1 *Studies in Political Economy* 43; P.C. Schmitter, «Still the Century of Corporatism?», (1974) 36 *Review of Politics* 85.

Quant à l'action politique des syndicats – la distinction est importante en milieu québécois –, elle peut être non partisane ou partisane. La C.S.N. illustre la première hypothèse ; ses statuts et règlements sont très clairs : « La C.S.N. est une centrale syndicale indépendante de tous les partis politiques et il lui est interdit de s'affilier à aucun d'eux[45]. » Par contre, ces mêmes statuts n'en précisent pas moins que la C.S.N., « dans l'intérêt des travailleuses et des travailleurs, peut exercer une action de portée politique ». Différents moyens d'action sont mis en évidence, dont la formation de comités politiques et populaires, le combat contre différents projets gouvernementaux nuisibles aux intérêts de ses membres, des programmes d'éducation, des comités d'orientation, etc.[46]. La C.E.Q. se situe également dans cette tradition d'action politique sans liens partisans[47]. Une telle orientation, si elle exclut l'appui à un parti politique, n'exclut pas cependant la prise de position officielle contre des partis politiques, notamment à l'occasion d'élections. La C.S.N. a agi en ce sens lors de nombreuses élections législatives, notamment en 1960, lorsque le Parti libéral de Jean Lesage a remplacé le gouvernement de l'Union nationale[48].

La F.T.Q. représente, quant à elle, la tradition d'action politique partisane au Québec. Les syndicats industriels au sein de la F.T.Q., dont les syndicats de l'automobile et de la métallurgie, véhiculaient d'ailleurs un long courant d'action politique, action étroitement liée au prédécesseur du Nouveau Parti démocratique (N.P.D.), soit la Cooperative Commonwealth Federation (C.C.F.). En 1956, la fondation du Congrès du travail du Canada (C.T.C.) contribua directement à la création du N.P.D.[49]. Cette vision s'inspirait de la tradition sociale-démocrate britannique ; le Parti travailliste en Grande-Bretagne avait été précisément créé par le mouvement syndical en vue d'en constituer son arme politique et législative[50]. Les syndicats britanniques peuvent s'affilier à la fois à la centrale et au parti ; en fait, ils détiennent la grande majorité des voix dans les congrès d'orientation annuels du parti. Ce genre de lien structurel organique entre un mouvement syndical et un parti politique est actuellement peu courant au Québec. Au Canada anglais, par contre, certains syndicats locaux appartenant à de grands orga-

---

45. *Statuts et règlements de la CSN*, 1986, art. 7.01, p. 9.

46. *Ibid.*, art. 7.02.

47. *La C.E.Q. et l'action politique*, Québec, C.E.Q., 1987.

48. Voir : L. Roback, « Les formes historiques de politisation du syndicalisme au Québec », dans : G. Dion (dir.), *La politisation des relations du travail*, 28ᵉ congrès des relations industrielles de l'Université Laval, Québec, Les Presses de l'Université Laval, 1973, pp. 15-44.

49. W.D. Young, *The Anatomy of a Party : the National C.C.F. 1932-1961*, Toronto, University of Toronto Press, 1969, pp. 131-134.

50. Voir : H. Pelling, *The Origins of the Labour Party*, 2ᵉ éd., Oxford, Oxford University Press, 1965 ; G. Murray, « Action politique des syndicats en Grande-Bretagne », dans : *Notes de recherche*, nᵒ 15, Québec, Centrale de l'enseignement du Québec, 1987, pp. 1-18.

nismes syndicaux sont souvent liés au N.P.D. Ils ont alors le droit d'envoyer des délégués aux congrès d'orientation du Parti au même titre que les associations du Parti de chaque circonscription[51]. *À l'encontre de l'exemple britannique, le rôle syndical au sein du N.P.D. est loin d'être déterminant en ce qui a trait au nombre de votes détenus*[52]. *Le Congrès du travail du Canada maintient toujours son appui officiel au N.P.D.*

De 1961 à 1971, un appui officiel au N.P.D. fut même inscrit dans les statuts de la F.T.Q.[53]. *Depuis lors, la F.T.Q. se fait plus sélective quant à son action politique partisane. Ses rapports avec le N.P.D. furent en effet souvent compliqués par la «question nationale» au Québec, surtout après la formation du Parti québécois (P.Q.). La direction de la F.T.Q. a eu tendance à prêter son appui au P.Q. à l'occasion des élections provinciales et au N.P.D. pour les élections fédérales*[54]. *Il faut préciser que cet appui se limite à une certaine aide matérielle et à une recommandation favorable à l'égard du parti politique au moment des élections. Une telle recommandation n'a qu'une force morale auprès des membres. Par ailleurs, on ne peut établir clairement dans le contexte québécois jusqu'à quel point les syndiqués suivent ces recommandations à teneur politique de leurs syndicats*[55]. *Les positions tant positives que négatives dans l'ordre politique ne font pas l'unanimité. À l'élection de 1985, le Bureau politique de la F.T.Q. recommandait un appui au Parti québécois, recommandation que rejeta un congrès extraordinaire. Pour ce qui est des élections de 1988, l'une des instances intermédiaires (géographique en l'occurrence) de la C.S.N., le Conseil central de Montréal, adopta une position «partisane» en faveur du Nouveau Parti démocratique. Une fois présentée au Bureau confédéral de la C.S.N., cette initiative partisane ne fut pas endossée par d'autres instances de la Centrale*[56].

---

51. Voir notamment: G. Horowitz, *Canadian Labour in Politics*, Toronto, University of Toronto Press, 1968, pp. 198-233; M. MacNeil, «Unions, Politics and Law in Canada», (1988) 43 *Rel. ind.* 847; P.G. Bruce, «Political Parties and Labor Legislation in Canada and the U.S.», (1989) 28 *Industrial Relations* 115; K. Archer, «Canadian Unions, the New Democratic Party, and the Problem of Collective Action», (1987) 20 *Labour – Le travail* 173; E. Munn, «L'action politique partisane à la F.T.Q. (1957-1976)», (1982) 12 *Labour – Le travail* 43.

52. Par exemple, à l'occasion du congrès national d'orientation du N.D.P. en 1969, 218 des 900 délégués venaient des syndicats affiliés; voir: R.U. Miller, «Organized Labour and Politics in Canada», dans: R.U. Miller et F. Isbester (dir.), *Canadian Labour in Transition*, Scarborough, Prentice-Hall of Canada Ltd., 1971, p. 221.

53. *Pour une société à notre mesure*, Document de travail, XXᵉ congrès, F.T.Q., Montréal, du 30 novembre au 4 décembre 1987, p. 47.

54. M. Vastel, «La FTQ appuiera le NPD aux élections», *Le Devoir*, 1ᵉʳ juin 1988, p. 10; F.T.Q., *L'enjeu électoral, Québec – 1989*, 4ᵉ congrès extraordinaire, Laval, 26 août 1989.

55. Il ne semble pas exister d'études scientifiques sur cette question.

56. P. des Rivières, «La CSN pourrait appuyer un parti pour la première fois de son histoire», *Le Devoir*, 8 octobre 1988, p. A-2; B. Breton, «Larose préfère

La question nationale constitue un autre enjeu politique important pour les organisations syndicales. Ainsi, la F.T.Q. s'est clairement prononcée en faveur du «oui» au référendum de 1980 sur la souveraineté-association du Québec[57]. À l'opposé de la tradition partisane de la F.T.Q., ni la C.S.N. ni la C.E.Q. n'ont alors pris de position claire[58]. En 1990, toutefois, chacune de ces centrales a adopté une résolution en faveur de l'indépendance du Québec durant son congrès biennal[59].

L'action partisane est sans doute l'un des éléments les plus remarqués de l'action politique syndicale. Le quotidien de son action politique réside par contre dans des interventions régulières portant sur une vaste gamme de questions économiques, sociales et communautaires. Il y a alors tout un débat au sein du mouvement syndical sur les moyens les plus propres à l'avancement de ses objectifs[60]. Comment assurer son influence sur les politiques gouvernementales? S'agit-il de faire des interventions ad hoc devant différentes commissions parlementaires, dans les débats publics, d'aller même jusqu'aux manifestations populaires de ses membres devant le Parlement? S'agit-il, au contraire, d'obtenir une représentation et une reconnaissance de nature plus permanente? Dans les années 1970, au cours d'une période de radicalisation politique relative, la C.E.Q. et la C.S.N. ont toutes deux eu tendance à retirer leur participation de différents mécanismes officiels de consultation étatique (ou à y mettre des réserves), notamment à l'occasion des sommets économiques organisés par le gouvernement du Parti québécois. Dans les années 1980, ces deux centrales ont modifié leur politique et ont recommencé à réclamer une présence au sein de différentes instances consultatives étatiques[61]. Entre-temps, la F.T.Q. a continué à multiplier sa présence à différents niveaux.

Aux fins de la présente étude, nous avons tenté d'évaluer la participation syndicale au sein de différentes instances étatiques au

---

que la CSN ne s'associe pas à un parti», *Le Soleil*, 19 octobre 1988, p. A-13; «La CSN n'appuie pas le NPD», *Le Devoir*, 29 octobre 1988, p. A-2.

57. Voir F. Cyr et R. Roy, *Éléments d'histoire de la FTQ: la FTQ et la question nationale*, Montréal, Éditions coopératives Albert St-Martin, 1981.

58. Voir N. Laurin-Frenette et J.-F. Léonard, *L'impasse*, Montréal, Les Éditions Nouvelle Optique, 1980.

59. *Un pays à construire*, 32e Congrès, C.E.Q., Laval, du 26 au 30 juin 1990; «Rapport des comités pré-congrès», dans: *Rapport du Comité exécutif de la C.S.N.*, 55e congrès, C.S.N., Montréal, du 5 au 11 mai 1990. Pour ce qui est de la position de la F.T.Q., voir F.T.Q., *L'enjeu électoral, Québec – 1989, supra*, n. 54.

60. Voir, par exemple, «L'action politique syndicale», dans: *Agir collectivement*, Dossier C.E.Q., Québec, C.E.Q., novembre 1987.

61. En ce qui a trait à la position de la C.E.Q., voir «CEQ: une nouvelle politique de représentation», dans: *Mouvements*, printemps 1984, p. 14. Pour sa part, la C.S.N. a redéfini sa «politique de présence»; voir *S'organiser pour travailler et vivre autrement*, Procès-verbal du 52e congrès, C.S.N., Montréal, du 13 au 19 mai 1984, pp. 69-70.

Québec. La démarche s'est restreinte aux instances où une loi prévoyait une telle participation. Deux constats se dégagent de ces données empiriques : d'abord, la grande diversité des formes étatiques se prêtant à une certaine participation syndicale ; ensuite, le fait que la F.T.Q. occupe globalement une place prédominante par rapport aux groupements en présence au Québec.

En ce qui concerne le premier point, nous avons repéré 21 organismes provinciaux qui comprenaient une participation syndicale quelconque ; 18 prévoyaient une représentation syndicale précise ou, au moins, une représentation après consultation «des associations les plus représentatives du monde du travail». Ainsi, un représentant du mouvement syndical se retrouve présent dans des organismes aussi divers que la Caisse de dépôt et placement du Québec, le Conseil du statut de la femme, l'Office de la langue française, le Conseil des universités et l'Office des personnes handicapées, entre autres. Notons également la participation syndicale dans d'autres types d'organismes sur le plan provincial : des organismes sectoriels dans le domaine de la santé et de la sécurité du travail et des organismes à caractère régional dont les conseils régionaux de développement et les commissions de formation professionnelle[62]. S'y ajoute la participation syndicale dans diverses instances de compétence fédérale, dont le Conseil consultatif canadien de l'emploi et de l'immigration, le Conseil économique du Canada et le Centre canadien de lutte contre la toxicomanie.

Notons en passant la participation syndicale dans les organismes paritaires non étatiques, tels que le Centre canadien du marché du travail et de la productivité au fédéral ou le Forum national pour l'emploi au provincial, ou encore dans les organismes multipartites comme le Comité de promotion de l'alphabétisation[63]. Les syndicats peuvent également être appelés à participer à différents comités consultatifs ad hoc qui ont pour mandat de conseiller tel ou tel ministre ; c'est le cas du Comité consultatif sur les programmes d'accès à l'égalité, qui conseille la ministre déléguée à la Condition féminine sur les programmes d'accès à l'égalité dans le secteur privé[64].

La F.T.Q. paraît en fait l'organisation la plus engagée dans cette forme de participation étatique sur le plan provincial. Ainsi, des

---

62. Mentionnons, en passant, le cas de l'Institut de recherche et d'information sur la rémunération. Même si une présence syndicale importante est prévue au conseil d'administration de cet institut, les grandes centrales n'y participent pas, la seule représentante syndicale étant issue du milieu du syndicalisme indépendant. Voir *Rapport annuel 1987-1988*, Montréal, Institut de recherche et d'information sur la rémunération, 1988.

63. Pour une liste complète des activités de représentation voir : *Rapport du secrétaire général*, 21ᵉ congrès, F.T.Q., Québec, du 27 novembre au 1ᵉʳ décembre 1989, pp. 47-60 ; *Rapport des activités sous la responsabilité des membres de l'exécutif de la C.S.N.*, 55ᵉ congrès, C.S.N., du 5 au 11 mai 1990, pp. 113-137.

64. *Ibid.*, p. 131.

21 organismes dans lesquels nous avons relevé une participation syndicale, 54,6%, soit 24 des 44 représentants désignés, venaient de la F.T.Q. et de ses affiliés. La C.S.N. avait 9 représentants, soit 20,5%, et la C.E.Q. 5, soit 11,4% des représentants. Cette plus grande présence de la F.T.Q. dans des organismes provinciaux est sans doute le fruit d'une vision politique qui valorisait une représentation maximale dans ce genre d'instance, cela au moment même où les deux autres grandes centrales écartaient une telle participation.

Cette politique participative s'est manifestée également au cours des années 1980 par la création, à l'instigation de la F.T.Q., d'un fonds d'investissement sous forme du régime d'épargne-retraite qui vise à créer et à maintenir des emplois dans les entreprises québécoises[65]. Le Fonds de solidarité, créé par une loi québécoise de 1983[66], procure à ceux qui y participent des avantages fiscaux tant au provincial qu'au fédéral. Il connaît un succès important au point de susciter l'intérêt d'autres organisations syndicales, notamment celui de l'Union des producteurs agricoles et de la Fédération canadienne du travail.

Remarquons enfin que l'action politique syndicale déborde aussi le cadre strictement national pour rejoindre des préoccupations reliées au développement économique des pays du tiers monde et la poursuite de solidarités internationales. Les grandes centrales québécoises entretiennent toutes des liens avec d'autres syndicats dans d'autres pays, notamment par des confédérations internationales, comme la Confédération internationale des syndicats libres dans le cas du C.T.C. et de la F.T.Q. ou la Confédération mondiale du travail (qui a succédé à la Confédération internationale des syndicats chrétiens) dans le cas de la C.S.N., du moins jusqu'en 1986. Au même titre, notons la participation internationale se rattachant à différents organismes de nature professionnelle ou sectorielle, comme la Fédération internationale syndicale de l'enseignement et la Confédération mondiale des enseignants, dans le cas de la C.E.Q., ou encore la Fédération internationale des organisations de travailleurs de la métallurgie, dans le cas des Métallurgistes unis d'Amérique (Métallos). Les grandes organisations syndicales participent aussi directement à différents programmes d'aide au développement, entre autres en Amérique latine et en

---

65. L. Fournier, «Le fonds de solidarité (FTQ): une petite révolution syndicale», (1987) 17 *Interventions économiques* 39-46.

    Dans le cas de la C.S.N. il y aurait lieu de tenir compte également du rôle de la Caisse populaire des syndicats nationaux ainsi que de la Caisse d'économie des travailleuses et des travailleurs de Québec dans la création des coopératives de travail afin de sauvegarder l'emploi de ses membres. Voir *Rapport des activités sous la responsabilité des membres de l'exécutif de la C.S.N.*, *supra*, n. 63, pp. 46-47.

66. *Loi constituant le fonds de solidarité des travailleurs du Québec (F.T.Q.)*, L.R.Q., c. F-3.2.1.

Afrique[67]. *En particulier, signalons la mise sur pied en 1985 d'un fonds spécial pour l'humanité (le Fonds d'humanité) par le Bureau pancanadien des Métallos. Financé par une déduction salariale à la source négociée dans différentes conventions collectives, ce fonds contribue, en collaboration avec différents organismes internationaux comme Oxfam, à des projets particuliers dans des pays en voie de développement et, en collaboration avec différents groupes de solidarité sociale, à des projets de nature communautaire au Canada[68]. La participation syndicale se voit également dans des groupes de pression, dont Amnistie internationale.*

L'action syndicale axée sur des questions d'ordre social et communautaire se manifeste aussi en l'absence de tout cadre étatique. La plupart des syndicats participent en effet à différentes campagnes de bénévolat comme Centraide. Ils tissent également des alliances avec d'autres groupements à caractère social précis dont le rôle est de promouvoir une cause en particulier, par exemple favoriser la paix, protéger l'environnement, faire avancer la cause des femmes, des chômeurs[69]. Toutes ces causes sont alors perçues comme le prolongement naturel de solidarités élargies inhérentes à l'action syndicale, aussi bien sur le plan local que dans les syndicats ramifiés et les regroupements syndicaux.

Rapport variable entre l'action économique et l'action politique

Les mutations rapides de l'environnement économique et social des organisations syndicales provoquent des remises en cause des modes d'action syndicale, tant au Québec que dans d'autres pays industrialisés à économie de marché. La mondialisation des rapports économiques, la restructuration des entreprises qui en découle, l'implantation de nouvelles technologies et la réorganisation des systèmes de production, l'entrée de nouveaux groupes sur le marché du travail – femmes, jeunes, minorités visibles –, la précarisation grandissante de l'emploi, le rétrécissement et la redéfinition du rôle de l'État ne sont que quelques-uns des facteurs qui remettent en question le mouvement syndical et ses modes d'action. Dans ce contexte, il n'est guère surprenant d'assister à une remise en cause de l'action syndicale traditionnelle et à une accentuation des tensions entre ces grands types d'action que sont

---

67. Par exemple, voir *Rapport des activités sous la responsabilité des membres de l'exécutif de la C.S.N., supra,* n. 63, p. 13.

68. *Le rapport du directeur national pour le Canada,* Congrès canadien d'orientation, Métallurgistes unis d'Amérique, Toronto, avril 1989, pp. 4-5.

69. Par exemple, citons la participation syndicale dans les organismes tels le Conseil canadien de l'éducation des adultes et le Conseil canadien du développement social.

l'action économique et l'action politique. En même temps, on peut constater que ni l'un ni l'autre ne s'imposent de façon exclusive. Leur rapport est très variable, selon le contexte et l'organisation touchés.

Deux tendances dans l'action syndicale semblent actuellement émerger: un nouveau syndicalisme d'entreprise et un nouveau syndicalisme général[70].

On voit poindre un nouveau syndicalisme d'entreprise dans certains secteurs clés, dont l'automobile et l'électronique. Il représente plutôt l'adaptation d'un ancien syndicalisme d'affaires à la réorganisation de l'entreprise et aux nouvelles stratégies patronales. Tout en privilégiant les catégories de salariés les plus stables sur le marché du travail, surtout dans le secteur privé, le syndicalisme d'entreprise s'intéresse relativement peu à l'élargissement du projet syndical au-delà de certains secteurs et de certaines catégories de salariés bien définies. Son action est principalement professionnelle. L'action politique, qu'elle soit partisane ou autre, ne représente alors qu'un volet très secondaire de son activité. Son action implique, au contraire, un certain repli sur l'entreprise et ses visées[71]. Il y a à cet égard un terrain d'entente possible avec l'employeur qui fait face à des contraintes concurrentielles. Toutefois, ce syndicalisme n'est pas à l'abri de toute contradiction. Il demeure vulnérable aux nouvelles tentatives patronales de gestion des ressources humaines et il doit se montrer «bon partenaire» pour assurer des investissements futurs dans l'établissement, ce qui n'est pas toujours suffisant, de façon paradoxale, pour assurer sa propre survie au sein de l'entreprise. Il en est ainsi dans l'industrie de l'automobile, où une certaine politique de collaboration entre l'employeur et le syndicat sur le plan de l'établissement n'est pas suffisante pour garantir la survie de ce dernier au sein de l'entreprise, les différentes composantes de celle-ci étant mises en concurrence l'une avec l'autre par l'employeur. Ce modèle peut aussi mener à l'isolement du syndicat local et aller à l'encontre de l'implantation d'une solidarité plus large, sa préoccupation quasi exclusive se situant précisément dans l'entreprise.

L'autre prototype, le nouveau syndicalisme général, cherche à organiser les nouvelles catégories de travailleurs précaires sur le marché du travail et à réduire les différences de statut entre ceux-ci et les travailleurs les plus stables. L'action que favorise cette vision du syndicalisme doit nécessairement déborder le cadre de l'entreprise unique et rejoindre un marché du travail plus large et fortement hétérogène. Elle conduit à ces alliances ou à ces liens de solidarité, avons-

---

70. Voir G. Murray, «Les stratégies syndicales face à la précarité», dans: G. Laflamme, G. Murray, J. Bélanger et G. Ferland (dir.), *La flexibilité des marchés du travail au Canada et aux États-Unis*, Genève, Institut international d'études sociales, 1989, pp. 191-208.
71. Certains y voient un phénomène de «micro-corporatisme». Par exemple, voir D. Ségrestin, *Le phénomène corporatiste*, Paris, Fayard, 1985.

nous vu, avec différents types de groupements de femmes, de jeunes, d'écologistes, etc. Ce syndicalisme privilégie l'arène politique afin de généraliser par voie législative certaines conditions minimales de travail, faciliter l'accès à la syndicalisation et la négociation sectorielle. Il recherche aussi la formation de coalitions plus larges, susceptibles de constituer une force sociale suffisante pour atteindre de tels objectifs. L'action professionnelle revêt alors une dimension nécessairement politique. Par sa composition hétérogène, un tel modèle risque cependant de transposer en son sein des conflits existants sur le marché du travail, surtout entre les salariés stables et ceux qui ne le sont pas. À la différence du syndicalisme d'entreprise, ce nouveau syndicalisme général doit donc apprendre à gérer et à résoudre des conflits, avant tout internes, pour atteindre ses objectifs.

L'action syndicale est ainsi très diverse et le syndicalisme se trouve tiraillé entre un rôle étroit et un rôle plus large. D'une part, le syndicat qui devient un simple instrument politique risque de perdre l'adhésion de ses membres. D'autre part, le syndicat qui se replie sur des revendications économiques et abusivement étroites risque d'être dépassé par des changements sociaux plus larges et de devenir incapable d'atteindre ses objectifs devant des contraintes qui débordent le champ restreint de l'entreprise. Jamais par le passé, ce rapport entre l'action professionnelle et l'action sociopolitique n'a-t-il été si complexe, et si grand le besoin d'innover sur le plan des organisations et de leurs méthodes d'action!

TITRE I

ACTION PROFESSIONNELLE

Ainsi, devant l'élément patronal, le syndicat s'engage tantôt dans une action conflictuelle (chapitre I), tantôt dans une action de collaboration ou de participation (chapitre II) à l'intérieur de collectivités de travail plus ou moins vastes.

CHAPITRE I

ACTION CONFLICTUELLE

Le rapport conflictuel entre l'élément patronal et l'élément syndical tantôt se manifeste ouvertement sur le terrain de la lutte économique : la partie syndicale fait alors appel à la force de coalition qui la caractérise (section I) ; tantôt la confrontation devient judiciaire : le syndicat exerce alors une fonction de représentation devant l'instance saisie du litige (section II).

SECTION I

COALITION

En tant que groupement, le syndicat recourt primordialement à l'action collective d'individus qui l'appuient pour infléchir le comportement du patronat dans le sens des intérêts des salariés qu'il représente. Sa force réside à cet égard en cette capacité de mobilisation. Refus concerté de fournir le travail à des employeurs, d'acheter leurs produits ou services, de les approvisionner : autant de coalitions, réelles ou appréhendées, qui pourront conduire, selon les circonstances, à des concessions patronales pour les éviter ou mettre fin au préjudice qu'elles engendrent.

La finalité de protection professionnelle de la coalition empêche en principe d'y voir un complot en vue de restreindre le commerce, que sanctionne le droit pénal[1], tout comme pour ce qui est des objets mêmes du syndicat[2]. À cet égard, existe depuis la fin du siècle

---

1. *Code criminel*, L.R.C. (1985), c. C-34, art. 466(1) ; *Loi relative aux enquêtes sur les coalitions*, L.R.C. (1985), c. C-23, art. 4(1)a).
2. *Code criminel*, art. 466(2).

dernier, à tout le moins, une simple liberté de recourir à ce procédé[3]. Sur le plan du droit civil, la même finalité professionnelle qui anime la coalition dégage également la responsabilité du syndicat, promoteur de cette dernière, eu égard au préjudice qu'elle impose inévitablement à la partie patronale ; le syndicat, qui défend ainsi les intérêts des salariés qu'il représente, poursuit alors simplement son objet. En principe du moins, de ce seul fait, il ne commet pas de faute ni ne verse dans l'abus de droit[4].

Le droit commun juge ainsi essentiellement la coalition à partir de sa finalité, sans égard à son étendue et, par conséquent, à sa force et à son efficacité. La législation du travail, qui attribue au syndicat accrédité un véritable droit de grève aux fins de la négociation collective avec l'employeur, modifie profondément, dans un sens restrictif, cette situation préexistante : jusqu'où peut s'étendre la coalition, selon le droit contemporain ? Jusqu'où le syndicat peut-il porter le conflit ? Désormais, l'existence de limites juridiques à l'étendue externe de la coalition (A.) accentue fortement la problématique de sa légalité. Et à l'intérieur de la formation syndicale qui en est l'instigatrice, jusqu'où se propage la responsabilité de la coalition qui dépasserait les frontières de la légalité, compte tenu, selon les circonstances, de la plus ou moins grande décentralisation du groupement (B.) ?

A. Étendue externe

Dans les faits, la coalition peut ne réunir que des salariés (1.) ; elle peut au contraire s'étendre à des catégories de personnes qui ne le sont pas, comme les clients ou les fournisseurs des entreprises visées (2.).

1. Participation de salariés

Étant donné l'importance du régime de la représentation légale des salariés par le syndicat accrédité, la problématique est sus-

---

3. Voir notamment sur la question : P. Verge, *Le droit de grève, fondements et limites*, Cowansville, Les Éditions Yvon Blais Inc., 1985, pp. 122 et ss. Quant à l'absence, selon l'opinion judiciaire dominante, d'une protection constitutionnelle de la liberté de grève, voir *supra*, p. 34.
4. *Perreault* c. *Gauthier*, (1897-1898) 28 R.C.S. 241, en particulier p. 254. Même solution dans le cas d'une coalition d'employeurs se situant sur le même plan : *Lefebvre* c. *Knott*, (1907) 32 C.S. 441. Solution similaire selon la common law, dans d'autres juridictions : *Crofter Harris Tweed* v. *Veitch*, (1942) A.C. 435 ; *Allen* v. *Flood*, (1898) A.C. 1. Même s'il n'en était pas ainsi au regard du droit commun, la coalition ne serait pas illégale pour autant au regard du droit criminel : *Gralewicz* c. *La Reine*, (1980) R.C.S. 493, p. 509. Voir aussi l'exception expresse relative à l'«entente industrielle» à l'article 467 du *Code criminel*, *supra*, n. 1.

ceptible de varier selon que ces salariés appartiennent (a.) ou non (b.) à l'unité d'accréditation ainsi représentée par ce syndicat.

a. Les salariés compris dans l'unité d'accréditation

La législation fédérale et québécoise, qui régit les rapports collectifs du travail et qui confie à l'association de salariés accréditée la tâche exclusive de négocier avec l'employeur en vue de l'établissement du régime collectif de travail des salariés de l'unité de négociation qu'il représente[5], octroie à cette fin un droit de grève aux paramètres strictement définis.

La loi réglemente ainsi le recours à la forme de coalition la plus courante et usuelle : le refus concerté d'un groupe de salariés de fournir à leur employeur le travail auquel le contrat de travail l'unissant à chacun d'entre eux lui donne droit. Le type de comportement ainsi visé est plus ou moins large, selon la portée précise de la définition de la grève dans la loi en cause. Ainsi, le Code fédéral inclut dans celle-ci, à la différence du Code québécois, non seulement l'arrêt de travail, mais aussi le «ralentissement du travail ou toute autre activité concertée de la part des employés ayant pour objet la diminution ou la limitation du rendement et relative au travail de ceux-ci[6]».

Par rapport au groupe de salariés compris dans cette unité d'accréditation, toute grève qui ne se réclame pas de ce droit est illégale, qu'il s'agisse d'une grève sauvage ou d'une action entreprise à l'instigation d'une autre formation syndicale. Non seulement ces lois font-elles de la grève une grève nécessairement syndicale, mais, voyant en celle-ci un instrument de négociation, elles en confient le monopole, comme celui de la représentation collective, au syndicat accrédité[7]. Selon le *Code du travail* du Québec qui se distingue en cela des autres lois canadiennes d'application générale, un prolongement de cette conception de la grève se trouve dans le régime dit «anti-briseurs de grève», soit l'interdiction faite à l'employeur, en principe du moins, de proposer aux salariés de l'unité de travailler à l'encontre de la consigne syndicale de grève ou de remplacer les grévistes engagés dans une grève légale[8]. Pour sa part, le *Code canadien du travail* entretient toujours une conception classique ou libérale de la grève à cet égard et ne limite pas les tentatives de l'employeur d'y résister ; l'efficacité du mouvement repose alors entièrement sur l'intensité de la solidarité syndicale (et, à l'endroit des membres du groupement ainsi engagé, sur l'exercice de

---

5. Voir *supra*, pp. 91 et ss.
6. *Code canadien du travail*, L.R.C. (1985), c. L-2, art. 3 (*C.c.t.*). La loi québécoise correspondante défend toutefois distinctement à toute association de salariés d'ordonner ou d'appuyer un ralentissement d'activités destiné à limiter la production : *Code du travail*, L.R.Q., c. C-27, art. 108 (*C.t.*).
7. *C.t.*, art. 58 ; *C.c.t.*, art. 88.
8. *C.t.*, art. 109.1.

son pouvoir disciplinaire). Autre aspect positif, dans l'une et l'autre loi cette fois, de l'intervention législative en ce qui a trait au recours à la grève légale : comme il s'agit de l'exercice d'un droit auquel participent les salariés, l'inexécution de la prestation du travail ne peut leur être motif de reproche dans une perspective contractuelle, comme ce pouvait être le cas antérieurement, à l'époque où n'existait qu'une simple liberté de grève.

En revanche, l'établissement du droit légal de grève limite considérablement l'action du syndicat accrédité dans le temps. Son accréditation n'est pas une condition suffisante d'existence du droit de grève. Celui-ci n'existera qu'après l'écoulement d'un certain moratoire après le début de la période de négociation collective, lui-même marqué par l'envoi de l'avis de négociation. Plus précisément, selon la loi québécoise, «le droit à la grève est acquis quatre-vingt-dix jours après la réception par le ministre (du travail) de la copie de cet avis qui lui a été transmise ou qu'il est réputé avoir reçue (selon la loi)[9]». La loi fédérale subordonne de plus le recours à la grève soit à une intervention conciliatrice, à un ou deux paliers, soit, à tout le moins, à une prise de décision ministérielle négative à ce sujet[10]. Bien inscrit dans la tradition de l'intervention législative canadienne relative à la négociation collective[11], le moratoire s'impose tant à l'occasion d'une première négociation collective que relativement à une négociation entreprise en vue du renouvellement d'une convention collective. S'agissant d'une première négociation toutefois, l'une et l'autre loi permettent l'imposition d'un arbitrage obligatoire du différend en présence de rapports de négociation particulièrement stériles[12], ce qui doit comporter la cessation de toute grève en cours, le cas échéant. Enfin, pendant la durée de la convention collective, elle-même de durée nécessairement déterminée selon le Code québécois[13], la loi impose en principe une obligation de paix absolue, c'est-à-dire, pour ce qui est du syndicat, une interdiction de recourir à la grève non seulement relativement à un sujet dont traite la convention mais aussi quant à tout autre, qu'il ait été ou non abordé au cours des négociations précédentes. Dans le premier cas, la loi substitue l'arbitrage obligatoire des griefs en tant que mode obligatoire de solution des mésententes relatives à l'interprétation

---

9. *C.t.*, art. 58.

10. *C.c.t.*, art. 89.

11. Voir, par exemple : la *Loi sur les enquêtes en matière de différends industriels*, S.C. 1907, 6-7 Éd. VII, c. 20, art. 56, et, sur le sujet : H.D. Woods, *Labour Policy in Canada*, 2ᵉ éd., Toronto, MacMillan of Canada, 1973, pp. 56 et ss ; H.D.Woods, «The Course of Labour Policy in Canada», pp. 1 et ss, dans : F. Bairstow (dir.), *The Direction of Labour Policy in Canada*, Twenty-fifth Annual Conference, Montréal, McGill University Industrial Relations Centre, 1977.

12. *C.t.*, art. 93.1 et *C.c.t.*, art. 80.

13. *C.t.*, art. 65. La loi fédérale n'impose qu'une durée minimale de un an à la convention : *C.c.t.*, art. 67.

et à l'application de la convention collective[14]. Pour ce qui est des autres mésententes, l'employeur pourra agir unilatéralement pendant la convention, à moins que les parties n'aient prévu un mode de solution, à ce sujet[15], autre que le recours à la grève ou le lock-out, ou qu'il ne s'agisse d'un «changement technologique» au sens du *Code canadien du travail*. Dans ce dernier cas, cette loi permet d'entrevoir, aux conditions qu'elle établit, l'ouverture au droit de grève après l'échec des négociations collectives à ce sujet, une fois les étapes usuelles franchies[16]. Cette négociation, faut-il observer, n'a alors qu'un objet limité, soit la révision de dispositions dans la convention traitant de la sécurité d'emploi ou l'ajout de tels textes, afin d'aider les employés à s'adapter aux effets du changement technologique. Enfin, il demeure aussi loisible aux parties à la convention, selon l'une et l'autre loi, de prévoir dans celle-ci la révision de certaines de ses conditions, auquel cas l'échec de la négociation à ce sujet débouchera aussi exceptionnellement sur l'exercice possible du droit de grève en cours de convention[17]. Tant dans l'ordre québécois que dans l'ordre fédéral, divers régimes spéciaux, notamment dans les secteurs public et parapublic de même que lorsqu'il s'agit de services essentiels, viennent circonscrire encore davantage le recours à la grève[18].

La grève légale est donc celle de l'unité d'accréditation que représente le syndicat accrédité, lui-même titulaire du droit de grève. Selon les circonstances, un nombre plus ou moins grand de salariés peuvent être compris dans cette unité[19]. D'un point de vue systémique toutefois, ce régime juridique de la grève entraîne un morcellement considérable de la force potentielle ou réelle des syndicats en général. Plusieurs facteurs concourent en effet à fragmenter les rapports du travail ainsi construits autour de la notion d'unité d'accréditation. En premier lieu, du moins lorsqu'il s'agit d'entreprises et de travaux relevant – ce qui est la règle générale – de la législation provinciale du travail, la portée territoriale de la loi est limitée au territoire de chacune des provinces, ce qui conduit à une première «balkanisation» des rapports du travail[20]. Ensuite, l'unité ne comprend que des «salariés» au sens de la loi, c'est-à-dire à l'exclusion de cadres intermédiaires qui

---

14. *C.t.*, art. 100; *C.c.t.*, art. 57.
15. *C.t.*, art. 102.
16. *C.t.*, art. 51 et ss.
17. *C.t.*, art. 107; *C.c.t.*, art. 67(2) et 89.
18. Voir en général à ce sujet: R.P. Gagnon, L. LeBel et P. Verge, *Droit du travail*, Québec, P.U.L., 1986, pp. 551 et ss; P. Verge, *op. cit., supra*, n. 3, pp. 178 et ss.
19. Voir *supra*, p. 19, pour ce qui est de la taille des unités d'accréditation.
20. Voir: Équipe spécialisée en relations de travail, *Les relations du travail au Canada, Rapport de l'Équipe spécialisée en relations de travail*, Ottawa, Imprimeur de la Reine, 1968, pp. 230-231; *Labour Relations Board of the Province of New Brunswick c. Eastern Bakeries Limited*, (1961) R.C.S. 72, p. 78.

pourraient autrement, selon les circonstances, apporter une contribution positive à l'effort syndical[21]. Quant à la définition même de l'unité, compte tenu de ces restrictions plus générales, le Code québécois ne permet pas de dépasser l'aire des salariés de l'employeur unique, restriction que ne lève qu'exceptionnellement la loi fédérale[22]. Enfin, selon le cas, l'entente entre les parties ou, à défaut, la décision de la juridiction étatique chargée d'administrer le système d'accréditation, pourra conduire à l'établissement d'un groupe ou d'une unité ne représentant qu'un segment territorial ou professionnel de l'entreprise entière de l'employeur. Selon les pratiques tantôt à l'échelle de l'entreprise, tantôt à celle de l'un ou de plusieurs des établissements qui la composent, l'unité sera générale, c'est-à-dire qu'elle englobera indistinctement tous les salariés, ou, au contraire, sera propre à une ou plusieurs catégories occupationnelles de personnel[23].

Par contre, avons-nous vu, certains tempéraments s'imposent à cette tendance législative, directe ou indirecte, de la fragmentation des rapports du travail. D'abord, des syndicats et des employeurs visés par une pluralité d'unités d'accréditation peuvent aménager plus globalement leurs rapports de négociation, à l'intérieur d'un même champ d'activité, plus ou moins étendu territorialement, et réunir en fait plusieurs unités d'accréditation pour former une unité de négociation plus vaste. La loi d'application générale envisage elle-même une telle possibilité[24]. En outre, la pratique de la négociation sectorielle est relativement plus fréquente selon le Code fédéral[25]. Enfin, des lois établissant des régimes particuliers de négociation collective prévoient une négociation centralisée et sectorielle à partir du regroupement du pouvoir de représentation résultant de plusieurs accréditations locales, comme dans le secteur parapublic québécois[26], ou, écartant le régime même de l'accréditation du *Code du travail*, établissent elles-mêmes un régime de négociation sectorielle basé sur la reconnaissance

---

21. En ce sens, H.J. Glasbeek, «Labour Relations Policy and Law as Mechanisms of Adjustment», (1987) 25 *Osgoode Hall L.J.*, 179, p. 200. Exemple d'une exclusion de «cadres intermédiaires»: *Syndicat des cadres des hôpitaux de la région de Montréal (C.S.N.)* c. *Hôpital du Sacré-Cœur Montréal*, (1983) C.A. 144.
22. *C.t.*, art. 21; *C.c.t.*, art. 7, 33 et 34.
23. Voir, en exemple, le découpage établi selon l'ancienne mais classique décision *Sicard Inc.* c. *Syndicat national des employés de Sicard (C.S.N.)*, (1965) R.D.T. 353 (C.R.T.).
24. *C.t.*, art. 68. Voir en exemple: *Fraternité canadienne des cheminots* c. *Park Avenue Chevrolet Limitée*, (1978) T.T. 96.
25. Voir sur la question: C.H. Foisy, D.E. Lavery et L. Martineau, *Canada Labour Relations Board Policies and Procedures*, Toronto, Butterworths, 1986, pp. 84 et ss.
26. *Loi sur le régime de négociation des conventions collectives dans les secteurs public et parapublic*, L.R.Q., c. R-8.2, art. 25 et 44.

d'une représentativité commensurable de certaines organisations syndicales[27].

Des formes de coalition de salariés autres que la grève, au sens défini par la loi qui s'applique, ne se trouvent pas visées par les restrictions afférentes au régime de la grève établie par celle-ci. Ainsi en serait-il de la mise à l'index d'un employeur à l'instigation d'un syndicat par un ensemble de personnes qui ne sont plus contractuellement liées à ce dernier à titre de salariés et qui refusent de s'engager à nouveau à son service en raison d'un différend de nature professionnelle[28].

L'appel du syndicat, sous différentes formes, à une coalition de salariés illégale s'envisage distinctement de la coalition elle-même à laquelle il peut donner lieu. Le piquetage syndical, à l'adresse primordialement des salariés, en sera un mode usuel. Si l'illégalité d'une grève ne rejaillit pas automatiquement sur le piquetage qui l'accompagne[29], le fait, selon l'hypothèse, que ce piquetage n'accompagne pas seulement une grève préexistante pour annoncer en général l'existence ou l'objet du conflit, mais qu'il vise plutôt à inciter les salariés à participer à la grève le rendra lui-même normalement illégal et engagera la responsabilité du syndicat, instigateur ainsi à la fois du piquetage et de la grève[30].

b. Les salariés à l'extérieur de l'unité

Non compris dans l'unité d'accréditation, les autres salariés susceptibles de s'engager dans la coalition syndicale peuvent ou non être au service de l'employeur de ceux qui sont ainsi visés par l'unité.

Dans le cas où l'employeur est identique, la légalité de la grève par laquelle ces salariés appartenant à une autre unité d'accréditation

---

27. C'est le cas de l'industrie de la construction: *Loi sur les relations de travail, la formation professionnelle et la gestion de la main-d'œuvre dans l'industrie de la construction*, L.R.Q., c. R-20. Voir aussi la *Loi sur le statut professionnel et les conditions d'engagement des artistes de la scène, du disque et du cinéma*, L.R.Q., c. S-32.1 (*L.s.p.c.e.a.*). Celle-ci, dont l'application se trouve écartée en présence d'une accréditation obtenue en vertu du *Code du travail* (art. 4), établit autrement, a-t-on vu, un régime potentiellement sectoriel de négociation collective pour certains domaines artistiques. Sur ces régimes particuliers, voir *supra*, pp. 104 et ss.

28. *Corporation hôtelière Canadien Pacifique* c. *Guilde des musiciens de Montréal, section 406 of the American Federation of Musicians*, C.S. (Montréal) 500-05-006355-885, 19 octobre 1988, D.T.E. 88T-1032, en particulier pp. 12 et ss. (Le jugement était toutefois antérieur à l'entrée en vigueur de la *L.s.p.c.e.a.*, *ibid.*, laquelle interdit maintenant ce type de boycottage pendant la durée d'une convention collective conclue sous son empire (art. 38).)

29. Voir, à titre *d'obiter*: *Borek* c. *Amalgamated Meat Cutters*, (1956) C.S. 333, p. 341.

30. *Sanguinet Automobile Limitée* c. *Fraternité canadienne des cheminots, employés des transports et autres ouvriers, local 511*, (1964) C.S. 544, en particulier p. 551. *A fortiori*, si le piquetage était lui-même illégal dans sa forme: *Union nationale des employés de Vickers* c. *Canadian Vickers Limited*, (1958) B.R. 470.

poursuivraient un objet de négociation propre obéit aux conditions précédentes si, du moins, l'entreprise ou la portion de l'entreprise à laquelle leur unité d'accréditation se rattache se trouve également assujettie à une même législation, fédérale ou provinciale, applicable au Québec. L'étendue de la coalition des salariés contre cet employeur commun, du moins si les salariés de cette autre unité poursuivent eux-mêmes un objet de négociation qui leur est propre, pourra alors gagner à vrai dire en amplitude, c'est-à-dire dépasser le cadre de l'unité initialement en grève, mais seulement dans l'hypothèse où le syndicat aura également acquis le droit de grève eu égard à cette ou ces nouvelles unités en cause. Or, une telle coïncidence chronologique est loin d'être toujours le cas.

Même si une telle coïncidence chronologique se produisait, il pourrait par ailleurs s'agir d'une grève strictement de solidarité ou de sympathie à l'endroit du groupe de salariés initialement en grève; les salariés de l'autre unité d'accréditation ne poursuivraient alors aucun objet de négociation lié à leurs propres conditions de travail. Dans ce cas, en dépit du fait que le syndicat qui les représente ait techniquement acquis le droit de grève, il serait même possible de prétendre à l'illégalité de la grève de sympathie qui vient ainsi s'ajouter à la première. Une conclusion en ce sens reposerait sur la prémisse voulant que le droit de grève établi par les Codes du travail a pour fin précise la détermination des conditions de travail des salariés grévistes, ce qui ne se réaliserait pas dans l'espèce[31]. Mais il paraît toutefois peu réaliste de prétendre pouvoir ainsi isoler cette action de solidarité de la poursuite concomitante d'objets de négociation propres à une unité en fonction de laquelle le droit de grève est acquis.

Enfin, si les unités distinctes se trouvaient assujetties, à l'intérieur d'une vaste entreprise, à différentes lois provinciales sur le travail, la difficulté s'accentuerait en raison de la non-concordance de l'encadrement légal de la grève, d'une province à l'autre. En somme, même à l'intérieur d'une même entreprise, la législation du travail peut faire obstacle à une coalition syndicale de l'ensemble de ses salariés contre leur employeur commun. La difficulté s'accroît manifestement en présence d'une multinationale qui, notamment, peut facilement opérer des transferts de production entre les établissements situés dans divers pays, sans que l'ensemble des salariés puissent exercer dans la légalité une action commune contre ces agissements.

Dans le cas maintenant d'une coalition réunissant des salariés au service de différents employeurs, observons au départ que ces derniers, formellement distincts, pourront ou non, selon les circonstances,

---

31. Voir en ce sens: Y.-M. Morissette, «Quelques orientations nouvelles dans les données juridiques des conflits du travail», pp. 99 et ss, dans: *Les tendances actuelles en droit du travail provincial et fédéral*, Don Mills, Richard de Boo Limited, 1981, pp. 119 et 120.

représenter les mêmes intérêts économiques. En effet, le droit juris-prudentiel s'en tient, du moins dans le contexte du conflit de travail, à la distinction formelle des personnes morales[32]. Ici se réitèrent les dif-ficultés que l'on vient de voir relativement à la poursuite d'objectifs syndicaux dont l'envergure dépasse, au sein d'une même entreprise, la délimitation de l'une ou l'autre des unités d'accréditation qui peuvent se partager le personnel salarié : difficulté possible de coordonner chro-nologiquement des actions de grève qu'animent des revendications pro-fessionnelles communes aux différentes unités ou des actions de solidarité à l'appui des intérêts des salariés de l'une ou l'autre de ces unités toutes représentées par une même force syndicale ; légalité pro-blématique, du moins en théorie dans ce dernier cas, de la grève de solidarité compte tenu de la finalité du droit légal de grève[33].

L'encadrement législatif du conflit de négociation, dans une perspective d'ensemble, morcelle en définitive le pouvoir syndical de coalition des salariés[34].

2. Participation de non-salariés

La précédente constatation vaudrait-elle également quant à l'apport de non-salariés à la coalition syndicale ? La frontière de la léga-lité de la grève viendrait alors limiter la possibilité du groupement de faire appel à ces éléments potentiellement sympathisants de la popu-lation, afin qu'ils se joignent à son action de mise à l'index de la partie patronale. Distinguons selon qu'il s'agit d'un appel au boycottage immé-diat ou direct de l'employeur qui est lui-même en conflit avec le syndicat (a.) ou de l'appel au boycottage d'autres agents économiques qui entre-tiennent des rapports avec cet employeur, pour les amener à exercer à leur tour des pressions sur ce dernier ; il s'agit alors d'un appel au boycottage indirect (b.).

---

32. Exemple : *Grenier et Frères Ltée c. Syndicat des distributions Thetfordoises Inc. (C.S.N.)*, C.S. (Frontenac) 235-05-00198-821, 16 juillet 1982, J.E. 82-829 (l'es-pèce avait toutefois trait à un appel au boycottage de la part de la clientèle d'entreprises étroitement liées entre elles sur les plans économique et financier).
33. Exemple d'illégalité d'une grève appréhendée de solidarité, au seul motif cepen-dant qu'elle ne se situerait pas elle-même à un moment où le syndicat pourrait faire grève eu égard à l'unité en cause : *Association des employeurs maritimes* et *Association internationale des débardeurs, section locale 375*, (1986) 67 d.i. 100. (Dans l'espèce, il s'agissait de l'illégalité d'une grève de débardeurs, dans certains ports canadiens, à l'appui d'une grève de débardeurs américains que représentait un même syndicat international.)
34. Voir notamment quant à l'effet ainsi réducteur de la loi américaine sur le travail : K.E. Klare, «Critical Theory and Labor Relations Law», ch. 4, pp. 65 et ss, dans : D. Kairys (dir.), *The Politics of Law : a Progressive Critique*, New York, Pan-theon Books, 1982, p. 73 : «The law limits worker self-expression through indus-trial conflict by establishing a highly formalized, atomizing, struggle-dissipating framework in which «legitimate» economic conflict is permitted.»

a. Appel au boycottage direct

L'instigateur du boycottage direct dispose de différents moyens d'appel à la solidarité : publicité du conflit dans la presse parlée ou écrite ; distribution de tracts ou de macarons ; démarches individualisées, etc. La présence de piquets aux abords de l'entreprise où sévit le conflit demeure un moyen de prédilection. Dans tous ces cas, l'appel doit évidemment respecter les paramètres généraux de la légalité, dans l'ordre tant civil que pénal, comme le respect de la réputation et de la propriété d'autrui ou l'absence de violence ou d'intimidation[35]. Mais, sous réserve de ces données, l'appel à la solidarité syndicale à l'encontre de l'employeur avec lequel l'instigateur du boycottage est directement en conflit ne se présente-t-il pas sous un jour positif ? D'une part, quant à l'orientation de son action, le syndicat agit encore ici en vue de la réalisation d'un de ses objets, soit formels, s'il jouit de la personnalité morale, soit naturels, dans le cas contraire, c'est-à-dire la défense de l'intérêt professionnel de ceux qu'il représente. D'autre part, quant au moyen utilisé, les individus qu'il regroupe ne font-ils pas simplement usage de leur liberté d'expression, notamment lorsqu'ils participent à un piquetage pacifique[36] ?

L'exercice de la liberté d'expression visant à susciter la mise à l'index de l'employeur même qui s'oppose au syndicat à l'occasion d'un conflit du travail n'a rien d'excessif. À la force de pression dont ce dernier dispose par lui-même ou par alliance, le syndicat oppose simplement la sienne et celle de ceux qui se joignent à lui. Cela va sans difficulté lorsque l'appel, particulièrement par voie de piquetage, s'adresse aux clients ou aux fournisseurs de l'établissement même où sévit le conflit, dans l'hypothèse où l'entreprise en cause se démembre ainsi en une pluralité d'établissements. Il n'y a pas alors normalement dépassement du cadre du conflit résultant de l'accréditation syndicale selon la loi sur le travail. Mais il pourrait en être autrement : la ligne de piquetage serait alors établie devant des établissements de l'employeur en conflit dont le personnel n'est pas visé par l'accréditation circonscrivant elle-même l'aire du conflit de travail, selon le *Code du travail*. L'appel au boycottage, à l'adresse de non-salariés, deviendrait-il pour autant illégal ?

Une réponse négative paraît indiquée, du moins en principe. L'appel au boycottage s'adresse à des catégories de personnes dont l'ac-

---

35. Relativement à la légalité de la forme de l'appel au boycottage, voir notamment R.P. Gagnon, L. LeBel et P. Verge, *op. cit.*, *supra*, n. 18, pp. 583 et ss.
36. *Syndicat des détaillants, grossistes et magasins à rayons, section locale 580* c. *Dolphin Delivery Ltd.*, (1986) 2 R.C.S. 573, pp. 587 et 588. Voir aussi, par analogie : *Ford* c. *Québec (P.G.)*, (1988) 2 R.C.S. 712, pp. 766 et 767 (affichage commercial), et *Irwin Toy Ltd.* c. *Québec (Procureur général)*, (1989) 1 R.C.S. 927, p. 970 (juge en chef Dickson).

tivité n'est pas réglementée par la loi sur le travail. Si ces dernières répondent positivement à l'appel à la solidarité syndicale, leur comportement abstentionniste ne risque pas, à la différence de celui de salariés se rattachant à ces autres établissements, de constituer une grève illégale. L'appel au boycottage n'est donc pas une incitation à commettre un tel geste illégal; il se situe à cet égard sur un plan différent de celui des rapports du travail, un plan que ne réglemente pas une législation spécifique, mais qui est laissé à la libre détermination de chacun[37]. Toutefois il en serait autrement si, par des démarches caractérisées et oppressantes, le syndicat cherchait à amener un tiers faisant des affaires avec l'employeur à ne pas accomplir les obligations résultant d'un contrat en cours d'exécution avec ce dernier. Le syndicat serait alors vu comme le complice de la violation de cet engagement[38].

Par ailleurs, dans la poursuite de son intérêt propre et de celui des salariés qu'il représente, le syndicat n'agit alors qu'auprès de l'ensemble des établissements à partir desquels l'employeur tire lui-même la force de résistance économique qu'il lui oppose à l'occasion du conflit[39].

L'identification de certains produits fabriqués par une main-d'œuvre syndiquée à l'aide de l'étiquette ou du label syndical facilite une action d'appui continue à des objectifs syndicaux de la part de groupes de consommateurs ou d'utilisateurs et permet d'exprimer efficacement leur préférence pour ces produits aux dépens de ceux qui sont issus d'entreprises concurrentes non syndiquées. Des ententes permettant l'apposition de l'étiquette syndicale sur le produit pourront intervenir entre le syndicat et le manufacturier. Certaines

---

37. Voir P. Verge et A. Barré, «L'appel à la solidarité des consommateurs lors d'un conflit de travail», (1986) 17 *R.G.D.* 283, en particulier p. 291.

38. Voir: *Cie France-Film* c. *Guilde des musiciens de Montréal*, (1985) C.S. 1076, p. 1091 (en appel); le jugement s'appuie notamment, par analogie, sur l'arrêt: *Trudel* c. *Clairol Inc. of Canada*, (1975) 2 R.C.S. 236, p. 241.

   La responsabilité extracontractuelle d'un syndicat se trouve semblablement engagée lorsque, sans agir à l'intérieur des droits reconnus par la législation régissant les rapports collectifs du travail, il contraint des individus à ne pas exécuter une prestation contractuelle de travail: *Théâtre des variétés* c. *Union des artistes*, (1990) R.J.Q. 1950 (C.S. – en appel).

39. Voir l'argumentation du juge Rand dans: *Williams* c. *Aristocratic Restaurants Ltd.*, (1951) R.C.S. 762, p. 787. La Cour d'appel du Québec a ainsi reconnu la légalité du piquetage en ces circonstances: *Les magasins Continental Ltée* c. *Syndicat des employés(es) de commerce de Mont-Laurier (C.S.N.)*, (1988) R.J.Q. 1195 (C.A.). (Exemple d'une prise de position contraire, mais antérieure: *Claude et Marcel Martin Inc.* c. *Syndicat des travailleurs(euses) des restaurants St-Hubert (C.S.N.)*, C.S. (Québec) 200-05-002526-841, 5 octobre 1984.)

constitutions syndicales réglementent la concession de l'étiquette syndicale[40].

Dans le secteur de l'industrie de la construction, le législateur s'est manifesté à l'encontre de certaines pratiques de boycottage syndical à l'endroit de matériaux d'origine non syndicale. D'une part, il a interdit à tout salarié de refuser d'installer ou de manutentionner des matériaux à la demande de son employeur et interdit à tout syndicat d'obliger ou de tenter de forcer un salarié d'ainsi agir[41]. D'autre part, il a frappé de nullité toute entente relative à l'utilisation de matériaux portant l'étiquette syndicale[42].

b. Appel au boycottage indirect

L'appel au boycottage indirect s'adresse à des personnes susceptibles de commercer avec d'autres personnes, elles-mêmes réellement ou potentiellement en lien d'affaires avec l'employeur en conflit. Observons d'abord, encore une fois, que le droit positif québécois ayant tendance à s'en tenir à une rigoureuse distinction entre les différentes personnes morales, la qualification de boycottage indirect s'appliquera facilement, selon la jurisprudence, à des situations où l'appel à la solidarité syndicale visera en fait des intérêts patronaux intimement liés – sinon identiques – à ceux qui sont directement en cause dans le conflit. On distinguera alors néanmoins ces intérêts en les rattachant aux différentes personnes morales touchées[43].

La détermination de la licéité de l'appel au boycottage indirect repose sur l'évaluation circonstanciée de l'importance relative des différentes libertés qui se trouvent confrontées les unes aux autres : d'une part, la liberté d'expression du syndicat et de ses adhérents, qui les porte à véhiculer auprès de certains éléments du public un appel favo-

---

40. Exemple : *Statuts de l'Union internationale des travailleurs unis de l'alimentation et du commerce, CTC et FAT – COI*, 1988, art. 21 ; *Constitution et rituel de l'Association internationale des travailleurs du métal en feuille*, 1982, art. 24. En particulier, la section 4 de cet article dispose ce qui suit : «L'usage des étiquettes syndicales de cette association est strictement réservé aux produits de fabrication syndicale, fabriqués et assemblés seulement par les membres en règle d'un syndicat local affilié à cette Association et tous les membres doivent reconnaître cette étiquette syndicale. Aucun syndicat ne doit apposer l'étiquette syndicale sur un ouvrage de métal en feuille qui n'est pas de fabrication syndicale.» On indique par la suite (section 7) que chaque syndicat local «doit encourager l'utilisation de l'étiquette syndicale (...) et doit aussi encourager la population à demander l'étiquette syndicale comme garantie d'un travail de première qualité effectué par une main-d'œuvre syndiquée».

41. *Loi sur les relations du travail, la formation professionnelle et la gestion de la main-d'œuvre dans l'industrie de la construction*, L.R.Q., c. R-20, art. 88 (sous réserve du droit de refuser d'exécuter un travail dangereux).

42. *Ibid.*, art. 90.

43. Exemple : *Grenier et Frères Ltée* c. *Syndicat des employés des distributions Thetfordoises Inc. (C.S.N.)*, *supra*, n. 32.

rable à leur cause, et celle du syndicat de s'engager dans une action élargie de défense de l'intérêt professionnel de ceux qu'il représente ; d'autre part, la faculté d'un agent économique, plus ou moins étranger au conflit de travail selon les circonstances, comme nous allons le voir, d'exercer sa liberté de commerce. Quant à ce dernier, la menace d'entrave à son activité commerciale risque d'être plus ou moins importante selon que l'appel à la mise à l'index adressé essentiellement à sa clientèle actuelle ou potentielle est particulier ou, au contraire, général.

S'il est particulier, l'appel au boycottage ne visera que la production de l'entreprise en conflit auprès de l'agent économique mis à l'index. Le boycottage suit en quelque sorte le produit identifié à l'entreprise en conflit. Dans cette perspective, c'est-à-dire quant à son objet matériel, le boycottage pourrait fort bien alors être qualifié de «primaire», bien qu'il engendre réellement ou potentiellement un préjudice chez un agent distinct de l'employeur, partie immédiate au conflit[44]. Même s'il est qualifié de secondaire, sa portée normalement limitée, par opposition à un appel au boycottage de l'ensemble de l'activité économique du «tiers», milite en faveur de sa légitimité ; la défense de l'intérêt professionnel en cause par le syndicat ne paraît pas alors excessive, en principe du moins, en dépit du préjudice qu'elle peut engendrer.

Ce contexte est lui-même variable. La victime de l'appel au boycottage par le syndicat peut ainsi avoir modifié le cours normal de son activité commerciale afin de tenir compte, pour des raisons commerciales ou de solidarité patronale, de l'existence du conflit de travail. La légitimité de l'intervention syndicale auprès de cet agent formellement distinct de l'employeur visé par le conflit, mais qui, en réalité, aura lié partie avec ce dernier, s'imposera d'autant plus aisément[45].

L'appel au boycottage particulier d'un agent qui ne poursuit, au contraire, que le cours normal de son activité peut se réclamer de la même justification : il ne s'agit que d'une tentative de suivre le produit de l'entreprise identifié à l'entreprise en conflit, là où il en est fait commerce ; celui qui devient ainsi la cible de l'appel au boycottage a, pour ainsi dire, accepté ce risque commercial d'une défaveur du produit qu'il distribue ou dont il fait usage en commerçant avec l'employeur devenu partie au conflit de travail. Diverses espèces seraient à envisager[46]. Dans l'inévitable confrontation judiciaire des intérêts légitimes en présence, l'atteinte à la «liberté de commerce» du distributeur

44. En ce sens : D.M. Beatty, «Secondary Boycotts : a Functional Analysis», (1974) 52 *R. du B. can.* 388.

45. *Les entrepôts Schenker Ltée* c. *Canadian Food and Allied Workers Union, local P-166,* C.S. (Montréal) 500-05-009730-803, 2 octobre 1980 ; *contra* : *Imprimerie Montréal Offset Inc.* c. *Union typographique Jacques Cartier,* (1968) R.D.T. 28 (C.S.).

46. Voir à ce sujet : P. Verge et A. Barré, *loc. cit., supra,* n. 37, pp. 297 et ss.

du produit visé est ainsi manifestement plus légère si l'appel au boycottage de ce produit est général par rapport aux divers agents qui le
distribuent et qu'il n'atteint pas l'un d'eux en particulier. À la limite, le
préjudice encouru par le distributeur d'un produit de consommation
courante, identifié par une marque de commerce d'envergure nationale, pourrait bien n'être que fort ténu, surtout si des substitutions de
ce produit étaient possibles. À l'inverse, l'identification d'un distributeur cible parmi l'ensemble de ceux qui font commerce d'un tel produit
constituerait une entrave arbitraire à son activité et serait difficilement
justifiable. D'une façon générale, des quelques espèces relatives au
boycottage indirect mais particulier dont fait montre la jurisprudence
québécoise, il ne semble pas résulter une attitude nécessairement défavorable à la mise à l'index du produit identifié au conflit de travail
originaire[47].

Dans le cas contraire, l'appel au boycottage de l'ensemble de
l'activité d'un agent qui n'a pas modifié sa conduite usuelle en fonction
du conflit de travail qui oppose le syndicat à un employeur, mais qui
n'est qu'en rapport usuel d'affaires réellement ou même virtuellement
avec ce dernier, pour le porter à retirer son patronage et ainsi inciter
l'employeur partie au conflit à modifier sa position envers le syndicat
paraît *a priori* illicite en droit positif québécois. La protection de la
liberté de commerce devient ici facilement prépondérante aux yeux du
tribunal, qui juge excessive la pression exercée par le syndicat sur une
personne relativement distante d'un conflit qu'elle ne peut régler elle-
même par des concessions appropriées[48].

---

47. Voir: *United Farm Workers* c. *Dominion Stores Limited*, C.A. (Montréal) 09-000631-
755, 21 novembre 1977; *a contrario* (car, dans l'espèce, il y avait impossibilité
de reconnaître un produit précis parmi ceux qui étaient vendus par le détail-
lant): *Sauvé et Frères Limitée* c. *Amalgamated Clothing Workers of America*, (1959)
C.S. 341, p. 343. Voir aussi à titre d'*obiter* les notes de la majorité dans *Larose*
c. *Malenfant*, (1988) R.J.Q. 2643, p. 2646.

48. Voir en ce sens: l'affaire *Sauvé et Frères Limitée, ibid.*; *Imprimerie Montréal Offset
Inc.* c. *Union typographique Jacques Cartier*, (1968) R.D.T. 28 (C.S.). Voir aussi:
Supermarchés A. Gagnon Inc. c. *Syndicat national des employés de l'alimentation en
gros de Québec (C.S.N.)*, C.S. (Québec) 200-05-000537-899, 7 avril 1989, D.T.E.
89T-971 (piquetage de supermarchés affiliés à une chaîne de produits alimentaires où sévissait un conflit de travail; celle-ci appartenait à une compagnie
dont les actionnaires étaient en grande majorité distincts de ceux de la compagnie qui était propriétaire des supermarchés). Comparer avec l'arrêt suivant
rendu en fonction de la common law: *Hersees of Woodstock Ltd* c. *Goldstein*, (1963)
2 O.R. 81 (Ont. C.A.) – commentaire: H.W. Arthurs, (1963) 41 *R. du B. can.*
573; voir aussi: *Syndicat des détaillants, grossistes et magasins à rayons, section locale
580* c. *Dolphin Delivery Ltd.*, *supra*, n. 36, pp. 581 et 582; voir cependant: *Channel
Seven Television Ltd* c. *National Association of Broadcast Employees and Technicians,
A.F.L. – C.I.O. – C.L.C.*, (1971) 21 D.L.R. (3d) 424 (Man. C.A.).

B. Étendue interne

Comment, d'un point de vue juridique, le conflit entre l'élément syndical et l'élément patronal se répercute-t-il à l'intérieur des structures syndicales? Dans quelle mesure, dans l'hypothèse d'une action syndicale illégale, la responsabilité civile s'étend-elle à l'intérieur de celles-ci? La responsabilité du groupement syndical que reconnaît la loi sur le travail, c'est-à-dire le groupement qu'elle accrédite en tant que représentant des salariés de l'employeur (1.), exclut-elle celle d'instances plus vastes auxquelles il peut se rattacher de diverses façons (2.)?

1. Responsabilité de l'association accréditée

La participation active du syndicat accrédité à une action collective illicite engage naturellement sa responsabilité. Personne morale, le cas échéant, ce groupement devra réparation à la victime[49]. Par ailleurs, l'absence d'incorporation officielle ne fait pas obstacle, a-t-on vu, à la poursuite dirigée contre l'association de salariés[50]. Il y a, à cette fin du moins, reconnaissance législative de la personnalité du groupement. Son accréditation porterait, par voie d'inférence cette fois, à une conclusion semblable dans le cas du moins de la responsabilité découlant d'une obligation, légale ou conventionnelle, rattachée au statut d'association accréditée[51]. Cela vaut à la fois pour la responsabilité civile, délictuelle et conventionnelle, du groupement et pour sa responsabilité pénale[52]. Cette responsabilité du syndicat accrédité n'est que la contrepartie de son statut légal.

Plus fondamentalement, une espèce jurisprudentielle importante s'est montrée disposée à affirmer la personnalité distincte d'une section locale, non incorporée et non accréditée, d'un syndicat ramifié qui ne jouissait pas lui-même de ces statuts juridiques, compte tenu de sa réalité organisationnelle propre. Elle dérogeait à cet égard de l'attitude traditionnellement formaliste du droit québécois en ce qui a trait à la reconnaissance de la personnalité morale des groupements[53].

---

49. Exemple: *Association des pompiers de Montréal Inc.* c. *Parent*, (1983) C.A. 183.
50. *C.p.c.*, art. 60. Voir *supra*, p. 122.
51. Voir, dans les provinces de common law: *International Brotherhood of Teamsters* c. *Thérien*, (1960) R.C.S. 265, p. 277 et *supra*, p. 129.
52. Exemple: *C.t.*, art. 142; voir à titre d'illustration: *Bemuda Steel Manufacturing* c. *Association internationale des travailleurs du métal en feuille, section locale 116*, (1977) T.T. 2.
53. *Gaspe Copper Mines Limited* c. *United Steelworkers of America*, (1965) C.S. 51, pp. 84 et 85. Le tribunal s'appuyait ici sur la doctrine française réceptive, à la différence du droit québécois, à la théorie réaliste de la personnalité des groupements. Voir à ce sujet, *supra*, pp. 114 et 125. Dans l'espèce, toutefois, comme nous le verrons, il s'agissait de décider de façon subsidiaire de l'imputabilité au syndicat ramifié de gestes illégaux de la section locale. Voir aussi, mais cette fois dans le cas d'un syndicat accrédité (bien que le jugement ne fasse pas expressément mention de ce statut) mais non incorporé: *Curateur public* c. *Syn-*

Le comportement abstentionniste du syndicat pourra alors, en certaines circonstances, conduire à un résultat identique[54]. Le pouvoir de représentation légal du syndicat accrédité à l'endroit des salariés compris dans l'unité d'accréditation ne permet pas, entre autres, à ce groupement de rester inactif devant une grève déclenchée sans son concours par certains de ceux-ci en contravention de la loi ou de la convention collective elle-même[55]. Le droit positif rattache en effet à cette fonction de représentation une obligation de moyens d'assurer le retour au travail des grévistes. Ainsi devra-t-il normalement menacer de sanctions disciplinaires les membres qu'il compte parmi ces salariés.

Un tel devoir du syndicat accrédité ne provient pas d'une relation de commettant à préposé qui l'unirait à chacun des salariés qu'il représente légalement, y compris ses membres. Il découle plutôt de l'existence même de sa fonction de représentation collective aux fins des rapports collectifs du travail[56]. Le salarié accrédité devient alors, sous ce jour, gardien en quelque sorte de l'ordre étatique[57]. Cette obligation de comportement a surtout été affirmée au regard de l'obligation conventionnelle de paix pendant la convention collective[58]. Elle s'ap-

---

dicat national des employés de l'Hôpital St-Ferdinand (C.S.N.), (1990) R.J.Q. 359 (C.S. – en appel). Dans l'espèce, une grève illégale votée à la très grande majorité de ses membres réunis en assemblée lui est imputable (p. 373): «Le syndicat possède une quasi-personnalité juridique. Comme dans une corporation, l'assemblée des membres est investie de l'ensemble des pouvoirs qu'il détient.»

54. Voir en général: P. Verge, *op. cit.*, *supra*, n. 3, pp. 40 et ss. Toutefois, selon le jugement *Curateur public* c. *Syndicat national des employés de l'Hôpital St-Ferdinand (C.S.N.)*, *ibid.*, p. 372, un tel comportement d'abstention «peut difficilement constituer un quasi-délit civil vis-à-vis des tiers». On ne le retiendrait ainsi normalement à l'encontre du syndicat que relativement à ses rapports avec l'employeur ou encore dans le cas d'un défaut de sa part de donner suite à une injonction.

55. L'obligation conventionnelle est, à l'occasion, expresse; elle pourrait aussi être inférée de l'existence même de la convention dans les autres cas. Voir *ibid.*, p. 28.

56. Resterait à déterminer si une semblable obligation incombe à un syndicat non accrédité à l'endroit des membres qu'il représente du seul fait de leur adhésion individuelle, en raison de la vocation naturelle d'un tel groupement à agir en tant que représentant d'une collectivité de salariés.

57. F. Morin, *Rapports collectifs du travail*, Montréal, Les Éditions Thémis Inc., 1982, p. 404, souligne la difficulté de concilier cette exigence avec la réalité politique du syndicat.

58. *Association internationale des débardeurs* c. *Association des employeurs maritimes*, (1979) 1 R.C.S. 120, p. 142 (où l'on fait état de la formulation originaire de l'obligation dans: *Re Polymer Corporation Ltd.*, (1958) 59 C.L.L.C., par. 18,158 (arbitrage)); *Société canadienne de métaux Reynolds* c. *Confédération des syndicats nationaux*, (1980) R.L. 253 (C.S.), p. 359; *Les pâtes Domtar Limitée, Division Lebel-sur-Quévillon* c. *Fraternité internationale des travailleurs dans l'industrie des pâtes et*

plique également à l'occasion de la violation de l'interdiction légale de grève par des salariés lorsque le syndicat accrédité n'a pas encore acquis le droit de grève[59].

Le syndicat doit par ailleurs répondre des gestes illicites de ses préposés agissant dans l'exécution de leurs fonctions[60]. Enfin, la participation quasi totale de l'effectif du syndicat et de ses dirigeants à un geste illégal, par exemple une grève illégale, devrait conduire naturellement à l'imputation de ce geste au groupement lui-même, en dépit de sa personnalisation formelle plus ou moins complète selon le cas: la réalité du groupement se confond alors avec l'ensemble des individus qui le constituent[61].

2. Responsabilité d'instances syndicales plus vastes

Le simple lien d'affiliation du syndicat à une fédération ou à une centrale syndicale ne rend pas automatiquement imputable à celle-ci les gestes du syndicat, à moins qu'une preuve particulière ne démontre que le syndicat n'agissait que comme un mandataire ou agent de l'instance plus vaste à laquelle il se rattachait. Il s'agit en effet d'instances distinctes, chacune étant responsable de son propre comporte-

---

papiers (492), (1974) R.D.T. 169 (arbitrage). Voir: C. D'Aoust et L. Verschelden, *Le droit québécois de la responsabilité civile des syndicats en cas de grève illégale*, Montréal, École de relations industrielles, Université de Montréal, 1980, monographie n° 8, pp. 47 et ss.

59. *Société canadienne de métaux Reynolds* c. *Confédération des syndicats nationaux*, *ibid.*, p. 366; *The Patino Mining Corporation* c. *Métallurgistes unis d'Amérique (5914)*, (1967) R.D.T. 65, p. 73 (C.S.).
   Selon l'arrêt *St. Anne Nackawic Pulp and Paper Co. Ltd.* c. *Section locale 219 du Syndicat canadien des travailleurs du papier*, (1986) 1 R.C.S. 704, la sanction arbitrale de l'obligation conventionnelle de paix, le cas échéant, empêche en principe la poursuite devant la juridiction civile fondée sur un *tort*. Même si la portée de la législation du travail au Québec est semblable à celle de la province de common law en cause dans l'espèce, la généralité de la responsabilité extracontractuelle dans le système civiliste pourrait-elle y laisser place à une option de recours? Voir par analogie, en ce sens: *Bussières* c. *Syndicat des employés du Centre hospitalier Robert-Giffard*, (1986) R.J.Q. 586 (C.S.). La Cour d'appel n'a toutefois pas suivi cette voie: *Bell Canada* c. *Foisy* (1989) R.J.Q. 521 (C.A.) (tenir compte également de l'influence possible de l'article 1454, *C.c.Q.*, sous réserve d'entrée en vigueur).

60. *François Nolin Ltée* c. *Union des chauffeurs de camions, hommes d'entrepôts et aides, local 106*, (1972) R.D.T. 444, p. 450 (C.S.); *Union nationale des employés de Vickers* c. *Canadian Vickers Limited*, (1958) B.R. 470. Sur la responsabilité du commettant, en général, voir: M. Tancelin, *Des obligations*, 4ᵉ éd., Montréal, Wilson et Lafleur, 1988, pp. 276 et ss.

61. *Curateur public* c. *Syndicat national des employés de l'Hôpital St-Ferdinand (C.S.N.)*, *supra*, n. 53, pp. 373 et 374 («Le syndicat, c'est d'abord les membres en assemblée. Par leur action, le délit que constitue la grève est devenu le délit du syndicat.»).

ment et de celui de ses commettants[62]. Cela vaut tant pour la responsabilité civile que pour la responsabilité pénale[63].

Mais le syndicat ramifié qui a mis sur pied une section locale se trouve-t-il nécessairement engagé par le comportement illicite de cette dernière?

Envisageons d'abord l'hypothèse d'une absence totale de participation de l'instance centrale à l'action du groupement local. Exceptionnellement, en ce contexte de responsabilité civile, le droit québécois, compte tenu à la fois d'éléments législatifs et jurisprudentiels déjà évoqués, s'est montré disposé à s'écarter de la conception formaliste de la personnalité morale qu'il entretient autrement pour reconnaître la réalité organisationnelle de la section locale et en faire un sujet distinct de responsabilité. Cette autonomie de la section locale, à cette fin du moins, par rapport au syndicat central qui l'a établie se dégage encore plus nettement du fait de son accréditation, le cas échéant. Elle porte à dégager le syndicat central des conséquences du comportement de la section locale[64]. Une telle solution, qui tient compte de la réalité propre de la section locale, présente en pratique l'avantage de protéger la contribution pécuniaire à la caisse du syndicat central de salariés rattachés à d'autres sections locales des conséquences de l'action illégale d'une section locale qui leur est plutôt étrangère[65]. Aux États-Unis, la Cour suprême avait déjà décidé en ce sens à une époque même où l'accréditation syndicale ne venait pas encore accentuer l'identité de la section locale[66]. Elle devait par la suite avoir l'occasion de préciser que la question n'était pas alors de savoir si l'instance syndicale centrale avait pris tous les moyens pour prévenir la grève illégale de la part de l'or-

---

62. *Société canadienne de métaux Reynolds* c. *Confédération des syndicats nationaux, supra*, n. 58, pp. 369 et ss; *Curateur public* c. *Syndicat national des employés de l'Hôpital St-Ferdinand (C.S.N.)*, *supra*, n. 53, pp. 374 et ss.

63. À noter dans ce dernier cas, aux fins de la pénalité prévue à l'article 142, *C.t.*, relativement à la participation à une grève illégale, que les «fédérations et les centrales syndicales, regroupements d'associations» ne sont pas des «associations de salariés»: *Procureur général du Québec* c. *Munn*, (1984) T.T. 131; *Procureur général du Québec* c. *Charbonneau*, C.S. (Québec) 200-36-000028-84, 22 novembre 1985, D.T.E. 85T-952.

64. Voir: *Gaspe Copper Mines Limited* c. *United Steel Workers of America, supra*, n. 53, p. 85. Ce jugement a été confirmé, du moins quant aux aspects ici en cause, par les instances supérieures: *United Steelworkers of America* c. *Gaspe Copper Mines Limited*, (1967) B.R. 487 (C.A.); et (1970) R.C.S. 362 (Cour suprême). Comme le fait cependant observer le juge Hyde de la Cour d'appel (p. 527), cette question même de l'absence de responsabilité automatique du syndicat central relativement aux gestes non autorisés de la section locale ne se présentait pas formellement dans l'espèce, puisque, de toute façon, le syndicat central était déjà responsable envers l'employeur en raison de ses propres agissements.

65. C. D'Aoust, «Les fondements de la responsabilité civile des syndicats en cas de grève illégale», (1981) 41 *R. du B.* 565, p. 569.

66. *United Mine Workers of America* v. *Coronado Coal Co.*, 259 U.S. 344 – commentaire: E. Lambert, *D.P.* 1922.2.153.

ganisme subordonné ou pour y mettre fin une fois celle-ci déclenchée, mais plutôt de s'assurer que la section locale n'agissait pas alors en tant qu'«agent» du syndicat entier[67].

À l'inverse, le syndicat entier peut se trouver factuellement associé à la poursuite d'une grève menée par l'une de ses sections locales. Il devrait d'abord répondre de l'illégalité du geste de cette dernière si celle-ci ne l'avait posé en fait que comme mandataire ou agent de cet ensemble syndical auquel elle se rattache organiquement. Il serait aussi responsable du geste illégal s'il s'associait à cet acte. Quand pourrait-il en être ainsi?

En particulier, certaines constitutions syndicales obligent la section locale à obtenir l'autorisation de l'autorité centrale du syndicat avant de s'engager dans une action de grève[68]. Cette approbation est d'ailleurs requise pour que la section locale puisse avoir part à la caisse de défense du syndicat[69]. De plus, le fait pour la section locale de s'engager dans une action de grève sans avoir obtenu l'autorisation de l'autorité centrale pourrait entraîner éventuellement sa mise en tutelle par celle-ci[70]. Compte tenu de ces faits, l'autorisation par le syndicat entier d'une grève illégale menée par une section locale l'associerait-il à ce geste au point d'engager sa responsabilité civile?

Certaines des constitutions syndicales qui exigent l'autorisation du syndicat prétendent écarter cette éventualité. On lit ainsi: «Une grève ou toute autre mesure économique approuvée par le Comité exécutif international ne rend nullement l'Union internationale partie ou participante à un conflit. L'autorisation sert uniquement à veiller au respect des dispositions des présents statuts et à s'assurer que toutes les possibilités de solution à l'amiable ont été envisagées et que les intérêts des membres sont saufs[71].» On ne saurait validement opposer à des tiers, en l'occurrence des victimes d'un geste illégal, mais autorisé, du syndicat local, une telle déclaration unilatérale du syndicat entier. Le problème de la responsabilité de celui-ci demeure entier.

Pour ce qui est de sa responsabilité délictuelle, le fait pour le syndicat d'autoriser une grève illégale paraît, généralement du moins, une participation positive et substantielle à cette action, participation susceptible d'entraîner une telle responsabilité à l'endroit du syndicat.

---

67. *Carbon Fuel Co.* v. *United Mine Workers*, (1979) 444 U.S. 212.
68. Exemples: *Statuts du Syndicat des métallurgistes unis d'Amérique*, 1986, art. 6 («Aucune grève n'est déclenchée sans l'approbation du président international.»); *Statuts du Syndicat canadien des travailleurs du papier (C.T.C.)*, 1986, art. 15, section 2.
69. *Statut du Syndicat canadien des travailleurs du papier (C.T.C.)*, *ibid.*, section 7.
70. *Constitution du Syndicat national des travailleurs et travailleuses de l'automobile, de l'aérospatiale et de l'outillage agricole du Canada*, 1988, art. 48, section 7.
71. *Statuts de l'Union internationale des travailleurs unis de l'alimentation et du commerce, C.T.C. et F.A.T. – C.O.I.*, 1988, art. 23, par. (E)4.

La même conclusion pourrait aussi être inférée du financement par le syndicat de l'action des grévistes[72].

Si la section locale était à cette occasion liée par une convention collective comportant une obligation de paix pendant sa durée, la responsabilité délictuelle du syndicat central pourrait aussi, en plus de la prohibition légale de grève, s'attacher au fait de son association à la violation de l'entente ainsi intervenue entre des tiers[73]. Le syndicat entier n'étant toutefois pas lui-même partie à cette convention collective signée par la section locale accréditée, il ne saurait alors être question d'une responsabilité «contractuelle» de sa part. S'il s'était toutefois porté cosignataire de l'entente, pratique que prévoient certaines constitutions syndicales[74], la conclusion inverse s'imposerait au fond[75].

SECTION II

REPRÉSENTATION

Le syndicat peut aussi porter l'affirmation de l'intérêt professionnel devant le tribunal. À la différence de l'utilisation précédente du pouvoir de coalition, qui vise à infléchir la position adverse et à parvenir de ce fait à une redéfinition d'une situation mettant en cause cet intérêt,

---

72. Voir notamment: *Curateur public* c. *Syndicat national des employés de l'Hôpital St-Ferdinand (C.S.N.)*, *supra*, n. 53. Dans ce cas, il s'agissait de la participation d'organismes distincts du syndicat à la grève illégale de celui-ci: une fédération (p. 376) et une confédération (p. 378) auxquelles ce syndicat était affilié.
     Dans *United Aircraft of Canada Ltd.* c. *Travailleurs unis de l'automobile*, (1975) C.S. 272, le tribunal n'a cependant pas tenu un syndicat international coupable d'un outrage au tribunal en raison de la violation d'une injonction interdisant de commettre des actes illégaux à l'occasion d'une grève, par ailleurs légale, menée par une de ses sections locales, même s'il avait versé à cette dernière des prestations de grève; il n'avait toutefois aucun contrôle sur leur utilisation.
73. Voir par analogie: *Trudel* c. *Clairol Inc. of Canada*, *supra*, n. 38.
74. Voir ainsi l'article 17, section 1, des *Statuts du Syndicat international des métallurgistes unis d'Amérique, A.F.L. – C.I.O. – C.T.C.*, 1986.
75. L'arbitrage légal des griefs (*C.t.*, art. 100) ne serait pas pour autant ouvert à l'encontre du syndicat central, puisque ne peuvent être parties au grief que l'employeur et l'association de salariés accréditée, en l'occurrence la section locale de ce syndicat. Exceptionnellement, le forum civil ordinaire, de toute façon seul compétent pour connaître de la poursuite fondée sur la responsabilité délictuelle du syndicat entier découlant de la même situation, le serait également pour disposer du manquement à l'obligation conventionnelle qui, autrement, serait, à l'endroit de ce syndicat ramifié, dénuée de toute sanction civile.

le conflit ainsi amené devant l'instance juridictionnelle est un conflit de droit, c'est-à-dire relatif à l'application d'une norme préexistante.

Le principal problème que soulève cette dimension juridictionnelle de l'action syndicale a trait, comme nous le verrons, à la recevabilité de la demande du groupement, plus précisément à son *locus standi* devant l'instance, et à sa qualité pour défendre la question juridique ou l'intérêt en cause[76]. L'aptitude juridique du groupement syndical de défendre celui-ci variera selon les circonstances. Tantôt il paraîtra agir pour le compte d'un ou de plusieurs salariés individualisés ; l'instance sera ainsi portée à s'interroger sur l'étendue du pouvoir de représentation du groupement, c'est-à-dire sur son pouvoir de poser des actes dont les conséquences rejaillissent sur l'individu ou les individus en cause (A.). Tantôt, au contraire, le groupement s'identifiera exclusivement par sa démarche à une collectivité anonyme de salariés ; il défendra alors directement un intérêt proprement collectif, que l'on devrait pouvoir relier avec suffisamment d'intensité à sa représentativité, pour que, en définitive, son recours soit recevable (B.).

A. Existence d'un intérêt individuel

Lorsque la situation personnelle d'un salarié est en cause, non seulement la précédente question de la qualité pour agir du syndicat se pose-t-elle avec une certaine acuité (1.), mais aussi celle de savoir dans quelle mesure, surtout s'il s'agit d'un salarié qui n'appartient pas au syndicat, ce dernier peut être tenu d'agir (2.).

1. Qualité pour agir du syndicat

D'une façon générale, du moins devant les juridictions ordinaires, le droit n'est pas favorable à l'action que l'on prétend exercer pour le compte d'autrui[77]. La recevabilité de l'action du groupement syndical paraît de ce fait plus facile à établir si l'intérêt collectif que le syndicat aurait par hypothèse vocation de défendre coexiste avec l'intérêt du salarié (a.) que dans le cas contraire (b.).

---

76. Au sens strict, l'intérêt du groupement est « l'utilité qu'(il) escompte de son initiative devant les tribunaux ». Voir H. Solus et R. Perrot, *Droit judiciaire privé*, t. 1, Paris, Sirey, 1961, p. 200. La qualité pour agir tient, elle, à la relation qui doit s'établir avec suffisamment d'objectivité et d'intensité entre l'intérêt ainsi défini et la nature et l'objet du groupement qui le défend. Exemple : *Association des gens de l'Air du Québec* c. *Lang*, (1977) 2 C.F. 22, p. 25 (Div. 1re instance). Voir notamment P. Verge, « L'action d'intérêt collectif », (1984) 25 C. de D. 553, p. 569. La jurisprudence s'interroge plus indistinctement et globalement au sujet de l'« intérêt d'agir » du demandeur. Exemple : *Conseil du patronat du Québec Inc.* c. *Procureur général du Québec*, (1988) R.J.Q. 1516, p. 1520 (C.A.).

77. *C.p.c.*, art. 59 : « Nul ne peut plaider sous le nom d'autrui. »

a. Coexistence d'un intérêt collectif

L'affirmation de droits résultant d'une convention collective de travail négociée et signée par le syndicat représente sans doute l'occasion la plus usuelle de coexistence d'un intérêt individuel et d'un intérêt collectif: d'une part, l'intérêt du salarié qui se voit indûment privé de l'un ou l'autre des éléments qui composent son régime de travail selon cette convention – le salaire intégral correspondant à la prestation de travail qu'il a fournie, par exemple –; et d'autre part, l'intérêt du syndicat qui réside dans le maintien de l'intégrité de la norme conventionnelle méconnue par l'employeur à cette occasion, préoccupation qui se rattache à sa mission de défense des intérêts professionnels du groupe de salariés qu'il représente. La violation de l'ordre conventionnel qui, certes, atteint directement le salarié affaiblit inévitablement du même coup l'ordre collectif qui découle de la convention, préoccupation naturelle du groupement syndical qui a participé à son élaboration. En l'absence de toute intervention législative, la présence d'une dimension individuelle dans de telles situations d'intérêt mixte pourrait porter le tribunal à conclure, s'il méconnaît l'autre dimension du litige, qui serait collective, à juger irrecevable la demande du syndicat, au motif qu'il «plaide pour autrui[78]».

Historiquement, a-t-on vu, la reconnaissance législative de l'intérêt du syndicat, en pareilles circonstances, n'a pas été immédiate ni intégrale. La loi adoptée en 1924 pour permettre la constitution de syndicats en corporation n'habilitait pas initialement le syndicat à exercer devant les tribunaux civils les actions naissant de la convention collective conclue sous son empire en faveur de ses membres, et ce, en dépit d'une demande expresse des unions catholiques l'année précédente[79]. Une telle disposition ne fut insérée qu'en 1931, et encore le membre intéressé pouvait-il s'opposer à un tel recours de la part du syndicat[80]. Dans le cas contraire, le recours du syndicat se trouvait facilité, en ce qu'il n'avait pas «à justifier d'une cession de créance de l'intéressé».

Un certain rapport de filiation unit sans doute l'actuel article 69 du *Code du travail* et cette disposition de la *Loi sur les syndicats professionnels*, abrogée en 1964, lors de l'adoption de ce Code, en même temps que disparaissait le régime de la convention collective de travail établi

---

78. Exemples: *Syndicat national du cinéma* c. *Gilles Ste-Marie et associés Inc.*, C.A. (Montréal) 500-09-001367-838, 30 mai 1986, D.T.E. 86T-437 (pour ce qui en était dans l'espèce de la requête en homologation). Voir aussi: *Syndicat des instituteurs et institutrices catholiques de Montréal* c. *Alliance des professeurs catholiques de Montréal*, (1962) C.S. 589.
79. *Loi des syndicats professionnels*, (1924) 14 Geo. V, c. 112. Voir *supra*, p. 119.
80. *Loi modifiant la Loi des syndicats professionnels*, (1930-1931) 21 Geo. V, c. 98, art. 4.

par la loi de 1924[81]. L'article 69 du Code dispose ce qui suit: «L'association accréditée peut exercer tous les recours que la convention collective accorde à chacun des salariés qu'elle représente sans avoir à justifier d'une cession de créance de l'intéressé.» La disposition, en permettant au syndicat signataire de la convention d'agir ainsi en justice en toute liberté à l'endroit du salarié visé, c'est-à-dire «sans avoir à justifier d'une cession de créance (de ce dernier)», consacre implicitement la dimension collective de toute réclamation d'un salarié fondée sur la convention collective. Ce syndicat accrédité, rappelons-le, peut être toute association de salariés, sans exigence particulière de forme, dont la représentativité a été officiellement établie selon le Code. Son statut juridique inclut donc la faculté de voir pleinement à l'affirmation juridictionnelle de la convention collective, même dans le cas où le recours paraît s'exercer au premier chef au nom d'un salarié et pour son bénéfice. La solution s'impose bien, car, encore une fois, c'est par de telles contestations que s'affirme à la longue l'intégrité de la norme conventionnelle d'intérêt collectif.

Le texte vise indistinctement l'exercice de tout recours auquel la convention peut donner lieu. Si la demande devant la juridiction civile ordinaire pour obtenir l'exécution d'une sentence arbitrale relative à un grief pouvait initialement lui conférer une utilité courante sur ce plan[82], son rôle usuel se borne maintenant à faciliter l'exercice du recours arbitral lui-même[83], mode en principe exclusif d'affirmation juridictionnelle de la convention collective.

La saisine de l'arbitre de grief résulte exclusivement, selon la loi, de l'action de l'un ou l'autre des signataires de la convention,

---

81. *Code du travail*, (1964) 12-13 Éliz. II, c. 45, art. 144. (La *Loi sur les relations ouvrières*, S.R.Q. 1941, c. 162A, qui avait établi en 1944 un régime général de négociation collective et que le Code de 1964 se trouvait à remplacer, ne renfermait toutefois pas de texte correspondant à l'article 69 de cette dernière loi.)

82. Mode disparu avec l'adoption, en 1977, du procédé du dépôt de la sentence arbitrale au bureau du protonotaire de la Cour supérieure pour obtenir l'exécution de la sentence arbitrale: *C.t.*, art. 101 (19.1); voir: *Loi modifiant le Code du travail et la Loi du ministère du Travail et de la Main-d'œuvre*, L.Q. 1977, c. 41, art. 45.

   Exemple d'un jugement concluant à l'absence d'intérêt juridique du syndicat signataire pour exercer une action en recouvrement de montants dus à des salariés à la suite d'une sentence arbitrale, en l'absence, dans la loi antérieure au Code, d'une disposition correspondant à l'actuel article 69: *L'écuyer* c. *Standard Telephone and Cables Mfg Co.*, (1964) C.S. 339.

83. Il pourrait encore intervenir sur le plan civil à l'occasion d'une demande exceptionnelle d'injonction; exemple: *City of Lachine* c. *Association internationale des pompiers de Lachine, local 986*, (1964) B.R. 122 (C.A.).

l'employeur ou le syndicat accrédité, à l'exclusion du salarié lui-même[84].

Certaines conventions collectives permettent toutefois au salarié de présenter lui-même à l'arbitrage un grief dans lequel il a un intérêt propre[85]. D'autres subordonnent à l'occasion l'initiative du syndicat au concours du salarié immédiatement intéressé, réserve à laquelle certaines espèces jurisprudentielles donnent effet[86]. Une telle restriction conventionnelle au pouvoir d'action juridictionnelle du représentant collectif des salariés, même s'il y a lui-même initialement consenti, paraît contraire à la volonté législative qu'expriment conjointement les articles 69 et 100 du Code d'assurer au syndicat accrédité le libre accès au stade arbitral[87].

Par ailleurs, d'autres situations qui ne mettent pas en cause l'interprétation ou l'application d'une convention collective peuvent être porteuses, elles aussi, d'un double intérêt: individuel et collectif. Un comportement illégal d'un employeur à l'endroit d'un salarié qui exerce son droit d'association établi par le *Code du travail* – un congédiement motivé par son appartenance à une association de salariés, par exemple – porte atteinte à la fois à l'individu en cause et au groupement à l'action duquel il est aussi fait obstacle. En dépit de ce fait, le recours prévu par la loi pour corriger cette situation n'est ouvert qu'au salarié, à l'exclusion du groupement[88]. Le fait que le titulaire du recours puisse

---

84. *C.t.*, art. 100; *C.c.t.*, art. 57. Voir notamment: *Dalton* c. *Union internationale des employés professionnels et de bureau, local 409*, C.A. (Québec) 200-09-000298-77, 12 avril 1983, D.T.E. 83T-484; *Hotte* c. *Bombardier*, (1981) C.A. 376, et, plus généralement: *General Motors* c. *Brunet*, (1977) 2 R.C.S. 537.
  La loi québécoise déroge toutefois à l'exclusivité du pouvoir de représentation légal du syndicat accrédité en établissant un droit général d'intervention en faveur du salarié: *C.t.*, art. 100.5; cette solution pourrait autrement trouver une justification exceptionnelle: *Hoogendoorn* c. *Greening Metal Products and Screening Equipment Company*, (1968) R.C.S. 30.
85. Exemple: *Syndicat professionnel des infirmières et infirmiers auxiliaires du comté de Charlevoix* c. *Sexton*, (1983) C.A. 154, p. 157.
86. Voir ainsi: *Syndicat des travailleurs de la mine Noranda* c. *Courtemanche*, C.S. (Rouyn-Noranda) 600-05-000060-844, 26 octobre 1984, D.T.E. 85T-223; *Provigo (Distribution) Inc.* c. *Union des employés de commerce, section locale 500, T.U.A.C.*, (1985) T.A. 349. Interprétation restrictive, toutefois, de la dérogation conventionnelle: *Kodie* c. *Lande*, C.S. (Montréal) 500-05-018600-823, 6 juin 1984, D.T.E. 84T-741 (renversé, mais en raison d'un motif tenant à l'exercice du contrôle judiciaire: *Hilton Canada Inc.* c. *Kodie*, (1986) R.J.Q. 2483 (C.A.)).
87. Voir en ce sens F. Morin et R. Blouin, *Arbitrage des griefs*, Montréal, Les Éditions Yvon Blais Inc., 1986, pp. 154-157. En particulier, au regard du troisième alinéa de l'article 100, *C.t.*, l'arbitrage demeure le mode obligatoire de règlement du grief, même s'il devait en résulter une incompatibilité avec une disposition de la convention collective.
88. *C.t.*, art. 16; *Règlement sur l'exercice du droit d'association conformément au Code du travail*, R.R.Q., c. C-27, r. 3, art. 28. Voir notamment: *Métallurgistes unis d'Amérique, local 7265* c. *Gazebo Manufacturers Corp.*, (1974) T.T. 302.

confier à un représentant syndical un mandat exprès de le représenter *ad litem*[89] ne modifie pas la situation: l'intérêt collectif du syndicat, le cas échéant, demeure méconnu, puisqu'il n'est pas alors admis à agir de son propre chef.

Des demandes d'injonctions civiles de la part de syndicats touchés par de tels comportements, caractérisés il est vrai, ont toutefois permis à la juridiction civile ordinaire de constater en certaines occasions le préjudice subi par le groupement et de reconnaître implicitement sa qualité pour intenter le recours[90]. Le *Code canadien du travail* permet au contraire, et avec réalisme, aussi bien au syndicat qu'à l'employé de saisir le Conseil canadien des relations du travail d'une plainte à la suite d'une pratique déloyale atteignant ainsi, en réalité, et le groupement et l'individu[91].

b. Exclusivité de l'intérêt individuel

Dans le cas de l'exclusivité de l'intérêt individuel, l'action syndicale heurte de front le principe suivant: «Nul ne peut plaider sous le nom d'autrui» qui s'impose aux recours devant les juridictions civiles ordinaires[92]. En conséquence, le syndicat n'a pas qualité pour agir en tant que représentant du salarié afin de faire valoir le seul intérêt subjectif de ce dernier[93]. Restera à vérifier la mesure de l'effet restrictif de ce principe à l'occasion de recours devant des instances spécialisées.

L'inadmissibilité de la représentation syndicale devant les instances civiles se manifeste en particulier à l'occasion de demandes relatives au non-respect de normes législatives ou réglementaires régissant la relation individuelle de travail[94]. Il peut aussi s'agir de droits du salarié trouvant leur fondement dans d'autres lois ayant une incidence

---

89. *Sévigny* c. *Meubles de l'Estrie Inc.*, (1979) T.T. 261; *Syndicat des employés de l'Industrielle (C.S.N.)* c. *Racine*, (1973) T.T. 45.
90. Exemples: *Union nationale du vêtement Inc.* c. *Quality Garment Mfg Co. Ltd.*, (1956) C.S. 259; *Union des employés de commerce (500)* c. *Salaison Rivard Inc.*, (1975) R.D.T. 499 (C.S.), p. 506; *Union des vendeurs d'automobiles et employés auxiliaires, local 1974* c. *Montmorency Ford Sales Ltée*, (1976) R.D.T. 1 (C.S.).
91. *C.c.t.*, art. 97(1).
92. *C.p.c.*, art. 59.
93. Exemple: *Syndicat des employés de production du Québec et de l'Acadie* c. *Société Radio-Canada*, C.S. (Montréal) 500-05-010300-844, 11 juin 1987, J.E. 87-776. (Irrecevabilité d'une action du syndicat accrédité intentée au bénéfice d'un groupe d'employés, à l'encontre de la réduction de la cotisation patronale en vertu de la *Loi de 1971 sur l'assurance-chômage*, S.C. 1970, 2ᵉ suppl., Annexe A.)
94. Recours civils visant l'application de la *Loi sur les normes du travail*, L.R.Q., c. N-1.1 (voir *infra*, n. 110, second alinéa) ou celle de la loi fédérale correspondante, *C.c.t.*, Partie III, art. 257 (recours pénal porteur également de conclusions «civiles»), et art. 261 (recours civil); recours également à l'initiative du salarié (mais sous réserve de l'action du comité paritaire en cas de défaut de celui-ci d'agir) et visant l'application d'une convention collective étendue par décret selon la *Loi sur les décrets de conventions collectives*, L.R.Q., c. D-2 (art. 43 et ss).

sur le rapport de travail, comme le droit à un régime de travail exempt de discrimination[95]. Plus généralement, le syndicat n'est pas admis à exercer au nom du salarié les recours civils auxquels peut donner lieu, selon le droit commun, le contrat individuel de travail.

Un mode exceptionnel d'exercice des recours civils, le recours collectif, apporte toutefois un tempérament à la situation précédente, dont peuvent se prévaloir notamment les syndicats[96]. Moyennant l'autorisation préalable du tribunal, la mesure permet à un membre d'un groupe de personnes, chacune en position d'exercer un recours soulevant des questions de droit ou de fait identiques, similaires ou connexes contre une autre, d'«agir en demande, sans mandat, pour le compte de tous les membres (de ce groupe)». Saisi d'une demande d'exercer un recours collectif, le tribunal n'y donnera suite, outre l'exigence d'identité ou de connexité de l'intérêt des membres du groupe, que si les faits allégués paraissent justifier les conclusions recherchées, si la composition du groupe rend difficile ou peu pratique l'action personnelle ou encore la jonction des demandeurs dans une même demande selon l'article 67 du Code – d'où l'exigence usuelle d'un groupe relativement étendu – et si le représentant éventuel semble en mesure d'assurer une représentation adéquate des membres du groupe[97].

Les membres du groupe doivent être des personnes physiques. Cela vaut également, comme position de départ du moins, pour le représentant du groupe[98]. La loi permet toutefois à certaines personnes morales et à certains groupements de postuler ce statut, à certaines conditions. Selon l'article 1048 du *Code de procédure civile*, il en sera ainsi, par rapport à un corps ou groupement visé, si:

a) un de ses membres qu'il désigne est membre du groupe pour le compte duquel il entend exercer un recours collectif; et
b) l'intérêt de ce membre est relié aux objets pour lesquels la corporation, l'association ou le groupement a été constitué.

Dans un tel cas, il n'est donc pas nécessaire que le requérant ait lui-même un intérêt à tout le moins similaire à celui des membres du groupe pour le compte duquel il veut agir, comme ce serait le cas

---

95. *Charte des droits et libertés de la personne*, L.R.Q., c. C-12, art. 16 (recours civil: art. 49).
96. *C.p.c.*, art. 999 et ss.
97. *C.p.c.*, art. 1003. Voir: L. Ducharme et Y. Lauzon, *Le recours collectif québécois*, Cowansville, Les Éditions Yvon Blais Inc., 1988; M. Beaumier, «Le recours collectif au Québec et aux États-Unis», (1987) 18 *R.G.D.* 775; M. Bouchard, «L'autorisation d'exercer le recours collectif», (1980) 21 *C. de D.* 855. Voir aussi les arrêts suivants: *Nault* c. *Canadian Consumer Company Limited*, (1981) 1 R.C.S. 553; *Comité régional des usagers des transports en commun du Québec* c. *Commission des transports de la Communauté urbaine de Québec*, (1981) 1 R.C.S. 424; *Deslauriers* c. *Ordre des ingénieurs du Québec*, (1986) R.D.J. 181 (C.A.); *Proulx* c. *Pyser*, (1985) R.D.J. 47 (C.A.).
98. *C.p.c.*, art. 999.

s'il était une personne physique. Pourvu que l'un de ses membres satis-fasse à cette condition, il suffira donc que l'intérêt individuel en jeu soit relié aux objets du groupement. Dans le cas d'un groupement syndical par exemple, à supposer que les différentes conditions rattachées à l'exercice du recours collectif soient par ailleurs observées, l'objet d'un recours pourrait résider en une conclusion salariale étrangère à une convention collective et dans laquelle seuls ses membres, à l'exclusion du groupement lui-même, auraient un intérêt personnel. Il paraît pos-sible, en effet, de relier une telle question aux objets généraux du grou-pement syndical et d'admettre l'exercice du recours collectif sous son égide[99]. Le recours collectif ne peut toutefois permettre de véhiculer l'intérêt subjectif du groupement lui-même[100].

Mais, quel type de syndicat se trouve ainsi habilité à agir pour le compte d'un groupe de personnes ?

Le texte de l'article 1048 du *Code de procédure civile* ne vise expressément, pour ce qui est des mentions applicables, que la «cor-poration régie par la partie III de la *Loi sur les compagnies*» – mode rarement utilisé pour constituer un syndicat – et le «groupement visé dans le deuxième aliéna de l'article 60 (du *Code de procédure civile*)», soit le groupement «constitu(ant) une association de salariés au sens du Code du travail», mais dépourvu de la personnalité civile[101]. Le syndicat formé en corporation selon la *Loi sur les syndicats professionnels*, mode normal d'attribution de la personnalité morale à un syndicat[102], n'y figure pas. Une interprétation littérale du texte conduirait à une situa-tion bizarre, c'est-à-dire à l'infériorité, en ce qui a trait à l'exercice du recours collectif, d'un tel syndicat pourtant officiellement doté de la personnalité civile par rapport au groupement *de facto*, que l'on a déjà jugé dépourvu d'une telle personnalité[103]. La Cour d'appel n'a pas admis une semblable discordance[104].

---

99. Exemple : *Procureur général du Québec* c. *Boivin*, C.A. (Québec) 200-09-000738-796, 2 septembre 1982, p. 6, J.E. 82-922 (réclamation au nom des employés occasionnels du gouvernement du Québec du paiement d'une journée de salaire en vertu de la *Loi sur la fête nationale*).

100. *Syndicat national des employés de magasins de Québec* c. *Société nationale de fiducie*, C.S. (Québec) 200-06-000002-827, 7 avril 1982, J.E. 82-546 – appel réglé hors cour le 13 décembre 1983 (irrecevabilité d'une conclusion relative au paiement au syndicat, par un fiduciaire, d'un montant représentant des cotisations syn-dicales non remises par l'employeur).

101. Référence au premier alinéa de l'article 60, *C.p.c.* («tel groupement...»).

102. *Loi sur les syndicats professionnels*, L.R.Q., c. S-40; voir *supra*, p. 118.

103. *Contra*, au motif qu'une interprétation restrictive s'impose s'agissant d'une «exception à la règle de l'intérêt requis»: L. Ducharme et Y. Lauzon, *supra*, n. 97, p. 170.

104. *P.G. du Québec* c. *Boivin*, *supra*, n. 99, p. 6. (Le syndicat professionnel reçut alors le statut de représentant, conjointement avec un membre.)

L'institution législative de recours devant des juridictions spécialisées n'a généralement pas pour effet d'attribuer au syndicat qualité pour faire valoir l'intérêt subjectif du salarié ; celui-ci, tout comme devant la juridiction civile ordinaire, demeure le titulaire exclusif du recours alors établi. Il en est ainsi, notamment, à l'occasion de l'exercice du droit de refus d'un travail dangereux, droit au demeurant individuel selon la *Loi sur la santé et la sécurité du travail*[105], du recours en révision de la décision de l'inspecteur de la Commission de la santé et de la sécurité du travail[106], de même que de l'appel de cette dernière décision devant la Commission d'appel en matière de lésions professionnelles[107]. De même en est-il du recours auquel cette même loi donne ouverture à l'occasion d'une mesure prise illégalement par l'employeur à l'encontre du salarié à cause de l'exercice par ce dernier d'un droit que lui accorde cette loi ou d'un règlement qu'elle autorise[108]. Il en va de même, plus généralement, pour des recours, selon plusieurs lois, visant à protéger le salarié en différentes occasions à l'encontre de gestes illégaux

---

105. *Loi sur la santé et la sécurité du travail*, L.R.Q., c. S-2.1, art. 27 (*L.s.s.t.*).

106. *Ibid.*, art. 191.2.

107. *Ibid.*, art. 193. Voir: *Syndicat canadien de la fonction publique* c. *Ville de Québec*, C.A.L.P. (Québec) 01624-03-8612, 20 juin 1988, D.T.E. 88T-938. Voir aussi *C.c.t.*, art. 129(5).

   Même situation, en ce qui a trait à certains recours de l'individu en vertu de la *Loi sur l'accès aux documents des organismes publics et sur la protection des renseignements personnels*, L.R.Q., c. A-2.1, art. 135 et 147 ; voir: *Bellerose* c. *Université de Montréal*, (1986) C.A.I. 409.

108. *Ibid.*, art. 227. Voir: *Doyon* c. *Université de Montréal*, T.T. (Montréal) 500-28-000617-837, 14 février 1984, D.T.E. 84T-324. (Même cas, *C.c.t.*, art. 133.)

   La même disposition permet toutefois au salarié régi par une convention collective d'avoir recours à la procédure de grief. La *Loi sur les accidents du travail et les maladies professionnelles*, L.R.Q., c. A-3.001, art. 32, prévoit une option semblable dans le cas d'un travailleur atteint par un geste illégal de l'employeur à cause de l'exercice d'un droit qu'elle lui confère. Voir aussi les articles 244 et suivants (droit de retour au travail à la suite d'une lésion professionnelle). Il en va de même de la *Loi sur les élections et les référendums dans les municipalités*, L.R.Q., c. E-2.2, art. 347-356, et de la *Loi électorale*, L.R.Q., c. E-3.3, art. 248-255.

   Le recours légal ainsi créé est individuel. Le concours du salarié, tant à l'étape de la procédure de réclamation qu'au stade arbitral, paraît bien nécessaire pour que l'association accréditée puisse agir, même en présence d'une procédure de grief lui permettant normalement d'agir seule. Inversement, cette nature personnelle du recours légal devrait aussi permettre au salarié de l'exercer à tous les stades, y compris celui de l'arbitrage, en l'absence de participation du syndicat accrédité. *Contra*: *Syndicat des travailleurs unis de Columbia international (C.S.N.)* c. *Dulude*, (1988) R.J.Q. 1400 (C.S.). Voir par analogie: *Commission scolaire régionale de la Mauricie* c. *Caron*, (1969) R.D.T. 257, confirmé par (1970) C.A. 355 (résumé).

   Pour sa part, l'article 47 de la *Charte de la langue française*, L.R.Q., c. C-11, prévoit expressément qu'un travailleur régi par une convention collective «a le droit de soumettre son grief au même titre que son association, à défaut par cette dernière de le faire», s'agissant d'un congédiement illégal selon cette loi.

de l'employeur et qui reproduisent en substance le régime des articles 15 et suivants du *Code du travail*[109].

La demande d'enquête à la Commission des droits de la personne est recevable de la part d'un «organisme voué à la défense des droits et libertés de la personne ou au bien-être d'un groupement» lorsqu'il a raison de croire qu'a été commis un acte discriminatoire. Une interprétation libérale, qui s'impose lorsque la Charte est en cause, inclinerait à comprendre la demande de la part d'un syndicat au regard, du moins, du second volet de la disposition. La Charte exige toutefois le consentement écrit de la victime[110].

La *Loi sur l'assurance-chômage* est pour sa part ici explicite en ce qui a trait à l'exercice du second niveau d'appel qu'elle prévoit relativement aux décisions de la Commission de l'emploi et de l'immigration du Canada en matière de prestations d'assurance-chômage. En effet, elle dispose que toute décision d'un conseil arbitral en la matière peut être présentée devant un juge-arbitre non seulement par le prestataire lui-même mais aussi «par une association dont il est membre[111]». Pourvu que cette dernière condition d'appartenance se réalise, le recours du syndicat est donc recevable, sans exigence particulière quant à la présence d'un intérêt syndical[112]. Toutefois, lorsqu'une pluralité de prestataires d'un même milieu de travail veulent en appeler de décisions

---

109. *Loi sur les normes du travail*, L.R.Q., c. N-1.1, art. 122-123.1; *Loi sur les jurés*, L.R.Q., c. J-2, art. 47; *Loi sur les tribunaux judiciaires*, L.R.Q., c. T-16, art. 5.2; *Loi sur la protection des biens en cas de sinistre*, L.R.Q., c. P-38.1, art. 49.

110. *C.d.l.p.*, art. 74. Les recours devant le tribunal civil ordinaire ou le Tribunal des droits de la personne demeurent toutefois l'apanage de la victime ou de la Commission, selon le cas, à l'exclusion du syndicat. La loi fédérale correspondante n'envisage, officiellement du moins, que la plainte d'un individu ou d'un groupe d'individus: *L.c.d.p.*, art. 40.

   Assez semblablement à la *C.d.l.p.*, la *Loi sur les normes du travail*, si elle permet maintenant à un «organisme sans but lucratif de défense» – expression qui vise nécessairement un syndicat – d'adresser à la Commission des normes du travail une plainte relative à la violation d'un droit conféré par cette loi, «pour le compte d'un salarié qui y consent par écrit», réserve toutefois le recours judiciaire au salarié lui-même et à la Commission, en matière salariale dans ce dernier cas. Voir l'article 102, modifié par l'article 45 de la *Loi sur les normes du travail et d'autres dispositions législatives*, L.Q. 1990, c. 73.

111. *Loi sur l'assurance-chômage*, L.R.C. (1985), c. U-1, art. 80. (Par contre, seul le prestataire lui-même, outre l'employeur, a accès au stade initial d'appel devant le conseil arbitral: art. 79(1).)

   D'une façon similaire, une loi québécoise, la *Loi sur le régime de retraite des employés du gouvernement et des organismes publics*, L.R.Q., c. R-10, permet à un membre d'un syndicat ou d'une association de se faire représenter par le groupement à l'occasion de certains cas de procédure d'arbitrage prévus par la loi relativement à différents aspects d'un régime de retraite qu'elle régit.

112. Exemple d'un appel au juge-arbitre par un syndicat: C.U.B. 4413 (Babin).

de la Commission présentant un même fondement, la pratique la plus courante consiste, avec le concours fréquent d'un syndicat, s'il en est un, et moyennant l'assentiment de la Commission, en la présentation par un seul prestataire d'un «appel représentatif», ou cause type, devant le conseil arbitral ou le juge-arbitre[113].

Cependant, le salarié titulaire exclusif de la plupart des recours précédents peut se faire représenter et assister *ad litem* par un représentant syndical à qui il confie un mandat exprès, du moins si l'exécution d'un tel mandat n'est pas du ressort exclusif de l'avocat[114]. L'exercice d'une telle fonction d'assistance et de représentation du salarié devant les juridictions spécialisées de la part de syndicats constitue un aspect non négligeable de l'activité du syndicat contemporain[115].

2. Obligation d'agir du syndicat

L'acceptation de l'adhésion d'un membre par le syndicat peut, selon les circonstances, engendrer à la charge de ce dernier une obligation d'assurer sa défense devant une juridiction compétente relati-

---

113. Exemples: C.U.B. 10, 399 (Henri), C.U.B. 5008 (Nelson); *Procureur général du Canada* c. *Valois*, (1986) 2 R.C.S. 439, p. 455 (le droit à la prestation d'un groupe de salariés en présence d'un conflit collectif de travail, compte tenu de l'article 27 de la loi, était en cause). Même si la loi ne comporte aucune exigence de cette nature pour l'exercice d'un appel par un syndicat au juge-arbitre, une situation comme la précédente véhicule aussi un intérêt collectif syndical.

114. L'article 128 de la *Loi sur le Barreau*, L.R.Q., c. B-1, exclut du domaine réservé à l'avocat la représentation devant la plupart des instances spécialisées du travail. Parfois, la loi qui institue le recours spécialisé dispose aussi en ce sens, comme l'article 426 de la *Loi sur les accidents du travail et les maladies professionnelles*, *supra*, n. 108: «lors d'une enquête ou d'une audition (devant la Commission d'appel en matière de lésions professionnelles), une partie a le droit d'être représentée par une personne de son choix». Au sujet de l'admissibilité d'un tel mandat exprès confié, sans un tel texte, à un représentant syndical, voir notamment: *Nightingale Saro Inc.* c. *Paquet*, (1985) T.T. 252 (plainte en vertu de l'article 227, *Loi sur la santé et la sécurité du travail*).

115. Cela vaut tant à l'occasion de recours où se conjuguent l'intérêt individuel et l'intérêt collectif, comme certains griefs de convention collective, que de recours où seul l'intérêt individuel du salarié est en cause, comme l'exercice du droit de refus d'un travail dangereux selon la loi. Voir ainsi la fréquence de la représentation syndicale à l'étape de la demande de révision de la décision de l'inspecteur de la Commission de la santé et de la sécurité du travail: M. Renaud, G. Trudeau, C. St-Jacques et L. Dubé, *Le droit de refus: une révolution tranquille*, Montréal, École de relations industrielles, Université de Montréal, 1989, monographie n° 21, pp. 122 et ss.
   Exemple de responsabilité contractuelle d'un syndicat envers l'un de ses membres à la suite de la faute professionnelle de l'avocat que ce syndicat avait chargé d'assister ce dernier relativement à un appel devant la Commission des affaires sociales: *Pépin* c. *Fraternité des policiers de la Communauté urbaine de Montréal*, C.Q. (Montréal) 500-02-021218-867, 18 décembre 1990, D.T.E. 91T-157.

vement à un litige du travail, pourvu bien entendu, et selon ce qui précède, que le groupement ait par ailleurs qualité pour ainsi agir à cette occasion au nom du salarié en cause. L'existence d'un tel devoir de représentation suppose qu'il soit possible concrètement d'inclure cette exigence de comportement dans le champ de la mission de protection assumée par le groupement à l'endroit de ses adhérents, compte tenu de sa nature générale et de ses objets ainsi que d'après sa loi constitutive ou sa charte, selon le cas[116]. Par ailleurs, le règlement syndical pourra éventuellement en préciser certains aspects. L'obligation de représentation ainsi déduite sera de nature contractuelle[117]. La situation du syndicat ressemblera alors à celle d'un mandataire à l'endroit de son mandant[118]. Le groupement devra quant à lui évaluer prudemment la situation pour déterminer s'il y a lieu ou non, étant donné notamment les effets de la décision à ce sujet sur les autres membres et sur le groupement lui-même, d'assurer la représentation juridictionnelle du salarié en cause. Même s'il est alors dépourvu de tout statut légal dans cette hypothèse – il pourrait par exemple s'agir d'un regroupement de cadres, dans le contexte contemporain –, le syndicat se trouve ainsi placé dans une situation assez semblable en fait à celle de l'association de salariés accréditée qui s'avère beaucoup plus courante de nos jours.

Le trait caractéristique de l'obligation de représentation qui incombe à cette dernière est l'uniformité de son application à tous les salariés compris dans l'unité d'accréditation. Comme l'ensemble des éléments qui composent le statut juridique du syndicat accrédité[119], elle s'applique à ces salariés sans égard à leur appartenance au syndicat; il s'agit précisément, dit-on couramment, d'une obligation de représentation «égale» de ceux-ci. Son fondement réside dans la loi; le jeu conjugué des dispositions de l'un ou l'autre des Codes du travail traitant du rôle de représentant collectif de l'unité d'accréditation dévolu au syndicat accrédité permet de conclure à l'existence d'une telle obligation, même en l'absence d'un texte exprès à ce sujet, comme le prévoient maintenant depuis un certain nombre d'années ces mêmes lois. Cette obligation de représentation dite aussi parfois «équitable», dont chaque salarié de l'unité est créancier, n'est en définitive que la

---

116. Exemple: *Bernard* c. *Syndicat des contremaîtres adjoints de la C.T.C.U.M.*, (1986) R.J.Q. 1309 (C.S.) p. 1313.
117. L'article 312, *C.c.Q.* (sous réserve d'entrée en vigueur) écarte l'explication institutionnelle, pourtant plus en accord avec la réalité du groupement, au profit de la thèse contractuelle, à laquelle s'en remettait d'ailleurs généralement la jurisprudence; voir *supra*, p. 203.
118. *Bernard* c. *Syndicat des contremaîtres adjoints de la C.T.C.U.M.*, *supra*, n. 116, p. 1312.
119. Voir *supra*, pp. 91 et ss.

contrepartie du droit de représentation de l'unité dont jouit le syndicat accrédité[120].

Depuis 1977, le *Code du travail* du Québec formule ainsi l'obligation de représentation du syndicat accrédité:

> une association accréditée ne doit pas agir de mauvaise foi ou de manière arbitraire ou discriminatoire, ni faire preuve de négligence grave à l'endroit des salariés compris dans une unité de négociation qu'elle représente, peu importe qu'ils soient ses membres ou non[121].

Assez semblablement, la loi fédérale interdit «au syndicat, ainsi qu'à ses représentants, d'agir de manière arbitraire ou discriminatoire ou de mauvaise foi à l'égard des employés de l'unité de négociation dans l'exercice des droits reconnus à ceux-ci par la convention collective[122]». Si l'énoncé de l'obligation dans la loi québécoise rejoint dans sa généralité le contenu de l'obligation de comportement initialement déduite par la jurisprudence de l'ensemble de la loi, le libellé du Code canadien se limite «à l'exercice des droits reconnus (aux employés) par la convention collective», ce qui serait de nature à exclure l'application du texte à l'occasion de situations de négociation collective[123].

L'obligation explicite de représentation égale, selon l'une et l'autre lois, régit donc sans difficulté la conduite du syndicat accrédité en matière de représentation juridictionnelle des salariés à l'occasion de griefs ou de conflits de droit découlant de conventions collectives, ce qui est l'objet du présent examen et aussi, du moins selon le conten-

---

120. La jurisprudence américaine avait au début ainsi conclu à l'existence d'un «*duty of fair representation*» à partir des données de base de la loi fédérale américaine sur le travail, dont les principes directeurs en matière de représentation collective avaient trouvé un prolongement dans les lois canadiennes de l'après-guerre régissant les rapports collectifs du travail. De façon semblable, certains tribunaux canadiens avaient initialement dégagé l'existence de l'obligation à partir de l'ensemble de la mission légale de représentation dévolue au syndicat accrédité. Voir: *Oil, Chemical and Atomic Workers Union* c. *Imperial Oil*, (1963) R.C.S. 584, p. 593; *Fisher* v. *Pemberton*, (1970) 8 D.L.R. (3d) 521 (B.C.S.Ct.). Voir: B.L. Adell, «The Duty of Fair Representation – Effective Protection for Individual Rights in Collective Agreements», (1970) 25 *Rel. ind.* 602. Voir aussi: *Guilde de la marine marchande du Canada* c. *Gagnon*, (1984) 1 R.C.S. 509, p. 517, et *Gendron* c. *Syndicat des approvisionnements et services de l'Alliance de la fonction publique du Canada, section locale 50057*, (1990) 1 R.C.S. 1298, pp. 1309 et ss.

121. *C.t.*, art. 47.2.

122. *C.c.t.*, art. 37.

123. Voir cependant l'interprétation extensive proposée dans: *Reynolds* et *Syndicat des travailleurs en télécommunications*, (1987) 68 d.i. 116, p. 126: le texte s'appliquerait, en plus des mésententes résultant d'une convention collective, à toute négociation subséquente à la conclusion d'une première convention collective.

tieux engendré, l'occasion la plus fréquente de manquements de la part d'instances syndicales à leur obligation de représentation égale[124].

Le syndicat accrédité doit donc traiter la mésentente qui oppose le salarié et l'employeur relativement à l'interprétation ou à l'application de la convention collective sans égard à l'appartenance syndicale du salarié ou à l'absence de celle-ci, ou encore, s'il s'agit d'un membre du groupement, sans tenir compte de son désaccord possible avec les positions entretenues par la majorité qui gouverne le syndicat ou celles de l'autorité centrale du groupement syndical auquel l'association de salariés accréditée se trouve rattachée. Agir autrement serait nettement discriminatoire[125].

Chaque salarié a donc droit à un examen prudent, objectif et honnête par le syndicat de la question de l'opportunité de le défendre devant l'arbitre de grief. Cela n'exclut pas toutefois la prise en considération par le syndicat de l'incidence d'une telle décision sur l'intérêt général du groupe de salariés qu'il représente également[126].

Le comportement arbitraire que prohibent précisément les deux lois peut souvent coïncider avec la négligence grave de la part du syndicat; ainsi en serait-il d'une absence de vérification du bien-fondé des prétentions, en fait ou en droit, du salarié. Le syndicat doit en effet être à même d'expliquer d'une façon objective et satisfaisante son comportement à l'endroit du salarié[127].

À la différence de la loi fédérale, la loi québécoise prohibe également, en des termes exprès, la négligence grave. Que ce soit en vertu de cette mention expresse, dans le premier cas, ou selon la

---

124. Pour des exposés détaillés de la portée positive, selon une jurisprudence considérable et circonstanciée, de l'obligation de représentation, voir notamment: J.-D. Gagnon, «Le devoir de représentation des associations de salariés en droit canadien et québécois», (1981) 41 *R. du B.* 639; R.P. Gagnon, L. LeBel et P. Verge, *op. cit.*, *supra*, n. 18, pp. 309 et ss.

125. Exemples: *Legault* c. *Syndicat des travailleurs amalgamés du vêtement et du textile, local 644*, (1979) T.T. 375; *Lessard* c. *Union des chauffeurs et ouvriers de diverses industries, local 69*, T.T. (Québec) 200-28-000151-84, 15 août 1984, D.T.E. 84T-768; *Paré* c. *Association des chauffeurs d'autobus de Valleyfield*, (1989) T.T. 281.

126. *Guilde de la marine marchande du Canada* c. *Gagnon*, *supra*, n. 120, p. 527.
   En particulier, le syndicat «doit donc reconnaître l'importance de l'intérêt individuel d'un salarié dans l'exercice de sa discrétion de poursuivre ou non un grief à l'encontre d'un renvoi ou de sanctions disciplinaires», lorsqu'il s'agit notamment de la question de savoir s'il y a lieu ou non d'«échanger» un tel grief à l'encontre d'un avantage collectif. Voir: *Centre hospitalier Régina Ltée* c. *Tribunal du travail*, (1990) 1 R.C.S. 1330, p. 1352.

127. Exemples: *Roy* c. *Association des autobus de l'Estrie Inc.*, (1985) T.T. 110; *Lapointe* et *Association internationale des machinistes et des travailleurs de l'aéroastronautique, loge 2309*, (1987) 69 d.i. 8.

déduction d'une obligation de comportement à partir des données générales de la loi[128], dans le second, le syndicat doit donc aussi faire montre dans le traitement du grief d'un niveau acceptable, selon les circonstances, de savoir-faire, même si l'on n'exige pas de lui l'exercice d'une compétence optimale[129]. Le défaut par le syndicat de se doter d'une structure décisionnelle ou administrative appropriée ne le dégagera pas des conséquences de sa négligence grave[130]. Il paraît toutefois à propos à cet égard de tenir compte, dans l'appréciation du comportement du syndicat, de la nature et de la qualité des services syndicaux que les salariés ont eux-mêmes voulu s'accorder en préférant majoritairement une organisation syndicale de plus ou moins grande envergure, selon le cas[131]. Enfin, le comportement de mauvaise foi du syndicat comporte un élément intentionnel malveillant à l'endroit du salarié[132].

Des recours particuliers permettent de redresser des manquements du syndicat aux normes précédentes de représentation ; celui qui a été établi par la loi fédérale sanctionne l'ensemble de l'obligation explicite[133], ce qui n'est toutefois pas le cas de celui qui découle du Code québécois. Le recours particulier selon les articles 47.3 et suivants de cette loi, n'est ouvert dans ce cas qu'à l'occasion d'un renvoi ou d'une sanction disciplinaire[134]. Le recours devant l'instance ordinaire, notamment en responsabilité civile, intervient de façon supplétive pour sanc-

---

128. *Guilde de la marine marchande du Canada* c. *Gagnon, supra*, n. 120, p. 527.
129. Comparer : *Tremblay* c. *Syndicat des employés des commissions scolaires de Charlevoix*, (1982) T.T. 410 (ignorance par le représentant syndical d'un changement dans la procédure syndicale de traitement des griefs), et *Godin* c. *Fraternité unie des charpentiers et menuisiers d'Amérique, local 2533*, (1979) T.T. 157 ; *Jacques* c. *Travailleurs canadiens de l'alimentation, local P-551*, (1981) T.T. 85 (situations d'absence de négligence).
130. Exemple : *Bordeleau* c. *Syndicat des professeurs du collège du Nord-Ouest*, (1979) T.T. 133 (absence d'exécutif syndical).
131. *Cloutier* et *Union des employés de transport, local et autres, local 931*, (1981) 40 d.i. 222. (Texte de l'article 37 du Code fédéral antérieur à l'amendement de 1984.)
132. Exemple : *Boutin* c. *C.A.E. Electronics*, (1979) T.T. 91.
133. *C.c.t.*, art. 97.
134. Ce recours n'est disponible que lorsque l'arbitre a disposé au fond du grief : *Gendron* c. *Municipalité de la Baie James*, (1986) 1 R.C.S. 401, pp. 407 et 408, ce qui n'est toutefois pas le cas, notamment, lorsqu'il n'a eu qu'à entériner un règlement de la mésentente entre l'employeur et le syndicat : *Centre hospitalier Régina Ltée* c. *Tribunal du travail, supra*, n. 126.
     L'obligation de représentation égale pourrait par ailleurs trouver application, la sentence arbitrale rendue, relativement à la prise de décision quant à l'exercice du contrôle judiciaire à l'encontre de celle-ci, en certaines circonstances : *Asselin* c. *Travailleurs amalgamés du vêtement et du textile, local 1838*, (1985) T.T. 74, p. 93.

tionner, dans les cas non visés par le recours particulier, l'exécution de l'obligation expresse ou implicite selon le cas[135].

L'aperçu précédent de la portée de l'obligation de représentation que doit le syndicat accrédité, entre autres à l'occasion du traitement d'un grief de convention collective, à tout salarié de l'unité d'accréditation illustre encore une fois la transformation du rôle de ce syndicat, du moins aux fins de la loi régissant les rapports collectifs du travail: de groupement privé et contractuel qu'il était, il est bien devenu, dans ce contexte, un agent légal de représentation de tout un groupe de salariés.

Cette qualité ne disparaît pas, bien au contraire, lorsque le débat juridique porte cette fois sur une question d'intérêt exclusivement collectif.

B. Affirmation exclusive d'un intérêt collectif

Dans le cas de l'affirmation exclusive d'un intérêt collectif, le syndicat est admis à saisir l'instance juridictionnelle d'une question qui concerne une collectivité abstraite de salariés à laquelle il s'identifie juridiquement, compte tenu, en particulier, de ses objets publiquement reconnus. L'archétype ne véhicule pas, idéalement du moins, l'intérêt individuel parallèle d'un ou de plusieurs salariés désignés à l'intérieur de cette collectivité.

Ce trait caractéristique de la présente catégorie de situations suggère l'à-propos, en ces occasions, d'une détermination de la recevabilité de la demande syndicale non pas, comme dans les cas précédents, à partir de l'existence d'un strict pouvoir de représentation dont serait nanti le groupement – car il n'y a plus, à proprement parler, de représentés désignés et susceptibles de voir se réaliser en eux le résultat de la démarche du groupement –, mais plutôt en tenant compte simplement de la représentativité juridiquement établie du syndicat par rapport à la collectivité abstraite de salariés en cause.

Même si l'on parle couramment de «représentation» par le groupement d'une telle collectivité – la loi elle-même ne consacre-t-elle pas d'ailleurs l'existence du pouvoir légal de représentation de l'association de salariés accréditée, le cas échéant? –, la détermination du *locus standi* du groupement à partir de sa représentativité, lorsqu'un

---

135. Exemple: *Syndicat des agents de la paix de la fonction publique* c. *Richer*, (1983) C.A. 167.
   Négation du recours de droit commun lorsqu'il y a ouverture au recours spécifique: *Gendron* c. *Syndicat des approvisionnements et services de l'Alliance de la fonction publique du Canada, section locale 50057, supra*, n. 120.

véritable intérêt collectif est ainsi en jeu, permet d'assurer une défense adéquate de ce dernier. Cette démarche écarte l'obstacle artificiel résultant d'une notion de «qualité» pour agir en justice jusqu'à présent trop exclusivement axée sur la défense d'intérêts subjectifs d'individus, intérêts par surcroît le plus souvent d'ordre patrimonial, ou encore sur celle de l'intérêt subjectif – et encore ici le plus souvent patrimonial – du groupement lui-même[136].

L'intérêt collectif en cause est donc occasionnellement à la mesure de l'unité d'accréditation; il ne dépasse pas alors, normalement du moins, l'échelle de l'entreprise (1.); parfois, au contraire, quoique beaucoup plus rarement, un intérêt nettement plus vaste, atteignant le secteur ou le domaine professionnel, est en jeu (2.)[137].

1. Intérêt collectif à l'échelle de l'entreprise

Le syndicat accrédité est appelé à saisir tantôt le tribunal civil ordinaire, tantôt une juridiction spécialisée du travail d'une question qui rejaillit directement et exclusivement sur l'unité d'accréditation à laquelle il s'identifie.

Diverses demandes visant à obliger l'employeur à se conformer aux exigences du régime de négociation collective établies par le *Code du travail* illustrent la saisine du tribunal civil d'une question portant strictement sur un intérêt collectif: injonction visant à faire cesser un lock-out illégal[138], à respecter le régime dit anti-briseurs de grève[139]... Il peut aussi s'agir de poursuite pénales, à l'instigation de

---

136. Sur la distinction, en général, entre «représentativité» et «représentation», voir *supra*, pp. 81 et 83, et G. Borenfrund, «Propos sur la représentativité syndicale», (1988) *Dr. social* 476. Quant aux résultats, le plus souvent restrictifs, de la détermination traditionnelle de la «qualité» du demandeur lorsqu'un intérêt collectif est en cause, voir P. Verge, «L'action d'intérêt collectif», (1984) 25 *C. de D.* 553, pp. 569 et ss.

137. Nous faisons ici abstraction de l'action d'intérêt public, au sens strict, qui serait mue par un syndicat, c'est-à-dire du contentieux relié à la constitutionnalité d'une loi ou d'une mesure gouvernementale, ou même plus largement dans ce dernier cas à la légalité d'une mesure administrative. En principe, il appartient exclusivement au procureur général d'agir en la matière. Le tribunal peut cependant admettre de façon supplétive l'action privée. Voir ainsi: *Ministre des Finances du Canada* c. *Finlay*, (1986) 2 R.C.S. 607; voir cependant, dans le cas d'un groupement: *Conseil du patronat du Québec* c. *P.G. du Québec*, (1988) R.J.Q. 1516 (C.A. – pourvoi autorisé par la Cour suprême du Canada; il s'agit de la constitutionnalité du régime dit anti-briseurs de grève établi par l'article 109.1, *C.t.*).

138. *Syndicat des salariés de l'électro-ménager de St-Bruno* c. *B.F.G. Division, Corporation Admiral du Canada Ltée*, C.S. (Montréal) 500-05-014796-807, 8 décembre 1980.

139. *Ville de Québec* c. *Ginchereau*, C.A. (Québec) 200-09-000676-789, 19 octobre 1979.

l'association de salariés, aux mêmes fins[140]. D'autres questions ont aussi trait à un intérêt collectif limité lié, par exemple, à la bonne exécution de la fonction d'agent négociateur du syndicat selon la loi[141] ou à l'exécution, au bénéfice général du groupe, du fruit de la négociation[142].

Devant les instances spécialisées, le syndicat accrédité a naturellement qualité pour défendre l'intégrité de son propre pouvoir de représentation qui résulte de son accréditation, notamment à l'occasion d'une aliénation ou d'une concession d'entreprise[143].

L'intégrité du pouvoir de représentation pourra aussi être en cause, du moins indirectement mais non moins réellement parfois, devant l'arbitre de grief. On songe ici au fait pour l'employeur de confier du travail qui ressortit aux catégories occupationnelles visées par l'accréditation à des agents externes à l'unité, soit du personnel de direction ou des salariés se rattachant à une unité différente, ou encore d'octroyer des contrats de sous-traitance. En recherchant ainsi l'affirmation par l'arbitre d'une convention collective qui pourrait, si tel est bien le cas, prohiber ou limiter ce geste de l'employeur, le syndicat défend la collectivité même des salariés à laquelle il s'identifie contre une attrition éventuelle, même si aucun salarié n'est licencié dans l'immédiat[144].

Plus généralement, divers autres types de griefs sur l'interprétation ou l'application générale de la convention collective sont éga-

---

140. *C.t.*, art. 148 («partie intéressée»). Exemple: *Syndicat des travailleurs(euses) de l'automobile, de l'aérospatiale et de l'outillage agricole du Canada* c. *Société Asbestonos Limitée*, (1988) T.T. 355.
   De même la *Loi sur la santé et la sécurité du travail*, L.R.Q., c. S-2.1, reconnaît-elle, selon l'article 242, à l'association accréditée qualité pour voir à la sanction pénale d'obligations instituées par cette loi.
141. Exemple: *North Island Laurentian Teachers' Union* c. *Commission scolaire protestante de Laurenvale*, (1979) C.S. 892 (requête pour jugement déclaratoire établissant le caractère public des réunions de la Commission scolaire-employeur).
142. Exemples: *Cité de Montréal* c. *Syndicat des fonctionnaires municipaux de Montréal*, (1958) B.R. 811 (*mandamus* forçant la Ville à ratifier une entente intervenue avec le syndicat au sujet d'une caisse de retraite); action judiciaire, en demande ou en défense, visant à assurer l'intégrité de la convention collective, à l'occasion de l'exercice du contrôle judiciaire de l'arbitre de grief, lui-même chargé d'assurer l'interprétation et l'application correctes de cette convention collective (s'agissant du moins d'un grief «collectif») – exemple: *Syndicat des professeurs de l'Université du Québec à Trois-Rivières* c. *Durand*, C.A. (Québec) 200-09-000703-816, 5 février 1982, J.E. 82-260.
143. *C.t.*, art. 45 et 46. Exemples: *Services ménagers Roy Ltée* c. *Syndicat national des employés de la Commission scolaire régionale de l'Outaouais (C.S.N.)*, (1982) T.T. 115 (art. 45); *Syndicat professionnel des infirmières et infirmiers de Trois-Rivières* c. *Syndicat des travailleuses et travailleurs du C.L.S.C. Lotbinière-ouest*, (1988) T.T. 517 (art. 46).
144. Exemples: *Les prévoyants du Canada* c. *Syndicat des employés de bureau de Les Prévoyants du Canada*, (1981) S.A.G. 1654 (louage d'ouvrage); *Sno Jet* c. *Métallurgistes unis d'Amérique, local 7354 et 7604*, (1976) S.A.G. 541 (travail confié à un établissement non visé par l'unité).

lement porteurs d'un intérêt collectif à la mesure de l'unité et font abstraction de tout intérêt subjectif de l'un ou l'autre des salariés compris dans cette unité[145]. Par ailleurs, il est d'autres espèces qui, tout en n'excluant pas une incidence particulière sur certains salariés, paraissent mettre en cause primordialement l'intérêt collectif[146].

2. Intérêt collectif à l'échelle de la profession

La pratique de la négociation collective sectorielle, qui ne correspond toutefois pas au modèle courant en droit québécois[147], bien qu'elle soit implantée dans certains domaines d'activité, comme les secteurs public et parapublic ou celui de la construction, est susceptible de conduire à un contentieux portant sur des questions d'envergure commensurable, dans la mesure du moins où les accords collectifs auxquels cette pratique de négociation donne lieu sont eux-mêmes source de difficultés particulières d'interprétation ou d'application[148]. Le groupement syndical habilité par la loi à conclure de tels accords a naturellement qualité pour défendre devant l'instance appropriée ses vues concernant de telles questions d'envergure professionnelle, lorsqu'elles se présentent[149].

Hormis ces cas et en l'absence du moins de toute intervention législative particulière, la vocation du groupement syndical à défendre l'intérêt de la profession en justice n'est pas établie. La difficulté tient

145. *Q.I.T. fer et titane* c. *Syndicat des ouvriers du fer et du titane (C.S.N.)*, (1985) T.A. 46 (intégrité du précompte syndical); *Canton Limitée* c. *Métallurgistes unis d'Amérique, local 6714*, (1976) S.A.G. 1117 (respect en général de la procédure établie aux fins de pourvoir aux postes).

146. Exemples: *Syndicat national des produits chimiques de Valleyfield (C.S.N.)* c. *Produits chimiques Expro Inc.*, (1985) T.A. 121 (refus de libérations syndicales); *Hilton International Québec* et *Syndicat des travailleuses et travailleurs de l'hôtel Hilton*, (1986) T.A. 87 (mesures disciplinaires et liberté d'association des salariés). (Semblablement reconnaît-on au syndicat qualité pour défendre l'intérêt collectif en jeu à l'occasion de la détermination de la classification de l'employeur aux fins de l'établissement de la cotisation prévue par la *Loi sur les accidents du travail et les maladies professionnelles*, *supra*, n. 108, art. 298, vu l'incidence de cette classification sur l'application de la *Loi sur la santé et la sécurité du travail*, *supra*, n. 105, notamment en ce qui a trait à l'établissement d'un programme prioritaire de prévention.)

147. Voir *supra*, p. 230, et *infra*, p. 298.

148. Voir *infra*, pp. 323 et ss, pour des exemples de dispositions de portée sectorielle dans des conventions collectives de nature à donner éventuellement lieu à des griefs de cette envergure.

149. Les signataires de conventions collectives nationales dans les secteurs de l'enseignement et des affaires sociales se reconnaissent d'ailleurs expressément cette qualité pour saisir le tribunal d'arbitrage. Exemple: *Entente intervenue entre le Comité patronal de négociation des commissions scolaires pour catholiques (C.P.N.C.C.) et les syndicats d'enseignantes et d'enseignants représentés par la Centrale de l'enseignement du Québec (C.E.Q.)*, 1990-1991, art. 2-3.01. Voir F. Morin, *op. cit.*, *supra*, n. 57, pp. 554 et ss.

en partie à une perception réduite du domaine d'action du syndicat, perception correspondant aux paramètres relativement étroits du régime de l'accréditation syndicale et à la finalité spécifique de cette dernière, c'est-à-dire l'établissement de rapports collectifs au sein, généralement, de l'entreprise. Le syndicat, même s'il s'agit dans les faits d'un organisme d'envergure, se trouve envisagé à cet égard comme dans un prisme qui le réduit à la dimension d'un démembrement syndical local, lui-même niveau usuel de l'accréditation[150]. La difficulté provient aussi le plus souvent du défaut du droit québécois, du moins dans son élaboration jurisprudentielle, de reconnaître la présence de véritables situations d'intérêts collectifs, en deçà de l'intérêt général, que représente normalement le procureur général, et au-delà et indépendamment d'une somme d'intérêts individualisés rattachés à autant de personnes[151].

Un texte particulier de la *Loi sur les syndicats professionnels*[152], ajouté à la version originaire de cette loi quelques années après son adoption, soit en 1931[153], permet cependant de fonder, en certaines circonstances, une action de plus grande envergure devant les juridictions au bénéfice des seuls groupements syndicaux constitués en vertu de cette loi. Dans le contexte de la loi initiale, cette disposition devait leur permettre d'exercer devant les tribunaux civils l'action syndicale à but professionnel, à l'instar des syndicats professionnels de France. Le législateur québécois complétait alors ainsi sa transplantation, sous réserve de certaines adaptations, du modèle syndical de ce pays, celui d'un organisme représentatif d'une profession ou d'un secteur d'activité particulier.

Cette représentativité du syndicat par rapport à la profession n'est toutefois pas du tout exclusive en France. D'une part, une pluralité de syndicats représentatifs peuvent prétendre simultanément à ce rôle; surtout là où ils existent, les ordres professionnels «ont vocation à connaître tout ce qui touche à la profession, avec laquelle ils ne font qu'un[154]». En somme, pour ce qui est de la représentation des intérêts de la profession, le syndicat n'est pas «évincé» par l'ordre; il «coexiste»

---

150. À titre illustratif: *Seafarer's International Union of Canada* v. *Baltic Shipping Co.*, (1975) 61 D.L.R. (3d) 530, en particulier p. 535.

151. Voir, en général, P. Verge, *loc. cit.*, *supra*, n. 136. Ainsi, dans l'exemple précédent, abstraction faite de la difficulté tenant au caractère simplement éventuel du préjudice allégué (p. 536), l'incidence négative d'une pratique des armateurs, que l'on prétendait illégale, sur la profession de marin au pays ne semble pas avoir été considérée, à la différence de l'intérêt patrimonial du syndicat (pp. 536 et 538), avant le rejet de l'injonction interlocutoire.

152. *Loi sur les syndicats professionnels*, *supra*, n. 102, art. 9, 11° (*L.s.p.*). Voir *supra*, p. 119.

153. *Loi modifiant la Loi des syndicats professionnels*, (1931) 21 Geo. V, c. 98, art. 1.

154. J.-M. Verdier, *Syndicats et droit syndical*, dans: G.-H. Camerlynck (dir.), *Traité de droit du travail*, 2e éd., t. I, Paris, Dalloz, 1987, p. 238.

avec lui. En fait, observe-t-on, basé sur le volontariat, il a, dans ce contexte, plus de liberté de jugement et d'action que l'ordre ; il est plus à même de faire montre de sensibilité aux problèmes nouveaux de la profession et de volonté de contestation à l'endroit de la puissance publique[155]. Sur le plan juridictionnel, la jurisprudence a logiquement admis la représentation concurrente de la profession par les ordres et par les syndicats[156]. Ces derniers s'autorisent précisément de l'article L-411-11 du *Code* (français) *du travail*, lequel dispose que les syndicats professionnels «ont le droit d'ester en justice. Ils peuvent devant toutes les juridictions exercer tous les droits réservés à la partie civile relativement aux faits portant un préjudice direct ou indirect de la profession qu'ils représentent.»

À la source de cette disposition se trouve la loi française du 12 mars 1920, à laquelle avait également puisé le législateur québécois en 1931. La pratique de l'action syndicale en France, qui correspond à la nature courante du syndicalisme qui a cours, est, à la différence de celle qui correspond au milieu québécois, abondante et authentiquement «professionnelle[157]».

La vitalité du greffon québécois devait, au contraire, souffrir de la dissociation générale du syndicat de la profession malgré l'intervention en sens contraire du législateur de 1924. Essentiellement, a-t-on vu, sous l'impact de lois de l'après-guerre régissant les rapports collectifs du travail, le syndicat est devenu, de façon prédominante, l'agent de représentation du personnel de l'entreprise aux fins d'un régime collectif de travail identifié à celle-ci[158]. Or, cette évolution du rôle du syndicat vaut sans égard à sa forme juridique ; elle s'applique donc aussi bien au groupement établi selon la *Loi sur les syndicats professionnels* qu'à l'association de salariés existant en marge de cette loi. La législation, dans son ensemble du moins, s'attache avant tout à cette fonction de représentation locale des salariés. Elle ignore ainsi certains aspects de l'activité de grands ensembles syndicaux ramifiés qui, à côté de la juxtaposition de l'action locale de représentation des salariés, peut s'identifier à des préoccupations de niveau professionnel, du moins si l'on entend par là, avec une certaine souplesse, des préoccupations liées

---

155. *Ibid.*
156. *Ibid.*, p. 241.
157. Par exemple, des recours visant à obtenir le respect de conventions collectives, elles-mêmes de large portée sectorielle (celui de la législation sociale) ou encore des recours exercés à l'encontre de pratiques professionnelles ou commerciales dérogatoires à l'honneur de la profession. *Ibid.*, pp. 645-653. Voir aussi : A. Brun et H. Galland, *Droit du travail*, 2ᵉ éd., t. 2, Paris, Sirey, 1978, p. 73 ; H. Motulsky, *Droit processuel*, Paris, Montchrestien, 1973, p. 73 ; H. Solus et R. Perrot, *Droit judiciaire privé*, t. 1, Paris, Sirey, 1961, p. 227 ; L. Bihl, «L'action «syndicale» des associations», (1973) *Gaz. Pal.* 523 ; P. Durand, «Défense de l'action syndicale», D. 1960, chron. 21.
158. Voir *supra*, pp. 87 et ss.

à des secteurs entiers d'activité déterminée, telle industrie ou tel commerce ou service, au niveau national.

Dès 1947, le législateur québécois a précisément dû concrétiser ce constat par un amendement à la *Loi des syndicats professionnels*: désormais, a-t-on vu, le syndicat institué selon cette loi n'a plus comme auparavant pour objet de défendre les intérêts économiques, sociaux ou moraux de la profession mais bien ceux de «ses membres[159]».

Ce rétrécissement du domaine d'action du syndicat ne s'est toutefois pas manifesté dans le libellé de la disposition lui permettant l'exercice de l'action syndicale. Sa formulation demeure hybride: l'«exercice des droits appartenant à leurs membres (...) relativement (...) au préjudice (...) à l'intérêt collectif de la profession qu'ils (les syndicats établis selon la loi) représentent». Par contre, il faut observer qu'en plus du syndicat professionnel des regroupements de syndicats, constitués en vertu de la loi – fédérations et confédérations syndicales –, se trouvent également investis, par renvoi, du pouvoir d'exercer l'action syndicale à but professionnel par rapport à leur sphère d'action propre, d'envergure naturellement plus étendue[160].

Par ailleurs, il y a à tenir compte, pour ce qui est de l'activité syndicale dans les milieux des professions, au sens strict cette fois – syndicats de médecins, d'ingénieurs, etc. –, d'une démarcation beaucoup plus nette entre le rôle de la corporation professionnelle et celui de l'organisme syndical, à la suite de l'adoption du *Code des professions* en 1973[161]. La «corporation professionnelle assumait antérieurement un double rôle de défense des intérêts socio-économiques et professionnels de ses membres, en tant que corps intermédiaire, et de protection du public, en tant que service public». Cette dualité de fonctions ne pouvait que jouer à l'encontre de cette dernière mission[162]. Depuis cette date, le Code impose à la corporation professionnelle, organe décentralisé de l'État[163], de se consacrer dorénavant, sinon exclusivement, du moins de façon «principale», à la fonction consistant à assurer la «protection du public», notamment par le contrôle de l'exercice de la profession par ses membres[164]. La corporation exerce à cette fin un pouvoir réglementaire et juridictionnel sur leur activité professionnelle. Et la sauvegarde des intérêts économiques et sociaux de ces derniers

---

159. *L.s.p.*, amendé par l'article 2 de la *Loi modifiant la Loi des syndicats professionnels*, (1947) 11 Geo. VI, c. 52. Voir *supra*, p. 120.
160. *L.s.p.*, art. 20 et 21.
161. *Code des professions*, L.R.Q., c. C-26.
162. Voir le *Rapport de la Commission d'enquête sur la santé et le bien-être social*, t. 1, *Les professions et la société*, Québec, Gouvernement du Québec, 1970, cinquième partie, pp. 17 et 18.
163. R. Dussault et L. Borgeat, *Traité de droit administratif*, 2ᵉ éd., t. 1, Québec, P.U.L., 1984, p. 172.
164. *Code des professions*, *supra*, n. 161, art. 23.

ressortit, conséquence implicite, au syndicat[165]. Toutefois, en réalité, «il faudrait être naïf pour imaginer qu'il suffit d'un énoncé législatif pour supprimer les conflits d'intérêts – chacun peut constater que les corporations continuent de défendre les intérêts de leurs membres en présentant des mémoires aux commissions parlementaires, en intervenant devant les tribunaux administratifs et judiciaires et en faisant des déclarations publiques[166]».

Sur le plan juridictionnel, lorsqu'elle est établie par la loi, c'est à la corporation professionnelle (de même qu'au procureur général) qu'est confiée la tâche d'intenter les poursuites pénales et civiles relativement à des situations d'exercice illégal de la profession[167]. Par ailleurs, s'il est constitué en vertu de la *Loi sur les syndicats professionnels*, le syndicat peut continuer, à d'autres fins, d'exercer l'action syndicale à but professionnel, comme il le peut généralement en l'absence de corporation professionnelle.

Il n'y a pas lieu de confiner l'exercice de ce type d'action à la seule défense d'intérêts matériels. D'une part, les objets du syndicat qui l'exerce comprennent, à côté de la défense des intérêts économiques des membres, celle de leurs intérêts sociaux et moraux[168]. D'autre part, la défense d'un intérêt matériel – le droit individualisé à certaines conditions de travail, même pécuniaires – peut, en certaines circonstances, rejaillir indirectement sur le statut professionnel en général[169].

L'action syndicale doit donc soulever un intérêt collectif, celui de la «profession»; elle n'est pas un moyen de «représentation» du seul intérêt subjectif du membre[170]. Non véritablement «entré dans les mœurs syndicales[171]», ce moyen est rarement utilisé. Lorsqu'il l'a été, rares ont été les situations correspondant à un tel intérêt collectif vrai-

---

165. R. Dussault et L. Borgeat, «La réforme des professions au Québec», (1974) 34 *R. du B.* 140, p. 144.

166. A. Lajoie, P.A. Molinari et J.M. Auby, *Traité de droit de la santé et des services sociaux*, Montréal, P.U.M., 1981, p. 975.

167. *Code des professions*, supra, n. 161, art. 189-191. Voir: *Corporation professionnelle des physiothérapeutes du Québec* c. *Laurin*, (1982) C.S. 781.

168. *L.s.p.*, art. 6.

169. Exemple: *Fédération québécoise des directeurs d'écoles* c. *Commission scolaire du Long-Sault*, (1983) C.S. 354, p. 359.

170. *L'association des agents distributeurs des messageries dynamiques inc.* c. *Les messageries dynamiques division du groupe Québécor*, (1989) R.D.J. 187 (C.A.); *Syndicat des employés de Ro-el Furniture Inc.* c. *Robins*, (1976) C.S. 29 (absence d'«intérêt» du syndicat dans une action en réclamation de salaire à l'encontre des administrateurs d'une compagnie fondée sur l'article 96 de la *Loi sur les compagnies*, L.R.Q., c. C-38); comparer avec l'espèce *Fédération québécoise des directeurs d'écoles* c. *Commission scolaire du Long-Sault*, ibid.

171. M.-L. Beaulieu, *Les conflits de droit dans les rapports collectifs du travail*, Québec, P.U.L., 1955, p. 339.

ment à l'échelle de toute la profession[172]. Il s'est plutôt agi dans la plupart des cas d'une atteinte à l'intérêt d'une collectivité de travail locale[173].

La diversification de l'action syndicale entre les plans locaux et les ensembles plus vastes semble plus accentuée présentement lorsqu'elle revêt, au lieu d'être proprement conflictuelle, des formes participatives.

172. Exemple: *Corporation des enseignants du Québec* c. *Procureur général de la province de Québec*, (1973) C.S. 793, p. 797 (demande visant à faire établir l'objet matériel d'un décret appelé à déterminer les conditions de travail de l'ensemble des enseignants au service des commissions scolaires du Québec). Voir aussi l'espèce *Fédération québécoise des directeurs d'écoles* c. *Commission scolaire du Long-Sault*, *supra*, n. 170, dans la mesure où elle reliait précisément l'intérêt général éventuel des directeurs d'école à la situation du directeur immédiatement en cause.

173. Voir ainsi: *Syndicat des travailleurs de l'enseignement Chauveau Charlesbourg* c. *Robitaille-Rousseau*, (1988) R.J.Q. 319 (C.A.) – intervention syndicale dans un débat relatif à la spécialisation de l'enseignement dans un milieu scolaire local, bien que, en dépit de la dimension réduite des parties au litige, il soit également possible de concevoir que ce litige particulier ait pu aussi rejaillir sur l'exercice, en général, de la profession d'enseignant, comme semble l'énoncer la Cour (p. 322); *Syndicat professionnel de la police municipale de Québec* c. *Groupe Québécor Inc.*, (1981) R.P. 312 (C.P.) – action relative à un libelle diffamatoire pouvant avoir effet, par ricochet, sur l'ensemble d'un corps policier municipal; la situation appelle la même observation que dans le cas précédent; *Fraternité des policiers* c. *Cité de Montréal*, (1962) C.S. 458 – accueil de la demande d'annulation d'une résolution d'un conseil municipal prohibant aux fonctionnaires municipaux de vendre sans permission des billets de loterie et de solliciter de la publicité ou des dons; c'est là une conception plutôt laxiste de l'intérêt de la profession... Voir aussi, malgré l'envergure territoriale du milieu de travail qui demeure limité à un employeur: *Association des policiers provinciaux du Québec* c. *P.G. du Québec*, C.S. (Montréal) 500-05-000569-853, 25 février 1986 (recevabilité d'une requête pour jugement déclaratoire portant sur la validité du code de discipline des policiers de la Sûreté du Québec).

CHAPITRE II

ACTION PARTICIPATIVE

Sans exclure la possibilité de recourir ultimement aux procédés conflictuels précédents, l'existence d'une convergence suffisante de l'intérêt syndical et de l'intérêt patronal, c'est-à-dire la perception d'un certain degré d'interdépendance entre ceux-ci, peut conduire à l'établissement de divers modes de collaboration entre les groupements syndicaux et le patronat. Ceux-ci s'engagent alors dans une action du type participatif soit de leur propre initiative, soit à la suite de l'intervention directe ou indirecte de l'État. Sous ce jour également, l'action syndicale est d'une amplitude variable; sa forme, son intensité et ses objectifs pourront eux-mêmes différer en conséquence. Cette diversité surgit de la considération successive des manifestations de participation syndicale au sein de l'entreprise (section I) et, moins fréquemment, dans des secteurs professionnels entiers (section II). Il pourra même s'agir d'une action participative interprofessionnelle (section III).

SECTION I

ACTION PARTICIPATIVE DANS L'ENTREPRISE

Le syndicat peut se trouver engagé plus ou moins profondément dans la vie de l'entreprise dans laquelle travaillent des salariés qu'il représente. Bien que d'ordinaire celle-ci demeure exclusivement la propriété de l'employeur, le groupement syndical interviendra ainsi, sous certains rapports et avec une intensité variable, dans sa gestion, du moins usuellement celle de son personnel «syndicable» (A.). Exceptionnellement cette fois, un intérêt syndical peut se manifester dans la propriété même de l'entreprise (B.).

A. Participation à la gestion

Même si elle repose en dernier ressort sur un fondement conflictuel, la négociation collective, en milieu québécois comme dans l'ensemble nord-américain, apparaît bien, surtout à travers le prisme législatif des Codes du travail contemporains, comme le point de rencontre habituel ou la principale manifestation d'une certaine «interdépendance» de l'intérêt syndical et de l'intérêt patronal dans l'entreprise[1]. Elle en viendrait ainsi, selon ce modèle nord-américain de relations du travail, à constituer en fait «la principale méthode par laquelle les salariés participent aux décisions dans l'entreprise[2]». Le législateur n'a-t-il pas d'ailleurs pris grand soin lui-même d'institutionnaliser cette négociation? La pratique de la négociation conduirait donc couramment le syndicat à une véritable action participative (1.).

Phénomène typiquement fragmenté et localisé au sein de l'entreprise, cette négociation collective n'y a pas laissé place au développement systématique d'autres modes de participation des salariés[3].

---

1. G. Laflamme, «Peut-on concilier négociation collective et participation à la gestion?», dans: *Participation et négociation collective*, 32e Congrès des relations industrielles, Québec, P.U.L., 1977, p. 80.
2. J. Bélanger, «La participation des travailleurs aux décisions dans l'entreprise», pp. 245 et ss, dans: *Le statut de salarié en milieu de travail*, 40e Congrès des relations industrielles, Québec, P.U.L., 1985, p. 248. Voir aussi: E. Cordova, «La participation des travailleurs aux décisions dans l'entreprise – Tendances et problèmes actuels», (1982) 121 *Rev. int. trav.* 139, p. 142; J. de Givry, *Droits de l'homme, travail et syndicats*, Paris, Éditions universitaires, 1989, en particulier p. 248, où l'auteur constate l'existence de deux grands courants de participation des travailleurs: d'une part, par leur présence à des degrés variables au sein des organes de direction; d'autre part, par la négociation collective, en tant qu'expression du «pouvoir syndical extérieur à celui de la direction et destiné à lui faire contrepoids».

   La *Convention (no 154) concernant la promotion de la négociation collective*, adoptée en 1981 mais non ratifiée par le Canada, de même que la *Recommandation (no 163) concernant la promotion de la négociation collective*, de la même année, s'ajoutent à des instruments antérieurs pour traduire une préoccupation primordiale de l'O.I.T. liée à la liberté syndicale (*Convention (no 98) concernant l'application des principes du droit d'organisation et de négociation collective*, art. 4).
3. À cet égard, il est intéressant de constater comment la négociation collective s'est graduellement imposée, éliminant ainsi des tentatives initiales d'aménagement d'une représentation directe des salariés dans des «conseils d'entreprise». Voir: J.G. Fricke, «Worker Participation in Canada – Some Lessons from the Past», (1988) 43 *Rel. ind.* 633, en particulier pp. 642 et 643; W. Craig Riddell, «La coopération ouvrière-patronale au Canada – Introduction», pp. 1 et ss, dans: *La coopération ouvrière-patronale*, vol. 15, Études de la Commission royale sur l'union économique et les perspectives de développement du Canada, Ottawa, Approvisionnements et Services, 1986, p. 10.

   (En particulier, sur un plan proposé en ce sens par William Lyon Mackenzie King en 1914 pour mettre fin, à la demande de la Rockefeller Foundation, à des troubles ouvriers dans les mines de la famille de ce nom au Colorado, voir

D'autres formes de participation plus particulières coexistent toutefois avec ce système de négociation collective et de représentation collective qui la sous-tend[4] : lui sont-elles compatibles, voire complémentaires (2.)[5] ?

1. Négociation collective et participation

Une vérification critique de la valeur participative de la pratique de la négociation collective permet de relever, en dépit d'importantes limites (a.), des manifestations concrètes de participation syndicale (b.).

a. Limites de la participation

La législation du travail circonscrit au départ le domaine de la négociation collective. En premier lieu, le syndicat accrédité n'est que l'agent négociateur du personnel d'exécution. Une conception rigoureuse de l'exclusion du personnel de direction du nombre des «salariés» visés par la loi pourrait aller jusqu'à atteindre les «cadres intermédiaires», qui ne sont pourtant pas habituellement des gestionnaires véritables dans l'entreprise dotée d'une hiérarchie un tant soit peu

---

notamment: S.J. Scheenberg, «Rockefeller and King: the Capitalist and the Reformer», pp. 89 et ss, dans: J. English et J.O. Stubbs, *Mackenzie King: Widening the Debate*, Toronto, MacMillan, 1977; B. Saint-Aubin, *King et son époque*, Montréal, Les Éditions La Presse Ltée, 1982, pp. 62 et ss; R. Whitaker, «The Liberal-Corporatist Ideas of Mackenzie King», (1977) 2 *Le travailleur* 137, pp. 154 et ss.)

4. Comme ce peut être le cas sans doute plus facilement en présence d'une pratique de négociation collective de grande envergure «à l'européenne» dont les effets sont moins intenses dans l'entreprise. Voir D.W. Nightingale, *Workplace Democracy: an Inquiry into Employee Participation in Canadian Work Organisations*, Toronto, University of Toronto Press, 1982, p. 140. Relativement à certains des systèmes européens de rapports professionnels, par exemple celui qui a cours en Allemagne, il est possible d'opposer une forme «externe» de participation des salariés à l'entreprise, en l'occurrence celle qui résulte de la négociation collective d'envergure sectorielle, à des modes «internes», soit ceux qui s'identifient à la représentation directe des salariés dans divers organes de l'entreprise. Voir en ce sens X. Blanc-Jouvan, «La négociation d'entreprise en droit comparé», (1982) *Dr. social* 718, p. 726. Au Québec, l'établissement légal de la représentation collective par le syndicat accrédité dans l'entreprise ne permettrait pas de voir dans la négociation collective d'entreprise un phénomène externe à celle-ci.

5. Notons que la *Recommandation (n° 94) concernant la consultation et la collaboration entre employeurs et travailleurs sur le plan de l'entreprise*, adoptée en 1952 par l'O.I.T., recommande à l'article 1 que «des mesures appropriées (soient) prises en vue de promouvoir la consultation et la collaboration entre employeurs et travailleurs sur le plan de l'entreprise pour les questions d'intérêt commun n'entrant pas dans le cadre des procédures de négociation collective ou ne faisant pas normalement l'objet d'autres procédures de détermination des conditions d'emploi».

complexe[6]. Cette dichotomie du personnel de l'entreprise, caractéristique de la loi des rapports collectifs du travail de l'après-guerre, correspondait bien alors à un mode traditionnel de gestion du personnel, lui-même adapté à un mode stéréotypé de production. En plus du fait de limiter directement l'étendue de l'action syndicale de négociation, du moins dans sa pratique usuelle, elle est aussi de nature à retarder la propagation de modes plus autonomes et flexibles d'organisation du travail dans les entreprises, puisqu'elle y maintient, en l'accentuant même, la distance entre les gestionnaires intermédiaires et les autres membres du personnel de l'entreprise[7].

En second lieu, l'objet matériel de la négociation correspond au domaine des «conditions de travail[8]». L'interprétation judiciaire de l'expression est certes ici relativement souple et large : ce domaine comprend non seulement ce qui a trait à l'existence et au contenu du rapport de travail unissant le salarié à l'employeur, mais aussi tout ce qui peut se rattacher à l'exercice de la fonction légale de représentation collective des salariés[9]. Entre ainsi, à la limite, dans le champ admis de la détermination du régime collectif de travail, la protection du travail ressortissant à l'unité de négociation, par exemple à l'encontre de la sous-traitance ; il peut aussi s'agir de la localisation de l'exécution du travail[10].

Bien que cette limite des «conditions de travail» soit relativement extensible, la pratique courante en matière de négociation, tant au Québec que dans l'ensemble du milieu nord-américain, n'a pas conduit à l'établissement systématique de modes de participation syndicale ou de cogestion de l'entreprise. Traditionnellement du moins, l'orientation économique et technologique de celle-ci demeure du ressort exclusif de l'employeur. Alors, le syndicat se borne à protéger les

---

6. *C.t.*, art. 1 l); *C.c.t.*, art. 3. Exemple: *Syndicat des cadres des hôpitaux de la région de Montréal (C.S.N.)* c. *Hôpital du Sacré-Cœur de Montréal*, (1983) C.A. 143 (pourvoi à la Cour suprême du Canada refusé, (1983) 2 R.C.S. xiv).

7. M. Piore, «Le modèle américain et la situation du syndicalisme aux États-Unis», pp. 74 et ss, dans: *Nouveaux modèles de relations du travail*, 18ᵉ colloque de l'École de relations industrielles de l'Université de Montréal, Montréal, Université de Montréal, 1987, p. 77.

8. *C.t.*, art. 1 d); *C.c.t.*, art. 3.

9. *Syndicat catholique des employés de magasins de Québec* c. *La Cie Paquet Ltée*, (1959) R.C.S. 206.

Dans le secteur particulier de la fonction publique québécoise ou fédérale, un certain nombre de questions se trouvent exceptionnellement soustraites du domaine possible de négociation : *Loi sur la fonction publique*, L.R.Q., c. F-3.1.1, art. 70 (notamment la classification des emplois, y compris la définition des conditions d'admission, et la détermination du niveau des emplois en relation avec la classification); *Loi sur les relations de travail dans la fonction publique*, L.R.C. (1985), c. P-35, art. 57(2).

10. Exemple: *Syndicat des employés de la Fédération des sociétés d'entraide économique du Québec* c. *Fédération des sociétés d'entraide économique du Québec*, (1983) C.S. 129.

salariés des effets de la décision patronale à ce titre; il lui arrive néanmoins, dans certains contextes, de dépasser ce rôle et d'exercer une influence directe sur certaines décisions de production[11].

Cela explique sans doute l'absence de contentieux et, par conséquent, de solution ferme en droit positif quant à la question de savoir si la participation syndicale à la gestion de l'entreprise – et les institutions qui pourraient éventuellement s'y rattacher – entre ou non dans l'objet possible de l'obligation de négocier et dans celui de la convention collective à titre de «conditions de travail». Reprenant ici les critères utilisés dans l'arrêt majoritaire rendu par la Cour suprême du Canada dans l'affaire *Paquet*[12], de tels sujets ne se rattachent pas à l'existence ou au contenu du contrat individuel de travail; il demeurerait toutefois possible, même s'ils ne correspondent pas à des pratiques courantes en matière de rapports du travail – comme ce pouvait être le cas pour le précompte syndical obligatoire –, de les considérer comme des manifestations poussées de la mission légale de représentation collective incombant au syndicat accrédité.

Pour ce qui est du processus même de négociation, la loi ne l'assortit pas d'un droit continu du syndicat accrédité à l'information relative à la situation financière de l'entreprise et à son orientation technologique et économique: politiques de financement, d'investissement, planification de la production, etc.[13]. Une telle situation lacunaire n'est que le prolongement de cette conception réductrice de l'intérêt

---

11. G. Laflamme, *La négociation collective et les limites du négociable*, Québec, Département des relations industrielles, Université Laval, Collection Relations du travail n° 8, 1976, en particulier pp. 12 et 69. La portée de la négociation collective demeure en fait limitée en ce qui concerne «les décisions stratégiques ou la gestion économique de l'entreprise», y compris le recours «à la force de travail», dans la production: J. Bélanger, *loc. cit.*, *supra*, n. 2, p. 249.

Pour des exemples récents d'intervention plus poussées du syndicat dans le pouvoir décisionnel de l'entreprise, voir, aux États-Unis: T.A. Kochan, H.C. Katz et R.B. McKersie, *The Transformation of American Industrial Relations*, New York, Basic Books, 1986; au Canada: F.R. Curd, Jr., «La restructuration de la production chez General Motors du Canada», pp. 79 et ss, dans: G. Laflamme, G. Murray, J. Bélanger et G. Ferland, *La flexibilité des marchés du travail au Canada et aux États-Unis*, Genève, Institut international d'études sociales, 1989, p. 84.

12. *Syndicat catholique des employés de magasins de Québec c. La Cie Paquet Ltée*, *supra*, n. 9.

13. Sur la portée possible d'une telle divulgation, voir R.R. Pothier, «Accès pour les salariés à l'information concernant leur entreprise», (1984) 5 *Le marché du travail*, n° 4, 66. Voir aussi H.C. Jain, «Disclosure of Corporate Information to Trade Unions in North America», (1981) 36 *Rel. ind.* 748.

En pratique, le recours à la *Loi sur l'accès aux documents des organismes publics et sur la protection des renseignements personnels*, L.R.Q., c. A-2.1, pourrait être un palliatif à certains égards, dans le cas de l'administration publique québécoise, des organismes municipaux et scolaires, y compris les cégeps et les universités, de même que dans le cas des établissements de santé ou de services sociaux.

des salariés qui les confine en quelque sorte à la participation aux bénéfices de la gestion de l'entreprise et non à la gestion elle-même[14]. Certes, à l'occasion de l'exécution périodique de son obligation de négocier de bonne foi en vue du renouvellement de la convention collective, l'employeur peut être tenu, selon les circonstances, d'apporter une justification factuelle et objective à l'appui de l'une ou l'autre de ses positions particulières de négociation ; cela ne suffit toutefois pas à alimenter une participation continue à la gestion de l'entreprise.

La négociation n'est pas amorcée non plus à partir d'une perspective de stricte égalité entre l'employeur et le syndicat accrédité. En effet, selon la jurisprudence univoque des tribunaux tant arbitraux que civils au Canada, il ne s'agit pas de définir à partir d'une table rase quels seront pendant la durée de convention collective les droits de la direction. Le postulat de départ est plutôt le maintien intégral du pouvoir de direction de l'employeur, comme il existait avant la venue du syndicat accrédité[15]. La convention collective n'a donc pas à énoncer ce droit pour qu'il soit (bien qu'elle le fasse le plus souvent). Il existe, doit-on plutôt dire, dans la mesure où la convention ne vient pas le limiter.

Lorsque la négociation est fructueuse, la convention, d'une durée déterminée[16], établit un régime fixe et fermé de travail dans l'entreprise pour cette période. D'une part, elle est le fruit d'une négociation non pas continue mais itérative. D'autre part, une obligation absolue de paix lui est concomitante : en principe, a-t-on vu[17] (sauf dans l'éventualité d'une provision de révision de certaines des modalités de la convention), le syndicat ne peut recourir à la grève pendant sa durée, même relativement à des conditions de travail dont elle ne traite pas, que les parties les aient ou non abordées au cours de la négociation. La contrepartie de l'arbitrage obligatoire des griefs n'assure que le respect des conditions de travail stipulées dans l'entente. Tout autre sujet ressortit à la décision unilatérale de l'employeur. Seul le *Code canadien du travail*, à l'exclusion de la législation québécoise, prévoit l'éventualité d'une négociation obligatoire pouvant ultimement donner lieu à l'exercice du droit de grève, advenant l'introduction d'un changement tech-

---

14. C.W. Summers, «An American Perspective of the German Model of Worker Participation», pp. 115 et ss, dans: A. Gladstone *et al.* (dir.), *Current Issues in Labour Relations: an International Perspective*, Berlin, Walter de Gruyter, 1989, p. 123.

15. La position contraire avait initialement été entrevue dans cette décision arbitrale canadienne, qui reprenait à son compte un courant arbitral américain: *Re Peterborough Lock Mfg*, (1953) 4 L.A.C. 1499, p. 1502. Voir notamment: P. Verge, «Contracting-out at Arbitration», (1963) 18 *Rel. ind.* 162 et 334.

16. Durée maximale de trois ans selon l'article 65, *C.t.* La loi fédérale correspondante ne limite toutefois pas ainsi la durée de la convention.

17. Voir *supra*, p. 254.

nologique dans l'entreprise[18]. Le régime juridique de la convention collective, sous réserve de la précédente exception, vient donc en définitive limiter la liberté d'action collective des salariés relativement à ces sujets dont la convention ne traite pas : sans contrepartie arbitrale correspondante, le syndicat ne peut en effet se prévaloir d'une liberté de grève qui existerait autrement selon le droit commun. La convention collective, doit-on se borner à constater jusqu'à présent et selon la pratique courante du moins, non seulement n'associe pas le syndicat à la gestion de l'entreprise, mais elle en limite même son pouvoir d'action collective[19].

b. Manifestations de la participation

Puisqu'elle procède d'un concours de volonté de l'employeur et du syndicat accrédité, la convention collective peut être vue dans un sens large comme un instrument de participation syndicale, dans la mesure où elle limite la prérogative patronale de direction de l'entreprise et permet par ailleurs au syndicat de contrôler l'application de telles limites. L'intensité de l'influence syndicale par ce procédé est variable d'une entreprise à l'autre[20]. Néanmoins, il s'agit toujours, à moins que le syndicat signataire n'ait lui-même concouru à une dérogation, des conditions de travail qui existent effectivement à l'endroit des salariés visés et non de simples conditions de travail qu'un contrat individuel de travail pourrait bonifier. Simplement, la convention est la

---

18. *C.c.t.*, art. 51 et ss. Voir A.-C. Côté, « Changements technologiques et rapports collectifs du travail », (1987) 28 *C. de D.* 3.

19. En droit américain, où l'obligation de négociation est cependant initialement établie de façon continue par la loi en faveur du représentant majoritaire des salariés, un auteur disait plutôt cyniquement du régime de la convention collective véhiculant à la fois une obligation absolue de paix et la réserve implicite du droit de l'employeur de diriger l'entreprise : « In sum, the collective bargaining agreement is the legal form by which organized employees consent to their own domination in the workplace » (K.E. Klare, « Critical Theory and Labor Relations Law », ch. 4, pp. 65 et ss, dans : D. Kairys (dir.), *The Politics of Law : a Professive Critique*, New York, Pantheon Books, 1982, p. 70). Voir aussi R. Blouin, « Démocratiser les lieux de travail », pp. 1133 et ss, dans : R. Blouin (dir.), *Vingt-cinq ans de pratique en relations industrielles au Québec*, Cowansville, Les Éditions Yvon Blais Inc., 1990, p. 1141 : « En définitive, le mode de représentation privilégié par le Code du travail isole les travailleurs en tant que groupe revendicateur. »

20. Voir les inventaires continus du contenu des conventions collectives des ministères fédéral et québécois du Travail. Dans le premier cas, l'étude porte sur les conventions visant 500 employés ou plus au Canada, qu'elles soient conclues en vertu de la loi fédérale ou d'une loi provinciale sur le travail. Dans le second, il s'agit du contenu des conventions déposées selon l'article 72, *C.t.* ; l'étude est publiée annuellement : *Conditions de travail contenues dans les conventions collectives*, Québec, Les Publications du Québec.

matrice du contenu du rapport de travail du salarié[21]. Comme nous l'avons vu, le phénomène est important globalement[22].

Certains éléments de la convention type assurent particulièrement la présence participative du syndicat dans l'entreprise. Plutôt symboliquement, en premier lieu, il est fréquent de réitérer dans la convention la reconnaissance par l'employeur du syndicat signataire en tant que représentant collectif exclusif des salariés visés. Cette disposition déclaratoire n'ajoute pas à la reconnaissance officielle qui est l'objet même de l'accréditation. Il en est autrement selon le *Code canadien du travail*, du moins en l'absence d'accréditation: la qualité d'«agent négociateur» du syndicat découle alors directement de la conclusion de la convention collective, reconnaissance volontaire de la part de l'employeur[23].

Du nombre des dispositions de fond de la convention, certaines, de teneur variable, obligent ainsi l'employeur à prendre en considération de façon absolue ou relative l'ancienneté des salariés à l'occasion de différentes décisions pouvant les toucher directement; elles mettent en évidence d'une façon particulière la présence du régime syndical dans l'entreprise[24]. Seul, ou au contraire conjugué avec d'autres, ce facteur constitue une norme générale régissant usuellement l'attribution de promotions[25] ou de postes vacants, l'ordre des mises à pied et celui du rappel au travail, la supplantation lors de mouvements de personnel, etc. Bien que la considération de l'ancienneté puisse s'insérer dans un comportement patronal cohérent et, de ce fait, normal même en l'absence de convention collective[26], l'établissement méthodique de normes intégrées, explicites et obligatoires équivaut à l'introduction d'un régime de répartition collective du travail dans l'unité visée, à l'élaboration et à l'application duquel se trouve associé le syndicat. Il marque bien d'ailleurs une certaine emprise de cette collectivité sur le travail en cause. Toutefois, celle-ci ne porte qu'exceptionnellement sur l'accès à l'emploi, soit lorsque la convention comporte une

---

21. Voir notamment: *McGavin Toastmaster Limited* c. *Ainscough*, (1976) 1 R.C.S. 718, en particulier p. 726; *Cholette* c. *Université Laval*, C.A. (Québec) 200-09-000300-787, 22 février 1982, et R.P. Gagnon, L. LeBel et P. Verge, *Droit du travail*, Québec, P.U.L., 1987, pp. 469-472.

22. Voir *supra*, pp. 7 et ss, en particulier en ce qui a trait au taux de présence syndicale au Québec.

23. *C.c.t.*, art. 3(1)b).

24. Voir notamment: C. Vézina, *Les clauses d'ancienneté et l'arbitrage de grief*, Ottawa, Édition de l'Université d'Ottawa, 1979; C. D'Aoust et C. Meunier, *La jurisprudence arbitrale québécoise en matière d'ancienneté*, Monographie n° 9, Montréal, École de relations industrielles, Université de Montréal, 1980.

25. Ainsi, selon l'étude québécoise du contenu des conventions, *supra*, n. 20, environ 90% des ententes en vigueur à la fin de 1988 faisaient intervenir l'ancienneté, de diverses manières, à cette occasion.

26. *Quintin* c. *Tribunal du travail*, (1989) R.J.Q. 1471 (C.A.).

clause d'atelier fermé obligeant l'employeur à recruter son personnel à même les membres du syndicat[27].

La sanction juridique des obligations conventionnelles fait appel à l'arbitrage légal, obligatoire et exécutoire[28]. Cette tierce intervention représente, sur le plan procédural cette fois, une autre donnée essentielle du régime collectif de travail établi avec le concours du syndicat. Celui-ci participe avec l'employeur au choix de l'arbitre : soit que l'on donne suite à une détermination initiale de l'intervenant dans la convention collective, soit qu'il s'agisse, dans le cas contraire, d'un choix particulier en fonction de la mésentente. Selon le Code fédéral, la désignation d'un arbitre syndical en tant que membre d'un conseil tripartite peut s'ajouter, le cas échéant[29].

Mais d'une façon beaucoup plus courante – et sans doute plus significative même quant à la participation syndicale à la vie de l'entreprise –, le syndicat aura concouru, avant qu'elle atteigne ainsi le stade arbitral, au règlement de la mésentente relative à l'interprétation ou à l'application de la convention par des tractations directes avec l'employeur ou son représentant à l'un ou l'autre des paliers que comporte usuellement la procédure de grief de la convention, le dernier de ceux-ci étant souvent un comité paritaire de grief[30]. Cette participation du syndicat, tant aux stades préarbitraux qu'à l'arbitrage même, concerne l'ensemble des mésententes relatives à l'application et à l'interprétation de la convention collective. Ainsi en est-il en particulier des normes conventionnelles régissant l'exercice de la fonction disciplinaire dans l'entreprise dont, quant au fond, l'exigence d'un motif juste et suffisant d'imposer une sanction[31].

---

27. Cela touche 2,74 % des conventions en vigueur à la fin de 1988, selon le document *Conditions de travail contenues dans les conventions collectives*, Québec, Les Publications du Québec, 1985 ; 9,1 % selon l'inventaire fédéral correspondant, en date du 10 juillet 1989.

28. *C.t.*, art. 100 et ss ; *C.c.t.*, art. 57.

29. Selon l'article 100.1.1, *C.t.*, il ne peut s'agir que de la désignation d'un assesseur syndical qui assistera l'arbitre unique.

30. Selon les données du ministère du Travail du Québec, le 26 juin 1989, 57,6 % des conventions collectives déposées en vertu du Code contenaient un tel comité. De tels comités de griefs, si les parties prétendaient rendre exécutoires leurs décisions, relativement à des matières pouvant autrement donner lieu à un grief, ne sauraient faire obstacle à l'accès au stade de l'arbitrage légal, d'ordre public : *Roy* c. *Association des autobus de l'Estrie inc.*, (1985) T.T. 110 ; *De Muylder* c. *Syndicat des employés de Marconi* (1984) T.T. 296, p. 299. (Il en serait autrement, comme on l'indique, de la participation autonome du syndicat lui-même au règlement de ce qui aurait autrement pu faire l'objet d'un grief, accord dont l'arbitre se devra de tenir compte, le cas échéant (*C.t.*, art. 100.3).)

31. Pour limiter ainsi l'exercice du pouvoir disciplinaire de l'employeur, ces normes doivent être expresses. Voir : *Nolin* c. *Syndicat des employés de Molson*, (1988) T.T. 99, p. 106. Sur les pouvoirs décisionnels de l'arbitre en matière disciplinaire, voir : *C.t.*, art. 100.12 f) ; *C.c.t.*, art. 60(2).

Des conventions prévoient l'établissement de comités mixtes à d'autres fins. Il peut ainsi s'agir d'un comité de relations de travail, dont la compétence est soit générale, soit au contraire limitée à certaines matières. Il arrive qu'un tel comité ait pour mission de préparer la prochaine phase des négociations, notamment par le relevé des améliorations à apporter à la convention en cours d'exécution. La plupart des comités de relations professionnelles n'ont qu'une fonction consultative[32]. Quant aux comités nantis de pouvoirs décisionnels, on les trouve dans une proportion réduite de conventions[33]. D'autres comités peuvent notamment avoir trait à la formation professionnelle (élaboration de programmes de perfectionnement, affectation des montants dus par l'employeur à ce titre, etc.), aux avantages sociaux (choix des assureurs, utilisation des surplus des caisses, surveillance de l'application des régimes de prévoyance sociale, par exemple), à la productivité (comme l'administration de plans de productivité pouvant comporter une incitation monétaire) et au changement technologique (discussion de la réduction de son incidence sur le personnel)[34]. Enfin, des conventions collectives établissent des comités de santé et de sécurité[35]. Comme nous le verrons, la loi peut rendre obligatoire la formation d'un tel comité, à la demande du syndicat accrédité, s'il en est un, ou de la Commission de la santé et de la sécurité du travail[36]. Dans certains cas[37], le comité conventionnel se voit tout simplement nanti des pouvoirs prévus dans la loi. Toutefois, un nombre relativement considérable de comités conventionnels ne sont que consultatifs[38]. Les parties dérogent alors, ce faisant, à une loi d'ordre public[39] qui attribue certains pouvoirs décisionnels au comité dont elle prévoit la mise sur pied[40]. La convention ne saurait ainsi limiter la portée de la loi[41].

En fait, dans la mesure de leur existence, ces comités appelés en partie à définir des positions de portée générale relativement à des sujets de leur ressort se trouvent alors à pallier le caractère statique de la négociation collective ; ils assurent une forme de négociation conti-

---

32. Voir *ibid.*, *supra*, n. 30: 27,6% des conventions.
33. *Ibid.*, 2,7% des conventions.
34. Fréquence (pourcentage de conventions déposées selon le *C.t.*) des différents types de comités le 26 juin 1989 (*ibid.*): avantages sociaux: 10,3% (pouvoirs décisionnels, en tout ou en partie: 4,7%); changements technologiques: 12,9% (pouvoirs décisionnels: 2,1%); formation professionnelle: 7,8% (pouvoirs décisionnels: 3,8%).
35. Au 11 mai 1988, il en était ainsi de 63% des conventions (*ibid.*).
36. *Loi sur la santé et la sécurité du travail*, L.R.Q., c. S-2.1, art. 69 et 70 (*L.s.s.t.*).
37. *Ibid.*, *supra*, n. 30: 4,8% des conventions.
38. *Ibid.*: 33% des conventions.
39. *L.s.s.t.*, art. 4.
40. *Ibid.*, art. 78. Voir *infra*, p. 311.
41. Selon le *C.c.t.*, un comité conventionnel exerce tous les pouvoirs d'un comité de santé et de sécurité dont la loi impose la formation (art. 135(3)).

nue. L'accord de l'employeur et du syndicat est nécessaire à l'obtention d'une décision positive si le comité est décisionnel. Hypothétiquement, l'inexécution de la décision pourrait sans doute être assurée par le mode de l'arbitrage de grief, puisqu'il s'agirait, indirectement du moins, de l'application de la convention collective[42].

Il arrive enfin que certaines conventions collectives, même si elles ne dérogent pas substantiellement à la prérogative patronale de décider de l'orientation économique ultime de l'entreprise – ou de l'établissement qui en est partie –, fassent place, plus intensément qu'il n'est courant, à l'action participative du syndicat. Ce dernier en vient à exercer sous une forme ou une autre une fonction de codécision dans l'aménagement du travail, par exemple en ce qui a trait à la définition du contenu des tâches et à leur évaluation équitable. La convention devient alors plus souple, moins détaillée, et les normes générales prennent de l'importance[43]. Il s'agit davantage d'une concertation patronale-syndicale relativement à l'organisation du travail[44]. Dans le quotidien, la convention permet ainsi une interaction prononcée entre la direction et le syndicat, qui en arrive même à la dépasser elle-même[45].

---

42. S'agissant d'un comité de santé et de sécurité établi selon la loi québécoise, il pourrait y avoir intervention ultime de la Commission de la santé et de la sécurité du travail: *L.s.s.t.*, art. 79.
43. Voir: W. Craig Riddell, *op. cit.*, *supra*, n. 3, p. 21; R.P. Gagnon, «La convention collective: son élargissement, son application», pp. 18-20, dans: *Relations du travail* (supplément de *Nouvelles C.S.N.*), Montréal, C.S.N., avril 1990.
44. Exemples: le cas de «l'entreprise participative», décrite dans le premier chapitre de l'étude de J.-M. Rainville, *Forme traditionnelle et forme nouvelle d'organisation*, Monographie n° 20, Montréal, École de relations industrielles, Université de Montréal, 1989; la situation à l'usine Sarnia de Shell Canada, décrite par N. Halpern, «Teamwork at Shell Canada», pp. 148 et ss, dans: *Positive Industrial Relations: The Search Continues*, Actes du 35ᵉ congrès annuel, McGill Industrial Relations Centre, Montréal, McGill University, 1987 (disparition du facteur de l'ancienneté dans l'attribution des tâches; constitution d'équipes de travail disposant de l'organisation concrète du travail, d'un comité paritaire de révision des décisions non seulement à ce sujet, mais aussi en matière de griefs, etc.).
45. La limite juridique de la collaboration patronale-syndicale demeure l'indépendance du syndicat, la loi interdisant l'ingérence patronale dans l'association de salariés: *C.t.*, art. 12; *C.c.t.*, art. 94(1). (Voir, en droit américain, B.A. Lee, «Collective Bargaining and Employee Participation: an Anomalous Interpretation of the National Labor Relations Act», (1987) 38 *L.L.J.* 206 et 274.)
Par ailleurs, le fait pour un syndicat de partager l'autorité patronale – en l'occurrence, la participation à la décision d'octroyer le statut de salarié permanent selon une convention collective – ne le libère pas, malgré une certaine ambiguïté de la situation, de son obligation de représentation légale du salarié, selon l'article 47.2, *C.t.*: *D'Anjou* c. *Syndicat des employés de la C.S.N.*, T.T. (Montréal) 500-28-000124-792, 1ᵉʳ avril 1980.
Dans les faits, l'action participative du syndicat local devra se coordonner avec l'action du syndicat entier dont il pourra faire partie. Ainsi, l'article 6 des *Statuts nationaux du Syndicat des postiers du Canada*, 1983, paraît concevoir la négociation collective en termes de «lutte». L'action participative est pourtant

2. Autres modes de participation et négociation collective

L'initiative des parties, l'employeur et le syndicat (a.), se conjugue ici avec l'intervention législative (b.) pour donner lieu à des modes plus particuliers de concertation patronale-syndicale, en marge de la négociation collective établie par la loi.

a. Modes volontaires

La pratique quotidienne des rapports du travail dans l'entreprise peut être l'occasion de multiples accords verbaux ou écrits, officiels ou officieux, entre le syndicat et l'employeur, en marge de la convention collective. Le phénomène est important. Il révèle bien que la négociation collective, au sens des Codes du travail, n'est pas dans les faits l'«unique lieu où le pouvoir syndical peut se manifester», et que la convention collective n'est pas l'unique «expression du contrôle syndical» sur les conditions de travail, comme l'ont signalé de façon innovatrice certains auteurs. Ces accords auxquels peuvent aboutir une approche «stratégique» du syndicat ou de l'employeur, selon le cas, sont aussi bien verbaux qu'écrits, dérogatoires ou complémentaires par rapport à la convention collective. Par rapport à la généralité courante des normes de cette dernière, ils présentent aussi la caractéristique de traiter de situations plus particulières; ils révèlent en somme une stratégie syndicale «situationnelle[46]». Qualifiés à l'occasion d'«accords atypiques», ils représentent également, en fait, l'aboutissement d'une négociation permanente; on observe aussi que la préoccupation première des parties n'est pas nécessairement la conformité de ces accords au droit; leur efficacité pratique courante prime[47]. Mais qu'en est-il, à la limite, de leur efficacité juridique?

Excluons d'abord de l'objet de notre préoccupation ces accords qui, satisfaisant aux exigences de forme de la convention collective, font qu'ils s'y intègrent simplement à titre d'amendement ou de complément[48]. Une telle entente jouit alors de la portée générale de la conven-

---

conciliable avec la tradition syndicale. Voir S. Perlman, *A Theory of the Labor Movement*, Philadelphia, Porcupine Press, 1978, p. 277. L'article XXIV de la *Constitution du Syndicat international des marins canadiens*, 1986, qui permet à l'organisme de sanctionner l'indiscipline du membre sur un navire, va en ce sens.

46. G. Laflamme et G. Vallée, «Changements technologiques et modes régulateurs des relations du travail», (1987) 42 *Rel. ind.* 702, p. 711.

47. G. Vallée, «Les accords «atypiques» et le droit des rapports collectifs du travail», (1989) 44 *Rel. ind.* 680.

48. Il doit alors s'agir d'un écrit (*C.t.*, art. 1 d); *C.c.t.*, art. 3) déposé selon la loi (*C.t.*, art. 72), du moins pour ce qui est de la loi québécoise: *Lakeshore Teachers' Association* c. *Frumkin*, C.A. (Montréal) 500-09-001160-787, 27 mars 1979, J.E. 79-332. (La loi fédérale ne semble pas faire du dépôt d'une copie de la convention (*C.c.t.*, art. 115) une condition de validité de celle-ci.)
    Quant à l'exigence additionnelle d'un vote de ratification par les membres du syndicat compris dans l'unité visée, selon l'article 20.3, *C.t.*, elle semble

tion, dont elle fait d'ailleurs partie intégrante, et de la sanction de l'arbitrage légal[49]. Mais que se passe-t-il si ce n'est pas le cas ?

Au départ, signale-t-on avec raison, contrairement à l'accord individuel d'un employeur avec un salarié (sans le concours du syndicat accrédité), l'entente entre ce dernier et l'employeur ne porte pas atteinte à l'intégrité du pouvoir de représentation du représentant collectif des salariés, puisque ce dernier y est lui-même partie. Il est aussi acquis que la conclusion d'une telle entente – à supposer qu'elle soit par ailleurs juridiquement efficace – ne saurait être l'occasion pour le syndicat de déroger à l'obligation de représentation égale qui lui incombe à l'endroit des salariés de l'unité. L'entente ne saurait ainsi, tout comme dans le cas d'une convention collective, défavoriser, du moins sans justification objective découlant des impératifs de la représentation collective du groupe entier, certains salariés compris dans celui-ci, notamment quant aux avantages provenant de la convention collective[50]. Mais, en définitive, l'orientation particulière du pouvoir légal de représentation du syndicat accrédité selon la législation québécoise (et fédérale) des rapports collectifs du travail empêche de trouver dans celle-ci un fondement à l'efficacité juridique de l'entente non conventionnelle. À la différence de la loi fédérale américaine[51], le droit de représentation a en effet pour objet exclusif la négociation périodique d'une convention collective et son application ; il n'est pas autrement susceptible d'actualisation relativement à ce domaine des conditions de travail[52].

Ce constat a conduit à rechercher dans la reconnaissance juridique de l'usage et dans la force obligatoire du contrat civil une justification possible de la réception de l'accord atypique en droit[53]. Quant à la première avenue, il est exact de constater qu'une pratique de travail

---

n'avoir pour objet que la convention collective originaire et, par surcroît, si elle s'appliquait également à l'entente complémentaire subséquente, il ne s'agirait pas d'une condition de validité (*C.t.*, art. 20.4) ; en ce sens : *Beaulieu* c. *Association des pompiers de Montréal Inc.*, C.S. (Montréal) 500-05-015591-801, D.T.E. 85T-681.

Refus sibyllin, cependant, de la qualification de convention collective dans : *Parent* c. *The Gazette (A Division of Southam Inc.)*, (1987) R.J.Q. 1291 – conclusion contraire, à cet égard, de la Cour d'appel : *The Gazette (une division de Southam Inc.)* c. *Parent*, C.A. (Montréal) 500-09-000712-877, 25 avril 1991, 91T-552.

49. *C.t.*, art. 100 ; *C.c.t.*, art. 57. Voir dans le cas d'un protocole de retour au travail : *Union des employés de commerce, local 503* c. *Ménard*, (1986) R.J.Q. 1317 (C.S.).

50. Voir *supra*, pp. 282 et ss.

51. *National Labor Relations Act*, 49 Stat. 449, modifié en partie par 61 Stat. 136 (1947), section 7.

52. *C.t.*, art. 52 et ss ; *C.c.t.*, art. 48 et ss.

Selon l'article 67, *C.t.*, la convention collective doit demeurer unique par rapport au groupe de salariés touché ; la disposition semble toutefois viser avant tout le morcellement du champ occupationnel de l'accréditation à cet égard.

53. G. Vallée, *loc. cit.*, *supra*, n. 47, pp. 684 et ss.

peut non pas ajouter au contenu de la convention collective, mais constituer un élément d'interprétation, si elle est ambiguë[54]. Cela n'explique
toutefois pas l'effet intrinsèque d'un accord atypique isolé qui ne peut
prétendre à la valeur, au demeurant seulement interprétative, d'un
usage. Resterait l'assimilation au contrat civil, du moins dans la mesure
où les salariés visés par l'entente auraient mandaté le syndicat.

Cette dernière solution se heurte toutefois à la faveur législative de la convention collective en tant qu'instrument d'aménagement
des conditions de travail dans l'entreprise et au corollaire juridictionnel
auquel elle a donné lieu : l'exclusivité de la compétence de l'arbitre de
grief, à l'exclusion de celle du tribunal civil. Dans le cas d'un accord
particulier sur un sujet dont traite déjà la convention collective, il
revient exclusivement au forum arbitral de disposer de la situation en
fonction de la norme conventionnelle[55]. Il n'en serait pas autrement
d'une entente portant sur une condition de travail qu'ignorerait, du
moins explicitement, la convention collective. Dans cette hypothèse, le
pouvoir de direction de l'employeur s'exerce, il est vrai, relativement à
cette condition de travail. Sa limitation possible n'est pas le fruit d'une
entente qui ne s'intègre pas à la convention ; elle ne peut provenir que
d'une extension du champ arbitral au-delà des griefs par les signataires
de la convention collective, selon ce que prévoit l'article 102 du *Code
du travail*[56].

En fait, la rigidité n'est ici que formelle : l'adaptation de la
convention collective, pendant sa durée, au contexte changeant de l'entreprise ou au particularisme de certaines situations, lorsque ses signataires y consentent, est toujours possible pourvu que ces derniers
respectent les simples conditions formelles d'amendement de la convention collective. Du point de vue syndical, la véritable difficulté réside
évidemment, dans l'hypothèse contraire, en l'extinction de l'obligation
de négocier de l'employeur du fait de la conclusion de la convention
collective[57].

b. Modes légaux

La participation syndicale à la vie de l'entreprise procédant
directement de la loi n'est aucunement érigée en système, à la différence de la négociation collective. On y fait appel, comme à celle de
l'employeur, au sein de certains comités bipartites relativement à des

---

54. *Volvo Canada Limited* c. *Syndicat international des travailleurs unis de l'auto*, (1980)
    1 R.C.S. 178, p. 208.
55. Voir par extension (car, dans l'espèce, il s'agissait de la concurrence de la loi et
    de la convention collective en tant que source de responsabilité): *St. Anne Nac-
    kawic Pulp and Paper* c. *Section locale 219 du Syndicat canadien des travailleurs du
    papier*, (1986) 1 R.C.S. 704, pp. 718 et 720.
56. L. Chamberland, «Les mésententes au sujet de l'article 102 du Code du travail
    du Québec», (1982) 42 *R. du B.* 661.
57. Voir *supra*, p. 302.

fins précises. Elle ne se situe pas alors dans l'organe même de direction de l'entreprise qu'est le conseil d'administration.

Les comités bipartites d'entreprise, dont la loi prévoit ainsi l'établissement à certaines fins particulières, traduisent une préoccupation générale et durable du pouvoir public relativement aux sujets dont il s'agit et non celle, primordialement du moins, d'établir un mode de participation syndicale à côté de celui de la négociation collective[58]. Dans chaque cas, l'importance du sujet incite le législateur à associer les salariés à son traitement dans les différents milieux de travail, qu'ils soient syndiqués ou non. Si le milieu est syndiqué, s'ajoute la préoccupation, d'un point de vue institutionnel, d'éviter la discontinuité temporelle du régime de la négociation collective. Certes, dans leur composition, de tels comités bipartites d'entreprise évoquent les organes de représentation directe des salariés dans certains contextes, européens en particulier[59]. Toutefois, dans le contexte actuel du moins, la spécificité de l'objet de ces comités et leur nombre réduit ne permettent pas d'y voir un phénomène d'ensemble de déplacement du régime de négociation collective, et ce, d'autant plus que la loi prévoit habituellement la participation du syndicat accrédité chaque fois qu'il y en a un.

La santé et la sécurité du travail constitue la première préoccupation législative, a-t-on vu, conduisant à la formation d'un comité bipartite tant dans l'ordre québécois que dans l'ordre fédéral. La *Loi sur la santé et la sécurité du travail*[60] prévoit l'existence d'un comité de santé et de sécurité dans un établissement «groupant plus de vingt travailleurs et appartenant à une catégorie identifiée à cette fin par règlement». L'initiative de sa formation peut provenir de l'employeur, de la Commission de la santé et de la sécurité du travail ou encore, pour ce qui est des salariés, d'une association accréditée ou, s'il n'y en a pas, d'un nombre minimum de salariés eux-mêmes. Ce comité exerce différentes fonctions, dont le choix du médecin responsable des services de santé dans l'établissement, l'approbation du programme de santé élaboré par ce dernier, l'établissement des programmes de prévention

---

58. Voir ce qu'aurait pu y emprunter le législateur, d'un point de vue historique, au lieu de favoriser la pratique de la négociation collective. Voir *supra*, n. 3. Voir G.P. Latulippe et K. O'Farrell, «Le comité paritaire – Anachronisme ou formule d'avenir?», (1982) 37 *Rel. ind.* 634.

59. Voir en ce sens: R.J. Adams, «Deux approches de la décision ouvrière-patronale à l'échelon de l'entreprise», dans: *La coopération ouvrière patronale au Canada*, vol. 15, Études pour la Commission royale sur l'union économique et les perspectives de développement du Canada, Ottawa, Approvisionnements et Services Canada, 1986, p. 4; R.J. Adams, «Industrial Relations and the Economic Crisis: Canada Moves Towards Europe», ch. 4, pp. 115 et ss, dans: H. Juris (dir.), *Industrial Relations in a Decade of Economic Change*, Madison, Industrial Relations Research Association, 1985, pp. 115 et ss.

60. *L.s.s.t.*, art. 68 et ss.

et des programmes de formation en matière de santé et de sécurité, le choix de l'équipement de protection individuel, la mise en évidence des risques reliés aux postes de travail et des contaminants et matières dangereuses, le traitement de suggestions et de plaintes de «travailleurs» ou de l'association accréditée elle-même relatives à la santé et à la sécurité, l'examen des situations ayant causé (ou pouvant causer) un accident du travail ou une maladie professionnelle et la formulation de recommandations appropriées à l'employeur et à la Commission de la santé et de la sécurité du travail[61].

Il s'agit d'un comité véritablement bipartite: non seulement au moins la moitié de ses membres sont-ils des représentants des «travailleurs», mais l'ensemble de ces représentants, tout comme ceux de l'employeur, dispose d'un vote au sein du comité[62]. Quant aux représentants des «travailleurs», l'association accréditée les désigne lorsqu'elle représente l'ensemble des «travailleurs» de l'établissement[63]. Advenant une pluralité de telles associations, leur participation à la désignation se fait selon une entente entre elles ou, à défaut, conformément à un règlement[64]. La participation de l'association accréditée n'est donc pas directe; elle est assurée par la désignation de représentants[65]. Le *Code canadien du travail* prévoit semblablement la constitution de comités (paritaires) de santé et de sécurité dans les entreprises, dont les fonctions sont comparables sous différents chefs[66]. Sous réserve des règlements d'application, le représentant collectif des employés, s'il y en a un sur le lieu de travail, choisit la moitié des membres du comité avec le concours des employés non représentés par un syndicat[67].

---

61. *Ibid.*, art. 78.
62. *Ibid.*, art. 71 et 73.
63. En l'absence d'association accréditée, l'ensemble des travailleurs de l'établissement y pourvoit: *ibid.*, art. 72.
64. *Règlement sur les comités de santé et de sécurité du travail*, S.-2.1, r. 6.1. Plus précisément, la loi prévoit également la possibilité de former une pluralité de comités au sein d'un même établissement, chacun d'entre eux s'adressant à une catégorie particulière de «travailleurs» désignée à cette fin selon l'article 68 de la loi. Le mode de désignation des membres de ces comités obéit aux mêmes règles que lorsqu'il n'y a qu'un seul comité (*ibid.*, art. 83 et 84); pour l'ensemble de l'établissement, un comité général doit aussi être mis sur pied, notamment pour nommer le médecin de l'établissement et approuver le programme de santé qu'il élabore. Les membres du comité général sont choisis par les représentants des «travailleurs» dans les sous-comités (*ibid.*, art. 85).
65. Voir, au sujet de la réalité des comités et de leur activité, M. Simard, *L'expérience des entreprises syndiquées québécoises en matière de santé et de sécurité du travail*, Document de recherche n° 87-03, Montréal, École de relations industrielles, Université de Montréal, 1987.
66. *C.c.t.*, art. 135, par. (1) et (5).
67. *Ibid.*, art. 135(1)b).

Selon les prescriptions des lois fédérale et québécoise, les conséquences d'un licenciement collectif conduisent aussi à l'établissement d'un comité paritaire auquel participe le représentant collectif, s'il en est. Le *Code canadien du travail* oblige l'employeur qui a avisé, comme il le doit, le ministre du Travail de son intention de procéder au licenciement collectif de 50 salariés ou plus dans un même établissement (ou d'un nombre moindre de ceux-ci fixé par règlement) à former un comité mixte de planification ayant pour mission d'élaborer un programme d'adaptation comportant des mesures obligatoires visant soit à éliminer la nécessité des licenciements, soit à minimiser les conséquences de cette mesure sur les employés touchés et les aider à trouver un autre travail[68]. Le comité sera composé d'au moins quatre membres, et la moitié de ceux-ci représenteront ces employés. Lorsqu'ils sont déjà représentés par un syndicat, le ou chacun des syndicats nomme au moins un membre à titre de représentant des employés qu'il représente[69]. Faute d'accord dans les six semaines de l'avis, les membres du comité mixte qui représentent les salariés ou l'employeur peuvent requérir un arbitrage[70]. Le programme d'adaptation établi par le comité ou l'arbitre doit être mis en œuvre par l'employeur avec l'assistance du comité, de même qu'avec celle de tout syndicat qui y a nommé des membres[71]. La législation québécoise va timidement dans le même sens. Elle n'impose la formation d'un comité mixte que si le ministre en fait la demande[72]. Formé d'un nombre égal de représentants de l'association accréditée ou, à défaut de telle association, des salariés eux-mêmes, le comité voit au reclassement des salariés atteints par le licenciement. L'employeur y contribue financièrement «dans la mesure dont les parties conviennent». Il est aussi simplement loisible à celles-ci d'établir un fonds collectif de reclassement, «avec l'assentiment du ministre et aux conditions qu'il détermine», aux fins de reclassement et d'indemnisation des salariés.

La langue de travail dans l'entreprise, du moins si celle-ci compte 100 personnes ou plus, a également conduit le législateur québécois à prescrire l'établissement d'un comité de francisation d'au moins 6 personnes, dont au moins le tiers représente les travailleurs de l'entreprise[73]. Ce comité «a pour mandat d'élaborer, s'il y a lieu, (un) programme de francisation et d'en surveiller l'application. Il veille à ce

---

68. *C.c.t.*, art. 214 et 221.
69. *Ibid.*, art. 215(1), du moins selon la version anglaise; le texte français précise simplement «un membre», ce qui empêcherait la représentation des salariés d'égaler celle de l'employeur si tous les employés visés étaient représentés par un même syndicat. (Le paragraphe 3 dispose par ailleurs de la composition de la représentation des salariés en cas de représentation syndicale partielle.)
70. *Ibid.*, art. 223-225.
71. *Ibid.*, art. 226.
72. *Loi sur la formation et la qualification professionnelles de la main-d'œuvre*, L.R.Q., c. F-5, art. 45.
73. *Charte de la langue française*, L.R.Q., c. C-11, art. 146-150.

que le français conserve dans l'entreprise le statut que les programmes de francisation ont pour objet d'assurer[74].» La participation syndicale s'envisage de façon indirecte, ici également, c'est-à-dire par la désignation périodique des représentants des travailleurs appelés à faire partie du comité. L'association accréditée est appelée à y pourvoir si, du moins pour l'ensemble des travailleurs de l'entreprise, elle représente la majorité de ceux-ci[75]. Si une pluralité d'associations accréditées représentent ensemble une telle proportion de travailleurs, elles peuvent conjointement, par entente, désigner les représentants de ces derniers[76].

Par l'intermédiaire d'un représentant, l'association accréditée concourt aussi, avec l'employeur qui emploie 50 personnes ou plus, à l'élaboration d'un plan visant à assurer l'engagement de personnes handicapées; la loi oblige l'employeur à soumettre un tel plan à l'Office des personnes handicapées du Québec[77].

Par contre, le comité de retraite qu'une autre loi oblige de constituer pour administrer, dans les différentes entreprises, tout régime complémentaire de retraite qui y est assujetti ne prévoit aucune représentation syndicale; les participants actifs et non actifs sont appelés à désigner eux-mêmes certains des membres du comité[78]. Cette attitude existe également en ce qui a trait à la mise en œuvre des programmes d'accès à l'égalité établis à la suite d'une proposition de la Commission des droits de la personne ou imposés sous l'empire d'une ordonnance d'un tribunal en vertu de la *Charte des droits et libertés de la personne*. La responsabilité de l'implantation du programme se trouve en effet confiée par l'employeur lui-même à l'un de ses employés en autorité. Ce dernier s'acquitte bel et bien de sa tâche «à l'intérieur d'un processus de consultation paritaire», mais cette parité ne fait aucunement référence à un élément syndical, s'il y en avait un de présent dans l'entreprise[79].

Enfin, pour sa part, la *Loi* (fédérale) *concernant l'équité en matière d'emploi*[80] associe à titre consultatif l'agent négociateur (ou les représentants que les salariés auront pu se donner à cette fin en l'ab-

---

74. *Ibid.*, art. 150.
75. *Ibid.*, art. 147. Dans l'affirmative, selon ce texte, le pouvoir de désignation en arrivera ainsi à dépasser l'aire de l'accréditation si celle-ci n'est pas à l'échelle de l'entreprise; dans la négative, selon le troisième alinéa de la disposition, il y aura, sans égard au statut de l'association accréditée, élection des représentants par l'ensemble des travailleurs de l'entreprise, «suivant des modalités déterminées par la direction de l'entreprise».
76. Faute d'entente, sans égard ici non plus au statut d'association accréditée, il y aura élection directe par les travailleurs «suivant des modalités déterminées par la direction de l'entreprise». *Ibid.*
77. *Loi assurant l'exercice des droits des personnes handicapées*, L.R.Q., c. E-20.1.
78. *Loi sur les régimes complémentaires de retraite*, L.Q. 1989, c. 38, art. 147.
79. *Règlement sur les programmes d'accès à l'égalité*, R.R.Q., c. C-12, r. 0.1, art. 10.
80. *Loi concernant l'équité en matière d'emploi*, L.C. 1986, c. 31, art. 4.

sence de syndicat ainsi reconnu) à la prise de diverses mesures par l'employeur pour assurer l'équité en matière d'emploi: suppression de règles et usages faisant obstacle à la carrière de membres de groupes désignés au sens de la loi, mesures d'adaptation pour que le nombre de membres de ces groupes soit au moins proportionnel à leur représentation au sein de la population active, etc.

L'imposition légale d'un certain degré de participation à la direction de l'ensemble de l'entreprise est concevable, comme l'attestent certains systèmes étrangers, mais elle ne s'identifie toutefois pas nécessairement pour autant à une participation syndicale[81]. L'ensemble législatif québécois ne l'inclut pas en tant qu'élément systémique. La nette dichotomie opérée par la loi régissant les rapports collectifs du travail entre le personnel de direction et celui d'exécution aux fins de la négociation collective ne paraît pas incliner en ce sens. Mais elle ne saurait empêcher, si elle s'impose par ailleurs, la participation des salariés, sous une forme ou une autre, à la direction d'une entreprise à laquelle ils se rattachent. La loi québécoise sur le travail, mais non le Code fédéral, entrevoit même cette dernière éventualité. Tant le *Code du travail* que la *Loi sur la santé et la sécurité du travail* tiennent en effet exceptionnellement pour «salarié» ou «travailleur», aux fins de leur application respective, l'«administrateur ou officier d'une corporation (...) désigné par les salariés ou une association accréditée[82]».

En fait, certaines lois constitutives de corporations publiques prévoient l'inclusion de quelques représentants du personnel au sein d'un conseil d'administration composite[83]. Cependant, ces salariés n'ac-

---

81. Voir notamment: J. Schregle, «Workers' Participation in the Federal Republic of Germany in an International Perspective», pp. 105 et ss, dans: A. Gladstone *et al.* (dir.), *op. cit.*, *supra*, n. 14; P. Davies et F. Gamillscheg, «La cogestion des travailleurs en droit allemand», (1980) 32 *Rev. int. dr. comp.* 57.

82. *C.t.*, *ibid.*; *L.s.s.t.*, art. 1. Le terme «corporation» est ici générique: la corporation peut être publique ou privée, à capital-actions, sans but lucratif, ou encore du type coopératif. Par ailleurs, la *Loi sur les compagnies de la province de Québec*, L.R.Q., c. C-38, art. 123.74, n'exige pas, sauf disposition contraire dans les statuts de la compagnie, la qualité d'actionnaire pour être administrateur d'une compagnie. Il en est de même de la loi fédérale: *Loi sur les sociétés par actions*, L.R.C. (1985), c. C-44, art. 105(2).

83. Voir ainsi: *Loi sur les collèges d'enseignement général et professionnel*, L.R.Q., c. C-29, art. 8 (le conseil d'administration pourra comprendre trois enseignants du collège, un professionnel non enseignant et un membre du personnel de soutien, ces personnes étant désignées par scrutin secret par les salariés de leur catégorie professionnelle respective pour faire partie d'un conseil d'administration de 14 personnes); dans le même sens (mais sous réserve de l'adoption éventuelle de la *Loi sur les services de santé et les services sociaux*, P.L. 120, 1990), les articles 78 et ss de la loi actuelle, *Loi sur les services de santé et les services sociaux*, L.R.Q., c. S-5, art. 78 (C.L.S.C.), 79 (centre hospitalier), 81 (C.S.S.), et 82 (centre d'accueil); la *Loi sur l'Université du Québec*, L.R.Q., c. U-1, art. 7. Dans ce cas, il s'agit cependant de la présence de trois membres du corps professoral, nommés par le gouvernement, au sein de l'assemblée des gouverneurs.

cèdent pas à cette fonction à titre de représentants d'organismes syndicaux; il s'agit plutôt de représentation directe de salariés.

Les seuls éléments de participation syndicale légale à des conseils d'administration sont donc pratiquement inexistants dans une perspective d'ensemble. Elle se ramène à une obligation de consultation «des associations les plus représentatives» au Québec (et non dans l'institution dont il s'agit), faite au ministre de l'Enseignement supérieur et de la Science au moment de nommer trois des membres de l'assemblée des gouverneurs de l'Université du Québec, les personnes nommées pouvant elles-mêmes être de toute provenance[84].

La participation syndicale à la direction d'une entreprise, lorsqu'elle existe, pourrait donc être le prolongement naturel en certaines circonstances d'une participation syndicale à la propriété de l'entreprise.

B. Participation à la propriété

Les mouvements syndicaux, du moins dans le présent contexte, ne sont pas eux-mêmes propriétaires d'entreprises, même partiellement[85]. Certaines formules permettent toutefois de les associer, à tout le moins indirectement, à l'accession de certaines collectivités de personnes à la propriété de l'entreprise, à des degrés variables, par la voie de l'actionnariat.

La participation des salariés au capital-actions de l'entreprise où ils travaillent est une réalité, en particulier dans certaines grandes entreprises, du moins si l'on s'en tient à une participation minoritaire de leur part. Il pourra alors s'agir de formes particulières d'intéresse-

---

84. *Loi sur l'Université du Québec, ibid.*, art. 7 e). (Au sujet de l'indétermination de l'expression «associations les plus représentatives», voir *infra*, p. 350.)

Dans l'ordre fédéral, on peut noter la présence pendant quelques années, notamment en 1984-1985, de deux syndicalistes parmi les membres du conseil d'administration de la Société canadienne des postes, ce qui n'est pas le cas actuellement. Cette présence ne découlait toutefois pas d'une disposition précise de la *Loi sur la Société canadienne des postes*, L.R.C. (1985), c. C-10.

85. Selon l'aménagement juridique courant des rapports du travail, la propriété syndicale de l'entreprise, si elle devait se présenter intégralement, amènerait un cumul inapproprié de la fonction d'employeur et de celle de représentant collectif des salariés, cette dernière s'exerçant par rapport à un employeur distinct. Le caractère distinctif de l'employeur apparaît même lorsque la propriété de l'entreprise appartient à une collectivité de sociétaires: *Imprimerie coopérative Harpell* c. *Syndicat québécois de l'imprimerie et des communications, section locale 145*, T.T. (Montréal) 500-28-000554-816, 2 mars 1982, D.T.E. 82T-225; (1982) 2 C.L.R.B.R. 149 (T.T.).

ment des salariés[86]. Elles peuvent trouver un prolongement naturel dans certaines formes de gestion et d'instances participatives dans l'entreprise, comme il a été vu. Par ailleurs, certains contextes particuliers – notamment de relance d'entreprises en difficulté – conduisent exceptionnellement à un actionnariat des salariés, sinon proprement majoritaire, du moins significatif. Un tel actionnariat peut alors être le résultat, dans les faits, d'une volonté syndicale d'associer les salariés à la fois à la propriété et à la gestion, dans une certaine mesure, de l'entreprise.

De manière à réunir et à coordonner les différentes volontés de participation financière des salariés dans l'entreprise, le syndicat pourra notamment établir un *holding*, c'est-à-dire mettre sur pied une compagnie de gestion, dont ces salariés seront eux-mêmes actionnaires, à la mesure de leur participation financière et qui sera elle-même actionnaire de la compagnie propriétaire de l'entreprise dans laquelle travaillent ces mêmes individus. C'est donc alors par ce collectif de salariés actionnaires que ceux-ci seront informés de la situation financière et économique de l'entreprise, à titre d'actionnaires, et qu'ils participeront indirectement à la désignation des administrateurs de la compagnie[87]. Quant à cette désignation, l'entente pouvant régir l'accord de participation de la collectivité pourra réserver un nombre de postes d'administrateurs aux personnes désignées par le *holding* des salariés. Les personnes désignées seront soit des salariés, soit d'autres membres du syndicat qui les représentent sur le plan des rapports du travail ou d'autres personnes associées à ce syndicat à divers titres[88]. Des dirigeants du syndicat local, ou même du syndicat entier auquel ce dernier peut se rattacher dans le cas d'un syndicat ramifié, pourront ainsi accéder, dans ces circonstances encore relativement exceptionnelles, à la

---

86. Voir notamment : D.W. Nightingale et R.J. Long, *L'intéressement et l'actionnariat*, Ottawa, Travail Canada, 1984, en particulier p. 27 ; L. Rouleau et H. Bhérer, *La participation des travailleurs dans l'entreprise – Un état de situation*, Étude pour la Commission consultative sur le travail et la révision du *Code du travail*, Québec, Les Publications du Québec, 1984, en particulier pp. 33 et ss ; D.W. Nightingale, *Workplace Democracy: an Inquiry into Employee Participation in Canadian Work Organizations*, Toronto, University of Toronto Press, 1982 ; G. Frigon, «Les employés-investisseurs : la participation des travailleurs au financement de l'entreprise», *Conférences commémoratives Meredith, 1988*, Cowansville, Les Éditions Yvon Blais Inc., 1981, pp. 51-58 ; M. Lemelin et A. Rondeau, «Les nouvelles stratégies de gestion des ressources humaines», pp. 719 et ss, dans : R. Blouin (dir.), *op. cit.*, n. 19, p. 731.

87. Voir C. Benoît, «La participation ouvrière à l'entreprise au Québec», (1982) *Le marché du travail*, tableau 4, p. 50 et 57 ; L. Rouleau et H. Bhérer, *ibid.*, p. 37.

88. Rappelons que, tant selon la législation québécoise que selon la législation fédérale régissant les compagnies, la qualité d'actionnaire n'est pas requise pour accéder au poste d'administrateur. Voir *supra*, n. 82.

direction de l'entreprise, la majorité des syndicats et le patronat dans son ensemble demeurant réservés à cet égard[89].

Le salarié qui accède au poste d'administrateur perdra son statut de «salarié» à moins que, selon le *Code du travail* du Québec, il ait été «désigné par les salariés ou une association accréditée[90]». Sans égard à son statut de salarié ou à ses affinités ou responsabilités syndicales, le cas échéant, l'administrateur doit rechercher prioritairement l'intérêt de la compagnie. Son rôle de «quasi-fiduciaire», selon les principes généraux du droit des personnes morales, s'oppose à ce qu'il agisse sous la dictée d'autres personnes ou d'un groupement étranger, en l'occurrence potentiellement le syndicat. Il ne doit pas en cette qualité servir des intérêts particuliers[91]. Cette conception classique de l'administrateur, qui doit régner, ne sera pas toujours facile à concilier avec la poursuite de l'intérêt de la collectivité des salariés, objectif qui peut se rattacher à une fonction syndicale, par ailleurs assumée par l'administrateur, comme dans l'hypothèse d'une prise de décision relative à un licenciement collectif[92].

Sur un plan beaucoup plus vaste, tant du point de vue de l'ampleur de la structure syndicale en cause que de la diversité des sources de la participation, le Fonds de solidarité des travailleurs du Québec (F.T.Q.), créé par le législateur québécois à l'instigation de la Fédération des travailleurs du Québec en 1983[93], se présente comme une vaste société d'investissement ayant principalement pour fonction

> de faire des investissements dans des entreprises québécoises et de leur fournir des services dans le but de créer, maintenir ou sauvegarder des emplois (…) de favoriser la formation des travailleurs dans

---

89. *Le travail, une responsabilité collective*, Rapport final de la Commission consultative sur le travail et la révision du *Code du travail*, Québec, Les Publications du Québec, 1985, p. 82.

90. *C.t.*, art. 1 l) 2°; voir aussi, au même effet, *L.s.s.t.*, art. 1, V. Travailleur, 2°. (Par ailleurs, la qualité d'actionnaire ne fait pas perdre celle de salarié: *Union des chauffeurs, hommes d'entrepôts et autres ouvriers, local 106* c. *Boisjoli Transport inc.*, (1977) T.T. 64.)

91. *C.c.Q.*, art. 320 et ss (sous réserve d'entrée en vigueur). L'article 320 qualifie maintenant l'administrateur de «mandataire de la personne morale». Voir aussi M. Martel et P. Martel, *La compagnie au Québec*, Montréal, Éd. Les affaires, mis à jour, 1989, pp. 507 et 508. Selon ces auteurs – qui écrivaient alors sans avoir à tenir compte des nouveaux textes du Code civil du Québec – le rôle de l'administrateur est «hybride»; à certains égards, il pourrait être dans une position de mandataire de la compagnie; essentiellement, sa situation à l'égard de celle-ci en fait un ««quasi-fiduciaire» (…) en ce sens qu'il est chargé de la conservation et préservation de son patrimoine et de ses intérêts».

92. A.-C. Côté, «Les incidences juridiques de la participation des employés à la gestion de l'entreprise», dans: *Participation et négociation collective*, 32ᵉ Congrès des relations industrielles, Québec, P.U.L., 1977, pp. 93 et ss, en particulier pp. 98 et 99.

93. *Loi constituant le fonds de solidarité des travailleurs du Québec (F.T.Q.)*, L.R.Q., c. F-3.2.1. Pour ce qui est de l'apport de la F.T.Q., voir *supra*, p. 242.

le domaine de l'économie et leur permettre d'accroître leur influence sur le développement économique du Québec (...) de stimuler l'économie québécoise par des investissements stratégiques qui profiteront aux travailleurs et aux entreprises québécoises (et) de favoriser le développement des entreprises québécoises en invitant les travailleurs à participer à ce développement par la souscription d'actions du fonds[94].

L'actif du Fonds provient en grande partie de mises de membres de syndicats, rattachés ou non à la F.T.Q., et également de non-syndiqués. Cette participation financière au Fonds, que favorisent des avantages fiscaux et une obligation de déduction à la source incombant à l'employeur[95], donne lieu à l'émission d'un montant correspondant d'actions du Fonds[96]. En tant que personne morale, le Fonds voit ses affaires administrées par un conseil d'administration de 13 membres, dont 7 sont nommés par le Conseil général de la Fédération des travailleurs et travailleuses du Québec et 2 élus par l'assemblée générale des porteurs d'actions avec droit de vote du Fonds. Ces premiers administrateurs choisissent à leur tour trois autres administrateurs «parmi les personnes (qu'ils) jugent représentatives des entreprises industrielles pour une, des institutions financières pour une autre et des agents socio-économiques pour la troisième[97]».

L'activité d'investissement du Fonds n'est pas seulement importante dans une stricte perspective économique; elle l'est également en ce qu'elle favorise la formation économique des travailleurs – le Fonds a mis sur pied un réseau de responsables locaux spécialisés dans les questions économiques et financières dans les syndicats affiliés à la F.T.Q. – et en ce qu'elle oriente les entreprises dans lesquelles il investit en vue d'une gestion participative.

Cette participation du Fonds à la propriété de multiples entreprises est donc le fruit, de la part d'une centrale syndicale, d'une volonté de concertation axée sur des objectifs sociétaux; elle se rattache à une volonté de concertation de la part d'une centrale syndicale, c'est-à-dire une action participative d'envergure sociétale, si on l'envisage ainsi dans son ensemble[98].

Des formes intermédiaires d'action syndicale participative existent aussi à l'échelle de différents secteurs d'activité professionnelle.

---

94. *Ibid.*, art. 13.
95. *Ibid.*, art. 24 (du moins, si 50 employés ou 20% du personnel se prévalent de l'avantage). Plusieurs conventions collectives, signées notamment par des syndicats affiliés à la F.T.Q., traitent de cette déduction; certaines comportent même l'obligation pour l'employeur de verser une contribution correspondant au montant de celle de l'employé pour le compte de ce dernier.
96. *Ibid.*, art. 7 et ss.
97. *Ibid.*, art. 4. (Le directeur général du Fonds est aussi membre du conseil d'administration.)
98. Pour ce qui est de la politique participative de la F.T.Q., voir *supra*, pp. 242 et ss.

SECTION II

ACTION PARTICIPATIVE SECTORIELLE

Sur le plan sectoriel, plus vaste que celui de l'entreprise, l'action participative peut être le fruit d'un accord patronal-syndical (A.) ou d'une prescription étatique (B.), formules qu'envisage d'ailleurs la Recommandation n° 113 de l'O.I.T., *Recommandation concernant la consultation et la collaboration entre les autorités publiques et les organisations d'employeurs et de travailleurs aux échelons industriel et national*, datant de 1960[99].

A. Action participative conventionnelle

La participation syndicale conventionnelle peut se rattacher (1.) ou non (2.) à la négociation collective.

1. Action liée à la négociation collective

Les lois sur le travail d'application générale laissent cours à la négociation collective sectorielle. Selon le Code québécois, un syndicat, fort de sa représentativité lui provenant d'une pluralité d'accréditations relatives aux salariés d'autant d'employeurs distincts, peut engager une négociation coordonnée avec ceux-ci; une pluralité d'associations de salariés peut même agir de la sorte. Quant aux employeurs visés, ils

---

99. *Recommandation (n° 113) concernant la consultation et la collaboration entre les autorités publiques et les organisations d'employeurs et de travailleurs aux échelons industriel et national*, art. 3. L'objectif général de cette consultation et de cette collaboration est, selon l'article 4, de «promouvoir une mutuelle compréhension et de bonnes relations entre les autorités publiques et les organisations d'employeurs et de travailleurs, ainsi qu'entre ces organisations, en vue de développer l'économie en général, ou certaines de ses branches, d'améliorer les conditions de travail et d'élever les niveaux de vie». Elle dépasse donc, tout en l'englobant, le seul plan sectoriel, pour ce qui est de questions professionnelles, mais elle ne se restreint pas à ces dernières, à l'exclusion de préoccupations civiques.
   Selon l'article 5 de la Recommandation, cette consultation et cette collaboration devraient notamment porter les autorités publiques à rechercher les vues et le concours des organisations d'employeurs et de travailleurs dans certains domaines, par exemple:
   la préparation et la mise en œuvre de la législation touchant leurs intérêts, la création et le fonctionnement d'organismes nationaux tels que ceux qui s'occupent de l'organisation de l'emploi, de la formation et de la réadaptation professionnelles, de la protection des travailleurs, de l'hygiène et de la sécurité industrielles, de la productivité, de la sécurité sociale et du bien-être, (ainsi que) l'élaboration et la mise en œuvre des plans de développement économique et social.

peuvent ou non s'être regroupés au sein d'une association patronale. Dans l'affirmative, la convention conclue par une telle association liera tous les membres auxquels elle est susceptible de s'appliquer, y compris ceux qui y adhéreront ultérieurement, pourvu, bien entendu, que dans chaque cas l'élément syndical soit accrédité relativement aux salariés de l'employeur[100]. La définition de la convention collective se prête à la réception du produit d'une telle négociation d'envergure, qui pourrait à la limite être sectorielle[101]. Le *Code canadien du travail* permet non seulement à toutes ces possibilités de se réaliser, mais il prévoit aussi expressément, a-t-on vu[102], pour ce qui est des syndicats d'employés, leur regroupement à titre d'agent négociateur d'une unité (article 32) et, par ailleurs, l'accréditation sectorielle dans le secteur du débardage, de même que dans d'autres secteurs d'activité ou régions désignés par règlement[103]. Pour ce qui est des employeurs, cette loi prévoit aussi la désignation par le Conseil canadien des relations du travail d'une organisation patronale en tant qu'employeur, dans l'éventualité d'une demande d'accréditation visant les employés de plusieurs employeurs qui appartiennent à cette organisation[104].

Rappelons aussi l'existence d'un certain nombre de régimes spéciaux axés sur la négociation sectorielle[105]. Dans le système québécois, il s'agit de la négociation collective d'envergure «nationale» relative au secteur parapublic, qui regroupe les établissements dispensant des services sociaux ou ceux d'enseignement préuniversitaire (les différents syndicats accrédités localement négocient alors selon leur affinité syndicale par l'entremise, dans chaque cas, d'un agent négociateur[106]). Il y a aussi des négociations dans la fonction publique (même si l'employeur est unique) correspondant à quelques unités d'accréditation du type professionnel, mais établies dans chaque cas à la mesure de cette fonction publique[107]. Enfin, il s'agit de la négociation obligatoirement sectorielle dans l'industrie de la construction[108], de même que

---

100. *C.t.*, art. 68; voir: *Fraternité canadienne des cheminots* c. *Park Avenue Chevrolet Limitée*, (1978) T.T. 96; *Union des agents de sécurité du Québec, local 8922* c. *Union des agents de sécurité du Québec*, (1984) T.T. 225.

101. *C.t.*, art. 1 d).

102. Voir *supra*, p. 102.

103. *C.c.t.*, art. 34(1)b).

104. *Ibid.*, art. 33.

105. Voir *supra*, pp. 228 et ss, et pp. 101 et ss.

106. *Loi sur le régime de négociation des conventions collectives dans les secteurs public et parapublic*, L.R.Q., c. R-8.2, art. 26 et ss.

107. *Loi sur la fonction publique*, L.R.Q., c. F-3.1.1, art. 64 et ss. Même situation pour ce qui est de la négociation dans la fonction publique fédérale, selon la *Loi sur les relations de travail dans la fonction publique*, L.R.C. (1985), c. P-35.

108. *Loi sur les relations du travail, la formation professionnelle et la gestion de la main-d'œuvre dans l'industrie de la construction*, L.R.Q., c. R-20 (*L.r.t.i.c.*). Voir *supra*, p. 106.

de celle qui peut atteindre une telle envergure dans certains secteurs artistiques[109].

Hormis ces dernières lois relatives à la construction et à des secteurs artistiques, la législation québécoise ne favorise pas la pratique de la négociation sectorielle regroupant des salariés au service d'une pluralité d'employeurs, comme elle pourrait le faire par l'établissement d'un cadre juridique approprié[110].

Bien qu'il ne s'agisse pas à proprement parler d'un tel aménagement juridique de la négociation sectorielle, une loi dont les origines remontent à 1934[111] incline en fait à une pratique en ce sens dans différents milieux professionnels. En bref, la *Loi sur les décrets de convention collective*[112] permet au gouvernement d'étendre à l'ensemble ou à une partie d'un champ professionnel des conditions de travail jugées significatives et contenues dans une convention collective; ces conditions deviennent alors des minima obligatoires[113]. Un comité paritaire, formé par les parties signataires de la convention et auquel le ministre du Travail peut adjoindre des représentants des employeurs et des salariés non parties à celle-ci, est chargé de surveiller l'application de la convention ainsi étendue. La négociation, dont le fruit servira alors de base à une convention collective étendue, ou décret, dépassera souvent l'aire de l'employeur unique. Une pluralité d'employeurs, souvent eux-mêmes regroupés en une association patronale représentant en fait des éléments bien engagés dans le secteur professionnel en cause, accepteront de s'assujettir à un régime uniforme de travail à la condition de le voir s'étendre aux autres employeurs, souvent plus marginaux, du secteur touché[114]. Le processus d'adoption du décret, compte tenu à la

---

109. *Loi sur le statut professionnel et les conditions d'engagement des artistes de la scène, du disque et du cinéma*, L.R.Q., c. S-32.1. Voir *supra*, p. 104.

110. Le besoin d'un aménagement sectoriel de la négociation collective refait périodiquement surface. Voir notamment B. Brody et G. Cardin, «La négociation sectorielle», ch. 23, dans: N. Mallette (dir.), *La gestion des relations du travail au Québec*, Montréal, McGraw-Hill, 1980, p. 501.

111. Voir G. Hébert, «La loi des décrets de convention collective: cinquante ans d'histoire», pp. 81 et ss, dans: *La loi et les rapports collectifs du travail*, Acte du 14e colloque des relations industrielles, Montréal, Université de Montréal, 1984.

112. *Loi sur les décrets de convention collective*, L.R.Q., c. D-2. Voir: J.-L. Dubé, *Décrets et comités paritaires – L'extension juridique des conventions collectives*, Sherbrooke, Les Éditions Revue de Droit-Université de Sherbrooke, 1990; P.P. Morissette et C. D'Aoust, «La convention collective étendue par voie de décret», pp. 3 et ss, dans: *Les négociations élargies*, Document de travail n° 5, Montréal, École de relations industrielles, Université de Montréal, 1982.

113. *Ibid.*, art. 10 et 11.

114. Exemple: *Convention collective entre le Syndicat local 2366, Métallurgistes unis d'Amérique et l'Association des entrepreneurs pétroliers du Québec (A.E.P.Q.) Inc.*, 1er janvier 1988. Sur la validité de la convention conditionnelle à l'adoption d'un décret: *Steinberg's Limitée c. Comité paritaire de l'alimentation au détail, région de Montréal*, (1968) R.C.S. 971, p. 977.

fois de l'étape de négociation de la convention initiale et du stade d'extension gouvernementale, représente un mode tripartite significatif d'établissement sectoriel des conditions de travail[115]. Quant au comité paritaire devant surveiller l'application du décret, il représente un lieu de collaboration patronale-syndicale dont l'influence pourra, en fait, trouver un prolongement dans la préparation ou à tout le moins l'approbation de modifications au décret[116].

Ainsi, se situant ou non dans la perspective du décret, la négociation collective sectorielle occupe une certaine place au Canada[117] et au Québec[118]. La pratique s'identifie à certains secteurs d'activité parmi d'autres, notamment, selon la législation fédérale, celui des installations portuaires ou, à certaines époques du moins, celui de l'industrie ferroviaire[119], et, selon la législation provinciale québécoise, l'industrie du vêtement et l'imprimerie[120].

Des conventions collectives de portée sectorielle (prolongées ou non par décret) traduisent, au-delà du contenu usuel d'une convention collective – contenu qui est lui-même, dans une certaine mesure, le reflet de son domaine d'application –, des préoccupations sectorielles particulières. Ainsi telle entente sectorielle relative au secteur de l'imprimerie limitera-t-elle dans les différents établissements le nombre des apprentis en fonction du nombre de compagnons et chargera-t-elle un comité paritaire et sectoriel d'administrer un programme d'apprentissage[121]. Telle autre, relative à la chapellerie, non seulement imposera-t-elle à tout employeur et à tout employé visés de coudre l'étiquette syndicale sur les produits finis, mais elle obligera aussi les représentants des associations patronale et syndicale signataires à se rencontrer en vue d'établir un comité mixte «dans le but de promouvoir les produits de l'industrie de la chapellerie[122]». Une autre entente, rela-

---

115. Pour des données établissant l'importance actuelle du régime des décrets, voir *supra*, p. 230.

La réglementation de l'apprentissage dans le secteur visé par le décret est une illustration significative de sa portée sectorielle. Voir l'article 24 du *Décret sur l'industrie des matériaux de construction*, R.R.Q., c. D-2, r. 34.

116. *Loi sur les décrets de convention collective*, *supra*, n. 112, art. 8. Voir G. Hébert, «Les négociations élargies: la Loi sur les décrets ou l'accréditation multipatronale», pp. 25 et ss, dans: *Les négociations élargies*, *supra*, n. 112.

117. Voir *supra*, p. 229.

118. Voir *ibid*.

119. *Ibid*. Voir aussi F. Bairstow, *Rapport de la Commission d'enquête sur la négociation sectorielle*, Ottawa, Ministère du Travail et de l'Immigration, 1978.

120. *Ibid*.

121. *Convention collective entre l'Association patronale des imprimeurs de Montréal et le Syndicat international des communications graphiques, local 555*, 1er janvier 1986 au 31 décembre 1987, art. 9.

122. *Convention collective entre l'Association des manufacturiers de chapeaux pour dames et le Syndicat uni – chapellerie – optique et ouvriers alliés du Canada, local 1*, 1er février 1985 au 15 février 1988, art. 40 et 42.

tive au vêtement, établira un tel comité chargé d'étudier «toutes les questions d'intérêts mutuels se rapportant au bien-être et au progrès de l'industrie» et de formuler des recommandations à ce sujet. Ces questions peuvent notamment se rapporter aux points suivants: l'automatisation, la modernisation des méthodes de production, le changement technologique et ses effets sur l'emploi et les conditions de travail, la politique concernant le taux de rendement dans l'industrie, la formation professionnelle, le phénomène du travail à domicile en vue d'éliminer la concurrence déloyale envers les employeurs et les employés syndiqués, et même les «pressions à exercer auprès des gouvernements sur des sujets d'intérêts mutuels tels que les importations, les programmes gouvernementaux pour aider les compagnies et les travailleuses dans l'industrie[123]».

2. Action distincte de la négociation collective

Dans quelques secteurs industriels ou professionnels, la poursuite d'objectifs communs au syndicat et au patronat s'identifiant à chacun de ceux-ci a donné lieu, a-t-on vu, à la mise sur pied de semblables comités mixtes, expression institutionnalisée de bipartisme. L'activité de ces comités se démarque nettement du domaine réservé à la négociation collective. Si elle n'est marquée d'aucune connotation juridique particulière, elle n'en illustre pas moins une action syndicale de participation de niveau sectoriel[124].

Un premier de ces comités mixtes est le Comité syndical-patronal de l'industrie canadienne des textiles, formé en 1967, afin de «favoriser des échanges d'informations entre les principaux responsables de l'industrie des textiles au Canada, (de) développer une compréhension mutuelle entre les partenaires sociaux et (de) prendre toute action susceptible de contribuer au progrès de cette industrie pour l'avantage des entreprises, des travailleurs et du public[125]». Il est composé paritairement de dirigeants des principaux syndicats, rattachés à des centrales syndicales diverses et représentant les salariés de différentes entreprises de cette industrie, et de dirigeants de certaines de ces entreprises, choisis par l'entremise de l'organisme patronal auquel elles appartiennent, soit l'Institut des textiles du Canada, de manière à assurer une répartition équilibrée entre les différents secteurs de l'industrie. Le secrétaire du Comité se rattache à ce dernier organisme et son président est un universitaire neutre. Parmi les sujets qui ont davantage déterminé l'activité du Comité depuis sa formation,

---

123. *Convention collective entre la Guilde des manufacturiers de vêtement de mode du Québec et le Conseil conjoint québécois de l'Union internationale des ouvriers et ouvrières du vêtement pour dames*, 1er juin 1988, art. 47.

124. Voir *supra*, p. 232.

125. Passage d'un document du Comité, cité dans J. Sexton, C. Leclerc et M. Audet, *Le Comité syndical-patronal de l'industrie canadienne des textiles*, Ottawa, Travail Canada, 1985, p. 1.

mentionnons notamment, par ordre d'importance décroissante : les politiques commerciales canadiennes et étrangères et leurs influences sur l'industrie (y compris les négociations du G.A.T.T.) ; la participation de certains membres à différents organismes gouvernementaux ; la productivité. Le Comité se présente aussi comme un instrument de lobbyisme auprès des gouvernements fédéral et provinciaux. Même si le Comité, comme on l'observe[126], « évite de s'immiscer dans les problèmes de négociation collective », il lui arrive inévitablement d'aborder des sujets qui y touchent de près. Si l'aspect conflictuel des relations du travail ne disparaît pas pour autant, les contacts humains suscités par le Comité peuvent contribuer à en améliorer le climat[127], tout comme l'échange d'information auquel il donne lieu.

Quelques autres organismes de concertation patronale-syndicale de cette nature se rattachent également à certains secteurs d'activité industrielle[128].

B. Action participative d'origine législative

Le cadre législatif québécois ou fédéral conjugue simplement, dans certains cas, la participation syndicale et une participation patronale du même ordre pour assurer la réalisation de différents objectifs sectoriels : il s'agit du modèle bipartite. En d'autres cas, ces deux éléments coexistent avec une participation gouvernementale : c'est la formule tripartite. On pourra même parler de multipartisme lorsque la concertation réunit, outre l'élément étatique, une pluralité d'éléments représentatifs non limitée aux milieux syndicaux et patronaux et que rassemble une préoccupation commune, d'ordre sectoriel dans le cas présent.

Dans la législation québécoise, l'association sectorielle de santé et de sécurité du travail, qui peut être établie en vertu de la *Loi sur la santé et la sécurité du travail*[129] dans 13 secteurs d'activité définis par règlement[130], constitue un prototype de bipartisme. Situons d'abord ses principales fonctions qui sont la formation, l'information, la recherche et le service conseil, c'est-à-dire : aider à la formation et au fonctionnement des comités de santé et de sécurité dans les entreprises du secteur et des comités de chantier ; réaliser des programmes de formation et d'information pour ceux-ci ; rédiger des guides de prévention

---

126. *Ibid.*, p. 79.
127. *Ibid.*, p. 78.
128. Voir *supra*, p. 232.
129. *L.s.s.t.*, art. 98 et ss.
130. *Ibid.*, art. 223, 25° ; *Règlement sur les associations sectorielles paritaires de santé et de sécurité du travail*, R.R.Q., c. S-2.1, r. 1 ; dans le cas de l'industrie de la construction intervient une mesure particulière : *Règlement sur l'association paritaire pour la santé et la sécurité du travail dans le secteur de la construction*, Décret 209-84, *G.O.*, 8 février 1984, p. 911.

pour les établissements du secteur; collaborer avec la Commission de la santé et de la sécurité du travail et les chefs de départements de santé communautaire pour la préparation de dossiers ou d'études sur la santé des travailleurs et sur les risques auxquels ils sont exposés; faire des recommandations relatives aux règlements et normes de santé et de sécurité du travail et à la compétence requise des inspecteurs[131]. Ainsi, l'association paritaire exerce ces fonctions pour l'ensemble des travailleurs du secteur, qu'ils soient ou non syndiqués.

L'initiative de la mise sur pied d'une telle association sectorielle peut être celle d'une ou de plusieurs associations d'employeurs et d'une ou de plusieurs «associations syndicales» appartenant au secteur. Quant à celles-ci, il peut s'agir aussi bien de groupements de travailleurs que de regroupements syndicaux[132]. Leur entente à cette fin n'entre en vigueur que sur approbation de la Commission de la santé et de la sécurité du travail; à défaut d'entente, celle-ci peut y suppléer et prévoir elle-même la composition de l'association sectorielle qui jouit alors de la personnalité morale[133].

La loi prescrit de façon précise la parité du nombre de représentants de l'élément patronal et de l'élément syndical pour ce qui est de la composition du conseil d'administration de l'association paritaire[134]. Elle laisse toutefois à l'entente des parties constituantes la détermination des autres aspects institutionnels, notamment la répartition entre les différentes associations patronales et syndicales, selon le cas, des sièges au conseil d'administration, de même qu'aux autres instances qu'elle peut prévoir[135]. La composition syndicale des instances des différentes associations paritaires est variable[136]. La représentativité

---

131. *Ibid.*, art. 101.

132. *Ibid.*, art. 1.

133. *Ibid.*, art. 98 et 99. La Commission subventionne annuellement l'association sectorielle (art. 100).

134. Dans le cas particulier de la construction, la loi indique que les «associations représentatives», au sens de la *Loi sur les relations de travail, la formation professionnelle et la gestion de la main-d'œuvre dans l'industrie de la construction, supra*, n. 108, art. 28 et ss (voir *supra*, p. 106), nomment la moitié des membres du conseil d'administration (art. 99).

135. Le *Règlement sur les associations sectorielles paritaires de santé et de sécurité du travail, supra*, n. 130, prévoit à l'article 17 l'adhésion subséquente d'une association d'employeurs ou d'une association syndicale à l'entente.

136. Voir l'étude de K. George, *Entre syndicats, entre patrons, fragiles alliances*, Montréal, Les Éditions Agence d'Arc inc., 1986, pp. 53 et 57. Les chapitres 3 et 4 apportent, par surcroît, deux illustrations: le cas de l'Association paritaire pour la santé et la sécurité du travail du secteur des services-automobiles et celui de l'Association paritaire pour la santé et la sécurité du travail du secteur de la fabrication d'équipement de transport et de machines. Ainsi, dans le premier cas, pour ce qui est des quatre instances prévues (comité préincorporatif, assemblée générale, conseil d'administration et comité exécutif), les parties ont décidé d'une répartition égalitaire, sans égard à la représentativité réelle des associations. Dans le second cas, la répartition était inégale, du moins au comité pré-

relative réelle des associations, telle qu'elle se dégage, notamment par l'importance du nombre des salariés assujettis à des conventions collectives déposées au ministère du Travail, en arrive ainsi à être prise en considération[137].

La formule tripartite existe par ailleurs dans le cas du principal organisme participatif prévu à la *Loi sur les relations du travail, la formation professionnelle et la gestion de la main-d'œuvre dans l'industrie de la construction*, la Commission de la construction du Québec. Chargée généralement de l'administration de cette loi, la Commission a notamment pour fonction de veiller à l'application du décret régissant les conditions de travail dans l'industrie de la construction, de contrôler l'application de la loi régissant ce secteur, en particulier les règles relatives au placement, à l'embauche et à la mobilité de la main-d'œuvre. Elle doit aussi s'assurer de la compétence de celle-ci, veiller, à l'intérieur des politiques gouvernementales, à l'application des mesures et des programmes de formation professionnelle, vérifier la représentativité syndicale dans le secteur professionnel en cause et administrer divers régimes complémentaires d'avantages sociaux et d'indemnisation[138].

Le gouvernement nomme les 13 membres du conseil d'administration. La loi lui impose toutefois de s'en remettre à la nomination proposée par différents ministres relativement à quatre d'entre eux, de consulter l'association d'employeurs quant à quatre autres, de même que les associations syndicales représentatives pour ce qui est d'un nombre identique de membres. Des représentants des associations représentatives y siègent en conséquence dans cette proportion[139]. La

---

incorporatif (où elle voulait correspondre à l'importance relative de l'effectif syndical) et au conseil d'administration (où il en était de même, sauf dans le cas d'une association). Voir aussi M. Plasse, «Santé et sécurité du travail au Québec – Le défi de la concertation patronale-syndicale», (1987) 42 *Rel. ind.* 544, pp. 555 et ss.

137. Exemple: *Règlements de l'Association paritaire pour la santé et la sécurité du travail – secteur minier*, art. 3 (assemblée générale) et 4 (faute d'entente, pour ce qui est du conseil d'administration). Ainsi, selon le rapport de cette association pour l'année 1988, les neuf membres syndicaux du conseil d'administration venaient des regroupements suivants: Métallurgistes unis d'Amérique, six membres; Fédération de la métallurgie de la C.S.N., deux membres; et Fédération des mines et métallurgie de la C.S.D., un membre.

138. *L.r.t.i.c.*, art. 4, 85.4 et ss, 123 et ss.
La nature tripartite de la présente Commission, résultant de modifications apportées à la loi en 1986 (*Loi modifiant la Loi sur les relations du travail dans l'industrie de la construction*, L.Q. 1986, c. 89, art. 2 et ss), est d'autant plus significative que l'organisme actuel en remplace un autre, établi en 1975, dont les membres pouvaient être nommés par le gouvernement sans obligation de consultation avec les associations représentatives. Elle rejoint le paritarisme qui existait avant 1975 à ce sujet.

139. *L.r.t.i.c.*, art. 3.2.

loi exige aussi la présence d'un des représentants des associations représentatives siégeant au conseil d'administration au sein du comité administratif sur les relations du travail, de même qu'à celui sur la formation professionnelle[140].

La solution paritaire ou bipartite est toutefois retenue relativement à deux autres organismes à vocation plus particulière : le Comité mixte de la construction, chargé de formuler des avis sur tout litige relatif à l'interprétation du décret de la construction et sur toute question que peut lui soumettre la précédente Commission[141], de même que le Comité sur la formation professionnelle, qui formule des avis à son intention relativement à toute question sur la formation professionnelle dans l'industrie de la construction[142]. Dans l'un et l'autre cas, la loi permet, à un premier stade, à chacune des associations de salariés jugées représentatives à un degré de 5 % par la Commission de désigner l'un des membres syndicaux du Comité[143].

Les aménagements particuliers de la négociation collective dans les secteurs public et parapublic, de même que dans les services essentiels, ont donné lieu à la création d'organismes particuliers, dont la composition, établie par le gouvernement, est multipartite ou bipartite selon le cas. Il s'agit d'abord du Conseil des services essentiels, qui se prononce sur l'établissement et le maintien des services essentiels à assurer à l'occasion de conflits de travail dans les services publics et le secteur des services sociaux[144]. Deux de ses huit membres sont choisis après consultation auprès des associations de salariés les plus représentatives dans l'un et l'autre de ces domaines, selon le cas[145]. Ensuite, on trouve l'Institut de recherche et d'information sur la rémunération, dont la mission est d'informer le public de l'état et de l'évolution comparés de la rémunération globale des salariés du gouvernement et des établissements d'enseignement préuniversitaires, d'une part, et de la rémunération globale des autres salariés québécois, d'autre part[146]. Parmi les 19 membres que son conseil d'administration peut compter, 6 sont choisis à partir de listes dressées par les associations de salariés visées par la loi régissant la négociation collective dans ces secteurs. En plus de cette participation des parties syndicales immédiatement intéressées, le conseil d'administration peut comprendre quatre représen-

---

140. *Ibid.*, art. 3.11 et 3.12.
141. *Ibid.*, art. 16.
142. *Ibid.*, art. 18.2.
143. *Ibid.*, art. 17 et 18.4.
144. *C.t.*, art. 111.0.1 et ss.
145. *Ibid.*, art. 111.0.3.
146. *Loi sur le régime de négociation des conventions collectives dans les secteurs public et parapublic, supra*, n. 106, art. 2 et ss.

tants du secteur privé, nommés «après consultation des organismes les plus représentatifs du secteur privé[147]».

La législation fédérale présente certaines applications de ces modes de participation syndicale sectorielle. Mentionnons, pour ce qui est de la formule multipartite, le Comité consultatif sur la sécurité ferroviaire, chargé d'un pouvoir de recommandation au ministre des Transports et dont 3 des 13 à 15 membres qu'il peut compter sont nommés par ce dernier pour représenter les organisations ouvrières de cheminots, dont 2 représentants de l'Association des syndicats des cheminots du Canada[148]. Pour sa part, le Conseil national mixte de la Fonction publique du Canada, même s'il a été créé par décret ministériel en 1944, associe dans une partie syndicale 14 associations d'employés du secteur à l'État-employeur dans un processus de consultation régulière visant à améliorer la situation professionnelle des fonctionnaires fédéraux. Enfin, pour ce qui est du syndicalisme agricole, le ministre de l'Agriculture choisit les membres de deux comités consultatifs intéressant le secteur «parmi des agriculteurs ou représentants d'organisations agricoles», en ce qui a trait à la majorité d'entre eux dans un cas[149], et à la totalité dans l'autre[150].

---

147. *Ibid.*, art. 6. Quant à la participation syndicale effective dans ce cas, voir *supra*, p. 241, n. 62.

Par ailleurs, la *Loi sur le régime de retraite des employés du gouvernement et des organismes publics*, L.R.Q., c. R-10, constitue (art. 163 et ss), afin de disposer de différents sujets relatifs à l'administration de ce régime sectoriel, un Comité de retraite dont la composition inclut, au nombre de ses 14 membres, 3 personnes de la C.S.N., de la C.E.Q. et de la F.T.Q., nommées après consultation de ces organismes, de même que 3 autres personnes nommées à partir de listes fournies par les groupements d'associations de salariés au sens de la *Loi sur le régime de négociation collective dans les secteurs public et parapublic*, *supra*, n. 106, et par les associations reconnues en vertu de la *Loi sur la fonction publique*, *supra*, n. 107.

148. *Loi sur la sécurité ferroviaire*, L.C. 1988, c. 40, art. 44(1).

149. *Loi sur le crédit agricole*, L.R.C. (1985), c. F-2, art. 9(1) – le comité est chargé de conseiller le ministre relativement à l'application de la loi.

150. *Loi sur la stabilisation des prix agricoles*, L.R.C. (1985), c. A-8, art. 5(1) – le comité, qui doit se réunir deux fois l'an, conseille le ministre et l'Office de stabilisation des prix agricoles «sur les questions relatives à la stabilisation des prix des produits agricoles prévue par la présente loi» (par. (2)a).

SECTION III

ACTIVITÉ PARTICIPATIVE INTERPROFESSIONNELLE

La participation syndicale à des processus de consultation ou même d'ordre décisionnel, conjointement avec d'autres éléments représentatifs dans la société, doit aussi transcender les frontières professionnelles et s'étendre à des objets professionnels généraux, comme le préconise également la Recommandation n° 113 de l'O.I.T.[151]. Cette participation se manifeste d'ailleurs, au premier chef, au sein même de l'organisation internationale du travail, dont la caractéristique principale est le tripartisme[152]. Présente dès la naissance de l'institution[153], cette donnée s'y manifeste dans ses différents organes délibératifs, dont la Conférence internationale du travail, lieu d'adoption des conventions et recommandations. Chaque délégation nationale à la Conférence comprend en effet, outre deux délégués gouvernementaux, un représentant des organisations nationales des travailleurs et des employeurs, chaque délégué jouissant d'une voix délibérative[154]. L'État-membre doit tenir compte, pour ce qui est de la désignation du représentant des travailleurs, de la présence, le cas échéant, des différents mouvements syndicaux représentatifs du pays, mais aucune règle précise n'intervient[155]. Quant à la promotion, sur la scène interne, des normes de l'O.I.T., une convention comporte d'ailleurs l'engagement de tout État-membre qui l'a ratifiée – ce qui n'est pas le cas du Canada – de mettre en œuvre une procédure de consultations tripartites à cet effet, les

---

151. Voir *supra*, n. 99.
152. Voir notamment E. Vogel-Polsky, *Du tripartisme à l'Organisation internationale du travail*, Bruxelles, Éditions de l'Institut de sociologie de l'Université libre de Bruxelles, 1966.
153. Voir J. Manwaring, *L'organisation internationale du travail: un point de vue canadien*, Ottawa, Approvisionnements et Services, 1986, pp. 9-20.
154. *Constitution de l'Organisation internationale du travail*, art. 3 et 4. Voir N. Valticos, *Droit international du travail*, dans: G.-H. Camerlynck (dir.), *Traité de droit du travail*, 2e éd., Paris, Dalloz, 1983, p. 129 et pp. 194 et ss.
155. Ainsi, à la 75e session de la Conférence, en 1988, la délégation canadienne, établie par le gouvernement canadien, comprenait le secrétaire-trésorier du Congrès du travail du Canada en tant que délégué des travailleurs. Certains autres syndicalistes y participaient en tant que «conseillers techniques», moyen indirect de tenir compte du pluralisme syndical, observe-t-on (N. Valticos, *ibid.*, p. 197). L'un des cinq conseillers techniques se rattachait à la Confédération des syndicats nationaux.

représentants des travailleurs devant être «choisis librement par leurs organisations représentatives, s'il en existe[156]».

Le droit interne, tant québécois que fédéral, associe à ses fins différents groupements syndicaux à des processus participatifs généraux en matière de travail[157].

À l'échelle entière du Québec, certains organismes centraux exerçant des fonctions consultatives, administratives ou réglementaires, selon le cas, sont des lieux de participation syndicale. Ceux qui l'assurent sont nommés par le gouvernement et, tout comme les autres membres de ces organismes ou de leur conseil d'administration, ont fait l'objet d'une recommandation de la part de milieux syndicaux que la loi veut «représentatifs», selon une formulation quelque peu variable mais assurément floue. Contrairement à la détermination des représentants collectifs des salariés aux fins de la négociation collective, qui procède de critères rigoureux dans les différentes lois, la sélection, à partir d'ensembles syndicaux beaucoup plus vastes, il est vrai, de ces agents de participation syndicale au sein des organismes centraux tripartites ou multipartites, laisse place en définitive à un large pouvoir d'appréciation de la part de l'autorité publique.

L'organisme dont la mission est potentiellement la plus étendue – bien qu'elle ne consiste qu'en une fonction de consultation –, le Conseil consultatif du travail et de la main-d'œuvre, a principalement pour fonction «de conseiller le ministre du Travail ou le ministre de la Main-d'œuvre et de la Sécurité du revenu sur toute question relevant de leur compétence dans le domaine des relations individuelles ou collectives du travail, de l'emploi, de la main-d'œuvre et de la sécurité du revenu[158]». Cela l'amène à formuler des avis sur les différents projets de lois relatifs à ces matières, de même que sur certains sujets particuliers, dont la liste des arbitres prévue à l'article 77 du *Code du travail* et la nomination des juges au Tribunal du travail (selon l'article 113 de cette loi). En somme, il s'agit du haut lieu de consultation permanente des milieux patronaux et syndicaux en matière de travail au Québec.

Le gouvernement nomme le président du Conseil, de même que ses autres membres; pour ce qui est de ceux qui ont droit de vote, il s'agit de cinq personnes choisies parmi celles qui sont recommandées par les «associations d'employeurs les plus représentatives» et d'un nombre identique de membres recommandés par les «associations de salariés les plus représentatives». Dans le contexte, ce terme ne s'entend

---

156. *Convention (n° 144) concernant les consultations tripartites destinées à promouvoir la mise en œuvre des normes internationales du travail.*

157. En ce qui a trait aux politiques de participation des différentes organisations syndicales au Québec, voir *supra*, p. 240.

158. *Loi sur le Conseil consultatif du travail et de la main-d'œuvre*, L.R.Q., c. C-55, art. 13. Voir R. Dufour, «Le Conseil consultatif du travail et de la main-d'œuvre», pp. 233 et ss, dans: R. Blouin (dir.), *op. cit., supra*, n. 19.

pas au sens restreint que lui prête le *Code du travail*[159]; il est interprété au contraire d'une façon large et vise aussi bien des regroupements syndicaux que de telles associations[160]. L'absence de critères précis permettant de déterminer ces associations «les plus représentatives» est ici patent[161].

Il en va de même dans le cas d'un organisme à vocation plus particulière cette fois, mais doté de pouvoirs décisionnels et réglementaires importants dans son champ d'action: la Commission de la santé et de la sécurité du travail, dont la fonction générale consiste à «élaborer, proposer et mettre en œuvre des politiques relatives à la santé et à la sécurité des travailleurs de façon à assurer une meilleure qualité des milieux de travail[162]». Ce qui la conduit notamment à établir des priorités d'intervention en la matière, à accorder son concours technique et financier aux comités de santé et de sécurité dans les entreprises de même qu'aux associations sectorielles, à soutenir l'implantation et le fonctionnement de mécanismes de participation des employeurs et des travailleurs en matière de santé et de sécurité, à effectuer des recherches dans ce domaine, à concevoir et à réaliser des programmes d'information et de prévention en matière de santé et de sécurité au travail[163]. Elle jouit aussi d'un pouvoir d'enquête sur toute matière de sa compétence[164] et voit à l'inspection du travail dans ce domaine[165].

Le conseil d'administration de la Commission, composé de 15 membres nommés par le gouvernement, comprend «sept membres choisis à partir des listes fournies parmi les associations syndicales les plus représentatives». Quant à ces derniers, ceux qui sont en poste présentement viennent de centrales syndicales québécoises[166]. D'autres instances prévues à la loi comportent également une participation syn-

---

159. *Procureur général du Québec* c. *Munn*, (1984) T.T. 131.
160. De fait, en 1988, les membres nommés après consultation des «associations de salariés les plus représentatives» venaient, dans deux cas, de la Confédération des syndicats nationaux, dont le président de celle-ci; il s'agissait aussi des présidents de la Fédération des travailleurs et travailleuses du Québec, de la Centrale de l'enseignement du Québec et d'un directeur des Métallurgistes unis d'Amérique: *Rapport annuel, 1987-1988, Conseil consultatif du travail et de la main-d'œuvre.*
161. On notera ainsi l'absence de membres d'autres mouvements syndicaux, dont la Centrale des syndicats démocratiques, ou du milieu du syndicalisme indépendant.
162. *L.s.s.t.*, art. 137 et ss. Voir notamment D. Bradet, B. Cliche, M. Racine et F. Thibault, *Droit de la santé et de la sécurité du travail*, Cowansville, Les Éditions Yvon Blais Inc., 1986, pp. 107 et ss.
163. *Ibid.*, art. 166.
164. *Ibid.*, art. 160.
165. *Ibid.*, art. 177.
166. Le président et trois vice-présidents de la F.T.Q., deux responsables de la C.S.N., dont une vice-présidente, et un vice-président de la C.S.D.

dicale: le Comité administratif de la Commission, formé du président, d'une personne désignée par les représentants des travailleurs au sein du conseil d'administration et choisie parmi ces représentants et d'une personne désignée par les représentants des employeurs au sein de ce conseil et choisie parmi eux[167]; et les bureaux de révision, chargés de disposer de la révision de certaines décisions, notamment en matière de refus d'un travail dangereux, de retrait préventif, de même que des décisions rendues en vertu de la *Loi sur les accidents du travail et les maladies professionnelles*[168].

Le bureau est composé de trois membres nommés par la Commission, dont un président choisi parmi ses fonctionnaires, «un membre représentant les travailleurs et un membre représentant les employeurs». Le membre représentant les travailleurs «est choisi à partir d'une liste dressée annuellement pour chaque région où la Commission possède un bureau régional, par les membres du conseil d'administration de la Commission qui représentent les associations syndicales[169]». On a observé que cette formule a pour effet l'élimination, en pratique, de «certaines associations syndicales (...) importantes du choix des représentants des travailleurs (...) pour le seul motif que ces associations ne sont pas représentées au sein du conseil d'administration de la Commission[170]».

À ces situations à l'échelle du Québec[171] s'ajoute, au niveau régional, en plus de la participation syndicale à l'activité des bureaux de révision établis en vertu de la *Loi sur la santé et la sécurité du travail*, l'activité participative s'intégrant dans les différentes commissions de formation professionnelle de la main-d'œuvre, corporations créées en vertu de la *Loi sur la formation et la qualification professionnelles de la main-d'œuvre* «pour aider à la formation professionnelle de la main-d'œuvre en région[172]». Dans leur région respective, ces commissions doivent

---

167. *L.s.s.t.*, art. 156.
168. *Loi sur les accidents du travail et les maladies professionnelles*, L.R.Q., c. A-3.001, art. 358.
169. *L.s.s.t.*, art. 176.2
170. D. Bradet *et al.*, *op. cit.*, *supra*, n. 162, p. 116.
171. L'activité de la Régie des rentes du Québec, bien qu'elle soit reliée à certains égards au travail, le dépasse, ce qui conduit à en tenir compte dans une perspective «sociopolitique» plus large (voir *infra*, p. 349). Par ailleurs, la nouvelle composition de la Commission des normes du travail comporte au plus 13 membres, nommés par le gouvernement, dont un président et au moins une personne provenant de 9 milieux socio-économiques, dont celui des «salariés syndiqués». La loi prévoit que ces derniers membres «sont nommés après consultation d'associations ou d'organismes représentatifs de leur groupe respectif» (*Loi sur les normes du travail*, L.R.Q. c. N-1.1, art. 8).
172. *Loi sur la formation et la qualification professionnelles de la main-d'œuvre*, L.R.Q., c. F-5, art. 2.

ainsi estimer les besoins de formation professionnelle et de main-d'œuvre, mettre en œuvre des plans et gérer des programmes de formation professionnelle[173]. Des comités consultatifs régionaux institués par le ministre de la Main-d'œuvre, de la Sécurité du revenu et de la Formation professionnelle sont formés de représentants des employeurs et des salariés représentant les différents secteurs économiques de la région. L'assemblée générale de la commission régionale est constituée de personnes appartenant à ces comités consultatifs régionaux, à raison de quatre par comité, dont deux désignées par les employeurs et deux par les salariés[174]. Elle élit le conseil d'administration, en distinguant paritairement le secteur industriel de celui des services et, à l'intérieur de ceux-ci, le groupe des employeurs et celui des salariés[175]. Bien qu'aucune référence explicite ne soit faite aux milieux syndicaux dans la loi et que celle-ci s'adresse à des besoins de main-d'œuvre sans égard à la syndicalisation, on retrouve en fait, tant dans les différents comités consultatifs régionaux qu'au conseil d'administration de chaque commission, une présence syndicale considérable et diversifiée mais d'importance relative variable au sein de ces organismes de composition multipartite[176].

La législation fédérale offre également à la participation syndicale certaines occasions de se manifester relativement à des questions ayant une forte incidence professionnelle. Bien que son champ d'action déborde sur un plan civique plus large, notons au départ, en raison de ses missions reliées au problème du chômage et de l'adaptation au marché du travail, que le gouvernement canadien nomme l'un des quatre commissaires de la Commission de l'emploi et de l'immigration «après consultation des organisations ouvrières[177]». En ce qui a trait à la définition de l'aire de consultation, la loi se montre encore plus indéterminée que celle qui établit le Conseil consultatif canadien de l'emploi et de l'immigration, de composition multipartite, et dont le tiers des membres sont nommés «dans la mesure du possible» après consultation des organisations ouvrières jugées représentatives par le gouverneur

---

173. *Ibid.*, art. 7.
174. *Ibid.*, art. 10.
175. *Ibid.*, art. 11.
176. À titre illustratif, le conseil d'administration de la Commission de la formation professionnelle de la région de l'Estrie comprenait parmi ses 14 membres 2 syndicalistes d'allégeance C.S.D., 2 de la C.S.N. et un de la F.T.Q., de même qu'un membre de l'Association des employé(e)s à pourboires de l'Estrie. Voir Commission de la formation professionnelle de la main-d'œuvre, région de l'Estrie, *Rapport 1987-1988*, Sherbrooke, 1988.
177. *Loi sur le ministère et la Commission de l'emploi et de l'immigration*, L.R.C. (1985), c. E-5, art. 9.

en conseil[178]. D'autres lois ayant une incidence sur l'emploi permettent d'envisager, à des degrés divers, une certaine participation syndicale[179].

La sécurité et la santé du travail constitue un second grand domaine où la participation syndicale se manifeste dans l'ordre fédéral. Le Conseil consultatif de la sécurité et de la santé au travail conseille le ministre du Travail relativement à l'application de la partie II du *Code canadien du travail* régissant ce sujet. Il est essentiellement formé de représentants, en nombre égal, «du patronat et des travailleurs[180]». Par ailleurs, une société d'État, le Centre canadien d'hygiène et de sécurité au travail, créé en 1978, a notamment pour fonction de promouvoir la sécurité et l'hygiène au travail et la participation des travailleurs et employeurs à l'établissement et au maintien de normes élevées en la matière[181]. Un conseil multipartite composé de «gouverneurs» l'administre. Au nombre de 39, 11 d'entre eux sont nommés «après consultation avec les organismes des travailleurs[182]».

Une telle participation syndicale, le plus souvent à titre consultatif et assumée par des instances syndicales d'envergure relativement à de grands aspects du travail, trouve un prolongement naturel dans une action civique plus large.

---

178. *Loi sur le Conseil consultatif canadien de l'emploi et de l'immigration*, L.R.C. (1985) c. C-4, art. 4. En fait, leur appartenance syndicale est diversifiée (voir Conseil consultatif canadien de l'emploi et de l'immigration, *Revue annuelle*, 1987, Ottawa): des syndicalistes se rattachant notamment au Congrès du travail du Canada, à la Confédération des syndicats nationaux, à la Fédération canadienne du travail, de même qu'à certains syndicats d'envergure nationale affiliés au C.T.C.

179. Ainsi, l'un des cinq membres de l'Office d'aide à l'adaptation des travailleurs établi par la *Loi sur les prestations d'adaptation pour les travailleurs*, L.R.C. (1985) c. L.1, est nommé par le ministre du Travail «après consultation des organismes représentant les travailleurs» (art. 6). Par ailleurs, la *Loi sur les pénitenciers*, L.R.C. (1985), c. P-6, art. 32, établit un Comité consultatif du travail pénal, dont les membres sont choisis par le solliciteur général «parmi les représentants de l'industrie, des travailleurs, de l'administration publique et du grand public».

180. *C.c.t.*, art. 139.

181. *Loi constituant le Centre canadien d'hygiène et de sécurité au travail*, L.R.C. (1985) c. C-13, art. 5.

182. *Ibid.*, art. 4. En 1989, ceux-ci se rattachaient au Congrès du travail du Canada ou à ses démembrements provinciaux, à l'exception de représentants de syndicats de fonctionnaires et d'un syndicaliste du Syndicat national des travailleurs et travailleuses de l'automobile.

Enfin, deux des quatre membres du bureau de direction du Conseil de contrôle des renseignements relatifs aux matières dangereuses sont nommés par le gouvernement pour représenter les travailleurs «après consultation par le ministre des organismes de représentation de ceux-ci que celui-ci estime indiqués»: *Loi sur le contrôle des renseignements relatifs aux matières dangereuses*, L.C. 1987, c. 30, Partie III, art. 28.

TITRE II

ACTION POLITIQUE

La poursuite, dans l'intérêt de larges collectivités de salariés, sinon de l'ensemble de ceux-ci, d'objectifs à caractère civique ou politique entre-t-elle bien dans l'aire générale de légitimité de l'action des mouvements syndicaux?

Sur le plan international, l'O.I.T. s'en tient à cet égard à une certaine spécialité de l'action syndicale. Ainsi, la *Résolution concernant l'indépendance du mouvement syndical* énonce que l'«objectif fondamental et permanent du mouvement syndical est le progrès économique et social des travailleurs[1]». Cette finalité doit conduire les syndicats, en plus de leur action axée sur les rapports professionnels, à assumer un «rôle important (...) en participant aux efforts déployés dans chaque pays en vue de promouvoir le développement économique et social et le progrès de l'ensemble de la population[2]». Une telle mission économique et sociale du mouvement syndical exige qu'il conserve son autonomie «indépendamment des changements politiques qui peuvent survenir[3]» dans le pays. Cette exigence d'indépendance n'exclut pas que les syndicats établissent des relations avec des partis politiques ou qu'ils entreprennent une action politique pour favoriser la réalisation de leurs objectifs économiques et sociaux, conformément aux lois et usages sur le plan interne et à la volonté de leurs membres. Toutefois, ces relations ou cette action politique «ne doivent pas être de nature à

---

1. *Résolutions concernant l'indépendance du mouvement syndical*, adoptée par la Conférence internationale du travail le 26 juin 1952, par. 1.
2. *Ibid.*, par. 2.
3. *Ibid.*, par. 3.

compromettre la continuité du mouvement syndical ou de ses fonctions sociales et économiques, quels que soient les changements politiques qui peuvent survenir dans le pays[4]». Cette spécialité de l'action syndicale aux contours volontairement souples, faut-il constater, trouve une affirmation dans la jurisprudence du Comité de la liberté syndicale[5]. Ce n'est, a-t-il posé en somme, «que dans la mesure où elles prendront soin de ne pas conférer à leurs revendications professionnelles un caractère nettement politique que les organisations (syndicales) pourront légitimement prétendre (en se basant sur la constitution même de l'O.I.T. et sur les principales conventions de l'organisme affirmant la liberté syndicale) à ce qu'il ne soit pas porté atteinte à leurs activités». Le Comité s'empresse toutefois de constater que «la frontière entre ce qui est politique et ce qui est proprement syndical est difficile à tracer avec netteté[6]». Telle paraît donc être la mesure de l'aire de protection offerte par ces conventions protégeant la liberté syndicale eu égard à la nature de l'action syndicale.

Pour ce qui est du droit interne, il paraît impossible d'apporter une réponse unique et de portée générale à la question initiale, en l'absence d'un régime législatif s'appliquant uniformément à l'ensemble des groupements syndicaux[7].

---

4. *Ibid.*, par. 5.

5. Voir en général sur le rôle protecteur du Comité de la liberté syndicale, *supra*, p. 33.

6. *La liberté syndicale*, Recueil de décisions et de principes du Comité de la liberté syndicale, 3e éd., Genève, B.I.T., 1985, p. 74, n° 359. Voir aussi les paragraphes 351 à 358 (et 183 à 186 en ce qui a trait aux publications politiques). D'ailleurs, le Comité n'infère-t-il pas lui-même une certaine connexité essentielle entre l'exercice de la liberté syndicale et l'existence, en général, des libertés civiques usuelles dans les différents pays? Voir *supra*, p. 25.

7. Voir *supra*, pp. 155 et ss. Il en va autrement dans d'autres pays. En France, notamment, l'article L.411-1, modifié par la loi du 28 octobre 1982, exprime ainsi d'une façon générale le principe de la spécialité de l'action syndicale: «Les syndicats professionnels ont exclusivement pour objet l'étude et la défense des droits ainsi que des intérêts matériels et moraux, tant collectifs qu'individuels, des personnes visées par leurs statuts.» De ce libellé, qui constitue un élargissement de la spécialité du syndicat par rapport à ce qu'elle était en vertu de la loi de 1884, «il devrait en résulter la disparition ou du moins un assouplissement très sensible de la distinction maintenue dans des conditions difficiles et incertaines par la jurisprudence entre les préoccupations d'ordre proprement professionnel et syndical et les préoccupations d'ordre politique, dans le sens d'une plus grande autonomie dans la détermination du contenu de leur action par les syndicats». Voir J.-M. Verdier, *Syndicats et droit syndical*, dans: G.-H. Camerlynck (dir.), *Traité de droit du travail*, t. 1, Paris, Dalloz, 1987, pp. 451 et ss, p. 454. En définitive, si l'article L.411-1 du *Code du travail* français ne paraît pas habiliter un syndicat à s'assigner un objectif directement politique, cela n'exclut pas pour autant des démarches et prises de positions politiques, dans la mesure où elles sont liées à la défense des intérêts matériels et moraux confiés aux syndicats (p. 456).

Dans la mesure où la formation syndicale prétendrait agir en vertu d'une loi, la question se poserait précisément en fonction de celle-ci. Constituée en vertu de la *Loi sur les syndicats professionnels*, cette formation, même de niveau fédéral ou confédéral, a ainsi comme fin exclusive, le cas échéant, «l'étude, la défense et le développement des intérêts économiques, sociaux et moraux de (ses) membres[8]». Si cette formulation générale devait éventuellement présenter quelque difficulté, celle-ci résulterait davantage de la référence aux seuls membres de la formation plutôt que de l'emploi des termes «sociaux et moraux» servant à désigner les objectifs exclusifs du groupement et dont la connotation et la généralité permettent de viser l'action civique ou politique[9]. Celle-ci paraît alors *intra vires* du groupement institué par le pouvoir public[10]. En ce qui concerne les pouvoirs que le syndicat, qui jouit ou non de la personnalité morale, exerce couramment en vertu de la loi régissant les rapports collectifs du travail et le statut juridique que lui accorde cette loi, certains actes du syndicat nécessiteront une analyse particulière. Observons néanmoins pour l'instant, d'une part, que si un effet limitatif devait alors découler de la loi, il n'atteindrait, directement du moins, que les groupements locaux, à l'exclusion des instances plus vastes qui les regroupent et dans lesquelles tend à se situer primordialement l'action politique syndicale. D'autre part, abstraction faite des solutions particulières auxquelles elles donnent ultimement lieu, les espèces jurisprudentielles pertinentes et contemporaines acceptent, comme situation de départ du moins, la normalité d'une action syndicale à caractère politique[11].

---

8. *Loi sur les syndicats professionnels*, L.R.Q., c. S-40, art. 6. Ainsi cette disposition s'applique-t-elle, par exemple, à la C.S.D.: *Loi modifiant de nouveau la Loi des syndicats professionnels et d'autres dispositions législatives*, L.Q. 1972, c. 63, art. 3. Voir *supra*, p. 120.

9. La jurisprudence ne semble pas avoir eu l'occasion de préciser la portée de cette disposition. Elle est plus large, faut-il observer, que celle qui découle de la loi française des 21 et 22 mars 1882, dont elle s'inspirait par ailleurs à différents autres égards (voir *supra*, p. 117) et qui disposait, à l'article 3 que «les syndicats professionnels ont exclusivement pour objet l'étude et la défense des intérêts économiques, industriels, commerciaux et agricoles». Sur l'artificialité de la distinction jurisprudentielle entre les buts professionnels et les fins politiques à laquelle avait donné lieu cette dernière formulation, voir J.-M. Verdier, *op. cit.*, *supra*, n. 7, p. 452.

10. Comparer avec la solution opposée en Angleterre au regard du *Trade Union Act* de 1871 et dans l'optique judiciaire du début du siècle: *Amalgamated Society of Railway Servants* v. *Osborne*, (1910) A.C. 87, en particulier pp. 94 et 97. Voir cependant une attitude inverse de la part de la High Court de l'Australie, à partir du *Conciliation and Arbitration Act* de ce pays: *Williams* v. *Hursey*, (1959) 103 C.L.R. 30. Voir Lord Wedderburn, *The Worker and the Law*, 3ᵉ éd., Harmondsworth, Penguin Books, 1986, pp. 748 et 759.

11. Dans *Oil, Chemical and Atomic Workers International Union, local 16-601 c. Imperial Oil Ltd.*, (1963) R.C.S. 584, p. 594, au sujet de la loi en cause régissant les rapports collectifs du travail, le juge Martland énonçait: «it does not prevent a trade union from engaging in political activities». Voir aussi pp. 604 (juge Hudson) et 608 (juge Ritchie). Voir aussi, plus directement, *Lavigne* v. *O.P.S.E.U.*,

Si, à l'inverse, le groupement syndical, ou son action, ne procède d'aucune loi – on songera ici en particulier soit à un ensemble syndical ramifié ne jouissant pas de la personnalité juridique entière en vertu d'une loi, soit à une fédération ou une centrale syndicale dans la même situation –, la perspective contractuelle, du moins selon certains éléments du droit positif actuel, a-t-on vu[12], peut s'imposer comme cadre d'analyse de la présente question, dans la mesure où elle serait soulevée à l'occasion d'un conflit interne[13]. Or, l'accord constitutif du groupement permettra, le plus souvent sans difficulté en raison de son caractère explicite, d'englober l'activité à caractère politique ou civique dans le champ d'action envisagé pour celui-ci. En effet, diverses constitutions de mouvements syndicaux font montre de larges préoccupations en ce sens, tant dans le cas de centrales syndicales[14] que dans celui de syndicats ramifiés[15]. Des constitutions syndicales peuvent au contraire

---

(1989) 67 O.R. 536, p. 566 (Cour d'appel de l'Ontario) – voir Addenda, par. 6. Voir *infra*, p. 378.

12. Voir *supra*, pp. 114 et 155.

13. Lord Wedderburn, *op. cit., supra*, n. 10, pp. 748 et 759.

14. Ainsi, les *Statuts du Congrès du travail du Canada*, édition révisée, mai 1988, art. II, énoncent, entre autres, les objectifs de la centrale qui suivent:

Section 5. Obtenir des lois propres à sauvegarder les droits des travailleurs et travailleuses et à favoriser le principe de la libre négociation collective, ainsi que la sécurité et le bien-être de tous.

Section 6. Protéger et renforcer nos institutions démocratiques; obtenir la pleine reconnaissance et la pleine jouissance des droits et libertés auxquelles nous avons droit; préserver et perpétuer les traditions chères à notre démocratie.

Section 7. Promouvoir la cause de la paix et de la liberté dans le monde; aider les mouvements ouvriers libres et démocratiques à travers le monde et travailler en collaboration avec eux.

Section 13. Tout en protégeant le mouvement ouvrier contre toute domination politique, encourager les travailleurs et travailleuses à voter, à exercer tous leurs droits, à s'acquitter de tous leurs devoirs de citoyens et citoyennes et à remplir le rôle qui leur revient dans les domaines de la politique fédérale, régionale et municipale.

Les *Statuts amendés, 1984, de la Fédération des travailleurs du Québec* comportent de semblables engagements, notamment celui de «travailler à instaurer au Québec un régime de justice sociale, de dignité de l'individu et de liberté démocratique» (ch. II, art. 4, par. f)).

15. Par exemple, les *Statuts et règlements du Syndicat national des travailleurs et travailleuses de l'automobile, de l'aérospatiale et de l'outillage agricole du Canada*, 1988, ch. 2 énoncent notamment les objectifs suivants:

Article 4. Enseigner à nos membres l'histoire du mouvement syndical, son rôle dans le progrès social et ses répercussions sur la communauté; aider nos membres à être éveillés et vigilants aux événements dans le monde qui affectent les travailleurs; pousser les membres à s'engager dans l'action politique dans le but de promouvoir les idées et les candidats qui favorisent les droits des travailleurs; travailler à obtenir des lois à tous les niveaux de gouvernement qui permettront aux faibles et aux démunis d'avoir une vie meilleure, ce qui comprend des régimes de retraite publics adéquats, des soins médicaux universels gratuits, un revenu annuel garanti et des services adéquats aux individus.

Article 5. Se consacrer aux activités législatives, politiques, éducatives, civiques, sociales et autres qui contribuent directement ou indirectement à servir les inté-

exclure expressément certains types d'activité politique de l'aire d'action convenue du groupement[16]. C'est alors une limite institutionnelle d'ordre contractuel selon le droit positif actuel qui s'impose à ce groupement.

En fait, les groupements syndicaux s'engagent dans des formes d'action dites de «transformation sociale[17]». Ils le font de manière directe, c'est-à-dire eux-mêmes (chapitre I). Ils peuvent aussi vouloir favoriser l'atteinte d'objectifs civiques ou politiques de longue portée non pas directement mais en apportant leur soutien à des mouvements qui leur sont distincts, en particulier des formations politiques (chapitre II).

---

rêts collectifs des membres de la présente organisation dans le contexte d'une amélioration générale des conditions économiques et sociales au Canada et, d'une façon générale, dans tous les pays du monde.

De même, les *Statuts du Syndicat canadien des travailleurs du papier (C.T.C.)*, 1986, après avoir énoncé dans un préambule la volonté de ses fondateurs de «combattr(e) résolument les forces qui cherchent à saper les institutions démocratiques de notre pays», incluent dans le but du syndicat (art. II, section 1, par. f)) le fait «de s'occuper d'action politique et d'assurer l'adoption de lois favorables aux travailleurs ainsi que d'obtenir la défaite et l'abrogation des lois qui sont contraires à leurs intérêts».

16. Ainsi, l'article 1 des *Règlements de la Centrale des syndicats démocratiques*, 1987, proclame (voir *supra*, p. 235) que celle-ci «est et demeure libre de toute attache politique». Voir aussi l'article 1 des *Règlements des Syndicats démocratiques* et, de façon correspondante, l'article 1.07 du document intitulé *Constitution et règlements de la Fédération démocratique de la métallurgie, des mines et des produits chimiques (C.S.D.)* qui dispose: «La fédération ne peut s'affilier comme corps, à un parti politique fédéral, provincial ou municipal, mais elle peut prendre parti pour ou contre des mesures, des doctrines ou des lois qui affecteraient les intérêts professionnels de ses membres.»

17. Voir *supra*, pp. 225 et ss.

ACTION POLITIQUE DIRECTE

Contrairement à ce qui se passe sur le plan des rapports du travail, le contexte de l'action syndicale de nature civique ou politique dans les sociétés canadienne et québécoise conduit à une dimension participative (section I) plus importante que ne le sont ses manifestations conflictuelles (section II).

SECTION I

ACTION POLITIQUE PARTICIPATIVE

La Recommandation (n° 113) de l'O.I.T., qui cherche à promouvoir au niveau national la consultation et la collaboration entre les autorités publiques et les organisations d'employeurs et de travailleurs, atteint également le plan des préoccupations civiques ou politiques, puisqu'elle énonce que cette consultation et cette collaboration devraient, entre autres, avoir pour objectif de «développer l'économie en général et (...) d'élever les niveaux de vie[1]».

Lorsqu'elles sont accentuées et soutenues, de telles pratiques de consultation et de collaboration entre différents éléments de la société, notamment le monde syndical et le patronat, d'une part, et le gouvernement, d'autre part, s'identifient au phénomène de la «concertation sociale», du moins si l'on prête à cette dernière expression un contenu souple et compatible avec la relative décentralisation économique et sociale qui existe au Canada. Une pratique de concertation sociale «peut donc déborder largement les seules questions qui relèvent

---

1. *Recommandation concernant la consultation et la collaboration entre les autorités publiques et les organisations d'employeurs et de travailleurs aux échelons industriel et national*, art. 4.

du champ des relations du travail[2]». Portant sur des sujets ou des objets tantôt particuliers, tantôt de nature plus englobante, la concertation sociale, dont le résultat ne lie pas l'État, du moins formellement, est de nature à conduire – au-delà de la simple consultation qu'elle inclut et si elle est toujours aussi largement définie – à des prises de décision par consensus, sinon toujours dans l'immédiat, du moins à plus long terme.

La concertation peut avoir cours, avons-nous vu, aussi bien à l'intérieur d'organismes structurés et durables – ce qui tendra d'ailleurs à être le cas si son objet est particulier – qu'en l'absence de telles structures bien établies. Ces dernières situations, elles-mêmes sporadiques ou régulières, n'en sont pas moins significatives[3]. Songeons en particulier à la *Loi instituant la Commission politique et constitutionnelle du Québec*, chargée, en septembre 1990, de formuler des recommandations quant au statut politique et constitutionnel du Québec et dont la composition, outre ses 2 présidents, 16 députés de l'Assemblée nationale et 3 députés de la Chambre des communes doit comprendre 12 autres personnes, dont «quatre personnes du milieu syndical» nommées sur proposition du premier ministre après consultation du chef de l'opposition officielle[4]. Malgré toute la signification politique de cette concertation qui, sur le plan fédéral également[5], peut avoir cours à l'extérieur d'un cadre légal précis, elle demeure un phénomène étranger à l'analyse juridique, sinon pour ce qui est de certains de ses résultats possibles, du moins en ce qui a trait au processus lui-même. Aussi nous en tiendrons-nous aux formes juridiquement structurées de concertation présentes tant dans le cadre québécois (A.) que dans l'ordre juridique fédéral (B.).

---

2. Voir notamment G. von Potobsky, «Évolution et aspects conceptuels de la concertation sociale», (1987) 12 *Travail et société* 505, p. 512. En somme, on peut dire de la concertation sociale «qu'elle est un processus par lequel patronat, syndicats et gouvernement, à partir d'un même constat sur la fragilité de la situation socio-économique, sur la nature des problèmes majeurs affectant le développement économique et social, cherchent à obtenir un consensus sur les moyens à prendre à court et à moyen terme pour remédier à la situation»: G. Laflamme, «La concertation: nature, questions et conditions», (1987) 12 *Travail et société*, 519, pp. 521 et 522.

3. Voir *supra*, p. 240. Songeons, par exemple, aux trois grands «sommets économiques» organisés par le gouvernement québécois en 1977, 1979 et 1985 et qui ont «abordé l'ensemble des problèmes socio-économiques du Québec». Voir P. Fournier, *La concertation au Québec – Étude de cas et perspectives*, Étude pour la Commission consultative sur le travail et la révision du *Code du travail*, Québec, Les Publications du Québec, 1984, p. 20.

4. *Loi instituant la Commission sur l'avenir politique et constitutionnel du Québec*, L.Q. 1990, c. 34.

5. Voir *supra*, n. 42, p. 237.

A. Cadre québécois

Dans l'ordre québécois, il convient de signaler au départ la participation syndicale qui s'insère dans différents organismes de concertation régionale établis dans les 16 régions économiques de la province grâce à l'initiative privée des principaux acteurs socio-économiques de chacune de celles-ci. Souvent connus sous le nom de «conseil régional de concertation et de développement», ces organismes sont en fait des corporations sans but lucratif établies en vertu de la partie III de la *Loi sur les compagnies*[6]. Ils ont notamment pour but d'assurer la promotion et la défense des intérêts de la région par une concertation structurée avec les autres régions et les gouvernements ainsi que de définir les perspectives de développement de la région et la stratégie correspondante. En somme, l'organisme canalise les aspirations régionales à partir du consensus des différents agents sectoriels qui y travaillent. En particulier, il organise, avec le concours du gouvernement du Québec, une conférence annuelle régionale portant sur les priorités de la région[7]. Or, les membres du conseil régional de développement (C.R.D.) forment différentes catégories qui représentent autant de milieux, dont le milieu syndical présent dans la région[8]. Les sièges du conseil d'administration se répartissent entre ces différents milieux, selon des proportions définies dans les statuts du C.R.D.[9].

---

6. *Loi sur les compagnies*, L.R.Q., c. C-38, art. 216 et ss.

7. Voir, à titre illustratif, l'article 5 des *Statuts et règlements du Conseil régional de développement de la région de Québec*. Les conseils régionaux bénéficient du soutien de l'Office de planification et de développement du Québec dans la poursuite de leurs activités. Cet organisme, mandataire du gouvernement, planifie et coordonne l'action de ce dernier en région. Sa loi constitutive, la *Loi sur l'Office de planification et de développement du Québec*, L.R.Q., c. O-3, prévoit que ses membres sont nommés par le gouvernement après consultation de la Commission interministérielle de planification (art. 6), donc sans référence obligée à des milieux particuliers. Elle établit par ailleurs un organisme consultatif, le Conseil de planification et de développement du Québec, pour donner des avis à l'Office (art. 10). L'article 6 du *Règlement sur le Conseil de planification et de développement du Québec*, L.R.Q., c. O-3, p. 2, prévoyait notamment la consultation de certaines centrales syndicales pour ce qui est de la désignation de trois de ses membres. Le Conseil n'existe toutefois plus, et l'article 6 de la loi, qui demeure, est inopérant pour l'instant.

8. Parmi les autres milieux, signalons le municipal, celui de l'éducation et de la recherche, le milieu de l'entreprise et de la finance de même que le milieu coopératif.

9. Ainsi, pour ce qui est du Conseil de la région de Québec, le milieu syndical a droit à 6 des 41 sièges du conseil d'administration, ce qui se rapproche de la moyenne provinciale (7 sur 45). Par ailleurs, au sein du Conseil régional de concertation et de développement du Saguenay–Lac-Saint-Jean–Chibougamau–Chapais, un même nombre de 6 sièges se répartissait entre différentes centrales syndicales de salariés (C.S.N., F.T.Q. et Fédération des syndicats du secteur aluminium inc.) et de producteurs forestiers ou agricoles indépendants.

Les forums étatiques de concertation au Québec associent la participation syndicale, selon des degrés variables d'importance et d'intensité, à des missions de divers ordres. Celles-ci paraissent nettement à prédominance sociale, le seul organisme à vocation proprement économique qui prévoit une présence syndicale étant la Caisse de dépôt et placement du Québec. En l'occurrence, l'un des neuf membres de son conseil d'administration nommés par le gouvernement doit être choisi «parmi les représentants des associations de salariés[10]».

Souvent, l'organisme exerce essentiellement une fonction consultative auprès du ministre responsable de la mise en œuvre de la loi l'établissant. Son champ d'action se définit en fonction d'une préoccupation sociale énoncée dans celle-ci. Cette préoccupation est, selon la loi en cause, relative à la situation de la langue française au Québec[11], au champ des affaires sociales, du moins en ce qui a trait aux questions relatives à la santé, aux services sociaux, à l'aide et aux assurances sociales[12], à l'égalité, au respect des droits et au statut de la femme[13] de même qu'aux communautés culturelles et à l'immigration[14]. D'autres organismes veillent plus directement à la coordination de services à certaines catégories de personnes, en l'occurrence celles qui sont handicapées[15] et l'enfance, du moins en ce qui concerne les services de garde[16].

---

10. *Loi sur la Caisse de dépôt et placement*, L.R.Q., c. C-2, art. 5. L'organisme est dépositaire notamment des contributions à différents régimes étatiques de rentes. Présentement, le président de la F.T.Q. occupe le siège dont il est question.

11. Le Conseil de la langue française institué en vertu de la *Charte de la langue française*, L.R.Q., c. C-11, se compose de 12 membres nommés par le gouvernement, dont «deux personnes choisies après consultation des organismes syndicaux représentatifs» (art. 187 c)).

12. Le Conseil des affaires sociales créé par la *Loi sur le Conseil des affaires sociales*, L.R.Q., c. C-57, comprend notamment 16 membres ayant droit de vote, nommés par le gouvernement, dont «deux personnes choisies parmi celles qui sont recommandées par les organismes syndicaux» (art. 7).

13. *La Loi sur le Conseil du statut de la femme*, L.R.Q., c. C-59, établit le Conseil du statut de la femme, dont 2 des 11 membres nommés par le gouvernement sont des personnes «choisies parmi celles qui sont recommandées par les organismes syndicaux» (art. 7).

14. Selon l'article 5 de la *Loi sur le Conseil des communautés culturelles et de l'immigration*, L.R.Q., c. C-57.2, 6 des 15 membres de ce conseil nommés par le gouvernement le sont «après avoir sollicité l'avis du milieu des affaires, du travail et de l'éducation et des organismes, associations et groupes œuvrant à l'accueil et à l'adaptation des immigrés».

15. Il s'agit de l'Office des personnes handicapées du Québec, créé par la *Loi assurant l'exercice des droits des personnes handicapées*, L.R.Q., c. E-20.1; un de ses 14 membres est nommé par le gouvernement «après consultation des organismes les plus représentatifs des associations de salariés» (art. 6 c)).

16. L'Office des services de garde à l'enfance, établi par la *Loi sur les services de garde à l'enfance*, L.R.Q., c. S-4.1, comprend 17 membres, dont 13 sont nommés par le gouvernement. L'un de ces derniers «est choisi parmi les travailleurs qui, au moment de leur nomination, sont des parents d'enfants qui reçoivent des ser-

D'autres, enfin, administrent d'importants régimes de prévoyance sociale à l'intention de l'ensemble de la population : la Régie de l'assurance-maladie du Québec[17] et la Régie des rentes du Québec[18].

Toujours sur ce large plan social, certains autres organismes se rattachant plus particulièrement au monde de l'enseignement et à celui de la recherche scientifique ont une composition permettant de faire place à une participation syndicale, bien que leur loi constitutive n'impose aucune obligation en ce sens de façon stricte. Il s'agit d'abord de deux conseils ayant principalement pour fonction de donner des avis au ministre de l'Enseignement supérieur et de la Science, dans un cas, sur les besoins de l'enseignement supérieur et de la recherche universitaire et sur les mesures à prendre pour les combler[19] et, dans l'autre, sur ceux de l'enseignement collégial[20]. On trouve également le Conseil de la science et de la technologie, chargé de conseiller ce même ministre sur l'ensemble du développement scientifique et technologique du Québec[21].

Le précédent ensemble législatif se refuse à toute véritable tentative de systématisation en ce qui a trait à la participation syndicale. Il demeure néanmoins possible d'en dégager certains traits. En premier lieu, les organismes en cause, à dominante nettement consultative, laissent voir une composition liée à une pluralité de milieux socio-économiques. Par rapport à l'ensemble de ceux-ci, les milieux syndicaux ne se rattachent qu'à une proportion plutôt minime des membres qui composent ces différents organismes. Ils ne le sont, au surplus, que

---

vices de garde en garderie, en jardin d'enfants, en milieu familial ou en milieu scolaire, après consultation des associations syndicales représentatives des travailleurs» (art. 49, 4e).

17. *Loi sur la Régie de l'assurance-maladie du Québec*, L.R.Q., c. R-5. Parmi les 14 membres de la Régie, 2 sont nommés «après consultation des organismes les plus représentatifs du monde du travail» (art. 7).

18. *Loi sur le Régime de rentes du Québec*, L.R.Q., c. R-9. En ce qui concerne la Régie des rentes du Québec, 2 de ses 11 membres sont nommés «après consultation des organismes les plus représentatifs du monde du travail» (art. 14).

19. *Loi sur le Conseil des universités*, L.R.Q., c. C-58, art. 2. Le Conseil des universités se compose de 17 personnes nommées par le gouvernement, dont 4 le sont «après consultation des associations les plus représentatives du monde des affaires et du travail» (art. 5). La généralité de l'énoncé ne permet donc manifestement pas de conclure à la nécessité d'une présence de membres des milieux syndicaux.

20. Il en est de même pour le Conseil des collèges où 3 des 15 membres nommés par le gouvernement doivent l'être «après consultation des associations les plus représentatives du monde des affaires, du travail et de la coopération» : *Loi sur le Conseil des collèges*, L.R.Q., c. C-57.1, art. 2.

21. *Loi favorisant le développement scientifique et technologique du Québec*, L.R.Q., c. D-9.1. Les 15 membres du Conseil sont nommés par le gouvernement et doivent venir «des milieux de la recherche, de l'enseignement universitaire et collégial, des affaires, du travail, de l'information scientifique ainsi que du secteur public et parapublic» (art. 27).

d'une façon relativement ténue. Il n'incombe habituellement au gouvernement qu'une obligation de consultation à leur endroit. Il n'a donc pas à s'en remettre à leur avis[22]. De ce point de vue, juridiquement du moins, la situation est légèrement différente dans le cas du Conseil des affaires sociales et du Conseil du statut de la femme : la loi limite le pouvoir gouvernemental au choix de personnes «recommandées», c'est-à-dire indiquées par les milieux syndicaux[23]. Enfin, quant à l'identité de ces milieux, le critère légal de sélection est extrêmement variable, constatation qui s'imposait déjà en matière de participation syndicale à finalité professionnelle[24]. Ainsi, dans les lois précédentes, non seulement le législateur se réfère-t-il indifféremment aux «organismes syndicaux représentatifs» ou «des plus représentatifs»[25], mais il semble s'en remettre tout aussi indistinctement, du moins dans l'ensemble de ces situations, à des expressions qui, ne serait-ce de la similitude de l'objectif de participation poursuivi, pourraient donner lieu, si on les envisageait isolément et d'un seul point de vue technique, à des distinctions significatives. Les organismes à consulter sont tantôt des «organismes syndicaux» ou des «organisations syndicales», tantôt – ce qui pourrait avoir un tout autre sens si le contexte était celui de l'accréditation syndicale – des «associations de salariés» également représentatives[26]. Et dans d'autres cas, a-t-on vu, la référence est cette fois plus générale : la consultation obligée est celle du «milieu du tra-

---

22. Mais le processus même de consultation imposé par la loi demeure une condition de validité de la nomination. Voir, même si le contexte était différent : *Place Brulart Inc.* c. *Ministre des Affaires culturelles*, (1975) R.P. 353, p. 356 (C.S.); *MacFarlane* c. *Produits calcaires Bedford Inc.*, C.Q. (Montréal) 500-02-004047-88, 19 avril 1989, J.E. 89-894.

23. En ce sens: J. Bauer, «La représentativité dans l'administration consultative», (1981) 24 *Adm. Pub. Can.* 452, p. 455. La distinction est aussi présente dans R. Dussault et L. Borgeat, *Traité de droit administratif*, 2ᵉ éd., t. III, Québec, P.U.L., 1989, p. 218.

24. Voir *supra*, p. 331.

25. Par voie de comparaison, le droit syndical français établit une nuance entre la qualification superlative et celle qui ne l'est pas, celle-ci étant plus respectueuse de la diversité des tendances syndicales. Voir J.-M. Verdier, *Syndicats et droit syndical*, dans : G.-H. Camerlynck (dir.), *Traité de droit du travail*, 2ᵉ éd., t. 1, Paris, Dalloz, 1987, p. 481.

26. Aux fins du *Code du travail*, une fédération syndicale ou une centrale syndicale se distingue en effet de l'association à laquelle adhèrent directement des salariés. Voir notamment: *Procureur général du Québec* c. *Munn*, (1984) T.T. 131.

Par contre, il a déjà été fait mention de l'accréditation possible, selon les critères légaux objectifs, d'une confédération groupant des syndicats et des fédérations de producteurs agricoles selon la *Loi sur les producteurs agricoles*, L.R.Q., c. P-28. Voir *supra*, p. 102. Une telle accréditation confère notamment à son titulaire le pouvoir de représenter généralement les producteurs agricoles du Québec «auprès des pouvoirs publics, de toute agence, régie, commission ou groupement, chaque fois qu'il est de l'intérêt général des producteurs de le faire». La loi n'associe toutefois pas l'association accréditée à une mission gouvernementale précise.

vail» ou du «monde du travail» ce qui englobe aussi bien les secteurs non syndiqués.

Dans les faits, cette diversité de formulation, jointe à une absence de critères d'évaluation de la représentativité, conduit néanmoins à un résultat somme toute assez uniforme : en effet, les personnes qui, à l'instigation plus ou moins directe de milieux syndicaux, siègent aux organismes précédents s'identifient le plus souvent en cette qualité à des organismes syndicaux de grande envergure plutôt qu'à des syndicats locaux qui seraient par ailleurs, le cas échéant, titulaires de l'accréditation syndicale, selon les Codes du travail. Elles viennent, comme l'illustrent notamment les rapports annuels des organismes gouvernementaux en cause, soit de grands syndicats ramifiés, soit, de façon encore plus typique, de différentes fédérations syndicales ou des principales centrales syndicales présentes au Québec[27].

B. Cadre fédéral

Dans son ensemble, la législation fédérale associe beaucoup plus parcimonieusement que la législation québécoise les milieux syndicaux, au nombre des différents agents socio-économiques, à la poursuite d'objectifs sociétaux. En ce qui a trait aux organismes poursuivant une mission d'ordre politico-sociale, il en est ainsi de la *Loi constituant l'Institut canadien pour la paix et la sécurité mondiales*, organisme ayant essentiellement «pour mission d'accroître la connaissance et la compréhension des questions relatives à la paix et à la sécurité mondiales d'un point de vue canadien, particulièrement en matière de limitation des armements, de défense et de solution des conflits». Elle a recours à une technique originale pour constituer le conseil de l'Institut : le gouvernement en nomme les membres parmi les candidats présentés par les organismes figurant dans une annexe à la loi[28]. Or, au nombre des quelque 180 organismes qui y figurent se trouvent le Congrès du travail du Canada et la Confédération des syndicats nationaux. Par ailleurs, la loi établissant le Centre canadien de lutte contre les toxicomanies permet au conseil de l'organisme de s'adjoindre un certain nombre d'autres administrateurs après consultation «à son appréciation» de différents milieux, dont les «organisations syndicales[29]». Enfin, la *Loi sur la libération conditionnelle* prévoit l'établissement de listes régionales, préparées par le solliciteur général du Canada, sur recommandation du président de la Commission nationale de libération conditionnelle, à partir desquelles ce président peut nommer des commissaires supplémentaires pour siéger aux formations chargées de délibérer quant à

---

27. Voir *supra*, p. 241.
28. *Loi constituant l'Institut canadien pour la paix et la sécurité mondiales*, L.R.C. (1985), c. C-18, art. 4 (mission) et 8 (composition).
29. *Loi sur le Centre canadien de lutte contre les toxicomanies*, L.C. 1988, c. 58, art. 8.

l'octroi de la libération conditionnelle. Or, ces listes comprennent notamment des «membres d'associations professionnelles, patronales, syndicales ou communautaires de la région[30]».

Cependant, par leur absence de référence à des milieux syndicaux, d'autres lois laissent toute discrétion au gouvernement en ce qui a trait à la composition de l'organisme. Il en est ainsi du Comité consultatif du régime des pensions du Canada, chargé d'examiner, entre autres, l'état du fonds de placement du régime ainsi que la suffisance de la couverture et des prestations prévues par la loi; il est composé de représentants des employés, des employeurs, des travailleurs indépendants et du public[31]. De même, la *Loi canadienne sur la protection de l'environnement* prévoit que le ministre de l'Environnement peut, dans l'accomplissement de sa mission, «organiser des conférences regroupant des représentants de différents milieux dont ceux de l'industrie et des travailleurs[32]».

Dans l'ordre économique, la même latitude gouvernementale règne en l'absence de toute référence précise aux milieux syndicaux dans le cas notamment de l'important organisme qu'est le Conseil économique du Canada, organisme de recherche à vocation consultative créé par le Parlement en 1963 et chargé, selon sa loi constitutive, de conseiller le premier ministre et de lui faire des recommandations «sur les moyens qui permettront au Canada d'atteindre les plus hauts niveaux d'emploi et de production possibles et, ainsi, de connaître un taux élevé et soutenu de croissance économique et de faire bénéficier tous les Canadiens de la hausse du niveau de vie[33]». Précisons que l'ampleur du domaine de préoccupation du Conseil doit le porter à considérer tout aussi bien des questions qui portent sur l'ensemble de l'économie – comme l'élaboration de politiques de nature à stimuler sa croissance ou à fortifier la situation économique et financière du Canada à l'échelle internationale – que d'autres qui, tout en se rattachant à ces perspectives d'ensemble, peuvent avoir un effet direct sur les milieux professionnels. De fait, le Conseil est également appelé à «encourager au maximum les consultations et la collaboration entre les travailleurs et les employeurs en vue de la réalisation des objectifs de sa loi constitutive[34]».

---

30. *Loi sur la libération conditionnelle*, L.R.C. (1985), c. P-2, art. 8.
31. *Loi sur le régime de pensions du Canada*, L.R.C. (1985), c. C-8, art. 116.
32. *Loi canadienne sur la protection de l'environnement*, L.C. 1988, c. 22, art. 5(1), par. b). Il en va de même pour le ministre de la Santé nationale et du Bien-être social (art. 9(2)). (La loi permet par ailleurs à ces ministres de constituer des comités consultatifs, mais n'en précise pas la composition (art. 5(1), par. a).)
33. *Loi sur le Conseil économique du Canada*, L.R.C. (1985), c. E-1, art. 9.
34. *Ibid.*, par. i).

Le gouvernement a conservé toute latitude en ce qui a trait à la composition du Conseil ; la loi énonce simplement que ses membres « sont nommés après consultation avec les organismes compétents[35] ». Ainsi, des représentants du Congrès du travail du Canada y ont siégé jusqu'en 1975, soit jusqu'à l'adoption gouvernementale d'un programme de lutte contre l'inflation[36].

De la même façon, un décret qui avait établi en 1987 un Conseil consultatif sur l'adaptation à l'accord commercial entre le Canada et les États-Unis – couramment appelé Accord de libre-échange –, prévoyait simplement que le gouvernement en nommait les membres sans indication de rattachement ni obligation de consultation de milieux socio-économiques[37].

L'intégration de milieux syndicaux à la poursuite d'objectifs sociétaux semble donc relativement plus importante et assurée dans la législation québécoise qu'elle ne l'est dans la législation fédérale.

---

35. *Ibid.*, art. 4. (Cette exigence de consultation ne s'applique pas au président ni aux deux directeurs du Conseil.)
36. Pour un exposé des difficultés du rôle des syndicalistes membres du Conseil par rapport à leur institution d'origine, tant à cette occasion qu'auparavant, voir K.G. Waldie, « L'évolution de la concertation entre les travailleurs et l'État en matière de politique économique », dans: *La coopération ouvrière-patronale*, vol. 15, Études pour la Commission royale sur l'union économique et les perspectives de développement du Canada, Ottawa, Approvisionnements et Services, 1986, p. 181 et pp. 184 et ss. Présentement le Conseil ne comporte pas de membres venant des milieux syndicaux (*Rapport annuel, 1987-1988*, Ottawa, Conseil économique du Canada, 1988).
37. *Décret concernant le Conseil consultatif sur l'adaptation*, C.P. 1987 – 2707. Ce décret avait été établi en vertu de l'article 7 de la *Loi concernant le ministère de l'Expansion industrielle régionale*, S.R.C. 1970, c. 1-11, permettant au gouverneur en conseil « de créer des comités consultatifs » pour conseiller et assister le ministre dans ses fonctions, sans autres indications quant à la composition éventuelle de tels comités (voir maintenant: *Loi concernant le ministère de l'Expansion industrielle régionale*, L.R.C. (1985), c. R-5, art. 12). La même loi permet par ailleurs – ce qui semblerait de toute façon acquis – au ministre dans l'exercice de ses pouvoirs et fonctions de « consulter des représentants patronaux et ouvriers, des autorités provinciales et municipales et d'autres intéressés » (L.R.C. (1985), art. 7, par. b).
Le président de la Fédération canadienne du travail était l'un des cinq membres du Comité, qui ne comptait par ailleurs aucun autre membre se rattachant à d'autres centrales, en particulier le Congrès du travail du Canada. Le Conseil a terminé ses activités en juin 1989.

SECTION II

ACTION POLITIQUE CONFLICTUELLE

Dans le cas de l'action politique conflictuelle, la force de coalition que peut constituer un ensemble syndical serait orientée vers l'atteinte d'un objectif politique. Dans cette perspective, elle pourrait se traduire par une grève politique. Celle-ci se conçoit généralement comme une grève d'envergure, le plus souvent de courte durée, dirigée contre un palier de gouvernement[38]. Elle a pour but de protester contre l'adoption d'une mesure législative ou administrative, plus rarement de se porter à l'appui d'une telle mesure. À l'état pur, du moins, de telles grèves ne se situent pas sur le plan des rapports professionnels. Il en serait ainsi assurément d'une grève à l'appui ou à l'encontre d'une loi étrangère au contexte du travail, par exemple, une journée de grève de protestation contre le rétablissement de la peine de mort au pays[39], ou d'une grève relative au prix des aliments ou d'autres commodités, au pays ou dans l'une de ses régions. Contrairement à d'autres contrées, il n'existe pas à l'heure actuelle de tradition de grève politique au Canada.

Par contre, l'interrelation du social et du politique s'accentuant, des mouvements de grèves que l'on pourrait plus justement qualifier de «mixtes» risquent de se développer. Et comme ils seraient dirigés eux aussi contre le pouvoir public, la dimension politique paraît inextricablement liée à la dimension professionnelle. Par exemple, la grève pourrait alors se présenter comme une mesure de solidarité syndicale d'envergure destinée à protester contre une attitude gouvernementale à l'endroit d'un pays qui poursuit lui-même une politique interne défavorable aux intérêts des travailleurs. Ou encore, la mesure gouvernementale visée pourrait être susceptible de rejaillir plus ou moins directement sur la détermination du régime de travail des salariés en général à l'échelle du pays ou d'une province, selon le cas, ou de groupes relativement importants parmi ceux-ci. L'imposition de balises gouvernementales en matière de salaire qui régissent généralement la négociation collective au Canada a ainsi conduit, dans un passé récent, à des mouvements de protestation d'envergure nationale, notamment

---

38. Le présent texte, relatif à la grève politique, reprend en partie, en l'adaptant et en l'actualisant, un passage correspondant dans: P. Verge, *Le droit de grève, fondements et limites*, Cowansville, Les Éditions Yvon Blais Inc., 1985, pp. 209 et ss.

39. Exemple évoqué par le juge Goodman, dans *Re United Glass and Ceramic Workers of North America and Douglas Ltd.*, (1978) 85 D.L.R. (3d) 119 (Ont. H.Ct.), p. 130.

à une grève plus ou moins généralisée[40]. De tels mouvements sont couramment qualifiés de «politiques», mais cette fois au sens large du terme, en ce que, dirigés contre le pouvoir public, ils poursuivent un objectif qui dépasse l'aire des revendications professionnelles correspondant au régime usuel des rapports du travail en milieu nord-américain. Sous un angle différent, ces mêmes mouvements peuvent néanmoins être dits «professionnels», en ce qu'ils assurent la défense ou l'avancement d'intérêts de cet ordre, pourvu, du moins, que l'on accepte une définition plus souple et plus réaliste même de la finalité professionnelle. En revanche, doivent être exclues du nombre des grèves politiques les grèves dirigées contre l'État-employeur et auxquelles participent ses salariés relativement à leurs propres conditions de travail. Il s'agit là simplement de grèves professionnelles classiques, malgré l'identité de l'employeur. Le terme «grève politique» se prête donc, en contexte canadien du moins, à un usage ambivalent. De manière à respecter un certain usage, nous en retiendrons ici, malgré cette imprécision qu'il comporte, le sens large qui inclut, outre la grève politique au sens strict, la grève «mixte». Qu'en est-il de sa légalité?

La réponse à cette question oblige à tenir compte à la fois des impératifs des lois (A.), de même que, ultimement, des données prééminentes des Chartes garantissant les droits fondamentaux de la personne (B.).

A. De l'existence de restrictions légales

La légalité d'une grève politique doit pouvoir subir l'épreuve aussi bien des lois qui définissent d'une façon générale l'ordre public dans la société (1.) que de celles qui, plus précisément, encadrent les rapports collectifs du travail (2.).

1. Critères généraux de légalité

Au regard du droit criminel, qui définit les exigences générales de l'ordre public au Canada, nous disposons au départ d'une forme potentiellement extrême de grève politique, la grève insurrectionnelle. Un tel mouvement de grève, qui viserait à renverser l'autorité légitime par la force et sans l'autorité des lois, aurait à sa base une conspiration séditieuse[41]. Certains dirigeants d'un tel mouvement pourraient éventuellement, compte tenu de la preuve, être reconnus cou-

---

40. P. Weiler, *Reconcilable Differences – New Directions in Canadian Labour Law*, Toronto, The Carswell Company Limited, 1980, p. 57.
41. *Code criminel*, L.R.C. (1985) c. C-46, art. 59(3) (*C.cr.*) – complot de sédition. La disposition fut appliquée à l'occasion de la grève générale de Winnipeg en 1919. Voir: *The King* v. *Russell*, (1920) 51 D.L.R. 1 (Man. C.A.), et annotation, p. 35; N. Penner (dir.), *Winnipeg 1919: The Strikers' Own History of the Winnipeg General Strike*, Toronto, James, Lewis and Samuel, 1973.

pables de trahison[42]. De semblables situations insurrectionnelles pourraient aussi être l'occasion d'appliquer des dispositions de la loi pénale relative aux attroupements illégaux et aux émeutes[43].

À l'inverse, la poursuite pacifique d'un objectif politique par le moyen d'une grève, hormis ces précédentes situations insurrectionnelles, ne paraît pas contraire aux dispositions du *Code criminel*. En effet, en l'absence de prohibition expresse de la grève politique, le principe de légalité affirmé à l'article 9 du *Code criminel* s'applique simplement, c'est-à-dire la liberté d'action générale dans la société[44].

L'illégalité de la grève politique pacifique au regard d'autres dispositions du *Code criminel* paraît tout aussi éloignée. L'acte collectif ne semble pas ainsi «destiné à restreindre le commerce», puisque la grève fait pression, non pas sur des agents économiques particuliers, mais plutôt sur le pouvoir public. Il ne s'agit donc pas d'un complot illégal pour restreindre le commerce[45].

Quant à l'incidence possible de l'infraction de violation criminelle de contrat[46], il n'est pas acquis, comme pourra le laisser voir l'analyse subséquente, que la participation à la grève représente la violation d'un contrat individuel ou collectif, point de départ de la définition de l'infraction. Mais, même s'il en était ainsi, il n'y aurait de crime ou d'infraction que si la participation à la grève avait engendré l'une ou l'autre des conséquences particulièrement nocives énoncées dans l'article 322 du *Code criminel* (mettre en danger la vie humaine, etc.) et

---

42. *C.cr.*, art. 46(2)a).

43. *C.cr.*, art. 63-69. Par ailleurs, «une situation de crise causée par des menaces envers la sécurité du Canada d'une gravité telle qu'elle constitue une situation de crise nationale» peut conduire à une déclaration d'état d'urgence de la part du gouverneur en conseil et entraîner les conséquences prévues à la partie II de la *Loi sur les mesures d'urgence*, L.C. 1988, c. 29. Voir, à ce sujet, H. Brun et G. Tremblay, *Droit constitutionnel*, 2ᵉ éd., Cowansville, Les Éditions Yvon Blais Inc., 1990, p. 682.

44. Voir aussi la suppression du «complot de common law», en 1985, au paragraphe 2 de l'article 465, *C.cr.* (anciennement l'article 423, par. 2: L.R.C. 1970, c. C-34). Antérieurement, celui-ci consistait notamment à comploter avec quelqu'un en vue d'«accomplir un dessein illicite». Or, la jurisprudence canadienne relative à ce texte exigeait que le dessein poursuivi, pour qu'il soit «illicite» et constitutif de crime, ait fait l'objet d'une prohibition législative, ce qui n'était pas le cas de la grève politique.

45. *C.cr.*, art. 466. Et ce, même si l'exception protégeant les syndicats ouvriers ne jouait pas, ni la réserve énoncée à l'article 467, *C.cr.* Voir à ce sujet l'*obiter* du juge Fauteux dans: *Seafarers' International Union of North America* c. *Stern*, (1961) R.C.S. 682, p. 688; même situation en ce qui a trait à l'application des articles pertinents de la *Loi relative aux enquêtes sur les coalitions*, L.R.C. (1985), c. C-34, art. 4.

46. *C.cr.*, art. 422. La réserve qu'énonce le deuxième paragraphe de la disposition ne paraît applicable qu'à la grève professionnelle à objectif de négociation traditionnelle, à l'exclusion de la grève politique, qui s'en distingue tant par son envergure que par son objectif.

si le gréviste avait des motifs raisonnables de croire que telles seraient les conséquences probables de son acte. Or, l'hypothèse d'une grève générale de durée limitée – la grève politique type – semble peu propice à la réalisation de telles situations.

À partir de l'absence d'incidence négative du *Code criminel* s'affirme donc l'existence générale d'une liberté de grève politique pacifique. Et cette proposition pourrait aussi trouver un appui positif dans l'effet de certaines dispositions prééminentes qui garantissent les libertés d'association et d'expression, dans la mesure de ce qui sera exposé ci-après[47].

L'existence d'un véritable droit de grève politique semble toutefois précaire. En ce qui a trait au salarié gréviste, un tel droit postule, en effet, l'absence de conséquences contractuelles défavorables à son endroit en raison de sa participation à la grève. Cela suppose, si l'on fait abstraction de l'incidence de la législation relative aux rapports collectifs du travail, la réception en droit commun d'une conception poussée de la théorie de la suspension du contrat de travail en raison de la participation à une grève. Certes, la rupture automatique du contrat de travail paraît incompatible avec le caractère collectif de la grève[48]. Mais il paraît difficile d'opposer avec succès ce caractère collectif de la grève à l'inexécution de la prestation individuelle convenue en l'absence d'une affirmation législative d'un entier droit de grève. Quant à l'imposition du maintien du statut de salarié en raison cette fois d'un texte à cet effet dans la législation régissant les rapports collectifs du travail, elle ne pourrait manifestement se réaliser dans le présent cas que si cette loi, dans son ensemble, régissait également la situation de grève politique et ne se confinait pas au contexte des rapports patronaux-syndicaux usuels, et ce, même si la disposition en cause envisagée isolément n'établit aucune distinction quant aux caractéristiques de la grève[49]. Or, dans l'affirmative, l'application de la loi aurait aussi pour conséquence, comme nous le verrons, que la grève politique en question serait, du moins dans bien des cas, illégale au regard des prescriptions de cette même législation. Le maintien statutaire du statut de salarié ne serait alors en réalité qu'un sursis à l'imposition possible

---

47. Voir *infra*, pp. 362 et ss.

48. Il pourrait aussi être fait état de ce que les grévistes n'entendent pas remettre en cause les modalités de leur contrat. L'argument laisse toutefois perplexe en ce qu'il semble favoriser, d'un point de vue contractuel, celui qui lutte sur un plan autre que le plan professionnel par rapport à celui qui voudrait assurer la remise en cause des modalités de son contrat par la grève. Voir X. Blanc-Jouvan, «The Effect of Industrial Action on the Status of the Individual Employee», ch. 4, pp. 175 et ss, dans: B. Aaron et K.W. Wedderburn (dir.), *Industrial Conflict – a Comparative Legal Survey*, London, Longman, 1972, p. 184, n. 2. Voir aussi H. Sinay et J.-C. Javillier, *La grève*, dans: G.-H. Camerlynck (dir.), *Traité de droit du travail*, Paris, Dalloz, 1984, p. 213, n. 23.

49. *C.t.*, art. 110; *C.c.t.*, art. 3(2).

de mesures disciplinaires de la part de l'employeur... Et la situation du salarié au regard d'une convention collective soulève également des difficultés analogues, comme nous le verrons. Enfin, quant au groupement syndical engagé dans la grève politique, le droit civil n'attachera de responsabilité délictuelle à son action, en l'absence d'actes illégaux commis dans le cours de la grève, que si la grève contrevient à une disposition législative, ce qui soulève également le problème de l'incidence possible de l'encadrement législatif des rapports du travail sur un mouvement de cette nature.

2. Incidence de l'encadrement légal des rapports collectifs du travail

Centré sur une conception plutôt spécifique et étroite de l'intérêt professionnel, l'encadrement législatif des rapports du travail ayant cours au Québec paraît *a priori* peu favorable à une grève qui le dépasse dans son orientation et sa finalité[50]. Cela se vérifiera en ce qui a trait à l'aménagement de la négociation collective et à la portée de l'obligation de paix pendant la négociation collective.

Le *Code du travail* du Québec définit la grève à partir du seul énoncé de la cessation concertée du travail par un groupe de salariés, sans allusion à un élément de finalité quelconque[51]. Il diffère en cela de quelques autres lois provinciales[52]. En définissant ainsi de façon «ouverte» la grève[53], il s'apparente à la loi de l'Ontario[54], de même que, verrons-nous ci-après, au *Code canadien du travail*. À l'instar de ce qui s'était produit dans le cas de la grève de solidarité, une définition large et naturelle de la grève, jointe à l'énoncé de l'interdiction de recourir à ce moyen, à moins que ce ne soit sous l'égide d'un syndicat accrédité et que l'on soit parvenu à une certaine étape du processus de négociation collective[55], conduit, du moins d'après le jeu mécanique des textes correspondants, à l'interdiction de la grève politique, au même titre que toute autre grève, durant la période de prohibition générale de la grève ainsi définie. En revanche, la loi ne dresse aucun obstacle devant le recours à la grève politique, dès lors que l'association accréditée, qui

---

50. Voir A. Turcotte, «La grève pour des motifs politiques est-elle légale?», (1979) 39 *R. du B.* 1094.

51. *C.t.*, art. 1 g).

52. Par exemple, le *Labour Relations Code* de l'Alberta, S.A. 1988, c. L-12, qui, à l'article 1, ajoute aux éléments de la définition québécoise l'élément intentionnel suivant: «for the purpose of compelling their employer or an employers' organization to agree to terms or conditions of employment». Dans le même sens, les lois du Manitoba (*The Labour Relations Act*, R.S.M. 1987, c. L-10, art. 1) et de la Nouvelle-Écosse (*Trade Union Act*, S.N.S. 1972, c. 19, art. 1).

53. C. D'Aoust et L. Dubé, *La notion juridique de grève en droit canadien*, Monographie n° 16, Montréal, École de relations industrielles, Université de Montréal, 1983, pp. 50-53.

54. *The Labour Relations Act*, R.S.O. 1980, c. 228, section 1(o).

55. *C.t.*, art. 106.

représente légalement les salariés grévistes, «a acquis» le droit de grève, et pourvu bien entendu qu'il s'agisse d'une grève poursuivie à l'instigation de cette association et que seul l'encadrement général de la grève par le Code soit en cause[56].

Un tel encadrement de la grève politique, dans la mesure où il aurait pour effet d'interdire celle-ci à certaines périodes de la négociation collective représenterait certes une conception poussée des exigences de l'obligation de «paix industrielle», raison d'être de ce régime de négociation. Un jugement du Tribunal du travail relié, il est vrai, à l'application de l'obligation légale de paix pendant la convention collective, ce qui ne modifie toutefois pas substantiellement la problématique, va dans ce sens. Il s'agit en l'occurrence d'un jugement concluant à l'illégalité d'une grève se rattachant à une journée nationale de protestation à l'encontre de l'adoption de mesures anti-inflation adoptées en 1976 par le législateur fédéral[57]. Un jugement de la Divisional Court de l'Ontario rendu à partir d'un contexte analogue est au même effet. Deux des trois juges y concluent au caractère universel de la prohibition légale de grève pendant la convention et, par conséquent, à l'illégalité de la grève de protestation politique durant celle-ci. Quant au troisième juge du banc, il arrive à la même conclusion par un chemin différent: dans l'espèce, il s'agissait d'une grève visée par la prohibition législative en ce qu'elle était indirectement liée à la détermination des conditions de travail par l'employeur, vu les limites apportées par la loi fédérale anti-inflation à l'étendue des hausses salariales qui pouvaient être envisagées dans le cours des négociations collectives[58].

L'application à la grève politique du régime de la grève prévu pour les rapports collectifs du travail est aléatoire dans ses résultats. La légalité de la poursuite de l'objectif politique dépendrait en définitive d'une coïncidence, à savoir la réalisation d'une étape de la négociation collective avec l'employeur, négociation qui lui est étrangère. En effet, l'objet de cette négociation n'est pas en cause dans l'objectif d'une grève politique «pure». Même la grève «mixte», qui poursuit un intérêt professionnel élargi par rapport au domaine usuel de la négociation collective, n'entre pas dans la sphère des rapports collectifs, en ce qu'elle est dirigée non pas contre un employeur mais contre le pouvoir public. Le législateur n'aurait-il pas plutôt entendu n'interdire que la grève professionnelle ayant trait aux rapports collectifs avec un ou des employeurs?

---

56. Voir *supra*, p. 253.
57. *Aubé* c. *Demers*, (1977) T.T. 170. Voir aussi des énoncés dans le même sens dans: *Cité de Beaconsfield* c. *Syndicat canadien de la fonction publique, section locale 1799*, (1977) S.A.G. 1076, p. 1085 (arbitrage).
58. *Re United Glass and Ceramic Workers of North America and Domglas Ltd.*, (1978) 85 D.L.R. (3d) 118. Voir le raisonnement du juge Goodman, p. 129.

Une lecture d'ensemble du *Code du travail* pourrait conduire au résultat suivant: ce dernier constitue une loi axée exclusivement sur l'aménagement de la négociation collective et son application. L'application du régime de la grève restreindrait alors l'action collective entreprise dans la perspective des rapports professionnels ainsi compris. Elle ne s'étendrait pas à l'action politique collective des salariés sous l'égide ou non des syndicats qui peuvent les représenter par ailleurs aux fins de la négociation collective[59]. D'ailleurs, la rédaction des dispositions du Code établissant le régime de la grève légale semblent bien n'envisager que la grève à finalité professionnelle restreinte au régime collectif de travail. Le délai pendant lequel la grève est interdite expire à compter d'une période qui débute elle-même par la réception, par le ministre du Travail, de la copie d'un avis de négociation[60]. Durant cette période, il est interdit à l'employeur de modifier les conditions de travail des salariés[61]. La période subséquente de légalité de la grève prendra fin par le renvoi du différend à l'arbitrage ou par la conclusion d'une convention collective[62]. On pourrait aussi faire état de l'exigence d'un vote de grève parmi les membres du syndicat compris dans l'«unité de négociation», puisque cette exigence ne se présente pas strictement comme une condition d'«acquisition du droit de grève» par le syndicat accrédité[63]. En somme, tant le libellé particulier du régime de légalité de la grève établi par le *Code du travail* que le contexte et l'objet d'ensemble de cette législation indiqueraient la volonté du législateur de limiter l'application de ce régime sur le seul plan des grèves dirigées contre l'employeur. Les restrictions qu'il contient ne s'appliqueraient pas ainsi à la grève politique. Malgré les jugements précités à l'effet contraire, une telle conclusion nous semblerait davantage conforme aux visées d'ensemble du législateur.

Le *Code canadien du travail* soulève une problématique analogue, puisqu'il renferme, à l'instar de la législation québécoise correspondante, une définition «ouverte» de la grève[64]. Envisagée isolément, cette définition est générale dans sa portée en ce qu'elle ne limite aucunement la grève en fonction d'un objectif particulier et qu'en outre elle pose que ce terme non seulement «signifie» (comme à l'article 1 du Code québécois) mais «s'entend» (version anglaise: «*includes*») de ce que l'on énonce dans le texte de la définition. Cela laisse bien voir que,

---

59. Voir par analogie, car il ne s'agissait aucunement d'une grève politique dans l'espèce, la difficulté d'insérer dans l'encadrement légal de la grève certaines abstentions concertées du travail, même liées au contexte du travail: *Progress Brand Clothes Inc.* c. *Ledoux*, (1978) T.T. 104, pp. 108 et 109.
60. *C.t.*, art. 58.
61. *Ibid.*, art. 59.
62. *Ibid.*, art. 58.
63. *Ibid.*, art. 20.
64. *C.c.t.*, art. 3. Voir en ce sens: *Association internationale des débardeurs, section locale 273* c. *Association des employeurs maritimes*, (1979) 1 R.C.S. 120.

de toute façon, ce libellé n'est pas limitatif[65]. Le Conseil canadien ne semble pas avoir eu l'occasion de disposer de la question de l'extension à la grève politique du régime de la grève découlant de la loi qui justifie son intervention[66]. Tout comme dans le cas de la loi québécoise, l'application littérale des dispositions du Code canadien semble conduire inexorablement à l'assujettissement de la grève politique au régime légal de la grève. Toutefois, ici également, une conclusion contraire, et qui serait plus justifiée nous semble-t-il, découlerait de la considération de la spécificité de l'objet d'ensemble du Code, à savoir le domaine des rapports du travail liés à la négociation collective traditionnelle[67].

L'obligation de paix qui, en principe, règne durant la convention collective[68] ferait-elle enfin obstacle à la légalité d'une grève politique? Examinons successivement l'interdiction légale de grève pendant la convention, puis l'engagement possible de la part du syndicat signataire d'une convention et selon lequel on n'aura pas recours à ce geste pendant cette même convention.

L'interdiction légale, en principe, de recourir à la grève pendant la convention collective formulée par le *Code du travail* du Québec et par le *Code canadien du travail*[69] soulève en des termes identiques la problématique précédente exposée à l'occasion de l'examen de l'effet de la réglementation du processus de la négociation collective par ces lois. Nous avons d'ailleurs noté à cette occasion un jugement du Tribunal du travail énonçant l'illégalité de la grève politique en cours de convention en raison de la considération littérale de la définition «ouverte» de la grève du Code et de l'énoncé de la prohibition légale de toute grève pendant la convention[70].

Indépendamment de l'effet de l'obligation légale précédente, certaines conventions garantissent à l'employeur qu'il n'y aura pas de grève pendant la convention. La portée précise d'une telle disposition se mesure évidemment, dans chaque cas, à partir des termes utilisés. Dans l'hypothèse où ils sont absolus, le syndicat se porte fort pour ses

---

65. Voir en ce sens, par rapport à la loi de la Nouvelle-Écosse, qui utilise également «*includes*»: *Re Robb Engineering and United Steelworkers of America, local 4122*, (1978) 86 D.L.R. (3d) 307, p. 309 (N.S. Supreme Ct., Appeal Division).

66. J.E. Dorsey, *Canada Labour Relations Board*, Toronto, Carswell, 1983, p. 186. (Dans *Cyprus Anvil Mining Corporation* et *Métallurgistes unis d'Amérique, section locale 1051*, (1976) 15 d.i. 194, il s'agissait de la légalité d'une grève professionnelle classique dirigée contre un employeur, compte tenu de l'effet de la loi anti-inflation sur la validité d'une convention collective.)

67. Voir en ce sens l'opinion exprimée par l'un des membres du banc dans: *British Columbia Telephone Company* et *Syndicat des travailleurs en télécommunications*, (1980) 40 d.i. 163, pp. 167-176. (Dans l'espèce, toutefois, il ne s'agissait pas d'une grève politique.)

68. Voir *supra*, p. 254.

69. *C.t.*, art. 107; *C.c.t.*, art. 89(1)b)(ii).

70. *Aubé* c. *Demers, supra*, n. 57.

membres, en contrepartie des avantages qu'il tire lui-même de la convention collective, de ce qu'il y aura absence totale d'arrêts de travail – grève syndicale et même grève sauvage de la part des salariés qu'il représente – sans plus. L'avantage ainsi consenti à l'employeur semble bien s'étendre notamment à l'assurance qu'il n'y aura pas de grève politique, même si on ne l'a pas expressément énoncé. Des jugements rendus dans d'autres provinces ont maintenu des sentences arbitrales rendues en ce sens[71]. La singularité de l'engagement conventionnel rendrait plus difficile ici de prétendre le restreindre à la grève reliée au contexte des relations professionnelles entre l'employeur et ses salariés. En revanche, peut-être serait-il possible de prétendre que, si généraux que soient les termes de cet engagement, ils ne peuvent eux-mêmes dépasser le cadre de la loi en vertu de laquelle la convention a été conclue et que ce cadre se confine lui-même, selon la thèse mise de l'avant précédemment, aux rapports professionnels usuels, à l'exclusion de l'action politique.

B. Légitimité d'éventuelles restrictions au regard des libertés fondamentales

En dépit d'arguments contraires qui nous sembleraient prépondérants, s'il y a cependant lieu de conclure à l'illégalité de la grève à finalité politique à un certain stade des négociations collectives, de même que, par l'effet de la loi, durant la convention collective, il reste à s'interroger sur la légitimité de telles restrictions à la lumière des normes prééminentes.

Les restrictions que peut ainsi connaître la grève politique touchent potentiellement aux deux libertés fondamentales suivantes énoncées à l'article 2 de la Charte constitutionnelle : la liberté d'association (1) et la liberté d'expression (2)[72].

1. Liberté d'association

En 1987, le refus de la Cour suprême du Canada d'inclure dans la compréhension de la liberté d'association garantie par l'article 2 d) de la Charte constitutionnelle le droit de grève – du moins ce droit plein et entier à l'endroit de l'employeur résultant des lois con-

---

71. *Re Robb Engineering and United Steelworkers of America, local 4122, supra*, n. 65; *Re Inco Ltd. and United Steelworkers of America, local 6166*, (1978) 86 D.L.R. (3d) 407 (Man. C.A.).

72. Même situation pour ce qui est de l'affirmation de ces deux libertés à l'article 3 de la *Charte des droits et libertés de la personne*, L.R.Q., c. C-12 (*C.d.l.p.*). (Dans ce cas, elles sont également opposables à une restriction conventionnelle de la grève.)

temporaines sur le travail – s'applique-t-il indistinctement à la grève politique[73] ?

Cette question porte sur une situation qui se distingue à certains égards de celles qui étaient visées par les différentes questions que soulevaient les renvois à l'origine de la «trilogie» de 1987. Les restrictions législatives dont il s'agissait alors visaient en effet, primordialement du moins, la grève se situant dans le cours usuel de la négociation collective. Malgré cette divergence dans l'ordre des faits essentiels, tentons d'apprécier maintenant l'incidence et la pertinence de l'argumentation utilisée par la Cour en ce qui a trait à la restriction législative de la grève politique.

Si l'argumentation majoritaire reposait sur le raisonnement voulant que la liberté d'association protégée par la Constitution se restreigne à la faculté de poser collectivement des gestes qu'un individu seul peut poser[74], la conclusion négative de la Cour suprême s'imposerait manifestement à toute grève, quelle que soit sa finalité, puisqu'il s'agit, par définition, d'une action concertée d'individus. Mais l'exégèse des notes représentatives des vues majoritaires[75] ne permet pas de conclure, du moins péremptoirement, au fait que cette argumentation ait été retenue dans celles-ci[76]. La conclusion négative à laquelle arrivent ces juges semble plutôt procéder exclusivement du fait que les droits en cause, c'est-à-dire «les droits contemporains de négocier collectivement et de faire la grève», sont issus d'une intervention législative récente dans un domaine où doit exister un délicat équilibre que les tribunaux n'ont pas vocation d'assurer[77]. Or, une telle argumentation, à supposer qu'elle ait été aussi déterminante, rejoint mal la grève poli-

---

73. Sur les trois arrêts de la «trilogie» de 1987, dont *Re Public Service Employee Relations Act*, (1987) 1 R.C.S. 313, voir *supra*, p. 34. (Selon toute vraisemblance, la Cour aurait alors conclu semblablement à cet égard s'il s'était agi de l'affirmation de la liberté d'association à l'article 3, *C.d.l.p.*)

74. Il s'agit là, rappelons-le, de la conclusion du juge McIntyre dans *Re Public Service Employee Relations Act*, *ibid.*, p. 397.

75. Ce sont les notes laconiques du juge Le Dain, auxquelles souscrivaient les juges Beetz et LaForest, *ibid.*, p. 390.

76. Le juge Le Dain, dans le premier paragraphe de ses notes, *ibid.*, se réfère bien à l'énoncé complet «de l'historique, des questions en litige, de la doctrine, de la jurisprudence ainsi que des facteurs pertinents en l'espèce» contenu dans les notes du juge McIntyre, dont il partage la conclusion; cela ne l'empêche toutefois pas, immédiatement après, de «(tenir) à indiquer, même si ce n'est que brièvement, les considérations générales qui (l')ont amené à tirer cette conclusion».

77. *Ibid.*, p. 391:

Les droits au sujet desquels on réclame la protection de la Constitution, savoir les droits contemporains de négocier collectivement et de faire la grève, qui comportent pour l'employeur des responsabilités et des obligations corrélatives, ne sont pas des droits fondamentaux. Ce sont des créations de la loi qui mettent en jeu un équilibre entre des intérêts opposés dans un domaine qui, les tribunaux l'ont reconnu, exige une compétence spéciale.

tique. Bien que cette dernière puisse, comme dans le cas d'une grève à finalité mixte, se rattacher sans difficulté à la poursuite d'objectifs proprement syndicaux ou, *a fortiori*, qu'elle paraisse s'en éloigner[78], du moins au regard des conventions internationales de travail, comme dans le cas d'une grève strictement politique, elle n'est pas reliée au phénomène de la négociation collective dont traite la législation du travail. Par conséquent, ce n'est pas le droit de grève établi par cette législation qui est en cause, mais bien plutôt la liberté de faire la grève pour assurer la poursuite d'un objectif qui se distingue essentiellement de celui de la négociation collective et de la législation qui l'encadre et en fait la promotion. On ne saurait donc conclure que la position majoritaire de la Cour suprême s'applique inéluctablement à la grève politique.

D'un point de vue affirmatif, la liberté de grève politique semble bien incluse dans la compréhension générale de la liberté d'association pour les motifs suivants. D'abord, une conception de la liberté d'association qui dépasse le seul aspect constitutif de l'association[79] conduit à reconnaître sa dimension collective : elle comprend les moyens d'assurer la fin du groupement. Or, la grève politique, du moins s'il s'agit d'une grève «mixte», c'est-à-dire d'une grève qui, bien qu'elle soit dirigée contre le pouvoir public, est susceptible de rejaillir dans ses effets sur la vie professionnelle des grévistes, correspond aux objectifs syndicaux, comme l'illustre notamment l'application des conventions internationales du travail affirmant la liberté syndicale. Par ailleurs, quant au droit interne canadien, la poursuite d'une finalité politique par le groupement syndical n'est pas étrangère à la finalité de tout groupement syndical[80]. Il n'est donc pas exclu que le raisonnement précédent puisse même s'étendre à la grève simplement politique. Surtout, l'affirmation constitutionnelle de la liberté d'association est générale et vise indistinctement et directement aussi bien le plan politique que le plan syndical. En conséquence, il convient, du moins si l'on accepte toujours de dépasser l'aspect «constitutif» de la liberté d'association, d'étendre sa portée à la poursuite d'un objectif politique par un grou-

---

78. Voir *supra*, p. 337.

79. Quant à une telle compréhension de la liberté d'association, voir *supra*, pp. 26 et ss ; relativement à sa réception actuelle en droit positif canadien, voir *supra*, p. 34.

80. Voir *supra*, p. 338. La réalité contemporaine, qui voit les gouvernements tenter d'associer des groupements intermédiaires, syndicaux en particulier, à l'élaboration de différents «contrats sociaux» parfois fort amples – par exemple, pour contrer l'inflation, le chômage ou assurer le progrès économique (voir *supra*, p. 236 et pp. 346 et ss) –, permettrait de reconnaître encore plus facilement que cette forme de grève politique participe de la liberté d'association envisagée elle-même dans sa dimension collective. Voir, en ce sens, K.W. Wedderburn, «Industrial Action, the State and the Public Interest», pp. 319 et ss, dans: B. Aaron et K.W. Wedderburn (dir.), *op. cit.*, *supra*, n. 48, p. 383.

pement, sans égard à la finalité de ce dernier[81]. Enfin, de manière plus générale encore, la simple liberté de grève, qu'elle soit ou non à caractère politique, ne représente-t-elle pas elle-même directement, c'est-à-dire sans référence à la finalité d'un groupement associatif structuré, une forme simple ou «primaire» d'association? De ce fait, n'est-elle pas directement visée par l'affirmation constitutionnelle de la liberté d'association[82]?

Ainsi, la simple liberté de grève politique serait protégée par l'affirmation générale de la liberté d'association. Toute loi qui la restreindrait serait donc, du moins *a priori*, invalide.

2. Liberté d'expression

Les restrictions qui peuvent atteindre la grève politique limitent-elles d'autant la liberté d'expression qui, elle aussi, fait l'objet d'une consécration constitutionnelle expresse à l'article 2 de la Charte? Cette liberté d'expression, comme d'ailleurs la liberté d'association, n'est pas qualifiée ni restreinte à un domaine particulier. Avant son énoncé dans la Charte de 1982, les tribunaux supérieurs avaient certes posé l'existence de limites aux pouvoirs des législatures provinciales d'entraver la liberté d'expression, celle-ci se présentant comme un préalable au fonctionnement des institutions parlementaires[83]. Désormais, à la manière de grands instruments internationaux, l'affirmation de la liberté d'expression dans la Constitution canadienne est expresse et générale. À la limite, il y aurait ainsi lieu d'envisager sa portée relativement à toute forme de grève, quelle que soit l'orientation de cette dernière, puisque la liberté d'expression ne se rattache à aucun aspect particulier de la vie en société. Toutefois, en pratique, il convient de limiter l'étude de l'incidence de la protection constitutionnelle de la liberté d'expression à la grève politique. En effet, celle-ci se rapproche plus étroitement de la démonstration d'une attitude ou d'un point de vue, du moins s'il s'agit d'une manifestation d'envergure de courte durée. Or, ce type de grève donne lieu à des perceptions opposées en ce qui a trait à son admissibilité en tant que moyen d'expression de vues d'ordre politique.

---

81. Cela vaut, du moins, pour ce qui est de la détermination de l'étendue de la protection constitutionnelle de la liberté en cause et abstraction faite de toute autre difficulté pouvant tenir au dépassement même de la finalité du groupement. Voir *supra*, pp. 338 et ss.

82. Voir à ce sujet, P. Verge, *op. cit.*, *supra*, n. 38, pp. 111 et 223. Toutefois, cette dernière façon de voir ne peut se réclamer, dans cet ordre politique, de l'arrière-plan historique canadien en ce qui a trait à l'acceptation graduelle de la légalité de la grève. En effet, ce phénomène tant social que juridique était lié au contexte de la revendication professionnelle, a-t-on vu. Voir *supra*, pp. 15 et 37.

83. *Reference re Alberta Statutes*, (1938) R.C.S. 100, pp. 132 et 133 (juge Duff); *Oil, Chemical and Atomic Workers International Union, local 16-601 c. Imperial Oil Limited*, (1963) R.C.S. 584, en particulier pp. 594 et 595 (juge Martland) et p. 599 (juge Abbott, dissident).

Pour d'aucuns, «grève» et «expression de vues» sont anti-nomiques. L'abstention concertée du travail, élément constitutif de la grève, entraîne nécessairement une forme de pression d'abord sur l'employeur puis, par ricochet, sur le pouvoir public contre lequel elle est dirigée. Cet élément coercitif n'est pas compatible avec le libre discours, objet même de la liberté d'expression[84]. Celle-ci se limite à l'expression du discours articulé. On adopte alors une conception de la liberté d'expression assez voisine de celle qu'exprimait le juge Beetz, au nom de la majorité des juges de la Cour suprême, dans l'arrêt *Dupond*:

> Les libertés d'expression, de réunion et d'association, ainsi que la liberté de la presse et la liberté de religion, sont distinctes et indépendantes de la faculté de tenir des assemblées, des défilés, des attroupements, des manifestations, des processions dans le domaine public d'une ville. Cela est particulièrement vrai pour la liberté d'expression et la liberté de la presse dont traitait le *Renvoi relatif aux lois d'Alberta* (précité). Une manifestation n'est pas une forme de discours mais une action collective. C'est plus une démonstration de force qu'un appel à la raison; la confusion propre à une manifestation l'empêche de devenir une forme de langage et d'atteindre le niveau du discours[85].

Ces vues ayant été exposées avant la consécration expresse et générale de la liberté d'expression dans la Charte constitutionnelle de 1982, qui ne la conçoit plus à partir du seul arrière-plan du fonctionnement des institutions parlementaires, un tel énoncé constitutionnel de la liberté d'expression n'inciterait-il pas maintenant à une conception plus souple des formes de libre expression[86]?

Une courte grève de démonstration ou d'avertissement, qui, par surcroît, le cas échéant, s'insérerait dans un contexte plus large de manifestations publiques, pourrait alors représenter un moyen parmi d'autres d'exercer cette liberté d'expression que protège la Constitution. L'aspect pour ainsi dire «visuel» de l'abstention concertée du travail serait un mode approprié de communication pour les individus qui auraient choisi de faire valoir des vues communes, en l'occurrence sur le plan politique. Le discours articulé et linéaire ne serait pas ainsi le véhicule exclusif de la communication protégée dans la société. Au même titre que d'autres types de manifestations, la grève pourrait également constituer un moyen de communication sociale pour les citoyens

---

84. Voir en ce sens les notes du juge Henry dans *Re United Glass and Ceramic Workers of North America and Domglas Ltd.*, *supra*, n. 58, pp. 127 et 128.

85. *Procureur général du Canada* c. *Ville de Montréal*, (1978) 2 R.C.S. 770, p. 797.

86. Que le salarié puisse exprimer individuellement ses vues par d'autres moyens, par exemple en cessant isolément de travailler (sous réserve de sanctions disciplinaires possibles), ou par des moyens plus classiques d'expression, ne dispense pas de se pencher ainsi sur la qualification du moyen choisi collectivement par les salariés à l'appui de leur position, en l'occurrence la grève.

qui s'y associent[87]. L'élément coercitif qui résulte de la durée de la grève professionnelle usuelle réglementée par les lois régissant les rapports du travail au Québec sera vraisemblablement plutôt marginal dans le cas d'une grève de démonstration de courte durée à des fins politiques. Le point de vue des grévistes s'imprimera alors beaucoup plus en raison de l'étendue spatiale de la grève[88].

Tout comme on l'a affirmé du piquetage, même de celui qui, à la différence de la grève politique, vise à exercer une pression économique sur la personne qui en fait l'objet et à provoquer des pertes financières tant que le but du piquetage n'est pas atteint, la grève politique comporterait donc «un élément d'expression[89]». Une loi qui limiterait cette forme d'expression serait en cela, *a priori* du moins, également contraire à la Constitution.

Si les restrictions établies par les lois régissant les rapports collectifs du travail au recours à la grève s'étendaient à la grève politique, elles limiteraient donc les libertés d'association et d'expression. Ces atteintes seraient-elles «raisonnables» selon les termes de l'article 1 de la Charte[90]?

La seule raison d'être de cet encadrement législatif du recours à la grève est la poursuite de la «paix industrielle» par la négociation collective. Son caractère «raisonnable» dépendra donc de l'appréciation de l'importance relative de cet objectif par rapport à la sévérité des restrictions qu'impose sa poursuite ici sur le plan de la libre expression et sur celui de la libre association à des fins politiques. Le caractère général de ces dernières valeurs fondamentales et leur extériorité eu

---

87. Voir en ce sens certains des commentaires suscités par l'arrêt *Dupond* précité: T. Burger, «The Supreme Court and Fundamental Freedoms: the Renunciation of the Legacy of Mr. Justice Rand», (1980) 1 *Supreme Ct. L. Rev.* 460, p. 465; E. Vogt, «Dupond Reconsidered: or the Search for the Constitution and the Truth of Things Generally», (1982) 16 *Charter ed.*, *U.B.C.L.R. Rev.* 141, p. 154; K. Swinton, «Commentary», (1979) 57 *R. du B. can.* 326, p. 336; C.F. Bekton, «A.G. for Canada et al. c. Claire Dupond: the Right to Assemble in Canada», (1979) 5 *Dal. L.J.* 169.

88. Au contraire, si d'exception la grève politique perdurait, l'intensification de la coercition qu'elle engendrerait rendrait d'autant plus difficile, concrètement, pour les grévistes de se réclamer simplement de leur liberté d'expression.

89. *Syndicat des détaillants, grossistes et magasins à rayons, section locale 580* c. *Dolphin Delivery Ltd.*, (1986) 2 R.C.S. 573, p. 588 (juge McIntyre, au nom de la majorité). (Le juge Beetz, dissident, concluait pour sa part que le piquetage «ne pouvait constituer une forme d'expression» (p. 604).) Voir aussi *Irwin Toy Ltd.* c. *Québec (Procureur général)*, (1989) 1 R.C.S. 927, p. 970.

(Sur l'existence possible, en droit américain, d'une protection constitutionnelle de la grève politique, en particulier en vertu du premier amendement (liberté de réunion), voir S. Kupferberg, «Political Strikes, Labor Law, and Democratic Rights», (1985) 71 *Virginia L.R.* 685, en particulier pp. 728 et ss.)

90. Sur la portée de l'article 1 de la Charte, voir *supra*, p. 199; dans le cas de la *C.d.l.p.*, voir l'article 9.1.

égard au plan particulier des rapports du travail semblent bien indiquer la disproportion de l'atteinte[91].

En définitive, ou les restrictions usuelles de la grève ne jouent pas dans le cas de la grève politique – solution qui nous semble s'imposer – ou, dans la négative, elles seraient inconstitutionnelles. Dans l'un et l'autre cas, le régime juridique de cette grève, qui ne s'insère pas dans un processus de négociation collective, serait celui qui est simplement issu des données du droit d'application générale : absence de restrictions législatives quant au moment du déclenchement de la grève, mais aussi non-pertinence de la représentation légale du syndicat accrédité, compte tenu de la finalité de ce pouvoir, la négociation collective et ses suites, dans les entreprises[92]. Quant au salarié qui participerait au mouvement, le maintien pendant la grève du lien contractuel qui l'unit à l'employeur ne pourrait que reposer sur la réception, en droit commun, de la thèse de sa suspension, la grève politique se déroulant en marge de la loi sur le travail. Une conclusion positive à cet égard, basée sur la nature collective de la grève, empêcherait toute rupture automatique de ce lien de travail du fait de la participation du salarié à la grève. N'excipant alors que de sa liberté de grève, et non d'un droit strict de grève, le gréviste pourrait toutefois avoir à subir les conséquences contractuelles de son défaut de fournir normalement la prestation de travail convenue. Tant du point de vue des groupements que des individus, la participation à la grève politique, à la différence de celle qui est relative à la grève professionnelle légale, semble donc devoir s'envisager plus légèrement à tous égards comme l'expression d'une liberté plutôt que comme l'affirmation d'un droit.

---

91. Lointaine analogie, l'activité politique des individus et des groupements ne devait-elle pas être à l'abri des restrictions que prétendait apporter une loi provinciale sur le travail quant à l'affectation de la cotisation syndicale obligatoire au syndicat accrédité, du moins selon les vues de juges minoritaires, dans : *Oil, Chemical and Atomic Workers International Union, local 16-601*, c. *Imperial Oil Limited, supra*, n. 83 ? Voir *infra*, p. 372.

92. Voir *supra*, p. 91.

CHAPITRE II

ACTION POLITIQUE INDIRECTE

Le mouvement syndical assure aussi la poursuite des intérêts auxquels il s'identifie en accordant son appui à des groupements ou formations à vocation plus directement sociale ou politique. Leur finalité peut correspondre à une cause ou à une orientation particulière de cet ordre ; elle peut aussi être générale comme dans le cas d'un parti politique. Cet appui syndical peut être circonstanciel ou, au contraire, institutionnalisé[1]. La décision ou l'orientation sera tantôt celle d'un regroupement de syndicats, tantôt celle d'un syndicat ramifié ; son effet d'entraînement sur les organisations syndicales affiliées ou sur les syndicats locaux qui le composent, selon le cas, dépendra alors de l'intensité des liens à la fois politiques et juridiques qui unissent l'ensemble syndical ou ses composantes[2].

La problématique juridique qui se rattache à ce phénomène de l'appui que manifestent de différentes façons des mouvements syndicaux à des causes ou mouvements politiques et dont l'archétype est l'appui à un parti politique[3] tient pour une bonne part, encore ici, à la fonction de représentation collective des salariés qu'assume le syndicat local en vertu de la loi régissant les rapports collectifs du travail (A.). Cette donnée essentielle n'échappe pas non plus à l'examen de la question au regard, cette fois, du droit protégeant généralement l'exercice des libertés civiques (B.).

---

1. Voir *supra*, pp. 238 et ss. Par exemple, pour ce qui est de la réception de cet appui syndical, les statuts du Nouveau Parti démocratique prévoient expressément l'adhésion, à titre de membres affiliés, d'organisations d'envergure internationale ou nationale, aussi bien que de «loges ou divisions» de celles-ci, ou encore de groupes ou d'organisations locales, ce qui inclut des groupements syndicaux de ces différents paliers : *Statuts du Nouveau Parti démocratique*, 1985, art. III, 2(2).

2. Voir *supra*, pp. 146 et ss. Par ailleurs, avons-nous vu, certaines constitutions de mouvements syndicaux peuvent exceptionnellement exclure la possibilité «de toute attache politique» : voir pp. 234 et 238.

3. Voir *supra*, p. 238.

A. Incidence de la fonction de représentation collective des salariés

La fonction caractéristique de représentation collective des salariés qu'assume, sur le plan professionnel, l'organisme syndical de premier palier limite-t-elle l'action syndicale indirecte sur le plan politique(1.)? Son incidence serait-elle positive, en ce sens qu'elle assurerait la protection d'un tel engagement politique du syndicat (2.)?

1. Incidence négative

Les lois régissant les rapports collectifs du travail au Québec, du moins celles d'application générale, ne contiennent aucune limite expresse en ce qui a trait à l'engagement politique de l'association de salariés titulaire de l'accréditation ou susceptible de l'être. De telles limites expresses ne se retrouvent que dans la loi fédérale régissant ces mêmes rapports dans la Fonction publique. En effet, cette loi interdit d'accréditer une organisation syndicale qui, directement ou indirectement, pour le compte d'un parti politique, soit reçoit de l'argent de certains de ses adhérents qui sont des fonctionnaires, soit utilise ou verse en son propre nom ou pour le compte de ces derniers de l'argent ou impose un versement comme condition d'adhésion[4]. La loi régissant la fonction publique québécoise, à la différence de celle qu'elle remplaçait en 1983, ne renferme plus de restrictions à l'affiliation syndicale liées à l'activité politique du groupement affilié ou affiliant[5]. Dans le passé, des lois de quelques provinces ont déjà exceptionnellement limité la liberté d'action politique du groupement syndical, dispositions maintenant abrogées[6]. Il y eut en particulier la disposition insérée dans le *Labour Relations Act* de la Colombie-Britannique en 1961 qui interdisait à tout syndicat, de même qu'à toute personne agissant pour son compte, de refuser l'appartenance à un individu ou d'autrement agir de façon discriminatoire à son endroit, en raison de son refus de verser une contribution directe ou indirecte à un parti politique ou à un candidat

---

4. *Loi sur les relations de travail dans la fonction publique*, L.R.C. (1985), c. P-35, art. 40(2).

5. L'ancienne *Loi sur la fonction publique*, L.R.Q., c. F-3.1, remplacée par l'actuelle *Loi sur la fonction publique*, L.R.Q., c. F-3.1.1, ne reconnaissait en effet à une association de salariés dans la fonction publique le droit de s'affilier qu'à la condition que sa constitution lui interdise de faire de la politique partisane ou de participer au financement d'un parti politique et qu'elle ne puisse s'affilier à une association qui ne respecte pas ces interdictions (art. 73). Par ailleurs, une disposition de la *Loi sur le régime syndical applicable à la Sûreté du Québec*, L.R.Q., c. R-14, qui interdit aux membres de la Sûreté de faire partie d'une association qui est «affiliée à une autre organisation» pourrait avoir un effet restrictif, mais dans la mesure seulement où il s'agirait d'une véritable affiliation à un groupement politique (art. 5)).

6. Voir M. MacNeil, «Unions, Politics and Law in Canada», (1988) 43 *Rel. ind.* 847, p. 860.

à une élection et qui, surtout, défendait au syndicat d'affecter au financement direct ou indirect d'un parti politique ou à l'élection d'un candidat des fonds résultant d'un précompte syndical légal ou résultant d'une convention collective ou, même, d'une cotisation simplement versée volontairement par un membre. Antérieure à la *Charte canadienne des droits et libertés*, cette loi fut jugée *intra vires* des pouvoirs du législateur provincial par un arrêt majoritaire de la Cour suprême du Canada, au motif qu'il s'agissait simplement d'une intervention relative aux rapports collectifs de travail, matière ressortissant à la catégorie «propriété et droits civils» de l'article 92 de la *Loi constitutionnelle de 1867*[7]. Nous reviendrons ultérieurement sur la qualification de la loi retenue par des juges minoritaires – une loi relative à l'activité politique des syndicats – et sur sa portée au regard de la protection constitutionnelle des grandes libertés civiques[8]. Quant à la qualification majoritaire, elle retenait avec réalisme, comme arrière-plan, la transformation de la nature du syndicat opérée par l'ensemble de la loi sur les rapports du travail: le syndicat n'est plus une association volontaire d'individus, a-t-on dit, mais une entité juridique dont l'action lie chacun des salariés du groupe dont il est le représentant légal[9]. En définitive, la loi permet au syndicat d'obliger les salariés qu'il représente légalement à y appartenir et à y contribuer financièrement. La cotisation est ainsi le prix de l'emploi. Le législateur, qui est l'auteur de cette situation, est donc compétent pour la réglementer, comme il l'avait fait en interdisant l'utilisation du produit de la cotisation syndicale à des fins politiques, devait-on conclure, pour disposer de la difficulté constitutionnelle tenant au partage de la compétence législative et dont était saisie la Cour[10].

Abstraction faite de cette loi, la transmutation du syndicat était-elle à ce point absolue? Si la conclusion précédente s'applique manifestement à la participation syndicale obligée du fait d'une convention collective et, en fin de compte, de la loi qui confère un effet absolu à celle-ci, n'était-il pas excessif de la transposer aux situations d'adhésion volontaire du membre du syndicat, le cas échéant? À vrai dire, la loi en cause interdisait aussi bien l'utilisation à des fins politiques de la cotisation volontaire que celle du précompte. N'est-ce pas là un traitement singulier du syndicat par rapport à l'ensemble, à cet égard du moins, des «associations volontaires[11]»?

Si l'on délaisse cet aspect de l'espèce et si l'on prend acte encore une fois du statut légal du syndicat de niveau local, accrédité ou ayant vocation naturelle à l'être[12], se pose la question générale de l'exis-

---

7. *Oil, Chemical and Atomic Workers International Union, local 16-601* c. *Imperial Oil Limited*, (1963) R.C.S. 584.
8. Voir *infra*, p. 379.
9. *Ibid.*, p. 593 (juge Martland).
10. *Ibid.*; voir aussi les notes du juge Ritchie, pp. 606 et 607.
11. Voir en ce sens les notes du juge Abbott, dissident, p. 598.
12. Voir *supra*, pp. 132 et 206.

tence de limites implicites découlant de la seule loi régissant des rapports collectifs du travail et relatives à l'engagement politique de ce groupement.

À titre comparatif, une telle limite existe, du moins en ce qui a trait à cette dimension proprement légale du syndicat qu'est le précompte de la cotisation à l'endroit des non-membres, selon la jurisprudence de la Cour suprême des États-Unis. L'utilisation de son produit, a-t-on vu[13], ne peut outrepasser le domaine immédiat de la représentation collective sur le plan des rapports professionnels, domaine entendu dans un sens restrictif, c'est-à-dire la négociation et l'application de la convention collective des salariés en cause, à l'exclusion de l'organisation syndicale à l'extérieur de l'unité visée et, *a fortiori*, de l'engagement politique du syndicat[14].

En l'absence de solution analogue en droit positif canadien, il paraît artificiel de dissocier ainsi différents aspects de l'action syndicale. Selon sa tradition, le syndicat se trouve naturellement engagé sur divers plans dans la poursuite de sa finalité; l'affectation de ses ressources, d'une provenance diverse, y compris le précompte légal, dépend, en l'absence de restrictions légales expresses, de décisions régulièrement prises au sein du groupement[15].

En l'absence de limites légales à l'appui du syndicat à un parti politique[16], des mouvements syndicaux prévoient parfois dans leur propre règlement interne des modes d'imposition de la cotisation res-

---

13. Voir *supra*, p. 201, n. 72.
14. Voir: *Communications Workers of America* v. *Beck*, 108 S.Ct. 2641 (1988). Si la conclusion des juges majoritaires de la Cour suprême entérine des positions des juridictions inférieures qui étaient basées tantôt sur le premier amendement, tantôt sur la loi concernant les relations du travail (du moins selon le *syllabus*, p. 2643), elle se fonde directement (p. 2657) sur l'arrêt *Ellis* v. *Brotherhood of Railway, Airline and Steamship Clerks*, 466 U.S. 435 (1984), p. 448, rendu, lui, à partir de la seule considération d'ensemble du *National Labor Relations Act*, du moins en ce qui a trait au caractère excessif, selon la Cour, de l'utilisation du produit de la cotisation syndicale à des fins politiques. Voir notamment: J.W. Henkel et N.J. Wood, «Limitations on the Uses of Union Shop Funds after *Ellis*», (1984) 35 *L.L.J.* 736.
15. Voir en ce sens, à titre d'*obiter*: *Lavigne* v. *Ontario Public Service Employees Union (O.P.S.E.U.)*, (1989) 67 O.R. (2d) 536 (Ont. C.A.), p. 566: «The Rand formula (...) has long been recognized as a component of collective bargaining. It must also be recognized that, in expressing financial support for political and social causes, the union is merely doing what trade unions have traditionally done in Canada and in political democracies elsewhere.» Voir Addenda.
16. Nous passons sous silence d'anciennes décisions de commissions de relations du travail refusant l'accréditation de syndicats dont certains dirigeants entretenaient des liens étroits avec le Parti communiste. Non seulement se rattachent-elles à un contexte révolu, mais elles constituaient un excès de compétence de la part de l'organisme d'accréditation. Voir *Smith and Rhuland Ltd.* v. *The Queen*, (1953) 3 D.L.R. 690 (Cour suprême du Canada).

pectueux, le cas échéant, de la dissidence du membre qui s'oppose « aux dépenses à des fins partisanes, politiques ou idéologiques non reliées à la négociation collective[17] ».

2. Incidence positive

Le *Code du travail* du Québec défend toute entrave patronale aux activités d'une association de salariés[18]. Cette protection légale s'appliquant à l'activité du syndicat en général, elle s'étend, en l'absence de distinction, à toute activité à connotation politique, comme la tenue d'une réunion ou la distribution de tracts traitant d'un sujet politique[19].

B. Incidence du droit des libertés civiques

Le droit relatif à l'exercice des grandes libertés civiques, tout comme la législation du travail, pourrait limiter (1.) aussi bien que protéger (2.) l'action politique indirecte des groupements syndicaux.

1. Incidence négative

Les lois régissant les élections à différents paliers de gouvernement comportent des exigences, dont certaines limitent l'appui de mouvements syndicaux à des partis politiques ou aux candidats à l'élec-

---

17. *Statuts du Syndicat international des métallurgistes unis d'Amérique, AFL – CIO – CTC*, 1989, art. XIV, section 14 (droit à une « réduction de la cotisation » correspondant à la proportion que représente dans le total des dépenses annuelles le montant approximatif des dépenses politiques et idéologiques non reliées à la négociation collective). Une disposition similaire (avec appel de la décision de l'exécutif national du syndicat à la Commission indépendante d'appel ou au Comité d'appel du congrès, prévus dans la constitution, au choix du membre) se trouve à l'article 7 du chapitre 17 des *Statuts et règlements du Syndicat national des travailleurs et travailleuses de l'automobile, de l'aérospatiale et de l'outillage agricole du Canada*, 1988.

    Le rapport de l'équipe spécialisée en relations de travail, *Les relations du travail au Canada*, Ottawa, Imprimeur de la Reine, 1968, contenait la recommandation d'une solution légale uniforme en ce sens (p. 172, par. 517 et 518). À titre comparatif, considérer la solution britannique en ce sens ; voir P. Elias et K. Ewing, *Trade Union Democracy, Members' Rights and the Law*, London, Mansell Publishing Limited, 1987, pp. 178-181. Voir aussi G. England et B. Rees, « Reforming the Law of Internal Trade Union Affairs : Some Transatlantic Pointers », (1990) 15 *Queen's L.J.* 97, pp. 134-137.

18. *C.t.*, art. 12. Voir *supra*, p. 44.

19. Sous réserve, bien entendu, de l'application des exigences légales ou pertinentes à des activités de cette nature indépendamment de leur contenu. Voir : *Re Air Canada and Canadian Air Line Employees' Association*, (1980) 27 L.A.C. (2d) 289.

    Le présent libellé de la disposition correspondante du *Code canadien du travail*, l'article 94 (1)a), pourrait peut-être conduire à l'application plus restrictive de la prohibition faite à l'employeur. Elle lui défend en effet « d'intervenir dans la représentation des employés par (le syndicat) » : cette « représentation » s'entend-elle seulement de celle aux fins de la loi qui en traite ?

tion, une fois celle-ci déclenchée. Pour ce qui est du financement des partis politiques, la restriction, en principe aux seuls électeurs, de la faculté d'y contribuer, tant sur le plan provincial que sur le plan municipal, a pour effet d'écarter le concours financier des syndicats, comme des compagnies d'ailleurs[20]. La législation fédérale, qui l'avait déjà fait en 1920 dans le cas des groupements non incorporés[21], ne limite pas ainsi la provenance des contributions au financement des partis politiques; elle impose toutefois à l'agent principal d'un parti de faire part périodiquement au directeur général des élections de la provenance du financement de ce parti en faisant référence à des catégories précises de donateurs, dont celle des «syndicats[22]». En période d'élection, elle limite toutefois théoriquement, tout comme la législation provinciale d'ailleurs, les dépenses électorales à celles qu'engage le candidat lui-même, comme doit en faire foi l'autorisation de son agent officiel[23].

Dans la mesure où un groupement syndical demeure libre d'apporter son appui à une cause politique se pose à nouveau, mais cette fois au regard des exigences de la liberté d'association et de la liberté d'expression de l'individu que protègent les données prééminentes des Chartes[24], la question de la légitimité de l'affectation à des fins politiques d'une partie des cotisations syndicales des salariés représentés par un syndicat accrédité. Elle sera pertinente, du moins si l'appartenance au syndicat ou la contribution financière à ce dernier ne procède pas simplement de la volonté du salarié, mais au contraire découle soit directement de la loi, soit d'une disposition de la convention collective subordonnant l'emploi à une telle participation syndicale.

Au regard de la norme constitutionnelle, ce problème n'existe techniquement que si l'on parvient à lier l'obligation du salarié de participer au financement du syndicat à une intervention législative. La Charte constitutionnelle, du moins selon l'interprétation reçue, n'est en vérité opposable qu'aux législateurs et aux gouvernements[25]. Elle

---

20. *Loi électorale*, L.R.Q., c. E-3.2, art. 365; *Loi sur les élections et les référendums dans les municipalités*, L.R.Q., c. E-2.2, art. 429.

21. *Loi des élections fédérales*, (1920) 10-11 Geo. V, c. 46, art. 10, disposition en vigueur jusqu'en 1930; voir J.-P. Boyer, *Political Rights – The Legal Framework of Elections in Canada*, Toronto, Butterworths, 1981, p. 274.

22. *Loi électorale du Canada*, L.R.C. (1985), c. E-2, art. 44(2)a).

23. *Ibid.*, art. 217; *Loi électorale* (du Québec), *supra*, n. 20, art. 417; *Loi sur les élections et les référendums dans les municipalités*, *supra*, n. 20, art. 455.
    Sur l'inconstitutionnalité d'une telle restriction dans la loi fédérale, au regard de l'affirmation de la liberté d'expression à l'article 2 b) de la *Charte canadienne des droits et libertés*, voir cependant: *National Citizens Coalition Inc.* v. *Attorney-General for Canada*, (1984) 11 D.L.R. (4th) 481 (Alta. Ct. of Q.B.).

24. *Charte canadienne des droits et libertés*, art. 2 b) et d) (*C.c.d.l.*), et *Charte des droits et libertés de la personne*, L.R.Q., c. C-12, art. 3 (*C.d.l.p.*).

25. *C.c.d.l.*, art. 32(1). Voir: *Syndicat des détaillants, grossistes et magasins à rayons, section locale 580* c. *Dolphin Delivery Ltd.*, (1986) 2 R.C.S. 573; *McKinney* c. *Université de Guelph*, (1990) 3 R.C.S. 229.

n'étend pas ses effets à la gestion ou à l'utilisation par le syndicat de ses propres fonds[26]. Quant à la source de la contribution obligée du salarié, la difficulté est cependant susceptible de se présenter dans le cas d'un précompte légal, comme celui qui a été établi par le *Code du travail* du Québec[27]. On pourrait aussi soulever le fait qu'il s'agit d'une obligation conventionnelle s'imposant à un salarié en raison d'une intervention législative étendant à ce dernier l'effet de la convention collective. Selon l'orientation actuelle de la jurisprudence, la Charte constitutionnelle ne paraît pas avoir une telle portée, à moins qu'un gouvernement soit lui-même partie à la convention collective[28]. La Charte québécoise, dont le contenu s'intègre plus généralement à la définition de l'ordre public[29], permet pour sa part de poser dans toute son amplitude le problème de l'utilisation par le syndicat du produit d'un prélèvement salarial obligatoire à des fins politiques.

Au fond, une conclusion d'atteinte à la liberté d'association n'est envisageable que si cette liberté protège la liberté de non-association au même titre que celle de s'associer. Or, une telle conclusion ne

---

26. *Ratio decidendi* de la Cour d'appel de l'Ontario, dans: *Lavigne* v. *Ontario Public Service Employees Union*, *supra*, n. 15, p. 557 (voir Addenda, par. 2). Voir aussi: *Re Baldwin and B.C. Government Employees Union*, (1986) 28 D.L.R. (4th) 301 (B.C.S.Ct.): «There is no governmental action involved in the use of the dues by the union. It is the activity of a private organisation to which the Charter does not apply (...)» (p. 306).

27. *C.t.*, art. 47.

28. Arrêt concluant que la Charte constitutionnelle ne s'applique pas aux conventions collectives (du moins à celles auxquelles un gouvernement n'est pas partie), même si ces ententes tirent leur force obligatoire de la loi: *Bhindi and British Columbia Projectionists*, (1986) 26 D.L.R. (4th) 47 (B.C.C.A.) – permission d'appeler refusée; *Bartello* c. *Canada Post Corporation*, (1988) 62 O.R. (2d) 652 (Ont. S.Ct.). Dans son arrêt majoritaire, *McKinney* c. *Université de Guelph*, *supra*, n. 25, la Cour suprême du Canada s'en tient à cet égard à la position découlant de l'arrêt *Bhindi*. Voir les notes du juge La Forest, p. 262.

Dans l'affaire *Lavigne*, le tribunal de première instance avait conclu à l'application exceptionnelle de la Charte à une convention conclue par un mandataire du gouvernement de l'Ontario: *Re Lavigne and Ontario Public Service Employees Union*, (1986) 29 D.L.R. (4th) 321 (Ont. H.Ct.), p. 353. Pour la Cour d'appel, même dans ce cas particulier, le caractère bilatéral de la convention collective empêchait d'y voir un acte gouvernemental. La Cour suprême du Canada a rejeté ce dernier point de vue dans *Douglas College* c. *Douglas Kwantlen Faculty Association*, (1990) 3 R.C.S. 570 – application exceptionnelle de la Charte à une convention collective dont l'entrée en vigueur était subordonnée à une approbation gouvernementale; voir en particulier p. 585 (notes du juge La Forest).

L'une des questions devant la Cour suprême du Canada dans l'affaire *Lavigne* porte précisément sur l'applicabilité de la Charte à l'exigence de cotiser établie par une convention conclue en vertu d'une loi permettant seulement d'insérer une telle obligation dans un tel instrument. Voir Addenda, par. 2.

29. *C.d.l.p.*, art. 49.

paraît pas une inférence nécessaire, en principe; elle n'est pas non plus formellement acquise en droit positif canadien[30].

Mais, qu'arrive-t-il si, au contraire, la liberté protégée devait aussi s'étendre à la faculté pour l'invididu de ne pas s'associer? Dans l'espèce *Lavigne* – reflet elle-même de la réalité courante en ce qui a trait à la pratique du précompte et à l'engagement politique et social de certains syndicats –, la Cour d'appel de l'Ontario fut d'avis, à la différence du tribunal de première instance[31], que l'imposition de la cotisation, dont une partie servait à financer des objectifs politiques, sociaux ou idéologiques qu'appuyait le syndicat accrédité – directement ou par l'entremise de centrales syndicales auxquelles il se rattachait et à qui il versait une partie des cotisations des salariés[32] –, n'avait pas pour effet d'«identifier» ni d'associer le salarié à la poursuite de ces objectifs[33].

Une conclusion semblable découle plus facilement quant à la liberté d'expression. L'affectation d'une partie relativement réduite du produit courant du précompte syndical à des fins politiques, selon un contexte s'apparentant à l'affaire *Lavigne*, n'a pas pour effet, comme on l'a d'ailleurs unanimement reconnu dans l'espèce, d'empêcher le salarié d'exprimer comme il l'entend ses vues personnelles sur le sujet, ni de l'identifier à celles qui sont favorisées par le syndicat[34].

Une conclusion d'atteinte à l'une ou l'autre de ces libertés aurait obligé par la suite à s'interroger quant à sa légitimité en fonction de l'article 1 de la Charte constitutionnelle[35]. Le tribunal de première instance conclut dans la négative à cet égard dans l'affaire *Lavigne*: l'«association forcée» résultant du paiement obligatoire de la cotisation ne se rapportait pas à la représentation collective des salariés sur le plan des rapports professionnels, c'est-à-dire aux actions liées à la négocia-

---

30. Voir *supra*, p. 198. Dans son arrêt *Lavigne*, la Cour d'appel de l'Ontario n'a envisagé le problème dont elle était saisie en fonction d'un éventuel contenu négatif de la liberté d'association qu'à titre d'*obiter*, dans une perspective hypothétique. Voir: *Lavigne v. O.P.S.E.U.*, *supra*, n. 15, p. 564; le précompte syndical ne portait pas atteinte à la liberté positive de s'associer, avait antérieurement conclu, également en *obiter*, la Cour d'appel (p. 562). Voir Addenda, par. 3.

31. Voir *Re Lavigne and Ontario Public Service Employees Union*, *supra*, n. 28, p. 370. Voir notamment les commentaires suivants sur ce jugement de première instance: B. Etherington, «Freedom of Association and Compulsory Union Dues: Towards a Purposive Conception of a Freedom to Not Associate», (1987) 19 *Ott. L.R.* 1; K.D. Ewing, «Freedom of Association in Canada», (1987) 25 *Alta. L.R.* 437.

32. *Ibid.*, pp. 330-337.

33. *Lavigne v. O.P.S.E.U.*, *supra*, n. 15, p. 568. Voir K.W. Thornicroft, «Unions, Union Dues, and Political Activity: A Canada/U.S. Comparative Analysis», (1990) 41 *L.L.J.* 846. Voir Addenda, par. 4.

34. *Lavigne v. O.P.S.E.U.*, *supra*, n. 15, p. 568; *Re Lavigne and Ontario Public Service Employees Union*, *supra*, n. 28, p. 382. Voir Addenda, par. 5.

35. Même situation en ce qui a trait à l'article 9.1, *C.d.l.p.*

tion collective et à l'administration de la convention collective[36]. Soit dit en passant, le tribunal se montrait disposé à inclure dans ce domaine, à la différence de la jurisprudence américaine[37], le financement d'actions de solidarité syndicale de large envergure[38]. Par contre, était injustifiable, dans cette perspective, l'imposition d'une cotisation dans la mesure où elle se rapportait à différentes causes sociales ou politiques[39].

Conséquence d'une telle conclusion, si du moins elle devait finalement prévaloir, il reviendra au syndicat de ventiler ses dépenses selon qu'elles se rapportent ou non au domaine de la représentation collective sur le plan des rapports du travail. En ce sens, des états financiers idoines et accessibles devraient permettre au salarié de ne contribuer qu'aux seules dépenses liées à la négociation collective, s'il ne veut pas s'engager au-delà[40].

C'est là un découpage artificiel de l'action syndicale certes, comme devait d'ailleurs le constater la Cour d'appel[41], mais une telle solution serait dictée, si elle existait éventuellement, par l'acceptation initiale de la part du syndicat local d'un statut légal de représentant collectif de l'ensemble des salariés.

2. Incidence positive

Dans ce climat renouvelé d'affirmation des grandes libertés civiques depuis l'adoption de la *Charte canadienne des droits et libertés*, une éventuelle loi, fédérale ou provinciale, qui limiterait l'activité politique légitime des syndicats[42] irait *a priori* à l'encontre de la liberté d'association de l'individu qu'affirment les normes prééminentes des

---

36. *Re Lavigne and Ontario Public Service Employees Union*, *supra*, n. 28, pp. 386-389.
37. Voir *supra*, p. 201, n. 72.
38. Dans l'espèce, un appui financier à une grève de mineurs en Grande-Bretagne. Voir: *Re Lavigne and O.P.S.E.U. (No 2)*, (1987) 60 O.R. (2d) 486 (Ont. H.Ct.), p. 511.
39. Notamment, dans l'espèce, l'appui à un mouvement d'opposition à la construction d'un stade couvert à Toronto, à la cause du désarmement nucléaire, à des œuvres sociales au Nicaragua, au mouvement prochoix en matière d'avortement, au Nouveau Parti démocratique, etc. (*ibid.*, pp. 509 et ss), que la dépense, a-t-on vu, ait été engagée directement par le syndicat accrédité ou qu'il se soit agi de l'affectation partielle d'une contribution de la part de ce dernier à des regroupements syndicaux auxquels il était affilié. Voir Addenda, par. 4.
40. *Ibid.*, p. 520.
41. «It must also be recognized that, in expressing financial support for political and social causes, the union is merely doing what trade union have traditionally done in Canada and in political democracies elsewhere»: *Lavigne v. O.P.S.E.U.*, *supra*, n. 15, p. 566. Voir Addenda, par. 4 et 6.
42. Compte tenu, bien entendu, des paramètres de cette légitimité qui s'imposeront finalement eu égard à la précédente question de l'effet de l'engagement syndical à l'endroit des salariés que le groupement syndical représente légalement aux fins de la négociation collective, mais qui ne s'associent pas autrement de façon volontaire à son action politique.

Chartes, quelle que soit l'orientation de l'exercice de cette liberté[43]. Par ailleurs, en ce qui concerne la liberté d'expression toujours nécessaire au fonctionnement de l'institution parlementaire, ne verrait-on pas maintenant plus facilement dans une telle mesure une atteinte à celle-ci[44] ?

43. On voit mal à cet égard comment la restriction que posait le juge McIntyre dans *Re Public Service Employee Relations Act*, (1987) 1 R.C.S. 313, p. 409, selon laquelle seule une activité légitime se prêtant par ailleurs à une poursuite individuelle serait visée par cette liberté constitutionnelle d'association, puisse ici s'appliquer. Il y aurait, en conséquence, nécessité de justifier la mesure au regard des clauses dérogatoires des Chartes.

44. Voir à cet égard les notes des juges minoritaires dans l'arrêt *Oil, Chemical and Atomic Workers International Union, local 16-601* v. *Imperial Oil Limited, supra*, n. 7, en particulier celles du juge Judson, p. 605.

CONCLUSION

Le syndicat et le droit sont ainsi loin d'être indifférents l'un à l'autre, mais leurs rapports, au demeurant relativement enchevêtrés, restent empreints d'une certaine ambiguïté.

Pour ce qui est du droit étatique dans son ensemble, il n'est pas encore parvenu, à partir des différentes interventions législatives touchant les syndicats, à une reconnaissance systématique et générale de la personnalité juridique de ces derniers, applicable notamment aux groupements non constitués en corporation; encore moins a-t-il déduit directement une telle conclusion de la réalité de l'institution syndicale elle-même. En revanche, le régime projeté de l'association dans le *Code civil du Québec* comportera, mais dans une perspective contractuelle, une certaine reconnaissance des groupements qui ne sont pas des personnes morales.

Ce droit perçoit primordialement le syndicat comme un agent local de négociation collective et l'investit à cette fin d'un pouvoir de représentation exclusif, formule collectiviste dont toute la portée est parfois méconnue par le judiciaire. L'intervention législative à ce sujet ne prend en considération la réalité syndicale que partiellement. D'une part, elle fait abstraction du plus grand syndicat dont le groupement local fait le plus souvent partie; d'autre part, elle conduit à privilégier l'action à dominante professionnelle par rapport à celle à caractère civique ou politique du syndicat. Par ailleurs, quant à cette action professionnelle elle-même, l'encadrement étatique courant des rapports collectifs du travail, s'il lui confère à l'échelle de l'entreprise ou de ses démembrements une portée représentative absolue, restreint par contre considérablement la portée possible du pouvoir de coalition syndical, d'un double point de vue temporel et territorial; il canalise aussi ce pouvoir vers la négociation périodique de la convention collective d'entreprise. Celle-ci constitue une limite significative de l'autorité patronale quant aux conditions de travail mais non quant à l'orientation de l'entreprise; on peut même craindre à cet égard une certaine inadaptation à un engagement syndical davantage axé sur la participation à la vie de l'entreprise.

La législation contemporaine intervient positivement au regard des différents aspects de la liberté syndicale; la jurisprudence constitutionnelle ne reconnaît toutefois pas que cette liberté se trouve protégée, à l'encontre des pouvoirs publics, dans ses dimensions collectives les plus essentielles, comme la liberté de grève.

Quant aux syndicats, leur attitude à l'égard du droit est tout aussi ambivalente: une méfiance du droit, héritée de luttes historiques successives pour affirmer leur liberté d'action, ne les empêche pas de profiter et de dépendre de l'intervention législative pour assurer leur fonctionnement et leur développement sur le plan professionnel, fragile assise à leurs yeux parce qu'elle est soumise exclusivement aux aléas des courants politiques.

La mutation du groupement privé en organe officiel de représentation collective au niveau local alimente cette ambivalence. Même en acceptant positivement les comportements et les obligations qu'entraîne le statut de représentant officiel au niveau local – pratiques d'admission uniforme, obligation de représentation égale, légalité de la gestion interne –, les syndicalistes s'inquiètent parfois de l'impact du contrôle externe sur leur autonomie.

Les milieux syndicaux, du moins ceux qui sont liés à des mouvements empreints d'une tradition syndicale, sont bien conscients de l'écart entre leurs objectifs et leurs moyens d'action, tels qu'ils les déterminent eux-mêmes, et la perception de ceux-ci à travers le prisme de la pratique qui découle des importantes lois régissant les rapports collectifs du travail. Selon cette dernière perception, la finalité générale du syndicat, soit la protection de collectivités de salariés, tend à se réduire à la négociation collective. Par ailleurs, le syndicat est naturellement porté à concevoir celle-ci, dans les faits, comme un processus continu; or, l'obligation juridique de négocier n'est que périodique.

Enfin, quant au substrat – la liberté syndicale –, la nécessité pour les syndicats d'adapter leurs politiques de recrutement aux transformations du marché du travail est l'occasion pour eux de s'interroger sur l'efficacité réelle de ses modes de protection étatique.

Au fond, un régime protecteur adéquat de la liberté syndicale paraît la seule contribution étatique indispensable. Elle permet le développement des groupements et des mouvements syndicaux selon leurs orientations et leurs aspirations propres, sous réserve des seules exigences d'un ordre public fondamentalement – et non techniquement – défini. Misant plus étroitement sur ses forces vives, le syndicalisme apporte alors sans doute, comme à certaines autres heures de son développement historique, une contribution plus marquée à la vie d'une société pluraliste.

ADDENDA

Lavigne c. *Ontario Public Service Employees Union*, Cour suprême du Canada, 27 juin 1991

1. Faits essentiels et dispositif

Le demandeur, instituteur au service d'un mandataire du gouvernement de l'Ontario, se voyait, comme les autres salariés de l'unité d'accréditation, assujetti au précompte syndical obligatoire prévu dans une convention collective conclue selon une loi permettant d'y inclure une telle disposition. Il s'opposait à cette cotisation obligatoire aux motifs d'atteinte à sa liberté d'association et d'expression assurées par les paragraphes 2 d) et 2 b) de la Charte constitutionnelle, dans la mesure où le syndicat en affectait le produit à différentes causes politiques ou sociales qu'il ne partageait pas (*supra*, pp. 378 et 379).

La Cour suprême, comme l'avait fait la Cour d'appel de l'Ontario (*supra*, p. 374, n. 15), mais avec des motifs différents, rejette unanimement ces prétentions d'inconstitutionnalité. Les cheminements diffèrent toutefois entre les juges de la plus haute juridiction.

2. Qualification de la situation

La Cour d'appel de l'Ontario avait rejeté les conclusions du demandeur au motif essentiel qu'elles portaient sur la régie interne du syndicat, en l'occurrence l'affectation de ses fonds, domaine échappant à la Charte constitutionnelle, celle-ci, selon son article 32, ne s'appliquant qu'aux législatures et aux gouvernements (*supra*, p. 377, n. 26). La Cour suprême rejette unanimement cette qualification. Comme le pose notamment le juge La Forest, il s'agissait plutôt de la validité constitutionnelle de l'obligation, imposée par la convention collective au demandeur, de participer aux frais de l'action syndicale, tenant pour acquis qu'une partie de cette dernière est étrangère à la négociation collective, ou pour le moins marginale par rapport à celle-ci.

L'obligation de cotiser pouvait faire l'objet d'un examen constitutionnel, puisqu'elle s'identifiait dans l'espèce à une action gouvernementale, l'employeur n'étant pas une partie privée, mais plutôt un mandataire du gouvernement (*supra*, p. 376). Le caractère bilatéral de la convention collective n'empêche pas la Cour suprême de tirer cette conclusion (*supra*, p. 377, n. 28). Se pose donc la question de la conformité de la disposition avec les paragraphes d) et b) de la Charte, qui garantissent respectivement la liberté d'association et celle d'expression.

3. Protection d'une liberté de non-association ?

La prétention d'«association forcée» du demandeur aux causes et mouvements politiques soutenus par le syndicat pose la question de savoir si l'affirmation constitutionnelle de la liberté d'association s'étend à la liberté de non-association, ce à quoi la Cour d'appel de l'Ontario avait subsidiairement répondu par la négative (*supra*, p. 377). L'arrêt de la Cour suprême ne permet pas encore de trancher définitivement cette question (*supra*, pp. 194 et ss). Trois juges (Wilson, L'Heureux-Dubé et Cory) concluent négativement à ce sujet ; trois autres (La Forest, Sopinka et Gonthier) adoptent la position contraire, tout en se refusant à une dichotomie entre les aspects positif et négatif de la liberté en cause. La septième juge (McLachlin) ne croit pas nécessaire de trancher la question ; elle se montrerait cependant encline à accepter le fait que certaines situations plutôt draconiennes d'association forcée puissent être éventuellement visées par l'article 2 d). Dans l'espèce, elle se contente de poursuivre son raisonnement à partir d'une simple hypothèse de protection d'une liberté de non-association.

4. Atteinte, dans l'espèce, à la liberté d'association ?

Pour la juge McLachlin, la cotisation obligatoire n'a pas pour effet d'associer le demandeur à des valeurs et à des idéaux auxquels il ne souscrit pas ; point d'atteinte non plus à la liberté d'association pour les trois juges qui s'identifient aux notes de la juge Wilson, puisque dans leur perspective ce paiement n'a pas eu pour effet d'empêcher le demandeur de s'associer à qui que ce soit. De surcroît, si la liberté de non-association était également protégée, elle ne pourrait avoir plus de portée que la liberté positive d'association ; or, il résulte d'arrêts anté rieurs que la finalité de l'association n'est pas protégée (*supra*, p. 35), ce qui empêche d'en tenir compte eu égard à la liberté de non-association...

Contrairement à la juge McLachlin, les trois juges que l'on peut associer aux notes du juge La Forest voient dans la participation au financement un acte associatif, geste qui, à la différence d'une manifestation de la liberté d'expression, ne véhicule pas nécessairement un contenu idéologique. Mais, à moins qu'il ne s'agisse de certains types d'atteinte caractérisée aux libertés de la personne, certaines formes de participation imposées dans une perspective d'intérêt collectif à des individus appartenant déjà à une communauté naturelle, comme une famille ou un même milieu de travail, ne constituent pas, selon ces juges, une atteinte à la liberté d'association. C'est le cas ici du précompte syndical dans la mesure où il se relie directement à la négociation collective. Si, comme dans l'espèce, il dépasse ce domaine, il contrevient toutefois à la liberté d'association.

Cette atteinte à la liberté d'association se justifie dans les circonstances au regard de l'article 1 de la Charte. L'analyse de l'application de la disposition dérogatoire fait notamment mention d'un objectif étatique visant à assurer aux syndicats les ressources requises pour qu'ils puissent contribuer à façonner le contexte social, politique et économique dans lequel se situe la négociation collective. L'absence de limite à l'affectation du produit du précompte vise aussi à promouvoir la «démocratie des milieux de travail». Cette formule est enfin celle qui est la moins onéreuse, compte tenu notamment des difficultés inhérentes à une formule de retrait, qui affaiblirait outre mesure le pouvoir du syndicat.

5. Atteinte, dans l'espèce, à la liberté d'expression?

Tous les juges s'accordent pour conclure, à l'instar de la Cour d'appel de l'Ontario, à une absence d'atteinte à la liberté d'expression du demandeur (*supra*, p. 378). Aucune signification idéologique ne s'attache en effet au paiement forcé du demandeur, tant pour la juge McLachlin que pour les juges qui s'identifient aux notes du juge La Forest. Selon les notes de la juge Wilson, la formule Rand n'empêchait pas de façon significative le demandeur de s'exprimer à l'encontre des causes soutenues par le syndicat. D'une façon subsidiaire, dans l'hypothèse d'une atteinte à la liberté d'expression, celle-ci serait justifiée au regard de l'article 1 de la Charte. L'objectif de paix du travail sous-tend le précompte et il est raisonnable, pose-t-elle, que les syndicats soient conduits à soutenir des causes qui, si elles sont éloignées du lieu du travail, servent néanmoins à promouvoir la négociation collective. De surcroît, s'il y avait atteinte à la liberté d'expression, elle serait négligeable.

6. Retombées générales sur les institutions et les pratiques syndicales

Au-delà du problème particulier dont la Cour avait à traiter, certains passages des notes du juge La Forest inclinent à penser qu'une contestation générale de la formule majoritaire d'aménagement des rapports collectifs du travail, si l'on s'était aventuré sur ce terrain, n'aurait sans doute pas été reçue avec faveur.

Il est par ailleurs fait référence à l'obligation d'appartenir au syndicat résultant de la formule d'atelier syndical dans les notes des juges Wilson et McLachlin. Sans discuter pour autant de celle-ci, on la juxtapose à la simple obligation de cotiser, dont il était question dans l'espèce, pour faire ressortir le fait que cette dernière n'associe pas le salarié au syndicat, ne l'identifie pas à ce dernier. On semble alors concevoir l'appartenance au syndicat comme s'il s'agissait du résultat d'une adhésion nécessairement significative de la part du salarié au groupement; or, dans un tel contexte, du moins pour le salarié qui ne désire pas participer à la vie du syndicat, les effets de l'appartenance se ramènent assez bien à ceux du précompte syndical obligatoire (*supra*, pp. 188 et ss).

Mais, avant tout, tous les juges constatent que les syndicats sont naturellement conduits à s'engager dans des actions de caractère sociopolitique, en plus de leur action de négociation collective. Cette action politique n'est pas d'ailleurs dénuée de liens avec cette dernière, comme le font voir les passages des notes des juges La Forest et Wilson relatifs à l'application de l'article 1 de la Charte. Indépendamment de cette constatation reliée à l'étude du problème particulier dont ils étaient saisis, les juges voient dans de tels engagements politiques une dimension importante de l'action syndicale (*supra*, pp. 337 et ss).

1er juillet 1991

ABRÉVIATIONS,
BIBLIOGRAPHIE
ET INDEX

NOTICE

Une bibliographie et quatre index, soit l'index de la législation, l'index de la jurisprudence, l'index des constitutions et autres documents syndicaux et l'index analytique, complètent l'ouvrage et permettent un repérage précis de l'information.

Bibliographie

La bibliographie regroupe les textes cités dans l'ouvrage. Elle se divise en deux sections: a) les monographies, qui sont classées dans l'ordre alphabétique des auteurs ou dans l'ordre alphabétique du titre s'il n'y a pas d'auteur; b) les articles, classés selon le même ordre que les monographies, regroupent les articles de périodiques et les textes publiés dans les recueils. Les notices bibliographiques sont complètes.

Index de la législation

Cet index permet un repérage à l'article. À noter la section *Droit interne prééminent* qui regroupe les lois constitutionnelles et les Chartes des droits et libertés.

Index des constitutions et autres documents syndicaux

Cet index permet également de faire un repérage à l'article.

Index de la jurisprudence

L'index de la jurisprudence offre un accès double aux parties. Exemple:

> 46. *Bell Canada* c. *Foisy*
> (1989) R.J.Q. 521 (C.A.)
> 267
>
> *Foisy* (*Bell Canada* c.) Voir 46

Les parties sont classées par ordre alphabétique. Quelques particularités de classement sont à souligner:

– le nom corporatif est respecté, y compris l'article. Exemple: *Le* Restaurant.

– le classement des associations syndicales ou des organismes tient compte de la nature du groupement ou de l'organisme plutôt que de l'ordre alphabétique lettre par lettre. Exemple:

> Commission des *normes* du travail
> Commission de la *santé* et de la sécurité du travail

– la forme utilisée dans l'ouvrage a été respectée. Exemple:

> P.G. du Québec
> Procureur général du Québec
> Procureur général de la province de Québec
> Québec (Procureur général)

Index analytique

L'index analytique permet au lecteur de repérer l'information par mots-clés qui sont organisés en deux ou trois niveaux. Exemple:

> Accès au syndicat
>   Normes d'adhésion
>   Limites

Le renvoi *Voir* rejette un terme au profit d'un autre; le renvoi *Voir aussi* établit les relations entre les descripteurs.

Infoges inc.
Juin 1991

LISTE DES ABRÉVIATIONS

A. C.	Appeal Cases
Adm. Pub. Can.	*Administration publique du Canada*
Alta L. R.	*Alberta Law Review*
Am. J. of Comp. L.	*American Journal of Comparative Law*
B. R.	Recueil de jurisprudence de la Cour du Banc de la Reine
C. A.	Recueil de jurisprudence de la Cour d'appel du Québec
C. A. I.	Décisions de la Commission d'accès à l'information
C. A. L. P.	Recueil de décisions de la Commission d'appel en matière de lésions professionnelles
C. de D.	*Cahiers de droit*
C. F.	Recueil des arrêts de la Cour fédérale du Canada
C. L. L. C.	Canadian Labour Law Cases
C. L. R.	Commonwealth Law Reports
C. L. R. B. R.	Canadian Labour Relations Boards Reports
C. P.	Recueil de jurisprudence de la Cour provinciale du Québec
C. P.	Conseil privé
C. Q.	Cour du Québec
C. R.	Criminal Reports
C. R. C.	Codification des règlements du Canada

C. S.	Recueil de jurisprudence de la Cour supérieure du Québec
Cambridge L. J.	*Cambridge Law Journal*
Comp. L. L. J.	*Comparative Labor Law Journal*
D.	Recueil Dalloz
d. i.	Décisions-informations (Conseil canadien des relations du travail)
D. L. R.	Dominion Law Reports
D. P.	Recueil périodique et critique Dalloz
D. T. E.	Droit du travail Express (Soquij)
Dal. L. J.	*Dalhousie Law Journal*
Dr. social	*Droit social*
G. O.	*Gazette officielle du Québec*
Gaz. Pal.	*Gazette du Palais*
Gaz. Trav.	*Gazette du travail*
Ind. L. J.	*Industrial Law Journal*
Ind. L. R. R.	*Industrial and Labor Relations Review*
Ind. Rel.	*Industrial Relations*
J. E.	Jurisprudence Express (Soquij)
L. A. C.	Labour Arbitration Cases
L. C.	Lois du Canada
L. L. J.	*Labor Law Journal*
L. Q.	Lois du Québec
L. R. C.	Lois révisées du Canada
L. R. Q.	Lois refondues du Québec
McGill L. J.	*McGill Law Journal – Revue de droit de McGill*
Modern L. R.	*Modern Law Review*
O. R.	Ontario Reports
Osgoode Hall L. J.	*Osgoode Hall Law Journal*
Ott. L. Rev.	*Ottawa Law Review*
Q. B.	Queen's Bench
Queen's L. J.	*Queen's Law Journal*
R. du B.	*Revue du Barreau*
R. du B. can.	*Revue du Barreau canadien*
R. C. S.	Recueil des arrêts de la Cour suprême du Canada
R. du D.	*Revue du droit*
R. de J.	*Revue de jurisprudence*
R. D. J.	Revue de droit judiciaire
R. du N.	*Revue du notariat*
R. D. T.	Revue de droit du travail
R. D. U. S.	*Revue de droit de l'Université de Sherbrooke*
R. G. D.	*Revue générale de droit*
R. J. Q.	Recueil de jurisprudence du Québec
R. J. T.	*Revue juridique Thémis*
R. L.	Revue légale
R. P.	Rapports de pratique

R. R. Q.	Règlements refondus du Québec
R. S. M.	Re-enacted Statutes of Manitoba
R. S. O.	Revised Statutes of Ontario
Rel. ind.	*Relations industrielles*
Rev. int. dr. comp.	*Revue internationale de droit comparé*
Rev. int. trav.	*Revue internationale du travail*
S. A.	Sentence arbitrale
S. A. G.	Sentences arbitrales de griefs (Jurisprudence en droit du travail)
S. C.	Statuts du Canada
S. Ct.	Supreme Court
S. Ct. R.	Supreme Court Reports
S. Nfld.	Statutes of Newfoundland
S. N. S.	Statutes of Nova Scotia
S. Q.	Statuts du Québec
S. R. C.	Statuts révisés du Canada
Supreme Ct. L. Rev.	*Supreme Court Law Review*
T. A.	Tribunal d'arbitrage (Jurisprudence du travail)
T. T.	Tribunal du travail (Jurisprudence du travail)
U. B. C. L. Rev.	*University of British Columbia Law Review*
U. S.	United States Reports (Supreme Court)
U. of T. L. J.	*University of Toronto Law Journal*
Virginia L. R.	*Virginia Law Review*
W. W. R.	Western Weekly Reports
Yale L. J.	*Yale Law Journal*

BIBLIOGRAPHIE

Monographies

AARON, B. et K. W. WEDDERBURN (dir.), *Industrial Conflict – A Comparative Legal Survey*, London, Longman, 1972

Actes du cinquième colloque de droit comparé Birmingham-Laval, 1990, Québec, Faculté de droit, Université Laval (à paraître)

ADAM, G., *Le pouvoir syndical*, Paris, Dunod, 1983

ADAMS, G. W., *Canadian Labour Law – A Comprehensive Text*, Aurora, Canada Law Book Inc., 1985

ADELL, B. (dir.), *Labour Law Under the Charter*, Kingston, Queen's Law Journal and Industrial Relations Centre, 1988

ALLEN, V. L., *Power in Trade Unions*, London, Longmans, 1954

An Agenda for the Future, Communications and Electrical Workers of Canada, 7th Annual Convention, Québec, 7-11 mai 1990

ARMSTRONG, D., *L'efficacité de la réintégration ordonnée par l'arbitre (art. 124 et suivants, Loi sur les normes du travail)*, Québec, Commission des normes du travail, 1984

ARNAUD, N. et J. DESMARAIS, *Les salarié-e-s professionnel-le-s et le syndicalisme*, Étude soumise au Bureau confédéral de la C.S.N., Montréal, 5-6 octobre 1988

ARROWSMITH, D. et M. COURCHENE, *The Current Industrial Relations Scene in Canada. 1989 Collective Bargaining Reference Tables*, Kingston, Industrial Relations Centre, Queen's University, 1989

ARTHURS, H. W., D. D. CARTER, J. FUDGE et H. J. GLASBEEK, *Labour Law and Industrial Relations in Canada*, 3ᵉ éd., Toronto, Butterworths, 1988

BAIRSTOW, F., *Rapport de la Commission d'enquête sur la négociation sectorielle*, Ottawa, Ministère du Travail et de l'Immigration, 1978

_____, *The Direction of Labour Policy in Canada*, Twenty-fifth Annual Conference, Montréal, McGill University Industrial Relations Centre, 1977

BANTING, K. (dir.), *L'État et les milieux économiques*, Études pour la Commission royale d'enquête sur l'union économique et les perspectives de développement du Canada, vol. 32, Ottawa, Approvisionnements et Services, 1986

BEATTY, D., *Putting the Charter to Work*, Montréal, McGill – Queen's University Press, 1987

BEAUCAGE, A., *Syndicats, salaire et conjoncture économique*, Sillery, Presses de l'Université du Québec, 1989

BEAUDOIN, G. A. (dir.), *Vos clients et la Charte – Liberté et égalité*, Cowansville, Les Éditions Yvon Blais Inc., 1988

BEAULIEU, M.-L., *Les conflits de droit dans les rapports collectifs du travail*, Québec, P.U.L., 1955

BEN-ISRAEL, R., *International Labour Standards: the Case of Freedom to Strike*, Deventer, Kluwer, 1987

BERGERON, G. et R. PELLETIER (dir.), *L'État du Québec en devenir*, Montréal, Éditions du Boréal Express, 1980

BERNARD, P., *Structure et pouvoirs de la Fédération des travailleurs du Québec*, Équipe spécialisée en relations de travail, étude n° 13, Ottawa, Imprimeur de la Reine, 1969

BEYME, K. von, *Challenge to Power: Trade Unions and Industrial Relations in Capitalistic Countries*, London, Sage, 1980

BLANPAIN, R. (dir.), *Comparative Labour Law and Industrial Relations*, Deventer, Kluwer, 1982

BLOUIN, R. (dir.), *Vingt-cinq ans de pratique en relations industrielles au Québec*, Cowansville, Les Éditions Yvon Blais Inc., 1990

BOISMENU, G. et D. DRACHE (dir.), *Politique et régulation*, Montréal, Éditions du Méridien, 1990

BOIVIN, J., *The Evolution of Bargaining Power in the Province of Quebec Public Sector*, Québec, Département des relations industrielles, Université Laval, 1975

BOIVIN, J. et J. GUILBAULT, *Les relations patronales-syndicales*, 2ᵉ éd., Boucherville, Gaëtan Morin, 1989

BOYER, J.-P., *Political Rights – The Legal Framework of Elections in Canada*, Toronto, Butterworths, 1981

BRADET, D., B. CLICHE, M. RACINE et F. THIBAULT, *Droit de la santé et de la sécurité du travail*, Cowansville, Les Éditions Yvon Blais Inc., 1986

BRÈTHE DE LA GRESSAYE, J., *Encyclopédie Dalloz, Répertoire civil*, t. II, Paris, Dalloz, 1952. V. *Institution*

BROWN, H. P., *The Origins of Trade Union Power*, New York, Oxford University Press, 1986

BRUN, A. et H. GALLAND, *Droit du travail*, 2ᵉ éd., t. 2, Paris, Sirey, 1978

BRUN, H. et G. TREMBLAY, *Droit constitutionnel*, 2ᵉ éd., Cowansville, Les Éditions Yvon Blais Inc., 1990

CAMERLYNCK, G.-H. (dir.), *Droit du travail*, 2ᵉ éd., t. 1, Paris, Dalloz, 1987

―――――, *Traité de droit du travail*, Paris, Dalloz, 1984

CAMPBELL, S. et M. PÉPIN, *Étude sur le «Pattern Bargaining» ou négociation type dans l'industrie automobile nord-américaine*, Monographie n° 18, Montréal, École de relations industrielles, Université de Montréal, 1988

CARDIN, J.-R., *L'influence du syndicalisme national catholique sur le droit syndical québécois*, Cahier n° 1, Montréal, Institut social populaire, 1957

CARROTHERS, A. W. R., E. E. PALMER et W. B. RAYNER, *Collective Bargaining Law in Canada*, 2ᵉ éd., Toronto, Butterworths, 1986

CAW Statement on the Reorganization of Work, Toronto, C.A.W., 1989

CENTRALE DE L'ENSEIGNEMENT DU QUÉBEC, *Mémoire à la Commission consultative sur le travail, décembre 1984*, Communications C.E.Q., 1984

CENTRE CANADIEN DU MARCHÉ DU TRAVAIL ET DE LA PRODUCTIVITÉ (C.C.M.T.P.), *Rapport des groupes de travail du CCMTP sur la stratégie de la mise en valeur de la main-d'œuvre*, Ottawa, C.C.M.T.P., 1990

CHARPENTIER, A., *Ma conversion au syndicalisme catholique*, Montréal, Fides, 1946

CLEGG, H. A., *Trade Unionism Under Collective Bargaining*, Oxford, Basil Blackwell, 1976

COATES, M. L., D. ARROWSMITH et M. COURCHENE, *The Labour Movement and Trade Unionism Reference Tables, The Current Industrial Relations Scene 1989*, Kingston, Queen's University Industrial Relations Centre, 1989

COLE, G. D. H., *An Introduction to Trade Unionism*, London, Allen & Unwin, 1955

Conditions de travail contenues dans les conventions collectives, Québec, 1987, Québec, Les Publications du Québec, 1989

CONFÉDÉRATION DES SYNDICATS NATIONAUX, *La C.S.N., mouvement et organisation*, Montréal, C.S.N., 1985

―――――, *Mémoire présenté à la Commission consultative sur le travail et la révision du Code du travail à Montréal le 20 décembre 1984*, 1984

Conférences commémoratives Meredith, 1988, Cowansville, Les Éditions Yvon Blais Inc., 1989

CONSEIL ÉCONOMIQUE DU CANADA, *L'emploi au futur*, Ottawa, Approvisionnements et Services Canada, 1990

COUTU, M., *Les libertés syndicales dans le secteur public*, Cowansville, Les Éditions Yvon Blais Inc., 1989

CRISPO, J., *National Constitution*, Montréal, C.D. Howe Institute, 1984

CROUCH, C., *Trade Unions: the Logic of Collective Action*, London, Fontana, 1982

CROUCH, C. et A. PIZZORNO (dir.), *The Resurgence of Class Conflict in Western Europe Since 1968*, London, MacMillan, 1978

CYR, F. et R. ROY, *Éléments d'histoire de la FTQ. La FTQ et la question nationale*, Laval, Éditions coopératives Albert Saint-Martin, 1981

_____, *L'histoire de la FTQ des tout débuts jusqu'en 1965*, Montréal, FTQ, 1988

DABIN, J., *Le droit subjectif*, Paris, Dalloz, 1952

D'AOUST, C. et L. DUBÉ, *La notion juridique de grève en droit canadien*, Monographie n° 16, Montréal, École de relations industrielles, Université de Montréal, 1983

D'AOUST, C. et C. MEUNIER, *La jurisprudence arbitrale québécoise en matière d'ancienneté*, Monographie n° 9, Montréal, École de relations industrielles, Université de Montréal, 1980

D'AOUST, C. et L. VERSCHELDEN, *Le droit québécois de la responsabilité civile des syndicats en cas de grève illégale*, Monographie n° 8, Montréal, École de relations industrielles, Université de Montréal, 1980

DE GIVRY, J., *Droits de l'homme, travail et syndicats*, Paris, Éditions universitaires, 1989

DEMERS, R., *Corporate Litigation in Quebec*, Montréal, CEJ, s.d.

DENIS, S., *Un syndicalisme pur et simple*, Montréal, Boréal, 1986

DESMARAIS, J. (dir.), *Syndicalisme et société*, Sillery, Presses de l'Université du Québec, 1988

DE SMITH, S. A., *Judicial Review of Administrative Action*, 3ᵉ éd., London, Stevens, 1973

DICKENS, L., M. HART, M. JONES et B. WEEKS, *Dismissed*, Oxford, Basil Blackwell, 1985

DION, G., *Dictionnaire canadien des relations du travail*, 2ᵉ éd., Québec, Les Presses de l'Université Laval, 1986

_____, *La politisation des relations du travail*, 28ᵉ Congrès des relations industrielles de l'Université Laval, Québec, Les Presses de l'Université Laval, 1973

Discours du président: Un syndicalisme en changement, 21ᵉ congrès, F.T.Q., Québec, du 27 novembre au 1ᵉʳ décembre 1989

DOFNY, J. et P. BERNARD, *Le syndicalisme au Québec: structure et mouvement*, Équipe spécialisée en relations de travail, Étude n° 9, Ottawa, Bureau du Conseil privé, 1968

DORSEY, J. E., *Canada Labour Relations Board*, Toronto, Carswell, 1983

DUBÉ, J.-L., *Décrets et comités paritaires – L'extension juridique des conventions collectives*, Sherbrooke, Les Éditions Revue de Droit-Université de Sherbrooke, 1990

DUCHARME, L. et Y. LAUZON, *Le recours collectif québécois*, Cowansville, Les Éditions Yvon Blais Inc., 1988

DUFRESNE, J. et J. JACQUES (dir.), *Crise et leadership: les organisations en mutation*, Montréal, Boréal, 1983

DUSSAULT, R. et L. BORGEAT, *Traité de droit administratif*, 2ᵉ éd., t. 1, Québec, P.U.L., 1984

ELIAS, P. et K. EWING, *Trade Union Democracy, Members' Rights and the Law*, London, Mansell Publishing Limited, 1987

ENGLAND, G. (dir.), *Essays in Collective Bargaining and Industrial Democracy*, Don Mills, CCH Canadian Limited, 1983

————, *Essays in Labour Relations Law*, Don Mills, CCH Canadian Limited, 1986

ENGLISH, J. et J. O. STUBBS, *Mackenzie King: Widening the Debate*, Toronto, MacMillan, 1977

ERBES-SÉGUIN, S., *Syndicats et relations de travail dans la vie économique française*, Lille, Presses universitaires de Lille, 1985

ESTEY, M. S., P. TAFT et M. WAGNER (dir.), *Regulating Union Government*, New York, Harper & Row, 1964

Études offertes à G. Lyon-Caen, Paris, Dalloz, 1989

FAVREAU, L. et P. L'HEUREUX, *Le projet de société de la CSN de 1966 à aujourd'hui*, Montréal, Centre de formation populaire/Vie ouvrière, 1984

FILION, M., *Droit des associations*, Cowansville, Les Éditions Yvon Blais Inc., 1986

FOISY, C. H., D. E. LAVERY et L. MARTINEAU, *Canada Labour Board Policies and Procedures*, Toronto, Butterworths, 1986

FORSEY, E., *Trade Unions in Canada 1812-1902*, Toronto, University of Toronto Press, 1982

FOURNIER, P., *La concertation au Québec – Étude de cas et perspectives*, Étude pour la Commission consultative sur le travail et la révision du *Code du travail*, Québec, Les Publications du Québec, 1984

FOX, A., *Industrial Sociology and Industrial Relations*, Research Paper 3, Royal Commission on Trade Unions and Employers' Associations, London, H.M.S.O., 1966

FREEDMAN, M., *Capitalism and Freedom*, Chicago, The University of Chicago Press, 1962

FREEMAN, R. B. et J. L. MEDOFF, *What Do Unions Do?*, New York, Basic Books, 1984

GAGNON, R. P., L. LEBEL et P. VERGE, *Droit du travail*, Québec, P.U.L., 1987

GEORGE, K., *Entre syndicats, entre patrons, fragiles alliances*, Montréal, Les Éditions Agence d'Arc Inc., 1986

GLADSTONE, A. *et al.* (dir.), *Current Issues in Labour Relations: an International Perspective*, Berlin, Walter de Gruyter, 1989

HAGGARD, T. R., *Compulsory Unionism, the N.L.R.B. and the Courts – A Legal Analysis of Union Security Agreements*, Philadelphie, Industrial Research Unit, Wharton School, University of Pennsylvania, 1977

HARVEY, F., *Aspects historiques du mouvement ouvrier au Québec*, Montréal, Boréal, 1973

————, *Le mouvement ouvrier au Québec*, Montréal, Boréal, 1980

HAYEK, F. A., *Unemployment and the Unions, 1980s: the Distortion of Relative Wages by Monopoly in the Labour Market*, London, Institute of Economic Affairs, 1980

HÉBERT, G., *Les relations de travail dans l'industrie de la construction*, Ottawa, Conseil économique du Canada, 1977

HEMMINGWAY, J., *Conflict and Democracy*, Oxford, Clarendon Press, 1978

HOROWITZ, G., *Canadian Labour in Politics*, Toronto, University of Toronto Press, 1968

HYMAN, R., *Industrial Relations*, London, Macmillan, 1975

————, *Marxism and the Sociology of Trade Unionism*, London, Pluto Press, 1971

JAMIESON, S., *Industrial Conflict in Canada 1966-1975*, Discussion Paper No 142, Ottawa, Economic Council of Canada, 1979

JURIS, H. (dir.), *Industrial Relations in a Decade of Economic Change*, Madison, Industrial Relations Research Association, 1985

KAHN-FREUND, O., *Labour and the Law*, 2ᵉ éd., London, Stevens, 1977

KAIRYS, D. (dir.), *The Politics of Law: a Progressive Critique*, New York, Pantheon Books, 1982

KAPLAN, W., *Everything That Floats*, Toronto, University of Toronto Press, 1987

KOCHAN, T., H. KATZ et R. McKERSIE, *The Transformation of American Industrial Relations*, New York, Basic Books, 1986

La base des nouveaux syndicalistes québécois, des milieux de travail à réinventer ensemble, Montréal, C.S.D., 1982

La C.E.Q. et l'action politique, Québec, C.E.Q., 1987

La coopération ouvrière-patronale au Canada, Études pour la Commission royale d'enquête sur l'union économique et les perspectives de développement du Canada, vol. 15, Ottawa, Approvisionnements et Services, 1986

LACROIX, R., *Les grèves au Canada*, Montréal, Les Presses de l'Université de Montréal, 1987

LAFLAMME, G., *La négociation collective et les limites du négociable*, Québec, Département des relations industrielles, Université Laval, Collection Relations du travail nᵒ 8, 1976

LAFLAMME, G., G. MURRAY, J. BÉLANGER et G. FERLAND, *La flexibilité des marchés du travail au Canada et aux États-Unis*, Genève, Institut international d'études sociales, 1989

LAJOIE, A. et M. GAMACHE, *Droit de l'enseignement supérieur*, Montréal, Les Éditions Thémis Inc., 1990

LAJOIE, A., P. A. MOLINARI et J. M. AUBY, *Traité de droit de la santé et des services sociaux*, Montréal, P.U.M., 1981

La liberté syndicale, Recueil de décisions et de principes du Comité de la liberté syndicale de l'O.I.T., 3ᵉ éd., Genève, O.I.T., 1985

La loi et les rapports collectifs du travail, Actes du 14ᵉ Colloque des relations industrielles de l'Université de Montréal, Montréal, Université de Montréal, 1984

LASKI, H. J., *Trade Unions in the New Society*, New York, The Viking Press, 1949

LAURIN-FRENETTE, N. et J.-F. LÉONARD, *L'impasse*, Montréal, Les Éditions Nouvelle Optique, 1980

LEGAL, A. et J. BRÈTHE DE LA GRESSAYE, *Le pouvoir disciplinaire dans les institutions privées*, Paris, Sirey, 1938

LEGEAIS, R., *Encyclopédie Dalloz, Répertoire civil*, Paris, Dalloz, 1970. V. *Personne morale*

LEMELIN, M., *Les négociations collectives dans les secteurs public et parapublic*, Montréal, Les Éditions Agence d'Arc Inc., 1984

L'enjeu électoral, Québec – 1989, 4ᵉ Congrès extraordinaire de la F.T.Q., Laval, 26 août 1989

LÉPINE, G. et P. CORMIER, *Vous autres au syndicat*, Montréal, Québec-Amérique, 1984

Le statut de salarié en milieu de travail, 40ᵉ Congrès des relations industrielles, Québec, P.U.L., 1985

Le travail, une responsabilité collective, Rapport final de la Commission consultative sur le travail et la révision du *Code du travail*, Québec, Les Publications du Québec, 1985

Les négociations élargies, Document de travail n° 5, Montréal, École de relations industrielles, Université de Montréal, 1982

Les relations du travail au Canada, Rapport de l'Équipe spécialisée en relations du travail, Ottawa, Imprimeur de la Reine, 1968

Les tendances actuelles en droit du travail provincial et fédéral, Don Mills, Richard De Boo Limited, 1981

Liberté syndicale et négociation collective, Étude d'ensemble de la Commission d'experts pour l'application des conventions et recommandations, Conférence internationale du travail, 69ᵉ session, 1983, Genève, B.I.T., 1983

LIPSET, S. M. (dir.), *Unions in Transition*, San Francisco, ICS Press, 1986

LIPSET, S. M., M. TROW et J. COLEMAN, *Union Democracy – The Inside Politics of the International Typographical Union*, New York, The Free Press, 1956

MALLETTE, N. (dir.), *La gestion des relations du travail au Québec*, Montréal, McGraw-Hill, 1980

MANWARING, J., *L'organisation internationale du travail : un point de vue canadien*, Ottawa, Approvisionnements et Services, 1986

MARTEL, M. et P. MARTEL, *La compagnie au Québec*, vol. 1, *Les aspects juridiques*, Montréal, Éditions Wilson et Lafleur Ltée, 1976

MARTEL, P., *La corporation sans but lucratif au Québec*, Montréal, Wilson et Lafleur Ltée, s.d.

MAZEAUD, H., L. MAZEAUD et J. MAZEAUD, *Leçons de droit civil*, t. 2, Paris, Montchrestien, 1966

McARDLE, F. E., *The Cambridge Lectures 1987*, Cowansville, Les Éditions Yvon Blais Inc., 1988

McKENNA, I. (dir.), *Labour Relations in the 1990s*, Don Mills, CCH Canadian Limited, 1989

McLAUGHLIN, D. B. et A. L. W. SCHOOMAKER, *The Landrum-Griffin Act and Union Democracy*, Ann Arbor, The University of Michigan Press, 1979

MICHELS, R., *Les partis politiques*, Paris, Flammarion, 1971

MICHOUD, L., *La théorie de la personnalité morale et son application au droit français*, 3ᵉ éd., Paris, L.G.D.J., 1932

MIGNAULT, P. B., *Droit civil canadien*, Montréal, Wilson & Lafleur, 1909

MILLER, R. U. et F. ISBESTER (dir.), *Canadian Labour in Transition*, Scarborough, Prentice-Hall of Canada Ltd., 1971

MILNE-BAILEY, W., *Trade Unions and the State*, London, Allen & Unwin, 1934

MINVILLE, E., *La vie économique*, Montréal, Les Presses des H.E.C. – Fides, 1982

Mon carnet syndical, Québec, Centrale des syndicats démocratiques, 1988

MONTGOMERY, D., *The Fall of the House of Labor*, Cambridge, Cambridge University Press, 1987

MORIN, F., *Rapports collectifs du travail*, Montréal, Les Éditions Thémis Inc., 1982

MORIN, F. et R. BLOUIN, *Arbitrage des griefs*, Montréal, Les Éditions Yvon Blais Inc., 1986

MORRIS, C. J. (dir.), *The Developing Labor Law*, Washington, B.N.A., 1983

MOTULSKY, H., *Droit processuel*, Paris, Montchrestien, 1973

NIGHTINGALE, D. W., *Workplace Democracy: an Inquiry into Employee Participation in Canadian Work Organizations*, Toronto, University of Toronto Press, 1982

NIGHTINGALE, D. W. et R. J. LONG, *L'intéressement et l'actionnariat*, Ottawa, Travail Canada, 1984

Nouveaux modèles de relations du travail, 18e Colloque de l'École de relations industrielles de l'Université de Montréal, Montréal, Université de Montréal, 1987

Nouvelles stratégies patronales, menace ou défi, Colloque de la F.T.Q., Québec, 26-28 mai 1987

OLSON, M., *Logique de l'action collective*, Paris, P.U.F., 1978

PARISÉ, R., *Les 15 ans de la Fédération des syndicats du secteur aluminium, 1972-1977*, Jonquière, F.S.S.A., 1987

Partenaires d'égal à égal, c'est un droit!, Montréal, C.S.D., 1985

Participation et négociation collective, 32e Congrès des relations industrielles, Québec, P.U.L., 1977

PELLING, H., *The Origins of the Labour Party*, 2e éd., Oxford, Oxford University Press, 1965

PENNER, N. (dir.), *Winnipeg 1919: the Strikers' Own History of the Winnipeg General Strike*, Toronto, James, Lewis and Samuel, 1973

PERELMAN, C. et P. FORIERS, *Les présomptions et les fictions en droit*, Bruxelles, Bruylant, 1974

PERLMAN, S., *A Theory of the Labor Movement*, Philadelphia, Porcupine Press, 1979

Petit guide syndical sur les cercles de qualité, une «balloune» patronale?, Montréal, C.S.N., 1985

PIOTTE, J. M., *La communauté perdue: petite histoire du militantisme*, Montréal, V.L.B., 1987

PLANIOL, M. et G. RIPERT, *Traité pratique de droit civil français*, t. XI, Paris, L.G.D.J., 1936

PONAK, A. (dir.), *Rapport du 27e Congrès annuel de l'Association canadienne des relations industrielles*, Victoria, ACRI-CIRA, 1990

Positive Industrial Relations: the Search Continues, 35th Annual Conference, Industrial Relations Centre, Montréal, McGill University, 1987

Pour aller plus loin: les actes du 1er colloque C.S.N. sur les relations du travail, Montréal, C.S.N., 1988

Pour un débat sur l'action politique des travailleuses et des travailleurs, Document déposé au conseil confédéral, C.S.N., Montréal, 27-28 février 1986

Pour une société à notre mesure, Document de travail, XXᵉ congrès, F.T.Q., Montréal, 30 novembre-4 décembre 1987

PRATT, M., *La grève de la United Aircarft*, Sillery, Presses de l'Université du Québec, 1980

Précis de droit constitutionnel, Montréal, Les Éditions Thémis Inc., 1982

Proceedings of the Seventh Annual Meeting, Madison, Industrial Relations Research Association, 1955

Procès-verbal du Congrès de fondation, C.S.D., Québec, 8-9-10 juin 1972

PRONDZYNSKI, F. von, *Freedom of Association and Industrial Relations – A Comparative Study*, London, Mansell, 1987

PSUTKA, S., *The Structure of Bargaining Units: Issues, Patterns and Implications*, Ottawa, Travail Canada, 1983

RAINVILLE, J.-M., *Forme traditionnelle et forme nouvelle d'organisation*, Monographie n° 20, Montréal, École de relations industrielles, Université de Montréal, 1989

Rapport des activités 1987-1988, Longueuil, U.P.A., 1988

Rapport des activités sous la responsabilité des membres de l'exécutif de la C.S.N., 55ᵉ congrès, C.S.N., 5-11 mai 1990

Rapport 1987-1988, Commission de la formation professionnelle de la main-d'œuvre, région de l'Estrie, Sherbrooke, 1988

Rapport annuel 1987-1988, Conseil consultatif du travail et de la main-d'œuvre

Rapport annuel 1987-1988, Ottawa, Conseil économique du Canada, 1988

Rapport annuel 1987-1988, Inspecteur général des institutions financières, Québec, Les Publications du Québec, 1988

Rapport annuel 1987-1988, Montréal, Institut de recherche et d'information sur la rémunération, 1988

Rapport annuel 1988-1989, Québec, Ministère du Travail, Les Publications du Québec, 1989

Rapport annuel du ministère de la Consommation et des Corporations du Canada, Ottawa, Approvisionnements et Services, 1988

Rapport annuel du ministre de l'Expansion industrielle régionale présenté sous l'empire de la Loi sur les déclarations des corporations et des syndicats ouvriers, Partie II – *Syndicats ouvriers 1987*, Ottawa, Statistique Canada, 1989

Rapport du Comité des juridictions des territoires des conseils centraux et des fédérations, 55ᵉ congrès, C.S.N., Montréal, du 5 au 11 mai 1990

Rapport du Comité exécutif de la C.S.N., 55ᵉ Congrès, C.S.N., Montréal, du 5 au 11 mai 1990

Rapport de la Commission d'enquête sur l'exercice de la liberté syndicale dans l'industrie de la construction, Québec, Éditeur officiel du Québec, 1975

Rapport de la Commission d'enquête sur la santé et le bien-être social, t. 1, *Les professions et la société*, Québec, Gouvernement du Québec, 1970

Rapport du directeur national pour le Canada, Congrès canadien d'orientation, Métallurgistes unis d'Amérique, Toronto, avril 1989

Rapport moral de la présidence, 32ᵉ congrès, C.E.Q., Laval, du 26 au 30 juin 1990

Rapport des officiers, Montréal, T.U.A.C., local 500, 20 janvier 1990

Rapport du secrétaire général, 21ᵉ congrès, F.T.Q., Québec, 27 novembre-1ᵉʳ décembre 1989

Recueil des traités, Ottawa, Imprimeur de la Reine, R.T.C. 1976/46 et R.T.C. 1976/47

RÉMILLARD, G., *Le fédéralisme canadien*, Montréal, Québec-Amérique, 1983

RENAUD, M., G. TRUDEAU, C. ST-JACQUES et L. DUBÉ, *Le droit de refus: une révolution tranquille*, Monographie nᵒ 21, Montréal, École de relations industrielles, Université de Montréal, 1989

Revue annuelle 1987, Ottawa, Conseil consultatif canadien de l'emploi et de l'immigration

Revue annuelle 1987-1988, Travail Canada, Ottawa, Approvisionnements et Services Canada, 1988

ROSANVALLON, P., *La question syndicale*, Paris, Hachette, 1988

ROUILLARD, J., *Histoire du syndicalisme québécois*, Montréal, Boréal, 1989

ROULEAU, L. et H. BHÉRER, *La participation des travailleurs dans l'entreprise – Un état de situation*, Étude pour la Commission consultative sur le travail et la révision du *Code du travail*, Québec, Les Publications du Québec, 1984

SAINT-AUBIN, B., *King et son époque*, Montréal, Les Éditions La Presse Ltée, 1982

SAYLES, L. R. et G. STRAUSS, *The Local Union: its Place in the Industrial Plant*, New York, Harper & Row, 1953

SÉGRESTIN, D., *Le phénomène corporatiste*, Paris, Fayard, 1985

SEIDMAN, J., J. LONDON, B. KARSH et D. L. TAGLIACOZZO, *The Worker Views His Union*, Chicago, The University of Chicago Press, 1958

SEXTON, J., C. LECLERC et M. AUDET, *Le Comité syndical-patronal de l'industrie canadienne des textiles*, Ottawa, Travail Canada, 1985

SIMARD, M., *L'expérience des entreprises syndiquées en matière de santé et de sécurité du travail*, Document de recherche nᵒ 87-03, Montréal, École de relations industrielles, Université de Montréal, 1987

SINAY, H. et J.-C. JAVILLIER, *La grève*, dans G.-H. CAMERLYNCK (dir.), *Traité de droit du travail*, Paris, Dalloz, 1984

SISSON, K., *The Management of Collective Bargaining*, Oxford, Basil Blackwell, 1987

SMITH, J. et Y. RENAUD, *Droit québécois dans des corporations commerciales*, t. 3, *L'administration des corporations commerciales*, Montréal, Judico Inc., 1974

SOLUS, H. et R. PERROT, *Droit judiciaire privé*, t. 1, Paris, Sirey, 1961

S'organiser pour travailler et vivre autrement, Procès-verbal du 52ᵉ congrès, C.S.N., Montréal, 13-19 mai 1984

SPECTOR, J. J., *Essays on Labour Law in the Province of Quebec*, Montréal, s. éd., 1952

SWAN, K. P. et K. E. SWINTON (dir.), *Studies in Labour Law*, Toronto, Butterworths, 1983

TANCELIN, M., *Des obligations*, 4ᵉ éd., Montréal, Wilson & Lafleur, 1988

TEUBNER, G. (dir.), *Juridification of Social Spheres*, New York, Walter de Gruyter, 1987

TOMLINS, C. L., *The State and the Unions, Labor Relations Law, and the Organized Labor Movement in America, 1880-1960*, Cambridge, Mass., Cambridge University Press, 1985

TOURAINE, A., M. WIEWORKA et F. DUBET, *Le mouvement ouvrier*, Paris, Fayard, 1984

TOZZI, M., *Militer autrement*, Lyon, Chronique sociale, 1985

_____, *Syndicalisme et nouveaux mouvements sociaux*, Paris, Les Éditions ouvrières, 1982

TRAVAIL CANADA, *Répertoire des organisations de travailleurs et travailleuses du Canada*, Ottawa, Ministère des Approvisionnements et Services, 1989

TRUDEAU, P. E. (dir.), *La grève de l'amiante*, Montréal, Éditions du Jour, 1970

TURNER, H. A., *Trade Union Growth, Structure and Policy: Comparative Study of the Cotton Unions in England*, London, Allen and Unwin, 1962

TURP, D. et G. A. BEAUDOIN (dir.), *Perspectives canadiennes et européennes des droits de l'homme*, Cowansville, Les Éditions Yvon Blais Inc., 1986

Un pays à construire, 32ᵉ congrès, C.E.Q., Laval, 26-30 juin 1990

VAILLANCOURT, G., *Les lois ouvrières de la province de Québec*, Montréal, Wilson & Lafleur, 1957

VALTICOS, N., *Droit international du travail*, dans G.-H. CAMERLYNCK (dir.), *Traité de droit du travail*, 2ᵉ éd., Paris, Dalloz, 1983

VERDIER, J.-M., *Syndicats et droit syndical*, dans G.-H. CAMERLYNCK (dir.), *Droit du travail*, 2ᵉ éd., t. 1, Paris, Dalloz, 1987

VERGE, P., *Le droit de grève, fondements et limites*, Cowansville, Les Éditions Yvon Blais Inc., 1985

VÉZINA, C., *Les clauses d'ancienneté et l'arbitrage des griefs*, Ottawa, Édition de l'Université d'Ottawa, 1979

VOGEL-POLSKY, E., *Du tripartisme à l'Organisation internationale du travail*, Bruxelles, Éditions de l'Institut de sociologie de l'Université libre de Bruxelles, 1966

WEBB, L. C. (dir.), *Legal Personality and Political Pluralism*, Melbourne, Melbourne U. Press, 1958

WEBB, S. et B. WEBB, *Industrial Democracy*, London, Longmans, Green and Co., 1911

WEDDERBURN, Lord, *The Worker and the Law*, 3ᵉ éd., Harmondsworth, Penguin Books, 1986

WEGENAST, F. W., *The Law of Canadian Companies*, Toronto, Carswell, 1979

WEILER, J. M. et R. M. ELLIOT (dir.), *Litigating the Values of a Nation: the Canadian Charter of Rights and Freedoms*, Toronto, Carswell, 1986

WEILER, P., *Reconcilable Differences – New Directions in Canadian Labour Law*, Toronto, The Carswell Company Limited, 1980

WHITE, R., *Hard Bargains*, Toronto, McLelland and Stewart, 1987

WOOD, W. D. et P. KUMAR (dir.), *The Current Industrial Relations Scene in Canada 1982*, Kingston, Queen's University Industrial Relations Centre, 1982

WOODS, H. D., *Labour Policy in Canada*, 2e éd., Toronto, MacMillan of Canada, 1973

YOUNG, W. D., *The Anatomy of a Party: the National C.C.F. 1932-1961*, Toronto, University of Toronto Press, 1969

ZERKER, S. F., *The Rise and Fall of the Toronto Typographical Union*, Toronto, University of Toronto Press, 1982

Articles

ADAMS, R. J., «Deux approches de la décision ouvrière-patronale à l'échelon de l'entreprise», dans *La coopération ouvrière patronale au Canada*, Études pour la Commission royale d'enquête sur l'union économique et les perspectives de développement du Canada, vol. 15, Ottawa, Approvisionnements et Services, 1986, 4

_____, «Industrial Relations and the Economic Crisis : Canada Moves Towards Europe», dans H. JURIS (dir.), *Industrial Relations in a Decade of Economic Change*, Madison, Industrial Relations Research Association, 1985, 115

_____, «The Federal Government and Tripartism», (1982) 37 *Rel. ind.* 606

ADELL, B. L., «The Duty of Fair Representation – Effective Protection for Industrial Rights in Collective Agreements», (1970) 25 *Rel. ind.* 602

ARCHER, K., «Canadian Unions, the New Democratic Party, and the Problem of Collective Action», (1987) 20 *Labour – Le travail* 173

ARTHURS, H. W., «[*Hersees of Woodstock Ltd.* c. *Goldstein*]», (1963) 41 *R. du B. can.* 573

BARRIE, J. et D. K. BELCH, «The Canadian Steel Trade Conference Inc. : a Constructive New Dialogue», dans *Positive Industrial Relations : the Search Continues*, 35th Annual Conference, Industrial Relations Centre, Montréal, McGill University, 1987, 16

BAUER, J., «La représentativité dans l'administration consultative», (1981) 24 *Adm. Pub. Can.* 452

BEATTY, D., «Secondary Boycotts : a Functional Analysis», (1974) 52 *R. du B. can.* 388

BEATTY, D. et S. KENNET, «Striking Back : Fighting Words, Social Protest and Political Participation in Free and Democratic Societies», (1988) 67 *R. du B. can.* 573

BEAULIEU, M.-L., «[*Seafarer's International Union of North America (Canadian District)* c. *Stern* : commentaires]», (1961) 21 *R. du B.* 232 ; (1962) 22 *R. du B.* 206

BEAUMIER, M., «Le recours collectif au Québec et aux États-Unis», (1987) 18 *R. G. D.* 775

BEAUPRÉ, R., A. DESJARDINS, L. FAVREAU, D. MASCHINO, R. MORISSETTE et O. VOYER, «Les conditions de travail négociées en 1988-1989», *Les relations du travail en 1989*, supplément dans (janvier 1990) 11 *Le marché du travail* 59

BEKTON, C. F., «*A.G. for Canada et al.* c. *Claire Dupond* : the Right to Assemble in Canada», (1979) 5 *Dal. L.J.* 169

BÉLANGER, J., «La participation des travailleurs aux décisions dans l'entreprise», dans *Le statut de salarié en milieu de travail*, 40ᵉ Congrès des relations industrielles, Québec, P.U.L., 1985, 245

BENOÎT, C., «La participation ouvrière à l'entreprise au Québec», (1982) *Le marché du travail* 50

BICH, M.-F., « Petit manuel de guérilla patronale-syndicale : effets de la Charte canadienne des droits et libertés sur le Code du travail », (1987) 47 *R. du B.* 1097

BIHL, L., « L'action « syndicale » des associations », (1973) *Gaz. Pal.* 523

BLANC-JOUVAN, X., « La négociation d'entreprise en droit comparé », (1982) *Dr. social* 718

―――――, « The Effect of Industrial Action on the Status of the Individual Employee », dans B. AARON et K. W. WEDDERBURN (dir.), *Industrial Conflict – A Comparative Legal Survey*, London, Longman, 1972, 175

BLOUIN, R., « Démocratiser les lieux de travail », dans R. BLOUIN (dir.), *Vingt-cinq ans de pratique en relations industrielles au Québec*, Cowansville, Les Éditions Yvon Blais Inc., 1990, 1133

―――――, « Nature et procédure d'adoption de la cotisation syndicale », (1985) 30 *Rel. ind.* 782

BORENFREUND, G., « Propos sur la représentativité syndicale », (1988) *Dr. social* 476

BOUCHARD, M., « L'autorisation d'exercer le recours collectif », (1980) 21 *C. de D.* 855

BOULARD, R. et M. MARCHAND, « La loi sur la santé et la sécurité du travail et les conventions collectives », (1983) 38 *Rel. ind.* 847

BRETON, B., « Larose préfère que la CSN ne s'associe pas à un parti », *Le Soleil*, 19 octobre 1988, A-13

BRIÈRE, M., « La détermination des unités de négociation », (1980) 35 *Rel. ind.* 534

BRODY, B. et G. CARDIN, « La négociation sectorielle », dans N. MALLETTE (dir.), *La gestion des relations du travail au Québec*, Montréal, McGraw-Hill, 1980, 501

BRUCE, P. G., « Political Parties and Labor Legislation in Canada and the U.S. », (1989) 28 *Ind. Rel.* 115

BRUN, H., « The Canadian Charter of Rights and Trade Unions », dans F. E. McARDLE, *The Cambridge Lectures 1987*, Cowansville, Les Éditions Yvon Blais Inc., 1988, 1

BURGER, T., « The Supreme Court and Fundamental Freedoms : the Renunciation of the Legacy of Mr. Justice Rand », (1980) 1 *Supreme Ct. L. Rev.* 460

« C.E.Q. : une nouvelle politique de représentation », dans *Mouvements*, printemps 1984, 14

CAMPERNOLLE, J. van, « La personnalité morale : fiction ou réalité », dans C. PERELMAN et P. FORIERS, *Les présomptions et les fictions en droit*, Bruxelles, Bruylant, 1974, 318

CARON, Y., « Rapport sur les associations et les groupements dépourvus de personnalité juridique en droit civil et commercial québécois », (1969) 21 *Travaux de l'Association Henri Capitant* 181

CAVALLUZZO, P. J. J., « Freedom of Association – Its Effect upon Collective Bargaining and Trade Unions », dans B. ADELL (dir.), *Labour Law Under the Charter*, Kingston, Queen's Law Journal and Industrial Relations Centre, 1988, 267

CHAMBERLAND, L., « Les mésententes au sujet de l'article 102 du Code du travail du Québec », (1982) 42 *R. du B.* 661

CHARTRAND, M., « The First Canadian Trade Union Legislation : an Historical Perspective », (1984) 16 *Ott. L. Rev.* 267

CHRISTIAN, T., « The Charter of Rights and Labour Law », dans I. McKENNA (dir.), *Labour Relations in the 1990s*, Don Mills, CCH Canadian Limited, 1989, 185

CLARK, J., « The Juridification of Industrial Relations : a Review Article », (1985) 14 *Ind. L. J.* 69

CLARK, J. et Lord WEDDERBURN, « Juridification. A Universal Trend ? The British Experience in Labor Law », dans G. TEUBNER (dir.), *Juridification of Social Spheres*, New York, Walter de Gruyter, 1987, 163

COHEN, M. et F. BAYEFSKY, « The Canadian Charter of Rights and Freedoms and Public International Law », (1983) 61 *R. du B. can.* 265

CORDOUA, E., « La participation des travailleurs aux décisions dans l'entreprise – Tendances et problèmes actuels », (1982) 121 *Rev. int. trav.* 139

CÔTÉ, A.-C., « Changements technologiques et rapports collectifs du travail », (1987) 28 *C. de D.* 3

_____, « Les incidences juridiques de la participation des employés à la gestion de l'entreprise », dans *Participation et négociation collective*, 32ᵉ Congrès des relations industrielles, Québec, P.U.L., 1977, 93

_____, « Les pratiques interdites : l'ingérence et l'entrave de l'employeur dans la formation ou les activités du syndicat », dans N. MALLETTE (dir.), *La gestion des relations du travail au Québec*, Montréal, McGraw-Hill, 1980, 150

COURCHESNE, R., « Le processus de la négociation collective », *Les relations du travail en 1989*, supplément dans (décembre 1989) 10 *Le marché du travail* 24

CURD, F. R., Jr., « La restructuration de la production chez General Motors du Canada », dans G. LAFLAMME, G. MURRAY, J. BÉLANGER et G. FERLAND, *La flexibilité des marchés du travail au Canada et aux États-Unis*, Genève, Institut international d'études sociales, 1989, 79

D'AOUST, C., « Les fondements de la responsabilité civile des syndicats en cas de grève illégale », (1981) 41 *R. du B.* 565

D'AOUST, C. et F. DELORME, « The Origin of the Freedom of Association and the Right to Strike in Canada », (1981) 36 *Rel. ind.* 894

DAVIES, P. et F. GAMILLSCHEG, « La cogestion des travailleurs en droit allemand », (1980) 32 *Rev. int. dr. comp.* 57

DAVIES, R. J., « La structure de la négociation collective au Canada », dans *Les relations de travail au Canada*, Études pour la Commission royale d'enquête sur l'union économique et les perspectives de développement du Canada, vol. 16, Ottawa, Approvisionnements et Services, 1986, 243

DELOS, J. T., « La thèse de l'institution », (1931) 1 *Archives de philosophie du droit* 97

DES RIVIÈRES, P., « La CSN pourrait appuyer un parti pour la première fois de son histoire », *Le Devoir*, 8 octobre 1988, A-2

_____, « La CSN n'appuie pas le NPD », *Le Devoir*, 29 octobre 1988, A-2

DION, D., «Loi des syndicats professionnels de Québec», (1950) 10 *R. du B.* 145

DION, G., «La C.T.C.C. et l'unité ouvrière canadienne», (1957) 12 *Rel. ind.* 32

————, «L'influence étatsunienne sur le syndicalisme canadien», (1973) *Mémoires de la Société royale du Canada*, série IV, t. XI, 119

DORSEY, J. E., «Excluded Employees and the Canadian Charter of Rights and Freedoms», dans G. ENGLAND (dir.), *Essays in Collective Bargaining and Industrial Democracy*, Don Mills, CCH Canadian Limited, 1983, 5

————, «Individuals and Internal Union Affairs: the Right to Participate», dans K. P. SWAN et K. E. SWINTON (dir.), *Studies in Labour Law*, Toronto, Butterworths, 1983, 193

DOW, B., «The Labour Movement and Trade Unionism: Summary Outline», dans W. D. WOOD et P. KUMAR (dir.), *The Current Industrial Relations Scene in Canada 1982*, Kingston, Queen's University Industrial Relations Centre, 1982, 209

DUBÉ, J.-L. et N. DI IORIO, «Le caractère minimal ou absolu du décret de la construction», (1984) 15 *R. D. U. S.* 151

DUFOUR, R., «Le Conseil consultatif du travail et de la main-d'œuvre», dans R. BLOUIN (dir.), *Vingt-cinq ans de pratique en relations industrielles au Québec*, Cowansville, Les Éditions Yvon Blais Inc., 1990, 233

DURAND, P., «Défense de l'action syndicale», D. 1960, chron. 21

DUSSAULT, R. et L. BORGEAT, «La réforme des professions au Québec», (1974) 34 *R. du B.* 140

EMERSON, T. I., «Freedom of Association and Freedom of Expression», (1964) 74 *Yale L. J.* 1

ENGLAND, G., «Trade Union Admission Rules: a Legal View», dans G. ENGLAND (dir.), *Essays in Labour Relations Law*, Don Mills, CCH Canadian Limited, 1986, 149

ENGLAND, G. et B. REES, «Reforming the Law of Internal Trade Union Affairs: Some Transatlantic Pointers», (1990) 15 *Queen's L. J.* 121

ETHERINGTON, B., «Freedom of Association and Compulsory Union Dues: Towards a Purposive Conception of a Freedom to Not Associate», (1987) 19 *Ott. L. R.* 1

EWING, K. D., «Freedom of Association in Canada», (1987) 25 *Alta L. R.* 437

FAVREAU, G., «Trade Unions – Action in Damages Against Unincorporated and Unregistered Unions», (1948) 26 *R. du B. can.* 584

FERLAND, G. et G. BELLEMARRE, «Nouvelles stratégies patronales de gestion et leurs impacts possibles sur les conditions de travail», dans *Pour aller plus loin: les actes du 1ᵉʳ colloque C.S.N. sur les relations du travail*, Montréal, C.S.N., 1988, 45

FICHAUD, J., «Analysis of the Charter and its Application to Labour Law», (1984) 8 *Dal. L.J.* 402

FLEURY, G., «Structures syndicales québécoises – Études descriptives des instances décisionnelles dans les principales centrales syndicales», (août 1990) 11 *Le marché du travail* 7

————, « Un portrait du syndicalisme indépendant », (septembre 1988) 9 *Le marché du travail* 64

FORDE, M., « European Convention on Human Rights and Labor Law », (1983) 31 *Am. J. of Comp. L.* 301

FOURNIER, L., « Le fonds de solidarité (FTQ) : une petite révolution syndicale », (1987) 17 *Interventions économiques* 39

FOURNIER, P., « La concertation au Canada : étude de cas et perspectives », dans K. BANTING (dir.), *L'État et les milieux économiques*, Études pour la Commission royale d'enquête sur l'union économique et les perspectives de développement du Canada, vol. 32, Ottawa, Approvisionnements et Services, 1986, 321

FRICKE, J. G., « Worker Participation in Canada – Some Lessons from the Past », (1988) 43 *Rel. ind.* 633

FRIGON, G., « Les employés-investisseurs : la participation des travailleurs au financement de l'entreprise », dans *Conférences commémoratives Meredith 1988*, Cowansville, Les Éditions Yvon Blais Inc., 1989, 51

GAGNON, J. D., « Le devoir de représentation des associations de salariés en droit canadien et québécois », (1981) 41 *R. du B.* 639

————, « Les effets de la Charte canadienne des droits et libertés sur le droit du travail », (1984) 18 *R. J. T.* 131

GAGNON, R. P., « La convention collective : son élargissement, son application », dans *Relations de travail* (supplément de *Nouvelles-CSN*), Montréal, C.S.N., avril 1990, 18

GALL, P. A., « Freedom of Association and Trade Unions : a Double-Edged Constitutional Sword », dans J. M. WEILER et R. M. ELLIOT (dir.), *Litigating the Values of a Nation : the Canadian Charter of Rights and Freedoms*, Toronto, Carswell, 1986, 245

GILES, A., « The Canadian Labour Congress and Tripartism », (1982) 37 *Rel. ind.* 93

GLASBEEK, H. J., « Labour Relations Policy and Law as Mechanisms of Adjustment », (1987) 25 *Osgoode Hall L. J.* 179

GREEN, C., « Marketing Boards in Canada : an Economic and Legal Analysis », (1983) 33 *U. of T. L. J.* 407

HALPERN, N., « Teamwork at Shell Canada », dans *Positive Industrial Relations : the Search Continues*, Actes du 35e congrès annuel, McGill Industrial Relations Centre, Montréal, McGill University, 1987, 148

HANSEN, B. G., « Session of Local Union », (1978) 56 *R. du B. can.* 80

HARVEY, F., « Les Chevaliers du travail, les États-Unis et la société québécoise, 1882-1902 », dans F. HARVEY (dir.), *Le mouvement ouvrier au Québec*, Montréal, Boréal, 1980, 69

HÉBERT, G., « L'évolution du syndicalisme au Canada – Comment un mouvement devient une institution », (1987) 42 *Rel. ind.* 500

————, « La loi des décrets de convention collective : cinquante ans d'histoire », dans *La loi et les rapports collectifs du travail*, Actes du 14e Colloque des relations industrielles de l'Université de Montréal, Montréal, Université de Montréal, 1984, 81

————, « Les négociations élargies : la Loi sur les décrets ou l'accréditation multipatronale », dans *Les négociations élargies*, Document de travail n° 5, Montréal, École de relations industrielles, Université de Montréal, 1982, 25

HENKEL, J. W. et N. J. WOOD, « Limitations on the Uses of Union Shop Funds after *Ellis* », (1984) 35 *L. L. J.* 736

HÉROUX, D., « Les Chevaliers du travail et la montée de l'organisation ouvrière durant les années '80 », (1960) 2 *Cahiers de Sainte-Marie, Le travailleur québécois et le syndicalisme* 29

HICKLING, M. A., « The Right to Membership of a Trade Union », (1967) *U. B. C. L. Rev. – C. de D.* 243

HOFFMAN, P., « Trade Union Rights under Article 11 of the European Convention of Human Rights », (1982) 5 *Comp. L. J.* 149

JACQUÉ, J.-P., « La liberté d'association dans la Convention européenne des droits de l'homme », dans D. TURP et G. A. BEAUDOIN (dir.), *Perspectives canadiennes et européennes des droits de l'homme*, Cowansville, Les Éditions Yvon Blais Inc., 1986, 307

JAIN, H. C., « Disclosure of Corporate Information to Trade Unions in North America », (1981) 36 *Rel. ind.* 748

KAHN-FREUND, O., « Trade Unions : the Law and Society », (1970) 33 *Modern L. R.* 241

KANE, E. M. et D. MARSDEN, « L'avenir du syndicalisme dans les pays industrialisés à économie de marché », (1988) 13 *Travail et société* 113

KERR, C., « Industrial Relations and the Liberal Pluralist », dans *Proceedings of the Seventh Annual Meeting*, Madison, Industrial Relations Research Association, 1955

KLARE, K. E., « Critical Theory and Labor Relations Law », dans D. KAIRYS (dir.), *The Politics of Law : a Progressive Critique*, New York, Pantheon Books, 1982, 65

KUPFERBERG, S., « Political Strikes, Labor Law, and Democratic Rights », (1985) 71 *Virginia L. R.* 685

« L'action politique syndicale », dans *Agir collectivement*, Dossier C.E.Q., Québec, C.E.Q., novembre 1987

LAFLAMME, G., « La concertation : nature, questions et conditions », (1987) 12 *Travail et société* 519

————, « Peut-on concilier négociation collective et participation à la gestion ? », dans *Participation et négociation collective*, 32ᵉ Congrès des relations industrielles, Québec, P.U.L., 1977, 80

LAFLAMME, G. et G. VALLÉE, « Changements technologiques et modes régulateurs des relations du travail », (1987) 42 *Rel. ind.* 702

LAMBERT, E., « [*United Mine Workers of America* v. *Coronado Coal Co.*] », *D.P.* 1922.2.153

LATULIPPE, G. P. et K. O'FARRELL, « Le comité paritaire – Anachronisme ou formule d'avenir ? », (1982) 37 *Rel. ind.* 634

LEBEL, M., « L'interprétation de la Charte canadienne des droits et libertés au regard du droit international des personnes – Critique de la démarche suivie par la Cour suprême du Canada », (1988) 48 *R. du B.* 745

LEE, B. A., «Collective Bargaining and Employee Participation: an Anomalous Interpretation of the National Labour Relations Act», (1987) 38 *L. L. J.* 206

LEMELIN, M. et A. RONDEAU, «Les nouvelles stratégies de gestion des ressources humaines», dans R. BLOUIN (dir.), *Vingt-cinq ans de pratique en relations industrielles au Québec*, Cowansville, Les Éditions Yvon Blais Inc., 1990, 719

«Les unions ouvrières doivent-elles être constituées en corporations civiles?», *L'Action catholique*, 17 mars 1922, 1

LEVASSEUR, C., «De l'État-providence à l'État disciplinaire», dans G. BERGERON et R. PELLETIER (dir.), *L'État du Québec en devenir*, Montréal, Éditions du Boréal Express, 1980, 285

LIPSIG-MUMMÉ, C., «La crise du syndicalisme nord-américain – Éléments d'interprétation», (1984) 39 *Rel. ind.* 275

LIZÉE, M., «Deux fictions de droit corporatif», (1983) 43 *R. du B.* 649

LONG, R. J., «Patterns of Workplace Innovation in Canada», (1989) 44 *Rel. ind.* 805

LYON-CAEN, G., «Droit syndical et mouvement syndical», (janvier 1984) *Dr. social* 5

MACNEIL, M., «Unions, Politics and Law in Canada», (1988) 43 *Rel. ind.* 847

————, «Court and Liberal Ideology: an Analysis of the Application of the Charter to Some Labour Law Issues», (1989) 34 *McGill L. J.* 86

MALLETTE, N., «La sécurité syndicale», dans N. MALLETTE (dir.), *La gestion des relations du travail au Québec*, Montréal, McGraw-Hill, 1980, 221

MARCHAND, G., «Les droits individuels des salariés et la régie interne de leur association», (1979) 9 *R. D. U. S.* 406

MARTIN, R. S., «Legal Personality and the Trade Union», dans L. C. WEBB (dir.), *Legal Personality and Political Pluralism*, Melbourne, Melbourne U. Press, 1958, 93

MASTERS, M. F., R. S. ATKIN et G. W. FLORKOWSKI, «An Analysis of Union Reporting Requirements under Title II of the Landrum-Griffin Act», (1989) 40 *L. L. J.* 713

MILLER, R. U., «Organized Labour and Politics in Canada», dans R. U. MILLER et F. ISBESTER (dir.), *Canadian Labour in Transition*, Scarborough, Prentice-Hall of Canada Ltd., 1971, 221

MIREAULT, R., «Témoignage sur l'évolution du régime des relations du travail dans l'industrie de la construction», dans R. BLOUIN (dir.), *Vingt-cinq ans de pratique en relations industrielles au Québec*, Cowansville, Les Éditions Yvon Blais Inc., 1990, 599

MORIN, F., «L'accréditation syndicale au Québec – Mise en relief des effets de l'accréditation», (1970) 25 *Rel. ind.* 401

————, «Sécurité syndicale et droit du travail au Québec», (1961) 21 *R. du B.* 449

MORISSETTE, P. P. et C. D'AOUST, «La convention collective étendue par voie de décret», dans *Les négociations élargies*, Document de travail n° 5, Montréal, École de relations industrielles, Université de Montréal, 1982, 3

MORISSETTE, Y.-M., «Quelques orientations nouvelles dans les données juridiques des conflits de travail», dans *Les tendances actuelles en droit du travail provincial et fédéral*, Don Mills, Richard De Boo Limited, 1981, 99

MULLER-JENTSCH, W., «Trade Unions as Intermediary Organizations», (1985) 6 *Economic and Industrial Democracy* 3

MUNN, E., «L'action politique partisane à la F.T.Q.», (1982) 12 *Labour – Le travail* 43

MURRAY, G., «Action politique des syndicats en Grande-Bretagne», dans *Notes de recherche*, n° 15, Québec, Centrale de l'enseignement du Québec, 1987, 1

————, «Canadian Unions and Economic Restructuring: the Political Economy of Organizational Adjustment in National Trade Unions», dans A. PONAK (dir.), *Rapport du 27ᵉ Congrès annuel de l'Association canadienne des relations industrielles*, Victoria, ACRI-CIRA, 1990, 375

————, «La restructuration de l'emploi et les structures syndicales en Grande-Bretagne: adaptations organisationnelles et choix stratégiques», dans J. DESMARAIS (dir.), *Syndicalisme et société*, Sillery, Presses de l'Université du Québec, 1988, 35

————, «Les stratégies syndicales face à la précarité», dans G. LAFLAMME, G. MURRAY, J. BÉLANGER ET G. FERLAND (dir.), *La flexibilité des marchés du travail au Canada et aux États-Unis*, Genève, Institut international d'études sociales, 1989, 191

MURRAY, G. A. et C. RIOUX, «Syndicats et marchés: les structures et les pratiques syndicales dans les années 1990», *Relations de travail* (supplément de *Nouvelles CSN*), avril 1990, 2

NORMAN, K., «Freedom of Association», dans G. A. BEAUDOIN (dir.), *Vos clients et la Charte – Liberté et égalité*, Cowansville, Les Éditions Yvon Blais Inc., 1988, 187

OUELLET, L., «La concertation», dans J. DUFRESNE et J. JACQUES (dir.), *Crise et leadership: les organisations en mutation*, Montréal, Boréal, 1983, 145

PANITCH, L., «Corporatism in Canada», (1979) 1 *Studies in Political Economy* 43

PANKERT, A., «Freedom of Association», dans R. BLANPAIN (dir.), *Comparative Labour Law and Industrial Relations*, Deventer, Kluwer, 1982, 182

PELLAND, L., «Association professionnelle et contrat de travail», (1934) 12 *R. du D.* 385

————, «La grève et le droit de guet», (1922) 1 *R. du D.* 66

————, «Un projet de loi des syndicats professionnels», (1923-1924) *R. du D.* 80

PENTLAND, H. C., «The Development of a Capitalistic Labour Market in Canada», (1959) 25 *Canadian Journal of Economics and Political Science* 450

PIORE, M., «Le modèle américain et la situation du syndicalisme aux États-Unis», dans *Nouveaux modèles de relations du travail*, 18ᵉ Colloque de l'École de relations industrielles de l'Université de Montréal, Montréal, Université de Montréal, 1987, 74

PLASSE, M., «Santé et sécurité du travail au Québec – Le défi de la concertation patronale-syndicale», (1987) 42 *Rel. ind.* 544

POTHIER, R. R., « Accès pour les salariés à l'information concernant leur entreprise », (1984) 5 *Le marché du travail* (n° 4) 66

POTOBSKY, G. von, « Évolution et aspects conceptuels de la concertation sociale », (1987) 12 *Travail et société* 505

PRONDZYNSKI, F. von, « Freedom of Association and the Closed Shop : the European Perspective », (1982) 41 *Cambridge L. J.* 256

PULSIPHER, A. G., « The Union Shop : a Legitimate Form of Coercion in a Free-Market Economy », (1965-1966) 19 *Ind. L. R. R.* 529

RACINE, F., « La syndicalisation au Québec en 1989 », *Les relations du travail en 1989*, supplément dans (décembre 1989) 10 *Le marché du travail*

« [Rapport McTague] », (1944) 44 *Gaz. Trav.*, Supplément

REID, H., « Que signifient les mots « public », « corps public », « bureau public » et « corps politique » utilisés aux articles 33, 828, 838 et 844 du Code de procédure civile du Québec ? », (1977) 18 *C. de D.* 455

RENOUF, S., « One More Battle to Fight : Trade Union Rights and Freedom of Association in Canada », (1989) 27 *Alta L. R.* 226

RIDDELL, W. C., « La coopération ouvrière-patronale au Canada – Introduction », dans *La coopération ouvrière-patronale*, Études pour la Commission royale d'enquête sur l'union économique et les perspectives de développement du Canada, vol. 15, Ottawa, Approvisionnements et Services, 1986, 10

ROBACK, L., « Les formes historiques de politisation du syndicalisme au Québec », dans G. BERGERON et R. PELLETIER (dir.), *L'État du Québec en devenir*, Montréal, Éditions du Boréal Express, 1980, 35

————, « Les formes historiques de politisation du syndicalisme au Québec », dans G. DION (dir.), *La politisation des relations du travail*, 28ᵉ Congrès des relations industrielles de l'Université Laval, Québec, Les Presses de l'Université Laval, 1973, 15

ROSE, J. B., « Some Notes on the Building Trades-Canadian Labour Congress Dispute », (1983) 22 *Ind. Rel.* 87

ROUSSEAU, A., « Les syndicats ont-ils une âme... juridique ? », (1975) 53 *R. du B. can.* 126

SAVATIER, J., « Les transformations de la fonction représentative des groupements », dans *Études offertes à G. Lyon-Caen*, Paris, Dalloz, 1989, 179

SCHEENBERG, S. J., « Rockefeller and King : the Capitalist and the Reformer », dans J. ENGLISH et J. O. STUBBS, *Mackenzie King : Widening the Debate*, Toronto, MacMillan, 1977, 89

SCHMITTER, P. C., « Still the Century of Corporatism ? », (1974) 36 *Review of Politics* 85

SCHREGLE, J., « Workers' Participation in the Federal Republic of Germany in an International Perspective », dans A. GLADSTONE *et al.* (dir.), *Current Issues in Labour relations : an International Perspective*, Berlin, Walter de Gruyter, 1989, 15

SEIDMAN, J., « Emergence of Concern with Union Government and Administration », dans M. S. ESTEY, P. TAFT et M. WAGNER (dir.), *Regulating Union Government*, New York, Harper & Row, 1964, 1

SIMITIS, S., « The Juridification of Labor Relations », (1986) 7 *Comp. L. L.* 93

————, «Juridification of Labor Relations», dans G. TEUBNER (dir.), *Juridification of Social Spheres*, New York, Walter de Gruyter, 1987, 113

SMITH, J., «La personnalité morale des groupements non constitués en corporation», (1979) 81 *R. du N.* 457

SPECTOR, J. J., «Legality of the Union Shop Covenant in Quebec», (1948) 8 *R. du B.* 26

————, «Trade Unions – Expulsion of Member by Local», (1949) 27 *R. du B. can.* 217

SUMMERS, C. W., «An American Perspective of the German Model of Worker Participation», dans A. GLADSTONE *et al.* (dir.), *Current Issues in Labour Relations: an International Perspective*, Berlin, Walter de Gruyter, 1989, 115

SWINTON, K., «Commentary: [Dupond's decision]», (1979) 57 *R. du B. can.* 326

TARNOPOLSKY, W. S., «Sources communes et parenté de la convention européenne et des instruments canadiens des droits de la personne», dans G. TURP et G. A. BEAUDOIN (dir.), *Perspectives canadiennes et européennes des droits de la personne*, Cowansville, Les Éditions Yvon Blais Inc., 1986, 61

THORNICROFT, K. W., «Unions, Union Dues, and Political Activities: a Canada/U.S. Comparative Analysis», (1990) 41 *L. L. J.* 846

TOURAINE, A., «Contribution à la sociologie du mouvement ouvrier: le syndicalisme de contrôle», (1960) 28 *Cahiers internationaux de sociologie* 57

TREMBLAY, A., «Les relations de travail dans le contexte constitutionnel», dans *Précis de droit constitutionnel*, Montréal, Les Éditions Thémis Inc., 1982, 183

TURCOTTE, A., «La grève pour des motifs politiques est-elle légale?», (1979) 39 *R. du B.* 1094

TURP, D., «Le recours au droit international aux fins de l'interprétation de la Charte canadienne des droits et libertés: un bilan jurisprudentiel», (1984) 18 *R. J. T.* 353

URWIN, H. et G. MURRAY, «Democracy and Trade Unions», (1983) 14 *Industrial Relations Journal* 4

VALLÉE, G., «Les accords «atypiques» et le droit des rapports collectifs du travail», (1989) 44 *Rel. ind.* 680

VASTEL, M., «La FTQ appuiera le NPD aux élections», *Le Devoir*, 1er juin 1988, 10

VERDIER, J.-M., «Sur la relation entre représentation et représentativité syndicales», (1991) *Dr. social* 5

VERGE, P., «L'action d'intérêt collectif», (1984) 25 *C. de D.* 553

————, «Bref historique de l'adoption du monopole de la représentation syndicale au Québec», (1971) 12 *C. de D.* 303

————, «Contracting-Out at Arbitration», (1963) 18 *Rel. ind.* 162

————, «Évolution de la protection juridictionnelle de l'accès au syndicat», (1984) 39 *Rel. ind.* 710

————, «La protection du travail par l'injonction», (1981) 41 *R. du B.* 605

VERGE, P. et A. BARRÉ, « L'appel à la solidarité des consommateurs lors d'un conflit de travail », (1986) 17 *R. G. D.* 283

VERGE, P., G. MURRAY et É. TREMBLAY, « Les modes privés de règlement des conflits intersyndicaux », dans *Actes du cinquième colloque de droit comparé Birmingham-Laval, 1990*, Québec, Faculté de droit, Université Laval (à paraître)

VESSER, J., « Le syndicalisme en Europe occidentale : état présent et perspectives », (1988) 13 *Travail et société* 131

VOGT, E., « Dupond Reconsidered : on the Search for the Constitution and the Thruth of Things Generally », (1982) 16 *Charter ed., U. B. C. L. Rev.* 141

WALDIE, K. G., « L'évolution de la concertation entre les travailleurs et l'État en matière de politique économique », dans *La coopération ouvrière-patronale*, Études pour la Commission royale d'enquête sur l'union économique et les perspectives de développement du Canada, vol. 15, Ottawa, Approvisionnements et Services, 1986, 186

WANCZYCKI, J. K., « Quebec Labour Code and the Status of Unions and Collective Agreements », (1965) 20 *Rel. ind.* 237

WEDDERBURN, K. W., « Industrial Action, the State and the Public Interest », dans B. AARON et K. W. WEDDERBURN (dir.), *Industrial Conflict – A Comparative Legal Survey*, London, Longman, 1972, 319

WHITAKER, R., « The Liberal-Corporatist Ideas of Mackenzie King », (1977) 2 *Le travailleur* 137

WOODS, H. D., « The Course of Labour Policy in Canada », dans F. BAIRSTOW (dir.), *The Direction of Labour Policy in Canada*, Twenty-fifth Annual Conference, Montréal, McGill University Industrial Relations Centre, 1977, 1

INDEX DE LA LÉGISLATION

Lois

5) LOIS/PROVINCES CANADIENNES AUTRES QUE LE QUÉBEC

Alberta

Colombie-Britannique

Manitoba

INDEX DES CONSTITUTIONS
ET AUTRES DOCUMENTS SYNDICAUX

INDEX DE LA JURISPRUDENCE

Amalgamated Meat Cutters (Borek c.) Voir 55
8. *Amalgamated Society of Railway Servants* v. *Osborne*
(1910) A.C. 87
339
Amalgamated Society of Railway Servants (Taft Vale Railway Company v.) Voir 332
9. *Andrews* c. *Law Society of British Columbia*
(1989) 1 R.C.S. 143
120, 145
Aristocratic Restaurants Ltd. (Williams c.) Voir 370
10. *Arlington Crane Service* v. *Ontario (Minister of Labour)*
(1988) 56 D.L.R. (4th) 209 (Ont. H.Ct.)
194, 200
11. *Arsenault* et *Association internationale des débardeurs, section locale 375*
(1982) 50 d.i. 51
205, 206
12. *Arsenault* c. *Boudreault*
C.S. (Montréal) 500-05-009582-865, 11 novembre 1986, D.T.E. 87T-152
92, 165
13. *Asselin* c. *Travailleurs amalgamés du vêtement et du textile, local 1838*
(1985) T.T. 74
284
14. *Association des agents distributeurs des Messageries dynamiques inc.* c. *Les Messageries dynamiques, division du groupe Quebecor*
(1989) R.D.J. 187 (C.A.)
292
Association des autobus de l'Estrie Inc. (Roy c.) Voir 274
Association de bienfaisance et de retraite de la police de Montréal (Lapointe c.) Voir 184
*Association des chauffeurs et mécaniciens des Autobus J.M. Landry et Michel Inc.
(Syndicat des salariés d'Aubcar Shawinigan Ltée (C.S.D.)* c.) Voir 315
Association des chauffeurs d'autobus de Valleyfield (Paré c.) Voir 237
Association des débardeurs d'Halifax, section locale 269 (Conseil canadien des relations du travail c.) Voir 96
Association des débardeurs d'Halifax, section locale 269 (Nauss et) Voir 222
15. *Association des employés de Ge-Ad Inc.* c. *Syndicat des salariés en alimentation en gros (C.S.N.)*
T.T. (Québec), 200-28-000017-85, 21 mars 1985, D.T.E. 85T-458
141
16. *Association des employés de L. Thibodeau Transport Inc.* c. *Union des chauffeurs de camions, hommes d'entrepôts et aides, local 106*
(1972) T.T. 412
45
Association des employés de Peerless Clothing (Chalifoux c.) Voir 74
17. *Association des employeurs maritimes* et *Association internationale des débardeurs, section locale 375*
(1986) 67 d.i. 100
259
Association des employeurs maritimes (Association internationale des débardeurs c.) Voir 27, 28
18. *Association des gardes-bébés* c. *Syndicat catholique féminin des employés des maisons hospitalières de Québec*
(1963) R.D.T. 465 (C.R.O.)
45

Fraternité des employés de tramways (*Trahan* c.) Voir 338

Fraternité des ingénieurs de locomotives (*Larmour* et) Voir 186

Fraternité des plombiers et électriciens du Québec (*Barbeau* c.) Voir 39

131. *Fraternité des policiers* c. *Cité de Montréal*
     (1962) C.S. 458
     293

Fraternité des policiers de la Communauté urbaine de Montréal (*Pépin* c.) Voir 240

132. *Fraternité des wagonniers d'Amérique, loge St-Henri* c. *Dumas*
     (1949) R.P. 7 (C.S.)
     116

133. *Fraternité des wagonniers d'Amérique, loge St-Henri* c. *Tremblay*
     (1958) B.R. 709 (C.A.)
     176

Fraternité canadienne des cheminots et employés de transport et autres ouvriers (*Crone* et) Voir 106

134. *Fraternité canadienne des cheminots* c. *Park Avenue Chevrolet Limitée*
     (1978) T.T. 96
     256, 321

Fraternité canadienne des cheminots, employés des transports et autres ouvriers, local 511 (*Sanguinet Automobile Limitée* c.) Voir 275

Fraternité internationale des travailleurs dans l'industrie des pâtes et papiers (492) (*Les pâtes Domtar Limitée, Division Lebel-sur-Quévillon* c.) Voir 198

Fraternité interprovinciale des ouvriers en électricité (*Marinier* c.) Voir 209

Fraternité unie des charpentiers et menuisiers d'Amérique (*Cournoyer* c.) Voir 103

135. *Fraternité unie des charpentiers menuisiers d'Amérique* c. *Fraternité unie des charpentiers menuisiers, local 134*
     (1981) C.A. 271
     177

Fraternité unie des charpentiers et menuisiers d'Amérique, local 2533 (*Godin* c.) Voir 145

136. *Fraternité unie des charpentiers menuisiers, local 134* c. *Syndicat national de la construction Hauterive*
     (1977) C.S. 1008 ; (1976) R.D.T. 51 (C.S.)
     131, 158, 205

Frumkin (*Lakeshore Teachers' Association* c.) Voir 183

137. *Gagnon* c. *Centrale des syndicats démocratiques*
     (1973) T.T. 1
     169

138. *Gaspé Copper Mines Limited* c. *United Steelworkers of America*
     (1970) R.C.S. 362 ; (1967) B.R. 487 ; (1965) C.S. 51
     125, 131, 265, 268

Gauthier (*Perrault* c.) Voir 241

139. *Gaylor* c. *Couture*
     (1988) R.J.Q. 1205
     200

Gazebo Manufacturers Corp. (*Métallurgistes unis d'Amérique, local 7265* c.) Voir 216

Gendarmerie royale du Canada (*Association des membres de la Division «C»* et) Voir 20

140. *Gendron* c. *Municipalité de la Baie-James*
     (1986) 1 R.C.S. 401
     284

Ouvriers unis du caoutchouc, liège, linoléum et plastique d'Amérique, local 1127 (*St-Onge* c.) Voir 295

P.G. du Québec (*Association des policiers provinciaux du Québec* c.) Voir 21

232. *P.G. du Québec* c. *Charbonneau*
  T.T. (Québec) 200-28-000314-820, 22 février 1984, D.T.E. 84T-340
  127

  P.G. du Québec (*Lagarde* c.) Voir 182

233. *P.G. du Québec* c. *Munn*
  T.T. (Québec) 200-28-000316-825, 22 février 1984, D.T.E. 84T-328; (1984) T.T. 131
  127, 268, 332, 350

  P.G. de Terre-Neuve (*Newfoundland Association of Public Employees* c.) Voir 223

234. *Pagiotto* c. *West Island Teachers' Association*
  C.S. (Montréal) 500-05-010285-797, D.T.E. 84T-455
  157

  Paquet (*Girard* c.) Voir 143
  Paquet (*Nightingale Saro Inc.* c.) Voir 224

235. *Paquette* c. *Syndicat des salariés de Moteur Leroy Somer (C.S.D.)*
  C.S. (Bedford) 460-05-000154-877, 7 mars 1988, D.T.E. 88T-462
  156, 208

236. *Paquette* c. *Union typographique Jacques-Cartier*
  (1975) C.S. 959
  158, 205

237. *Paré* c. *Association des chauffeurs d'autobus de Valleyfield*
  (1989) T.T. 281
  283

  Parent (*Association des pompiers de Montréal Inc.* c.) Voir 23

238. *Parent* c. *The Gazette (A Division of Southam Inc.)*
  (1987) R.J.Q. 1291 (C.S.)
  309

  Parent (*The Gazette (une division de Southam Inc.)* c.) Voir 333
  Park Avenue Chevrolet Limitée (*Fraternité canadienne des cheminots* c.) Voir 134

239. *Payette* c. *United Brotherhood of Maintenance of Way Employees and Railway Shop Laborers*
  (1923) R.P. 78
  117

  Pemberton (*Fisher* v.) Voir 125

240. *Pépin* c. *Fraternité des policiers de la Communauté urbaine de Montréal*
  C.Q. (Montréal) 500-02-021218-867, 18 décembre 1990, D.T.E. 91T-157
  280

241. *Perrault* c. *Gauthier*
  (1898) 28 R.C.S. 241
  117, 184, 252

242. *Perreault* c. *Poirier*
  (1959) R.C.S. 843
  125

243. *Peterborough Lock Mfg. (Re)*
  (1953) 4 L.A.C. 1499
  302

244. *Pilette* c. *Syndicat des postiers du Canada*
  (1991) R.J.Q. 000 (C.S.)
  217

INDEX ANALYTIQUE

TABLE DES MATIÈRES

Cet ouvrage a été composé
en caractères New Baskerville
par l'atelier Caractéra inc.,
de Québec, en juillet 1991

Achevé   Imprimerie
d'imprimer Gagné Ltée
au Canada Louiseville